제3수정판

현대품질경영

이 순 룡 저

法 文 社

머리말

세계의 기업들과 경쟁을 하고 총체적 경영의 가치창출 활동을 통해 전략적 경영과 글로벌 경영이 필요한 시기이다. 국내외에서 최근 발생한 대형 사고들, 즉 세월호 침몰, 메르스 사태, 폴크스바겐의 디지털 게이트 모두가 'QC 기본'에 충실하지 못해서 발생한 사고라는 데 공통점이 있다.

이 책은 품질관리나 품질경영을 체계적으로 이해하고 연구 실천하려는 학생과 산업현장의 실무자 및 경영자를 위해 저술하였다. 집필과정에서 역점을 둔 것은 고객의 요구충족을 위해서 체계적이며 이해하기 쉽게 최신의 이론 및 실천기법들을 집약하여 서술하되 현실경영에 적용할 수 있어야 된다는 점이다. 최신 이론이나 기법들을 우리의 기업실정을 감안하여 한국기업과 세계우량기업에 관한 최신의 사례들을 핵심사항을 정선하여 서술하였다.

이 책은 모두 6편 18장으로 구성되었다.

제1편 '품질경영 총론'은 제1장 고객창조 품질경영에서 경영품질에 초점을 맞추었으며, 제2장에서는 품질선구자들의 품질철학과 품질경영원칙들을 서술하였다. 제3장에서는 글로벌 스탠더드와 표준화의 원리와 적용을 기술하였다. 제4장에서 체계적인 품질경영을 논술하고, 제5장에서는 구성원 모두가 품질을 창출하고 혁신하는 총체적 품질경영(TQM)을 다루었다. 서비스종사원이 제조업보다 많은 현실에서 제6장 서비스품질경영을 체계적으로 이해하도록 힘썼다.

제2편 '품질의 전략과 설계'는 제7장 품질 및 품질경영 전략과 제8장 고객만족 품질의 설계로 구성된다. 제7장에서 전략적 품질경영의 체계와 최신 품질전략 사례를 제시하였으며, 8장에서는 고객만족품질의 설계과정을 QFD와 적용사례를 들어 체계적으로 설명하였다.

제3편 '품질의 관리', 즉 제9장 통계적 품질관리, 제10장 샘플링 검사, 제11장 통계적 공정관리는 [설례]와 [사례]를 제시하여 품질관리의 핵심내용들을 이해하고 응용하기 쉽도록 다듬었다.

제4편 '품질의 보증'은 제12장 품질보증과 제14장 신뢰성의 분석과 관리로 집약하였다. 12장은 품질보증에서 간과되기 쉬운 외주품질관리와 제품책

임에 초점을 맞추어 깊게 다루었다.

제5편 '품질의 개선'은 제14장 제품 및 서비스의 품질개선, 제15장 품질공학에 의한 품질개선, 제16장 공정능력의 분석과 개선으로 이루어졌다. 제14장에서는 지속적 품질개선과 품질선구자들의 품질개선론, 현대의 품질개선기법, 품질개선과 가치개선 등을 다루어 다른 품질경영관련 저서와 차별화하였다. 제15장에서는 다구찌 방법의 내용들을 사례와 설례를 제시하여 이해하기 쉽게 서술하였다. 제16장에서는 공정능력 분석과 6시그마 품질혁신을 다루었다.

제6편 '품질경영의 평가'는 제17장 품질경영 평가시스템과 제18장 품질코스트의 이론과 실제로 구성된다. 제17장 품질경영 평가시스템에서 QM활동의 평가방법론을 기술하고, QM평가모델인 ISO 9000, 14000, 26000 그리고 초우량경영 평가모델이라 할 수 있는 각 국가의 품질경영상에 대해서 기술하였다. 제18장에서는 객관적인 품질경영 평가척도인 품질코스트의 이론과 적용문제를 비교적 깊게 다루었다

최근 대형 품질사건이 발생함에 따라 [보론] 기본으로 돌아가자(Back to the Basic)에서 우리의 현실을 반성하면서 대안을 모색하였다.

이 책을 집필하는 데 많은 참고가 된 저서와 논문들을 발표하신 선배 동료교수를 비롯해서 귀한 경험과 실무자료들을 제공해 주신 경영자 및 관계자 여러분께 감사를 드린다. 이 책이 나오기까지 이종호 교수와 오지연, 주상호 박사, 이동진 연구원 등은 많은 도움을 주었는데, 특히 바쁜 가운데 제3편 통계적 품질관리 부문을 보완하여 준 김오우 교수의 노고가 컸음을 밝혀두고 싶다.

끝으로 촉박한 일정 속에서 참신하고 멋지게 이 책을 꾸며주신 법문사 편집부 김제원 부장님에게 감사드린다.

71회 광복절 아침
북한산 기슭의 서재에서
저　　자

차 례

제1편 품질경영 총론

제 1 장 고객창조 품질경영

1. 현대의 품질경영 ······ 3
  1. 1 21세기의 품질문제 3
  1. 2 현대경영의 CSF: 품질 6
2. 현대 품질개념의 이해 ······ 8
  2. 1 여러 가지의 품질 개념 8
  2. 2 품질에 관한 정의 9
  2. 3 품질정의의 적용 13
3. 고객만족과 고객창조 품질 ······ 14
  3. 1 고객만족(CS) 14
  3. 2 고객만족의 조건 16
  3. 3 지각품질에서 본 고객만족 품질 19
  3. 4 품질에 의한 고객만족 20
  3. 5 고객창조 품질경영 24
- 주요용어 25
- 연습문제 26

제 2 장 품질경영의 철학과 원칙

1. 품질경영의 발전 ······ 27
  1. 1 품질경영의 발전단계 27
  1. 2 일본에서의 품질경영 발전 31
  1. 3 한국에서의 품질경영 발전 32
  1. 4 품질경영활동의 각국 동향 35
2. 품질선구자의 사상과 철학 ······ 36
  2. 1 슈하트의 품질사상과 철학 37

2. 2 데밍의 품질사상과 철학 38
2. 3 쥬란의 품질사상과 철학 40
2. 4 크로스비의 품질사상과 철학 44
2. 5 기타의 품질선구자 47

3. 품질경영의 원칙 ········· 50

• 주요용어 54
• 연습문제 54

제 3 장 표준화의 원리와 적용

1. 표준화의 본질 ········· 56
1. 1 표준과 표준화의 개념 56
1. 2 표준의 특성 57
1. 3 표준의 역할(기능) 58
1. 4 표준의 분류 60
1. 5 표준과 표준화의 관계 63

2. 표준화의 목적과 원리 ········· 63
2. 1 표준화의 목적 63
2. 2 표준화의 원리 64

3. 사내표준화의 역할과 요건 ········· 65
3. 1 사내표준과 사내표준화 65
3. 2 사내표준의 체계 66
3. 3 사내표준화의 기능(역할) 68
3. 4 사내표준화의 요건 70

4. 글로벌 스탠더드 ········· 72
4. 1 세계표준화 경쟁 72
4. 2 글로벌 스탠더드 전략 74
4. 3 서비스 표준에 의한 고객만족 76

• 주요용어 77
• 연습문제 77

제 4 장 품질경영시스템

1. 품질의 관리시스템 ········· 79

1.1 생산시스템의 품질영향요인 79
1.2 품질의 관리과정(품질관리 기능) 81
1.3 품질의 관리업무 83
2. 품질경영(QM) ··························· 86
2.1 품질관리(QC)와 품질경영(QM) 86
2.2 품질경영의 개념과 내용 87
2.3 품질경영의 요건 89
3. 전사적 품질관리(일본형 TQC) ··························· 91
3.1 종합적 품질관리(TQC)의 특징 91
3.2 전사적 품질관리(CWQC) 92
3.3 전사적 품질관리의 목표 94
4. 종합적 품질경영(TQM) ··························· 95
4.1 TQM(종합적 품질경영)의 개념 95
4.2 TQM사상의 배경과 원칙 96
4.3 TQM의 목표와 구성요소 99
4.4 TQM의 기본 틀 100
• **주요용어** 105
• **연습문제** 105

제 5 장 톱과 구성원이 참여하는 품질경영

1. 경영자에 의한 품질경영 ··························· 106
1.1 최고경영자의 역할 106
1.2 톱의 품질 리더십 107
1.3 품질리더십의 실천 109
1.4 중간관리층의 역할과 임무 111
2. 구성원에 대한 품질 모티베이션 ··························· 112
2.1 작업자의 오류와 대책 112
2.2 작업자의 마음과 품질 113
2.3 품질 모티베이션 115
2.4 소집단(ZD그룹, QC서클, 품질분임조, 자율경영팀) 활동 116
2.5 품질관련 소집단활동 121
3. TQM 작용환경의 구축 ··························· 123
3.1 구성원의 참여와 권한부여 123

3. 2 권한부여의 필수요건 125
3. 3 구성원 상호간의 신뢰감 조성 127
3. 4 품질지향 기업문화 128

• 주요용어 130
• 연습문제 130

제 6 장 서비스품질경영

1. 서비스의 품질 132
1. 1 서비스의 개념과 특성 132
1. 2 서비스품질의 개념 134
2. 서비스품질의 측정 136
2. 1 서비스접점에서의 품질인식 136
2. 2 서비스품질의 결정요소 136
2. 3 서비스에 대한 고객의 기대 140
3. 서비스품질의 관리 143
3. 1 서비스 품질관리의 도입 143
3. 2 서비스 품질관리의 단계 144
3. 3 서비스 품질관리의 요건 148
4. 서비스품질의 개선 151
4. 1 서비스품질 개선(회복)의 중요성 151
4. 2 품질개선의 주요 관리지표 153
4. 3 서비스품질의 개선요령 155
4. 4 서비스-이익 체인 159

• 주요용어 163
• 연습문제 164

제 2 편 품질의 전략과 설계

제 7 장 품질/품질경영 전략

1. 전략적 품질경영 167

1.1 전략경영 167
1.2 비전과 목표의 전환: 전략 169
1.3 전략계획 171
1.4 전략적 품질경영의 접근단계 173

2. 품질지향 전략 175
2.1 월드베스트 품질전략 175
2.2 경쟁전략변수: 품질 176
2.3 품질지향 경쟁전략 176
2.4 품질전략의 추진 요소: 품질엔진 179

3. 품질경영시스템의 설계 182
3.1 품질경영과 품질방침의 관계 182
3.2 품질방침의 확립 183
3.3 품질목표의 설정 185
3.4 품질계획의 수립 186
3.5 품질조직의 재편성 188
3.6 TQM체제의 구축 189

- **주요용어** 192
- **연습문제** 192

제 8 장 고객만족 품질의 설계

1. 고객이 만족하는 품질 194
1.1 장수상품의 비결 194
1.2 고객의 기대(요구)와 만족 196
1.3 고객감동의 열쇠 러브마크 199
1.4 시스코 성공의 비결: 고객관계 전략 200

2. 고객이 요구하는 품질의 해석 202
2.1 고객의 요구(기대)사항 202
2.2 고객요구(기대)의 이해 메커니즘 206
2.3 고객이 요구하는 품질특성 207
2.4 품질의 해석 209

3. 품질기능전개(QFD) 210
3.1 품질기능전개의 적용 210
3.2 QFD 매트릭스의 구성 211
3.3 품질기능전개의 단계 214

4. 품질수준의 결정 216
4. 1 설계품질의 결정 216
4. 2 제조(적합)품질의 경제성 217
4. 3 고객만족 사용품질 218
• 주요용어 219
• 연습문제 219

제3편 품질의 관리

제 9 장 품질의 통계적 관리

1. 통계적 품질관리 223
1. 1 통계적 품질관리의 원칙 223
1. 2 통계적 품질관리 기법 224
2. 품질관리와 데이터 225
2. 1 데이터의 측정 225
2. 2 데이터의 종류 226
3. 데이터의 정리방법 227
3. 1 데이터의 도표화 228
3. 2 데이터의 수량화 정리 234
• 주요용어 237
• 연습문제 238

제10장 샘플링검사

1. 샘플링검사의 기본개념 239
1. 1 검사의 기능과 종류 239
1. 2 전수검사와 샘플링검사 241
1. 3 샘플링검사의 이론 242
2. 샘플링검사의 유형 243
2. 1 샘플링검사의 분류 243
2. 2 샘플링검사의 형태 244

2. 3 샘플링검사의 형식 245

3. 샘플링방식의 설계 247

3. 1 샘플링방식과 OC곡선 247

3. 2 OC곡선의 성질 248

3. 3 샘플링방식과 이해관계자의 보호 251

3. 4 샘플링검사표에 의한 샘플링방식 결정 253

3. 5 ppm수준의 샘플링검사표 256

3. 6 평균출검품질(AOQ)과 평균출검품질한계(AOQL) 257

4. 샘플링검사의 실시 260

4. 1 샘플링검사 유형의 선택 260

4. 2 샘플링검사의 절차 261

- 주요용어 262
- 연습문제 262

제 11장 통계적 공정관리

1. 공정품질의 통계적 관리 264

1.1 통계적 공정관리(SPC)의 개념 264

1.2 공정품질의 변동원인 265

2. 공정의 관리도 267

2.1 관리도의 본질 267

2.2 관리도의 유형 268

3. 관리도의 작성 270

3.1 $\bar{x}-R$ 관리도(평균치와 범위의 관리도) 270

3.2 x 관리도(생 데이터 관리도) 273

3.3 p관리도(불량률 관리도) 275

3.4 pn관리도(불량개수 관리도) 278

3.5 c 관리도(결점수 관리도) 278

3.6 u 관리도(단위당 결점수 관리도) 280

4. 관리도의 판단과 적용 280

4.1 관리도의 판단 280

4.2 관리도의 사용절차 282

- 주요용어 283
- 연습문제 283

제4편 품질의 보증

제12장 품질보증

1. 품질보증 총론 ········· 287
1.1 품질보증의 개념과 요건 287
1.2 품질보증의 효과 290
1.3 품질보증 방법의 발전 291
1.4 품질보증의 기능 293
1.5 품질보증시스템의 운영 295
2. 품질보증 활동(품질평가와 품질감사) ········· 297
2.1 품질평가의 목적 298
2.2 품질평가의 단계 299
2.3 품질평가의 방법 300
2.4 품질감사(品質監査) 301
3. 외주품의 품질보증(외주품질관리) ········· 302
3.1 부품품질과 제품의 신뢰성 302
3.2 외주품질관리(外注品質管理) 303
3.3 공급자(외주공장)의 선정과 평가 305
3.4 외주불량 재발방지시스템 307
3.5 공급자 품질시스템의 확립 308
3.6 공급자와의 협력관계(Supplier Partnership) 309
3.7 외주품질관리의 실천 311
4. 품질의 사회적 책임 ········· 313
4.1 제품책임의 문제 313
4.2 제품책임의 법률적 근거 314
4.3 제품책임의 대책 316
- 주요용어 321
- 연습문제 321

제13장 신뢰성의 분석과 관리

1. 신뢰성 개요 ········· 322
1.1 시스템 신뢰성의 문제 322

1.2 제품의 신인성 324
1.3 신뢰성의 평가척도 325
1.4 시스템의 평가요소 326

2. 신뢰성 설계 ········ 327
2.1 설계단계에서의 신뢰성 향상 327
2.2 신뢰성의 설계기법 329
2.3 신뢰성의 추정 330

3. 신뢰성 분석 ········ 332
3.1 그래프 분석방법(graphical methods) 332
3.2 고장의 증상과 영향의 분석(FMEA) 336
3.3 고장나무 분석(FTA) 340

4. 신뢰성 프로그램 ········ 340

- **주요용어** 344
- **연습문제** 344

제5편 품질의 개선

제14장 제품 및 서비스의 품질개선

1. 품질의 지속적 개선 ········ 347
1.1 지속적 개선활동 347
1.2 품질선구자들의 품질개선 방법론 348

2. 설계단계의 품질개선 ········ 350
2.1 개발 및 설계단계의 품질개선 350
2.2 설계단계의 품질개선 기법 352

3. 제조단계의 품질개선 ········ 352
3.1 품질개선 기법 352
3.2 PDCA 사이클 353
3.3 최고품질의 벤치마킹 354

4. 사용단계의 품질개선 ········ 357
4.1 바르고 쉬운 상품설명서 357
4.2 이지라인(사용하기 쉬운 제품) 358

4.3 사용단계 품질개선의 한계 359
5. 품질개선과 가치개선 ·· 360
5.1 VE와 QC의 접근방법 360
5.2 VE에 의한 품질개선 362
5.3 가치의 최대화 364
5.4 VE와 QC에 의한 가치혁신 366
• **주요용어** 367
• **연습문제** 367

제15장 품질공학(다구찌 방법)에 의한 품질개선

1. 다구찌의 품질공학 ·· 368
1.1 품질공학(다구찌 방법) 368
1.2 다구찌 방법의 품질개선 방식 370
1.3 다구찌 방법의 특징 372
2. 다구찌의 품질손실함수 ·· 373
2.1 다구찌의 품질철학 373
2.2 규격요건 충족 품질의 허실 374
2.3 품질손실함수(QLF) 377
3. 품질공학의 주요 품질개선기법 ·· 379
3.1 파라미터 설계와 허용차 설계 379
3.2 SN비율(신호 대 잡음의 비율) 381
3.2 직교배열표의 이용 383
• **주요용어** 385
• **연습문제** 385

제16장 공정능력의 분석과 개선

1. 공정능력의 조사와 분석 ·· 387
1.1 공정능력의 개념 387
1.2 공정의 능력조사 388
1.3 공정의 능력과 관리상태 389
1.4 공정능력의 분석 390
2. 공정능력 지수의 측정 ·· 392

2.1 공정능력 비율: Cp 392
2.2 실제 공정능력 지수: Cpk 394
2.3 Cp와 Cpk의 관계 395

3. 공정능력의 개선: 식스시그마 품질혁신 397
3.1 지속적인 공정 개선 397
3.2 ppm과 6시그마 품질수준 398
3.3 식스시그마 프로그램 400
3.4 식스시그마 프로젝트의 수행 402
3.5 식스시그마 실행의 성공요소 405

- 주요용어 406
- 연습문제 406

제6편 품질경영의 평가

제17장 품질경영 평가시스템

1. 품질정보와 품질경영평가 411
1.1 품질경영평가에 필요한 품질정보 411
1.2 품질 및 경영평가의 척도와 지표 412

2. 품질경영활동의 평가 414
2.1 품질경영 평가의 범주 414
2.2 QM활동의 중점 평가항목 415
2.3 품질경영 평가의 실천 416

3. 국제 품질경영시스템 규격: ISO 9000/14000 420
3.1 품질경영시스템 인증제도 420
3.2 품질경영시스템: ISO 9000: 2000 모델 421
3.3 환경경영시스템: ISO 14000 423
3.4 사회적 책임 규격: ISO 26000 424

4. 각국의 품질경영상: 초우량경영 평가모델 424
4.1 일본의 데밍상 425
4.2 말콤볼드리지 국가품질상 426
4.3 유럽 품질상과 IBEC 모델 430

- 주요용어 433
- 연습문제 433

제18장 품질코스트의 이론과 적용

1. 품질코스트의 이론 ………………………………………… 434
1.1 품질코스트의 개념과 기능 434
1.2 품질코스트의 분류 436
1.3 예방·평가·실패코스트 상호간의 관계 437
1.4 최적품질코스트 모델 440
2. 품질코스트의 측정과 분석 ………………………………… 442
2.1 품질코스트의 산정·집계 442
2.2 품질코스트의 분석 445
3. 품질코스트의 개선 ………………………………………… 447
3.1 예방활동중심의 품질코스트 개선 447
3.2 품질코스트의 개선단계 448
4. 품질코스트의 적용 ………………………………………… 450
4.1 품질코스트의 적용실태 450
4.2 현행 품질코스트의 유용성 452
4.3 활동기준 품질코스트시스템 453
• 주요용어 456
• 연습문제 456

보 론 A. 기본으로 돌아가자(Back to the Basic)

1. 대형사고를 통해 본 QC의 반성 460
2. 절차와 기준만 지켜도 사고는 줄일 수 있다 460
3. 검사를 하면 불량을 가려낼 수는 있다 461
4. QC의 근본은 결함·불량·사고의 예방이다 462
5. 기본으로 돌아가자 464

B. 인공지능과 빅데이터를 활용한 품질경영 사례

1. 인공지능(AI)으로 검사, 진단 467
2. 스마트 팩토리의 품질관리 469
3. 블록체인으로 물류·유통·은행·보험·부동산의 안전거래 470

부 록 ………………………………………………………… 471
참고문헌 ……………………………………………………… 483
국문색인 ……………………………………………………… 487
영문색인 ……………………………………………………… 500

제 1 편
품질경영 총론

제 1 장 고객창조 품질경영
제 2 장 품질경영의 철학과 원칙
제 3 장 표준화의 원리와 적용
제 4 장 품질경영시스템
제 5 장 톱과 구성원이 참여하는 품질경영
제 6 장 서비스 품질경영

제 1 장

고객창조 품질경영

1 현대의 품질경영

1.1 21세기의 품질문제

2014년 세월호 참사로 300명 이상이 희생되었는데, 선박의 무리한 증축과 과적, 운항미숙이 세월호 침몰의 직접원인으로 밝혀졌다. 침몰 과정에서 선장의 미흡한 대응조치(퇴선방송 및 구호요청 등)로 사망자가 늘어났다. 이듬해(2015년) 메르스가 확산되면서 학교가 휴교하고 시장이 침체되고 관광객이 줄어드는 타격을 입었다. 중동서 들어오는 입국자에 대한 방역을 소홀히 하고, 방역당국과 병원의 초기단계 전염병관리가 부실하여 피해가 크게 불어났다. 같은 해 독일의 폴크스바겐은 배출가스 조작 사태로 브랜드 이미지와 신뢰성에 치명적인 타격을 입었다. 미국 환경기준을 맞추기 위해 디젤 차량의 배기가스 배출 소프트웨어를 조작한 것이 발단이 되었다.[1)]

1) [세월호 수사 결과] 173일 수사… 사고 원인 · 救助 실책 사실상 밝혀진 셈, *조선일보*, 2014.10.7.
[메르스 확실히 끝내자][下] 병원 감염관리 혁신을, *조선일보*, 2015.7.29.
'글로벌 자동차 1등의 저주' 리콜…"세계화 · IT화 따라 더 늘어난다", *조선일보*, 2015.11.1.

사 례

'글로벌 자동차 1등의 저주' 리콜

글로벌시장 1위를 달리던 도요타, GM, 폴크스바겐은 2010년을 전후해서 리콜사태로 1등 자리에서 내려와야 했다. 도요타는 2009년 가속 페달 결함으로 1,400만대를 리콜했고, GM은 2014년 점화 스위치 결함으로 인한 3,000만대 리콜로 몰락했다. 이들의 뒤를 물려받은 폴크스바겐도 추락했다.[2)]

2014년 GM은 3,000만 대를 리콜했다. 30달러짜리 점화스위치 결함으로 169명이 목숨을 잃었다. 점화 스위치 한 개 가격은 30달러(3만4,000원), 수리비 57센트(600원)만 썼다면 귀한 생명과 브랜드 가치의 급락도 막을 수 있었다. 3,000만 대에 점화스위치를 새로 달려면 1조원 정도 든다. 2015년 9월 미국 법무부와 벌금 9억 달러(1조250억원)에 '합의'했다. 민사소송 배상금 5억7,500만 달러(6,550억원)도 물어야 한다. 도요타는 2010년 벌금 40억 달러(4조6,000억원)를 물었다.

폴크스바겐은 2015년 9월 디젤 차량 배출가스 조작 사태로 브랜드 이미지와 신뢰성에 치명적인 타격을 입었다. 당장 2016년 1월부터 1,100만대 이상의 리콜을 실시한다. 폴크스바겐이 부담해야 할 비용은 벌금 180억 달러(20조3,000억원)를 포함, 340억 달러(38조4,000억원)에 달할 것으로 추산된다. 폴크스바겐이 내야 할 돈은 2014년 영업이익(117억 유로, 14조6,000억원)의 세 배 가까이 된다.

오늘날 우리는 인류의 안전과 건강 나아가서 나라의 안위까지를 **품질관리**라는 이름의 방죽에 의존하게 된 인류역사상 최초의 시대에서 살고 있다.

현대경영은 모든 실체(entity)[3)]의 품질과 신뢰성으로 저울질되고 있으며, 국민의 안전과 건강은 식료품, 의약품, 항공기, 선박, 자동차, 아파트, 터널, 교량 등 공산품 내지 시스템 품질에 의존하고 있다. 이들 실체의 품질은 시스템 내지 프로세스의 신뢰성에 대부분 의존하고 있으며, 시스템은 경영, 서비스, 동력, 운반, 통신, 컴퓨터, 소프트웨어, 정보시스템 등의 품질과 신뢰성에 크게 의존하고 있다. 그러나 이들 실체의 산출과 운영은 인간에 의해서 인간을 위해 이루어진다는 점이다.

지난 20세기 동안 산업화, 도시화와 함께 우리에게 몰아닥친 대형 재난들을 보면, 인간의 잘못으로 인해 발생한 것들이 대부분이다. 지난 100년 동안 우리나라에서 수많은 인명피해를 입힌 대형 참사들(표 1-1 참조)을 보건대, 사전에 막을 수 있었던 인재(人災)사고가 주류를 이룬다. 이들은 모두가

2) '글로벌 자동차 1등의 저주' 리콜…"세계화 IT화 따라 더 늘어난다", *조선일보*, 2015.11.1.
3) 실체(實體)란 제품 · 서비스 · 소프트웨어 · 시스템을 망라한 개념이다.

표 1-1 해방 이후 발생한 대형 참사

연 도	사건 내용	사망자	사고 원인	유사/재발 대형사고
1967년	여객선 한일호 침몰	94명	선박충돌, 항해 미숙	70년 남영호, 93년 서해훼리호 침몰
1995년	대구지하철공사장 지하매설 가스관 폭발	101명	중기운전자 부주의, 안전 의식결여, 매설정보 부재	94년 아현동 가스폭발
1963년	여객선 연호 침몰	140명	선박노후, 정원초과	67년 한일호, 70년 남영호, 93년 서해훼리호 침몰
1974년	해군 YTL호 침몰	159명	정원초과	93년 서해훼리호 침몰
1971년	대연각 호텔 화재	165명	화기취급 부주의, 안전 의식 결여, 소방시설 미비	95년 부산 대아호텔 화재
1997년	KAL기 괌 추락	229명	관제탑, 조종사 실수, 악천후의 무리한 착륙	93년 아시아나 항공기 목포 추락
1953년	여객선 창경호 침몰	229명	정원초과, 항해 미숙	70년 남영호, 93년 서해훼리호 침몰
1993년	서해훼리호 침몰	292명	정원초과, 안전수칙 위반	53년 창경호, 67년 한일호
1970년	서귀포서 남영호 침몰	323명	화물 및 정원초과	74년 해군 YTL호, 93년 서해훼리호 침몰
1995년	삼풍백화점 붕괴	502명	설계/시공/관리 부실	70년 와우아파트 붕괴 94년 성수대교 붕괴
2014년	세월호 침몰	304명	무리한 증축, 과적, 운항미숙	93년 서해훼리호 침몰

*위 표는 MBC TV에서 1999. 9. 2 방영된 「한국 100년 우리는 이렇게 살았다 - 대형참사」의 자료를 중심으로 작성한 것임. 세월호 침몰은 저자가 추가.

경영 내지 경영품질과 관련된 사고들로서 무모한 영리추구에서 비롯된 것이다. 선박사고의 공통점은 정원초과, 적재화물 중량초과, 악천후 속의 무리한 출항, 항해미숙 등으로, 대부분의 대형사고가 안전수칙이나 조작 오류와 같은 원인으로 재발되고 있음은 품질관리의 사각지대에서 우리가 살고 있음을 실감하게 만든다.

세계적 대형사고로는 1만명 이상이 사망한 2001년 인도의 지진과 1999년 터키의 지진, 1984년 2천명 이상의 사망자가 발생한 인도 보팔시 유니온 카바이드사의 가스 누출사고, 1986년에 발생한 우주선 챌린져호의 폭발사고와 구 소련의 체르노빌 원자력 발전소의 폭발사고 등을 꼽을 수 있다.

품질과 안정성, 소비자 신뢰 등에서 세계 최고 기업 대열에 올랐고, 자동차 판매대수에서도 세계 1위(2007년) 자리를 차지했던 도요타가 1000만대에 이르는 사상 초유의 대량 리콜을 단행하는 사태가 2010년 초에 발생했다. 도요타의 품질과 안전은 믿을 만하다는 세계 소비자들의 신뢰가 무너지고, 세계 최고를 자랑하던 일본 자동차의 명성에도 금이 갔다.[4]

이들 대형사고들은 대부분 시스템 품질의 사고들로서, 말하자면 하드웨어와 소프트웨어의 결합사고인 셈이다. 이제 우리 주위에서 발생되는 품질문제는 제품이나 시설의 불량문제뿐만 아니라 이들을 설계하여 이에 따라 만들고 운영하는 시스템 전반의 품질문제로 확대되어 가고 있다.

1.2 현대경영의 CSF: 품질

품질경영의 세계적 석학인 쥬란(J.M. Juran)이 “20세기는 생산성의 시대이고 21세기는 품질의 시대”라고 강조했듯이 이제 품질문제는 기업은 물론 국가 내지 범세계적 관심사항임에 틀림없다.

‘기업의 수명은 30년’이라는 법칙이 있다. 이에 따르면 기업들은 30년마다 중대한 패러다임 시프트(paradigm shift)에 직면한다. 포춘(*Fortune*)지에서 선정된 1970년도 500대 기업들 중 13년이 지난 1983년에 1/3이 탈락하였는데, 대부분 품질경쟁력으로 탈락하였다. 미국의 전략계획연구소에서 개발한 PIMS(Profit Impact of Marketing Strategy) 데이터베이스에서는 사업의 성공을 좌우하는 가장 중요한 요소(CSF: critical success factor)가 품질이라는 결론을 내린 바 있다.

삼성경제연구소는 2000년 1월 세계시장 점유율이 10% 이상되거나, 최근 몇 년 간 매출 및 수출 신장률이 20% 이상 증가한 한국제품 20개를 세계최강 제품으로 선정하고, 그 **성공요인**을 다음과 같이 분석하였다.[5]

① 적기(timing)의 과감한 결단(반도체, LCD, CDMA 등)

② 독창적인 아이디어로 승부(속눈썹 성형기, 모형기관차, 사오정전화기 등)

③ 한우물 파기 경영(탄소섬유, 테스트핸들러, 오토바이헬멧, 손톱깎기 등)

④ 철저한 바이어 관리(스키장갑, 텐트, 낚싯대 등)

⑤ 글로벌 경영(핸드폰, 반도체, LCD, 모자, 텐트 등)

---

4) [사설] 도요타 · 혼다 리콜이 보여준 1등 기업의 흥망, *조선일보*, 2010.1.31.

5) 김근동, *한국의 세계최강 제품 성공비결*, 삼성경제연구소, 2000. 1.

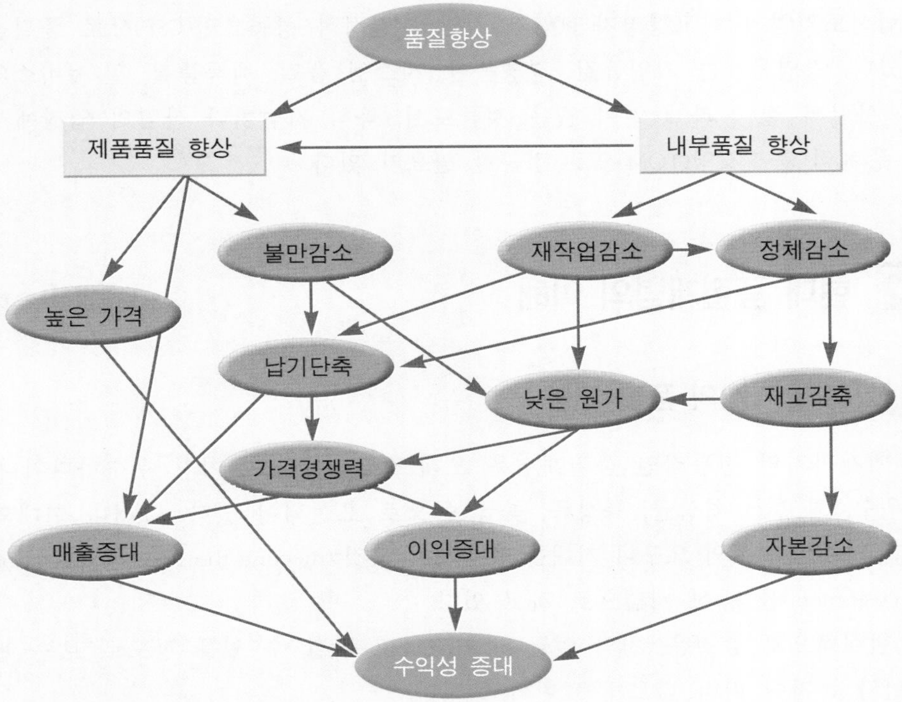

그림 1-1 **품질향상과 수익성 증대**

위의 성공요인들은 모두 품질관련 요인들로서 현대경영에서 품질이 주요 요인(CSF)임을 알 수 있다.

품질향상이 수익성 증대에 미치는 영향들을 연관도로 나타내면 [그림 1-1]과 같다.

품질은 기업의 성과에 많은 영향을 미친다. 품질향상으로 이루어지는 경영성과는 다음과 같다.

① 시장지위(시장점유율)의 향상

② 납기의 단축

③ 낭비의 감소와 원가절감

④ 생산성 향상과 수익성 증대

1989년 '유럽품질경영포럼'에서 제시된 맥킨지보고서(*McKinsey Report*)에서 유럽선도기업의 최고경영자 90%가 기업의 결정적 성공요인(CSF)으로 품질을 꼽았다. 경영문제는 기업품질, 경영품질, 시스템 품질, 제품품질, 일/서비스의 질, 사람의 질 등과 관련이 깊은 것들로서, 특히 기업이나 산업의 입장에서는 총체적 품질경영(TQM)으로 접근할 필요가 있다.

2 현대 품질개념의 이해

2.1 여러 가지의 품질 개념

이제까지의 전통적인 품질개념은 오래 쓰고, 질기고, 가장 우수하다거나, 최우수, 최고급, 최상급, 특상품, 특급 등으로 표현되어 왔다. 그러나 현대의 품질개념은 "고객의 요구나 기대를 충족시키는 것"(meeting the needs/expectation of customers)을 중심 개념으로 하고 있다.

현실적으로 품질은 '천의 얼굴'을 가졌다고 말할 수 있을 정도로 보는 관점이나 논자에 따라 다르게 표현되고 있다.

가빈(D. Garvin)은 그의 저서(*Managing Quality: The Strategic and Competitive Edge*, 1988)에서 품질을 다음 다섯 가지의 개념으로 기술하였다.

(1) 선험적(transcendant) **품질:** 품질을 선천적 우월성(innate excellent) 내지 절대적인 우수성으로 품질을 이해하는 입장이다. 가령 미켈란젤로(Michelangelo)의 '천지창조' 천정화와 같은 장인의 빼어난 걸작품에서 볼 수 있는 이상적 품질을 추구하는 철학적 견해이다.

(2) 제품 기준(product-based)**의 품질:** 재화의 고유 특성으로 품질을 이해하고 제품이 특정 속성을 갖추고 있는지에 따라 품질을 객관적으로 평가하는 입장이다. 품질은 상대적으로 인식되기보다는 절대적인 것으로, 양질의 제품은 높은 원가에 의해서만 가능하다는 경제학적 견해이다.

(3) 생산자 기준(manufacturing-based)**의 품질:** 제품의 품질은 요구조건이나 시방과의 일치 여부에 따라 결정된다는 전통적인 생산자/공급자 입장의 견해이다.

(4) 사용자 기준(user-based)**의 품질:** 제품을 사용하는 고객의 요구와 욕구 그리고 기대 사항을 만족시키는 능력으로 품질을 주관적으로 이해하는 마케팅적 견해이다.

(5) 가치 기준(value-based)**의 품질:** 성능과 원가(가격)의 관계(가치=$\frac{\text{성능}}{\text{원가}}$)인 가치, 즉 바람직한 원가나 가격으로 제공되는 성능(특성)으로 품질을 이해하는 (2), (3), (4)의 복합적 견해이다.

품질개념은 1970년대까지는 (3)의 생산자 기준의 품질개념으로 이해되어 왔지만, 1980년대의 새로운 소비자 지향 경제에 들어서면서 (4)의 사용자 내지 (5)의 가치 기준의 고객 관점과 사회 관점의 품질개념으로 옮겨가고 있는 추세이다.

2.2 품질에 관한 정의

품질에 관한 정의는 ① 생산자/기업 관점, ② 소비자/사용자 관점, ③ 사회 관점의 세 가지 관점에서 제시될 수 있다.

1 생산자 관점의 품질정의

기업 내지 생산자 관점의 품질정의는 전술한 가빈(D.A. Garvin)의 '생산자 기준의 품질'과 일치되는 견해로서, 대표적인 논자로는 실무자 출신의 크로스비(P.B. Crosby)와 그루콕(J.M. Groocock)을 비롯하여 세게찌(H.D. Seghezzi)를 꼽을 수 있다.

(1) 크로스비(P.B. Crosby)**: 요건에 대한 일치성**

ITT의 부사장을 지낸 크로스비는 품질을 우량(goodness)이라든가 고급스러움(luxury) 또는 화려함(shininess)으로 보는 것은 그릇된 가정이라면서, '요건에 대한 일치성'(conformance to requirements)으로 품질을 정의해야 된다고 주장하였다.[6]

예컨대, 캐딜락(Cadillac) 승용차의 경우 캐딜락의 모든 요건에 일치하면 그것은 품질수준의 자동차(a quality car)이며, 핀토(Pinto)[7] 승용차가 핀토의

6) P.B. Crosby, *Quality is Free*, New American Library, 1979, pp.14-15.
7) 미국의 포드 자동차 회사에서 수입 소형차에 대항해서 1970년대에 생산・판매했던 소형 승용차.

모든 요건에 맞으면 이 또한 품질수준의 자동차가 된다는 것이다. '고급스러움'이나 '고급스럽지 못함'만으로는 자동차의 카펫 매트나 고무 매트와 같은 특정 요건을 명확히 나타낼 수 없다는 입장이다.

(2) 세게찌(H.D. Seghezzi): 시방과의 일치성

전술한 크로스비의 품질정의를 원용하여 기업의 내부적 측면에서 '시방과의 일치성'(conformance with specification)[8]으로 품질을 정의하였다.

사 례 **고엽제를 통해 본 전통적 품질개념의 한계**

베트남 전쟁 때, 밀림에 살포된 고엽제 후유증을 앓고 있는 미군이 제조사인 다우 케미컬과 몬산토를 상대로 소송을 제기하여 보상을 받은 일이 있다. 고엽제에 함유된 다이옥신이 후유증을 유발하였기 때문이다. 월남전 당시는 다이옥신이 단지 독성물질로만 분류됐을 뿐 이의 사용을 금지하지 않았으므로 제조회사가 이를 군에 공급할 당시만 해도 납품 품질상의 하자는 없었다. 결국 "제품이 지니는 고유 특성이나 시방과의 일치성"으로 규정하는 전통적 품질개념의 한계가 들어난 것으로, 다이옥신이 사람에게 선천적 결함을 유발할 가능성이 있으며 암과도 관련이 있는 것으로 밝혀지면서 미국에서는 1979년 이후 이의 사용을 금지하고 있다.

2 소비자 관점의 품질정의

소비자 내지 사용자 관점의 대표적인 논자로는 쥬란(J.M. Juran)을 비롯하여 파이겐바움(A.V. Feigenbaum), 그리나 2세(F.M. Gryna, Jr.)를 꼽을 수 있다.

(1) 쥬란(J.M. Juran): 용도의 적합성

쥬란은 품질을 '용도의 적합성'(fitness for use)으로 표현하였다. 그의 저서(*Quality Planning and Analysis,* 2nd ed., 1980)에서 "품질은 곧 용도에 대한 적합성"이라 정의하였다. 제품의 필수적 요건은 그 제품을 사용하는 고객의 요구(need)를 충족시키는 것이므로 용도의 적합성 개념을 모든 제품/서비스에 보편적으로 적용할 수 있다고 하였다.

---

8) H.D. Seghezzi, "What is Quality: Conformance with Requirements or Fitness for the intended Use?," *EOQC Quality,* 4/1981.

(2) 파이겐바움(A.V. Feigenbaum)**: 고객 기대에 부응하는 특성들**

TQC(Total Quality Control)의 주창자인 파이겐바움은 "품질이란 제품이나 서비스의 사용에서 고객의 기대에 부응하는 마케팅, 기술 제조 및 보전에 관한 여러 가지 특성의 전체적인 구성"이라 정의하였다.[9]

(3) 그리나 2세(F.M. Gryna, Jr.)**: 고객만족**

쥬란을 도와 품질경영 발전에 기여한 그리나 2세는 그들의 저서(J.M. Juran & F.M. Gryna, Jr., *Quality Planning and Analysis,* 3rd ed., 1993)에서 "품질은 고객만족"(Quality is Customer Satisfaction)이라고 정의하였다. 그는 고객만족을 쥬란의 품질정의인 "용도에 대한 적합성"의 확대 개념으로 보았다.

3 사회 관점의 품질정의

사회적 관점에서 품질정의가 제기된 것은 품질의 영향력이 팽배해진 1980년대 중반이후이다.

(1) 일본공업규격(JIS)**의 정의**

한국산업규격(구KS A3001)의 「품질관리 용어」에서 품질을 다음과 같이 정의하고 있다.[10)]

품질: 물품 또는 서비스가 사용목적을 만족시키고 있는지의 여부를 결정하기 위한 평가의 대상이 되는 고유의 성질 · 성능의 전체.

(2) 국제표준화기구(ISO)**의 정의**

국제표준화기구(ISO)에서 1994년에 개정한 「품질－용어」(*Quality - Vocabulary,* ISO 8402-1994)에서 품질을 "실체가 지니고 있는 명시적 내지 묵시적 요구를 만족시키는 능력에 관계되는 특성의 전체"라 정의한 바 있다.

최근 새로 개정된 ISO 9000: 2000의 「품질경영시스템－기본사항 및 용어」(Quality management systems－Fundamentals and vocabulary)에서는 위의 '품질 정의'를 함축시켜 다음과 같이 간결하게 정의하고 있다.

품질(quality): 고유특성의 집합이 요구사항을 충족시키는 정도(degree to which a set of inherent characteristics fulfils requirements).

9) A.V. Feigenbaum, *Total Quality Control,* 3rd ed., McGraw-Hill, 1983.

10) 1981년에 제정된 일본공업규격(JIS Z8101)을 옮긴 것으로, 제품이나 서비스의 품질을 평가함에 있어서 품질이 사회에 미치는 영향에 대해서도 고려할 필요가 있음을 [비고]로서 기술하고 있다.

참고

Little Q와 Big Q

현대의 품질개념은 "고객 및 이해관계자의 요구나 기대를 충족시키는 것"을 중심개념으로 하고 있다. 말하자면 제품의 고유특성이나 시방과의 일치 여부에 따라 품질을 평가하는 공급자 입장의 품질개념에서 고객이나 이해관계자들의 가치 창조를 지향하는 고객 및 사회 관점의 품질개념으로 옮겨가고 있다. 이에 따라 품질경영의 대상도 제품이나 서비스 품질과 같은 'Little Q'에서 'Big Q' 즉, 경영품질이나 사회품질로 확대되는 추세이다.

표 1-2 여러 논자들의 품질정의 요약

관점별	품질정의 요약	논 자
생산자/기업 관점	시방과의 일치성(conformance with specification)	Seghezzi
〃	요건에 대한 일치성(conformance to requirements)	Crosby
소비자/고객 관점	용도의 적합성(fitness for use)	Juran
〃	사용목적을 만족시키는 성질, 성능	KS, JIS
〃	고객의 기대에 부응(충족)하는 특성	Feigenbaum
〃	고객만족(customer satisfaction)	Gryna & Juran
사회 관점	요구를 만족시키는 특성	ISO
〃	사회손실을 회피하는 특성	다구찌(田口玄一)

즉, 품질이란 제품을 비롯한 서비스/시스템/프로세스가 지니고 있는 일련의 고유특성들이 고객 및 이해관계자들의 (묵시적 내지 명시적) 요구사항을 충족시키는 정도라 정의한 것이다.

(3) 다구찌(田口)의 정의

일본의 다구찌겐이찌(田口玄一)는 "품질이란 제품이 출하된 후에 사회에서 그로 인해 발생하는 손실"이라고 정의[11]한다. 즉 제품이 시중에 출하된 후 성능특성치의 변동과 부작용 등으로 인해 사회에 끼친 손실을 품질로 본 것이다.

이상 논의된 여러 논자들의 품질정의를 요약 정리한 것이 〈표 1-2〉이다.

11) 吉澤正孝 編, *品質工學講座(1): 開發 設計段階の 品質工學*, 日本規格協會, 1988.

2.3 품질정의의 적용

시방(示方)이나 표준에 맞추어 합격·불합격이나 양·불량으로 가늠하는 생산자 관점의 품질은 시방과의 일치성(conformance with specification)이나 요건에 대한 일치성으로 정의된다. 이것은 생산공장에서 시방이나 설계특성에 일치하는 적합(제조)품질을 확보하는 데 긴요하다.

시방과의 일치만으로는 고객의 요구나 기대에 제대로 부응하기는 어렵다. 그래서 쥬란(J.M. Juran)은 소비자 관점에서 품질은 용도에 대한 적합성(fitness for use)이라 정의하였다. 사실 소비자로서 제품의 개발 내지 제조에 바탕이 되는 시방에 대해서 알고 있는 경우는 드물다.

체르노빌 원자력발전소의 핵 누출 사고와 월남전에서 사용된 고엽제의 피해사례에서 볼 수 있듯이 소비자 관점의 품질개념은 국가나 사회시스템에서의 적용에는 한계점을 지니고 있다. 국가 내지 사회와 연관해서 소비자와 생산자 그리고 사회를 포괄하는 입장에서 볼 때는 '요구(need)의 충족'을 포괄적으로 표방하는 사회관점의 품질정의가 가장 적절하다(그림 1-2 참조).

일반적으로 품질이라 할 때에는 공산품의 품질을 말하지만, 건설업에서는 건축물의 품질이 해당되며 정보산업에는 소프트웨어(SW) 품질이 지목되고 은행이나 호텔 등 서비스업에서는 무형의 서비스 품질이 해당된다. 생산공장에서는 시방과의 적합 여부에 초점을 맞추는 적합(제조)품질이 중요시되며,

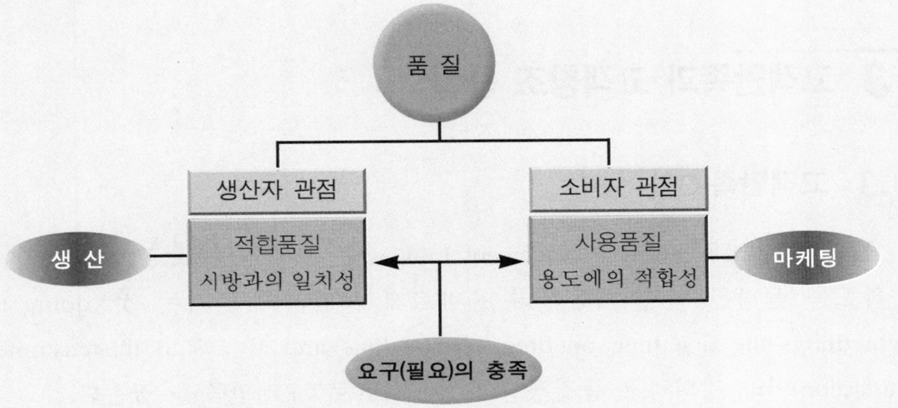

그림 1-2 생산자·소비자·사회관점의 품질의미

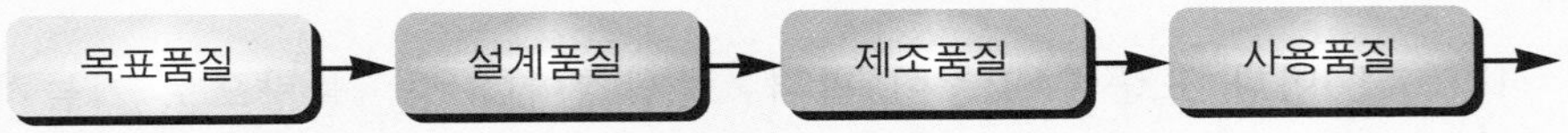

그림 1-3 품질의 사이클

영업이나 기업입장에서는 고객만족 품질이 중요하다.

품질정의는 생산자나 소비자 등 여러 이해관계자의 입장에서 적절하게 정의되고 활용되어야 하는 것으로, 특히 기업이나 경영의 입장에서는 경영품질이나 고객만족 품질개념이 긴요하다.

품질은 제품(서비스)이 개발 · 설계 · 생산되어 소비자의 손에 넘어가서 사용되기까지의 라이프 사이클의 관점에서 [그림 1-3]과 같이 설계품질 · 제조품질 · 사용품질로 나누어 볼 수 있다.

경영방침이나 품질방침에 의해서 품질목표가 결정되는 개념적 단계를 목표품질이라 할 수 있다. 목표품질이나 사용품질에 대한 시장조사(연구) 등을 통하여 설계품질이 이루어지면 이를 토대로 적합(제조)품질이 이루어지고 결국 사용품질에 이르게 된다.

현대경영에서 소비자가 요구하는 품질을 경제적으로 실현하기 위해서 품질경영을 전개한다고 볼 때, 사용품질에서 소비자의 요구가 충족될 수 있도록 제품이나 서비스의 설계품질이 정해지고 제조품질이 만들어져야 한다.

3 고객만족과 고객창조 품질

3.1 고객만족(CS)

캐나다의 QMI(Quality Management Institute)는 품질경영을 "고객이 항상 만족하도록 올바른 일을 처음부터 올바르게 끊임없이 행하는 것"(doing the right things the first time on time, all the time and always to the customer's satisfaction)이라 정의하고 품질경영의 1차 목표로 '고객만족'을 꼽는다.

이시가와가오루(石川馨)는 "다음 공정은 나의 고객"이라 하였다. 이는 모든 구성원은 리더십과 경영프로세스의 고객임을 뜻한다. 쥬란과 그리나 2세(J.M.

Juran & F.M. Gryna, Jr.)는 '고객'(customer)을 제품이나 서비스에 의해서 영향을 받는 내부고객과 외부고객으로 구분하고, 제품은 모든 프로세스의 산물로서 재화(goods), 소프트웨어(software), 서비스가 망라된다고 하였다.[12)]

이들은 고객만족의 성취요인으로 품질, 즉 제품특징과 무결함을 꼽았다. **제품특징**(product features)은 가격 및 판매량에 직접 영향을 주는 판매수입의 주요 영향요인으로 이는 설계품질과 관련이 있다. **무결함**(freedom from deficiency)은 불량비용, 즉 실패코스트(스크랩, 재작업, 불만, 클레임 등)의 주요 영향인자로서 적합품질과 관련이 깊다.

기업이 한정된 자원으로 경쟁우위를 확보하려면 고객만족을 통해서만이 가능하다. **고객만족**(customer satisfaction: CS)이란 고객이 '원하는 것'(need or wants)을 찾아내어 고객의 만족조건을 최대로 보장하고 충족시켜 주는 것을 말한다. 여기서 '만족'이란 개인의 주관적인 경험, 즉 인지(認知) 내지 지각(知覺) 결과가 당초의 기대에 이르거나 그 이상이 됨을 의미한다.

고객이 만족하려면 우선 제품을 사용한 결과 만족할 만한 경험이 소비자에 의해 지각(percept)되어야 한다. 즉, 품질의 인식주체인 고객이 지각한 품질(perceived quality)이 그가 기대한 품질(expected quality)[13)]과 같거나 그 이상이 되면 고객만족에 이르게 된다.

고객의 기대 (기대품질)	≤	고객의 지각 (지각품질)	→	고객만족

만족(satisfaction)은 소비에서 이루어지는 심리적 결과이기 때문에 제품판매 후의 적절한 서비스는 소비자 내지 고객만족의 영향요인이 된다. 제품에 대해 불만족한 고객은 반복구매를 하지 않음은 물론 제품의 나쁜 점들을 다른 사람들에게 알려주려는 경향이 있을 뿐만 아니라 손해배상을 요구하고 법적 소송을 하기도 하는데, 이 경우 기업이미지에 큰 손상을 줄 수 있다.

연구에 의하면,[14)] 불만고객 100명 중 4명 정도가 불만을 어필하지만, 불만고객 한 사람이 주위의 10명 고객에 불만사항을 전하는 바람에 결국 1,000명의 고객을 잃을 수 있다는 것이다.

12) J.M. Juran & F.M. Gryna, Jr., *Quality Planning and Analysis,* 3rd ed., McGraw-Hill, 1993.
13) 고객만족을 제일 목적으로 하는 TQM의 경우, 품질은 고객 입장에서 해석되어야 하므로, TQM에서는 지각품질이 가장 중요한 품질개념이 된다.
14) J. Bowles & J. Hammond, *Beyond Quality,* The Berkeley Publishing Group, 1991.

3.2 고객만족의 조건

상품이나 서비스를 구매하는 고객들은 보편적으로 사물의 품질 · 시간 · 가격에 가장 민감하다. 따라서 이들 세 가지 요인에 대한 고객의 기대를 벗어난 채 고객을 만족시키기는 어렵다.

(1) 고객만족을 위한 첫 번째 조건은 품질이다.

우리 기업들이 생산해 내는 제품의 품질수준이 상당히 높아졌지만 아직도 소비자들이 못미더워하는 측면이 바로 품질이다. 선진국의 통계를 보면 품질이 잘못되어 기업이 사후에 부담하는 비용은 매출액의 15~30%정도 된다. 따라서 품질은 고객만족뿐만 아니라 기업 수익성 측면에서도 무시할 수 없는 요소이다.

(2) 두 번째 조건은 고객을 위한 시간관리이다.

시간관리는 최근 주목받는 주요 경쟁요소이다. 고객요구에 신속하게 대응하는 것은 우량고객을 유지하는 필수 작용요인이다. 렌터카 업체로 유명한 미국의 헐츠(Hertz)社는 예약고객이 공항에 내리면 에어컨이나 히터를 미리 켜 놓고 트렁크는 짐을 싣기 쉽도록 열어 놓은 채 대기시켜 놓는다. 고객이 지체없이 공항을 빠져나갈 수 있도록 하기 위한 것이다. 주문에 신속히 반응하는 것도 중요하지만 물건 배달이나 애프터서비스를 하면서 고객의 시간을 귀히 여기는 것도 중요하다. 방문할 날짜만 정해 놓고 고객으로 하여금 아무것도 하지 못하게 하고 하루 종일 기다리게 하는 것보다는 방문할 일자와

사 례 **초인종 효과에 주목하여 고객만족도를 높인 BOA**

미국은행 뱅크오브아메리카(Bank of America, BOA)는 '초인종 효과'에 주목하여 고객 만족도를 끌어올릴 수 있었다. 새로운 고객 서비스 컨셉을 찾아내기 위해 여러 실험과 탐색을 하던 중에, 기다리는 시간관리에 대한 중요한 사실을 발견했다. 은행에서 줄 서서 기다리는 시간의 임계치가 3분이며, 그 시간이 지나가면, 고객은 실제 기다린 시간보다 더 오래 기다렸다고 생각하면서 기다림의 수고를 과대평가하게 된다는 것이다. 여기에 고객들이 기다리는 동안 재미있는 비디오를 틀어주는 등의 노력으로 초인종 효과를 완화할 수 있고, 실제로 고객만족도 지수에서 단 한가지 사항만 개선해도 고객 1인당 1.4달러의 매출 증가 효과가 있음도 알아냈다. BOA는 고객케어를 위한 지속적인 투자를 한 결과, 고객들의 로열티와 추천의향이 늘어나 파이낸셜 타임스(Financial Times)가 뽑는 '올해의 미국 은행'으로 2년(2006, 2007) 연속 선정되었다.

시간을 정하여 정시에 방문하는 것도 고객불만을 없게 하는 요령이다.

소비자들의 불평을 즉각적으로 해결해 주면 고객의 만족도를 높일 수 있으며 더 좋은 제품을 개발할 수 있는 정보도 얻을 수 있기 때문에 애프터서비스는 소비자들의 불만을 효과적으로 통제하고 아울러 소비자의 만족도를 높여 줄 수 있는 중요한 마케팅 변수라 할 수 있다.

(3) 고객만족의 세 번째 조건은 고객가치이다.

고객이 제품을 구입하고 나서 드는 추가비용이 클 경우, 가격을 싸게 지불했다 하더라도 고객으로서는 불만이 쌓일 소지가 크다. 오히려 조금 비싸더라도 구입에 따른 추가비용이 없을 때 고객은 더 만족하는 법이다.

값이 싸면 품질이 나쁘더라도 팔리고, 품질이 좋으면 값이 아주 비싸더라도 팔리는 것은 일시적인 현상이다. 자유시장 경제체제에서는, 품질이 좋으면서 가격이 저렴해야 많은 소비자들로부터 오랫동안 애용된다.

위의 세 가지 조건을 종합해 볼 때, 고객만족은 고객가치 충족에서 찾아야 한다. 가치창조에서도 고객만족을 추구하려면 고객이 원하는 니즈(need)가 무엇인지 먼저 파악하고, 이를 통해서 고객을 만족시킬 수 있는 새로운 가치를 창출해야 한다. 검색 엔진을 최초로 개발한 Yahoo 등 포탈업체들이 '어떻게 하면 고객들을 포털에서 벗어나지 못하도록 할까' 골몰하고 있을 때, Google은 고객의 다양한 방문 목적 중에 정보검색이 가장 중요하다고 판단하여 자사의 검색서비스를 이용하는 고객의 편리성과 접근성에 치중하였다.

따라서 현대경영의 패러다임 시프트(paradigm shift)[15]는 '양질 저가'가 아닌 '고객가치 추구'로의 이행에서 찾을 수 있다. 간단히 말해서 고객의 요구나 기대사항들을 충족시켜 주거나 훨씬 뛰어넘는 상품이나 서비스를 제공하는 기업만이 경쟁에서 살아남을 수 있다.

15) paradigm shift란 이제까지 공통원칙으로 받아들인 행동양식과 가치관이 이미 환경의 변화와 시대의 추세에 적응치 못해서 새로운 준칙으로 이행함을 뜻한다.

사 례 고객가치경영으로 미국서 대박 난 드럼세탁기

'JD파워'는 2007년 세탁기 소비자 만족도 조사에서 'LG트롬'을 1위로 선정했다. 현지 소비자들의 요구와 성향을 철저히 분석하여 제품개발에 반영한 결과였다.[16)]

2015년 9월 대한항공은 대형 화물기 3대로 LG전자의 '트윈워시' 세탁기 200대를 공수했다. 10배가 넘는 운송비를 들여서 화물기로 공수한 것은 미국 대형 유통사에서 "트윈워시를 제때 보내주지 않으면 LG의 다른 제품을 매장에서 빼버리겠다"고 독촉했기 때문이다. 트윈워시(twin wash)는 일반 드럼세탁기 아래 쪽에 서랍장처럼 소형 통돌이 세탁기를 결합한 제품(사진)으로, 미국 출시를 앞두고 있었다. 일반 드럼세탁기보다 100만원 가까이 비싸다. 트윈 워시는 "숨어 있던 소비자의 오랜 욕구를 정확하게 저격한 결과"의 산물이다. 흰옷과 색깔옷, 겉옷과 속옷을 나눠 빨고 싶다는 '분리 세탁'에 대한 수요는 이미 알려진 이야기다. 2007년 전국 소비자 400여명을 대상으로 실시한 설문 조사에서 "세탁기를 사용할 때 가장 불편한 점이 무엇이냐"는 질문에 소비자의 60%가 "나눠서 세탁하느라 두 번 세 번 빨아야 하는 점"이라고 답했다. 특히 어린 자녀를 둔 소비자들은 약 80%가 분리 세탁을 하고 있는 것으로 나타났다. LG전자는 2007년 조사에서 분리 세탁에 대한 수요를 발견하고 제품 연구개발을 시작해 '세탁기 두 대를 합친다'는 아이디어를 트윈워시로 구현하는 데 150명이 넘는 개발인력으로 8년이 걸렸다. 트윈워시는 위쪽 드럼 세탁통이 수직 방향으로, 아래쪽에서 통돌이 세탁통이 수평 방향으로 동시에 회전한다. 상하 두 세탁기가 작동하면서 각각 진동이 발생한다. 이 진동이 합쳐져 공진(共振, resonance)*현상이 발생할 수 있다. 최대 관건은 공진현상을 제어하는 것이었다.[17)]

LG전자는 '댐퍼(damper)'라는 진동 에너지 흡수장치의 성능을 높여 두 세탁통의 진동이 전달되지 않도록 차단하는 방식으로 이 문제를 해결했다. 이 제품 개발 과정에서 출원한 특허만 457건이다. LG전자의 2016년 1분기 영업이익률이 역대 최대인 9.7%를 기록했는데, 최고 공신은 '트윈워시' 세탁기다. 미국에서 트윈워시는 LG전자의 기존 프리미엄 세탁기보다 2배나 많은 매장에서 팔리고 있다.[18)]

16) "미국에서 대박난 드럼세탁기", *조선일보*, 2007.12.20.
*공진이란 단위시간당 흔들리는 횟수가 서로 같은 진동이 만나면 진동이 점점 증폭되는 현상을 말한다. 그럴 경우 파괴적인 결과가 나타난다.
17) "트윈워시는 왜, 배 아닌 비행기로 美 갔나", *조선일보*, 2015.10.19.
[Why] 내가 반했다. 이 세탁기 맘에 쏙!, *조선일보*, 2015.9.26.
18) '家電은 사양산업' 통념 깨다, *조선일보*, 2016.6.2.

3.3 지각품질에서 본 고객만족 품질

품질경영의 발전단계를 중심으로 하여 볼 때, 품질수준은

규격지향 품질→규격충족 품질→고객요구 품질→고객만족 품질(그림 4-5 참조)로 발전된다. 대부분의 경우 제품시방이나 사내표준화를 통하여 기껏 규격충족 품질수준에 이를 뿐 진정한 의미의 고객만족 품질에 이르기는 힘들다. 즉, 부품이나 제품시방을 규격화하여 생산하는 **규격지향 품질**로는 균일한 품질이 유지되어 시장생존의 방편은 될 수 있을지는 몰라도 시장경쟁에서 승리자가 되기는 힘들다.

사내표준화나 표준화한 품질시스템을 구축하여 품질을 확보하는 품질보증(QA)이나 ISO 9000시스템에 의한 **규격충족 품질**로서도 시장확보는 가능할지는 몰라도 시장주도는 어렵다(4장의 그림 4-5 참조). 이들 표준화한 시스템만으로는 변화하는 고객의 요구나 기대수준에 신속히 유연하게 대처할 수 없기 때문이다. 불과 몇 년 전 수백만원하던 아날로그방식의 휴대폰이 디지털에 밀려 자취를 감추게 된 사실에서 우리는 시장변화나 고객요구를 무시한 규격충족 품질의 한계를 쉽게 가늠할 수 있다. 이른바 **고객요구 품질**수준에 이르려면 기존의 표준에 얽매이지 않아야 한다. 변화하는 고객의 요구나 기대를 제품의 개발단계에서 반영하고 지속적으로 개선·발전시키는 고객요구 품질수준에 이르지 않고서는 시장경쟁에서 앞설 수 없다. 그러나 이 또한 고객요구를 충족시키는 정도이어서 시장을 주도하기는 힘들다.

고객만족 품질수준에 이르러야 비로소 시장(고객)창조가 가능한데, 이는 고객만족을 위해 톱의 강력한 리더십과 함께 구성원의 협력을 얻어 전략적으로 전개되는 총체적 품질경영(TQM)이 주축이 된다. 고객만족을 우선적으로 추구하는 TQM에서 품질은 고객의 입장에서 해석되어야 한다. 즉, 고객이 품질인식의 주체가 되는 지각품질(perceived quality)이 가장 중요한 품질개념이 된다.

대표적인 고객만족 평가모델인 미국의 ACSI(American Customer Satisfaction Index)모델[19]은 [그림 1-4]에 보인 것처럼, 구매 전 품질에 대한 고객의 기대와 지각한 품질의 관계에서 고객 지각가치 내지 고객만족, 고객불평, 고객충성에 이르는 과정을 평가한다.

19) ACSI모델은 1994년 미국의 미시간대학(University of Michigan)과 미국품질협회(ASQ: American Society for Quality)에서 개발한 것으로, 한국생산성본부에서는 이 모델을 원용한 NCSI모델을 이용하여 한국산업의 고객만족도를 매년 평가하여 발표하고 있다.

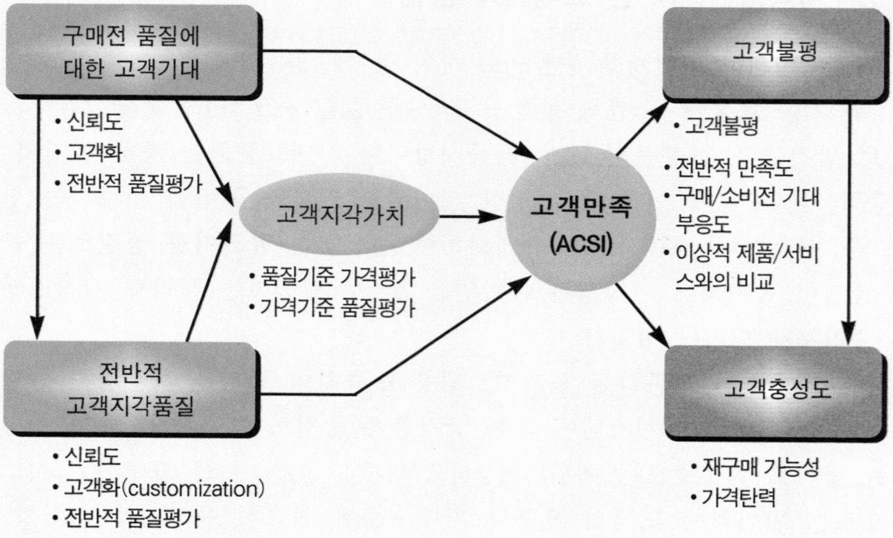

그림 1-4 **ACSI의 고객만족도 평가 모델**

ACSI: American Customer Satisfaction Index

고객만족으로 표현되는 품질의 주관적 측면은 자유시장경제의 발전과 더불어 점점 중요시되고 있다. 문제는 고객이 만족하는 품질에 대해서 우리가 제대로 이해하고 있지 못하다는 사실이다. 가령 고객만족을 나타내는 지표로 이용되는 클레임 건수가 제로에 이르면 고객의 불만이 없다고는 할 수 있어도 고객만족을 달성했다고 할 수는 없다. 이런 점에서 클레임 건수는 고객불만 지표는 될 수 있어도 고객만족 지표로는 불충분하다. 바꾸어 말해서 클레임 건수는 고객만족의 필요조건은 될 수 있어도 충분조건은 될 수 없다는 점이다.

요컨대 고객만족은 고객의 욕구나 기대를 올바로 파악하여 이들의 기대를 넘는 품질에 이르러야 한다.

3.4 품질에 의한 고객만족

고객이 원하는 품질의 제품과 서비스를 제공하여 고객을 만족시키는 기업은 경쟁적 우위를 확보할 수 있다. 장기적인 경쟁우위를 확보하는 관건은 가치를 부가시켜 이를 고객이 인식하도록 하는 것으로, 고객의 요구 내지 기대를 지속적으로 충족시키는 것이다.

제품과 서비스의 모든 면에서 우수한 품질을 보증할 수 있는 기업이 되기 위해서는 다음의 **요건**들을 고루 갖추어야 한다.

① 고객우선의 비전을 공유하고 실천한다.

② 고객의 요구를 정확히 파악한다.

③ 고객의 목소리에 귀를 기울인다.

④ 구성원의 진심과 정성으로 고객만족의 분위기를 조성한다.

⑤ 최고경영자가 고객만족을 위해 솔선수범한다.

치열한 경쟁에서 기업이 살아남기 위해 필요한 첫 번째 요건은 기업의 구성원 모두가 고객우선의 비전을 공유하고 이를 실천하는 일이다. LG그룹의 "고객을 위한 가치창조" 경영이념은 이러한 맥락에서 이해할 수 있다.

고객이 '원하는 것'(need or wants)을 충족시켜 줌이 없이 고객만족은 이룰 수 없다. 따라서 고객요구의 정확한 파악은 고객의 기대를 충족시킴에 있어 불가결한 요건이다.

고객의 요구를 올바로 이해하려면 고객의 목소리에 귀를 기울여야 한다. 고객의 목소리는 제품/서비스의 장점이 무엇인가를 제시할 뿐만 아니라 개선되어야 할 사항도 지적해 준다. 고객의 불평을 통해 경쟁사들이 발견하지 못한 니즈(need)를 찾아내어 경쟁사의 제품과 차별화한 사례도 있다.

고객은 진심에서 우러나온 구성원들의 정성어린 서비스를 받을 때 만족감을 느끼게 된다. 네델란드의 필립스(Philips)社는 4장의 [그림 4-9]에 보인 바와 같이, 고객만족을 위해 내부고객인 사원의 만족을 우선 추구하고 있다. 제품이나 서비스에 기업의 온 정성을 담으려면, 고객을 위할 줄 아는 구성원을 선발하고 이들에 대한 교육 훈련에 장기간의 투자가 필요하다.

고객만족을 위한 최고 경영자의 솔선수범 없이 고객이 만족하는 기업이 될 수 없다. 리더는 조직의 목적, 방향의 일관성 및 내부환경을 확립해야 되기 때문이다. 포춘(*Fortune*)지가 고객지향기업의 최고경영자를 대상으로 하여 조사한 결과, 공통점은 이들 모두 고객우선으로 사고하고 실천하고 있다는 점이었다. 내부고객인 사원을 만족시키지 않고 외부고객을 만족시킬 수는 없다. 따라서 경영자는 내부고객과 외부고객의 요구를 올바로 파악하고 충족시킬 수 있는 환경을 조성해야 한다.

표 1-3 고객만족을 위한 주요 성공요인(CSF)

CSF	CSF 내용	관련 사례
1	목표시장을 정확히 구분한다	American Airlines, National Semiconductor
2	고객의 경험을 적극 수용한다	Hertz, Amazon.com
3	고객에게 영향을 줄 수 있는 비즈니스 프로세스를 재배치한다	Babson College, National Science Foundation
4	고객관계에 대해 360도의 관심을 제공한다	Bell Atlantic, Wells Fargo
5	고객이 스스로 할 수 있도록 도와준다	Dell Computer, iPrint
6	고객의 업무에 도움을 준다	Boeing, PhotoDisc
7	맞춤 서비스를 제공한다	Dow Jones, General Motors
8	커뮤니티를 활성화한다	Cisco Systems, Tripod

전자 상거래 시대의 고객만족의 주요 성공요인(CSF: critical success factor)으로 세이볼드(Seybold)는 〈표 1-3〉의 8가지 요인을 제시하고 있다.[20)]

요컨대, 현대경영에서는 고객이 만족할 수 있는 요구나 욕구 충족물(need or want satisfiables)로서의 제품이나 서비스를 경제적으로 제공할 수 있어야 한다. 그러려면 우선 소비자가 요구하는 기능상의 요건들을 고루 갖춘 제품을 생산시스템(공장)에서 경제적으로 생산할 수 있도록 제품이나 시스템이 설계되어야 한다. 말하자면 생산공장에서 특정제품을 생산하기에 앞서 그들 소비자의 요구가 무엇인가를 올바로 파악하고 이를 만족시키도록 하는 것이다(그림 1-5 참조).

고객의 불만이 있을 때는 불만의 근원을 제거하기 위하여 제품품질을 개선한다든가 수집된 정보를 토대로 제조공정이나 서비스 과정을 개선한다.

미국의 Banc One 은행은 고객만족함수로서 고객행태를 이해하기 위한 통계모델을 개발한 바 있다. 이 모델을 이용하여 분석한 결과,[21)] 감동한 고객들은 단순히 만족한 고객들에 비해 5배나 많이 이 은행상품을 구매한다는 사실을 알아냈다. 그리고 감동한 고객은 만족고객에 비해 은행이탈률도 4배나 적었다.

20) Patricia B. Seybold, *customers.com,* Times Books, 1998; 유승민 외, *21세기 미래경영,* 김영사, 2000에서 재인용.

21) A.B. Godfrey, "Ten areas for future research in Total Quality Management," *Quality Management Journal,* 1, pp. 47-70.

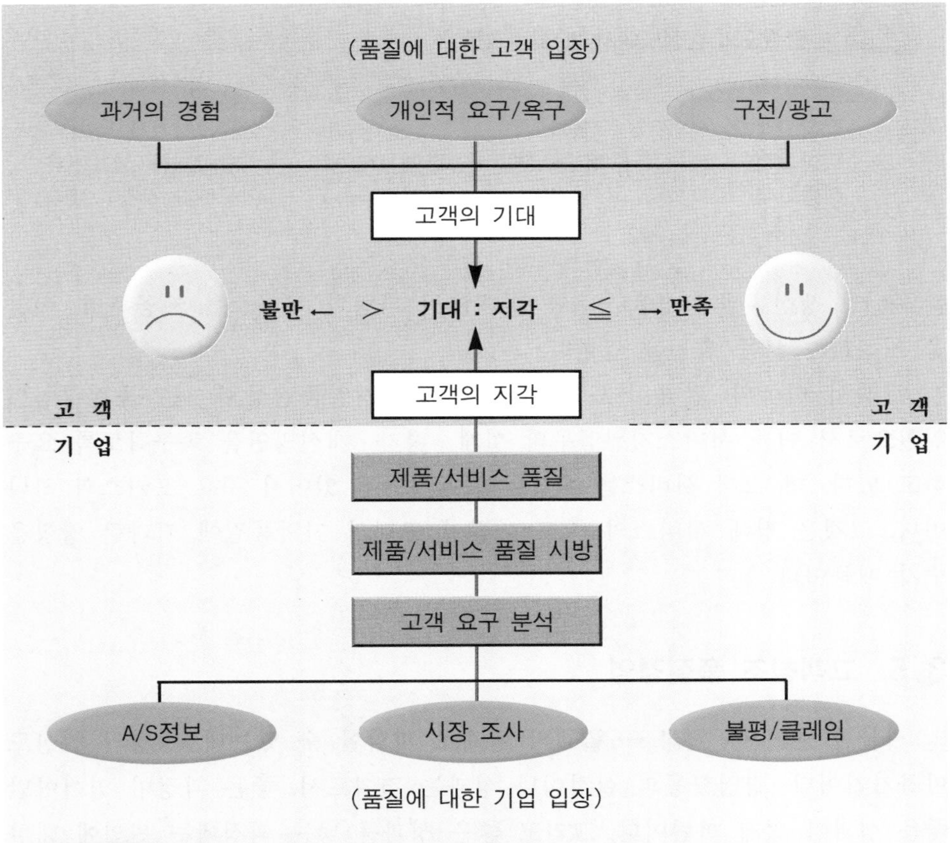

그림 1-5 제품/서비스 품질에 대한 고객만족모델

이와 같은 사례에서처럼 특정 기업이나 브랜드에 대한 충성도(royalty)는 미래의 고객확보에 있어 매우 중요하다. 서비스기업의 경우 충성스러운 고객을 확보하려면 충성스러운 종업원을 필요로 한다. 고객그룹은 그들의 만족도와 충성도에 따라서 〈표 1-4〉에서처럼 정착고객, 이탈고객, 이동고객으로 나눌 수 있다.[22)]

상품품질의 좋고 나쁨이 고객만족과 불만족의 주요 원인이지만, 고객이 좋지 않은 경험을 가진 경우 고객이 이탈할 수도 있다. 바꾸어 말해서 상품품질에서 만족했더라도 지원체제 등으로 고객서비스가 나쁘면 고객은 그 브랜드에 대해서 불만을 갖게 된다. 여기서 서비스 및 지원업무란 기간업무(基

---

22) T.O. Jones & W.E. Sasser, Jr., "Why Satisfied Customers Defect," *Harvard Business Review*, Nov.-Dec. 1995, p.97.

표 1-4 만족도와 충성도에서 본 고객그룹

고객그룹	만족도	충성도	행동
정착고객	높다	높다	정착, 지지하고 있다
이탈고객	중 정도~낮다	중 정도~낮다	이탈, 불만을 퍼트린다
이동고객	낮다	중 정도~낮다	이동한다, 정착률 낮다

幹業務)인 생산·판매(영업)·유통에 대해서 다양한 서비스를 제공하며, 이들을 지원하는 모든 활동을 말한다.

그래서 미국의 '말콤 볼드리지상'과 일본 '경영품질상'에서는 품질경영의 일환으로서 이들 서비스지원업무의 설계·평가·개선방안을 촉구하도록 요구하고 있다. 대 고객 서비스는 오늘날 품질경영에 있어서 주요 포커스의 하나이다. 그것은 당해 서비스의 좋고 나쁨이 고객의 지각품질에 커다란 영향을 주기 때문이다.

3.5 고객창조 품질경영

사물을 원인 ↔ 과정 ↔ 결과의 관계로 파악할 수 있는데, 경영의 현상도 마찬가지이다. 경영활동의 실적이나 성과는 결과로서, 좋은 과정이 있어야만 좋은 성과가 있게 마련이다. 그리고 좋은 성과를 낳는 과정에는 원인에 대한 체계적인 분석과 대응과정이 토대가 된다. 따라서 좋은 성과를 올리는 과정 내지 기반구축에 힘써야 되므로 여기에 품질사상과 전략의 필요성이 강조되는 것이다.

품질경영은 「마케트 인」(market in) 사상으로 움직이는 것이 특징이다. "팔리는 것을 만든다," "팔리는 것을 구매한다"는 자세는 소비자나 고객 없이는 생각할 수 없다. 지난날 공급자위주의 시장(seller's market)에서 생산자들이 지향했던 '만든 것을 판다'는 「프로덕트 아웃」(product out) 사상과는 근본적으로 다르다.

수요총액 × 점유율 =	**매 출 액**	= 수량 × 가격
마케트 인 전략		프로덕트 아웃 전략

생산자위주의 마케팅(producer oriented marketing)에서는 소비자를 의식하지 않고 일방적으로 만든 것을 밀어부치는 방식이었지만, 고객 내지 소비자

지향 마케팅(consumer oriented marketing)에서는 소비자가 요구하는 제품을 그들이 원하는 조건에 맞추어 제공하지 않고서는 경쟁에서 살아남을 수 없다. 즉 「마케트 인 사상」에 입각한 「마케트 인 전략」이 현대 품질경영에 필요한 것이다.

마케트 인 사상 → 고객/시장의 창조 → 매출증대 → 시장점유율 증대라는 전개 흐름(그림 1-6 참조)에서 볼 수 있듯이, 「마케트 인 사상」에 입각해서 고객이 요구하는 품질의 제품과 서비스를 제공하여 고객이 만족하는 고객창조 품질경영이 절실하게 요구되는 것이 현실이다.

21세기의 고객창조 품질경영에서 적용되는 품질개념은 총체적 품질의 '신품질'이어야 한다. **신품질**(new quality)[23]이란 고객가치를 창출하는 고객만족 품질, 코스트 · 시간 · 가치 등을 포괄하는 경쟁우위 품질 그리고 고객만족과 경쟁우위를 실현하기 위한 경영 품질이 어우러진 총체적 품질개념이다.

그림 1-6 마케트 인 사상의 품질경영

주요 용어(key word)

• 리콜(recall) • 품질(quality) • 용도의 적합성(fitness for use) • 지각품질(perceived quality) • 고객만족(CS) • 고객만족 품질 • ACSI(American Customer Satisfaction Index) • CSF(Critical Success Factor) • 고객창조 품질경영 • 마케트 인(market in) • 신 품질(new quality)

23) *신품질포럼(New Quality Forum)*, 한국품질재단, 2002. 1.

연습문제

1. 현대 경영에서 품질이 중요시되는 이유를 예를 들어 설명하라.
2. 우리나라에서 발생한 대형사고의 공통원인을 열거하고 그 대책을 기술하라.
3. 품질향상이 수익성 증대에 미치는 영향들을 연관도로 제시하라.
4. 현대경영에서는 품질경영의 토대를 구축하고 품질경영의 사고방식이 경영활동을 비롯한 사업의 모든 업무와 활동에 배어들게 하여야 한다.
   품질경영의 토대란 무엇이며, 품질경영을 위한 기업가적 사고방식에는 어떤 것이 있는지 열거하라.
5. 가빈(D. Garvin)이 제시한 다섯 가지 품질개념을 설명하고 이 중 현대 품질경영에 적합한 품질은 어떤 품질인지? 이를 지목한 이유를 기술하라.
6. 품질에 관한 정의는 생산자 관점, 소비자/사용자 관점 그리고 사회관점의 세 가지로 정리할 수 있다. 품질개념을 생산자관점과 사회관점에서 비교 설명하고 이들 개념의 적용에 대해서 언급하라.
7. 현대경영은 고객만족을 목적으로 제시한다.
   ① 고객이란 누구를 말함인가? 내부고객과 외부고객을 구분하라.
   ② 고객만족을 간단히 정의하고 그 중요성을 언급하라.
8. 고객만족의 세 가지 조건을 정리하고 품질경영에 있어 고객중심원칙이란 무엇인지를 설명하라.
9. 고객지향적 기업이 시장에서 성공하는 이유를 예를 들어 설명하라.
10. 고객창조 품질경영은 'Market in' 사상으로 움직이는 것이 특징이다. 이 사상의 개념을 정리하고 고객요구와 'Market in' 사상간의 관계를 설명하라.

제 2 장

품질경영의 철학과 원칙

1 품질경영의 발전

1.1 품질경영의 발전단계
-구미(歐美)에서의 품질경영 발전

품질관리의 역사는 인간이 필요로 하는 사물을 만들면서 시작되었다. B.C. 5세기경에 건조된 고대 이집트의 피라미드를 옛 모습대로 볼 수 있는 것은 품질관리를 하였기 때문이다.

[그림 2-1]은 기원전 1450년에 건조된 이집트 왕조 18대 왕인 Thebes 무덤에서 출토된 조각으로 검사원이 석물블록을 자로 재고 있는 모습을 볼 수 있다.

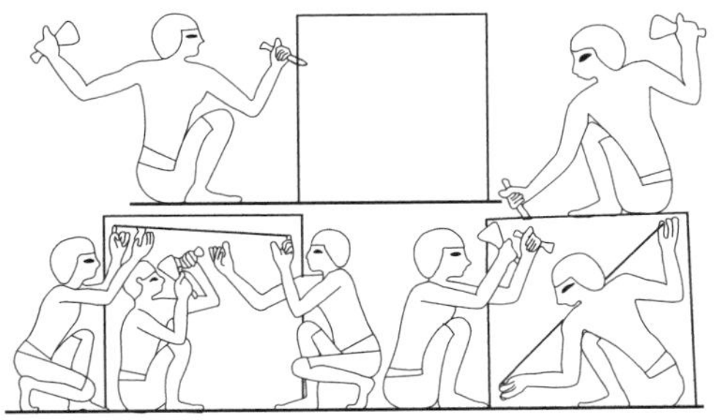

그림 2-1 고대 이집트 석공의 석물 화장작업 모습[1)]

장인(匠人)이 제품을 처음부터 끝까지 만들던 가내공업 시대에 품질문제는 그리 심각하지 않았다. 그러나 산업혁명 이후 생산체제가 공장제(工場制) 공업으로 되고 분업생산 내지 양산체제로 바뀌면서 품질보증과 경제적인 생산면에서 품질관리의 필요성이 증대되었다. 따라서 품질관리의 역사는 통계학의 발전과 양산체제가 이룩된 지난 20세기로 좁혀서 살피는 것이 적절하다고 본다.

20세기의 산업사는 품질관리의 변천사라 할 수 있다. 파이겐바움(A.V. Feigenbaum)에 의하면, 품질관리는 20세기에 들어와서 20년을 주기로 발전하여 왔다.[2] 그는 미국 산업계에서의 품질경영의 **발전단계**를 다음과 같이 여섯 단계로 나누어 제시하고 있다.

① 작업자에 의한 품질관리(operator quality control)
② 감독자에 의한 품질관리(foremen quality control)
③ 검사에 의한 품질관리(inspection quality control)
④ 통계적 품질관리(statistical quality control)
⑤ 종합적 품질관리(total quality control)
⑥ 전사/종합적 품질경영(company-wide and total quality management)

공장제공업 이후 초기의 품질관리는 검사 지향적이었으나 최근에는 최고경영자가 품질경영을 리드하고 모든 구성원이 참여하는 총체적 품질경영(TQM) 시대에 이르렀다. 그래서 품질경영 단계는 ①, ②, ③을 묶어서 '검사지향적 품질관리'로 하고, ④는 '통계적 품질관리', ⑤를 '품질보증 및 종합적 품질관리' 그리고 ⑥은 '전사/종합적 품질경영'으로 구분하여 설명하기로 한다.

1 검사지향적 품질관리

과학적 관리법이 시작된 19세기 말에는 품질은 주로 작업자에 의해서 이룩되었으므로 이 시기는 '작업자에 의한 품질관리' 단계라 할 수 있다.

20세기에 접어들어 공장규모가 커지고 분업생산이 이루어지면서 작업과 관리직능이 분화됨에 따라 감독자가 품질에 대한 책임을 지고 관리하는 '감

1) J.M. Juran & F.M. Gryna, Jr., *Quality Planning and Analysis,* McGraw-Hill, 1970, p.18.
2) A.V. Feigenbaum," *Total Quality Control,* 3rd ed., McGraw-Hill, 1983.

독자에 의한 품질관리'가 전개되었다. 제1차 세계대전 중 생산시스템이 복잡해지면서 불어난 수많은 작업자들을 직장(職長)이 다루기에 너무 벅차게 됨에 따라 검사자가 검사를 전담하는 '검사자에 의한 품질관리'가 이루어지게 되었다. 미국 산업계에서 검사에 의한 품질관리는 1920년대와 1930년대에 전성기를 이루었다.

통계적 방법이 검사문제에 처음 적용된 것은 1916년으로 프레이지(C.N. Frazee)가 OC 곡선을 이용하여 여러 가지 샘플링 방식의 합격확률을 구하였다.[3] 이어 벨 전화연구소(Bell Telephone Laboratory)의 닷지(H.F. Dodge)와 로믹(H. G. Romig)에 의해 1929년 샘플링검사 이론이 발표되고 1941년에 「닷지-로믹 샘플링검사표」(*Dodge-Romig Sampling Inspection Table*)가 완성되었다.

2 통계적 품질관리

슈하트(W.A. Shewhart)는 1924년 품질관리에 관리도(control chart)를 이용하는 것을 구상하였으며, 1931년 「제품품질의 경제적 관리」(*The Economic Control of Quality of Manufacturing Product*)라는 저서를 펴냈다. 이것은 통계적 방법을 공정관리에 적용시킨 '통계적 품질관리'에 관한 최초의 저서이다.

통계적 품질관리가 미국의 산업분야에서 실제로 적용된 것은 2차대전이 일어난 뒤였다. 2차대전 당시 급격하게 늘어나는 군수품의 수요에 대처해서 품질관리의 방법을 전시규격(war standard)으로 공포하였는데, 이것이 이른바 Z1 규격이다.

이의 보급을 위해 전시생산청(War Department)의 생산연구개발실(Office of Production Research and Development) 주관으로 품질관리 강습회를 미국 전역에서 열었던 바, 3년 동안(1943~1945년)에 810개 기관에서 참가하였다.[4] 여기에 참가한 대학 및 연구기관에 의해서 품질관리가 보급됨으로써 2차대전 이후 통계적 품질관리는 미국 산업계에 급속히 전파되었다.

영국에서는 1932년 슈하트의 방문을 계기로 품질관리에 관심을 갖기 시작하였다. 1935년에는 피어슨(E.S. Pearson)의 품질관리 저서를 그대로 영국규격(British Standards: BS) 즉 'BS 600'으로 제정하였으며, 2차대전 기간 중에는 전술한 미국의 Z1 규격을 그대로 'BS 1008'로 제정하였고, 그 후 품질관리에

3) G.E. Hayes & H.G. Romig, *Modern Quality Control,* Benziger Bruce & Glence, 1977.

4) A.J. Duncan, *Quality Control and Industrial Statistics,* 4th ed., Irwin Inc., 1974.

관한 많은 규격이 제정되어 활발히 적용되게 되었다. 그 후 품질관리기법은 미국과 영국으로부터 유럽 여러 나라에 전파되기에 이르렀고 이에 따라 유럽품질관리기구(European Organization for Quality Control: EOQC)가 탄생되어 품질관리 활동이 활발히 전개되는 계기를 이루었다.

3 품질보증 및 종합적 품질관리

통계적 방법에 의한 품질관리의 한계점이 노출되면서 파이겐바움(A.V. Feigenbaum)은 종합적 품질관리(Total Quality Control: TQC)를 1956년에 제창[5] 하기에 이르렀다. 그의 주장은 통계적 기법만으로는 품질관리의 성과를 충분히 얻을 수 없으므로 품질에 영향을 주는 회사 내 모든 부문의 노력을 모아서 종합적으로 품질관리를 추진해야 한다는 것이었다.

1960년대에 접어들면서 시작된 미사일 시스템의 발전과 급속한 기술발전으로 신뢰성(reliability) 문제를 품질관리 분야에서 다루게 되었고, 아울러 전 구성원의 품질에 대한 동기부여의 중요성도 인식하게 되었다. 1962년 미국의 Martin-Marietta社의 Orlando 사업부에서 비롯된 'ZD운동'(Zero Defects program)을 효시로 품질개선 활동에 전 종사원의 참여가 강조되었다. 이와 비슷한 시기에 일본에서는 'QC서클 활동'에 관심을 갖기에 이르렀으며 전사적 품질관리(Company-Wide Quality Control: CWQC)의 도입을 모색하였다.

미소냉전이 계속되던 1950년대 말 NATO 군사장비의 다수(60~80%)가 고장을 일으킨 것을 계기로 해서 1959년에 제정된 MIL Q-9858 A의 「품질프로그램 요구사항」(*Quality Program Requirements*)은 최초의 품질보증시스템이라 할 수 있다. 이 규격은 미국 국방성(DOD)이 1963년에 승인・발행함으로써 육・해・공군 및 국방조달기관에서 모든 조달품에 이 프로그램을 적용하도록 의무화한 것으로 ISO 9000을 비롯한 국제 품질보증규격의 모태가 되었다.

4 전사 / 종합적 품질경영

미국에서 1972년에 「소비자 제품안전법」(*Consumer Product Safety Act*)이 제정되면서 제품책임(PL) 문제가 품질관리의 주요 문제로 등장하였다. 제품의 신뢰성・품질보증・제품책임 문제 등은 생산현장이나 기술부서 또는 품질관리 부서만의 문제가 아닐 뿐더러 종래의 품질관리 방법으로는 해결하기 어

5) A.V. Feigenbaum, "Total Quality Control," *Harvard Business Review*, Nov.-Dec. 1956.

렵게 되었다. 이들 문제는 최고경영자와 전 종사원의 전사적이며 종합적인 경영활동 없이는 해결이 어려운 것으로, 1980년대 이후를 이른바 전사/종합적 품질경영(Company-Wide/Total Quality Management) 내지 총체적 품질경영(Total Quality Management: TQM)의 시대로 구분할 수 있다.

1.2 일본에서의 품질경영 발전

미국의 품질관리는 벨 전화회사나 국방성과 같이 생산자보다 힘이 월등한 구매자가 구매품의 품질유지를 목적으로 행한 구매자 위주의 품질관리에서 비롯된 것이다. 당시 품질관리는 검사에 중점을 두었으므로 QC(Quality Control)라 하여 불량품 통제에 치중하였다.

그러나 1950년에 미국의 QC를 일본에 전파한 데밍(W.E. Deming)은 경영자와 실무자들에게 품질관리 전 과정에 걸친 PDCA사이클의 전개를 강조함으로써, 일본의 QC는 품질통제가 아닌 「품질관리」로 출발할 수 있었다. 이즈음(1954년) 쥬란(J.M. Juran)이 일본의 최고경영자와 부과장을 대상으로 품질관리의 실천방법을 제시하였다.

일본에 품질관리의 씨앗이 뿌려진 것은 2차대전 전인, 1931년 이시다(石田保士) 교수가 관리도를 고안하여 전구제조공정을 관리하였으며, 1943년에는 도오요(東洋)베어링의 QC를 지도하였다는 기록이 있다.[6] 2차대전 직후인 1945년과 1946년에 표준화와 QC사업을 전개한 일본규격협회와 일본과학기술연맹(JUSE)이 창설되어 품질관리의 기반을 닦았고, 1949년에는 공업표준화법이 시행되었다.

JUSE는 미국의 품질관리기법을 일본 실정에 맞도록 토착화하고 그의 실천과 보급을 위해 1951년에 「데밍상」을 제정·실시하였다. 결국 일본의 품질관리는 미국과 달리 품질보증을 위해 생산자 스스로 품질개선을 지속적으로 전개하는 생산자 위주의 품질관리가 추진되어 「전사적 품질관리」의 토대를 이루게 되었다.

파이겐바움의 TQC(종합적 품질관리)가 1960년대 초 미국에서 도입되고 아울러 현장 작업자들의 소집단 활동인 QC서클이 전개됨으로써 일본적 TQC, 즉 전사적 품질관리(CWQC)가 뿌리를 내릴 수 있었다. 이로써 일본산업은

6) 小浦孝三, “日本の品質管理のOrigin: 品質管理年表(1900~1990),” *品質管理*, 41巻 12號, 1990. 10.

품질과 생산성을 크게 높여 점차 일본상품의 경쟁력을 높일 수 있었다. 1970년대에 일본상품의 경쟁력이 강화되고 세계시장을 제패함에 따라 세계 각국의 관심은 일본적 TQC에 집중되었다. 1980년대 일본에서는 품질관리 관련 국제세미나, 전문가 파견 및 연수팀 초청, 민간기업의 해외진출 및 기술협력이 많았다. 일본적 TQC의 국제화 추세에 따라, 일본에서는 영어판 「QC서클 강령」 책자의 보급을 비롯하여 JIS(일본공업규격)와 데밍상의 국제화를 위해 외국기업에도 문호를 개방하고, QC관련 국제회의인 ICQC '85 TOKYO, ICQC '87 TOKYO 등을 열기도 하였다.

1987년에는 구미제국이 중심이 되어 품질보증체제를 다지기 위해 ISO 9000시리즈를 제정하였던 바, 여기서 그들은 일본의 전사적 품질관리 개념을 품질경영(QM)으로 받아들이기에 이르렀다.

1.3 한국에서의 품질경영 발전

고려 고종때 16년간(1236년~1251년) 연인원 2만여명을 동원하여 5천2백만자에 달하는 글자를 자작나무 목판에 새긴 '팔만대장경'은 7백여 년의 세월이 흘렀음에도 손상이 별로 없다. 천여 명의 각수(刻手)가 목각한 글씨임에도 오자와 탈자가 없음은 물론 글씨 하나하나가 마치 한 사람이 쓴 것처럼 통일되어 있다는 점[7]에서 우리조상들의 뛰어난 품질능력을 엿볼 수 있다.

우리나라에 선진국의 품질관리 기술이 선을 보인 것은 1950년대 중반 미국원조로 이룩된 기간산업의 건설시기이지만, 제도적으로 확립된 것은 1961년 공업표준화법 시행 이후이다.

표준화사업과 품질관리 활동의 연혁을 살펴보면 다음과 같다.

1961. 공업표준화법 제정
1963. 한국공업규격(KS) 표시제도 실시
1966. 한국품질관리학회(현 한국품질경영학회) 사단법인 등록
1967. 공산품 품질관리법 제정, 품질표시제도 실시
1973. 공업진흥청 발족, 표준화와 품질관리 사업 전개
1974. 품질관리대상업체 지정

---

7) 윤덕균, "품질 정성을 되찾는 길," *품질경영*, 1994년 6월호.

1975. 품질관리 실천본부 설치, 범산업적 품질관리운동 전개,
품질관리 대상(大賞) 제정
1981. 공장품질관리 등급제도 실시
1983. 품질관리연수원 건립
1986. 품질관리 진단제도 실시
1992. QC운동을 품질경영(QM)운동으로 전환 추진
1993. 품질경영촉진법 제정, 품질경영 5개년계획('94～'98) 추진
1993. 국제품질보증시스템(ISO 9000) 국내 인증 실시
1994. 품질경영 100선 제도 운영
1995. 100 ppm 인증제도 실시
1996. 국제환경경영시스템(ISO 14000) 국내 인증 실시
2002. 학계와 산업계 전문가의 신품질 포럼 창립
2002. 제조물책임(PL)법 시행

거국적인 품질관리의 실천은 1973년 공업진흥청이 발족되고 1975년 품질관리 실천본부의 설립 이후로서 일본의 품질관리가 국제적인 선풍을 일으킬 즈음이다. 당시 많은 경공업제품을 미국에 수출하던 우리의 처지에서 품질관리는 절대로 필요했던 것으로 산업체로부터의 호응도 또한 높았다.

1991년에 공업진흥청에서 발표한「품질관리 백서」에 따르면, 범산업적인 품질관리가 우리산업에서 추진된 지 20년이 지났음에도 아직 한국의 기업풍토에 적합하고 유용한 품질관리기법이 개발된 것도 없을 뿐더러 품질개선활동의 효과 또한 크게 나타나지 않았다는 점에서 반성이 촉구된다.

품질관리가 우리나라에서 뿌리를 내림에 있어 한국표준협회의 역할을 과소평가할 수 없는데, 특히 공헌도가 높은 것은 지령 300호를 넘긴「품질경영」지이다. 1966년에 격월간으로 창간되어「품질관리」,「표준화와 품질관리」등을 거쳐 오늘에 이르렀다. 이 잡지의 명칭으로 판단할 때, 우리의 품질경영시대는 1993년 이후부터라 할 수 있다.[8)]

---

8) 1983년 11월~1990년 8월까지 경영자를 독자로 한「품질경영」이 출간된 일이 있지만 이는「표준화와 품질관리」잡지와 차별화하기 위한 타이틀이었다.
한편 일본과학기술연맹이 1950년부터 동일한 제호로 간행하고 있는「品質管理」(품질관리)의 영문 표기를 연대별로 보면, 1950~1987년까지는 SQC(통계적 품질관리), 1988~1994년까지 TQC(전사적 품질관리), 1995년 이후부터 TQM(전사적 품질경영)으로 표기하고 있다.

1993년은 우리나라가 ISO 9000시리즈의 도입과 함께 종래의 QC에서 QM 체제로 전환한 시점이기도 하다. 즉, 공업진흥청은 1980년대 후반의 노사분규로 침체된 QC운동을 품질경영운동으로 전환하고 1993년에 품질경영촉진법을 제정하여 「품질경영 5개년계획」(1994~1998)을 추진하였다.

1990년대 중반까지 한국표준협회와 한국품질경영학회를 제외한 민간기구에 의한 활동은 미미하였다. 1995년 대한상공회의소에 100ppm운동추진본부가 설치되고, 1995년 한국인정원(KAB, 전 한국품질환경협회)이 설립되어 품질인증 사업을 관리하는 등 비정부기관에 의한 품질경영활동이 늘고 있는 추세이다.

1997년 기술품질원 주관으로 학계와 산업계 전문가로 구성된 품질 아카데미가 창립되었으나 그의 활동이 부진하던 중, 2002년 순수 민간기구로 '신품질 포럼'이 창립되었다.

한국의 품질경영 발전단계는 QC활동의 계몽・보급기(1960~1974), TQC의 보급・확산기(1975~1989), TQM의 태동기(1990년 이후)의 3단계[9]로 구분할 수 있다. 이제까지의 기술내용을 토대로 미국・일본・한국에서의 품질관리 내지 품질경영의 발전과정을 정리하면 [그림 2-2]와 같다.

한국능률협회컨설팅과 한국과학기술원(KAIST) 테크노경영대학원이 공동 추진한 우수공장 인증을 목적으로 실시한 1999년도 「공장경영 실태조사」 결과에 따르면, 산업현장에서 가장 많이 수행되고 있는 개선 및 혁신활동은 5S운동이다. 또한 ISO 9000 인증 취득, 고객만족(CS) 활동 품질분임조 활동,

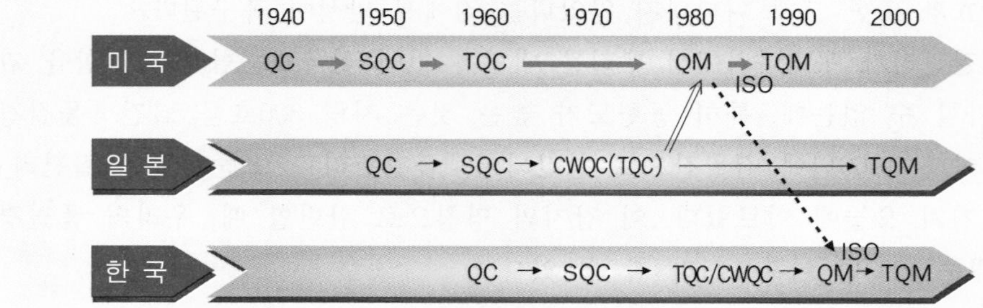

그림 2-2 **미국・일본・한국의 TQM 발전**

---

9) 조중완, *신품질주의 선언: 새로운 TQM을 제창함*, 한국품질재단, 2001. 3.

전사적 품질경영(TQM), 아웃소싱 강화활동 등이 많이 수행되고 있다. 가장 효과가 높았던 프로그램으로는 ISO 9000 인증 취득활동이 꼽혔으며 5S 운동, 전사적 설비보전활동(TPM)도 효과적인 혁신활동으로 지목되었다.

1.4 품질경영활동의 각국 동향

오늘날 미국을 비롯한 유럽의 여러 나라에서 품질경영활동을 범국가적으로 추진하고 있는 것은 1970년대 후반 세계시장을 지배하고 있던 일본산업의 경쟁력이 주로 전사적 품질관리(CWQC)에서 비롯된 것임이 확인되었기 때문이다.

구미(歐美)에서 국가적인 품질향상 운동을 최초로 전개한 나라는 **영국**이다. 1983년 5월에 대처수상은 범국가적인 '품질 캠페인'(National Quality Campaign, 1982~89)을 벌였는데, 이는 1982년에 발간된 「표준, 품질, 국가경쟁력 백서」(*Standards, Quality and International Competitiveness,* UK Department of Trade and Industry, *1981*)에 영향을 받은 것으로, 이 백서에서는 표준화와 이에 따른 품질보증을 공급자가 이행하도록 요구하였다. 이와 같은 요구는 1987년에 결국 국제품질보증규격인 'ISO 9000시리즈'를 출범시켰다.

미국의 NBC TV가 제작한 "일본이 할 수 있다면, 우리는 왜 못하는가?" (If Japan Can, Why Can't We?)라는 프로그램이 방영된 것은 1980년으로, 당시 미국에서는 일본기업의 눈부신 발전과 미국시장 침투에 관심이 고조되었을 때이었다. 이 프로는 미국산업의 위기를 강조하고 경영스타일의 변혁을 촉구하였다. 위기탈출의 대표적인 대응책으로 1987년에 제정된 말콤 볼드리지 국가품질상(Malcolm Baldrige National Award)을 꼽을 수 있다. 이 제도는 미국산업의 품질향상운동 확산에 많은 공헌을 하였다.

NBC TV방영 이후 일본의 품질관리기법인 다구찌방식, 품질기능전개(QFD), 동시병행설계(CE), 방침관리와 기능별 관리, 지속적인 품질개선(CI) 등에 관심이 집중되었다. 즉, 미국산업에서의 품질경영은 톱의 참여, 고객만족, 벤치마킹, 말콤 볼드리지상의 운영이 큰 몫을 하였다. 1980년대 중반까지만 해도 미국의 경영자들은 품질에는 관심이 별로 없었다. 그러나 일본의 전사적 품질관리를 익히고 이를 실천하는 과정에서 고객만족, 경영철학, 기업문화, 벤치마킹 등을 가미하여 이른바 TQM(총체적 품질경영)을 구축하여 1990

년대에 들어와 고지를 다시 탈환할 수 있었다. 일본의 경우 QC가 도입된 지 20년만에 품질경쟁력을 갖춘 데 비해 미국은 체제 재정비 10년에 이만큼 실적을 올린 것이다.

1980년대까지 고전하던 미국산업의 부활은 포드의 「토러스」(Taurus)나 크라이슬러의 「네온」(Neon) 자동차의 인기에서 엿볼 수 있다. 이들 사례에서 "고품질의 상품을 저가격으로" 라는 종래의 경영사상에서 "수요자가 가치를 인정하는 상품과 서비스의 제공을 적절히 추구한다"는 패러다임의 전환을 볼 수 있다.

1970년대부터 1980년대 말까지 **일본**의 경쟁력은 미국을 능가했지만 1990년대에 들어오면서 전세는 다시 역전되었다. 경쟁력이 국제적 수준에 있는 일본기업은 도요타, 혼다 자동차와 쏘니, 마쯔시타, 히다찌, NEC 등의 전자업체를 비롯한 제조업체들뿐이다. 은행·증권·보험 등의 서비스산업은 국제경쟁력이 떨어진다.

1980년대 미국산업의 TQM구축노력을 과소평가한 일본 학계와 실무자들은 미국의 말콤 볼드리지 수상업체를 둘러보고 고객만족을 목표로 톱 주도하에 일본적 TQC가 TQM으로 구축되어 실시되고 있음을 보고 크게 놀랐다. 1960년대에 미국이 그랬던 것처럼, 1880년대에 일본은 자만과 매너리즘에 빠져 경쟁력이 떨어지면서 일본 내에서는 일본적 TQC의 비판이 일었다. 이에 따라 일본과학기술연맹(JUSE)은 1996년 4월 TQC의 호칭을 TQM으로 개정할 것을 결의하고 1997년에 「TQM선언」을 하기에 이르렀다.

2 품질선구자의 사상과 철학

검사중심의 품질관리가 통계적 품질관리를 거쳐 고객지향의 총체적 품질경영(TQM)에 이른 것은 품질선구자들(quality gurus)의 사상과 철학이 있었기 때문이다.

현대 품질경영에 지대한 공헌을 한 품질선구자로는 슈하트, 데밍, 쥬란, 크로스비, 파이겐바움, 이시가와를 꼽을 수 있다.

2.1 슈하트의 품질사상과 철학

W.A. Shewhart

검사지향적 품질관리로는 품질개선이나 불량예방에 직접적인 영향을 주지는 못한다. 예방의 원칙에 입각해서 공정관리에 통계적 방법을 처음으로 적용한 것은 미국의 슈하트(W.A. Shewhart: 1891~1967)이다. 그래서 그는 통계적 품질관리의 시조로 꼽힌다.[10)]

캘리포니아 대학(UC Berkeley)에서 물리학 박사를 받은 다음 해인 1918년에 벨 전화 계열기업인 웨스턴 전기(Western Electric Co.)에 취업하여 1925년에 벨 전화연구소(Bell Telephone Laboratory)로 옮긴 후 1956년 퇴직할 때까지 통계적 품질관리 발전에 온 힘을 기울였다. 1931년 「제품품질의 경제적 관리」(*Economic Control of Manufactured Products*)를 출간한 그는 공정에서 품질의 변동을 관리하는 관리도를 개발하였다.

이 저서에서 그는 "제품 소비자 개개인의 욕구를 충족시키려면, 고객들의 다양한 욕구를 가능한 한 제품의 물리적 특성으로 변환시켜야 한다"고 했는데, 이것이 바로 품질특성이다. 그리고 이들 품질특성을 표준으로 설정한 슈하트는 그때 이미 고객요구에 초점을 맞추어 품질표준을 모색했던 것이다. 품질문제의 해결은 주로 생산공정에서의 품질변동을 줄이기 위한 관련 데이터의 취급과 분석방법에 주어졌다.

슈하트는 품질관리의 1차 목표를 공정관리와 품질변동 감소에 두었다. 품질변동 원인을 우연원인(chance cause)과 이상원인(assignable cause)으로 구분하여 현장에서는 후자에 치중하도록 하였다. 뿐만 아니라 오늘날 '데밍 사이클'이라고도 부르는 PDCA사이클, 즉 슈하트 사이클(Shewhart Cycle)을 창안하였다.[11)] 「품질관리 관점에서 본 통계적 방법」(*Statistical Method from the Viewpoint of Quality Control, 1939*)이라는 저서를 간행하여 통계분야에서 명성을 얻기도 하였다.

그는 품질관리의 현대적 관점에 지대한 영향을 주었던 바, 현대 품질철학의 시조로서 슈하트를 꼽을 만하다. 제품품질은 생산공정과 관련이 깊다고 보는 슈하트와 데밍의 사상은 공정관리 종합품질(process control integrated

10) "PROFILE: Walter A. Shewhart - Father of Statistical Quality Control," *Quality Progress*, Jan. 1986.
11) J.M. Ivancevich et al., *Management: Quality and Competitiveness*, Irwin, 1994, p.189.

quality)로서 분류할 수 있다. 슈하트의 품질사상을 이어받은 품질선구자(quality gurus)로는 데밍과 쥬란을 꼽을 수 있는데, 특히 이들은 슈하트의 공정품질의 통계적 관리에 동조하였다.

2.2 데밍의 품질사상과 철학

W.E. Deming

한때 슈하트와 벨 전화연구소에서 함께 일했던 데밍(W. Edwards Deming: 1900~1993)은 슈하트의 통계철학에 영향을 받아 품질경영에서 통계적 관점을 강조하였다. 그러나 그는 품질변동의 원인을 공통원인(common cause: 우연원인)과 특수원인(special cause: 이상원인)으로 구분하고 전자는 경영자가 후자는 현장에서 추구하도록 권고하였다. 아울러 품질문제의 해결은 경영자의 적극적인 참여 아래 시스템과 프로세스 개선을 지속적으로 추진할 것을 주장하였다.

1950년 일본과학기술연맹(JUSE)의 초청으로 실무자들에게는 통계적 품질관리를 지도하고 경영자들에는 리더십, 공급자 파트너십과 프로세스의 지속적 개선의 중요성을 역설하는 등 일본산업의 품질관리 도입에 결정적인 역할을 하였다. 이에 JUSE는 그의 업적을 기려 1951년에 「데밍賞」을 제정하기에 이르렀다.

1980년 NBC TV프로(If Japan Can, Why Can't We?)의 방영 이후 데밍은 1993년 12월 작고할 때까지 미국 품질경영 재건의 기수로 활약하였다. 그의 품질경영철학은 통계적 품질관리를 기초로 하는 통계적 사고를 바탕으로 한 일본적 경영의 이론과 관행을 중심으로 하고 있다. 데밍이 일본의 경영자들에게 QC를 가르쳤지만 그 자신 일본의 품질관리에서 많은 것을 배웠는데, 인간을 구성원으로 하는 조직은 인간본위여야 한다는 것이었다.

품질은 작업자의 행위결과라기보다는 경영자의 의사결정과 행동에 의해 크게 좌우되는 것이라고 역설하였다. 데밍과 쥬란 두 사람은 품질경영에서 최고경영자의 역할을 강조하였다. 그들은 경영자의 품질문제에 대한 책임이 막중하므로 경영자 자신이 품질문제에 혼신을 다해야만 지속적인 품질개선을 이룰 수 있다고 하였다. 데밍은 작업자의 잠재능력을 극대화하여 작업수행뿐만 아니라 시스템개선에 중추적인 역할을 수행하게 해야 한다고 주장했다. 품질문제는 결국 시스템의 문제로서 이는 장기적 안목에서 계획적으로 시스템과 프로세스 개선에 주목할 것을 강조했다.

데밍이 행한 **프로세스 개선 실천사항**으로는,

(1) 외부고객과 공급자를 포함한 확장된 프로세스 개념에서의 고객요구사항의 반영, 고객만족, 공급자들과의 장기적 파트너십 강화,

(2) 통계적 공정관리(SPC)의 발전과 실용화,

(3) PDCA사이클에 의한 지속적인 프로세스 개선[12]을 꼽을 수 있다.

데밍의 **품질사상**은 다음 '경영전환 14개항'으로 요약할 수 있다.

경영전환 14개항(14 Points for the Transformation of Management)

① 기업의 경쟁력과 발전을 위해 제품 및 서비스의 품질향상 목표를 일관되게 추구해야 한다.

② 변화의 리더십을 발휘할 수 있는 새로운 철학을 정립하여야 한다.

③ 품질은 검사에 의존하지 말고 처음부터 좋게 만들어라.

④ 공급자선정시 최저가격 관행을 버리고, 신의(信義)·성실(誠實)의 바탕 아래 공급자와 장기적 유대관계를 유지한다.

⑤ 생산 및 서비스 시스템을 지속적으로 개선하여 품질과 생산성을 향상시켜 원가를 줄인다.

⑥ 직무에 대한 훈련을 제도화한다.

⑦ 리더십을 제도화하라. 감독의 목적은 부하가 일을 보다 잘하도록 돕는데 있다.

⑧ 두려움을 없애고 서로 신뢰하는 분위기를 만들어 구성원 모두가 열심히 일할 수 있도록 한다.

⑨ 부서간의 장벽을 제거하라. 연구·설계·판매·생산에 종사하는 사람들은 한 팀으로 일한다.

⑩ 생산성이나 품질향상에 대한 강요는 삼가라. 현장에서 어쩔 수 없는 시스템 문제들은 슬로건이나 설교 또는 현장목표치 따위로 개선될 수 없다.

⑪ 능력이나 여건을 무시한 목표량은 강요되지 말아야 한다. 그 대신 리

12) 이재관, *TQM혁명과 작은 기업 큰 혁명*, 법영사, 1999.

더십을 발휘하라.

⑫ 장인정신과 같은 자부심을 저해하는 장벽을 제거한다.

⑬ 구성원들에 대한 교육과 자기개발을 장려해야 한다.

⑭ 위에 열거한 변혁(전환)을 이루기 위해 구성원 전원이 참여하여 실천 해야 한다.

이상의 14가지 포인트는 품질경영 도입과정에서 준수되어야 할 사항들이다. 데밍은 말년에 이르러 위의 14개항과 그의 주장들을 종합하여 '심오한 지식체계'(A System of Profound Knowledge)라 불렀다.[13)]

데밍의 **품질철학**이라 할 수 있는 심오한 지식체계는 다음 4개 부분으로 구성된다.

① 시스템사고(system thinking)

② 변동의 이해(understanding of variation): 통계적 이론과 품질변동의 이해

③ 지식이론(theory of knowledge)

④ 심리학(psychology): 심리학은 사람, 인간과 환경의 상호작용, 상사와 부하간의 관계, 모든 경영시스템에 대한 이해를 돕는다.

한 마디로 데밍의 품질철학은 불확실성과 변동을 감축하여 제품과 서비스의 품질을 개선하는 데 입각하고 있다.

2.3 쥬란의 품질사상과 철학

쥬란(Joseph M. Juran: 1904~2008)은 1924년 웨스턴 전기(Western Electric)에 입사하여 호손공장(Hawthorn Works)에서 품질검사 업무를 맡아 오던 중, 1926년 슈하트를 비롯한 벨연구소 팀의 공장방문 이후 검사통계 담당기사가 된 후 품질관리와 산업공학 컨설턴트로 종사하였다.

J.M. Juran

품질경영의 바이블인 「품질관리 핸드북」(*Quality*

13) W.E. Deming, *The New Economics for Industry, Government, Education,* Cambridge, MA: MIT Center for Advanced Engineering Study, 1993; J.R. Evans and W.M. Lindsay, *The Management and Control of Quality,* South-Western College Publishing, 4th ed., 1999, p.73.

Control Handbook, 1951, 1962, 1974, 1988, 1998)을 1951년에 편집 출간한 이래, 「경영의 현상타파」(*Managerial Breakthrough, 1964*)를 비롯하여 「품질계획과 분석」(*Quality Planning & Analysis, 1970, 1980, 1993*) 및 「품질 트릴러지」(*Quality Trilogy, 1986*)를 출간하였다.

쥬란은 1951년에 간행된 「품질관리 핸드북」에서 TQC(Total Quality Control) 라는 용어는 사용하지 않았지만 종래의 통계적 품질관리(SQC)에서 다루지 않았던 설계품질, 구매자와 공급자/판매자 관계 등 폭넓게 품질관리기능을 기술하였다. 아울러 품질코스트를 '금광에 묻힌 황금'(gold in the mine)으로 비유하여 세인의 관심을 끌기도 하였다.

그는 「경영의 현상타파」에서 경영자가 솔선수범하는 품질개선의 지속적인 추진을 강조하였다. 품질책임의 80%이상이 경영자에게 있으므로 경영자의 의식변화가 무엇보다 중요하다고 하였다. 만성적인 품질문제를 해결하기 위한 지침을 제안했는데 이는 품질을 개선하고 유지하기 위한 것이다. 아울러 품질문제에 대한 주의를 환기시키는 데 품질코스트를 적용할 것을 권고하였다.

그리나 2세(F.M. Gryna, Jr.)와 공동으로 저술한 「품질계획과 분석」에서는 제품의 필수적 요건은 그 제품을 사용하는 고객의 요구(need)를 충족시키는 것이므로 용도의 적합성(fitness for use) 개념을 모든 제품에 보편적으로 적용할 수 있다고 하였다.

「품질 트릴러지」에서 품질경영 과정을 품질계획, 품질관리, 품질개선의 3단계로 제시하여 단계적으로 품질경영을 추진할 것을 역설하였는데, 이를 **쥬란 트릴러지**(Juran Trilogy)라 부르기도 한다.[14)]

(1) **품질계획**(quality planning): 품질목표 달성에 필요한 전략계획, 운영계획의 과정들이 입안된다.

(2) **품질관리**(quality control): 품질계획에서 수립된 과정들이 계획에 따라 운영되고 관리되는 과정이다. 따라서 품질관리의 성과는 품질계획과 상관관계가 깊다.

(3) **품질개선**(quality improvement): 품질관리과정 중 품질의 현상타파를 통하여 품질을 지속적으로 개선하는 과정이다.

---

14) J.M. Juran, "A Universal Approach to Managing for Quality: The Quality Trilogy," *Quality Progress*, August 1986.

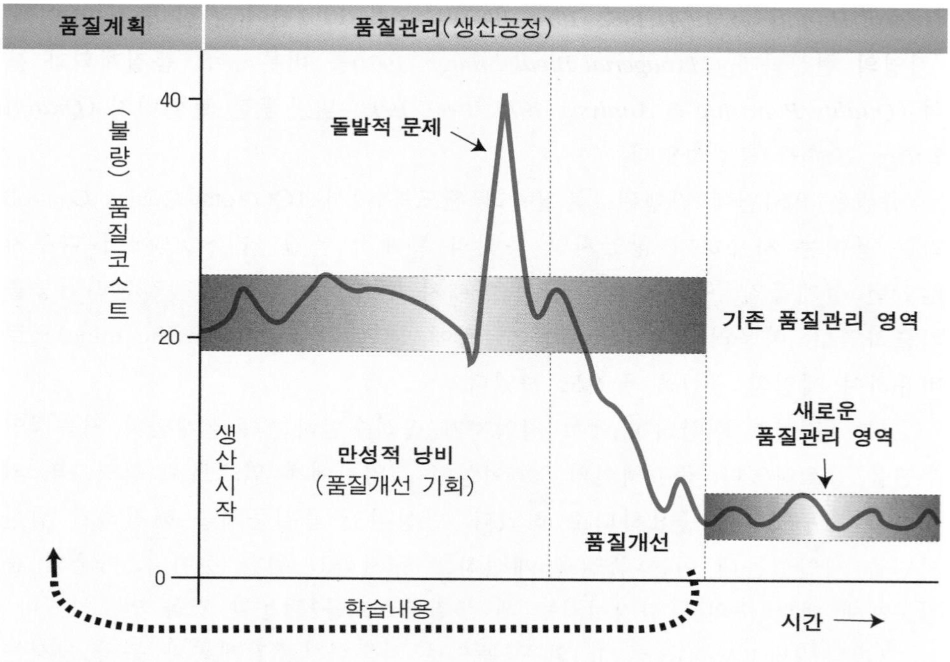

그림 2-3 쥬란의 품질 트릴러지(Quality Trilogy)

[그림 2-3]은 이들 3단계 과정의 상관관계를 보여주고 있다. 즉, 돌발적인 품질문제는 품질관리단계에서 발견되어 제거되지만, 만성적인 품질문제는 지속적인 품질개선으로 점진적으로 개선됨을 볼 수 있다. 이들 품질관리 내지 품질개선 결과는 다음 품질계획에 반영되어 품질관리와 품질개선의 방향을 제시하지만, 품질계획이 부실하면 품질관리와 개선이 제대로 이루어지지 못하고 품질문제는 만성적인 경향을 보이게 된다.

쥬란이 제시한 품질경영 **실천요령**을 품질 트릴러지단계별로 간략히 제시하면 다음과 같다.

(1) 품질계획(Quality Planning)

① 품질목표를 수립하라
② 고객을 식별하라
③ 고객요구를 파악하라
④ 고객이 요구하는 제품/서비스 특징을 개발하라

⑤ 제품/서비스 특징을 산출하는 프로세스를 개발하라
⑥ 품질목표를 달성할 수 있는 프로세스 관리시스템을 구축하라

(2) 품질관리(Quality Control)

① 통제대상이 될 주제를 선정하라
② 측정척도를 정하라
③ 통제목표(측정기준)를 정하라
④ 측정방법을 정하라
⑤ 실제성과를 측정하라
⑥ 표준과 실제의 차이를 파악하고 원인을 규명하라
⑦ 차이원인에 대해 시정 · 조치하라

(3) 품질개선(Quality Improvement)

① 경영자가 개선의 필요성을 확신할 수 있도록 설명하고 입증하라
② 파레토 분석 등의 방법으로 우선 수행할 과제를 선정하라
③ 프로젝트를 이끌어갈 팀을 편성하라
④ 문제의 원인을 규명하고 진단하라
⑤ 대책들을 강구하고 그들의 효과를 제시하라
⑥ 제시된 대책이나 변화에 대한 저항을 효과적으로 대처하라
⑦ 개선효과가 지속되도록 통제수단을 강구하라

이상 3단계의 품질경영 과정이 품질목표 달성을 위해 효과적으로 전개되려면 무엇보다 최고경영자의 강력한 리더십과 구성원들의 적극적인 참여가 필요하다.

기업의 기능별 통합입장에서 품질을 접근한 쥬란은 일찍이 1950년대 초반에 품질을 통합이슈로 꼽았다. 그는 전통적인 '전문화(專門化)의 원칙'에 따라 품질에 대한 책임을 품질관리 부서에 일임하는 것을 거부했다. 그는 데밍의 주장과 마찬가지로 품질의 단편적인 개선보다는 지속적인 개선을 주장하면서 품질혁신은 현장보다는 경영자들의 적극적인 참여에 의해서만 가능하다고 강조한다. 게하니(Ray Gehani)는 그를 전사적 종합품질론자(company-wide integrated quality)로 지목하였다.

따라서 쥬란의 **품질철학**은 "용도의 적합성" 내지 "고객만족"으로 품질을

정의한 소비자지향 품질경영과 경영자 주도의 단계적 품질경영, 즉 '품질 트릴러지'(품질계획 · 품질관리 · 품질개선)에서 찾을 수 있다.

데밍에 이어 1954년에 일본에 간 쥬란 역시 일본 품질관리 발전에 많은 공헌을 하였는데, 특히 그는 품질관리를 경영자들에게 경영기법으로 인식시키는 데 공헌하였다. 일본산업 실무자들에게 품질관리를 지도함으로써 일본이 세계시장에 진출하는 데 결정적인 도움을 주었던 경험을 토대로 그는 1966년에 "일본이 향후 20년 내에 품질로 세계를 석권하게 될 것"이라 예언하였다.

품질의 중점적 관리를 위해 파레토 법칙의 유용성을 제시한 그는 1969년 품질관리를 통해 대형사고 등을 예방해야 한다고 권고하였다. 그 동안 쌓아온 지식과 경험을 체계적으로 전파하고자 1979년 이래 쥬란 연구소(Juran Institute)를 운영해 오고 있던 중, 1993년 12월 20일 데밍이 영면하자 쥬란은 은퇴를 선언하고 여생을 보내던 중 2008년에 세상을 떠났다.

2.4 크로스비의 품질사상과 철학

P.B. Crosby

ITT(International Telephone & Telegraph)의 품질담당 부사장을 역임한 필립 크로스비(Philip B. Crosby: 1926~2001)의 **품질사상**은 대별해서 품질활동에서의 무결함 추구와 품질코스트에 의한 품질성과 측정에서 찾을 수 있다.

크로스비는 마아틴 마리에타社(Martin Marietta Corp.)의 퍼싱 미사일 프로젝트 품질책임자 시절에 ZD 프로그램(Zero Defects Program)을 추진하여 각광을 받은바 있는데, 경영자들의 소극적인 참여로 인해 기대했던 만큼의 성과는 올리지 못하였다.

그는 품질경영을 하면 무결함(zero defects) 성취가 가능할 뿐만 아니라 바람직한 목표라고 주장했다. 즉, 검사를 강화하여 품질코스트를 증가시키는 전통적 방법 대신에 불량예방을 통한 무결함 달성을 주장했다. 1979년에 출간되어 100만부가 팔린 「품질은 공짜」(*Quality is Free, 1979*)라는 저서에서 무결함 추구의 품질철학을 다음과 같이 간결하게 표현하였다.[15]

15) Philip B. Crosby, *Quality is Free: The Art of Making Quality Certain,* New American Library, 1979.

"품질은 공짜이다. 품질은 누가 가져다 주는 선물이 아니다. 그렇다고 돈이 드는 것도 아니다. 품질이 나쁘면 추가비용이 소요되는 것은 당초에 일을 올바르게 하지 못했기 때문이다. 품질은 돈이 들지 않을 뿐더러 이익을 올릴 수 있는 최선의 방법이다."

그의 무결함 사상은 ZD운동의 침체와 더불어 한계를 드러내는 듯 보였지만, 최근 6시그마 운동과 더불어 진가를 발휘하고 있다. 1980년대 후반 TQM의 태동과 더불어 크로스비의 철학은 지속적 개선의 정신, 그리고 고객만족 내지 고객감동, ppm(parts per million)이나 ppb(parts per billion)로 상징되는 품질완벽주의자들로부터 인정을 받게 되었다.[16]

크로스비는 불량품의 재작업, 스크랩, 보증, 검사 및 시험 비용절감을 표적으로 하는 품질코스트 프로그램을 제안하였던 바, ITT는 그의 아이디어를 적용해서 매출액의 5%에 상당하는 품질코스트를 절감한 바 있다. 그래서 게하니 교수는 그를 코스트 종합품질론자(Cost Integrated Quality)로 꼽는다.

크로스비의 **품질철학**은 그가 제시한 '품질경영의 절대조건'(Absolutes of Quality Management)과 '품질개선 대책'(Quality Improvement Program)에서 그 요체를 이해할 수 있다.

1 품질경영의 네 가지 절대조건

① **품질**은 고객 요구사항(요건)과의 일치성(conformance to requirements)이다.

② 고객의 요구사항을 위해 공급자가 갖추어야 되는 **품질시스템**은 당초에 올바르게 일을 행하는 것(do it right the first time: DIRTFT), 즉 예방시스템이다.

③ 품질활동의 **수행표준**은 무결함이다.

④ 품질성과의 **측정척도**는 품질코스트이다.

크로스비는 '품질경영의 절대조건'을 실현하는 방법으로 다음 14단계의 품질개선 대책을 제시하고 있다.

16) 이재관, 전게서, p.76.

2 품질개선 14단계 대책

① 경영자가 품질개선 활동에 적극적으로 참여한다.
② 품질개선 팀을 결성한다.
③ 품질활동의 수행척도를 정한다.
④ 품질코스트를 측정한다.
⑤ 품질의식을 고취시킨다.
⑥ 품질문제에 대한 체계적인 수정조치를 취한다.
⑦ 무결함 프로그램을 실행하기 위한 특별위원회를 구성한다.
⑧ 감독자들에게 필요한 교육을 실시한다.
⑨ '무결함의 날'을 선포한다.
⑩ 품질개선 목표를 정한다.
⑪ 오류(결함)의 원인을 제거한다.
⑫ 달성한 성과에 대해 표창·포상한다.
⑬ 품질위원회를 구성하고 개선활동을 점검한다.
⑭ 위의 과정을 반복 시행한다.

이들 14단계 대책들은 결국 품질개선에 대한 1) 경영자와 구성원들의 확고한 결의(determination), 2) 품질경영 원칙에 대한 교육(education), 3) 실행(implementation)으로 요약할 수 있다. 그는 1984년에 출간한 저서(*Quality Without Tears: The Art of Hassle-Free Management*)에서 전 구성원들의 품질개선에 대한 ①결의, ②교육, ③실행의 세 가지 대책을 품질불량을 사전에 예방하는 **품질백신**(the quality vaccine)이라 하였다.[17]

3 품질경영 성숙 그리드

크로스비는 품질혁신은 꾸준히 지속되어야 하고 기업발전의 근간이 되는 기틀이 마련되어야 한다고 하였다. 그래서 품질코스트 개념으로 경영진을 동기유발시켜야 한다면서, '품질경영 성숙 그리드'(Quality Management Maturity Grid)를 제시하고 불확실한 단계에서 성숙 정착하는 단계로 나아가는 다음의 다섯 단계를 제시했다.

17) Philip B. Crosby, *Quality Without Tears: The Art of Hassle-Free Management*, McGraw-Hill Book Co., 1984.

① 불확실한 단계(uncertainty)
② 눈을 뜨는 단계(awakening)
③ 터득하는 단계(enlightening)
④ 보급하는 단계(wisdom)
⑤ 성숙 정착하는 단계(certainty)

초기단계에서는 경영진이 품질을 수단으로 인식하지 못하고 발등에 떨어진 불끄기에 급급하여 품질문제가 발생하면 그때 그때 처리하며 조직구성원의 품질개선 노력도 거의 볼 수 없다. 그러나 최종 성숙단계에 이르면 기업구성원들은 품질이 기업성공에 필수적이라는 것을 확신하고 품질문제를 사전에 예방하고 품질개선활동을 열심히 지속적으로 전개한다.

크로스비의 품질사상에서 보건대, 전술한 슈하트, 데밍, 쥬란과 달리 품질문제를 통계적 수법보다는 인간문제에 초점을 맞추어 문제를 풀어나가려 한 점은 평가받을 만하다.

2.5 기타의 품질선구자

1 파이겐바움의 품질사상

제네랄 일렉트릭(GE)의 품질관리자를 지낸 파이겐바움(A.V. Feigenbaum: 1920~2014)의 **품질사상**은 '종합적 품질관리'(Total Quality Control: TQC)로 집약할 수 있다.

A.V. Feigenbaum

그의 주장은 통계적 기법만으로는 품질관리의 성과를 충분히 얻을 수 없으므로 품질에 영향을 주는 회사내 모든 부문의 노력을 모아서 종합적으로 품질관리를 추진해야 한다는 것이다.

1956년 말 파이겐바움은 *Harvard Business Review*(11-12월호)에 '종합적 품질관리'(Total Quality Control)라는 논문을 발표하여 세인의 주목을 끌었다. 1961년[18] 그의 대표적 저서인 「종합적 품질관리」(*Total Quality Control, 1951, 1961, 1983*)의 간행과 더불어 ASQC 회장에 취임하여 TQC

18) 이 저서가 *Quality Control*이란 명칭으로 처음 출간된 것은 1951년이지만, *Total Quality Control*이란 표제로 출간된 것은 1961년이다.

시대를 이끌었다.

그는 "**종합적 품질관리**(TQC)란 소비자가 만족할 수 있는 품질의 제품(서비스)을 가장 경제적인 수준으로 생산 내지 서비스할 수 있도록 조직내 각 그룹의 품질개발·품질유지·품질개선 노력들을 종합하기(integrating) 위한 효과적인 시스템"이라 정의하였다.[19] 즉, 고객이 요구하는 품질을 경제적으로 이루기 위해서 위로는 사장에서 아래로는 현장의 작업자를 포함하는 모든 계층과 부문들이 QC활동을 전개할 필요가 있다는 것이다.

TQC의 성과측정을 위해 품질코스트의 적용을 제창한 그의 관심사는 기업 내에 많은 활동(hidden plants)이 재작업이나 불량 등의 비부가가치 활동을 위해 낭비되는 것이었다. 이로 인해 발생하는 품질코스트는 연간 매출액의 10~40%정도에 이른다고 경고하였다.

파이겐바움의 TQC사상이 미국이나 서구 선진국에서보다는 일본에서 알찬 결실을 보게 된 것은 서구의 여러 나라에서는 전사적인 품질관리가 전개되지 못했기 때문이다. 즉 구미제국은 직능주의(職能主義, professionalism)에 입각해서 QC요원을 중심으로 QC활동이 전개된 데 반해서, 일본에서는 전 부문 전원참가의 전사적 품질관리가 실시된 데 기인한다.[20]

2 이시가와의 품질사상

이시가와 가오루

일본식 품질관리, 즉 '전사적 품질관리'(CWQC)와 'QC서클활동'을 적극 추진한 이시가와 가오루(石川 馨: 1915~1989)는 나라나 기업마다 역사와 사회적 요인이 각기 다르므로 품질관리는 그것을 실시하는 국가나 기업에 적합하게 실시되어야 한다고 주장하였다. 일본 동경대학 교수를 지낸 그의 대표적인 저서로는 「일본적 품질관리」(*日本的 品質管理, 1981*)를 꼽을 수 있다.

일본산업의 품질초점을 공정작업의 통제로부터 불량품 예방으로 바꿀 것을 주장하면서 톱의 품질전략과 전체 구성원에 대한 품질교육을 강조하였다. 그 이유는 일본의 원자재에 대한 해외 의존도가 지나치게 높기 때문이었다. 불량품 생산을 방지하고 자재와 인력을 절약하기

19) A.V. Feigenbaum, *Total Quality Control,* 3rd ed., McGraw-Hill, 1983, p.6.
20) 石川 馨, *日本的 品質管理,* 日科技連出版社, 1981, pp.126-130.

위해서는 좀더 많은 정보를 수집하고 공정과 그들의 결과에 대하여 보다 나은 이해를 위해 교육이 필요하다는 것이었다.

현장 작업자에 대한 통계적 수법의 이해를 위해 '7가지 통계수법'의 교육을 강조했다. 불량을 원천적으로 근절시키기 위한 방편으로 인과관계를 체계적으로 규명할 수 있는 특성요인도(cause and effect or Ishikawa diagram)를 개발하여 이의 사용을 일반화시켰다.

이시가와는 전사적 품질관리 접근방법을 통해 불량예방에 초점을 맞추고 그의 주의를 공정으로부터 고객지향으로 바꾸었다. 그는 외부고객과 마찬가지로 내부고객을 포함시켜 '고객'의 정의를 확대하고, "다음 공정은 나의 고객"이라는 내부고객 지향성(internal customer orientation)도 강조하였다. 시종일관 불량예방을 강조한 이시가와를 '예방 종합품질론자' (prevention integrated quality)로 게하니는 꼽는다.

그는 표준화와 품질관리를 수레의 두 바퀴에 비유하면서 양자의 상호보완 관계를 강조하였다. 그렇지만 고객요구에 대한 품질분석을 토대로 표준을 구축하는 것이 효과적이라면서 표준보다는 고객요구에 초점을 맞출 것을 권고하였다.

이시가와 **품질철학**의 요체를 정리하면 다음과 같다.

① QC는 교육에서 시작해서 교육으로 끝난다.
② 품질의 첫 단계는 고객의 요구사항을 이해하는 것이다.
③ 품질관리가 이상적인 수준에 이르면 검사는 필요없다.
④ 품질문제는 증상이 아닌 근본원인을 제거한다.
⑤ 품질관리는 전 부문과 구성원들의 책임이다.
⑥ 목적과 수단을 혼동하여서는 안된다.
⑦ 품질제일로 장기이익을 추구한다.
⑧ 마케팅은 품질의 입구이며 출구이다.
⑨ 품질문제의 95%는 간단한 7가지 문제해결 수법으로 풀 수 있다.
⑩ 산포가 없는(예: 변동) 데이터는 엉터리이다.

3 품질경영의 원칙

조직을 성공적으로 이끌고 운영하기 위해서는 체계적이고 투명한 방법으로 지휘하고 관리하는 것이 필요하다. 성공적인 품질경영은 오랜 세월 품질경영 실천과정에서 입증된 품질선구자들의 사상과 철학에서 비롯된 다음의 **품질경영 원칙**(principles of quality management)[21]에 따라 실천하는 것이 효과적이다.

1 고객중심 원칙

고객 없이 기업은 존재할 수 없다. 따라서 기업은 고객의 요구와 기대를 충족시키도록 노력하여야 한다. 고객에 초점을 맞추면 고객의 욕구와 필요를 알 수 있다.

품질 판정의 주역인 고객들의 가치인식과 만족은 제품 사용과 서비스에서의 경험, 구매를 통한 많은 만족요인들에 의해서 영향을 받는다. 따라서 고객에 제공되는 제품이나 서비스는 고객에 초점을 맞추어 개발/설계되고 생산되어야 한다. 즉, 고객의 요구나 기대를 충족하면서 그들에게 값진 것이어야 된다.

2 리더십의 원칙

리더는 조직의 목적, 방향의 일관성을 확립해야 한다. 리더는 사람들이 조직의 목표를 달성하는데 충분히 참여할 수 있는 내부환경을 조성하고 유지해야 한다.

조직의 성공은 구성원들의 업무수행 성과에 크게 좌우된다. 이들 구성원들에게 비전을 제시하고 높은 품질가치를 창출할 수 있는 여건을 조성하는 것은 리더의 중요한 역할이다. 성공적인 기업 리더들의 공통점은 조직의 모든 수준의 사업결정에 기반이 되는 전략적 비전과 명확한 품질가치를 창출하고 우수한 품질을 위해 리더십을 발휘한다.

21) ISO 9000: 2000의 '품질경영 원칙'에는 고객중심, 리더십, 전원 참여, 프로세스접근, 시스템접근, 지속적 개선, 사실접근 의사결정, 상호 유익한 공급자 관계의 8가지 원칙이 제시되었으나, 2015년판에는 시스템접근을 제외한 7원칙이 제시되고 있다.

3 전원참여의 원칙

모든 계층의 구성원들 전원이 참여하여 그들의 능력을 맘껏 발휘할 때, 조직의 성과 또한 최대로 발휘될 수 있다. '전원참여의 원칙'이 필요한 것은 모든 구성원의 활동이 품질에 영향을 미치기 때문이다.

품질전략이 성공적으로 수행되려면 전 구성원이 고객만족과 지속적인 품질개선을 위해 정성을 다해 매진해야 한다. 구성원들이 하는 일에 긍지와 책임을 갖고 적극적으로 참여할 기회가 주어져야 한다. 그럴 때 그들은 보다 열심히 정성을 다하여 일을 할 것이고, 이에 따라 제품품질은 더욱 향상될 수 있다. 기업 내의 종사원들뿐만 아니라 자재를 납품하는 공급업자들도 마찬가지로 품질향상에 동참해야 한다.

4 예방의 원칙

흔히 품질관리의 근본이념으로 비유되는 "1온스의 예방약은 1파운드의 치료약에 필적한다"(An ounce of prevention is worth a pound cure)는 말과 같이, 품질관리는 「예방의 원칙」을 토대로 하므로 기업의 목적을 효율적으로 수행하기 위해 품질경영시스템은 예방의 원칙에 입각해서 합리성과 경제성을 추구해야 된다.

품질보증을 검사에만 의존한다는 것은 비용만 증대시키므로 검사 이전에 품질이 생성되는 제품설계와 원자재에서 공정의 관리에 이르기까지 이들에 대한 사전예방적 조치가 요구된다. 즉 품질은 "당초에 올바르게 만들어져야 한다"(Do it right the first time)는 것이 이 원칙의 취지이다.

참고

1 : 10 : 100의 원칙

이 원칙은 IBM이나 FedEx가 품질경영활동에서 애용하는 품질지표이다.

즉, 1:10:100은 예방 1이면, 검사 10, 실패는 100에 이른다는 레버리지 효과를 나타낸 것이다. 당초에 올바르게 일을 처리하는 데 드는 비용이 1달러이면, 잘못하여 불량이 생겼을 때 이를 찾아 고치는 데 10달러면 되지만, 불량을 그대로 내버려 두어 소비자 손에 넘어간 다음에 바로잡는 데 소요되는 비용은 100달러에 이른다는 것이다. 이 원칙에서 강조되는 것은 "당초에 올바르게 일을 행한다"는 예방의 원칙이다.

5 프로세스 접근의 원칙

"올바른 프로세스가 올바른 결과를 낳는다"는 원칙에서 관련된 자원 및 활동들이 하나의 프로세스로서 관리될 때 의도하는 결과가 보다 효율적으로 얻어질 수 있다.

대부분의 조직활동들은 프로세스상에서 살펴볼 수 있다. 전형적인 프로세스로 공장이나 공정을 꼽을 수 있다. 가령 생산공장에서 정보나 원자재, 인적자원이 프로세스에 투입되면 프로세스는 제품이나 서비스로 변형시킨다. 따라서 효율적인 프로세스의 설계 및 운영은 투입자원의 효율을 향상시키며 결국은 산출성과를 높일 수 있다. 그럴려면 프로세스에서 부가가치가 산출되어야 한다.

프로세스관리는 먼저 주요 기간업무의 프로세스가 무엇인가를 명확히 하고, 그 프로세스에서 고객의 요구와 기대를 실현할 수 있는가? 업무가 잘 수행되도록 하는 기준은 있는가? 이를 위해 프로세스의 개선이나 사이클 타임의 단축을 도모하고 있는가? 등이 주요 접근 포인트이다.

프로세스개선에서 흔히 이용되는 접근방법으로 PDCA 사이클이 있다. PDCA 사이클을 계속 돌리면 지속적 개선에 이를 수 있다.

참고

과학적 분석과정

예방의 원칙에 입각해서 합리성을 추구하려면 과학적 방법에 의존하지 않을 수 없다. 품질관리뿐만 아니라 모든 관리활동에는 과학적인 접근방식(scientific approach)이 필요한 것으로 문제에 대한 **과학적인 분석**은 다음의 과정을 거쳐서 행한다.

① 무엇이 문제인가를 명확히 한다.
② 문제와 관련된 모든 사실을 파악한다.
③ 파악된 사실을 토대로 해서 문제해결을 위한 대책 내지 **계획**을 세운다.
④ 계획(대책)대로 **실행**한다.
⑤ 실행된 결과를 계획과 **비교**하고 이를 다음 계획에 **반영**한다.

특히 ③, ④, ⑤는 plan → do → see의 관리과정이다. 품질이 과학적으로 관리되고 개선되기 위해서는 이 과정(process)을 반복하면서 관리되어야 한다.

6 시스템 접근의 원칙

상호 연계된 프로세스를 하나의 시스템으로 파악하고 이해하며 관리하는 것은 조직의 목표달성에 있어서 조직의 유효성(effectiveness) 및 효율성(efficiency)에 기여한다.

품질에 대한 영향인자는 매우 다양하고 복잡하다. 품질경영활동을 체계적으로 전개하여 궁극적으로 전체 시스템의 유효성을 높이기 위해서는 시스템 접근(systems approach)이 필요하다. 즉, 품질경영에 대한 전사적인 노력을 통합・조정하고 품질경영활동을 경영의 전체적 관점에서 전개하고 장기적인 품질목표를 추구하기 위해서 품질시스템을 구축하고 전체 시스템의 관점에서 관리한다는 점이다. 2015년판에서는 프로세스 접근의 원칙에 통합되었다.

7 지속적 개선의 원칙

조직의 영원한 목표는 지속적 개선이다. 기술의 발전이나 문명의 발달 그리고 소비자들의 교육수준 향상 등으로 소비자들이 기대하는 품질수준은 나날이 높아지고 경쟁자들의 품질수준도 향상되므로 제품/서비스의 지속적인 개선 없이는 경쟁우위를 지킬 수 없다. 지속적인 품질개선은 원가절감에도 큰 몫을 한다. 전통적인 최적 품질수준 개념에서 보면 지속적인 개선에 대한 한계선은 최적 품질수준(그림 18-5)이지만 무결함을 지향하는 TQM에서는 무결함에 이를 때까지(그림 18-6)라 할 수 있는데, 이 또한 목표나 시방의 상향 조정으로 품질개선은 끊임없이 이행되게 된다. 2015년판에서는 '개선의 원칙'으로 바뀌었다. 지속적인 개선에 앞서 TQM에서 특히 강조되는 것은 "당초에 올바르게 행하는 것"이다.

8 사실에 대한 의사결정 원칙

여론이나 개인적 경험 등에 의해 문제를 해결하지 말라는 원칙이다. 효과적인 의사결정은 데이터 및 정보의 논리적 내지 객관적인 분석에 근거한다.

품질관리는 실증적 방법이므로 사물의 판단은 모두 사실에 의거함을 전제로 하고 있다. 품질경영에서 중요한 요소는 사실을 토대로 한 의사결정이다. 제품개발 프로젝트의 실패율은 20~95%에 이르는데, 이는 고객이 실제로 무엇을 원하며 얼마를 지불하고자 하며 경쟁자가 무엇을 하는지 등에 관한 시장사정을 제대로 파악하지 못했기 때문이다. 2015년판에는 증거기반의 의사결정(evidence-based decision making) 원칙으로 바뀌었다.

9 공급자와의 상호이익 원칙

조직과 공급자가 가치를 창조하는 능력은 양자의 호혜관계에 의해 증진되어야 한다.

경영자, 종업원 다음으로 공급자는 TQM과정에 통합되어야 하는 제3의 집단이다. 전통적으로 발주자와 공급자(외주업체)의 주종관계에서 후자의 몫은 일방적으로 제약되어 왔다. 그러나 이들 양자가 협동하여 품질을 개선하고, 원가를 줄이고, 시장점유율을 확대할 수 있으면 양자의 분배 몫은 더욱 커지게 되는 것이다.

이상 9가지의 품질경영 원칙을 제시하였는데, ISO(국제표준화기구)에서도 품질경영활동의 성과를 향상시키는 데 있어서 품질경영원칙의 적극적인 활용을 권장하고 있다.[22)]

주요 용어(key word)

• TQC(Total Quality Control) • CWQC(Company-Wide Quality Control) • TQM (Total Quality Management) • W.A. Shewhart • W.E. Deming • J.M. Juran • P.B. Crosby • A.V. Feigenbaum • 이시가와가오루(石川 馨) • 품질 트릴러지(quality trilogy) • 품질경영 원칙(quality management principles)

연습문제

1. 20세기의 품질경영 발전단계를 제시하고, 각 단계별 품질관리 특성을 비교・설명하라.

22) *ISO 9004: 2000 Quality management systems - Guidelines for performance improvements.*

2. 미국 · 일본 · 한국에서의 품질경영 발전단계를 설명하라.
3. 우리나라의 품질경영 발전과정을 간단히 기술하라.
4. 슈하트(W.A. Shewhart, 1891~1967)가 현대 품질관리의 발전에 공헌한 내용을 간단히 기술하라.
5. 20세기의 10대 공헌자로 꼽히는 데밍(W.E. Deming, 1900~1993)의 품질사상과 철학을 설명하라.
6. 데밍과 함께 현대 품질경영 발전에 지대한 공헌을 한 쥬란(J.M. Juran, 1904~2008)의 품질사상과 철학은 무엇인가? 그가 제시한 품질 트릴러지(Juran Trilogy)와 품질경영 실천요령을 간단히 제시하라.
7. 쥬란(J.M. Juran)과 크로스비(P.B. Crosby)의 품질철학을 비교 · 설명하라.
8. 「품질은 공짜」(*Quality is Free*)라는 저서를 통하여 자신의 품질경영 철학을 발전시킨 크로스비(P.B. Crosby)의 품질철학은 '품질경영의 절대조건'과 '품질경영의 개선대책'이라 할 수 있다. 그가 제시한 4가지 절대조건과 14가지 개선대책을 기술하라.
9. '종합적 품질관리'(TQC)의 개념을 창안한 파이겐바움(A.V. Feigenbaum)의 품질관리 사상을 간단히 기술하라.
10. 일본의 전사적 품질관리(CWQC)와 QC서클의 핵심 추진자로 알려진 이시가와가오루(1915~1989)의 품질철학을 기술하라.
    그가 말한 "다음 공정은 나의 고객"이 갖는 의미를 설명하라.
11. 이 장에서 설명한 품질경영의 원칙 9가지를 꼽아보자. 이 가운데 ISO 9001: 2015에서 제시되지 않은 원칙은?
12. 품질경영 원칙들을 중심으로 품질경영의 실천과정을 설명하라.
13. 품질경영의 수단들은 '프로세스(process)'라는 개념에 기초하는 경우가 많다. 이것은 결과보다 과정을 중시하는 것이 품질경영의 요체라는 것을 의미한다. 프로세스 접근의 원칙에 대하여 설명하라.

제 3 장

표준화의 원리와 적용

1 표준화의 본질

1.1 표준과 표준화의 개념

고대 이집트의 상형문자나 피라미드에서 보는 것처럼 표준화는 우리인류와 더불어 발전해왔다. 오랜 세월동안 산업계에서 표준화가 끊임없이 전개되고 있는 것은 제품의 생산·유통·소비면에서 다같이 필요하기 때문이다. 표준화를 통하여 소비자에게는 균일한 품질의 제품을 값싸게 제공할 수 있을 뿐만 아니라 상거래의 단순화와 공정화를 기할 수 있다. 그리고 생산자로서는 경제적인 생산과 품질관리가 가능하다.

최근 선진국들이 자국의 신기술을 세계규격으로 만들어 시장 선점에 나서면서 현대는 표준을 지배하는 자가 세계시장을 지배하는 시대로 바뀌고 있다.

표준화(標準化, standardization)란 "표준을 정하여 이를 활용하는 조직적 행위"로 표준화의 기준이 되는 표준의 개념을 다음과 같이 정의할 수 있다.

표준(standard)이란 관계되는 사람들의 이익이나 편리를 공정히 도모할 수 있도록 물체·성능·능력·배치·상태·동작·순서·방법·절차·책임·의무 · 권한 · 개념 · 구상 등을 통일 내지 규격화하여 설정한 것이다.

이들 표준 가운데는 부분품 · 재료 · 제품 · 기계 · 공구 등과 같이 주로 유형물에 대해 설정한 **기술표준**, 즉 규격(規格)과 순서 · 방법 · 절차 · 책임 · 의무 · 권한 · 개념 등과 같이 추상적이며 관념적인 **관리표준**, 즉 규정(規程)이 포함된다.

1.2 표준의 특성

표준화로써 품질이 향상되고, 경제적 생산과 거래의 공정화가 도모되며, 산업사회의 이익이 증진되는 것은 표준에는 다음과 같은 **성질**이 있기 때문이다.

(1) 호환성(互換性): 표준의 가장 중요한 특성은 호환성이다. 부품을 서로 바꿔 끼울 수 있는 것은 치수상의 호환성이 있기 때문이다. 치수상의 호환성뿐만 아니라 성능, 성분, 품질 전체의 호환성도 중요하다. 즉 표준은 제품, 부분품, 재료 등의 품질호환성을 지키기 위해서 제정되는 것이다.

(2) 기준성(基準性): 품질, 방법, 행동, 사고에 호환성이 있다는 것은 이들의 공통성이 있기 때문이다. 여러 가지 사물을 많은 사람이 다루고 판단하고 행동할 때의 기준이 표준의 기준성으로, 기업이나 공장에서 표준은 관리활동의 기준이 된다.

(3) 통일성(統一性): 표준에는 물품이나 행동을 정해진 대로 통일하는 힘이 있다. 표준을 지킨다는 것은 물품의 성질, 작업방법, 사고방식을 표준이라는 틀에 맞추는 것을 뜻한다. 이것이 곧 통일의 역할로서, 통일성을 부정하면 표준은 존재가치가 없다.

사 례 **휴대전화 단말기의 호환성**

2천만 명에 가까운 국내 가입자가 사용하는 휴대전화 단말기는 30여종으로, 이 중 배터리와 충전기를 함께 쓸 수 있는 모델은 하나도 없다. 이 때문에 사용자들은 단말기를 바꿀 때마다 새로 배터리팩을 구입해야 한다. 이로 인해 낭비되는 배터리 비용만도 수천억원에 이른다.

(4) 반복성(反復性)**:** 표준이 대량생산체제에서 경제적 효과를 올리는 것은 표준을 반복해서 사용하기 때문이다. 단 한번의 사용은 효과가 적은 것으로 표준은 가급적 널리, 그리고 반복적으로 사용되어야 효과가 크다.

(5) 객관성(客觀性)**:** 표준에 의해서 물품의 호환성이 있도록 하고 행동을 하더라도 표준내용에 대한 판단이 사람에 따라서 다르다면 기준으로서의 가치가 없다. 표준에 있어 객관성은 필요조건으로서, 표준은 합리적인 수치나 수식, 정확한 용어, 명확한 도표로 표현되어야 한다.

(6) 고정성(固定性)**과 진보성**(進步性)**:** 표준을 정하는 것은 치수, 시험방법 등을 일정 수준에서 고정하는 것으로, 이로써 호환성과 기준성 등이 확보된다. 그렇지만 기술은 한편 진보하므로 기술진보에 따라서 기술표준은 개정되지 않으면 안된다. 표준에는 고정성과 진보성의 상반되는 두 가지 성질이 있기 때문에, 양자를 조화시켜 나가는 것이 표준화 추진에 긴요하다.

(7) 경제성(經濟性)**:** 표준을 정해서 지켜나가는 이유는 그것이 효과가 있기 때문이다. 산업에서 표준을 정하여 이를 준수하는 것은 경제적인 효과가 고려되는 것으로, 무엇을 표준화하고 어떤 항목을 어느 정도까지 표준으로서 정할 것인가 할 때 경제성은 중요한 요소가 된다.

1.3 표준의 역할(기능)

표준화의 목적이 충분히 달성되려면 표준의 기능이 제대로 수행될 수 있어야 한다. 표준의 **역할**(기능)을 제시하면 다음과 같다.

(1) 상호이해의 촉진: 관계자간에 의사소통을 제대로 하려면 상대방이 표현하는 몸짓, 언어, 문자, 기호, 도표 등을 올바로 이해할 수 있어야 한다. 즉 관계자가 의사소통에 사용하는 수단들(언어, 문자, 기호, 색, 도표, 행동 등)을 표준으로 정하여 상호이해를 촉진하는 것이다.

(2) 다양성의 조정: 개성을 달리하는 인간의 욕구를 바탕으로 전개되는 소비자의 요구는 다양하다. 그러나 다양한 요구의 전반적인 수용에는 엄청난 낭비와 무질서가 따르기 마련이다. 표준은 사회의 다양성과 무질서화를 줄이고 이들을 예방하는 역할을 한다.

사 례

인터페이스용 라우터로 성장한 시스코

시스코(Cisco) 전설은 1970년대 후반 스탠포드 대학에 재학중인 두 연인에게서 시작된다.

스탠포드 경영대학원의 샌드라 러너와 컴퓨터공학과의 레너드 보사크는 e-메일로 연애편지를 주고받았는데, 그들이 사용하는 컴퓨터는 각기 다른 네트워크였다. 열정이 넘치고 의지가 강한 두 사람은 라우터(Router)[1]라는 케이블과 소프트웨어로 구성된 신비한 블랙박스를 만들었다.

라우터 하나로 시스코는 세계 기업역사상 가장 빠른 성장을 이룩했다. 시스코는 창업한 지 15년만인 1999년에 시가총액 2천억 달러라는 신화를 창조했다.[2]

(3) 호환성/인터페이스의 확보: 호환성은 형체가 있는 물체에 대해서 언급된 것으로, 무형의 소프트웨어에는 인터페이스(interface)라는 용어가 해당된다. 즉, 전화선을 이용하여 데이터를 전송하는데 모뎀(MODEM)을 이용하는 것 등으로 이는 표준으로 호환성이나 인터페이스를 확보할 수 있기 때문이다.

(4) 사용목적의 적합성 확보: 관계자의 합의(consensus)로 정해진 표준은 소비자측에서 보면 요구사항을 충족시키는 일정수준의 품질 내지 성능이며, 생산자측에서 볼 때는 생산 공급할 목표 내지 보증수준을 정하는 것이다.

사용목적에 맞는 표준(품질, 성능)을 정하여 이의 이행을 증명하려면 상품의 품질과 성능을 평가하기 위한 일정의 시험·검사방법이 표준으로 정해지고 이들의 평가결과가 소비자들에게 보증될 필요가 있다. 이의 방법으로는 생산자 스스로 행하는 품질보증과 제3자가 행하는 제3자 인증(認證)이 있는데, 후자의 경우 KS 마크나 ISO 9000 인증을 예로 들 수 있다.

(5) 사용자 및 소비자의 이익 보호: 상품을 개발하고 생산함은 이들 상품을 사용함으로써 사회경제 내지 일상생활의 향상을 도모하기 위함이다.

이와 같은 취지에서 표준이 제정되는 것으로 표준의 내용이 생산자와 소비자 쌍방에 공평하게 이익이 되는 경우는 문제가 없지만, 양자의 이해가 대립되거나 문제가 발생할 경우에는 소비자의 이익이 우선되어야 한다.

---

1) Router는 인터넷의 대용량 데이터를 적절히 분배해주고 특정 서버에 접속할 수 있도록 교통정리를 해주는 네트워크 장비이다.

2) 데이비드 버넬 · 애덤 드레이드 지음, 홍성원 옮김, *시스코 커넥션: 시스코 시스템즈와 존 챔버스의 성공방식*, 물푸레, 2000.

(6) 안전의 확보와 환경의 보호: 인간이 이용하는 모든 사물들은 인명의 안전이 중요시되어야 한다. 가령, 자동차, 가스, 전기기구, 장난감 등은 안전하게 이용할 수 있도록 설계하고 제조되고 사용중 부주의나 오동작이 있더라도 사고를 예방할 수 있도록 패일 세이프(fail safe) 내지 풀 푸르프(fool proof)의 설계로 만드는 것이다.

미국에서 전기제품은 손해보험업자연구소(Underwriters' Laboratory: UL)의 UL규격에 일치되어야 판매할 수 있도록 규정하고 있는 것도 안전의 확보를 위한 배려에서 비롯된 것이다.

ISO 14000의 환경경영시스템은 제3자인 인증기관이 환경경영시스템을 인증하는 것이다.

1.4 표준의 분류

1 규정 내용에 따른 분류

① **기본규격**: 물질과 행위에 관련되는 기초적인 사항에 대해 포괄적으로 적용해야 할 공통적으로 사용되는 규격으로 문자, 기호, 부호, 용어, 약어, 단위, 색, 표준 수 등을 들 수 있다.

② **제품규격**: 제품이 그 사용목적에 필요한 요구사항을 규정한 것으로, 적용범위, 종류, 등급, 품질, 성능, 시험, 검사방법, 제품의 호칭방법, 표시(제품표시, 포장표시 등), 취급상의 주의사항 등을 규정한다.

③ **방법규격**: 재료의 화학성분 분석방법, 부품의 측정방법, 제품의 품질·성능의 시험·검사 방법, 용접의 작업방법 등 사람이 행하는 방법을 통일한 것이다.

2 강제력에 따른 분류

규격 전체에 강제력이 있는지의 관점에서 규격을 강제규격과 임의규격으로 나눌 수 있다.

① **강제규격**: 법령이나 법령에 따른 기술표준에 정해진 것으로, 법에 의해 강제로 적용되는 규격이다. 이에는 인명안전, 환경보전, 자원절약 등을 목적으로 하는 것이 많다. 도로교통법에 따른 도로표지를 예로 들 수 있다.

② **임의규격**: 강제규격과 대칭되는 규격으로 법적으로 준수의무가 주어지지 않은 규격이다. GATT 표준코드(GATT standard code)에 의하면 "인정된 표준화 기관이 반복적 또는 계속적 사용을 위해 승인한 기술시방으로 그 준수가 의무화되어 있지 않은 것"이라 정의하고 있다.

참고

사실 표준과 공식 표준

① **사실 표준**(de facto standard): 어떤 공식적인 계획 없이 자연발생적으로 만들어진 사실상의 업계표준을 말한다. 예컨대, IBM PC는 개인용 컴퓨터의 사실상 표준이다.

② **공식 표준**(de jure standard): 공인된 표준화기구가 채택한 공식적이며 법률적 효력을 지니는 표준으로, 국제표준인 ISO 9000이나 국가표준인 KS규격을 예로 들 수 있다.

3 규격의 적용영역(수준)에 따른 분류

표준이 제정되고 적용되는 영역에 따라 사내표준 · 단체표준 · 관청표준 · 국가표준 · 지역표준 · 국제표준으로 나눌 수 있다(그림 3-1 참조).

① **국제표준**: IEC(국제전기표준회의), ITU(국제전기통신연합), ISO(국제표준화기구)와 같은 국제표준화 기관이 제정하여 국제적으로 적용되는 표준이다.

② **지역표준**: 지역표준화 단체가 채택한 규격이다. 유럽의 CEN(유럽표준화위원회)에서는 EU(유럽연합) 및 EFTA(유럽자유무역연합) 등과 유럽규격(EN)을 제정하고 있다. 이 밖에 ACCSQ(아세안 표준 · 품질자문회의), ARSO(아프리카지역 표준화기구), PASC(태평양지역 표준화회의)와 미주(美洲)지역의 COPANT(범미국표준화위원회)규격 등이 있다.

③ **국가표준**: 국가에서 제정하여 사용되는 규격이다. KS(한국산업규격), 일본의 JIS, 영국의 BS, 미국의 ANSI, 독일의 DIN 등을 예로 들 수 있다.

④ **관청표준**: 정부관공서 또는 공공단체의 기관을 위주로 한 구매자의 입장에서 정한 표준이다. 이의 예로는 MIL(미군)규격, 철도청규격, 조달청규격을 들 수 있다.

⑤ **단체표준**: 업계, 단체, 학회 등의 특정 단체에서 제정하여 사용하는 표

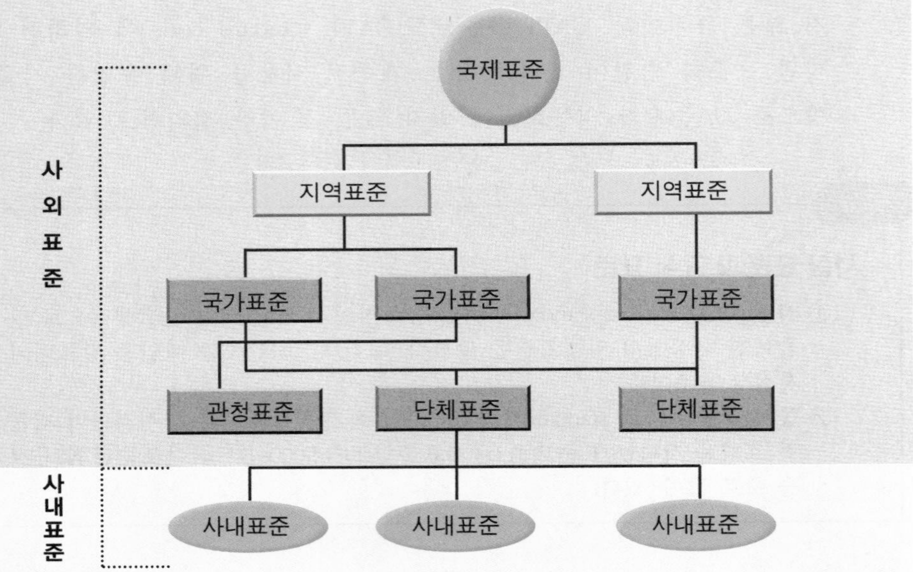

그림 3-1 산업표준의 체계

준으로 미국의 ASTM(미국재료시험협회) 규격과 ASME(미국기계기술자학회) 규격은 세계적으로 유명한 단체표준이다.

⑥ **사내표준**(社內標準): 특정 회사 내에서 사용되는 표준으로서, 말하자면 한 회사의 규격이나 규정 등이 이에 해당된다.

이상 열거된 표준 내지 규격들은 서로 깊은 관계가 있다. 선진국의 경우, 하급 표준, 즉 사내표준이나 단체표준을 모태로 하여 상위표준인 국가표준 → 지역표준 → 국제표준이 이룩되어 적용되는 것이 일반적이다. 한편 후진국에서는 상위표준을 규범으로 하위표준으로 확대 · 발전되고 있음을 볼 수 있다.

표준화의 체계에서 볼 때, 사내표준과 같은 하급의 표준은 상급의 표준(국제표준 · 지역표준 · 국가표준 · 단체표준)을 존중하고 서로 모순이나 충돌이 없도록 조화시킬 필요가 있다.

1.5 표준과 표준화의 관계

인간에 있어서 표준은 마치 물과 같은 존재로 비유될 수 있다. 물 없이 인간이 살 수 없지만 너무 지나치면 홍수처럼 인간에 피해를 줄 수도 있다. 예로부터 치산치수(治山治水)는 나라를 다스리는 통치자의 중요한 사명으로 꼽혀 왔던 것과 같이 표준을 정해서 그대로 이행 내지 준수하는 표준화는 우리 생활에서 매우 긴요하다.

그러나 물을 이용한다는 단편적인 목적에서 무리하게 추진되었던 이집트 애스완 댐의 교훈에서 볼 수 있듯이 무리하고 낭비적인, 즉 불합리하게 표준화를 추진할 경우에는 엄청난 손실을 감수해야 한다. 댐이나 도로 건설 등으로 파괴된 환경 및 생태계 파괴의 교훈에서 볼 수 있듯이 불합리한 표준을 표준화할 경우 이의 실시기간 훨씬 이후까지 영향을 미친다는 사실에 유념해야 한다.

따라서 표준을 설정하거나 이를 운영하는 표준화에 관련된 모든 사람들은 표준화의 원리들을 표준과 표준화의 관계에 입각해서 보다 효율적으로 이용할 때 최상의 표준화 효과를 얻을 수 있다.

2 표준화의 목적과 원리

2.1 표준화의 목적

한국산업규격(KS A3001)의 「표준의 정의」에서 보건대, 표준의 직접적인 목적은 모든 사물과 활동의 통일화 · 단순화이며, 궁극적인 목적은 관계되는 사람들, 즉 이해관계자의 이익이나 편리가 공정하게 얻어지는 일이다.

보다 현실적인 입장에서 현대의 표준화가 추구해야 될 목적을 구체적으로 제시한 ISO/STACO(STAndingCOmmittee)의 「표준화의 목적과 원리」(*The Aims and Principles of Standardization, 1972*)에 따르면, **표준화**의 **목적**을 다음 다섯 가지로 정리할 수 있다.

① 관계자간의 의사소통

② 제품의 단순화와 인간생활에 있어서 행위의 단순화

③ 전체적인 경제

④ 안전, 건강 및 생명의 보호
⑤ 무역장벽의 제거

2.2 표준화의 원리

표준화는 현실 사회생활에 직접적인 관계가 있는 만큼 시대의 변화에 따라 능동적으로 임할 필요가 있다. 즉 표준화 적용대상의 선정과 표준화의 원리를 이해할 필요가 있다.

(1) 단순화의 원리: 표준화는 본질적으로 사회의 의식적인 노력의 결과로서 나타난 단순화 행위이다. 표준화는 복잡성을 줄일 뿐만 아니라 장래에 불필요하게 복잡해지는 것을 예방함을 목적으로 한다.

복잡 다양한 사물의 증가와 무질서를 억제하기 위해서는 우선 사회구성원의 노력과 합의를 바탕으로 하는 사물 및 행위의 단순화가 필요하다.

(2) 관련자 합의의 원리: 표준화는 경제활동임은 물론 사회활동이기도 하며 관련자 모두의 상호 협력에 의해서 추진되어야 하는 것이다. 표준의 제정은 전체적인 합의에 따라야 한다.

표준이 제정된 것만으로는 무의미하다. 이들 관계자들이 표준을 지킬 때 비로소 효과가 나게 된다. 그러려면 표준은 관계자들의 합의(consensus)에 입각해서 제정되어야 한다.

(3) 다수이익의 원리: 표준을 설정해도 그것을 실시하지 않으면 가치가 없다. 실시할 때에는 다수의 이익을 위해 소수의 희생을 감수해야 한다.

표준의 내용이 아무리 훌륭하더라도 그것이 생산과 소비분야에서 널리 실시되지 않으면 소용이 없다. 표준의 실시에는 다소의 희생은 각오해야 한다. 가령 밸브나 나사의 회전방향은 오른손잡이 위주로 표준화되어 있는 것과 같이 다수의 이익을 위해 소수의 희생이 따르는 것이 보통이다.

(4) 고정(固定)의 원리: 표준을 설정하는 행동은 본질적으로 선택과 그에 이어지는 고정이다. 따라서 표준은 일정기간 고정된다.

표준화의 효과를 얻기 위해서는 일정기간 표준을 고정시킬 필요가 있다. 그러나 기술은 계속 발전하므로 표준화의 대상과 시기의 선택에는 신중한 판단이 필요하다.

(5) 개정(진보)의 원리: 표준은 일정한 기간을 두고 검토하여 필요에 따라 개정한다. 개정과 그 다음 개정과의 간격은 개개의 상황에 따라서 결정한다.

기술은 진보하므로 표준의 고정화는 영구히 계속될 수 없다. 때문에 한번 정한 표준은 반드시 기간을 정해서 재검토하고 개정하게 되는데, 이 기간은 5~10년이 보통이다.

(6) 객관성의 원리: 제품의 성능이나 기타 특성을 규정할 때에는, 그 물품이 요구조건에 적합한가를 결정하기 위해서 행하는 시험방법에 대해서 규정하지 않으면 안된다.

표준은 객관적으로 계측(계량)한 값으로 표시하며, 시험방법이나 기구 등을 객관적으로 명기한다.

(7) 보편성(普遍性)의 원리: 국가규격의 법적 강제의 필요성에 대해서는 그 규격의 성질, 그 사회의 산업화 수준, 법률과 내외정세 등에 유의하여 신중히 고려해야 된다.

표준의 실시를 법으로 정해 강제로 할 것인가 임의적용하느냐의 결정은 표준의 성질, 국가(사회)의 산업수준이나 체제 등에 의해서 많이 좌우된다. 다만, 안전이나 환경오염 방지나 계량표준 등은 강제적용되고 있다.

3 사내표준화의 역할과 요건

3.1 사내표준과 사내표준화

공장이나 회사에서 사내표준(社內標準)이 미비되었거나, 제대로 이행되지 못함으로 말미암아 야기되는 **문제점들**을 보자.

① 열심히 일하는 데도 불량이 나온다.
② 능률이 오르지 않는다.
③ 납기를 지키기가 어렵다.
④ 제품에 대한 소비자의 불만이 끊이지 않는다.
⑤ 검사를 하는 데도 불량이 나온다.

⑥ 품질보증에 자신이 없다.

⑦ 사람이 바뀔 때마다 교육·훈련에 많은 시간이 소요된다.

이러한 문제들은 대개 사내표준화가 정착되지 못한 기업에서 흔히 볼 수 있다.

한국산업규격(KS A3001)에서는 **사내표준**(company standard)을 "회사, 공장 등에서 재료, 부분품, 제품 및 조직과 구매, 제조, 검사, 관리 등의 일에 적용하는 것을 목적으로 하여 정한 표준"이라 정의하고 있다.

간단히 말해서 **사내표준화**(社內標準化)란 특정 기업에서 기업활동을 효율적으로 원활히 수행하기 위한 수단으로서, 사내 관계자들의 합의에 의해서 사내표준을 정하여 이를 활용해 가는 조직적인 행위로서 가장 기본적인 경영수단의 하나이다.

3.2 사내표준의 체계(體系)

사내표준의 분류체계는 업종, 생산형태, 기업규모 등에 따라서 차이가 있어 일률적으로 제시하기는 힘들다. 표준화의 본질적 문제는 표준화의 대상을 결정함에 있어 무엇(주제, subject)의 어떤 것(국면, aspect)을 어느 정도(수준, level)로 표준화하면 기대한 효과를 올릴 수 있을까 하는 점이다.

따라서 **사내표준**의 **체계**는 [그림 3-2]와 같이 ① 표준화의 주제별 분류체계, ② 표준화의 국면별 분류체계, ③ 표준화의 수준별 분류체계로 나눌 수 있다.

1 표준화의 주제별 분류체계

표준화의 주제를 유형물(hardware)의 표준화와 무형업무(software)의 표준화로 나눌 수 있으며, 이들을 다시 기업활동의 영역에 의해서 설계·제조·검사·영업 등으로 구분할 수 있다.

기업활동의 영역별로 분류된 사내표준의 **체계**를 예시하면 다음과 같다.

▶조직관계표준(조직분담규정, 책임권한규정)

▶총괄표준(사내표준관리규정, 품질관리규정, 고충처리규정)

▶설계관계표준(설계표준, 제품규격, 도면관리규정)

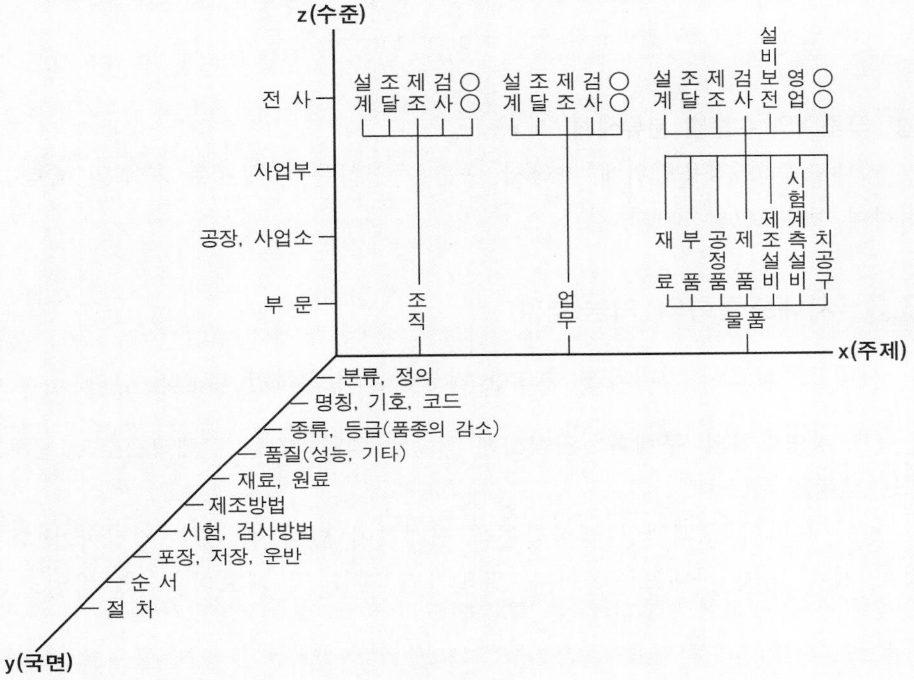

그림 3-2 사내표준화의 주제, 국면, 수준

- 자재관계표준(원재료규격, 부품규격, 구매업무규정, 외주업무규정)
- 제조표준(제조업무규정, 제조기술표준, 작업표준)
- 검사표준(검사업무규정, 수입검사규격, 제품검사규격)
- 설비보전표준(설비관계규정, 시험계측기관리규정)
- 보관 · 운반표준(포장규격, 창고관리규정, 운반관리규정)
- 기타 표준(클레임처리규정, 안전관리규정, 공해방지규정)

2 표준화의 국면별 분류체계

표준화의 국면 즉 사내표준의 규정항목별로 분류하는 체계로서, 이에 따른 사내표준의 체계를 예시하면 다음과 같다.

- 기본표준(용어, 계량단위, 코드 등의 표준)
- 품질표준(재료규격, 제품규격 등)

▶ 방법표준(제조표준, 작업표준, 검사규정 등)
▶ 업무표준(조직관리규정, 인사규정, 구매업무규정 등)

3 표준화의 수준별 분류체계

사내표준의 적용범위에 따라서 수준을 정하는 사내표준 체계를 예로 제시하여 보면 [그림 3-3]과 같다.

3.3 사내표준화의 기능(역할)

사내표준화로서 기대되는 중요한 **기능**들을 열거하면 다음과 같다.

(1) 경영방침의 구체화: 간략하게 기술된 경영방침을 구체적으로 실행하게 하는 역할을 한다.

방침에 따라 구체적인 생산활동을 전개함에 있어 이 경우 길잡이가 되는 것이 계획 내지 사내표준화이다. 말하자면 제품 및 재료의 시방, 작업조건,

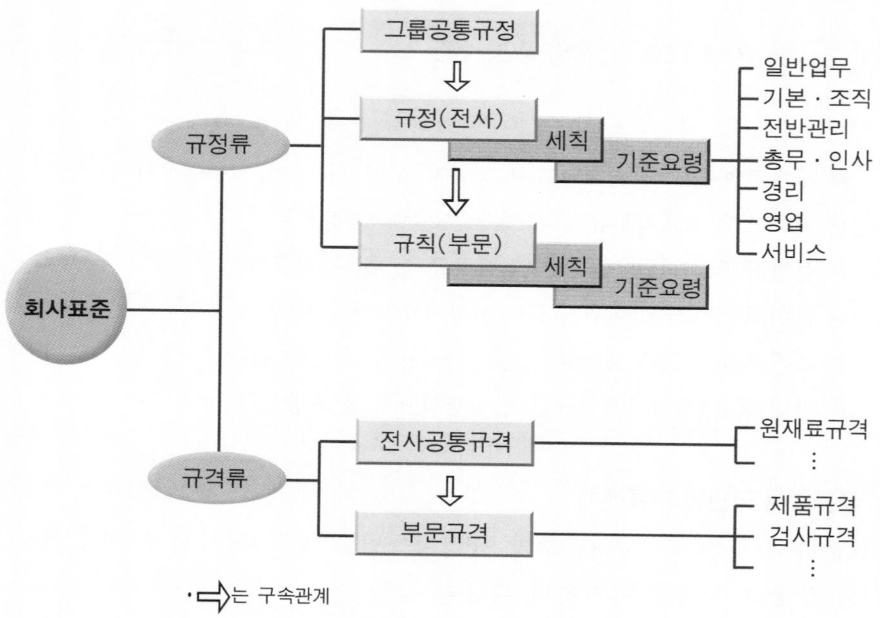

그림 3-3 그룹기업의 사내표준화 체계 예

작업방법, 동작기준, 검사방법, 품질관리방법, 설비관리방법, 업무의 책임 및 권한 등을 구체적으로 규정한 사내표준을 이용하여 생산방침을 실행에 옮기게 된다.

(2) 책임과 권한의 명확화: 직무내용이나 책임과 권한관계를 명확하게 한다.

조직이 유기적으로 원활히 움직이기 위해서는 조직구성원의 직무내용, 책임 및 권한이 명확하게 이루어져야만 한다. 그렇지 않으면 업무상의 혼란・마찰・오해・오류 등을 일으키기 쉽다. 이와 같은 폐단은 조직규정, 업무분담규정, 직무규정과 같은 관리표준(규정)에 의해 책임과 권한이 확립되고, 아울러 기술표준(규격)에 의해서 구체적으로 책임을 규명할 수 있다.

(3) 관리의 기준: 경영활동의 목표치와 같은 관리기준이 되며, 통계적 수법을 활용할 수 있는 바탕이 된다.

자동화시스템에서는 그 시스템을 구성하는 하위시스템의 표준화가 이룩되지 않고서는 자동제어가 불가능하다. 마찬가지로 관리활동, 가령 품질관리나 원가관리 등에서 표준 없이는 합리적인 관리를 할 수 없다. 따라서 품질관리에서 관리도나 샘플링검사 등과 같은 수법을 효율적으로 적용하는 데는 사내표준화가 전제요건이 된다.

(4) 기술의 보전(保全)**:** 오랜 경영활동에서 얻어진 구성원의 지식이나 기술을 문서화하여 보존한다.

표준은 통일성과 객관성이 있으므로 개인이 경험적으로 행하던 작업조건이나 작업방법 등을 정형화하여 객관적인 판단 아래 작업이 이루어지도록 할 수 있다. 이 경우 개인의 기능은 기업의 기술로 보존될 수 있게 된다.

(5) 업무의 효율화: 업무가 보다 효율적으로 수행된다.

사내표준화의 효과를 각 업무의 영역별로 제시한 것이 〈표 3-1〉이다.

(6) 교육훈련의 용이성: 선임자가 자리를 옮겨도 후임자는 표준을 통해 기술이나 기능을 쉽게 터득할 수 있다.

사내표준이 마련되어 있을 경우, 새로운 작업자 내지 경력이 짧은 기술자의 교육훈련에 사내표준을 활용할 수 있다. 가령 설계기술자에 대해서는 설계표준이 이용되고, 작업자에게는 작업표준・측정표준・검사표준이 이용될 수 있듯이, 공통적이며 기본적인 표준 매뉴얼은 교육에 효과적이다.

표 3-1 업무별 표준화의 효과

▶ 구매 · 외주업무의 표준화로서	▶ 검사업무의 표준화로서
a. 구매계획의 용이화	a. 검사원의 훈련 용이, 숙련도 향상
b. 공급자에 대한 의사소통의 명확화	b. 검사오류의 감소
c. 조달업무의 신속화	c. 계측방법의 개선 용이
d. 반품의 감소	d. 검사기준의 적정 유지
e. 전표 및 서식의 간소화	e. 검사설비의 조정시간 감소
	f. 시험계측설비의 정확도관리 용이
▶ 설계업무의 표준화로서	**▶ 영업업무의 표준화로서**
a. 설계의 오류 감소, 불량품 감소	a. 거래 중 혼란, 과오, 오해의 감소
b. 설계시간 단축	b. 고객요구의 처리 용이, 서비스 향상
c. 도면관리, 설계자료관리 용이	c. 거래의 공정화
d. 설계업무의 능률화	d. 판매원의 훈련 용이
	e. 판매업적의 평가 용이
	f. 판매업무의 간소화 · 능률화
▶ 제조작업의 표준화로서	**▶ 관리업무의 표준화로서**
a. 작업자의 훈련 용이, 숙련도 향상	a. 경영자는 중요한 업무에만 전념
b. 안전사고 · 불량품의 감소	b. 경영방침의 지시 · 전달 철저
c. 작업개선의 용이	c. 부서간 협조 및 인간관계 개선
d. 관리의 용이, 품질의 안정	d. 책임 · 권한의 명확화, 중복업무 감소
e. 설비조정 및 작업조정시간의 감소	e. 업무의 혼란, 과오 · 오해의 감소
f. 생산능률의 향상	f. 업무능률의 향상
	g. 종업원 교육훈련의 용이

3.4 사내표준화의 요건(要件)

기업에서 사내표준화의 역할은 매우 크다. 그렇지만 사내표준화에 의해서 얻는 성과에 비해서 희생이 더 크다면 문제는 있다. 경제성이 있고, 현실에 맞는 사내표준이 제정 · 실시되어야 한다.

(1) 사내표준은 실행가능한 것이어야 한다.

한때 일부 KS 표시허가업체 중에는 KS 표시허가를 받기 위해 실행되지도, 될 수도 없는 규격이나 규정들을 문서상으로 만들어 놓고 사내표준화를 한다는 업체가 있었다. 현재의 회사능력으로 실행할 수 없는 규격을 만들어 보았자 한낱 형식에 불과하므로 실행할 수 있는 표준을 설정해야 한다.

(2) 사내표준의 내용은 구체적이고 객관적으로 규정되어야 한다.

사내표준은 일이나 업무의 기준과 방법을 규정한 것이므로 보는 사람에 따라 달리 해석되지 않도록 기술내용을 객관성 있게 구체적으로 나타내어야 한다. 가령 '물 한 방울', '느린 동작' 등의 표현을 물 0.5 cc, 동작속도 30초와 같이 객관적으로 나타내어 가급적 착오가 없도록 하는 것이다.

(3) 사내표준은 이해관계자들의 합의에 의해 결정되어야 한다.

표준을 이용하는 이해관계자의 합의 없이 제정된 사내표준은 공정성을 잃을 우려가 있을 뿐더러, 관계자들의 적극적인 협조를 얻기 힘들다.

(4) 사내표준은 준수되어야 한다.

사내표준은 관계자들의 합의를 거쳐 결정권자의 결제를 받아서 실시되기 때문에 일정한 권위가 주어지며, 이를 준수할 의무가 있다. 지켜지지 않을 표준은 제정할 가치도 없는 것이다.

(5) 사내표준은 다른 표준과 서로 모순이 없어야 된다.

사내표준 가운데는 가령 재료규격의 품질기준과 수입 검사규격 품질기준과 같이 서로 관련이 있는 것들이 많다. 이 경우 규격들이 서로 모순이 없도록 사내표준이 정해져야 한다. 제품을 수출하거나 관청에 납품하는 기업에서는 그 나라나 그 관청에서 정한 국가표준이나 관청표준에 합당한 제품을 만들어야 한다.

사내표준은 상급의 표준(국제표준, 지역표준, 국가표준, 관청표준, 단체표준)과 모순이 안되도록 조화시킬 필요가 있다.

(6) 필요한 때에 사내표준은 개정되어야 한다.

사회가 발전하고 기술이 계속 진보되므로 때가 되면 사내표준을 새롭게 고칠 필요가 있다. 따라서 필요한 때에 사내표준이 개정될 수 있도록 제도나 절차를 마련하여 진취적이고 신축성 있는 사내표준화제도의 운영을 도모해야 한다.

4 글로벌 스탠더드

4.1 세계표준화 경쟁

아날로그 휴대폰의 선두주자였던 미국의 모토로라는 디지털로 전환하는 세계적 흐름에 늦게 대응함으로써 유럽 이동전화 표준인 GSM방식의 디지털 휴대폰을 내세운 핀란드 노키아(Nokia)에 밀려났다. 세계표준을 획득하지 못하면 세계시장에서 패퇴하고 마는 것이다.

20세기 초반 전구나 레코드 등의 표준(규격)이 제정될 때까지만 해도 표준은 신기술의 실용성이나 경제성을 높이기 위한 수단에 불과하였다. 세계표준이 기업경쟁의 강력한 전략요인으로 부각되기 시작한 것은 VTR, PC, 이동통신, 인터넷 등이 등장한 1980년대 이후부터이다.

VTR개발에서 한발 뒤졌던 일본 빅터(Victor)의 VHS방식이 쏘니(Sony)의 베타방식을 누르고 세계 VTR시장을 제패한 것은 이들의 표준화 전략에서 그 열쇠를 찾을 수 있다.

1980년대 초 애플(Apple)사를 꺾기 위해 IBM이 PC를 만들었을 즈음 소규모의 소프트웨어 개발회사로 출발한 MS(Micro Soft)사는 IBM PC의 운영시스템(OS)으로 MS-DOS를 납품함으로써 날개를 펼 수 있었다. MS사의 가장 큰 성과는 PC의 운영시스템 표준을 MS-DOS로 만들고 이를 발전시킨 윈도우즈 시스템(Windows system)을 글로벌 스탠더드로 만들어 세계제일의 강자가 된 점이다.

이들의 공통점은 공식 표준(de jure standard)이 아닌 사실 표준(de facto standard), 즉 사실상의 업계표준으로 세계표준을 이룩하였다는 점이다. 사실

사 례 **인터넷 부라우저: 넷스케이프와 IE의 시장경쟁**

1995년 선발업체인 Netscape Communication의 넷스케이프(Netscape Navigator)의 시장점유율은 80%이었다. 2년 후 마이크로소프트(MS)의 IE(Internet Explorer)에 역전당했는데, 이는 MS의 '끼워 팔기 전략' 때문이었다. 그래서 미국의 사법부는 1998년 5월에 MS가 IE(Internet Explorer)를 윈도우즈에 껴서 판매하는 것에 대해 MS를 반트러스트법 위반혐의로 제소하는 사태에 이르렀다.

표준을 잡기 위한 경쟁에서 승패는 누가 먼저 많은 지지자를 끌어들이느냐에 달려 있다. 기술수준이 아무리 뛰어나도 시장으로부터 반응이 없으면 표준화는 허사가 되고 만다.

1975년에 베타방식의 VTR을 먼저 개발한 쏘니는 시장을 독점하려다 여기서 제외된 RCA를 비롯한 수많은 전자업체에 VHS기술을 공여하여 아군으로 끌어들여 세계표준을 만든 빅터와 마쯔시타(松下電器)에게 두 손을 들었다. 또 PC소프트웨어시장에선 MS의 윈도우즈와 애플의 매킨토시와의 운영시스템(OS) 싸움에서 기술적인 우세에도 불구하고 매킨토시가 패배하였다.

이들의 패배 원인은 모두 기술적 우위에 자만한 나머지 초기에 배타적인 자세를 취했다는 점이다. 애플은 다른 소프트웨어와 하드웨어 제조업체들에 비공개원칙을 고집한 결과 PC운영체제시장에서 마이크로소프트에 참패했다. 뒤늦게 비공개원칙을 철회했을 때는 이른바 '전환가격의 법칙'[3]에 따라 윈도우즈 표준을 도저히 따라갈 수 없었다.

이들 사례에서 **사실표준**과 관련된 몇 가지 **원칙**을 살펴볼 수 있다.

(1) 자사가 개발한 표준이 시장에서 차지하는 비중이 높을수록 시장지배력이 강해진다.

(2) 자사의 기술이 시장에서 표준이 되면 거액의 로열티 수입을 올릴 수 있다.

빅터사가 VHS로 얻은 수입은 약 2천억 엔(円)에 이른다.

(3) 기술적으로 우수하다고 반드시 승자가 되지는 않는다.

쏘니의 베타방식 기술이 빅터의 VHS방식보다 우수함에도 패퇴한 것은 표준화전략에서 한발 늦었기 때문이다.

특히 정보지식산업에서는 전통적 경제원칙과 다른 수확체증의 법칙[4]이 작용한다. 이것은 "정보 네트워크의 가치는 네트워크 참여자수의 제곱에 비례한다"는 메트칼프(Metcalfe)의 법칙에 따라 신규 참가자는 규모가 보다 큰 네트워크에 참여하는 것이 유리함을 뜻한다. 현재와 같은 첨단 기술시장에서 승자가 되기 위해 우선적으로 추구해야 할 사항은 시장의 80%를 장악하

3) 전환가격의 법칙이란 시장에 한 지배적인 표준이 들어서면 이 표준을 바꾸는 데 드는 비용은 시간이 갈수록 증가한다는 법칙이다.

4) 수확체증의 법칙이란 수확이 증가함에 따라 한계수익이 감소하지 않고 오히려 증가함을 뜻한다.

는 일이다.[5)]

제품의 시장점유율 경쟁은 한번 패하더라도 이를 만회할 기회가 얼마든지 있지만, 표준화경쟁에서는 또 다른 기회란 없다. 표준화경쟁에서는 전부를 얻거나 전부를 잃는(all or nothing) 한판승부만 있을 뿐이다. 세계기업의 표준화경쟁은 매우 치열하다.

이제 기업이 새로운 기술을 개발할 때는 한 나라가 아닌 전세계시장을 염두에 두어야 한다. 또 실제로 새로운 기술에 대해 국가기관으로부터 공식 표준을 얻더라도 세계시장에 나가서는 쓸모가 없는 경우가 허다하다. 표준화전쟁의 무대는 세계시장이고 경쟁대상은 전세계 모든 기업들이다.

4.2 글로벌 스탠더드 전략

21세기에는 표준을 제압하는 자가 세계시장을 제압할 것이다. 인간의 활동공간이 확대되고 상품이나 서비스시장이 세계화되면서 국제표준이 긴요한 경쟁요소가 되기 때문이다. 국제표준화는 기업에 엄청난 파급효과를 가져온다. 그래서 요즈음 세계의 각 기업은 자사의 제품 내지 기술을 세계표준으로 구축하려고 야단이다.

이른바 글로벌 스탠더드의 필요성이 증대된 최근의 여건 변화로는 교통발달과 생활권의 확대, 인터넷 중심의 시간과 공간을 초월한 상거래활동, WTO체제 출범에 따른 국가장벽의 붕괴, 효과적인 국제거래를 위한 공정한 기준의 요구, 국가 및 기업의 경쟁력 확보를 위한 표준화전략의 긴요성 등으로 요약할 수 있다.

세계 무역량 중 표준화의 영향을 받는 비율이 전체의 80%가 넘는다고 한다. 자유무역주의를 표방한 WTO시대에서 합법적인 장벽으로 이용할 수 있는 수단이 바로 국제표준 내지 지역표준이라는 사실에 주목해야 한다. 국제표준이 국가나 기업경쟁력 강화에 필수요소가 됨에 따라 자국기술을 국제표준에 반영, 자국의 산업을 보호하려는 선진국들의 주도권싸움이 치열하다. 유럽의 경우 표준을 수단으로 하여 세계시장에서 유럽산업의 경쟁력을 강화하고 있다. 유럽의 GSM이 이동통신의 '사실상 표준'(de facto standard)이 된 것은 유럽국가연합(EU)의 표준화정책의 산물이다.

5) 손욱, *초일류 목표 설정의 길*, 삼성경제연구소, 2001.

우리나라는 국제표준화에 대한 정부나 관련분야의 인식과 대응력이 떨어지는 것이 사실이다. 국제표준화 추진에 중요한 연결고리인 각종 국제표준화 기구의 활동도 극히 미진하다.

글로벌 스탠더드에 대한 우리의 대응책은 다음과 같다.

(1) 국가표준체계의 재정비가 필요하다.

국제규격을 수렴하는 국가표준정책이 요구된다. 중소기업청 산하의 기술품질원(현 기술표준원)이 1999년 산업자원부로 이관되어 국가표준화업무의 중심기관으로 자리잡은 것은 그나마 다행스러운 일이다.

(2) 기업의 사실상 표준 내지 국제표준화 전략이 필요하다.

아무리 좋은 기술이나 신제품을 개발해도 국제표준화가 이루어지지 못한다면 '빛 좋은 개살구'에 불과하다. 빅터사의 VTR 사례처럼 기술이 다소 떨어지더라도 사실상의 표준(de facto standard)으로 국제표준화를 이뤄내면 동조세력을 등에 업고 많은 수요를 창출하며 시장지배력을 확보할 수 있다.

(3) 변화에 유연하게 대응하려면 복합표준보다는 요소표준에 치중할 필요가 있다.

1980년대이래 8비트의 PC가 펜티엄급으로 발전할 수 있었던 것은 요소표준을 바탕으로 하는 모듈 생산방식을 채택하였기 때문이다.

(4) 국제표준화 활동에 적극적으로 참여해야 한다.

그 동안 뜻을 같이하는 동조세력이 상대세력보다 강하면 그 기술이 국제표준으로 받아들여져 왔으나 최근 국제표준화기구를 통해 공식적인 국제표준화가 이루어지는 추세이다. 따라서 국제표준화 활동에 적극적으로 참여하여 유리한 입지를 확보해야 한다.

(5) 시스템표준이나 관리표준의 국제화도 중요하다.

최근 구미의 선진국들은 막강한 국력과 경제력을 이용하여 그들의 제도나 시스템을 글로벌 스탠더드로 만들어 이에 따르도록 강요하는 경우가 늘고 있다. 그런 것들이 바로 ISO 9000이나 14000 그리고 WTO체제와 같은 것이다.

세계시장의 고객만족을 위해 이들 표준을 유리하게 적용하는 지혜와 실천이 필요한 때이다.

4.3 서비스 표준에 의한 고객만족

우리 주위에서 흔히 발생되는 고객불만은 제품문제 못지 않게 서비스문제도 많다. 공업화후기 사회에 진입할수록 서비스불만의 비중은 점차 커지고 있다. 서비스는 보이지 않으며 실체가 만져지지 않아 서비스의 측정·평가·관리가 매우 어렵다. 서비스는 그의 무형성으로 인해 저장할 수 없어 사전에 검사되고 시험될 수도 없다. 다만 서비스를 받을 때에야 서비스과정을 관찰할 수 있을 뿐이다.

광화문 네거리에서 수많은 차량들이 빨리 달릴 수 있는 까닭은 차선과 교통신호가 중요한 역할을 하기 때문이다. 무질서한 서비스활동을 지양하기 위해서는 서비스표준이나 표준업무절차(SOP)를 정해 놓고 서비스과정에서 이를 반드시 지키도록 해야 한다. 즉, 보이지 않으며 구체적인 실체가 없는 서비스활동의 관리에서는 서비스표준의 설정과 이의 유지·관리가 긴요하다.

고객이 만족하는 서비스를 제공하려면 먼저 서비스에 대한 고객의 요구나 기대사항에 맞는 서비스표준을 설정하고 서비스활동에 종사하는 구성원들이 서비스과정에서 이들 표준을 준수하여야 한다. 신속배달을 목표로 하는 미국의 대표적 특송업체인 페덱스(FedEx)에서는 24시간 내 배달을 배달기준으로 정하여 이를 준수함으로써 경쟁자보다 앞설 수 있었다.

그러나 고객을 영원무궁하게 만족시키기는 매우 힘들다는 것을 알아야 한다. 예상치 못했던 서비스로 감격을 했던 고객이라도 이후 똑같은 서비스로 감격하기는 힘든 것으로 고객의 기대를 앞서가는 서비스의 개발과 실천 없이 지속적인 고객만족은 기대하기 힘들다. 그런 점에서 표준화로 고객만족도를 높이려면 환경변화를 예측하여 이에 적절한 표준으로 바꾸고 대응하는 노력이 계속 필요한 것이다. 그래서 마이크로소프트는 1993년 PC의 새로운 운영체계로 「윈도우즈」를 개발하고 1995년에는 DOS와 윈도우즈를 단일화한 「윈도우즈 95」의 뒤를 이어 「윈도우즈 98」과 「윈도우즈 2000」을 출시한바 있다.

주요 용어(key word)

• 표준화(standardization) • 호환성(interchangeability) • 인터페이스(interface) • 사실표준(de facto standard) • 공식표준(de jure standard) • 국제표준(international standard) • 사내표준(company standard) • 전환가격의 법칙 • 수확체증의 법칙 • 글로벌 스탠더드(global standard)

연습문제

1. 표준화는 우리 인류와 더불어 발전해 왔다. 이는 우리 생활에서 표준이 필요하기 때문이다. 우리 생활에서 표준과 관련되는 것을 꼽아보자. 이들 표준이 없을 때의 문제점은?
2. 표준과 표준화의 정의를 기술하라.
   표준과 규격, 규격과 규정의 차이는 무엇인가.
3. 고대이래 표준이 중요시된 것은 표준의 특성 때문이다. 표준의 7가지 특성을 열거하고 설명하라.
4. 표준화의 목적이 충분히 달성되려면 표준의 기능이 제대로 수행되어야 한다. 표준의 주요 기능들을 기술하라.
5. 표준이 적용되는 영역에 따라 산업표준의 체계를 제시하라.
6. 사실표준(de facto standard)과 공식표준(de jure standard)을 예를 들어 설명하라.
7. 보편적인 표준화의 원리를 열거하고 현실적인 표준화 실시방안을 간단히 제시하라.
8. 표준화의 효과를 표준화의 원리와 관련하여 설명하라.
9. 사내표준은 "회사나 공장 등에서 재료나 부품, 제품 및 조직, 구매, 제조, 검사, 관리 등의 업무에 적용할 것을 목적으로 정한 표준"으로 정의한다. 사내표준화의 효과에 대하여 예를 들어 설명하라.
10. 기업에서 사내표준화의 역할은 매우 크다. 그러나 사내표준이 제대

로 제정·시행되지 않으면 아니함만 못하다. 사내표준화의 요건에 대하여 기술하라.

11. 21세기에는 표준을 제압하는 자가 세계시장을 지배한다. 시장경쟁에서 세계표준(global standard)의 중요성에 대하여 사례를 들어 설명하라.
12. 흔히 '사실상의 표준'이라 일컫는 사실표준(de facto standard)으로 세계시장을 지배하는 이유는 무엇인가?
13. 글로벌 스탠더드에 대한 우리의 대응전략들을 제시하라.

제 4 장

품질경영시스템

1 품질의 관리시스템

1.1 생산시스템의 품질영향요인

생산경영활동은 생산방침의 결정 → 설계 → 원자재조달 → 제조 → 검사 → 판매 → 사용의 과정을 반복하면서 생산목표(품질 · 원가 · 수량 및 납기)의 효율적인 달성을 추구한다.

(1) 먼저 생산목표인 품질 · 원가 · 수량 및 납기 등을 검토하여 생산방침을 세운다.

(2) 생산방침에 따라서 소비자가 요구하는 제품을 연구 · 개발하여 제품설계를 한다.

(3) 설계에 제시된 제품을 만드는 데 필요한 자재들을 외주 또는 구매하여 조달한다.

(4) 조달된 자재들을 기계 설비를 사용하여 지시된 제조방법대로 필요한 수량을 제조한다.

(5) 제조된 제품들을 검사기준에 따라 검사한다.

(6) 검사에 합격된 제품을 소비자에게 판매한다.

(7) 판매된 제품의 사용정보를 조사하여 생산방침이나 설계에 반영한다.

이상의 생산과정의 흐름 속에 품질에 영향을 주는 요인들이 어떻게 작용하는가를 품질관리시스템과 연관하여 나타낸 것이 [그림 4-1]이다.

제품품질에 영향을 주는 요인(factor)은 대별하여 물적 요인, 기술 및 관리 요인 그리고 인적 요인을 꼽을 수 있다. **물적 요인**(物的要因)에는 원자재(Material), 기계설비(Machine), 자금(Money) 등이 있으며, 기술 및 관리 요인에는 설계 및 제조방법(Method), 시장(Market), 경영정보(Management information) 등이 해당되고, **인적 요인**(人的要因)에는 경영자(Management)와 현장에서 일하는 작업자(Men) 및 기타 종사원들을 열거할 수 있다.

생산기업의 경우 이들 여러 요인 가운데 생산요소, 즉 **4M**(Men, Material, Machine, Method)의 영향력이 특히 크다. 생산/운영활동은 기업의 경영활동과 직결되므로 앞에서 열거된 **경영요소**(8M) 모두는 품질과 관련이 매우 깊다.

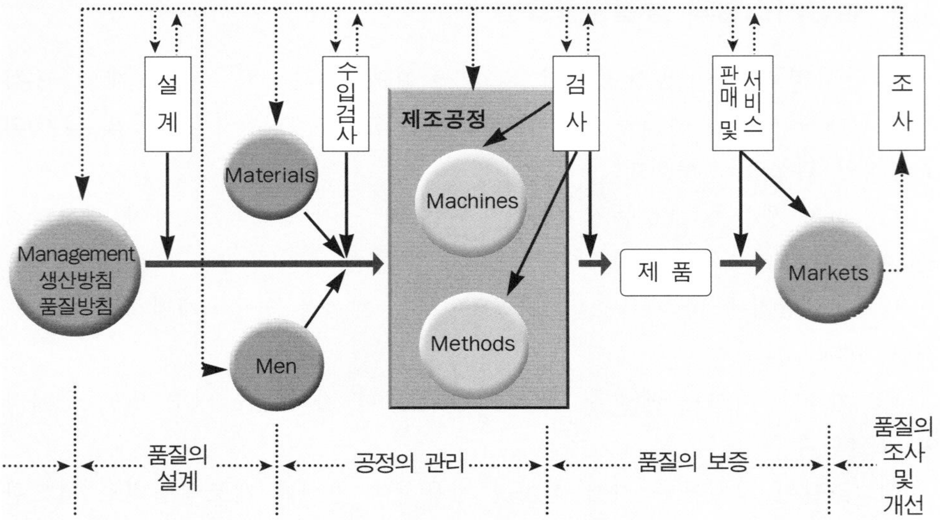

그림 4-1 품질의 관리시스템

전술한 각 부문의 품질경영활동을 기업 전체의 관점에서 품질의 관리기능별로 체계화시키면 [그림 4-1]의 하단에 구분한 바와 같이 다음의 네 가지 기능으로 나눌 수 있다.

① 품질의 설계
② 공정의 관리
③ 품질의 보증
④ 품질의 조사 및 개선조치

1.2 품질의 관리과정(품질관리 기능)

관리과정(management cycle)으로 흔히 제시되는 'plan→do→see'의 과정에서 see를 check와 action으로 나누면, 계획(plan)→실행(do)→확인(check)→조치(action) 즉 PDCA사이클의 관리과정이 된다. 이 관리과정은 슈하트(W.A. Shewhart)가 품질의 관리과정을 PDCA사이클로 제시하여 '슈하트 사이클'로도 불리고 있다.

데밍(W.E. Deming) 박사가 일본 사람들에게 이들 품질관리 기능을 강조함에 있어서 PDCA사이클을 수레바퀴에 비유하면서 "품질관리의 수레가 제대로 빨리 굴러가려면 지면이 고라야 되듯이 모든 구성원의 확고한 품질의식을 바탕으로 하여 수레바퀴(PDCA사이클)가 끊임없이 돌아가야 한다"고 강조하였다.

그래서 일본에서는 PDCA사이클을 **데밍 사이클**(Deming's cycle)이라 부른다.

품질관리에서 계획·실행·확인·조치 기능은 품질의 관리시스템을 구성하는 ① 품질의 설계, ② 공정의 관리, ③ 품질의 보증, ④ 품질의 조사 및 개선의 네 가지 **품질관리 기능**(그림 4-2 참조)으로서 이들 기능이 연결되어 계속 수행되지 않고서는 품질의 개선이나 관리는 어렵다.

(1) 품질의 설계(계획기능): 경영자의 방침에 따라서 시장정보, 제품연구, 자금능력, 자사의 기술수준, 제조능력, 관리능력, 판매능력, 예정원가 등을 고려해서 품질수준을 정하여 설계품질을 정하는 일이다.

즉, 상품의 목표품질을 정하는 것으로 설계품질은 외관, 취급방법, 내구성, 안전도, 성능, 호환성, 애프터서비스 등을 구체적으로 나타내어 품질표준

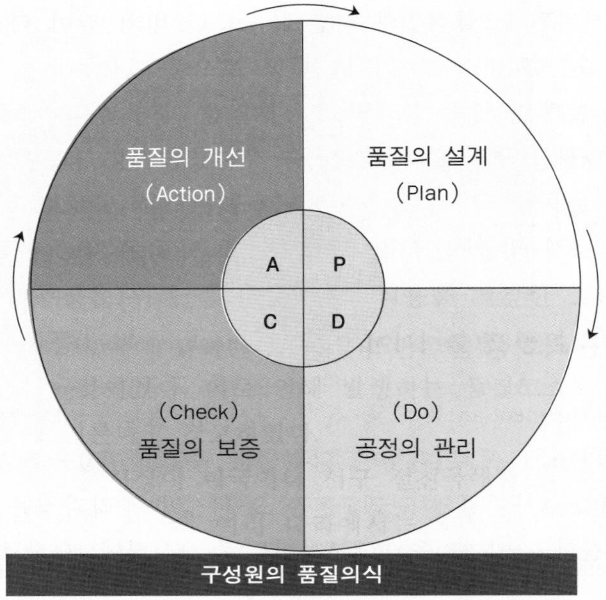

그림 4-2 품질관리의 기능(PDCA 사이클)

내지 시방서의 형태로 만들어 제조 현장에서 다루기 쉽게 하는 것이다.

(2) 공정의 관리(실행기능): 설계품질에 적합한 제조품질이 만들어지도록 공정설계를 행하고 장치, 기계, 치공구(治工具), 작업방법, 계측기기 및 공정의 관리방법(작업표준, 제조표준, 계측 시험표준의 설정 등)을 정하며, 이에 따른 작업자의 교육·훈련을 실시하고, 그에 따라 업무를 수행하는 일이다.

(3) 품질의 보증(확인기능): 제품의 제조단계, 출하단계, 그리고 사용단계에서의 제조품질 내지 사용품질을 목표품질에 따라 점검하는 일이다.

이 기능을 수행하는 방법에는 ① 요인검토, ② 결과검토의 두 가지 방법이 있는데, 요인검토는 설계, 구매, 제조 공정에서 CTQ(Critical to Quality)와 같은 특정요인(품질특성)을 미리 정한 표준이나 규정에 맞추어 검토한다. 한편 결과로써 점검하는 경우는 각 공정이나 업무 등의 결과로 검토한다.

(4) 품질의 조치(조치기능): 클레임이나 애프터서비스 결과라든가 고객들

이나 시장의 의견을 조사해서 개선하고 조치할 점이 있으면 설계, 판매, 제조에 피드백시켜 품질방침이나 설계품질을 개선하든가 제조공정의 관리를 개선조치하는 일이다.

품질에 이상이 발견되었을 때, 그 원인에 대해서 조치를 취하지 않으면 똑같은 사고가 재발하게 마련이다. 품질의 개선은 물론 재발방지를 위해서 조치기능은 절대로 필요하다.

1.3 품질의 관리업무

현대경영에서 고객이 만족하는 품질을 경제적으로 실현하기 위해서 품질경영을 전개한다고 볼 때, 사용품질에서 고객의 요구가 충족될 수 있도록 제품이나 서비스의 설계품질이 정해지고 제조품질이 유지 내지 개선되어야 한다. 즉, 목표품질 → 설계품질 → 제조품질 → 사용품질의 **품질사이클**이 끊임없이 돌아가야 한다(그림 4-3 참조).

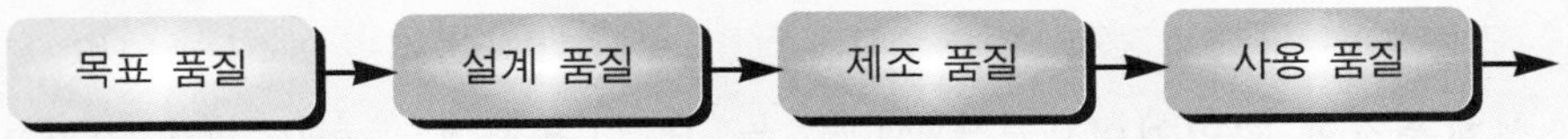

그림 4-3 품질의 사이클

따라서 품질관리의 **업무**는 ① 설계품질의 관리, ② 조달품질의 관리, ③ 제조품질의 관리, ④ 사용품질의 관리, ⑤ 품질개선활동의 관리로 나눌 수 있다(그림 4-4 참조).

1 설계품질의 관리

제품/서비스의 품질은 대부분 설계품질에서 좌우되므로 품질관리에서 가장 중요한 단계이다. 시장조사나 연구개발을 통하여 소비자가 요구하는 품질특성을 추구하여 이룩된 제품설계상의 품질 및 신뢰성 파라미터들을 시작시험(試作試驗, prototype test)이나 인정시험(認定試驗, qualifying test) 등으로 확인한 다음 채산, 납기 등을 고려하여 합리적인 수준에서 품질표준이나 시방을 설정하고 관리하는 업무이다.

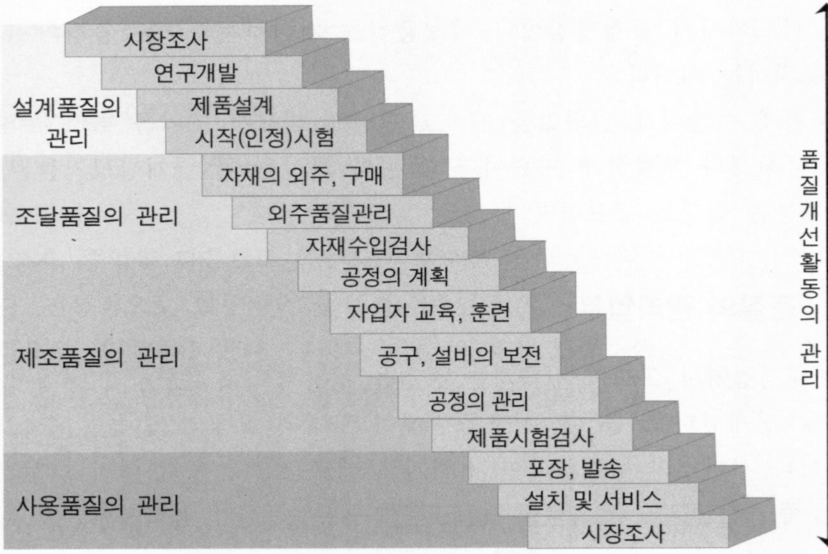

그림 4-4 제조기업에서의 품질관리 업무

설계품질의 **관리기법**으로는 제품기능 분석, 품질기능전개(QFD), 시장품질 조사, 품질특성 분류, 품질수준 및 표준설정, 공정능력조사, 공정 파라미터 설정, 공차해석(公差解析), 품질능력의 해석, 설계검토, 시작시험 및 인정시험, 불량해석, 제품평가, 안전도 조사, 신뢰성표준 설정, 보존성 및 서비스표준 개발, 시험생산 등이 이용된다.

설계품질의 관리는 품질의 생성과 불량예방에 긴요한 업무로서 이에 소비되는 비용 모두는 품질코스트 가운데 예방코스트를 구성한다.

2 조달품질의 관리

제품생산에 필요한 원자재를 시장에서 구매하거나 하청공장에 외주를 주어 조달함에 있어, 제품설계에 제시된 시방이나 품질표준에 맞추어 수입 원자재의 품질을 관리하는 업무로서 조달품질(調達品質) 또는 수입품질의 관리(incoming quality control)라 한다.

조달품의 품질이 경제적으로 관리되기 위해서는 특히 외주(하청)공장에 대한 품질평가, 납품회사측의 품질보증, 수입자재에 대한 샘플링검사 및 시험이 필요하다.

조달품질의 **관리기법**으로는 공급처에 대한 능력평가, 납품업자의 평가계획, 조달품에 대한 품질보증, 품질요구의 문서화, 계측기 표준, 특수 품질정보장치를 사용하는 검사 및 시험절차, 특정 품질수준에 대한 경제적 샘플링방식의 선택, 검사결과의 판정 등이 있다.

3 제조품질의 관리

설계품질시방과 일치되도록 제조과정의 품질을 관리하는 업무이다. 제조품질(製造品質)의 관리는 제조현장에서의 공정관리가 주축을 이루는데, 불량품이 만들어지기 전에 제조공정에서 품질을 관리하는 것으로 다음 사항이 중심이 된다.

① 공정능력의 평가와 공정의 계획
② 품질표준에 대한 제조품질의 적합정도 파악
③ 품질산포와 산포원인의 발견
④ 불량원인의 발견
⑤ 불량원인의 제거 및 개선

이상의 품질관리를 게을리하면, 제품검사 단계에서 많은 불량품이 발생하거나 그대로 소비자에게 넘어가서 클레임을 받게 된다.

제조품질의 **관리기법**으로는 공정품질의 관리와 제품검사에 대한 완전한 품질계획의 실시, 공정능력의 조사, 공정 내에서의 샘플링, 비파괴 검사, 관리도, 공구 및 설비보전, 계측기기의 검교정(檢較正, calibration), 작업자의 교육·훈련 등이 적용된다.

4 사용품질의 관리

제품이 출하되어 소비자의 손에 넘어가서 그것이 당초의 사용목적대로 기능을 충분히 발휘하도록 제조현장이나 시장의 서비스를 통하여 제품의 품질을 관리하는 업무이다.

사용품질의 **관리기법**으로는 품질에 손상을 주지 않는 포장·운송·보관, 사용오류를 최소화하는 사용설명서의 작성, 클레임 및 불만의 분석, 신속 정확한 서비스, 적정 사용품질 수준의 결정 등을 열거할 수 있다.

전술한 품질관리 업무들은 각기 독립된 업무로 보다는 상호 유기적인 관계에서 전개되어야 하는 것으로 특히 사용품질의 관리는 더욱 그러하다.

5 품질개선활동의 관리

위의 네 가지 업무는 제품의 설계·제조·사용 과정에서 표준이 되는 품질표준(시방)을 설정하고 준수하는 계통적인 관리업무라 할 수 있다. 품질의 현상유지도 중요하지만 그보다는 현상을 타파하여 보다 나은 품질을 추구하는 이른바 품질개선 활동이 품질향상 내지 생산성 향상을 위해서 매우 중요하다.

품질개선 활동이란 소비자가 요구하는 진(眞)의 품질을 추구하여 품질특성을 개선하고, 불량원인을 발견·제거함으로써 보다 효과적으로 품질을 개선하는 활동이다. 따라서 이들 업무는 제품설계를 비롯한 원자재, 제품, 제조공정의 개선업무가 중심이 된다.

2 품질경영(QM)

2.1 품질관리(QC)와 품질경영(QM)

미국의 품질관리(QC)는 발전배경에서 볼 수 있는 바와 같이 벨 전화회사나 국방성과 같이 생산자보다 힘이 월등한 기관 구매자가 구매품의 품질유지를 목적으로 행한 구매자 위주의 품질관리에서 비롯되었다. 따라서 당시의 품질관리는 불량품의 납품을 억제하는 검사에 중점을 두었던 바, 그의 명칭을 QC(quality control)라 하고 품질(규격)의 현상유지를 위한 통제(統制, control)에 치중하였던 것이다.

그러나 1950년대에 미국으로부터 품질관리 기법을 전수받은 일본은 생산자 스스로 품질의 현상유지가 아닌 현상타파, 즉 개선을 위한 지속적 관리(管理, management)에 치중하였다.

품질관리 활동이 통제(control)의 개념을 초월하여 관리(management)의 개념을 바탕으로 하여 추진될 때, 품질통제(quality control)보다는 일본에서처럼 품질관리나 품질경영(quality management)으로 표현하는 것이 옳다고 본다.

품질관리(QC)의 뜻은 '품질'(品質)과 '관리'(管理)의 개념을 묶어서 "품질계획을 수립하여 이를 달성하기 위한 활동의 전체"라고 표현할 수 있다. 이를 생산기업에서의 제품품질의 관리과정으로 보면, 품질관리(品質管理)란 품질을 계획/설계하여(plan), 이를 토대로 생산/가공해서(do), 그 제품이 계획(설계)한 것과 틀림없는지를 검사하여(check) 판매한 다음, 소비자의 요구를 조사해서 다음 설계에 반영하는(action) 활동이라고 풀이할 수 있다.

최근 개정된 ISO 9000: 2000모델에서 **품질관리**(quality control: QC)를 "품질 요구사항의 충족에 중점을 두는 품질경영의 일부"로 정의하고, **품질경영**(quality management: QM)은 "품질과 관련하여 조직을 지휘하고 관리하는 조정활동"으로 정의하면서 품질방침의 수립 및 품질목표, 품질기획, 품질관리, 품질보증, 품질개선을 포괄하였다.

참고

ISO 8402-1994의 QC, QM, TQM 용어 정의[2)]

QC (품질관리): 품질 요구사항들을 충족시키기 위하여 사용되는 운영상의 기법 및 활동.

QM (품질경영): 품질방침, 목표 및 책임을 결정하고 품질시스템 내에서 품질계획, 품질관리, 품질보증, 품질개선과 같은 수단에 의해 이들을 수행하는 전반적인 경영기능에 관한 모든 활동.

TQM (종합적 품질경영): 품질을 중심으로 하는 모든 구성원의 참여와 고객만족을 통한 장기적 성공지향을 기본으로 하며, 아울러 조직의 모든 구성원과 사회에 이익을 제공하는 조직의 경영적 접근.

2.2 품질경영의 개념과 내용

이들 ISO의 정의에서 볼 때, QM(품질경영)은 일본의 전사적 품질관리(全社的 品質管理, CWQC)나 TQC 개념과 일치되는 것이며, TQM(종합적 품질경영)은 TQC바탕에 기업문화의 혁신을 통한 구성원의 의식과 태도 등에 중점이 두어진 것이다.

---

1) 이순룡, "QM과 TQC의 차이," *품질경영*, 1993. 10월호.

2) *ISO 8402-1994 (Quality management and quality assurance - Vocabulary)*

따라서 **품질경영**(品質經營, QM)은 최고경영자의 품질방침을 비롯하여 고객을 만족시키는 모든 부문의 전사적 활동으로서 품질방침 및 품질계획(QP), 품질관리(QC), 품질보증(QA), 품질개선(QI)을 포함하는 광의의 품질관리로 이해할 수 있다.

$$QM = QP + QC + QA + QI$$

품질관리(QC)는 품질경영(QM)에 내포되는(QC ⊂ QM) 것으로 이들은 종합적 품질경영(TQM)에 이르게 된다. 기존의 품질관리(QC)가 '규격지향의 품질'을 목표로 하였다면, 품질보증(QA)은 '규격충족의 품질'을 목표로 하며, 품질경영(QM/TQC)이나 TQM은 '고객요구 품질' 내지 '고객만족 품질'을 목표로 한다는 점에서 차이점을 찾을 수 있다(그림 4-5 참조).

품질보증(QA)이 표방하는 규격만족 품질로서 최소한의 시장확보는 가능할지라도 시장주도(market leadership)는 어려운 것으로, 고객요구 내지 고객만족 품질을 지향하는 QM 내지 TQM에 의해서 시장의 주도권을 장악할 수 있다. 왜냐하면 QC나 QA는 규격(시방)지향적인데 반하여 QM이나 TQM은 고객

그림 4-5 **품질관리의 발전과정에서 본 품질경영**

(시장)지향적이어서 환경변화에 신속하게 전략을 수립하여 적응할 수 있기 때문이다.

TQM(종합적/총체적 품질경영)은 전통적인 현장중심의 품질관리(QC/QA)와 달리 전략적인 것으로, QM 위에 기업문화의 혁신을 통한 구성원의 의식과 태도 등에 중점을 두고 기업 및 구성원의 사회참여 확대를 목적으로 추진되는 전략경영시스템의 일부분으로 볼 수 있다.

2.3 품질경영의 요건

품질관리나 품질경영은 '예방의 원칙'을 토대로 하고 있는 것으로, 예방의 원칙에 입각한 합리성 추구를 하려면 과학적 수단에 의존하지 않을 수 없다. 그러기 위해서 주관적 판단을 배제하고 객관성이 높은 판단에 따른다는 점에서 통계적인 고찰이나 기법이 품질관리에 전반적으로 응용되게끔 되었다.

근대적인 품질관리는 주로 통계적인 수단을 이용하여 전개되는 바, 오늘날 통계적 품질관리는 품질관리의 진수(眞髓)라 할 수 있다. 그러나 통계적인 기법만으로는 소기의 성과를 충분히 얻을 수 없는 것으로, 품질에 영향을 주는 모든 사람의 품질에 대한 의식적 노력을 모아서 종합적으로 품질관리를 추진해야 한다. 소비자가 만족할 수 있는 품질의 제품(서비스)을 경제적으로 생산하기 위해서 사내 모든 부문의 활동을 종합할 필요가 있다.

따라서 **품질경영**(QM)의 **요건**을 다음과 같이 제시할 수 있다.

(1) 품질은 고객의 요구를 만족시키는 것이라야 한다.

기업에서 품질관리를 행함에 있어 이의 기준이 되는 품질은 국가규격이나 국제규격의 품질이라도 고객의 요구에 합치되지 않으면 고객이 만족할 수 없다. 만들기만 하면 팔리는(product out) 시절이라면 몰라도 현대와 같이 소비자의 요구에 따라 선택되어지는(market in) 시대에서는 생산 및 판매활동은 소비자지향으로 전개되어야 한다.

(2) 고객이 요구하는 품질의 제품 / 서비스를 경제적으로 산출하여야 한다.

품질이 아무리 좋더라도 가격이 비싸면 소비자의 만족을 기대하기는 힘들다. 적절한 가격으로 판매하여 적정이윤을 취하기 위해서는 경제적인 생산과 관리가 뒷받침되어야 한다.

(3) 고객만족을 효과적으로 수행하기 위해서는 모든 구성원의 참여아래 품질을 종합적으로 관리하지 않으면 안된다.

고객이 요구하는 제품이나 서비스를 경제적으로 산출하기 위해서는 경제적인 수준에서 경영활동이 원활하게 이루어져야 하며, 품질개선이나 품질보증을 위한 일련의 활동이 효율적으로 전개될 수 있도록 각 부문의 활동이 전사적/종합적으로 조정・관리되어야 한다. 제품/서비스의 품질뿐만 아니라 조직의 질, 경영자를 포함한 구성원의 질, 정보의 질, 서비스의 질, 업무의 질 등도 종합적으로 관리되어야 한다.

(4) 통계적 기법뿐만 아니라 온갖 수단의 적용이 요구된다.

(1), (2), (3)의 요건을 수행함에 있어서 통계적 방법은 능력의 한계가 있다. 제품품질의 개선을 위해서는 재료공학, 품질기술, 생산기술, 자동화 등의 기술이 필요하며, 생산주체 내지 소비주체인 인간의 본성을 이해하고 이들을 움직이기 위해서는 심리학, 행동과학, 소비자행동분석 등의 이해와 적용이 필요하다. 생산요소 내지 경영요소들을 환경변화에 적응시키면서 효율적으로 활용하기 위해서는 경영전략, MIS, VE, IE, 시스템즈 어프로치 등 온갖 관리기법의 이용이 필요하다.

(5) 전사・종합적인 총체적 품질경영의 지속적인 전개가 필요하다.

품질관리는 '기술(기법)로서의 품질관리'와 '시스템으로서의 품질관리'의 양면성을 지니고 있다.[3] 기술로서의 품질관리란 품질관리의 기법에 관한 논리를 탐구하고, 이를 현장에서 적용하는 품질관리이다. 이에 대해 시스템으로서의 품질경영은 전체 시스템의 종합관리의 입장에서 전개되는 것으로 경영활동과 품질개선 활동을 최고경영자의 입장에서 조정・관리하는 것이다. 즉 기업경영의 유효성(effectiveness)의 관점에서 전개되는 시스템즈 어프로치(systems approach)를 품질경영에 도입한 것이다. 시스템의 유효성은 전체적이며 장기간 지속적으로 전개되는 시스템 활동에서만 이루어질 수 있다. 따라서 최고경영자의 리더십과 아울러 구성원들의 적극적인 참여와 지속적인 품질개선활동은 품질경영에서 필수적이다.

따라서 현대경영에서는 기업경영의 유효성(有效性) 관점에서 전사・종합적인 품질경영이 장기적으로 전개되는 총체적 품질경영(total quality management:

3) 김해천, "TQC의 등장," *경영연구*, 11권 3호, 1975 동계호.

TQM)이 바람직하다.

3 전사적 품질관리(일본형 TQC)

3.1 종합적 품질관리(TQC)의 특징

품질경영(quality management: QM)은 종합적 품질관리(total quality control: TQC) 내지 전사적 품질관리(company-wide quality control: CWQC)와 많은 공통점이 있다. 그 연유는 2장의 〈표 2-1〉에서 볼 수 있는 것처럼, 이들은 TQC→전사적 품질관리→품질경영의 연결고리를 이어왔기 때문이다.

파이겐바움(A.V. Feigenbaum)의 TQC정의[4]에 따르면, 소비자가 요구하는 품질을 최저의 품질코스트로 이루기 위해서 '조직내 여러 그룹'(the various group in an organization), 즉 마케팅·설계·기술·제조·검사·서비스 등의 전 부문, 위로는 사장에서 아래로는 현장의 작업자를 포함하는 모든 계층이 QC활동을 전개할 필요가 있다는 것이다.

파이겐바움의 이와 같은 TQC사상이 미국이나 서구 선진국에서보다는 1970년대 이후 일본에서 알찬 결실을 보게 된 것은 일본에서는 명실공히 전사적 품질관리가 전개될 수 있었기 때문이다. 즉, 구미제국은 직능주의(職能主義, professionalism)에 입각해서 QC요원을 중심으로 QC활동이 전개된 데 반해서, 일본에서는 전 부문 전원참가의 품질관리가 실시된 데 기인한다.

합리적 내지 경제적인 품질개선은 라이프사이클 모든 단계에서 전체 구성원이 QC활동을 전개하는 종합적 품질관리(TQC) 내지 전사적 품질관리(CWQC)에 의해서 이룩될 수 있는 것으로 **TQC**의 **개념**을 다음과 같이 정리할 수 있을 것 같다.

① 라이프사이클 모든 단계에서 전개되는 품질관리
② 전 부문이 참가하는 품질관리
③ 전원참가의 품질관리
④ 통계적 방법을 비롯한 모든 QC기법을 활용하는 품질관리
⑤ 종합품질시스템을 기반으로 하는 기능별 관리(품질·납기·원가를 종합적으로 관리)

4) 2장 2절 2.5 참조.

종합적 품질관리(TQC)가 일반적인 QC와 성격을 달리하는 점은 바로 "total"이라는 점이다. 품질관리의 범위를 부분(partial)에서 전체(total)로 확대시킨다는 것을 강조함으로써, TQC의 특성은 전통적인 QC에서 볼 수 있는 고유적인 내용보다는 전체성(totality)에서 찾을 수 있다.

전체성이라는 입장에서 **TQC방법론**의 **특징**을 열거하면 다음과 같다.

(1) TQC의 목표(최저의 품질코스트로 품질을 보증하는 것) 달성은 생산부문의 QC활동만으로 이루어질 수 있는 것이 아니고 각 부문의 종합적인 작용, 즉 전사적 품질관리 활동에 의해 이루어진다.

(2) 라이프 사이클의 모든 단계에서 요구품질 → 설계품질 → 제조품질 → 사용품질의 계통적인 관리를 통하여 소비자가 요구하는 품질의 급부(재화 또는 서비스)가 산출・제공되도록 품질관리 활동이 전개된다.

(3) TQC방법론의 특징으로 전원참가에 의한 품질관리를 빼놓을 수 없다.

(4) 관리기능(계획기능・집행기능・통제기능)을 일반화하여 품질관리의 방법으로 확립한 것도 TQC의 특징이다.

(5) TQC는 종합품질시스템을 기반으로 하는 시스템 접근방법(systems approach)에 입각하고 있다.

3.2 전사적 품질관리(CWQC)

오늘날 일본상품의 품질이 높이 평가되고 품질경쟁력이 강한 것은 일본산업계의 끊임없는 품질관리의 성과라고 할 수 있다. 세계적으로 평판이 높은 일본적 품질관리의 특징은 전사적 품질관리(全社的 品質管理)라고 할 수 있는데, 현장 작업자의 적극적인 참여는 물론 경영자의 품질경영이 주축을 이루고 있다.

일본공업규격 품질관리 용어(JIS Z 8101-1981)에서는 「품질관리」를 "수요자의 요구에 맞는 품질의 물품 또는 서비스를 경제적으로 만들어 내기 위한 수단의 체계"라 정의하고, 「전사적 품질관리」(CWQC/TQC)를 "시장조사, 제품의 개발, 설계, 구매, 외주, 제조, 검사, 판매 및 애프터서비스 등의 라이프사이클 단계와 영업, 재무, 인사, 교육 등 기업활동의 모든 단계에 걸쳐서 경영자를 비롯한 전체 구성원들이 협력하고 참여하는 품질관리"로 기술하고 있다.

미즈노(水野滋) 교수에 의하면[5] 일본식 TQC, 즉 전사적 품질관리(company-wide quality control: CWQC)는 공동의 목적(회사방침 특히 품질방침)을 달성하기 위해서 전사·전 부문·전 계층이 참가하여 종합적으로 행하는 품질관리라고 한다.

일본의 **전사적 품질관리**(CWQC)는 파이겐바움(A.V. Feigenbaum)의 종합적 품질관리(TQC)에서 비롯된 것으로(2장의 1.2와 2.5의 1. '파이겐바움의 품질사상' 참조), 품질관리를 전사 즉 사장에서 말단 직원에 이르기까지 모든 구성원이 품질의식을 갖고 품질개선 활동에 동참하면서 라이프사이클 전체에 걸쳐서 품질관리의 기능(품질의 설계－공정의 관리－품질의 조사－품질의 보증)을 끊임없이 전개하여 품질을 개선하는 것이다.

파이겐바움이 TQC를 제창한 직후인 1960년대 초에 이시가와(石川馨), 아사카(朝香鐵一), 미즈노(水野滋) 등이 중심이 되어 일본과학기술연맹(JUSE) 내에 설립한 'QC리서치 그룹'은 "검사만으로는 품질을 이룩할 수 없다. 품질은 공정에서 확보해야 한다"는 정신 아래 다음 사항들을 제창하였다.

① TQC체제의 확립

② 방침관리 개념의 제창

③ 품질보증체제의 충실화

④ 소비자 우선의 'Market In'사상의 중시

⑤ 최고 경영자에 의한 QC진단의 보급

⑥ 전국적인 '품질월간'(品質月間) 제정

이에 따라 일본의 품질관리 시스템은 최고경영자와 종업원 즉 전체 구성원이 참여하여 라이프사이클 전반에 걸쳐 품질개선 활동을 지속적으로 전개하는 전사적 품질관리(CWQC)로 발전할 수 있었다고 본다. 일본에서 TQC가 성공할 수 있었던 것은 고객만족을 위해서 생산자(공급자) 스스로 품질개선 및 보증 활동을 끊임없이 전개하였다는 점과 품질관리 시스템의 혁신이 산학협동(産學協同)에 의해서 관청이 아닌 민간주도로 이루어졌다는 점을 꼽을 수 있을 것 같다.

일본의 전사적 품질관리(CWQC)의 주요 내용들은 1987년 일본에서 개최된 품질관리 심포지엄에서 정리된 〈표 4-1〉의 일본 품질관리의 특징[6]에서 찾을

5) 水野 滋, *全社總合品質管理*, 日科技連出版社, 1984.

표 4-1 전사적 품질관리(CWQC)의 특징

- ▶ 경영자 주도에 의한 전 부문 전원참가의 QC활동
- ▶ 품질우선의 경영
- ▶ 방침의 전개와 그의 관리(방침관리와 기능별 관리)
- ▶ QC의 진단(특히 사장진단)과 그의 활용
- ▶ 기획 · 개발에서 판매 · 서비스에 이르는 품질보증 활동
- ▶ QC서클 활동
- ▶ 전구성원을 대상으로 하는 QC교육 훈련
- ▶ QC기법의 개발 활용
- ▶ 제조업에서 다른 업종(3차산업 등)으로의 확대
- ▶ 품질관리의 전국적인 추진활동

수 있다.

3.3 전사적 품질관리의 목표

일본적 품질관리를 주도해 온 이시가와가오루(石川 馨)는 TQC활동의 목적에 대해서 다음과 같이 기술한[7] 바 있다.

(1) 기업의 체질개선: 불황이나 저성장의 환경변화에 대처할 수 있는 기업체질의 개선을 위해 TQC를 도입한다.

(2) 전사의 총력결집: 전원참가로 협력체제를 확립하여 힘을 모은다.

(3) 품질보증체제의 확립: 품질보증은 QC의 핵심이 되는 것으로 품질제일로 품질을 보증하고 고객으로부터 신용을 얻어 장기적인 이익을 확보한다는 것인데, 오늘날 일본상품이 세계에서 선호되고 있는 것도 이로 인한 것이라 할 수 있다.

(4) 세계최고 품질의 신제품 개발: 자원이 풍부하지 못한 일본산업의 현실에서 국제경쟁에 이기기 위해서 창의력 개발과 기술향상을 바탕으로 하는 신제품 개발에 눈을 돌린 것이다.

---

7) 石川 馨, *日本的 品質管理*, 日科技連出版社, 1981.

6) 下山田薫, 第44回 品質管理シンポジウム: "日本のQCの特徴と問題點," *品質管理*, 38巻 7號, 1987.

(5) 변화에 대처하는 경영의 확립: 두 차례에 걸친 세계적인 석유파동을 극복하고 일본이 경제부국으로 등장한 것은 자원절약, 감량경영, TQC를 슬기롭게 전개한 결과라고 볼 수 있다.

(6) 인간성의 존중과 인재육성: 종업원의 행복과 밝은 직장을 지향한다.

(7) QC기법의 활용: TQC에서 통계적 기법을 등한히 하기 쉬운데, 이는 QC의 기초가 되는 것으로 기초적인 QC의 7가지 기법[8]에서부터 신 QC기법, 실험계획법 등 고도의 기법에 이르기까지 이들 업체는 필요에 따라 적절히 사용하고 있다.

이상은 데밍賞에 도전한 일본 기업들이 전사적 품질관리의 목표로 제시한 것들로서 이들은 곧 이들 기업의 TQC활동의 성과로 볼 수 있다. 도요다 자동차는 1964년 이래 TQC를 근간으로 한 경영시스템으로 글로벌 경쟁에 임하여 2007년 미국의 GM을 누르고 세계 1위에 오를 수 있었다. 하지만 허술한 전사적 품질관리가 낳은 2010년의 대량 리콜로 세계최고의 명성에 금이 가는 불행한 사태가 발생하였다(4장 4.4의 [사례] 참조).

4 종합적 품질경영(TQM)

4.1 TQM(종합적 품질경영)의 개념

21세기의 품질문제는 전사적인 경영전략 차원에서 고객만족을 위한 품질목표와 방침을 수립하고 이를 전사적으로 전개하는 전사·종합적 품질경영(TQM) 체제로 풀어나가야 한다. 이제 종래의 품질개선 활동은 전사적 품질경영 차원에서 이해되어야 할 뿐만 아니라 경쟁우위 확보를 위한 전략적 무기로 TQM이 적극 활용되어야 한다.

미국의 선진기업은 일본의 전사적 품질관리(CWQC/TQC)를 대상으로 철저한 벤치마킹을 행하여 이를 토대로 TQM이라는 새로운 개념을 창출하였다. 1990년대에 이르러 미국 제조업이 급속히 경쟁력을 회복한 배경에는 TQM과 이를 제도적으로 지원하는 말콤볼드리지 국가품질상 등에 힘입은 바 크다.

8) 히스토그램, 파레토도, 특성요인도, 산포도, 관리도, 체크시트, 그래프의 7가지 기법을 말함.

이에 따라 그 동안 일본의 전사적 품질관리를 선도한 일본과학기술연맹(JUSE)은 1996년 TQC의 호칭을 TQM으로 개정하고 TQM위원회를 조직하여 연구성과를 이듬해인 1997년 초에 「TQM 선언」이라는 소책자로 발표하였다. 여기서 제시된 TQM이념에서 "TQM은 기업 조직의 경영품질 향상에 공헌하는 경영과학 관리기술"이라 규명하였다.

'ISO 9000시리즈'로 오늘날 범세계적 품질경영시스템을 지향하는 ISO(국제표준화기구)가 1994년에 제시한 정의에 따르면[9] 종합적 품질경영(TQM)은 "품질을 중심으로 하는 모든 구성원의 참여와 고객만족을 통한 장기적 성공지향을 기본으로 하며 아울러 조직의 모든 구성원과 사회에 이익을 제공하는 조직의 경영적 접근"이라 정의한 바 있다.

쟈브론스키(J.R. Jablonski)는 TQM(total quality management)을 "팀 활동으로 품질과 생산성을 지속적으로 향상시키기 위해 구성원들의 지혜와 능력을 모아 사업을 수행하는 협동형태"라 정의하고,[10] TQM의 요건으로 ① 참가적 경영, ② 지속적인 개선활동, ③ 팀의 활용을 꼽았다. 그가 제시하고 있는 이들 요건은 모두 일본의 전사적 품질관리의 특징에서 볼 수 있는 것들이다.

이들 정의에서 볼 때, QM(품질경영)은 일본의 전사적 품질관리(CWQC/TQC) 개념과 일치되는 것이며, TQM은 경영전략과 기업문화의 혁신을 통한 조직 구성원의 의식과 태도 등에 중점이 두어진 전략적 품질경영에 가깝다.

이상 TQM에 관한 여러 개념들을 정리하여 보건대, **TQM**은 "최고경영자의 리더십 아래 품질을 최우선 과제로 하고 고객만족을 통한 기업의 장기적인 성공은 물론 기업구성원과 사회전체의 이익에 기여하기 위해, 경영활동 전반에 걸쳐 모든 구성원의 참여와 총체적 수단을 활용하는 전사 종합적인 전략적 경영시스템"이라 정의할 수 있다.

따라서 TQM은 '종합적 품질경영'이라는 표현보다는 '총체적 품질경영'이라는 용어표현이 적절하다고 본다.

4.2 TQM사상의 배경과 원칙

TQM은 그의 시스템적 조작성, 구체적인 행동지침, 각종 품질관리수법의 유기적이며 체계적인 연계를 이용하여 종래의 품질관리 틀을 초월한 포괄적

9) *ISO 8402 Quality Management and Quality Assurance - Vocabulary,* ISO, 1994.
10) J.R. Jablonski, *Implementing TQM,* 2nd ed., Technical Management Consortium, Inc., 1992.

인 시계(視界)를 갖는다. TQM은 TQC를 철저하게 시스템적인 요소로 분해하여 전략적 관점을 가미하여 재구축한 것이다.

기다하라(北原貞輔)는 일본의 전사적 품질관리(全社的 品質管理, CWQC)의 발전은 오늘의 TQM사상에 있었다고 주장한다.[11] 이와 같은 주장은 일본의 TQC가 인간성 중시(人間性 重視)에 입각한 '업무의 질'에 대한 인식, 전원참여의 조직활동, '마케트 인'(market in)사상이 뒷받침되어 왔다는 점에서 수긍이 간다.

TQM이라는 개념은 1979년 크로스비(P. Crosby)에 의해 제시된 것이지만, 이를 미국기업에 뿌리내리게 한 직접적 계기가 된 것은 말콤볼드리지(MB)상의 제정이라 할 수 있다. 이른바 종합적 품질경영(TQM)이 MB상과 ISO 9000 시리즈에 의해 시스템으로 내실을 다질 수 있었던 것은 그의 개념적 토대를 구축하고 이를 실천한 일본형 TQC, 즉 전사적 품질관리(CWQC)이다. TQM의 행동목표에서도 고객만족과 지속적 개선, 전원참가와 팀워크라는 TQC와 동일한 슬로건을 내걸고 있다.

TQM 발전에 공헌한 사람으로 일본산업이 전사적 품질관리를 실천할 수 있도록 통계적 품질관리와 품질관리의 사상을 전파한 데밍(W.E. Deming)을 꼽을 수 있다. 그렇지만 TQM사상의 원류(源流)는 1913년으로 거슬러 올라가서 미국 굴지의 연쇄점인 'J.C. 페니'를 이룩한 페니(J.C. Penney)가 당시 임차인들에게 제시한 다음의 **7가지 준칙**(Penney Idea)에서 찾아 볼 수 있다.

(1) 대중이 만족할 수 있게 힘껏 봉사한다.
(2) 제공한 서비스에 대한 공정한 대가를 기대한다.
(3) 고객이 지불한 대가는 값어치 · 품질 · 만족에서 충족되어야 한다.
(4) 더욱 알찬 서비스를 할 수 있도록 계속해서 교육 훈련받아야 한다.
(5) 사업에서 인적 요소를 지속적으로 개선한다.
(6) 조직구성원들이 사업활동에 참여하여 보상받도록 하여야 한다.
(7) 모든 방침, 수법, 활동들은 점검되어야 한다.

J.C. 페니에서 일하던 샘 월튼(Sam Walton)이 1962년에 창립한 월마트(Wal Mart)의 성장비결과 운영원칙에서 TQM의 원칙을 엿볼 수 있을 것 같다. 미국에서 성장가도를 달리고 있는 월마트는 조직 구성원의 인적 요소를 중시

11) 北原貞輔 · 能見時助, TQC에서 TQM으로, 한국표준협회, 1993.

(Our People Make the Difference)하여 성공하였다. 월마트의 급성장 비결(秘訣)은 신속하게 움직이는 유통시스템으로 틈새시장(niche market)을 공략한 것인데, 이는 최고경영자의 강력한 리더십 아래 종업원의 협동으로 이루어졌다.

월마트의 **운영원칙**은 동료(조직 구성원)들과의 이익공유와 정보공유, 동반자들의 강한 동기부여, 고객의 기대 충족, 그리고 경쟁자보다 낮은 비용 등을 꼽을 수 있는데, 이들이야말로 TQM의 원칙이라 할 수 있는 것들이다.

품질경영 원칙은 살아 있는 조직문화의 일부분으로 이들은 거의 모든 주요 기업의 전략과 리더십 철학에서 볼 수 있다. 예를 들어 프록터 앤 갬블(Procter & Gamble)의 TQM철학은 고객만족에 있는데 네 가지 실천원칙을 요약하면 다음과 같다.[12)]

- 우리의 고객을 파악하여 그들의 기대를 충족시킨다.
- 올바르게 실행한다.
- 지속적인 개선시스템에 집중한다.
- 모든 구성원에게 권한을 부여한다.

TQM의 배경과 목표 그리고 사상들을 토대로 하여 **TQM**의 **실천원칙**을 제시하면 다음과 같다.

(1) 고객에 중점을 둔다.
(2) 조직이 높은 품질가치를 창출할 수 있도록 리더십을 발휘한다.
(3) 시스템접근으로 조직목표를 효과적으로 달성한다.
(4) 당초에 올바르게 행한다.
(5) 결과뿐만 아니라 과정(process)도 중시한다.
(6) 구성원의 참여를 토대로 그들의 창의력과 전문기술을 동원한다.
(7) 사실에 입각한 의사결정을 행한다.
(8) 지속적으로 개선을 추진한다.
(9) 조직 구성원들과 이익을 공유한다.

이들 제시된 원칙들은 대부분 품질경영에서도 강조되는 원칙들이다.[13)] 이들 원칙들을 제대로 준수하여 TQM 활동으로 달성할 수 있는 사업목표 내지

12) J.R. Evans & W.M. Lindsay, *The Management and Control of Quality,* 4th ed., South-Western, 1999.
13) '품질경영 원칙'은 2장 3절을 참조바람.

성과들을 열거하면 다음과 같다.

① 운영효율과 수익성 증대
② 기업문화와 행동의 변화
③ 자원낭비의 예방
④ 고객의 만족
⑤ 시장 점유율의 유지와 증대
⑥ 제품/사업의 우위성 확보
⑦ 조직구성원의 잠재력 함양
⑧ 제품/서비스의 품질, 제품안전, 신뢰성 향상
⑨ 개인/기업/사회 손실의 최소화
⑩ 안전 · 건강 · 환경의 개선
⑪ 각 개인의 인성(人性) · 창의력 향상 혁신

4.3 TQM의 목표와 구성요소

TQM의 개념에 입각해서 보건대 TQM의 궁극적 목표는 "고객만족"이며 이를 위해 조직의 모든 구성원과 자원들을 결집한 품질시스템으로 지속적인 품질개선 활동이 전개된다. 즉 조직의 결집된 노력을 바탕으로 하여 품질 및 서비스를 혁신하여 고객만족도를 극대화함으로써 조직의 경쟁적 우위를 확보한다.

고객만족을 위해서는 다음 5가지 **TQM 요소**에 초점을 맞추어야 한다.

(1) 고객: 고객의 만족은 TQM의 실행결과인 동시에 목표이다.

(2) 종업원: 조직구성원 특히 종업원의 참여 없이는 목표의 효과적 달성은 어렵다.

(3) 공급자: 원자재를 비롯한 자원들을 공급하는 공급자들은 품질수준에 영향을 주는 긴요한 조직 구성원들이다.

(4) 경영자: 조직과 구성원 그리고 자원들을 결집하고 관리하며 이끌어 나가는 배의 선장격인 경영자의 의지와 역량은 TQM 성과를 좌우한다.

(5) 프로세스: 활동의 과정(공정)인 프로세스는 제품과 서비스의 품질 · 납

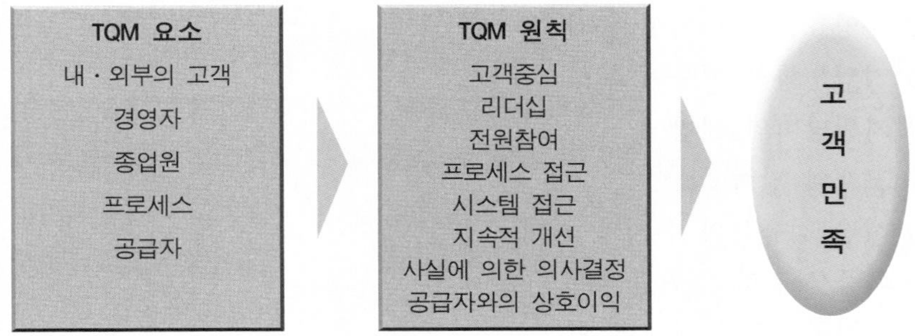

그림 4-6 TQM의 개념적 모델

기·원가에 결정적인 영향을 미친다.

즉, TQM은 고객만족을 위해 시스템의 구성요소인 내외 고객요구의 충족, 공급자와의 협력, 경영자의 통솔과 지원, 전 구성원의 참여, 체계적인 분석기법 등을 통하여 지속적인 품질개선 활동을 전개한다.

본장 4절에서 논술된 TQM의 개념, 목표, 원칙, 요소들을 중심으로 TQM의 개념적 모델을 제시한 것이 [그림 4-6]이다.[14)]

4.4 TQM의 기본 틀

TQM의 구조에 대해서 통일된 견해는 없다. 세계적으로 명성이 높은 미국의 「말콤볼드리지상」(Malcom Baldridge National Quality Award: MBNQA)과 EFQM(European Foundation for Quality Management)[15)] 모델에서 TQM의 기본 틀을 이해할 수 있다.

말콤볼드리지상의 평가기준은 ① 리더십, ② 전략, ③ 고객, ④ 측정, 분석 및 지식경영, ⑤ 인적자원, ⑥ 운영, ⑦ 사업성과의 7개 범주로 되어 있다(그림 4-7 참조). 이들 7개 범주 중 ①, ②, ③은 리더십의 추진요소(driver triad)이고, ⑤, ⑥은 업무의 핵심추진기관(work core)이며, ⑦은 사업성과로서 TQM의 목표인 고객만족을 비롯하여 경영성과 등이 주요 평가지표가 된다.

14) Thomas J. Cartin, *Principles and Practice of TQM,* ASQC Quality Press, 1993.
15) EFQM모델은 1999년 4월 21일자로 EFQM Excellence로 개정되었음. 이 모델은 17장 3.3을 참조바람.

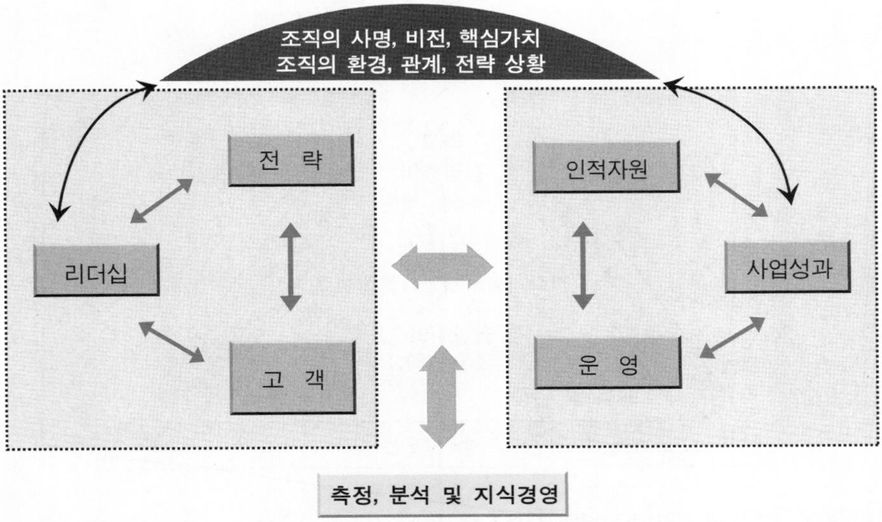

그림 4-7 말콤볼드리지상의 기본구조 틀

④의 측정, 분석 및 지식경영은 상층부의 전략 및 실행계획과 7개 범주와의 연결을 비롯하여 이들 활동에서의 정보관리와 분석 그리고 정보교류를 수행한다.

유럽품질경영재단(European Foundation for Quality Management: EFQM)에서 말콤볼드리지상을 벤치마킹하여 1991년에 제정한 「EFQM모델」도 유사한 구성 틀을 보이고 있다. EFQM모델은 리더십, 방침 및 전략, 구성원 관리, 자원, 프로세스의 5개 수단(enablers)과 구성원 만족, 고객만족, 사회적 영향, 사업성과의 네 결과(results)를 합하여 9개 범주로 제시하고 있다. 17장의 [그림 17-4]에서 조직구성원과 고객의 만족을 비롯하여 높은 사업성과를 올리기 위한 작용요소로서 톱의 리더십 발휘와 방침 및 전략, 구성원, 자원, 프로세스관리를 제시하고 있다.

미국 연방정부내의 기관들이 품질경영을 배우고 추진하는 것을 돕기 위해 설립되었던 연방품질원(聯邦品質院, Federal Quality Institute)의 로고에 TQM의 구조와 내용이 잘 묘사되어 있다. 즉 고객만족, 전원참여, 지속적 개선의 세 방축 안에 7가지의 TQM 활동들을 엮어 놓았다(그림 4-8 참조).

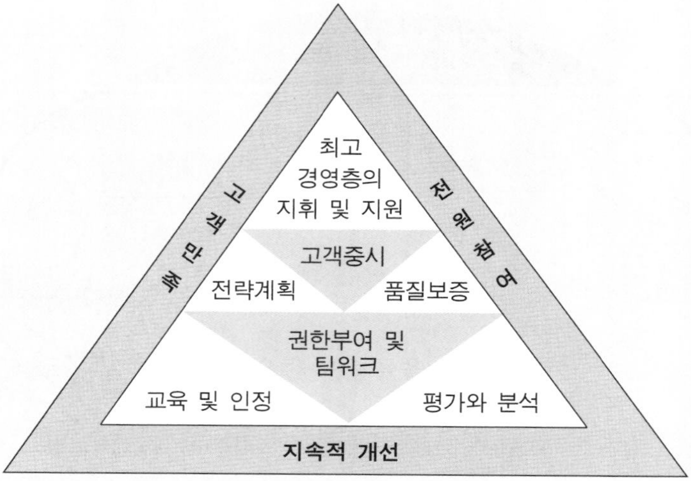

그림 4-8 미국 연방품질원의 TQM 로고

TQM의 요건으로 고객만족, 구성원 전원의 참여, 그리고 지속적인 품질개선을 제시하였다. 고객만족과 구성원 모두가 능력을 다하려면 우선 최고경영층의 적극적인 지원과 리더십 발휘가 요구된다. 그리고 전략계획, 고객중시, 품질보증과 같은 품질경영시스템이 효과적으로 운영되고 구성원 모두가 전심전력을 다하여 능력을 발휘할 수 있도록 업무수행에 긴요한 권한부여와 이들의 팀워크를 다지고 이들에 대한 지속적인 교육훈련과 성과에 대한 인정 및 표창이 있어야 한다. 품질경영활동의 지속적인 개선에 필수적인 것은 이들 활동의 평가와 분석이다(그림 4-8 참조).

품질과 안전, 순이익 등에서 세계 최고 기업 대열에 오른 도요타가 1000만대에 이르는 대량 리콜을 단행하는 사태가 2010년 초에 발생했다. 그 동안 쌓아 올린 세계 소비자들의 신뢰가 한순간에 무너지고 도요타를 비롯한 일본 자동차의 명성에도 금이 가는 불행한 사태가 발생한 것이다. 이번 사태의 직접원인은 가속페달시스템의 결함에 있지만, 무리한 확대정책의 추진과 1등기업의 자만심 등으로 본사와 해외를 망라한 도요타의 시스템들이 유기적으로 운영되지 못한 총체적 품질경영(TQM)의 실패에서 비롯되었다([사례] '도요타 대량리콜 사태의 교훈' 참조).

사 례

도요타 대량 리콜 사태의 교훈

2009년 8월 미국 샌디에고에서 렉서스(ES 350) 승용차가 시속 180㎞로 주행하던 중 도로를 벗어나 폭발하면서 운전자와 가족 등 탑승자(4명) 전원이 사망한 것이 대량 리콜의 시발점이었다.

사고 원인은 운전석의 플로어 매트가 가속페달을 압박하면서 급가속된 것으로 밝혀지면서 도요타 사상 최대의 리콜을 단행해야 했다.[16)]

도요다 아키오(豊田章男) 도요타자동차 사장은 도쿄에서 열린 기자회견(2010. 2.17)에서 "급속한 확대정책이 문제의 원인"이라고 인정했다. "양적으로는 급격하게 성장하면서도 품질 측면에서 인재를 육성하는 데 충분히 시간을 들이지 못했다"고 말했다.[17)]

근본원인으로 도요타가 빠져 있던 1등 기업의 자만심을 꼽는 의견도 만만치 않다. 창의성과 적극성을 중시하는 일본 특유의 '카이젠(改善)'은 도요타 파워의 근원이었다. 하지만 계속된 높은 판매량과 소비자들의 절대적인 신뢰로 경영이 방만해지기 시작했고 과도한 원가절감과 해외생산 거점 확대로 카이젠 정신이 자취를 감춘 것이다.

삼성경제연구소는 "도요타가 지속된 엔고와 무역마찰에 따른 수익성 악화를 개선하기 위해 2000년대부터 해외생산을 확대(해외 생산대수 증가속도 연평균 10.2%)하면서 도요타의 생산시스템(TPS)이 제대로 전수되지 않아 품질관리에 문제가 발생했다"고 분석했다.[18)]

대규모 리콜 사태를 몰고 온 직접원인은 현지에서 조달된 가속페달의 결함 때문이라는 것이 도요타 측 설명이다. 이에 대해 부품 제조 업체인 미국의 CTS사는 결함을 부인하는 등 책임 공방도 벌어지고 있다.[19)]

해외 생산이 급격하게 확대(2009년 해외생산비중 58%)되는 가운데 원가절감을 위해 개발기간을 단축하고 아웃소싱을 늘리면서 품질 문제가 더욱 커졌다. 현지에서의 부품 조달 확대가 이번 대량 리콜로 이어졌다는 것이 일본 자동차 업계의 분석이다. 즉, 원가절감과 품질관리를 병행하는 '도요타 생산방식(TPS)'을 현지 사업장에까지 철저하게 적용하지 못했다는 것이다.

품질중시와 고객중시를 톱의 솔선수범으로 실시하는 경영을 TQM이라 할 때, 기업이념에 품질경영철학을 제시할 필요가 있다. 그리고 TQM을 추진함에 있어 톱의 솔선수범은 필수적이다.

전술한 EFQM모델을 원용한 필립스(Phillips)의 경영품질모델을 [사례]로 보기로 한다.

16) "발 떼도 안 튀어나오는 가속 페달… ", *조선일보*, 2010.2.1.
17) 도요타 '확대정책이 문제 원인' 반성, *연합뉴스, 조선일보*, 2010.2.18.
18) 강민형 외, 글로벌 생산시스템의 리스크와 대응방안, *CEO Information #743*, 2010.2.17.
19)"도요타 사상초유 대량리콜 왜?", *연합뉴스, 조선일보*, 2010.1.31.

사 례

필립스의 경영품질 모델

1990년에 창립 100주년을 맞은 네델란드의 필립스(Phillips)는 심각한 경영위기에 당면하였었다. 이에 경영진을 일신하고 조직의 재구축과 활성화를 도모하고자 경영혁신에 착수하였다.

이와 같은 변혁활동을 100주년과 연관하여 'Centurion'으로 명명하였다. 센튜리온은 18쪽에 달하는 Phillips Way라고 불리는 다섯 가지 기업이념을 확립하였다.

The Phillips Way

① 고객지향(delight customers)
② 사원은 최고의 자산(value people as our greater resource)
③ 고품질의 업무활동(deliver quality and excellence in all actions)
④ 고수익의 실현(achieve premium return on equity)
⑤ 기업가정신의 발현(encourage entrepreneurial behavior at all levels)

전략적 방향을 명확히 하고 품질향상을 도모하고자 경영품질모델로서 「Phillips Quality Award(PQA 90)」가 제정되었다. 경영품질을 높이기 위한 TQM의 틀로서 리더의 역할, 개선프로세스, 품질시스템, 고객, 공급자, 결과의 여섯 가지 항목에 대해서 자기평가를 하도록 하였다.

전술한 기업이념(Phillips Way)을 반영한 경영품질모델은 [그림 4-9] 에 보인 바와 같이 고객만족 내지 주주만족을 사원만족에서 풀어가고 있다. 즉, 내부고객인 구성원들의 만족이 없이는 고객만족이나 높은 사업성과도 이룰 수 없다는 것이다.

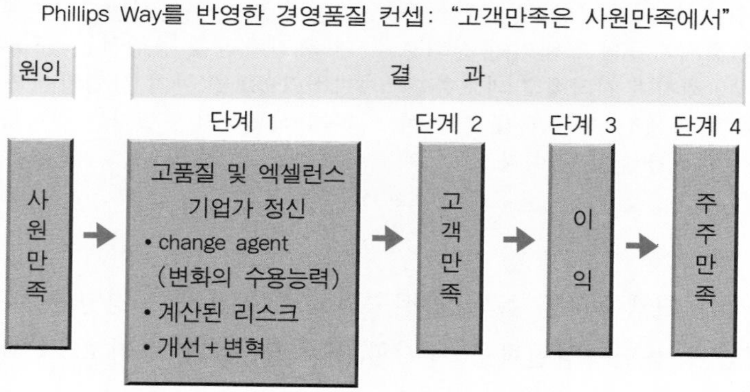

그림 4-9 Phillips Way를 실현하는 경영품질 모델

주요 용어(key word)

• 4M • PDCA사이클 • 품질관리(QC) • 품질경영(QM) • 종합적 품질관리(TQC) • 전사적 품질관리(CWQC) • 종합적/총체적 품질경영(TQM) • TQM의 실천원칙 • 말콤볼드리지상(MBNQA) • 필립스의 기업이념(Phillips Way)

연습문제

1. 제품품질에 영향을 주는 요인들을 꼽아 보자. 특히 서비스품질에 영향을 주는 요인으로는 어떤 것이 있는가?
2. 이들 영향요인을 중심으로 품질의 관리시스템을 도시하라. 여기서 품질의 설계, 공정의 관리, 품질의 보증, 품질의 개선의 품질관리 기능영역으로 구분하여 제시하라.
3. 사용품질에서 고객의 요구가 충족될 수 있는 품질관리의 업무단계를 제시하라.
4. 미국의 품질관리(QC)는 구매자위주의 품질관리에서 비롯되었다. 따라서 구미에서는 품질/규격의 통제(control)에 치중하였지만, 미국으로부터 QC를 전수받은 일본은 개선을 위한 관리에 치중하였다.
   ① 통제(control)와 관리(management)의 의미와 차이점을 기술하라.
   ② 품질관리(QC)와 품질경영(QM)의 다른 점과 같은 점을 설명하라.
5. 품질관리의 발전과정에서 본 품질경영의 개념과 내용을 설명하라.
6. 총체적 품질경영(TQM)을 지향하는 품질경영의 요건들을 제시하라.
7. TQC사상이 일본에서 결실을 보게 된 이유는 무엇인가?
8. '종합적 품질관리(TQC)'의 개념이 일본에서는 전사적 품질관리로 발전되었다. 일본의 전사적 품질관리(CWQC)의 특징을 기술하라.
9. TQM 사상의 배경을 기술하고 TQM의 실천원칙을 제시하라.
10. TQM의 목표는 고객만족이다. 고객만족에 필요한 요소들로는 고객은 물론 종업원, 공급자, 경영자, 프로세스가 있다. 고객만족을 지향하는 TQM의 개념적 모델을 제시해보자.

제 5 장

톱과 구성원이 참여하는 품질경영

1 경영자에 의한 품질경영

1.1 최고경영자의 역할

진정한 품질은 사람에게서 나온다. 흔히 제도를 바꾸면 10~20%의 향상을 얻고, 기술을 바꾸면 1~2배의 효과를 얻고, 사람을 바로잡으면 10배의 기적을 낳는다고 한다. 따라서 기업에 종사하는 모든 구성원의 능력을 최대한으로 발휘시켜 이를 결집시킬 수 있을 때 그 기업의 장래는 보장된다.

전사적 품질경영 내지 TQM에서 말하는 전원참가(全員參加)란 위로는 사장에서부터 경영자/관리자와 말단 사원에 이르기까지 모든 구성원의 참여를 뜻하는 것으로, 톱(사장)의 열의와 리더십이 관건이 된다. 그러나 많은 경우 톱은 품질경영에 대해 잘 알지 못하거나 무관심하여 이의 추진에 문제가 되고 있다.

품질경영에 대한 **경영자**의 **역할**은 다음과 같다.

(1) 조직이 높은 품질가치를 창출할 수 있도록 리더십을 발휘한다.

(2) 조직전체가 지켜야 될 품질 방침과 목표를 경영 방침과 목표를 토대

로 하여 결정한다.

(3) 경영목표와 품질목표간의 조화, 생산목표(품질 · 원가 · 납기)간의 조화, 그리고 각 부문간의 조화를 도모한다.

(4) 전사적이면서 효율적으로 전개될 수 있는 품질경영시스템을 확립한다.

(5) 품질개선 및 품질경영 활동에 필요한 자원과 인력을 지원한다.

(6) 품질경영의 효과적인 전개를 위해서 필요한 교육 · 훈련 방침을 정한다.

(7) 구성원들의 품질 혁신 및 개선에 대한 동기부여를 한다.

(8) 품질관리와 품질보증 활동이 방침대로 행하여지고 있는가를 감독하고 평가한다.

(9) 구성원들이 이룬 품질성과에 대해 인정과 보상을 한다.

전사적인 품질경영을 추진하는 데 있어 기본이 되는 것은 경영자가 솔선해서 품질경영 추진에 앞장서는 것이다. 그렇게 하기 위해서는 경영자 자신이 품질경영의 중요성이나 필요성을 인식하는 것이 무엇보다 중요하다. 이에는 경쟁업체와의 품질비교나 품질불량에 의한 손실을 금액으로 제시하여 경영자와 구성원들을 자극시키는 것도 좋은 방법인데, 이 경우 품질코스트 개념이 활용될 수 있다.

품질의 혁신이나 개선은 경영자 혼자만으로 할 수 없는 것으로 조직구성원 모두가 품질개선을 위해 노력하도록 이끌기 위해서는 경영자의 리더십이 필요하다. 그의 리더십이 없이는 구성원들의 상사에 대한 존경, 상사와 부하간 또는 구성원 상호간의 신뢰, 그리고 동기부여 등 조직분위기의 개선은 물론 모든 제품 · 서비스 · 프로세스의 체계적인 개선을 통한 장기적인 고객만족의 추구는 불가능하다.

1.2 톱의 품질 리더십

TQM은 리더십과 관리의 기술을 동시에 요한다. TQM으로 전사적인 품질혁신을 이루기 위해서는 최고경영자가 품질에 대한 확고한 신념을 가지고 조직을 그의 이념이나 방침대로 이끌어 나갈 수 있는 내부역량 및 시스템을 구축하는 것이 필요하다.

TQM의 성과가 매우 뛰어난 조직에 수여되는 말콤볼드리지상(MBNQA)이나 유럽품질상(EQA, 현 EEA)에서 첫번째로 꼽는 것은 리더십이다. 이는 곧 기업경영의 성패가 리더십에서 비롯됨을 의미하는 것이다(17장 4.2, 4.3 참조).

리더십(leadership)은 리더가 그의 권한하에 있는 구성원이나 시스템에 대해 영향력을 행사하여 중요한 결과를 이룩하는 데 긍정적으로 영향을 주는 능력을 말한다. 리더는 구성원들에게 동기를 유발시키고 설득력을 가지고 품질향상 의욕을 증진시킬 수 있는데, 그의 말보다는 행동이 더 중요하다. 모토로라(Motorola)社의 전 CEO 갈빈(Robert Galvin)은 간부회의에서 우선 품질문제를 다루고, 그 다음에 재무적 문제를 토론하는 일이 많았다고 한다. 그의 탁월한 품질리더십으로 모토로라는 1987년 첫번째 말콤볼드리지상 수상기업이 될 수 있었다.

리더는 명백하고 가시적인 품질가치를 창조하고 이들 가치를 조직의 전략에 통합시킨다. 전략은 이해관계자의 요구를 충족시킬 수 있게 회사의 목표, 방침, 계획들을 환경변화에 맞추어 수립하는 결정사항들이다. 효과적인 전략을 통하여 기업은 경쟁우위를 확보할 수 있다. 현대 기업환경에서 품질은 전략계획의 주요 요소이므로 톱의 품질리더십은 매우 긴요하다.

리더십이 우량기업 핵심역량의 요체라면 우수한 리더가 되기 위해서 어떤 능력을 가져야 하는가? Tushman과 Nadler는 리더십 요건으로 **3-E**를 제시한다.[1] 즉, 분명하고 도전적인 목표 설정과 함께 장기적 비전을 창조할 수 있는 비전제시력(Envisioning), 구성원들의 동기와 열의를 고취시키는 활성력(Energizing), 구성원들을 신뢰하고 높은 성과를 창출할 수 있도록 지원하는 촉진력(Enabling)을 갖추어야 한다는 것이다.

유능한 리더들은 다음 다섯 가지의 **리더십 기술**(leadership skill)을 효과적으로 발휘한다.[2]

① 비전(vision)
② 권한부여(empowerment)
③ 직관력(intuition)
④ 자기이해(self-understanding)
⑤ 가치관의 일치(value congruence)

1) 이춘근, "불황극복의 비결, 리더십," *주간경제* (606호), LG 경제연구원, 2001. 1. 17.
2) J.R. Evans & W.M. Lindsay, *The Management and Control of Quality,* 4th ed., South-Western College Publishing, 1999.

리더는 조직의 미래를 관리하는 공상가이다. 그는 조직의 구성원, 공급자, 고객들에게 불확실한 미래에 대한 비전을 제시하여 구성원들과 공유한다. 즉, 리더가 제시하는 비전은 환경변화가 불투명한 시기에 등대와 같은 역할을 한다.

진정한 권력은 공식적 지위나 권한에 바탕을 두기보다는 조직의 낮은 수준에서 리더십이 발휘되도록 조직 하부와 외부에 능력을 넓히는 것을 돕는 것이다. 리더는 구성원들에게 권한을 부여하여 그들이 당면한 문제를 조직의 입장에서 그때그때 효과적으로 해결하도록 돕는다.

조직의 리더들은 불확실한 변화에 직면해서 조직의 성공을 위해 어려운 의사결정을 준비해야 하고 미래를 예견해야 하기 때문에 그들의 직관력은 리더십 발휘에 긴요하다.

리더는 지난 세월동안의 자기 자신을 돌아보고 구성원과의 관계나 조직에서의 위치를 이해하는 자기이해능력이 필요하다. 즉, 자신의 약점과 강점을 파악하여 강점은 살리고 약점은 보완해야 한다.

끝으로 가치관의 일치는 리더가 자신의 가치관을 조직의 관리시스템에 통합시킬 때 발생한다. 구성원들은 그들이 지지하는 가치[3]를 적용하지 않거나 이를 모순되게 행하는 리더를 바로 분간한다. 리더 가치관의 불일치는 종업원들이 지속적으로 관리의 의도를 의심하게 하는 요인이 된다.

이상의 다섯 가지 리더십 기술들, 즉 비전, 권한부여, 직관력, 자기이해, 가치관의 일치는 우량기업의 품질리더십에서 공통적으로 볼 수 있다.

1.3 품질리더십의 실천

TQM 성과가 높은 기업에서 다음과 같은 **품질리더**의 **특징**을 볼 수 있다.[4]

(1) 조직의 사업결정에 기반이 되는 전략적 비전과 명확한 품질가치를 제시한다.

성공적 리더들은 조직의 모든 의사소통 수단들을 이용하여 그들의 비전을 정확히 전달하여 구성원들과 공유한다. 사업전략은 고위층 리더로부터 나오는데, 조직의 비전과 가치관은 고객(내부/외부고객)과 관련된 것들이 대부

3) 가치(value)는 기본적 가정이며, 사업의 본질에 대한 신념이며, 사람, 조직의 관계이기도 하다. 특히 개인의 가치관은 그의 믿음과 존중, 솔직함, 팀워, 성실성, 품질에 대한 책임 등을 포함한다.

4) Evans & Lindsay, *op. cit.*, pp.223-6.

분이다.

세계적 택배회사인 FedEx의 '사람, 서비스, 이익'이라는 간결한 모토(motto)는 "사람인 구성원과 고객과의 약속"을 뜻한다. 종업원들이 행복하다면, 그들은 고객에게 예외적인 서비스를 제공할 것이고 이에 따라 이익도 나올 것이다. 그래서 FedEx에서 모든 사업결정은 사람, 서비스, 이익 순으로 평가한다.

(2) 품질 우수성을 확보하기 위한 환경과 리더십체제를 구축하고 유지한다.

리더들은 품질문제에 관한 종업원들과의 대화, 팀웍의 유지, 종업원들 책임의 자발적 이해촉진 등을 조장한다. 가령 솔렉트론(Solectron)의 관리자는 팀웍을 소중히 하며 품질목표에 맞추기 위해 구성원들에게 책임을 부여한다. 그들은 강한 가족적 환경을 조장하고 명확하고 효과적 의사소통을 촉진하며 예외적 성과에 대해서는 이를 인정하고 보상한다.

리더들은 중간 관리자와 감독자가 품질에 관한 중요 역할과 책임들에 대해 확실히 이해하도록 한다. 모든 단계의 관리자들은 전체 종업원에게 조직의 품질가치를 강화하고 이에 대한 의견을 나누어야 한다.

(3) 고객의 기대수준을 높게 설정한다.

모토로라(Motorola)社에서 6시그마 프로그램을 추진할 때, 4년 이내에 각 단위작업의 **불량**을 100배 줄이고, 매년 사이클타임을 50% 줄이는 획기적 목표를 수립했다. 3M은 출시 2년 미만의 제품판매가 매출액의 1/4이 되도록 노력하고 있다.

이러한 강도 높은 목표달성을 위해 리더들은 필요한 자원들을 확보하고 지원하도록 노력한다.

(4) 품질에 몰입하여 열정을 쏟는다.

AT&T의 유니버설 카드서비스의 사장은 품질과 관련하여 매일 고객들의 전화를 경청하고 업무진도를 점검하고 납품업자들을 만나며, 매월 고객과의 회의를 주재하고 포커스그룹을 리드하며, 분기별로 전체 연합회의를 갖는다.

(5) 리더십과정의 성과를 평가하고 개선한다.

FedEx의 간부들은 자신들의 리더십을 종업원들로부터 평가받는 설문조사를 시행한다. 이들은 설문조사에 나타난 자신들의 문제를 검토한 다음 리더십 개선에 대한 시행계획을 수립한다.

웨스팅하우스(Westinghouse)社의 회장은 웨스팅하우스의 생산성품질센터(Westinghouse Productivity & Quality Center)에 회장실의 품질감사를 의뢰하여 그 결과로 자신의 품질리더십을 점검하고 개선한다.

(6) 사업수행시 사회적 책임과 사회공동체를 고려한다.

리더십 책임에는 기업에서 산출되는 제품과 서비스에 의해 영향을 받을 수 있는 환경과 안전, 공중위생의 보호, 윤리적 행동의 촉진 등이 망라된다.

사회적으로 중요한 교육, 건강관리, 우수한 환경, 자원보존과 공동체 서비스와 같은 것에 대해 후원하는 것은 기업(리더)의 중요한 역할이다.

1.4 중간관리층의 역할과 임무

1 중간관리층의 역할

리더(leader)는 옳은 일을 하려는(do the right thing) 사람이고, 관리자(manager)는 일을 옳게 하려는(do things right) 사람이다. 즉, 톱이 수립한 품질방침이나 품질전략을 집행하는 사람들은 관리자, 감독자, 전문기술자들과 같은 중간관리층이다.

이들 **중간관리층**의 **역할**은 다음과 같다.

① 품질 문제의 해결방안 모색

② 품질 팀의 리더로 봉사

③ 품질 팀의 구성원으로 참여

④ 품질 위원회의 지원을 위해 태스크 포스로 참여

⑤ 종업원들의 참여 독려와 담당분야의 품질활동을 통솔

⑥ 고객과 공급자의 요구를 인식하고 그들의 요구충족 활동을 독려

2 품질불량의 관리책임

일반적으로 불량은 작업자의 부주의 · 무관심 · 태만 등으로 인한 것이라고 믿고 있다. 그러나 품질불량의 80%는 경영자 내지 관리자책임이고 작업자오류로 인한 것은 20%에 지나지 않는다.

관리자 책임의 불량은 다음 사항으로 인한 것이 대부분이다.

① 기술, 즉 안정된 설계, 적절한 공정, 정밀한 계측기기 등의 미비
② 품질에 관한 방침・목표・계획・조직・교육훈련・의사소통 등의 불충분
③ 개선과 관리에 필요한 사실을 추구하기 위한 분석의 불충분
④ 매일 발생하는 품질문제에 대한 의사결정의 불충분
⑤ 품질개선에 대한 분위기 조성의 불충분

따라서 경영자 내지 관리자들은 품질에 대한 그들의 영향력과 책임을 인식하고 품질개선 활동에 누구보다 힘써야 한다.

3 품질관리에 대한 임무

품질관리에 대한 **관리자**의 **임무**를 열거하면 다음과 같다.

(1) 품질 비전과 방침을 소속 구성원들에게 주지시킬 책임을 진다.

(2) 구체적인 품질관리 실행계획을 밝히고, 이에 필요한 규정・규격・표준류를 구성원에게 알리고 지키도록 하는 책임이 있다.

(3) 품질문제가 발생하면 원인을 규명하고 개선대책을 신속히 세워서 실시할 책임이 있다.

(4) 필요한 각종 기계・설비라든가, 검사에 필요한 측정기기 등을 조사하여 그의 개선을 경영자에게 제안 권고할 책임이 있다.

(5) 부문간 협조에 노력하며, 구성원의 품질관리 교육책임이 있다.

2 구성원에 대한 품질 모티베이션

2.1 작업자의 오류와 대책

이론상 자기관리 상태에 있는 작업자는 오류 즉 불량을 범할 이유가 없다. 그러나 실제로는 이론과 달리 자기관리 상태에 있는 작업자라도 오류를 범하는 경우가 있다.

작업자오류는 ① 부주의로 인한 오류, ② 기술부족으로 인한 오류, ③ 고의적인 오류의 세 가지 유형으로 나눌 수 있다.

(1) 부주의로 인한 오류(inadvertant errors)

작업자가 주의를 게을리해서 발생하는 오류로 고의적으로 오류를 범할 의도가 없이 우연하게 발생하는 것이 특징이다.

이들 부주의로 인한 오류는 주의집중이나 불량방지 장치 등으로 줄일 수 있다. 이를 개선하는 대표적인 방법의 하나로 QC서클 활동을 들 수 있는데, 동기부여만으로 주의력을 집중시킬 수 있다는 점에 대해서는 논쟁이 없지 않다.

(2) 기술상의 오류(technique errors)

작업을 수행하는 데 필요한 전문적인 기술(예: 기능, 지식)이 모자라기 때문에 발생하는 오류로서 작업자가 열심히 일하는 데도 불량이 계속 나오는 것이 특징이다.

기술적인 오류를 줄이는 방법은 문제가 되는 불량(오류) 데이터를 작업자별로 수집하여 이들의 작업방법을 검토하여 작업자별 개선대책을 마련하여 기술수준을 향상시키는 것이다.

(3) 고의성의 오류(willful errors)

전술한 부주의나 기술상의 오류 등은 비고의적인 오류인데 반해, 이것은 작업자의 고의적·의도적인 오류라는 것이 특징이다. 따라서 앞서의 부주의로 인한 오류나 기술상의 오류와 구별되는데, 고의적인 오류는 우연성이 없는 것이 특징이다.

상하간에 의사소통을 원활히 한다든가, 책임한계를 정해주고, 위반시의 대책도 마련하고, 품질향상에 대한 동기부여나 처벌 등을 통하여 고의적인 작업오류를 예방할 수 있는 방도를 세운다.

2.2 작업자의 마음과 품질

가내수공업 시대에는 작업자 자신이 재료를 구입하고 설계하여 만들고 검사하고 끝마무리를 하면서 장인(匠人)으로서의 긍지를 가졌다. 그러나 대량생산체제 속에서 분업을 행하는 현대의 작업자들은 단조로운 반복작업으로 일의 보람은 고사하고 흥미를 느끼지 못할 뿐더러 기능이나 기술도 미숙하며 별도의 기관에서 검사를 행하므로 품질의식 내지는 품질에 대한 책임감

사 례 **휴즈 작업자와 세탁기 불량률**

D전자의 세탁기 불량률이 20%를 넘어선 적이 있었다. 원인을 분석해 본 결과 세탁기 휴즈의 불량과 관련이 있었다. 고객들은 간단한 휴즈 하나를 교체하기 위해서 A/S센터 직원을 부르고 있었다. 이에 따라 A/S센터 직원이 휴즈 불량처리에 매달리는 시간이 엄청나게 늘어났다.

공장에서 세탁기에 휴즈를 붙이는 작업을 한 사람이 하고 있었는데, 그는 하루에 세탁기 5백대를 처리하고 있었다. 세탁기 1대에 4개의 휴즈를 필요로 하기 때문에 그의 손으로 붙여지는 휴즈는 하루 2천개에 달했다.

휴즈를 담당하는 사람에게 그의 역할과 중요성을 인지시킨 후 불량률은 3%로 낮아졌다.[5] 그 후 주부들은 D전자의 세탁기가 좋아졌다고 칭찬을 아끼지 않았다. 휴즈를 담당하는 것은 사람이다. 이 사람이 기분이 나쁘면 불량률이 높아질 것은 뻔하다.

을 느끼지 못하는 것이 오늘의 현실이다.

일은 '작업+지혜+마음'의 상태를 말한다. 일에는 일하는 사람의 마음이 깃들어 있다. 고객이 만족하고 좋아하는 모습을 보고 자기의 기쁨으로 느끼는 봉사정신은 인간만이 갖고 있다. 이 기쁨이 일의 마음인 것이다. 좋은 것을 만들겠다는 마음의 문제가 대단히 중요하다. 즉 사람은 마음가짐에 따라서 좋은 마음과 나쁜 마음을 가질 수 있는데, 좋은 마음은 좋은 분위기(조직과 여건)에서 북돋아 질 수 있는 것으로 이것이 아마 '신바람'일 것이다. 자신이 만든 제품에 성실 근면한 자신의 혼을 불어넣는다면 그 제품은 세계 어디서나 찬사와 호평을 받을 수 있다.

로마의 시스티나 성당 천장에 「천지창조」가 그려진 천정화의 웅대하고 정교함은 온갖 정성을 다하여 하나님에게 걸작품을 만들어 바치려는 미켈란젤로(Michelangelo Buonarroti, 1475~1564)의 고매한 신앙심과 헌신적인 노력 없이는 이루어질 수 없었다. 세계적으로 음색이 곱기로 유명한 신라시대의 성덕대왕 신종(에밀레종)과 고려시대에 제작된 「팔만대장경」은 불심(佛心)에서 우러나온 장인들의 헌신적인 봉사·노력이 없이는 이루어질 수 없었을 것이다. 이들 세계적인 걸작품들은 모두 두터운 신심(信心)에서 나온 것이라는 데 공통점이 있다.

5) 배순훈, "대우전자의 이노베이션," *매일경제*, 1997. 2. 27.

고려 고종때 16년간(1236년~1251년) 불력(佛力)을 빌어서 몽고군을 막으려고 연인원 3만여명을 동원하여 5천2백만 자에 달하는 글자를 자작나무 목판에 새긴 「팔만대장경」은 7백여 년의 세월이 흘렀음에도 손상이 없다고 한다. 천여 명의 각수(刻手)가 목각한 글씨임에도 오자와 탈자가 없음은 물론 마치 한 사람이 쓴 것처럼 글씨체가 통일되어 있는 점은 그들 모두의 몸과 마음이 하나가 되었음을 의미한다.

이로써 일하는 사람의 마음가짐에 따라서 좋은 품질과 나쁜 품질이 이루어질 수 있음을 알 수 있는데, 작업자들의 마음가짐은 경영자나 관리자들과 깊은 관련이 있다.

2.3 품질 모티베이션

품질분임조활동이나 QC서클활동, ZD운동 등은 일종의 품질 모티베이션 활동으로서, 이 경우 구성원의 동기유발(動機誘發)이 주축을 이룬다. **품질 모티베이션**(quality motivation)은 간단히 말해서 구성원들의 품질개선 의욕을 불러일으키는 작용 또는 과정이라 할 수 있다. 구성원들에게 동기를 부여하는 모티베이션(motivation)을 욕구→충동→목표의 과정으로 이해한다면, 욕구와 목표는 모티베이션에 있어서 가장 주요한 변수요인이 된다.

인간은 많은 욕구를 지니고 있으며 욕구 충족을 위해 행위를 한다. 그러나 욕구의 충족이 강력하게 저지당하게 되면 좌절을 일으키기 쉽다. 매슬로우(A. Maslow)는 인간의 욕구를 욕구의 강도에 따라 ① 생리적 욕구, ② 안전의 욕구, ③ 사회적 욕구, ④ 자아의 욕구, ⑤ 자기실현의 욕구의 5단계로 나누었다.

현실적으로 후진국의 근로자들은 생리적 욕구 내지 안정의 욕구를 추구하고 있지만, 선진국의 근로자들은 이 단계를 넘어서 자아(自我)의 욕구 내지 자기실현의 욕구를 추구하는 단계에 이르고 있어 각기 그들 욕구계층에 맞는 동기부여책이 제시되어야 한다.

허쯔버그(F. Herzberg)에 의하면, 일에 불만을 주는 불만요인을 아무리 개선하여도 종업원의 인간적 욕구는 충족되지 않는다고 한다. 가령 작업조건, 임금, 승진 등의 환경적인 조건을 개선하는 것은 불만을 해소시키는 단기적인 대책은 되지만 만족에는 못 미친다. 종업원으로 하여금 장기적으로 일할

표 5-1 불만요인과 만족요인

불만(위생)요인	만족(동기)요인
회사 정책과 관리	성취감
감독	인정
작업조건	책임감
임금, 보수	능력, 지식의 개발
승진, 지위	성장, 발전, 자기실현

의욕을 갖게 하기 위해서는 〈표 5-1〉에 제시한 동기요인(動機要因, motivator) 즉 만족요인에 충실해야 한다.

종업원의 만족은 지속적인 동기부여에 성패가 달렸으며, 종업원이 책임을 지려고 하는 경우에만 동기부여의 효과는 오래 지속된다고 한다. 그래서 드럭커(P.F. Drucker)는 최대의 성과(품질 및 생산성의 향상)를 올리기 위해서 책임감이 있는 종업원을 확보할 것을 권유하였다.[6)]

동기부여(motivation)가 목표지향적이라는 점에서 개인이 추구하는 목표나 성과는 개인을 이끄는 동인(動因)이라 할 수 있는데, 바람직한 목표를 성취했을 때 욕구의 결핍은 현저하게 감소한다. 따라서 품질개선활동에 있어서 달성 가능한 품질목표의 설정 없이는 효과적인 품질 모티베이션은 이룩될 수 없다.

요컨대 조직의 목표가 뚜렷이 제시되고 이들 목표달성을 위해서 기업 내지 경영자가 적극적인 지원(동기요건이 충족되도록)을 할 때 구성원의 품질 모티베이션은 앙양될 수 있다.

2.4 소집단(ZD그룹, QC서클, 품질분임조, 자율경영팀) 활동

ZD프로그램이나 QC서클활동, 품질분임조활동 등은 **소집단활동**(small group activity)이라는 데 공통점이 있다.

품질개선 활동에 소집단활동이 전개되고 있음은 다음과 같은 **특징**이 있기 때문이다.

(1) 소수인이며 대면접촉집단이므로 좋은 인간관계가 형성되기 쉽다.

(2) 대화에 의한 의견이 아이디어를 낳고 그것이 창의성을 낳는다.

6) P.F. Drucker, *The Practice of Management,* Harper & Row Publishers, 1954, Chap. 23.

(3) 서로 마음을 털어놓기 쉬우며, 이 때문에 기존의 가치관이 무너지고 새로운 가치관을 받아들이기 쉽게 된다.

(4) 자기들끼리 생각하고 행동하는 것이 자주성을 키운다.

(5) 가치관의 향상과 자주성의 육성에 의하여 문제를 발견하고 해결하려는 의욕이 생긴다.

1 ZD프로그램

'ZD운동' 또는 '무결함운동'이라 불리는 「ZD프로그램」(Zero Defects program)은 1962년 미국의 마틴社(Martin Co., Orlando division)에서 미사일의 신뢰도 향상과 원가절감을 목적으로 전개시킨 품질향상에 대한 종업원의 동기부여 프로그램(quality motivational program)이다.

이 프로그램의 본질은 인간은 완전을 바라는 기본욕구가 있음을 전제로 종업원으로 하여금 완전성을 향해 노력하게 하는 것이다. 또한 결함(defects)은 오류(error)로부터 생기는 것이므로 이들 오류의 원인을 작업자 스스로 제거토록 하는 **ECR**(Error Cause Removal) **제안**이 ZD프로그램의 핵심이 된다.

ZD프로그램을 효율적으로 **추진**하려면 다음의 네 가지 **요건**이 이행되어야 한다.

(1) 작업자에게 작업 및 작업성과의 중요성을 인식시킨다.

(2) 같은 작업을 수행하는 작업자들로 ZD그룹을 편성하여 결점을 제거하기 위한 목표를 자주적으로 설정케 하고 그들로 하여금 목표달성에 노력케 한다.

(3) 오류의 원인을 종업원 스스로 찾아내서 제거할 수 있는 방안을 상사에게 제안하도록 한다.

(4) 목표를 달성한 그룹에 대해서는 그들의 공적을 널리 인정하고 격려하는 뜻에서 표창한다.

2 QC서클 활동

일본에서 QC서클이 처음 등장한 것은 ZD프로그램이 미국에서 등장할 때 즈음으로 일본과학기술연맹(日本科學技術聯盟)에서 『현장과 QC』라는 잡지를 창간한 1962년 4월이다.

QC서클이란 같은 부서 안에서 품질관리 활동을 자주적으로 행하는 소집단을 가리키는 말이다. 이들 QC서클 구성원은 전사적 품질관리 활동의 일환으로 구성원의 자기계발(自己啓發) 내지는 상호계발을 도모하고 QC기법을 활용해서 직장의 관리개선에 구성원 모두가 자주적으로 참여하는 QC서클 활동을 전개한다. 따라서 서클 구성원의 자주관리는 QC서클 활동의 핵심이 된다.

1996년에 개정된 「QC서클 기본」에 따르면, QC서클 활동의 **기본이념**은 다음과 같다.

(1) 인간의 능력을 발휘하여 무한한 가능성을 창출한다.

(2) 인간성을 존중하고 보람있는 명랑한 직장을 만든다.

(3) 기업의 체질개선 발전에 기여한다.

3 품질분임조 활동

한국 최초의 소집단활동은 1960년대 후반 쌍용양회와 대한비타민 등에서 전개한 ZD운동의 「ZD그룹활동」을 꼽을 수 있다. 그후 1975년에 제1회 전국품질관리 서클 경진대회가 공업진흥청과 한국표준협회 주관으로 개최되면서 「QC서클」이라는 명칭의 소집단활동이 확산되는 계기가 되었다.

1982년 11월부터 공장새마을운동과 병행 실시되는 과정에서 「품질관리분임조」로 명칭을 바꾸어 전개했다. 우리나라 분임조활동은 1987년에 이르러 약 10만 분임조에 120만여 명의 분임조원이 참여했으나 1980년대 후반의 사회적 혼란기에 절반 가까이 줄어드는 초라한 양상을 보였다.

분임조활동의 활성화를 도모하고자 당국에서는 1992년 품질관리분임조를 「품질기술분임조」로 개칭하였으나 그 후 QM체제로의 전환을 계기로 「품질분임조」로 바꾸어 전개하였다. 그러나 사회적 분위기에 이끌리어 품질분임조 활동은 계속 힘을 잃어 불꽃이 꺼지는가 싶더니, IMF 이후 구성원들의 품질활동이 강조되면서 일부 사업장에서 분임조활동의 열기를 다시 볼 수 있게 되었다. 2018년 6월말 현재 한국표준협회에 등록된 분임조 수는 9,552개 업체에 57,409분임조에 573,245명의 분임원이 활동하는 것으로 나타났다.

품질분임조는 "같은 직장내에서 작업 및 업무와 관련된 문제점을 찾아내고 이에 대한 해결방안을 찾아서 실행에 옮길 목적으로 자발적 모임을 지속적으로 갖는 소집단"이라 정의할 수 있다.

최근 우리의 현실은 매우 어두운 것으로 감원 · 해고 · 퇴직을 비롯하여 노사간 첨예한 대립으로 이제까지 우리가 공들여서 쌓아온 품질관리의 토대가 흔들리고 있다.

「품질분임조활동」이 **활성화**되려면 다음 **조건**들이 충족되어야 한다.

(1) 자주적이고 자발적인 분임조활동의 추진이 요구된다.

(2) 팀 구성원 스스로 운영할 수 있도록 권한이 부여되어야 한다.

(3) 구성원간에 두터운 신뢰관계가 형성되어야 한다.

(4) 근로자의 만족과 사기앙양에 토대가 되는 분임조활동이 전개되어야 한다.

(5) 실천 가능하며 쉽게 접근할 수 있는 활동도구를 개발·활용해야 한다.

4 자율경영팀

1980년대 초반 일본의 「QC서클활동」 도입을 시도하였으나 문화적 차이로 일본식의 한계를 경험한 구미기업에서는 최근 자율경영(自律經營)팀의 도입이 확산되고 있다.

일본의 'QC서클' 구성원은 해결책을 제안하도록 요구받더라도 자신의 아이디어를 실천에 옮길 수 있는 권한이 별로 없어 제대로 실효를 거두지 못하였다. 그러나 자신의 일에 대해 더 많은 권한을 부여받은 작업자들의 생산성과 직무만족이 높은 것을 발견한 에릭 트리스트(Eric Trist) 교수는 자율작

사 례 **한국형 소집단활동: 한국중공업의 두레활동**

'두레활동' 모델은 추진자 중심으로 1994년 1년 동안의 연구결과를 토대로 우리 문화와 실정에 맞도록 개발되었다. 1995년 5,919건(완료율 85.5%)의 과제를 해결한 이후, 매년 테마 완료율도 상승되어 1998년은 95%에 이르렀다. 60개 이상의 팀이 사내 발표대회에 참여해 우수팀을 선발하며, 전국대회에서는 매년 금상을 수상하고 있다.

우리민족의 고유정신인 "함께 만들고, 함께 개선하고, 함께 느끼는 보람"의 '두레' 정신 아래 현장의 최상급자가 책임자가 되어 개선활동과 보람활동을 같이하며 전원참여를 앞장서서 유도하고 있다. 분임조활동 단계를 흐름에 맞게 간소화하여 두레장과 부서의 추진자가 자체평가를 하는 것도 성공요인으로 보인다.[7]

아울러 관리자들은 두레활동에 호응하고자 IE-TFT를, 설계부문은 VE를 설비보전부문은 TPM활동을 상호 유기적으로 추진하여 분임조활동 성과를 높이는 데 기여한다.

7) 김문성, "활성화 기업에 이런 추진자 관리자 있다," *품질분임조*, 1998. 4.

참고

팀(team)**의 장점**

공동목적을 달성하기 위한 소집단인 팀의 강점은 팀워크(teamwork), 즉 팀 구성원들이 동일한 일을 하며 강한 동질감을 서로 공유하는 것이다.

팀이 지니고 있는 **장점**은 다음과 같다.

① 개인에 비해 집단적 지식을 지닐 수 있다.
② 개인보다 더 많은 아이디어를 창출한다.
③ 문제를 공유하고 스트레스를 나눈다.
④ 각 개인에게 소속감을 제공한다.

업팀의 개념을 1981년에 제시하였다.

자율작업팀 또는 **자율경영팀**(self-managing teams)이란 매일 행하는 일을 스스로 관리하는 책임을 부여받은 사람들이 직접 관리 · 감독하여 일을 행하는 일단의 구성원들이다. 팀 구성원들은 함께 일하면서 그들의 작업을 개선하고, 업무상의 문제를 처리하며, 작업을 계획하고 통제한다.[8] 전통적인 작업조직과 자율경영팀을 비교할 때, 그 차이는 후자의 작업자들에게는 일을 할 수 있는 권한이 주어졌다(empowered)는 점이다. '자율경영팀'의 경우, 구성원들의 몰입과 더불어 상대적으로 생산성 · 품질 · 고객만족 · 원가 등에서 상당히 개선되었다. 이는 「자율 팀」개념에서 나오는 직무에 대한 주인의식이 끊임없는 개선을 강조하게 만들며, 이것은 다시 품질, 생산성, 서비스의 비약적인 도약을 가져오기 때문이다.

자율경영팀의 도입과 운영에 있어서 가장 중요한 문제는 중간관리층들을 어떻게 이 팀 개념에 동화(同化)시키느냐 하는 것이다. 사실 팀 스스로 계획하고 통제하고 자신들이 감독하기 때문에 중간관리자의 역할이 줄어들게 되기 때문이다. 자율경영팀이라고 항상 성공하는 것은 아니다. 이 팀은 능력이나 기술이 적절하고 조직구성원들이 이 개념에 동화될 경우에 효과적으로 운영될 수 있다.

자율경영팀의 **장단점**은 〈표 5-2〉와 같다.[9]

8) Kimball Fisher, *Leading Self-Derected Work Teams,* McGraw-Hill, Inc., 1993,
R.S. Welins et al., *Empowered Teams,* Jossey-Bass Publishers, 1993.

9) E.D. Lawler III, *Participative Strategies for Improving Organizational Performance,* Jossey-Bass, 1986.

표 5-2 자율경영팀의 장점과 단점

장 점	단 점
작업방법이 개선된다	봉급수준이 높아진다
채용 및 충원에 도움이 된다	교육훈련비가 높아진다
요원배치에 유연성이 있다	요원의 교육훈련이 필요하다
품질이 개선된다	예상치 않은 일이 발생할 수 있다
업무성과가 향상된다	중간관리층의 저항이 있다
스탭지원이 감소된다	스탭집단의 저항이 있다
감독업무가 줄어든다	참여자와 비참여자간에 갈등이 생긴다
의사결정이 개선된다	팀회합을 위해 상당한 시간이 소요된다

2.5 품질관련 소집단활동

모티베이션운동(motivation campaigns)은 그의 추진내용면에서 볼 때, 동기부여형(motivation package)과 불량예방형(prevention package)으로 나눌 수 있다. 전자는 작업자책임의 불량을 줄이기 위해서 종업원을 자극시키는 데 주안점을 두고 있는 반면에, 후자는 관리자책임의 불량을 줄이는 데 작업자가 관리자를 돕도록 자극시키는 데 주안점이 있다.

우리의 품질분임조활동은 대부분 **동기부여형**(動機附與型)인데, 이 경우 다음 활동이 중점적으로 전개된다.

① 고의적 오류의 억제

② 품질의식을 높이기 위한 모티베이션 앙양 교육

③ 우수한 작업자의 기술을 습득시키고 기술개선을 위한 교육 훈련

④ 국부적인 기술변경에 의한 품질개선

불량예방형(不良豫防型) 모티베이션활동에서는 관리자책임의 불량이라는 관점에서 작업자의 개선행위를 추구하고 있다. 개념상 관리자책임의 불량은 관리자에게 책임이 있는 것으로, 이들 불량을 탐색·추구하는 데 있어 작업자의 협조를 구하는 것이다. 예컨대 ZD운동의 ECR제안제도나 QC서클 활동에서 구성원이 문제를 발견하고 개선책을 모색하는 경우이다.

따라서 품질향상에 대한 모티베이션운동은 동기부여형과 불량예방형을 병합해서 전개하는 것이 바람직하며, 그 대상자는 작업자만이 아닌 관리자의

동기유발도 중요하다.

품질개선에 대한 동기부여를 목적으로 설계된 품질모티베이션 기법들로서는 전술한 ZD운동, QC서클(품질분임조)활동 및 자율경영팀을 비롯하여 종업원 제안제도, 품질 프로젝트팀, 종업원 품질회의(employee quality council), QWL(Quality Work of Life) 등을 열거할 수 있다.

구성원의 적극적인 품질개선 활동을 유도하기 위해서 품질분임조활동을 보다 효과적으로 전개하려면 QC프로젝트 팀을 편성하여 주요 문제가 있을 때 지원을 한다든가, 자율경영팀을 조합하여 전개하는 것이 바람직하다. 이들 품질개선에 대한 동기부여를 목적으로 편성된 주요 소집단 활동들을 주요항목별로 비교한 것이 〈표 5-3〉이다.

표 5-3 품질관련 소집단 활동의 여러 유형

기법 / 항목	ZD 운동	품질서클활동	품질 프로젝트팀	자율경영팀
목적	자기계발/오류제거	자기계발/현장 품질문제의 해결	자주적 QM추진 기능별 품질문제 해결	소임 업무의 계획·집행·통제
다른명칭	완전무결운동, EFP	QC분임조활동	품질개선팀	자율작업팀
주제테마	직장내 문제	직장내 문제	기업내 문제	부서내 문제
준비	전사적 동기부여	품질개선 동기부여	중요문제에서 선정	전사적 동기부여
리더	직장의 반장급	직장의 직·반장급	액션을 취하는 책임 부분의 장	팀장
구성원	작업자/사무원	작업자/사무원	관계부문 요원 및 기술요원	작업자/사무원
인원수	5~10명	5~10명	4~8명	6~12명
기간	지속적	지속적	일시적 (문제 해결되면 해산)	영구적
활동	업무중에 활동	업무중에 활동	임무활동	소임 업무활동
예산	표창예산 정도	표창예산 정도	활동예산 있음	활동예산 있음
개선정도	개선 정도는 작은 편	개선 정도는 작은 편	개선 정도가 큼	개선범위 다양함
사용기법	특성요인도, 파레토도	간단한 통계방법	때로는 고도의 수법, 현상타파 수법	관리기술 현상타파 수법
구성원성격	자발적	자발적	강제적	강제적

3 TQM 작용환경의 구축

품질을 기업의 업무수행 역량 및 연결 함수라는 보다 넓은 의미로 볼 때, 품질에는 양면적인 성격이 있다. 하나는 품질의 기술·경제적 측면을 포함한 유형적(有形的) 요소이고 다른 하나는 제품/서비스가 만들어지고 전달되는데 작용하는 소프트한 측면, 즉 경영이념, 기업문화, 조직구성원의 의식·태도·기대, 기타 상황적 요소 등 무형적(無形的) 요소가 그것이다.

본절에서는 TQM환경의 주요 작용요소인 구성원의 권한부여, 신뢰감 조성, 품질문화를 중심으로 다루기로 한다.

3.1 구성원의 참여와 권한부여

제품이나 서비스의 품질은 이들 급부생산에 참여하는 구성원들의 능력의 발휘와 관련이 깊다. 이들의 능력발휘는 구성원들의 적극적인 참여와 계속적인 능력 함양의 노력 없이는 이루어질 수 없다.

TQM에서 모든 구성원의 총체적 참여는 필수적이다. 즉 경영자, 관리자, 작업자, 공급자들이 조직의 목표 달성을 위해 협력할 때 조직의 성과는 보다 높아진다고 한다. 그러나 구성원 모두가 자신의 역량을 마음껏 발휘하려면 충분한 동기부여와 권한부여가 뒷받침되어야 한다.

미국산업에서 1970년대 말에 인기를 끌기 시작한 일본의 「QC서클활동」이 1980년대 중반 이후 시들해진 이유의 하나는 QC서클활동의 한정된 활동범위 때문으로 사실 그들 서클구성원은 중요한 문제는 해결할 수 없었다. 그러나 구성원들에게 권한이 부여되었을 경우 사정은 다르다는 것이 밝혀진 이후에 권한부여(權限附與)가 강조된 것이다.

일본산업의 성공은 지속적인 개선활동에 의한 것으로 이 또한 구성원의 권한부여가 없이는 불가능하였다고 본다. 그 대표적인 예가 도요다자동차의 「라인 스톱시스템」으로, 현장에서 불량이 발견되는 즉시 작업자가 라인을 세울 수 있는 권한이 부여된 점을 들 수 있다.

오늘날 구성원들은 교육수준이 높고 목표 지향적이어서 종래와 같이 타율적인 지시나 맹목적인 순종은 바랄 수 없는 것이 현실이다. 그래서 이제는 생산성이나 품질 향상을 그들 스스로 추구하는 분위기 조성에 권한부여가 무엇보다 필요한 것이다. 권한부여는 사람들로 하여금 일을 활기차게 할 수 있도록 작용한다.

경영활동에서 구성원들의 참여(involvement)는 긴요하다. 구성원들은 그들이 관여하는 업무를 통해서 올바른 정보를 공유하게 되고 아울러 그들의 아이디어가 받아들여졌을 때 보다 충성하게 되고 만족하게 된다. 구성원 참여의 연속체로서 권한부여를 가시화할 수 있는데(그림 5-1 참조), 가령 「종업원제안제도」와 같은 낮은 수준의 권한부여에서 시작하여 중간수준의 「품질서클」 그리고 「자율경영팀」과 같은 고도의 권한부여가 그것이다.

권한부여(empowerment)는 일선 작업자나 종업원에 권한을 주어 이니시어티브와 상상력을 실행에 옮길 수 있도록 독려하는 방식이다. 칼존(Jan Calzon)은 하급직원이 지시나 명령 등의 엄격한 통제에서 벗어나 자신의 생각・결정・행동 등에 대한 책임을 질 수 있는 자유를 준다면, 개인과 조직 모두에게 숨겨진 자원을 활용하게 되는 결과를 낳게 할 수 있다고 하였다.

권한부여는 권한(authority), 자원(resources), 정보(information), 결과에 대한 책임(accountability)의 함수로 다음과 같이 나타낼 수 있다.

권한부여 = f (권한, 자원, 정보, 책임)

이들 권한부여의 함수가 되는 네 변수가 완전하게 화음을 낼 수 있을 때에 권한부여의 멜로디는 제소리가 날 수 있다. 권한・자원・정보・책임 중 어느 하나가 부족해도 권한부여의 효력은 부실하게 마련이다.

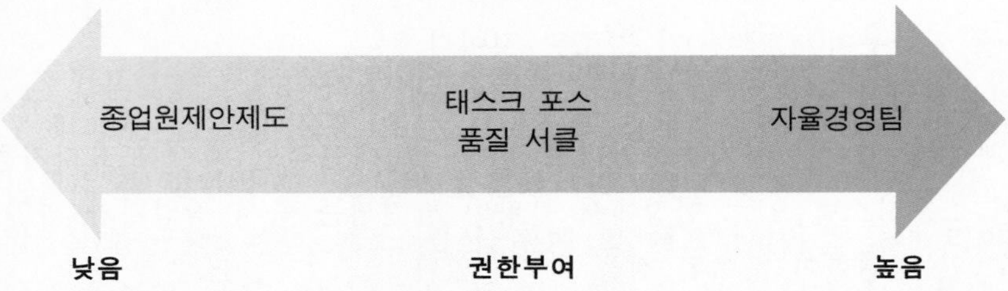

그림 5-1 권한부여의 연속체

일선업무에 종사하는 구성원들에게 **권한부여**를 했을 때, 예상되는 **효과**는 다음과 같다.

(1) 구성원이 서비스를 제공할 때 고객요구에 즉각 대응할 수 있게 한다.

(2) 자신이 행하는 업무에 대해 만족감을 갖게 된다.

(3) 구성원은 그가 접하는 고객에게 따뜻함과 열정을 더 많이 보여준다.

(4) 구성원들의 새로운 아이디어 창출의 활력이 솟는다.

권한부여의 **부정적 효과**로는 권한을 부여할 구성원의 선발 및 훈련비용이 많이 소요되며, 구성원들의 자율적인 서비스제공으로 서비스가 늦거나 일관성이 없이 서비스가 제공될 수도 있다는 점을 들 수 있다.

3.2 권한부여의 필수요건

권한부여의 **목적**은 조직 구성원의 창조적 에너지를 비롯한 그들의 능력을 최대한 발휘하도록 하는 것이다. 그러나 일하려는 마음가짐이 없거나 서로 신뢰할 수 없는 조직풍토에서는 구성원들에게 많은 권한을 부여해도 전술한 긍정적 효과는 기대하기 힘들다.

권한부여의 **필수적 요건**을 3차원적으로 설명할 수 있다[10](그림 5-2 참조).

권한부여 요건의 1차원은 일하고자 하는 작업자의 **마음가짐**(alignment)이

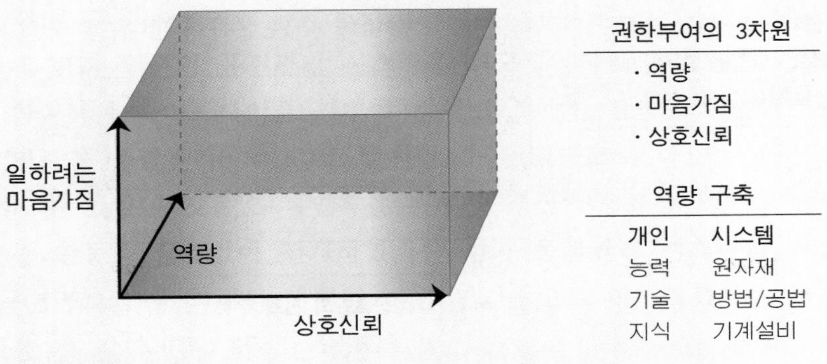

그림 5-2 **권한부여 요건의 3차원구조**

10) A.R. Tenner & I.J. DeToro, *Total Quality Management,* Addison-Wesley, 1992.

다. 제대로 마음가짐이 되어 있는 구성원은 자신의 역할에 대해서도 알고 있음은 물론 헌신적으로 열심히 일할 각오가 되어 있다. 모든 구성원이 조직업무에 알맞는 마음가짐을 갖게 하려면 구성원들은 조직의 사명·비전·가치관·방침·목표 및 방법 등에 관해서 알고 있어야 한다. 리더는 권한부여와 분위기 조성으로 구성원들이 열심히 일할 마음가짐으로 참여하도록 이끌어 나가야 한다.

권한부여 요건의 2차원은 **역량**(力量, capability)이다. 구성원은 그가 맡은 직무를 수행하는 데 필요한 능력·기능·지식 등을 갖추고 있어야 하며, 아울러 조직에서 필요로 하는 자원들 즉 원자재·방법·기계설비 등도 구비되어 있어야 한다.

권한부여 요건의 3차원은 구성원간의 **상호신뢰**(mutual trust)이다. 종업원은 경영자를 신뢰하고 경영자는 종업원들을 신뢰하며 구성원 상호간에 믿음이 있어야 권한부여의 성과가 제대로 나타날 수 있다.

따라서 권한부여는 효과적인 리더십의 자연적 결과로 볼 수 있다. 경영자나 관리자가 리더십을 충분히 발휘했을 때, 구성원은 일할 마음이 생기고 서로가 믿고 일하는 조직풍토가 조성된다(그림 5-3 참조).

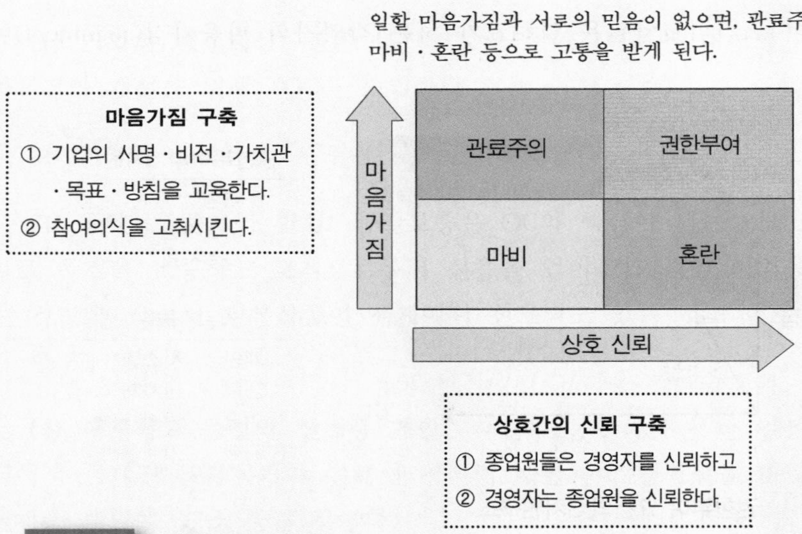

그림 5-3 권한부여 매트릭스

3.3 구성원 상호간의 신뢰감 조성

구성원이 서로 믿지 못하는 조직사회에서는 업무능률은 물론 불필요한 시간과 비용의 낭비를 초래하며 경영성과 또한 부진하다. 잰드(Dale Zand)에 의하면, 조직내의 모티베이션 질은 조직구성원이 '신뢰 사이클'을 통하여 서로 협력관계를 맺고 있는지, 아니면 '불신 사이클'로 서로 분열되었는지에 따라 차이가 있다고 한다(그림 5-4 참조).

그는 구성원간의 **신뢰**(信賴)**사이클**, 즉 긍정적 환경요인으로 다음 네 가지를 제시하였다.

① 진실한 의사소통과 구체적인 목표의 제시
② 관련 조직집단간의 협조적인 태도
③ 솔직한 대화와 상호신뢰
④ 종업원 스스로 정한 품질목표

한편 **불신**(不信)**사이클** 즉 부정적 환경요인은 다음과 같다.

① 불충분한 의사소통
② 구성원의 자기보호적인 과소 작업표준량의 고수
③ 두려움과 적대감
④ 고위층의 엄격한 통제
⑤ 신뢰도의 결여
⑥ 무사안일한 분위기

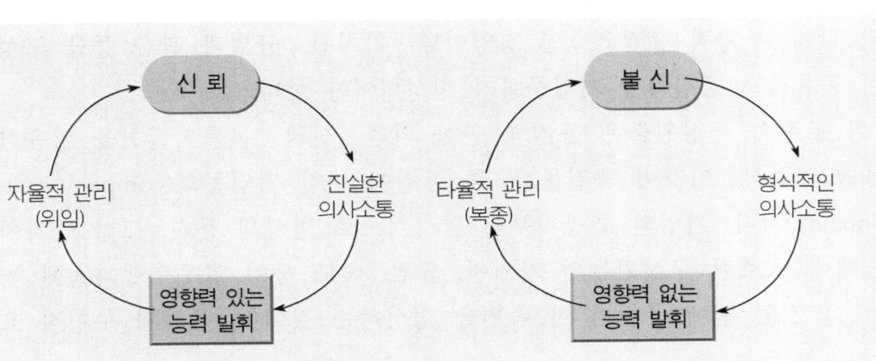

그림 5-4 신뢰와 불신의 사이클

3.4 품질지향 기업문화

품질경영의 성공적 실행을 확보하고 그 성과를 증폭시키기 위해서는 품질경영에 요구되는 바람직한 기업문화를 형성해 나가야 한다.

이제까지는 제품/서비스 품질에 이상이 생기면, 그 문제 증상을 치유하고자 품질관리활동에 주력해 왔는데, 이는 품질문제의 부분적인 해결에만 효과가 있을 뿐 근원적인 문제해결에는 한계가 있다. 품질상의 문제들은 품질의 유·무형적 요소가 결합되어 나타나는 것이 보통이기 때문이다. 지금까지 많은 품질혁신 프로그램이 성공을 보지 못한 것은 문제증상의 근본원인을 확인하여 제거하기보다는 문제치유를 위해 기법이나 수단중심의 대증요법(對症療法)을 펴왔기 때문이다.

기다하라(北原貞輔)와 노미(能見時助)는 사회·문화적 구조와 산업화의 성과 간에 관련이 깊은 것으로 보았다. 그들은 기업문화가 일단 형성된 다음에는 구성원들에게 일정기간 영향을 미친다[11]고 하였다.

기업문화(corporate culture)는 조직구성원들이 공유하고 있고 구성원 행동과 전체 조직체 행동에 기본전제로 작용하는 기업 고유의 가치관과 신념, 규범과 관습 그리고 행동패턴 등의 거시적 총체[12]라 할 수 있다. 품질지향 기업문화, 즉 **품질문화**란 모든 구성원이 공유하고 있는 품질관련 가치관이다.

도요다 자동차 품질의 명성은 "불량을 다음 공정에 넘기지 않는다"는 「불량제로 원칙」에서 비롯된 것과 같이 특정기업 조직구성원들의 공유된 가치의식과 행동방식은 독특한 품질문화를 이루고 있다. 최고의 품질을 고객에 제공하려면 제품개발 단계에서 전개되는 품질보증과 같은 유형적 요소의 강화와 함께, 무형적 품질요소인 경영이념·가치관·규범과 관습 등을 구성원들이 공유하는 **품질지향 기업문화**가 형성되어야 한다.

한 조직의 구성원들은 품질에 관한 의견·신념·전통·실천을 형유하고 있음을 보는데, 이것이 품질문화, 즉 품질에 관한 기업문화(company culture on quality)이다. 기업의 초창기부터 역사적으로 형성된 문화, 그리고 가치를 창출해내는 조직 구성원들의 가치관, 규범, 태도 등이 업무수행과정에 녹아들어 그 기업 전체 품질의 한 측면을 형성하는 것이다. 품질의 무형적 요소

11) 北原貞輔·能見時助, *TQC에서 TQM으로*, 한국표준협회, 1993, p.94.

12) 기업문화의 구성요소로서 공유가치(shared value), 전략(strategy), 구조(structure), 제도·절차(system), 구성원(staff), 관리 형태(style), 관리기술(skill)이 지목되는데, 이들을 흔히 「7S 모델」이라 한다.

인 기업문화는 품질혁신이나 품질경영 활동의 성과를 제한 내지 촉진시키는 매개체 역할을 하기 때문[13]이다(그림 5-5 참조).

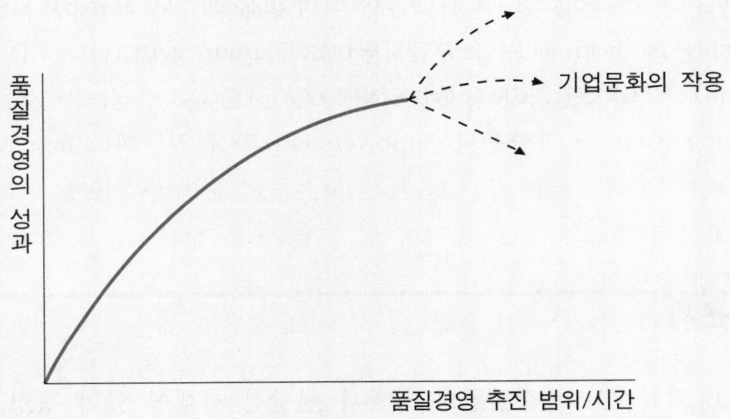

그림 5-5 품질경영활동에 대한 기업문화의 매개 효과

사 례

인텔(Intel)의 품질문화

인텔은 1998년 매출 263억 달러, 종업원 6만5천여 명의 거대기업으로 성장했지만 "두려워하는 자만이 살아남는다"는 믿음으로 끊임없는 기술혁신과 생산력 향상 노력으로 미래를 대비하고 있다.

①고객중심, ②도전정신, ③품질, ④자율, ⑤결과중시, ⑥최고 직장의 '6대 기업원칙'이 인텔을 마이크로프로세서 시장을 평정한 거대기업으로 성장시켰다.

세계적인 반향을 일으켰던 앤디 그로브 회장의 저서 「두려워하는 자만이 살아남는다」(*Only the paranoid survive, 1996*)는 인텔의 벤처정신을 잘 나타내고 있다.

인텔이 창업후 31년 동안 전 세계 마이크로프로세서 시장을 평정하기까지는 우수한 인적자원들의 역할이 절대적이었다. 인텔의 우수한 인적자원 확보는 인텔 경영진들이 전 구성원을 평등하고 정당하게 관리하는 창업초기의 '벤처정신'을 잃지 않았기 때문에 가능했다.

전 사원의 목소리에 귀를 기울이고 자유로운 토론을 벌이는 분위기도 빼놓을 수 없다. 1994년 펜티엄프로세서에서 나눗셈 오류가 발견됐을 때, 사내에서 벌어진 마라톤 토론은 유명하다. 무시할 수도 있는 미세한 오류였지만 인텔은 무려 5억 달러어치의 칩을 전량 리콜한다는 결론을 이끌어냈다.[14]

13) "경쟁력 원천으로서의 품질경영 어떻게 접근할 것인가," *LG주간경제*, 1993. 11. 29.

주요 용어(key word)

• 리더십 기술(leadership skill) • 품질리더십(quality leadership) • 품질모티베이션(quality motivation) • 소집단활동(small group activity) • ZD프로그램(ZD program) • ECR제안(ECR suggestion) • QC서클(QC circle) • 자율경영팀(self-managing team) • 권한부여(empowerment) • 품질문화(company culture on quality)

연습문제

1. 기업에서 품질경영의 정착과 원활한 시행에 있어 경영자의 역할은 매우 중요하다. 경영자가 품질경영을 위하여 어떤 역할을 하여야 하는지를 기술하라.
2. TQM은 리더십과 관리의 기술을 동시에 요한다. 유능한 리더가 갖춰야 할 리더십 기술은 무엇인가?
3. TQM의 성과가 높은 기업에서 볼 수 있는 품질리더의 특징들을 기술하라.
4. TQM이나 품질경영시스템이 성공하기 위해서는 전 구성원들의 참여가 필수적이다. 즉 모든 종업원이 그들의 직무의 질에 대하여 주인의식을 가져야 한다. 그렇다면 종업원 참여를 활성화하기 위한 방안에는 무엇이 있는지 기술하고 간단히 설명하라.
5. 소집단활동의 특징을 기술하라. 품질경영에서 적용되는 소집단활동들을 열거하라.
6. 품질분임조의 성공요건, 효과 그리고 운영상의 문제점들은 무엇이 있는지를 간단히 설명하라.
7. 기존의 품질분임조와 자율경영팀을 비교・설명하라.
8. 효과적인 TQM 활동은 조직구조의 영향을 받고 있는 것으로 많은

14) [세계의 기업문화]...(17) 인텔, *연합뉴스*, 1999. 7. 8.

연구들에서 지적되어 왔다.
전통적인 기능별 조직과 팀형 조직을 중심으로 TQM 활동에 보다 적합한 조직구조는 무엇이며 그 이유는 무엇인지 설명하라.

9. 구성원들에게 권한부여를 했을 때 예상되는 효과를 기술하라.
10. 일하려는 마음가짐이 없거나 서로 신뢰할 수 없는 조직풍토에서는 구성원에게 많은 권한을 부여해도 큰 효과는 기대하기 힘들다. 권한부여의 필수적 요건을 제시하고 효과를 높일 수 있는 방법에 대하여 설명하라.
11. 품질문화란 모든 구성원이 공유하고 있는 품질관련 가치관이다. 기업의 성장발전에 있어 품질문화가 중요한 역할을 하는 것을 사례를 들어 설명하라.

제 6 장

서비스품질경영

1 서비스의 품질

1.1 서비스의 개념과 특성

서비스(service)는 "고객의 편익과 만족을 위해서 서비스 제공자 자신 내지 다른 서비스자원을 이용하는 과정・노력・행동의 수행"이라 정의할 수 있다. 품질관리를 전개하는 기업의 입장에서 보면, 서비스는 고객의 요구에 정성껏 부응하기 위해서 대가를 받고 고객에 제공되는 물리적 기능과 정서적 기능의 조합이라 할 수 있는데, 이들 기능은 서비스의 창출 및 제공활동을 통해서 실현된다.

물리적 기능(physical function)과 정서적 기능(emotional function)은 서비스산업에서 서비스를 구성하는 2대 기능으로서 서비스산업의 업종에 따라서 두 기능의 비중은 다르게 마련이다. 가령 전기・가스・수도・운수・통신 등의 업종은 물리적 기능의 비중이 높고, 음식점(특히 요정, 카바레 등)과 여관・호텔(특히 온천여관, 관광호텔 등)의 업종은 두 기능의 비율이 분산되어 있다.

표 6-1 서비스의 특성과 문제점

서비스의 특성	특성 설명	문 제 점
무 형 성 (intangibility)	- 형태가 보이지 않고 만져지지 않는다.	· 저장이 불가능하다. · 서비스의 측정 · 평가 · 관리가 곤란하다.
이 질 성 (heterogeneity)	- 제공과정이나 제공자의 가변적 요소로 인해 제공된 서비스가 다를 수 있다. - 고객의 이질성으로 인지된 서비스가 다를 수 있다.	· 서비스의 표준화와 관리가 곤란하다. · 품질의 측정 · 평가 · 관리가 어렵다.
소 멸 성 (perishability)	- 판매되지 않은 서비스는 소멸된다. - 서비스 수요와 제공에 시한성이 있다.	· 재고로 저장할 수 없다.
비분리성 (inseparability)	- 생산과 소비가 동시에 일어난다. - 고객이 생산과정에 참여한다. - 대부분 고객과 제공자간 접촉으로 이루어진다.	· 서비스 제공시 고객이 개입한다. · 구입전에 시험 · 평가가 불가능하다.

현행 산업분류체계상 서비스 분류에 한계가 있어 순수 서비스산업을 구분하기가 쉽지 않다.[1)]

고구레마사오(木暮正夫)는 소프트업무를 서비스로 보고 사람에 대한, 사람에 의한 제공활동, 즉 사람에 대한 인적 서비스 제공활동을 「신 서비스산업」으로 정의하고 있다. 그는 주로 인간의 활동이 게재되는 서비스활동, 업무활동, 관리활동들을 **소프트**(soft)**업무**라 하였다.[2)]

서비스의 일반적인 **특성**으로 무형성(intangibility)을 우선 꼽을 수 있다(표 6-1 참조). 즉 서비스는 실체가 보이지 않으며 만져지지 않는다. 그래서 서비스는 측정 · 평가 · 관리가 곤란하다. 이는 물리적인 속성으로 측정할 수 없으며, 서비스는 어떤 구조를 갖고 있는 것이 아니라 기능(function)이기 때문이다. 또한 서비스는 그의 무형성으로 인해 저장될 수 없는데, 서비스는 제품이 아니라 과정(process)이기 때문이다.

그래서 서비스는 사전에 검사되고 시험될 수도 없다. 다만 서비스의 과정이 관찰되고, 이로써 대부분의 결론이 도출되는 실정이다. 서비스의 품질

1) 「한국표준산업분류」에서는 전기 · 가스 · 수도사업, 건설업, 도소매 · 소비자용품수리업, 운수 · 창고 · 통신업, 금융 · 보험업, 부동산임대 · 사업서비스업, 교육서비스업, 보건 · 사회복지사업, 기타 공공사업 · 개인서비스업, 가사서비스업의 3차산업으로 분류하고 있다.
2) 木暮正夫, *日本のTQC : その再吟味と新展開*, 日科技連出版社, 1988.

은 사전에 평가하기가 곤란하다. 제품은 구매(제공) 이전에 품질을 확인할 수 있지만 서비스는 구매(제공) 후에만 품질을 평가할 수 있기 때문이다. 또한 제품은 수명기간 동안 존재하지만, 서비스는 제공후 소멸된다. 서비스는 대부분 제공자와 고객과의 대면(face to face)접촉으로 이루어지기 때문에 제품처럼 물리적 신뢰성보다는 인적 신뢰성과 밀접한 관계를 갖고 있다.

이상은 서비스의 독특한 성질들을 설명한 것인데, 〈표 6-1〉은 서비스의 특성과 그에 따른 문제점을 요약·제시한 것이다.

1.2 서비스품질의 개념

서비스고유의 특성들(무형성, 이질성, 소멸성, 비분리성)로 인하여 서비스품질의 측정·관리는 쉽지 않다. 서비스품질을 평가하는 객관적 측정치가 존재하지 않는 상황에서 서비스품질을 평가하는 적절한 접근방법 중 하나는 품질에 대한 소비자의 지각(인식)을 측정하는 것이다.

그뢴루스(C. Grönroos)는 "고객이 기대하는 서비스와 제공받은 서비스를 비교하여 서비스품질을 평가한다"는 「서비스품질 모델」(service quality model)을 제시하였다.[3] 이 모델에서 그는 서비스품질은 고객의 기대, 과정차원의 기능적 품질과 결과차원의 기술적 품질 그리고 기업 이미지와 같은 변수와 함수관계에 있다고 하였다.

루이스와 붐스(R.C. Lewis & B.H. Booms)는 "서비스품질은 제공된 서비스 수준이 고객의 기대를 얼마나 만족시키는지를 측정하는 것으로, 고객의 기대에 일치되도록 일관된 서비스를 제공하는 것을 의미한다"고 하였다.

파라슈라만 등(A. Parasuraman, V.A. Zeithaml, & L.L. Berry)은 서비스품질을 "서비스기업이 제공할 것이라고 소비자들이 기대한 서비스와 서비스기업에서 제공한 서비스과정 및 결과에 대해 인식한 것과의 차이"로 정의하였다.[4] 이들은 그 후 포커스그룹에 대한 실증연구를 통하여 앞서의 정의를 재확인하면서, 소비자들의 서비스기대에 영향을 주는 요소들로 구전(口傳), 경험, 개인적 욕구, 의사소통 등을 꼽고 소비자들이 이용하는 서비스품질의 평가기

3) C. Grönroos, "A Service Quality Model and its Marketing Implications," *European Journal of Marketing* (18, 4), 1984.

4) A. Parasuraman, V.A. Zeithaml, & L.L. Berry, "A Conceptual Model of Service Quality and Its Implications for Future Research," *Journal of Marketing*, 1985.

준으로 10가지의 품질특성을 제시하였다.

이상의 견해를 종합해 보건대, 소비자가 인식한 **서비스품질**은 "그가 갖고 있는 정보, 경험, 기업이미지, 개인적 욕구 등에 근거하여 서비스기업(제공자)이 제공할 것이라고 '기대한 서비스'(expected service)와 그가 제공받은 서비스의 과정 및 성과에 대해 그 자신이 '인식(지각)한 서비스'(perceived service)를 그가 갖고 있는 평가기준에 비추어서 비교한 것"(그림 6-1 참조)이라고 정의할 수 있다.

따라서 서비스기업이나 제공자는 소비자(고객)들의 서비스에 대한 요구(기대)를 올바로 파악하여 고객이 만족할 수 있는 서비스를 제공하는 것이 서비스 품질경영에서 긴요한 일이다.

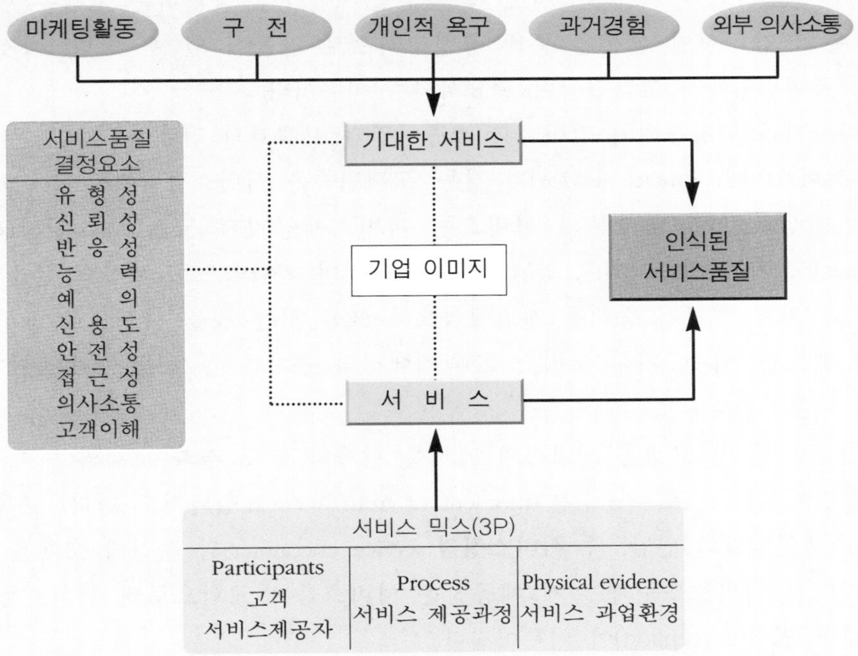

그림 6-1 **고객의 서비스품질 인식과정**

2 서비스품질의 측정

2.1 서비스접점에서의 품질인식

서비스 고유의 특성들(무형성, 이질성, 소멸성, 비분리성)로 인하여 서비스품질의 측정·관리는 쉽지 않다. 서비스품질을 평가하는 객관적 측정치가 존재하지 않는 상황에서 서비스품질을 평가하는 적절한 접근방법 중 하나는 품질에 대한 소비자의 지각(인식)을 측정하는 것이다. 서비스품질은 제품품질과 달리 불량률과 같은 객관적인 척도에 의한 측정이 어렵기 때문에 고객의 인식을 토대로 서비스품질을 측정한다.

고객의 인식을 토대로 하는 서비스품질의 보편적 측정척도로는 고객만족(불만)도, 고객의 평판 및 인지도 등을 꼽을 수 있다. 불평하는 고객은 현장 종업원의 감동적인 활동을 통해 충성고객으로 만들어 낼 수 있다. 이것이 현대 품질경영에서 고객접점이 중요시되는 이유이다.

마사지나 전화응대와 같이 서비스종사원과 고객과의 접촉빈도가 높은 고접촉서비스(high contact service)의 경우, 고객만족은 서비스접점에서 추구하는 것이 이상적이다. 대부분의 서비스는 서비스제공자와 고객과의 만남(encounter) 속에서 이루어지고 만남의 순간, 고객이 마음속으로 서비스 질을 가늠한다. 가령 항공기 승객은 전화예약으로 표를 사는 것을 시작으로 공항에서의 체크인, 탑승, 기내 서비스, 도착지에서의 수하물 찾기 등 연속적인 만남이 이루어진다.

만남의 순간, 고객은 서비스의 가치를 평가하고 그 결과 고객의 만족 내지 불만에 이르므로 "참 순간"(moment of truth)이라 표현되기도 한다. 고객과 서비스제공자와의 만남, 즉 **서비스접점**(service encounter)의 순간에 고객은 그가 기대한 서비스수준과 실제 제공받은 서비스를 비교함으로써 서비스품질에 대한 인식(perception)이 이루어진다.

2.2 서비스품질의 결정요소

고객의 인식을 측정하여 서비스품질을 측정하는 대표적인 측정방법으로 SERVQUAL을 꼽을 수 있다. 이는 파라슈라만 등(Parasuraman, Zeithaml, &

Berry)이 실증연구를 통하여 개발한 것이다.

이들은 고객들이 제공받는 서비스의 형태가 제각기 다름에도 불구하고 서비스품질을 인식할 때 사용하는 평가기준이 있음을 밝혔다.[5] 이 기준들은 흔히 '서비스품질의 결정요소'라 불리는 다음의 **서비스 품질특성**들이다.

(1) 유형성(tangibles): 서비스평가를 위한 유형적인 증거라 할 수 있다. 가령 서비스기업이 보유하고 있는 물적 시설, 장비, 도구, 진열, 실내장식 및 조명, 종업원들의 복장이나 용모, 신용카드의 계산서 등과 같은 것이다.

(2) 신뢰성(reliability): 약속된 서비스를 정확하게 이행하는 능력으로서 서비스수행의 일관성과 확실성을 말한다. 가령 정확한 계산 · 기록이나 서비스시간의 엄수 등을 예로 들 수 있다.

(3) 반응성(responsiveness): 고객에게 서비스를 신속하게 제공하려는 의지로서 서비스요원의 열의와 준비성을 말한다. 신속한 서비스 제공, 가령 신속한 전화응답이나 애프터서비스, 주문즉시 배달, 자동차사고시 신속한 보험처리 등을 예로 들 수 있다.

(4) 능력(competence): 서비스 수행에 필요한 구성원들의 지식과 기술의 소유를 뜻한다. 최신 자동차나 전자제품의 완벽한 수리기술, 월등한 미용기술, 증권회사 직원의 주식거래 상담능력, 세무사의 완벽한 세법지식 등 을 예로 들 수 있다.

(5) 예의(courtesy): 고객을 접대하는 종업원의 친절, 배려와 공손함이다. 항상 웃는 얼굴로 손님을 맞는 은행원, 친절하고 상냥한 용모단정한 백화점의 안내를 예로 들 수 있다.

(6) 신용도(credibility): 서비스제공자의 신뢰도, 진실성, 정직성을 말한다. 신용제일을 모토로 하는 상점, 믿을 수 있는 상표나 기업의 이미지, 불량품은 언제나 교환해 주는 약속의 이행 등을 꼽을 수 있다.

(7) 안전성(safety): 고객은 서비스제공과정이나 서비스결과로부터 어떤 위험이나 심적 부담이 없어야 함을 뜻한다. 금전적 · 육체적 · 정신적 안전과

5) A. Parasuraman, V.A. Zeithaml, & L.L. Berry, "SERVQUAL: A Multiple-item Scale for Measuring Consumer Perceptions of Service Quality," *Journal of Marketing*, Vol. 64, #1, 1988.

서비스관련 비밀보안 등이 해당된다.

(8) 접근성(access): 서비스시스템에 대한 접근가능성과 접촉의 용이성을 의미한다. 간편한 전화예약, 24시간 영업하는 식당이나 슈퍼체인, 야간은행의 개설, 주차나 정차가 용이한 곳의 입지, 교통이 편리한 곳의 입지, 전화를 이용한 텔레마케팅, 컴퓨터통신을 이용한 영업(예: 홈쇼핑, 도서판매, 은행거래) 등을 예로 들 수 있다.

(9) 의사소통(communication): 고객의 말에 귀를 기울이고 고객이 알 수 있도록 정보를 제공하는 것이다. 자동차보험회사에서 보험갱신일자를 사전에 통보하여 주고, 자동차를 판 영업사원이 자동차유지·정비에 관한 정보를 알기 쉽게 알려주는 것 등이다.

(10) 고객이해(understanding the customer): 고객과 그들의 요구를 알려고 하는 노력을 말한다. 이는 고객 개개인의 요구를 파악하여 이를 충족시키고 단골고객을 확보하기 위함이다.

이상 열거된 10가지 품질특성은 서비스의 유형이나 내용에 따라 그의 중요도가 다르다.[6)]

사 례 **빠르고 정확한 발권을 선호하는 여행사 고객**

아메리칸 익스프레스 여행 서비스(American Express Travel Service)에서는 고객만족과 회사의 수익을 직결시키려는 노력을 해온 결과 좋은 성과를 얻었다.

전문적이고 숙련된 직원이 제공하는 빠르고 정확한 발권(ticketing)을 고객들이 선호하는 사실을 파악한 뒤에 아메리칸 익스프레스의 경영진은 이 요소가 고객만족도에 미치는 영향을 측정해 보았다. 그 결과 가장 빠르고, 정확하게 예약하는 영업소가 수익을 가장 많이 내는 것으로 드러났다.

모든 영업소 발권 서비스의 속도와 판매이익률 사이에는 0.51이라는 높은 상관관계가 있고, 발권의 정확성과 판매이익률 사이에는 0.65라는 더 높은 상관관계가 있었다. 신속하고 정확하게 발권업무를 수행하는 영업소가 그렇지 못한 영업소에 비해 수익을 더 많이 낸 것이다.[7)]

6) 이들 품질특성들을 서비스유형별로 관찰한 실험에서 타이어상점에서는 ①,②,③,⑤,⑦,⑧이 꼽히고, 취업상담소에서는 ①,②,③,⑦,⑧과 편리성 및 개인적 관심이 꼽혔으며, 의료서비스에서는 ①,②,⑦과 편리성 및 가격이 뽑혔다.

7) J.L. Heskett, W.E. Sasser, Jr., & L.A. Schlesinger, *THE SERVICE PROFIT CHAIN*, The Free Press, 1997.

파라슈라만 등(Parasuraman, Berry, & Zeithaml)은 SERVQUAL모형을 제시하면서 10가지 품질특성을 신뢰성 · 유형성 · 반응성 · 확신성 · 공감성의 다섯 가지로 집약 · 제시하였다.[8] 여기서 **확신성**(assurance)은 능력 · 예의 · 신용도 · 안전성을 묶은 것이고, **공감성**(empathy)은 접근성 · 의사소통 · 고객이해를 묶은 것이다.

〈표 6-2〉는 다섯 가지 품질특성의 정의와 관련 품질특성에 대한 고객의 기대사항[9]을 요약 · 제시한 것이다.

표 6-2 서비스의 다섯 가지 품질특성

품질특성	정 의	관련 품질특성에 대한 포커스그룹의 코멘트
신뢰성 (reliability)	약속한 서비스를 믿을 수 있고 정확하게 이행하는 능력	· 계속 전화를 하여도 잘못된 부분을 고쳐주지 않아 울화통이 터진다(자동차 수리고객). · 차를 고친 뒤 똑같은 고장이 발생한다. 신경써서 문제점을 완전히 고쳐주면 좋겠다(트럭 리스 고객).
유형성 (tangibles)	서비스의 유형적 증거: 물적 시설, 용모, 계약서, 대화	· 서비스공장이 너무 춥고 지저분하고 시설투자에 인색하다(자동차 수리고객). · 광고만 번지르르하게 한다. 그러나 가보면 별 것 아니다(호텔고객).
반응성 (responsiveness)	고객에 신속하고 즉각적인 서비스를 제공하려는 의지	· 서비스요구 전화를 하고 기다리지만 전화를 해주는 사람이 없다(사무기기 수선고객). · 보험을 새로 들 때는 반응이 있지만 문제가 있을 때는 반응이 없다(회사보험 고객).
확신성 (assurance)	믿고 의지할 수 있는 구성원의 지식과 능력, 예의, 진실성	· 어떤 때는 거꾸로 "이 선은 무엇하는 것입니까?" 라고 묻는다(사무기기 수선고객). · 경쟁보험 회사로부터 정보를 얻게 되었을 때, 우리 보험회사에 확인을 하여 내가 보험을 잘 들었는가 알아본다(자동차 보험고객).
공감성 (empathy)	고객을 보살피고 개인적인 주의를 기울이는 것	· 보험통계에 익숙하고 잘 이해하고 있는 사람과 대화하면 좋겠다. 잘 모르는 보험모집인과는 대화하고 싶지 않다(자동차 보험고객). · 다른 대안이 없기 때문에 NO라는 대답을 듣기를 원치 않는다(트럭 리스 고객).

8) V.A. Zeithaml, A.Parasuraman, & L.L. Berry, *Delivering Quality Service: Balancing Customer Perceptions and Expectations,* The Free Press, 1990.
9) 인터뷰에 응한 포커스 그룹이 품질특성별로 코멘트한 내용이다.

2.3 서비스에 대한 고객의 기대

사 례 **자동차보험 가입자 울화통 터진다**

한국소비자보호원이 서울수도권에 거주하는 자동차보험 가입자 434명에 대한 설문조사와 민원접수 사례를 분석한 결과, 보험가입자들이 수리비 산정 등에 강한 불신감을 갖고 있는 것으로 나타났다. 사고 후 보험으로 처리할 경우 정비공장에서 청구한 수리금액을 보험회사가 철저히 심사한 뒤 지급한다고 대답한 소비자는 23.3%에 불과했다.[10]

(1) 고객의 기대를 이해하는 것은 최고의 서비스를 제공하는 필수조건이다.

서비스품질의 정의에서, "고객들은 서비스를 판정할 때 당초에 그들이 기대한 서비스와 서비스 제공과정이나 그 결과 인식된 것을 비교하여 평가한다"고 하였다.

이를 실증하기 위하여 파라슈라만 등(Parasuraman et al.)이 자동차보험, 손해보험, 사무기기의 수리업, 트럭 및 트랙터의 대여 및 리스업, 자동차 수리업과 호텔업 등 6개 서비스 분야에서 16개 집단을 대상으로 면접 조사한[11] 결과는 〈표 6-3〉과 같다.

(2) 고객들은 기본적인 서비스를 기대한다.

〈표 6-3〉에서 보건대, 고객들은 기본적인 서비스를 원하고 있음을 알 수 있다. 고객의 기대에 많은 영향을 미치는 것은 가격이다. 고객들은 그들이 지불한 금액에 상응하는 서비스를 기대한다. 다수의 고객들은 가격이 비싸면 서비스도 좋아야 한다고 생각하고 있다. 그러나 고객들은 자신들이 구입했다고 생각하는 기본적인 서비스에 많은 관심을 기울이고 있으므로 이에 초점을 맞추어 서비스품질관리를 행하면 서비스 명성을 개선시킬 수 있는 기회를 얻을 수 있다.

(3) 서비스과정은 고객의 기대를 뛰어 넘는 열쇠이다.

고객의 서비스기대는 다섯 가지 품질특성(dimensions)으로 집약할 수 있

10) "자동차보험 '울화통' 터진다...소비자보호원 사례분석," *한국경제*, 1999. 12. 28.

11) A. Parasuraman, L.L. Berry, & V.A. Zeithaml, "Understanding Customer Expectations of Service," *Sloan Management Review*, Spring 1991.

표 6-3 서비스에 대한 고객의 기대

서비스 업종	고객	고객의 주요 기대사항
자동차수리업	일반고객	· 우수한 기술: 단 한번에 제대로 고쳐 달라 · 자세한 설명: 그 부품이 필요한 이유를 설명해 달라 · 고객으로서의 대우: 나를 고객으로 대우해 달라
자동차보험업	일반고객	· 즉각적인 정보제공: 변경된 보험법규를 즉시 제공해 주라 · 나의 입장에 대한 이해: 내가 손해배상청구를 받았다고 해서 범인처럼 취급해서는 안된다 · 공정한 처리: 공정하게 처리하여 나에게 피해를 주지 말라 · 재난으로부터 보호: 사건이 발생할 때 재산을 보호해 달라 · 신속한 서비스: 손해배상청구를 빨리 처리해 달라
호텔업	일반고객	· 깨끗한 방: 방을 깨끗하게 청소해 달라 · 안전한 방: 튼튼한 열쇠와 밖을 볼 수 있는 문구멍을 만들라 · 손님다운 대접: 종업원의 눈치를 살펴야 되는 경우가 많다 · 약속 지키기: 약속한 방이 준비되어 있지 않다
손해보험업	법인고객	· 의무이행: 계약대로 지불하라 · 사업에 대한 이해: 보험회사가 나의 사업을 제대로 알기를 원한다 · 재난으로부터 보호: 손실이 나지 않게 위험을 보장해 달라 · 신속한 서비스의 제공: 손해배상처리를 신속히 해 달라
사무기기 수리업	법인고객	· 긴급함: 고객요구에 신속한 반응을 해 달라 · 제공자의 유능함: 매뉴얼을 보고 그 내용을 알 수 있어야 한다 · 준비성: 모든 부품을 항시 보유하고 있어야 한다
트럭과 트랙터 대여 및 리스업	법인고객	· 장비는 언제나 가동할 수 있어야 한다 · 유연성: 고객이 필요할 때 빌려줄 수 있어야 한다 · 완전한 서비스 제공: 복잡한 서류절차 및 골치 아픈 요구를 하지 말라

는데, 즉 신뢰성, 유형성, 반응성, 확신성 및 공감성이다.

〈표 6-2〉의 다섯 가지 품질특성 중에 신뢰성은 서비스의 결과와 관련이 있는 반면에 유형성, 반응성, 확신성, 공감성 등은 서비스제공자와 고객이 접점을 이루는 서비스의 과정과 관련이 깊다. 즉 고객들은 제공받은 서비스의 신뢰성을 평가하는 반면에 서비스가 제공되는 과정에서는 유형성, 반응성, 확신성, 공감성 등의 품질을 판단한다.

고객들의 부정적인 논평은 다섯 가지 품질특성에 관련된 것인 반면에 긍정적인 논평은 주로 과정의 차원에 관한 것이었다(표 6-3 참조). 가령 호텔에서 고객을 위하여 방을 예약하고 준비를 해놓은 것만으로는 고객의 기대를 충족시킬 수 없으나 과정의 차원에서 신속하며, 우아하고, 예의바르고, 능력있고, 약속을 지키고, 고객을 이해하는 등의 서비스로 고객을 감동시킬 때 기회가 있는 것이며 고객들이 기대한 이상의 서비스를 제공할 수 있다.

따라서 서비스의 제공과정은 서비스기업이 고객의 기대이상으로 행동할 수 있는 기회를 줄 수 있다.

(4) 고객의 서비스 기대는 두 가지 수준이 있다.

서비스품질에 대한 고객의 기대는 '허용 수준'과 '바람직한 수준'이 존재한다(그림 6-2 참조). 허용 서비스수준(adequate service level)은 고객이 그런대로 받아들일 수 있다고 생각하는 최저한의 서비스수준이다. 바람직한 서비스수준(desired service level)은 고객이 제공받기를 희망하는 서비스수준이다.

[그림 6-2]에서 '허용 수준'과 '바라는 수준'의 사이에 자리잡고 있는 것이 허용차 영역(zone of tolerance)이다. 허용차 영역은 아코디온과 같이 늘어나기도 하고 줄어들기도 한다. 이것은 고객에 따라 기대수준이 다르고 동일한 고객이라 하더라도 상황에 따라 다르기 때문이다.

고객이 '바라는 서비스수준'과 최저한의 '허용 서비스수준'의 사이에 있는 허용차 영역은 결과적 품질특성(신뢰성)과 과정적 품질특성(유형성, 반응성, 확

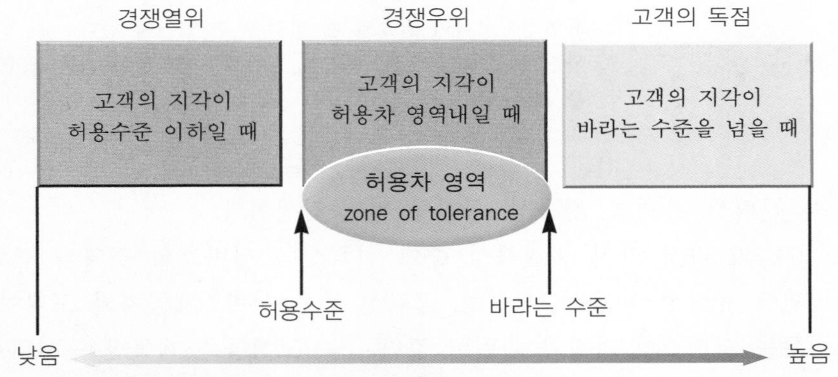

그림 6-2 서비스에 대한 고객 지각의 결과

신성, 공감성)에서 차이가 있다. 즉, 고객들이 신뢰성을 서비스의 핵심이라고 보고 높은 기대감을 갖기 때문에 신뢰성의 기대를 완화시키려고 하지 않는다. 따라서 서비스의 신뢰성에 대한 허용차 영역은 좁아지고 기대수준은(바라는 서비스수준과 허용 서비스수준)은 높아진다. 이에 비해 과정적 품질특성에 대한 허용차 영역은 넓어지고 기대수준은 상대적으로 낮은 편이다.

요컨대 고객의 서비스기대는 최저한의 허용 수준과 고객이 실제로 바라는 수준의 양면에 존재하기 때문에 서비스의 개선을 추구하는 기업에서는 잠재적인 두 가지의 「서비스품질 차이」(service quality gap)를 측정할 필요가 있다. 즉, 고객이 '지각하는 서비스'와 '허용 서비스'간의 차이와 고객이 '지각하는 서비스'와 그들이 '바라는 기대서비스' 사이의 차이를 인식하여 경쟁우위를 확보하도록 노력할 필요가 있다.

3 서비스품질의 관리

3.1 서비스 품질관리의 도입

미국산업에서 서비스품질이 거론된 것은 오랜 일이라지만 서비스 품질관리가 논의되기 시작한 것은 1970년대에 들어와서이다.

ASQ(미국품질협회)에서 시카고대학 도서관의 데이터베이스를 1984년에 추적한 결과, 서비스 품질관리와 관련된 291건의 인용문이 검색되었는데,[12] 1974년에 4건에 불과하던 것이 1983년에는 61건으로 불어나 10년 동안에 무려 15배의 증가율을 나타냈다. 10년간 발표된 291건의 논문 중 1/3이 1983년과 1984년에 발표되었는데, 이들을 산업별로 보면, 은행과 보험업에 관련된 것이 44%나 되며 식당·호텔·소매업에 관한 것은 많지 않았다.

일본의 서비스업계에서 서비스 품질관리가 처음 도입된 것은 1975년경[13]으로 당시 일부 유통업(도·소매점)에서 전개된 QC서클활동을 예로 들 수 있다. 1976년에 삼화은행(三和銀行)에서 QC서클활동을 준비하고 전개한 바 있지만 서비스 품질관리가 일본에서 뿌리를 내리기 시작한 것은 1980년 이후

12) L.D. Torbeck, "A Bibliography for Quality in the Service Industry," *Quality Progress*, June 1985.
13) 池澤辰夫, "サ-ビス産業におけるTQCの導入と推進," *品質管理*, 36巻 9號, 1985年 9月.

이다.

우리나라 서비스산업의 품질관리 역사는 1970년대 말에 시작된 것으로 볼 수 있다. 문헌조사 자료에 의하면 극소수이긴 하지만 서비스업체에서 QC를 처음 도입한 것은 1979년쯤[14]인 것 같다.

은행에서는 1979년 9월에 조흥은행 기획조사부에서 "믿을 수 있고 매력 있는 조흥은행상" 정립을 위한 자체토론회를 운영한 일이[15] 있다. 그 후 AR(The Attractive and Reliability Bank)운동으로 번지게 되었으나, 금융업에서의 QC기법 적용의 한계성과 서비스활동에 대한 표준화의 곤란성 등으로 확산되지 못했다.

우리나라 서비스산업의 품질관리가 QC분임조활동 정도로나마 처음으로 도입된 것은 1979년경이지만 실시단계에 들어간 것은 1982년 이후이다.

사 례 **매리엇 호텔의 성공비결은 철저한 품질관리**

호텔업계 세계 1위는 미국의 매리엇 인터내셔널(Marriot International, Inc.)이다. 전 세계에 1,880개 호텔 및 콘도(총 객실 수 355,900개)를 거느리고 1999년 한 해 10조원 매출에 4,880억원의 순이익을 올렸다.[16]

이와 같은 매리엇의 성공비결은 철저한 품질관리와 다양한 구색, 무부채 경영, 애정어린 인사관리, 그리고 세계화 등을 들 수 있다.

무엇보다 중요한 성공비결은 방 하나 청소하는 일도 66개 단계로 구분해 숙지시킬 정도의 세심한 품질관리와 고객과 그들의 취향을 기억해 내는 첨단 데이터베이스(DB) 마케팅 능력이다.

이로써 세계 어디를 가든 고객들은 기대한 그대로의 서비스를 제공 받는다.

3.2 서비스 품질관리의 단계

서비스품질의 관리는 서비스의 설계 및 준비(plan)→서비스의 제공(do)→서비스의 평가(check)→서비스의 개선(action)의 PDCA단계로 추진된다(그림 6-3 참조).

14) 건설업의 경우, 현대건설에서 1970년에 원자력 발전소의 착공을 계기로 품질관리과를 설치한 바 있으며, 국제종합건설에서 1979년에 QC분임조활동을 도입하였다.
15) 조흥은행 업무개선실, "AR운동의 전개로 새로운 서비스 창출," *표준화와 품질관리*, 1986년 10월호.
16) [신동욱의 '경영노트'] "21세기 준비된 호텔," *한국경제*, 2000. 2. 23.

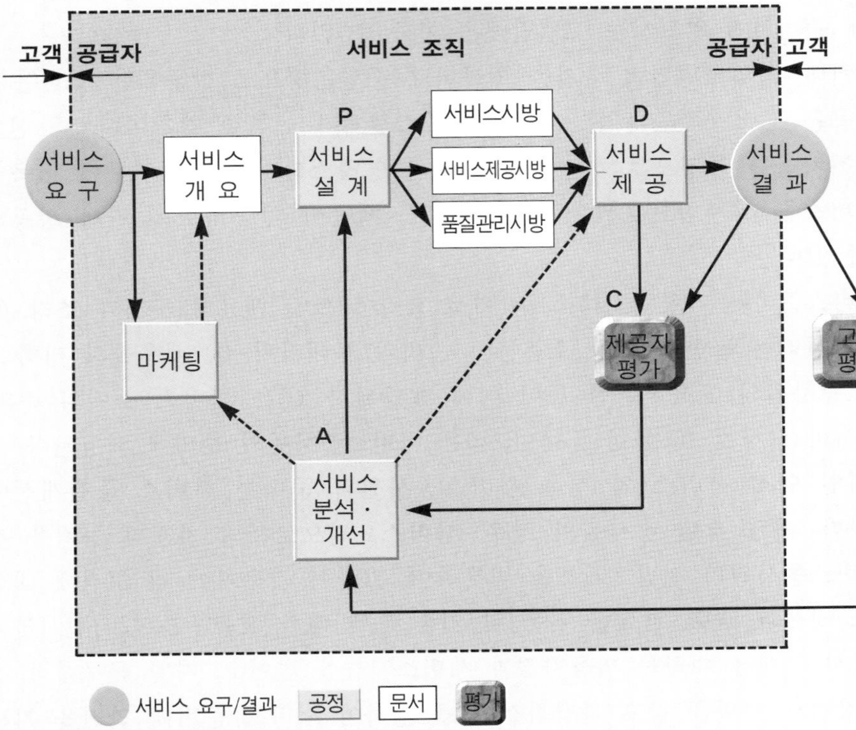

그림 6-3 서비스품질의 관리루프

1 서비스의 설계 · 준비단계

고객의 서비스 요구를 파악하여 서비스시방(service specification), 서비스제공시방(service delivery specification) 및 품질관리시방을 정하고 서비스활동을 계획하여 이에 따라 준비하는 단계이다.

서비스의 개발이나 설계에서 고객들의 상이한 욕구를 충족시키기 위해서는 다양하고 유연성 있는 서비스 개발에 많은 관심을 기울여야 하는데, 이 경우 **서비스 전략변수**(service mix)인 **3P**, 즉 서비스참여자(participants)를 비롯한 서비스 제공과정(process of service assembly) 그리고 서비스의 과업환경(physical evidence)은 서비스시스템의 설계나 전략전개에서 중요한 요소이다.

고객만족은 서비스 자체의 품질만으로 이루어질 수 있는 것이 아니라 서비스의 제공과정에서 고객이 자사의 서비스에 대해 인식한 것과 그가 당초에 가졌던 기대와의 비교에서 대부분 결정되기 때문에 서비스를 사전에 철저하게 준비하지 않고서는 고객만족은 이룰 수 없다.

예컨대, 창업 1년만에 흑자를 기록하고 중형은행으로 발돋움한 '하나은행'의 성공은 고객만족을 위한 치밀한 서비스설계가 이룩한 결과이다. 즉 신속한 업무처리를 특징으로 하는 단자회사의 영업스타일을 은행업무에 접목시켜 서비스를 설계함으로써 신속한 서비스 제공이 가능하도록 한데 성공의 열쇠가 있다.

서비스준비는 가령 ① 레스토랑에서 요리에 쓰일 재료의 구입과 조리, ② 연극의 개막전 공연에 쓰일 소품들의 준비와 무대장치, ③ 배우들의 리허설, 서비스종사원의 교육·훈련 등이 이에 해당된다. ①은 서비스 소재의 준비, ②는 서비스 시설 및 환경의 준비, ③은 서비스종사원의 준비에 해당된다.

「대인 인적 서비스」의 경우 서비스종사원의 준비는 서비스 품질개선에 긴요하다. 가령 호텔 종사원의 경우, 서비스요원으로서의 자질과 능력을 갖춘 서비스종사원의 선발·채용을 비롯하여, 그들이 갖추어야 될 고객에 대한 서비스 정신과 태도, 필요한 기능 및 기술 등에 대한 교육·훈련을 실시하여 현장에서 고객을 대하는 마음가짐과 서비스기능을 높이고, 매일 근무시작 전에 현장별로 미팅을 갖고 복장점검 등을 행하여 서비스 준비에 만전을 기해야 한다.

2 서비스의 제공단계

서비스가 고객에 제공되는 단계로서, 이 경우 서비스의 참여자(participants)인 서비스제공자와 고객과의 만남 즉 서비스접점(service encounter)이 이루어진다. 서비스제공과정에서 볼 때, 사람 대 사람, 사람 대 물건, 혹은 사람 대 시스템 간에 서비스의 주고받음이 이루어진다.

서비스제공과정(process of service delivery)은 서비스의 설계·시방·제공방법, 시설 및 환경, 그리고 종사자(제공자)의 마음가짐과 행동에 의해서 상당히 좌우되지만, 환경이나 분위기(physical evidence)에 의해서도 많은 영향을 받는다. 가령 무더운 날씨나 혼잡한 분위기(소음, 혼잡, 방해 등)는 서비스제공과정에 나쁜 영향을 줄 수 있다.

서비스제공과정에서 서비스의 품질을 크게 좌우하는 요소는 제공당사자인 종사자이다. 서비스의 준비단계에서 서비스준비에 만전을 기했다고 하더라도 고객을 접대할 때 종사자의 표정이 굳고 행동이 거칠면 서비스제공과정에서 고객이 불만을 가질 수 있다.

공중전화기나 자동판매기의 작동이 제대로 되지 않는 경우 또한 서비스제공과정의 이상 현상으로 볼 수 있는데, 이 경우 서비스시설(공중전화기, 자판기 등)의 유지 · 정비와 관련이 깊다면, 결국 이 또한 서비스종사자와 관련되는 문제가 된다.

그러나 서비스의 내용에 관한 시방이나 서비스제공시방이 제대로 마련되지 않았거나 서비스제공에 관한 교육 · 훈련이 불충분하여 종사자가 시방대로 서비스를 제공하지 못했다면 이는 서비스제공단계의 문제이기 이전에 서비스설계나 준비단계의 문제도 된다.

3 서비스의 평가단계

서비스의 평가는 대별해서 고객에 의한 평가와 제공자 자신의 평가로 나눌 수 있다(그림 6-3 참조). 고객의 평가는 그가 제공받은 서비스기능(제공체) 및 제공방법을 포함한 서비스제공과정에 대한 것으로, 이들은 그가 후일 특정서비스를 종합적으로 평가할 때 주관적 척도의 구실을 한다.

ASQ(미국품질협회)가 의뢰하여 갤럽이 시행한 조사결과,[17] 고객들이 서비스품질평가 대상으로 꼽은 것 가운데 제공과정에 관한 것이 52.5%에 이르렀는데, 이 중 종사원에 관한 사항이 30.2%이고 신속성 · 가격 · 청결함 등의 기타 사항이 22.3%로 나타났다. 서비스결과인 제공된 서비스에 관한 평가기준(고객요구의 충족, 효율, 고장률 등)은 16.8%에 불과했다.

서비스조직은 고객만족(불만)에 관한 조사를 행하여 긍정적 반응뿐만 아니라 부정적 반응과 이에 관한 영향을 조사하여 서비스설계 및 제공과정의 개선을 위한 정보로 활용해야 한다. 아울러 제공자 자신은 품질평가정보를 신속 · 정확하게 피드백하여 고객불만 요인을 사전에 제거하거나 예방하는 데 활용해야 한다.

4 서비스의 개선단계

고객이 만족하는 서비스를 제공하려면, 먼저 고객의 요구를 올바로 파악하고 이를 서비스시방으로 옮기고 아울러 이러한 서비스를 제대로 계속 제

17) J. Ryan, "ASQC/Gallup Survey Results Revealed," *Quality Progress,* Nov. 1985.

공하기 위한 서비스제공시방과 품질관리시방을 정해야 한다. 그 다음은 이 시방에 맞추어 서비스를 준비하고 서비스공정을 운영하여야 하는데, 이에는 서비스를 직접 제공하거나 서비스과정을 운영하는 종사자의 마음가짐과 시방대로의 실행이 긴요하다.

그 다음은 서비스공정의 운영에 관한 평가와 서비스결과인 서비스 수행실적의 분석과 개선이 지속적으로 전개되어야 한다. 이에는 고객의 서비스품질 평가와 공급자측의 평가정보가 긴요한 것으로 결국 이들 정보의 수집을 위한 품질정보시스템의 운영이 필요하다.

3.3 서비스 품질관리의 요건

서비스 품질관리의 성패에 관건이 되는 것은 고객의 요구사항과 제공된 서비스 내용과의 일치여부이다. 따라서 서비스 품질관리의 문제는 요구사항과의 불일치(non-conformance with requirements) 문제라 할 수 있다.

서비스 내용과 요구사항과의 일치, 즉 고객이 요구하는 품질의 서비스를 제공하기 위해서 서비스 품질관리에서 특별히 **다루어야 할 사항**을 열거하면 다음과 같다.

사 례 **고객의 요구를 수치로 객관화한다**

시카고의 중심가에 위치한 매리엇(Marriot) 호텔의 객실담당 전화는 저녁이 되면 계속 걸려오는데, 특히 저녁 교대시간에는 전화벨이 끊임없이 울려댄다. 한 대밖에 없는 전화를 받으려고 뛰어다니는 바람에 일상적인 업무가 거의 마비될 정도이다.

한 객실담당직원이 생각한 해결책은 현 전화기의 반대편에 다른 전화를 한 대 더 설치해 줄 것을 요청하는 것이었다. 해결책에 관한 토의중, 한 직원이 만약 고객들이 다리미와 다리미판을 요청하지 않는다면 전화기의 추가설치는 필요하지 않을 것이라는 의견을 제시했다. 그래서 다리미와 관련된 전화요청이 어느 정도인지 파악해 보았다.

객실담당 요원들은 주제별로 전화문의를 분류해 본 다음에야 자신들의 생각이 틀렸다는 것을 알았다. 다리미와 다리미판에 대한 전화요청이 90%이었다.[18)]

18) P.L. Townsend & J.E. Gebhardt, *왜 '품질'인가*, 한국생산성본부, 1993.

(1) 서비스는 보이지 않으므로 이를 유형화해야 한다.

가령 서비스 표준을 정한다든가, 서비스 내용을 유형화(예: 호텔에서 변기를 청소한 후 "소독필"의 밴드를 부착하는 것)하는 것 등이다.

「고객요구의 객관화」 [사례]에서 배울 수 있는 교훈은 보이지 않는 소프트업무라 하더라도 평상시의 메모습관을 통하여 수집된 데이터를 층별한 수치로 객관화할 수 있을 때, 합리적인 해결책을 얻을 가능성이 커진다는 점이다.

(2) 서비스품질은 요구사항과 일치하도록 설계·관리되어야 한다.

규범화한 서비스활동을 위해서 서비스표준이나 표준업무절차(SOP: standard operation procedures)를 정해 놓고 이를 반드시 지키도록 해야 한다. 즉, 표준의 설정과 이에 대한 피드백 컨트롤(feedback control)은 서비스 품질관리의 주요 기능이다.

관리과정의 핵심은 피드백 컨트롤로서 품질의 관리과정(PDCA cycle)을 통한 서비스품질의 **관리과정**을 간단히 적으면 다음과 같다.

① 서비스품질의 명확화, 즉 그의 속성(attributes)을 뚜렷이 한다.
② 이들 품질속성에 적절한 측정방법을 정한다.
③ 품질표준을 설정한다.
④ 검사계획 및 검사방법을 정한다. — plan
⑤ 서비스 종사원에 대한 동기부여를 행하고 정해진 계획이나 표준대로 서비스가 수행되도록 독려한다. — do
⑥ 서비스 수행내용(performance)이 표준과 일치되는지 감시한다. — check
⑦ 표준과의 불일치, 즉 서비스결함이 있을 때 그 원인을 규명하고 바로잡는다. 필요하면 품질수준을 수정한다. — action

이상은 서비스품질의 관리과정으로서 PDCA단계를 중심으로 품질관리과정의 흐름을 제시한 것이 [그림 6-3]의 「서비스품질의 관리루프」이다.

궁극적으로 서비스 품질관리의 목표는 고객의 요구·욕망을 충족시켜 고객 만족 내지 감동에 이르는 것이다. 고객우선의 서비스를 제공하여 미국 기업 중 고객충성도(NPS)가 최상위권인 재포스(Zappos)의 사례를 보기로 하자.

사 례

재포스의 '고객우선 서비스'[19]

재포스(Zappos)는 1999년에 설립된 미국 1위 온라인 신발·의류 판매회사이다. 이 회사 콜센터 상담원은 각자의 개성에 따라 인사를 나누고, 주변상항에 대해 고객과 이야기할 수 있으며, 심지어 고객이 찾는 제품의 재고가 없을 경우 다른 회사 사이트를 뒤져서 제품을 안내해 주기도 한다.[20]

상품을 일괄해서 운송하는 게 효율적이지만, 재포스에서는 효율보다 중요한 게 고객만족이다. 고객들이 전날 오후 늦게 주문하더라도 다음날 오전 '행복과 함께 포장돼 있음(packed with happiness)'이라고 적힌 재포스 상자에서 제품을 꺼내 볼 수 있도록 직원들이 24시간 일하고 있다. 고객이 상품을 산 뒤 1년 이내에 환불과 반품을 할 수 있는데, 반품 배송비용은 전액 회사가 부담한다. 배송된 신발 가운데 30%가량이 반품되지만, 마케팅비용이라 여기며 개의치 않는다.

'소비자에게 행복을 전달한다'는 재포스의 기업사명에 미국 소비자들은 열광한다. 기업목표는 '고객과 직원 그리고 협력업체 모두를 행복하게 만드는 것'이다. 직원들은 '10가지 핵심가치' 안에서 판단하면 된다. 직원을 뽑을 때도, 성과를 평가할 때도 이 가치에 따라 행동했느냐를 먼저 따진다.

설립 이듬해 160만 달러이던 이 회사의 매출은 연평균 100%씩 늘어 10년 만(2009년)에 12억 달러를 돌파했다. 기업에 대한 고객충성도를 나타내는 순고객추천지수(NPS; Net Promotion Score)에서 미국 기업 가운데 최상위권인 구글·아마존 등이 60~70%대인 데 비해 재포스는 최근 조사에서 91%를 기록했다.

2009년 '아마존'이 재포스를 12억 달러에 인수하였는데, 아마존이 이룬 인수합병(M&A) 중 최고가였다. 컨설턴트 이시즈카 시노부는 "아마존이 사들인 것은 세계 최대의 인터넷 상거래 기업(아마존)도 부러워할, 감동적인 고객서비스와 직원·고객의 행복을 목표로 하는 재포스의 기업 문화"라고 분석했다.[21]

재포스의 10대 가치

❶ 서비스를 통해 '와우(wow)' 경험을 선사한다.
❷ 변화를 적극 수용하고 추진한다.
❸ 재미와 약간의 희한함을 창조한다.
❹ 모험정신과 독창적이며 열린 마음을 유지한다.
❺ 성장과 배움을 추구한다.
❻ 적극적인 의사소통과 솔직하고 열린 관계를 추구한다.
❼ 긍정적인 팀 정신과 가족 정신을 조성한다.
❽ 좀더 적은 자원으로 좀더 많은 성과를 낸다.
❾ 열정적이고 결연한 태도로 임한다.
❿ 겸손한 자세를 가진다.

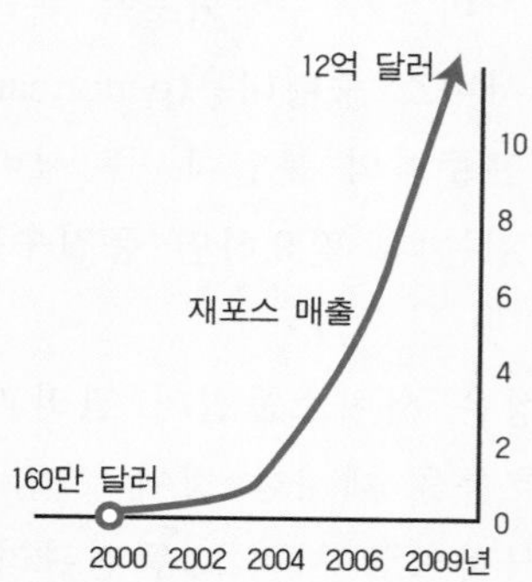

19) "고객우선 재포스'의 토니 셰 CEO", 위크리비즈 창간 4주년 기념 인터뷰, *조선일보*, 2010. 10. 16.
20) 인터넷 소매업체가 전화상담에 공을 들이는 이유는 전화가 최고의 브랜딩(branding) 도구이기 때문이다.
21) 이시즈카 시노부 지음, 이건호 옮김, *아마존은 왜 최고가에 자포스를 인수했나*, 북로그컴퍼니, 2010.

4 서비스품질의 개선

4.1 서비스품질 개선(회복)의 중요성

서비스 실패는 제품불량처럼 보수나 재작업으로 회복이 어려울 뿐더러 곧바로 고객의 상실로 이어진다.

서비스품질의 결함이나 불량으로 인한 손실은 얼마나 될까? 미국의 경우 서비스품질코스트는 매출액의 35~40%에 이른다고 한다. 정전으로 인한 통신 및 컴퓨터의 마비, 호텔에서의 도난 및 화재사고, 잘못 작성된 카드 청구서, 보험회사에 일방적으로 유리하게 작성된 보험약관, 금융부정대출 및 예금횡령, 교량붕괴, 열차탈선사고, 엘리베이터 사고, 병원에서의 오진 등 서비스 결함으로 인한 사고는 헤아리기 어려울 정도로 많다.

서비스산업 가령 은행, 보험, 운송, 의료·건강서비스를 비롯한 공공행정 및 정부부문의 품질코스트 문제도 심각한데, 미국 은행의 경우 전체 운영비의 25%가 품질코스트로서 이의 98%(평가코스트 28% 포함)가 불량으로 인한 것[22]이라 한다.

서비스에서 품질은 과소평가될 수 없는 중요한 요소이다. 미국경영자협회(American Management Association)는 추정하기를 매년 평균 35%의 고객을 잃는데 이들 중 2/3는 고객서비스가 나쁘기 때문이라 한다. 연구에 의하면 5%의 고객이탈방지로서 얻는 효과는 이익의 100%증대와 맞먹는 성과라 한다.

참고

가장 우수한 고객은 불평하는 고객이다[23]

① 불평 그 자체가 중요한 품질관리 정보이다.
② 불평하는 고객은 아직도 고객으로서의 미련을 가지고 있으므로 유지 가능성이 있다.
③ 불평을 방치하면 잠재시장에서 대단히 파괴적인 테러리스트(이탈고객)를 낳는 결과를 초래한다(1장의 〈표 1-4〉 참조).
④ 고객의 불평 처리를 적극적으로 잘 해주면 오히려 불평없이 평범하게 만족한 고객보다 더 큰 만족을 느껴서 충성고객이 된다는 경험적 증거를 언제나 확인할 수 있다.

22) A.C. Rosander, *Applications of Quality Control in the Service Industries,* Marcel Dekker, 1986.
23) 허태학, [매경춘추] "고객불평," *매일경제,* 2000. 3. 22.

서비스 결함에 불만을 품고 이탈하는 고객 이탈률 5%를 개선시킬 경우, [그림 6-4]에 보인 바와 같이 업종에 따라 최대 85%에서 최소 25%까지의 이익 개선 효과가 있는 것으로 나타났다.[24] 이는 기회비용 개념을 적용한 경우로서 서비스불량으로 고객이 이탈함으로 생길 수 있었던 기회손실을 기회이익으로 인식한 결과이다. 고객의 이탈을 막는 주요 해결책은 서비스품질의 개선으로서, 고객이 지불한 가격과 비교해서 제공받은 서비스의 가치가 클 경우 고객충성심(customer loyalty)이 형성되어 매출증대나 시장점유율의 개선으로 이어지기 때문이다.

미국의 컨설팅기관 TARP(Technical Assistance Research Program)의 조사결과[25]는 **서비스 회복**(service recovery)의 중요성을 시사하고 있다.

(1) 서비스 불만고객 중 이의를 제기하는 사람은 4%에 불과하다.

(2) 서비스 불만고객의 90%는 두번 다시 오지 않는다.

(3) 불만고객은 주위의 10사람에게 서비스불만에 대한 소문을 퍼트린다.

(4) 불만을 해결하기 위한 노력을 하면 해당고객 중 82~95%가 거래관계를 지속하려 한다.

(5) 서비스회복에 만족한 고객은 다른 5명에게 만족감을 이야기한다.

(6) 1명의 신규고객 개척비용은 기존고객을 유지하는 비용의 5배가 넘게 든다.

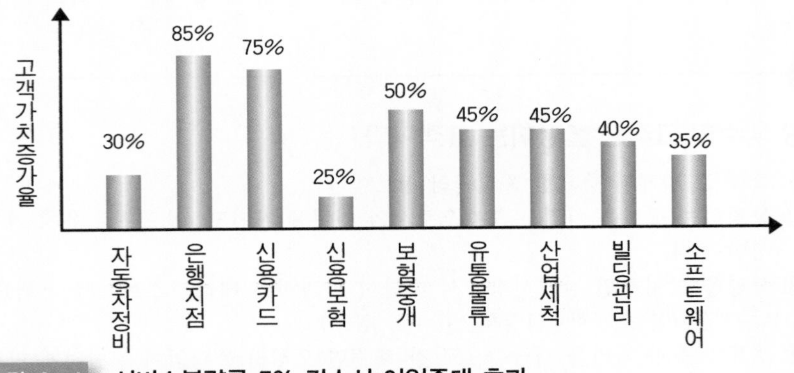

그림 6-4 **서비스불량률 5% 감소시 이익증대 효과**

24) F.E. Reichheld & W.E. Sasser, Jr., "Zero Defections: Quality Comes to Service," *Harvard Business Review*, Sep.- Oct. 1990.

25) J. Bowles & J. Hammond, *Beyond Quality*, The Berkeley Publishing Group, 1991.

4.2 품질개선의 주요 관리지표

1985년에 미국의 소비자 천명을 대상으로 실시한 갤럽조사(Gallup Poll)[26]에서 소비자들은 **서비스품질**이 **나쁜 이유**로서 종사원의 '불량한 행위 및 태도'(81%), '느린 시간'(30%), '비싼 가격'(20%), 무관심(20%), 능력부족(12%) 등을 꼽았다(표 6-4 참조).

표 6-4 소비자들이 본 서비스품질이 나쁜 이유

작업이 바르게 이행 안됨	39%	인원 부족	5
서비스가 너무 느리다	30	일정의 촉박	2
너무 비싸다	20	예약의 중복 또는 불이행	2
종사원의 무관심	20	부적당한 음식제공	2
종사원의 능력부족	12	기 타	11
결례와 무례함	10		
불충분한 서비스	10	계	165%

결국 서비스품질의 불량은 고객이 바라는 품질요구사항과 관련이 깊은 것으로 ①오류율(error rate), ②시간, ③코스트, ④고객의 만족을 꼽을 수 있는데, 이들은 서비스품질의 주요 **관리지표**가 된다.

서비스결함이나 불량은 대부분 **인간오류**(human error)에 의해서 비롯되는 것으로 이들 오류는 종업원·관리자·고객 등에 의해서 저질러질 수 있어 그의 발생범위는 매우 넓다.

서비스품질은 서비스에 소요되는 시간요소와 관련이 깊다(예: 고객의 대기시간, 치료시간, 수리시간, 사무처리시간, 배달시간, 개점·폐점시간, 운송시간 등). **서비스시간**은 주로 처리(제공)시간과 대기시간으로 구성되는데, 일반적으로 이들 시간의 단축은 서비스품질개선과 함수관계에 있다.

서비스 센터에 전화를 했을 때, 문의사항에 대해 "몇 분 내에 처리해 줄 것"이라는 멘트 한마디가 고객들의 느낌을 바꿀 수 있다. 은행창구의 대기시간은 제아무리 짧더라도 사람들의 심리상황에 큰 영향을 미칠 수 있다. 기다리는 시간을 어떻게 관리하느냐가 은행의 인지도 및 고객 만족도에 영향을

26) *Consumer Perceptions concerning the Quality of American Products and Services conducted for the American Society for Quality Control,* The Gallup Organization, 1985.

미치게 된다. 이를 두고 **초인종 효과**(Doorbell Effect)라 하는데, 마치 초인종을 누르고 나서 문이 열릴 때까지 기다리는 시간과 비슷하기 때문이다. 이 경우, 고객 만족 경영은 초인종을 누르고 나서 문이 열릴 때까지 그 짧은 기다림의 시간까지도 주목하고 고객들을 보살피려는 조그마한 노력으로부터 출발한다. 미국의 BOA은행은 '초인종 효과'에 주목하여 고객만족도를 끌어올릴 수 있었다(p.16의 [사례] 참조).

고객은 적은 비용으로 바람직한 서비스를 받기를 원하며 서비스 제공자는 적절한 보수(이익)를 원한다. 즉, 고객의 만족과 기업이익이라는 양자의 목표가 충족되는 수준에서 서비스는 제공되고 받아들여져야 하므로 서비스 품질은 **코스트**와 깊은 관련이 있다.

궁극적으로 서비스는 **고객만족**이 추구되어야 하는데, 일차적으로 고객(소비자)이 기대(요구)한 서비스품질과 제공 서비스품질과의 간격을 좁히거나 일치시킴이 관건이라 하겠다.

크로스비(P.B. Crosby)의 연구에 의하면, 미국 제조기업의 품질코스트는 매출액의 30%정도인데, 대부분(95%) 요인이 화이트칼라의 의해 발생된 것이라 한다. 이른바 화이트칼라는 관리자, 기술자, 전문직, 일반 사무요원들로 구성된 지식집약형 요원(Knowledge Intensive Staff: KIS)들로서 이들은 고객가치 향상에 절대적인 역할을 한다.

이들 화이트칼라가 수행하는 **사무**나 **업무품질**의 문제들을 효과적으로 인식하고 해결책을 모색할 때에는 다음 사항들을 중심으로 서비스개선을 추구할 필요가 있다

① 오류율이 많은 것
② 유휴시간이 긴 것
③ 대기와 지연시간이 많거나 긴 것
④ 오류가 집단으로 발생하는 것
⑤ 기본적인 절차에 어긋난 것
⑥ 사무기기의 고장률이 높은 것
⑦ 코스트가 높은 것
⑧ 고객불만이 많은 것
⑨ 부정이나 불법 활동의 발생

4.3 서비스품질의 개선요령

(1) 서비스품질의 특징들을 파악한다.

서비스품질은 사무·영업의 품질보다도 파악하기가 힘들다. 사무품질은 결과가 서류에 남기 때문에 품질의 좋고 나쁨을 평가할 수 있으며, 영업품질은 최종적으로 매출액이나 이익 등으로 품질의 양·부를 판단할 수 있다. 그러나 서비스품질은 고객의 기대치나 만족도의 파악은 설문이나 면접 등으로 파악할 수밖에 없다.

이 경우 서비스별로 품질의 특징을 파악하여 대비하는 것도 하나의 방법이다.

일본과학기술연맹이 업종별로 제공되는 서비스를 조사한 자료[27]에 따르면, 음식점은 음식물의 제공이 주이고 정신적·심리적 만족감의 제공은 그 다음이다. 한편 여관은 장소, 안전, 오락, 정신적 만족감의 제공이 주이고 노동

사 례 **영화 '쉬리'의 성공비결**

한국영화 흥행사에서 흥행작으로 꼽히고 있는 '쉬리'의 성공비결은 무엇일까?

삼성경제연구소는 '쉬리'의 흥행성공비결과 기업경영에 대한 시사점을 분석한 보고서에서 ①재미있는 시나리오, ②과감한 투자, ③감독과 출연·제작진의 열정, ④흥행에 충실한 기획·제작, ⑤마케팅전략 등 다섯 가지를 성공요인으로 꼽았다.[28]

우선 시나리오의 내용이 남북한 문제를 다루면서도 관객들의 구미를 자극했고 강제규 감독이 시나리오를 2년 동안 직접 쓴 뒤 제작과정에서 12번을 수정할 정도로 구성에 완벽을 기했다는 점이다.

한국영화 평균제작비(10억~15억원)의 2~3배인 31억원을 투자하여 관객들에게 최고의 우리영화라는 믿음과 함께 호기심을 불러일으켰으며 집중공략 대상층을 20대 초반의 여성에서 남성으로 확대한 것도 성공요인이다.

주연배우와 감독의 출연료를 흥행실적과 연계한 런닝개런티(running guarantee)제도를 도입하여 배우와 제작자들로부터 남다른 열정과 노력을 이끌어내는 데 성공했다.

마케팅도 외국의 흥행대작 영화에서 사용했던 극장 앞 스탠드 광고판을 우리영화 사상 처음으로 시도했고, 홍보를 위해 철저한 비공개전략을 유지하고 '쉬리'라는 타이틀[29]로 호기심을 유발시키는 등 단계별로 영화의 붐을 조성했다.

---

27) 이순룡, *품질경영론*, 법문사, 27장 3.3 참조.

28) 김휴종·신현암, *「쉬리」, 그 성공의 경영학*, CEO Information #184, (삼성경제연구소), 1999. 3. 10.

29) '쉬리'는 맑은 물에서 사는 토종 민물고기로, 지구상에서 유일하게 한반도에서만 서식하며 여울피리, 여울각시 등의 이름으로도 불리는데, 이 영화에서는 북한군 특수부대의 작전암호로 사용되었다.

력・편익의 제공이 그 다음이다.

이 조사에서 볼 때, 서비스의 전략변수 내지 품질특성이 업종별로 다름을 알 수 있는데, 서비스품질의 관리 내지 개선도 업종의 상황에 맞추어 전개되어야 한다.

(2) 서비스품질은 사람 · 정보 · 물자 · 꾸밈새가 기본이다.

서비스품질이 서비스만으로 평가되는 경우는 극히 드물며, 대부분은 사람, 물자, 꾸밈새와 연관되어 평가된다. 가령 레스토랑의 서비스품질은 '요리의 맛', '분위기', '서비스', '웨이터의 매너', '요리사의 능력' 등과 관련이 깊다. 그러나 대부분의 서비스와 같이 고객을 위한 대인 서비스가 핵심을 이룰 경우에는 봉사자의 교육・훈련이 서비스개선의 열쇠가 된다.

1985년 영화시장개방 이후 몸부림을 치던 한국영화가 '쉬리'를 이어 'JSA', '친구' 등이 사상최고의 흥행기록을 갱신하고 있는데, 이 또한 사람・정보・물자・꾸밈새의 조화에서 이루어진 것이다.[30)]

사 례 **고객들로부터 호평받는 A항공의 기내식**

자사 고객은 물론 영국항공, 스위스항공, 네덜란드항공 등의 고객사로부터 호평을 받고 있는 A항공사 기내식의 특징을 꼽아보면[31)] 다음과 같다.

1) 조리정도의 과학적 분석: 기내식은 통상적으로 승객이 취식하기 오래전에 준비되기 때문에 기내식은 지상에서 미완성된 채로 탑재되어 기내에서 재가열된 후 승객에게 제공되는데 이때 맛을 결정하는 중요한 요소 중 하나가 바로 기내식 공장에서의 조리(cooking) 정도이다. A항공은 과학적 분석을 통해 각 요리별로 기내식 공장에서의 1차 조리정도를 분류해 놓고 이를 세밀하게 관리한다.

2) 노선별 메뉴구성: 나라마다 선호하는 음식의 종류 및 조리법이 다르게 마련이다. 그래서 취항노선을 이용하는 승객들의 국적을 분석하여 이들이 선호하는 요리를 기내식 메뉴로 채택하였다.[32)] 한・일노선에는 일식도시락 및 초밥, 미주노선은 오믈렛, 비프스테이크 등의 정통양식, 중국노선은 오리요리 및 사천식 생선요리 등을 제공해 좋은 반응을 얻고 있다.

3) 다양한 한식 제공: 내국인의 취향을 철저히 분석하여 회덮밥을 비롯한 각종 산적, 찜, 떡 등 다양한 메뉴의 한식을 지속적으로 개발하여 기내식으로 제공하고 있다.

---

30) 심상민 외, *한국영화 도전과 성공전략,* CEO Information #316(삼성경제연구소), 2001. 10. 4.

31) "기내식...회덮밥, 찜 등 다양한 한식 제공," *매일경제,* 1999. 6. 25.

32) 2001년 12월 10일자 중앙일보의 독자의견을 싣는 '열린마당'에 실린 글을 소개한다. "독일에서 한국으로 오는 A사의 항공기는 닭고기와 비빔밥의 두 가지 메뉴를 제공하였는데, 비빔밥이 모자라 한국승객들의 불만이 대단했다. … 사무장은 한국인 단체손님이 많아서 비빔밥이 모자랐다고 해명했으나 단체손님의 경우 예약손님이기 때문에 사전에 이와 같은 사태는 막을 수 있었다."

(3) 고객의 요구품질을 파악하여 서비스를 제공한다.

세계적인 검색엔진으로 꼽히는 'YAHOO'는 그의 경영이념(User, Easy, Fun, Convenience)과 같이 이용자들이 편리하고 빠르게 이용할 수 있도록 계속 노력했기 때문에 급성장할 수 있었다. 서비스에 대한 고객의 요구나 기대를 파악함에 있어서 설문조사나 면접방법이 이용되는데, 이 경우 고객의 선정, 설문내용, 설문방법, 집계・분석 등에 세심한 주의를 기울여야 한다.

(4) 불가피한 경우에는 종용과 권유 등으로 고객요구의 변환을 유도한다.

품질관리는 품질이라는 정보를 이용하여 공정/과정을 합리적으로 관리하는 것을 기본으로 한다. 서비스산업의 경우 서비스제공과정에서 고객을 직접 관리한다는 것은 어려운 일로서, 유도, 종용, 권유 등의 간접적인 수단에 의해 고객이 협력하는 방식을 연구할 필요가 있다.

가령 항공기의 도착과 이륙이 지연될 경우, 불가피한 상황을 설명하여 고객들의 양해를 구한다든가, 레스토랑에서 준비한 특정 음식이 품절되었을 때 다른 음식을 손님에게 권유하는 방식 등은 고객의 간접관리 예이다. 그러나 이와 같은 고객관리는 평상시와 비상시의 관리방식을 구분해서 대응방법을 매뉴얼화하여 전 종업원에게 숙지시키고 아울러 훈련을 실시할 필요가 있다.

(5) 요구품질의 평가기준을 정하고 만족도에 따라 수정한다.

품질의 평가기준이 없이 구성원 자의로 서비스를 제공할 경우, 서비스의 내용이나 수준이 구성원에 따라 차이가 있으면 서비스를 제대로 관리할 수 없다. 서비스를 제공할 때, 어떤 서비스를 어느 정도로 수행할 것인가를 정해서 가급적 이에 따라 서비스를 하도록 해야 한다.

고객의 요구품질을 파악하여 이를 실현하려고 노력했으면 그 결과 고객이 만족하고 있는지를 파악하는 것도 긴요하다. 고객의 만족도는 보통 면접, 설문조사, 관찰조사 등의 방법을 이용하여 파악하는데, 평가결과를 제대로 피드백하여 이로써 서비스설계의 자료로 활용한다든가, 서비스관리에 신속히 반영한다.

(6) 「서비스 매뉴얼」을 만들어 서비스를 표준화한다.

'무엇을 서비스하는가', 서비스는 '어떻게 하는가', '어느 정도로 하는가'를 명시한 「서비스 매뉴얼」을 작성한다. 그 결과 '언제라도', '누구라도', '고객이 만족하는 서비스'를 실행할 수 있어야 한다.

사 례 **유통업의 서비스 매뉴얼 제작 경쟁**

유통업에서 서비스 경쟁이 가열되면서 업계에선 서비스 매뉴얼 제작경쟁이 일고 있다.[33] 현대백화점에서 주차 및 셔틀버스 담당 직원들에게 나눠준 60쪽 분량의 「서비스 기본지침」은 인사 각도요령뿐 아니라 주차방법, 응급상황 대처 등 조목조목 서비스 노하우를 적어놓았는데, 새로운 상황에 대응할 수 있도록 주기적으로 내용이 바뀐다.

한화유통은 산하 수퍼마켓 전 매장에 청소요원용 「점포청소 매뉴얼」을 배포하여 청소요원 교육과 서비스표준화에 활용하고 있다. 책자에는 청소 투입 인원과 시기, 청소용품의 규격, 청소방법과 순서 등이 상세히 설명되어 있다. 점포에서 개별적으로 점장의 경험에 따라 진행하던 점포청소의 시기나 순서, 방법 등을 표준화하여 점포의 청결상태를 유지하도록 하였다.

(7) 구성원의 교육·훈련으로 언제나 고객만족을 추구한다.

서비스품질의 특성파악, 평가·수정, 매뉴얼화 등이 제아무리 잘 추진되더라도 서비스수행자인 구성원의 혼신의 노력과 실천이 없이는 실효를 거두기 힘들다. 즉 구성원 각자가 정성과 열의를 다하여 서비스할 수 있도록 먼

사 례 **친절과 미소로 최상의 서비스를 펼치는 「싱가포르 걸」[34]**

스카이트랙스(Skytrax)가 매년 발표하는 '항공사 품질평가'에서 싱가포르 항공(Singapore Airline)은 최고등급인 '별 5개'를 받고 있다. 비결은 무엇일까? 싱가포르 항공의 서비스가 강한 이유는 고품격 서비스와 고객제일 봉사주의 경영을 추구하는 경영방침의 결과이다.[35] 매년 천여 명의 승무원을 새로 뽑는데, 남녀 승무원은 모두 5년 임기의 계약직으로 회사가 요구하는 서비스 수준을 맞추지 못하면 재계약에서 탈락한다.

'싱가포르 걸'로 불리는 여승무원들의 친절한 서비스와 미소는 전세계 여행객들에게 소문이 자자하다. 승객들은 음료수를 주문할 때 고개를 들거나 목소리를 높일 필요가 없다. '싱가포르 걸'이 승객에 바싹 다가와 무릎을 굽힌 채 주문을 받기 때문이다. 혹시 술에 취한 승객이 계속 위스키를 주문할 경우라도 미소를 잃지 않고 위스키 제공속도를 점차 늦추며 말을 붙여 술에서 깨도록 유도한다. 매년 항공 여행 전문잡지가 선정하는 올해 최고의 항공사 상위순위에 반드시 드는 싱가포르 항공사의 비결은 끊임없는 교육 훈련투자에서 비롯된 것이다

33) "현대百 서비스 매뉴얼 입수하라," *한국일보*, 1998.10.27. "서비스지침서 제작 경쟁," *조선일보*, 1999.8.3.
34) [심층분석] 싱가포르 항공 경쟁력의 비밀은 젊고 세련된 서비스…최신기종 빠른 도입, *조선일보*, 2008.4.6.
35) Chang Zeph Yun et al., *The Quest for Global Quality: A Manifestation of Total Quality Management by Singapore Airlines,* Addison Wesley, 1996.

저 그들의 마음을 움직이고 그 다음에는 그들이 합리적이고 능률적으로 서비스를 수행할 수 있도록 끊임없이 교육·훈련하여 항상 고객이 만족하도록 노력해야 한다.

'싱가포르 걸'(Singapore Girl)로 불리는 여승무원들의 친절한 서비스와 미소는 전세계 여행객들에게 소문이 자자하다. 승객들은 음료수를 주문할 때 고개를 들거나 목소리를 높일 필요가 없다. '싱가포르 걸'이 승객에 바싹 다가와 무릎을 굽힌 채 주문을 받기 때문이다.[36)]

싱가포르 항공이 자랑하는 최상의 서비스는 직원들에 대한 교육투자에서 비롯된 것이다. 새로 입사한 싱가포르 걸들의 교육기간은 다른 항공사보다 2배가 긴 4개월이다. 걷는 법, 말하는 법, 화장술, 나라별 사회관습의 이해 등 3개월간의 교육을 마치면 1개월은 기내연수를 받아야 한다.

4.4 서비스 – 이익 체인(Service Profit Chain)[37)]

[그림 6-5]는 적절한 보상과 종업원의 만족 → 종업원 충성과 서비스품질의 향상 → 고객들에 제공된 서비스, 즉 서비스가치의 증대 → 고객의 만족과 충

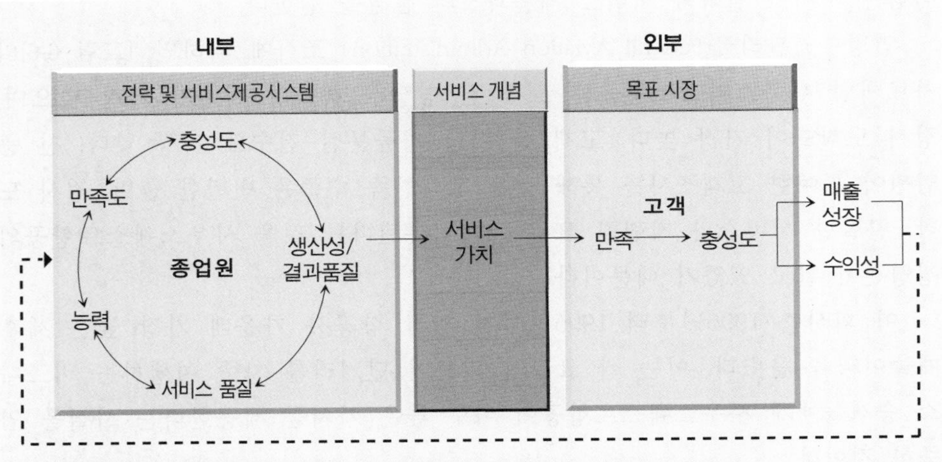

그림 6-5 서비스 – 이익 체인의 순환

36) [해외경영] "친절-미소로 언제나 최고," *조선일보*, 1996. 2. 26.
37) 제임스 헤스켓 외 지음/서비스경영연구회 옮김, *서비스수익 모델*, 삼성경제연구소, 2000; J.L. Heskett, W.E. Sasser, Jr., & L.A. Schlesinger, *THE SERVICE PROFIT CHAIN*, The Free Press, 1997.

성도 → 이익과 성장, 수익증대와 보상의 연결고리인 **서비스-이익 체인**(Service Profit Chain)을 보여준다. 이러한 연결고리들의 강도는 조직마다 다르지만 그 패턴을 이해하는 것은 중요한 일이다.

1 수익과 성장과 고객 충성도

1970년대에 실시된 PIMS(Profit Impact of Marketing Strategy) 조사 이후 기업들은 시장점유율=이익이라는 등식에서 시장점유율을 높이고자 합병 등으로 기업 규모를 불리고 시장침투나 확대를 도모하여 왔다. 그러나 서비스산업에 대한 최근 조사에서 서비스산업의 수익성은 시장점유율보다는 '고객충성도'라는 결론에 도달했다. 앞서 제시한 [그림 6-4]에서 5%의 고객충성도 신장은 25~85%의 이익신장을 도모할 수 있는 것으로 밝혀졌다.

고객충성도 향상에 주력하는 사우스웨스트항공(Southwest Airline)의 수익성은 미국 8대 항공사 중 가장 높다.

2 고객만족과 서비스 가치

오늘날 고객은 가치 지향적이다. 고객은 지불하는 가격과 획득 비용을 뛰어넘는 서비스 결과와 서비스 제공과정의 품질을 원한다.

연방항공관리국(Federal Aviation Administration) 조사에 의하면, [그림 6-6]의 자료처럼 사우스웨스트항공은 고객 천 명당 고객불만 건수가 가장 낮으며, 정시 도착률이 가장 높다. 고객 천 명당 화물분실 건수도 가장 낮다. 전 종업원이 참여한 고객조사를 통해 높은 고객만족 수준은 빈번한 출발, 정시 도착, 친절한 서비스와 저렴한 요금에서 비롯된다는 것을 사우스웨스트항공의 경영진이 알고 있었기 때문이다.

이 회사는 1990년부터 1995년까지 미국 항공사 가운데 가장 높은 세후 매출이익을 올렸다. 이는 싼 요금과 더불어 단거리를 자주 여행하는 비즈니스 승객들에게 사우스웨스트항공이 아주 높은 가치를 제공한다는 사실을 입증한 것이다.

3 서비스 가치와 종업원 생산성

사우스웨스트항공 직원의 86%가 노동조합원이지만, 필요시 다양한 직무를 수행한다. 예를 들면, 조종사는 출발이 늦는 경우 수하물 처리를 거들어 준

사 례

고객충성도 향상에 주력하는 사우스웨스트항공

1971년에 설립된 미국의 사우스웨스트항공(Southwest Airline)은 [그림 6-6]에 보인 것처럼, 매출액 순위에서는 떨어지지만 고객만족도가 높고 수익성이 가장 높은 항공사이다. 사우스웨스트항공이 지난 24년간 지속적으로 이익을 낸 미국 유일의 항공사라는 신기록 수립에 고객충성도가 큰 공헌을 했다.

다른 경쟁 항공사가 실시하고 있는 지정좌석제나 기내식사, 수하물 연결보다는 신뢰성 있는 서비스, 거점을 통하지 않고 비교적 짧은 항로를 자주 출항하고 정시에 도착하는 서비스, 저렴한 요금에 친절한 종업원들이 제공하는 서비스 등에 주력하여 고객충성도를 높이는 일에 주력했다.

사우스웨스트항공은 일선종업원이 항상 고객의 욕구를 파악해 고객충성도에 대한 감각을 유지하도록 노력한다.

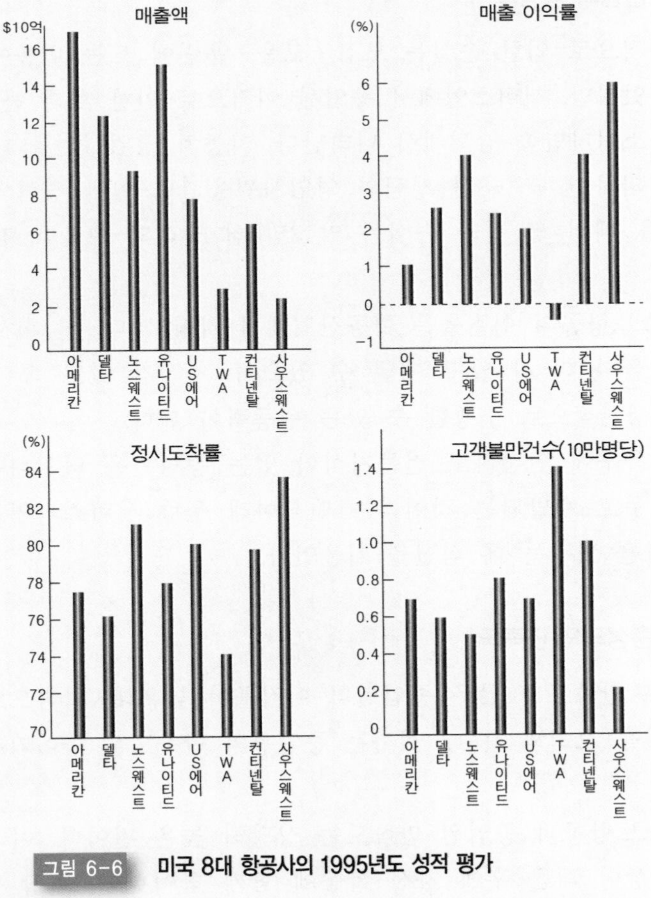

그림 6-6 미국 8대 항공사의 1995년도 성적 평가

다. 이런 유연성은 비행 일정, 노선, 무좌석제 등과 어우러져 경쟁사에 비해 종업원 1인당 승객 처리건수는 3~4배 높다. 게다가 비행 일정의 2/3이상은 20분 이내에 재출발 준비를 완료해 비행기의 가동률을 높인다. 결국 가용 비행기수가 증가하고, 단거리 비행으로 승무원의 대기시간이 짧은 탓에 사우스웨스트항공은 경쟁사보다 조종사 가동률이 40%이상 높다. 1995년에는 종업원 1인당 승객수가 2위 항공사보다 50%이상 많았다.

그래서 이 항공사가 시장에 진입할 당시 시장 평균운임보다 60% 내지 70% 더 낮은 요금을 부과할 수 있었고, 저가에도 불구하고 이익을 낼 수 있었다.

4 종업원 생산성과 충성도

종업원 이직으로 인한 손실은 모집・고용・훈련에 드는 비용에 한정된다고 인식하고 있지만, 서비스업에서 종업원 이직으로 인한 보다 큰 손실은 생산성 저하와 소비자만족 감퇴에서 나타난다. 자동차 영업사원을 대상으로 한 최근 조사에 의하면, 5년~8년 경력의 영업사원을 1년 이내 경력의 신입사원으로 교체했을 때의 월 평균 손실은 약 3만6천 달러의 매출액 감소로 나타났다.

사우스웨스트항공의 이직률은 항공산업에서 가장 낮다. 이 회사의 종업원이 주요 고객들과 더 잘 알고 지낼 수 있으며, 자신감 있고 숙련된 기술로 해당 직무를 생산적으로 수행할 수 있는 원동력이 된다.

고객들의 욕구에 민감하고 전문지식이 있는 종업원은 타고나는 것이 아니라 시간을 두고 개발되는 것이라는 인식아래 우량 서비스기업은 일선 종업원의 이직률을 낮추는 데 심혈을 기울인다.

5 종업원의 충성도와 만족도

일반적으로 만족도가 낮은 종업원의 이직률이 높은데, 이직으로 인한 생산성 저하손실을 고려해 볼 때 회사는 종업원의 만족도를 높이기 위해 힘써야 한다.

사우스웨스트항공의 종업원 만족도는 상당히 높은 편이다. 이 회사는 종업원의 반 이상이 퇴근 후에 자선 활동에 함께 참여한다. 현장 인력의 6% 가량이 사내 결혼을 했는데, 이는 종업원 만족과 충성으로 연결된다. 그렇다면 종업원 만족은 어디에서 오는가?

6 종업원 만족과 업무활동의 내부 품질

업무환경의 내부 품질은 종업원 만족도의 가장 중요한 요소이다. 내부 품질은 종업원이 직무·동료·직장에 대해 갖는 감정으로 측정한다. 서비스업에서 일선 종업원이 자기 직업에서 가장 가치를 두는 것은 무엇일까? 고객을 위해 결과물을 생산할 수 있는 능력과 권한, 즉 업무역량이라는 것이 밝혀졌다.

사우스웨스트항공은 종업원들이 고객을 위해 자율적으로 어떤 의사결정을 내릴 경우, 그 의사결정에 대한 자신이 없는 경우에 한해서만 상사에게 미리 보고할 의무가 있다. 만일 그렇지 않다면 종업원은 먼저 행동하고 나중에 관리자에게 이를 보고하면 된다. 이 방침은 서비스 차원에서 믿을 수 없을 정도로 좋은 결과를 낳았다.

내부 품질은 종업원간 태도로도 결정된다. 이 사실은 종업원들이 회사 내에 있는 내부 고객을 파악하고, 내부 고객이 필요로 하는 것을 인식하고, 서비스 개선을 이루는 원동력이다. 그래서 사우스웨스트항공은 기초 교육과정에서 종업원의 팀웍을 강조한다.

종업원 만족에서 부인할 수 없는 중요한 요인은 충분한 대우와 보상인데, 이는 기업의 성과인 이익에서 비롯되는 것으로, 결국 「서비스-이익 사이클」이 끊임없이 돌아야 기업은 성장·발전한다.

주요 용어(key word)

• 소프트(soft)업무 • 서비스 품질(service quality) • 참 순간(moment of truth) • 서비스품질 특성(service quality dimensions) • 서비스품질 차이(service quality gap) • 서비스 접점(service encounter) • 서비스제공과정(process of service delivery) • 표준업무절차(SOP) • 고객충성심(customer loyalty) • 서비스-이익 체인(service profit chain)

연습문제

1. 서비스는 고객의 요구에 부응하기 위해 고객에 제공되는 물리적 기능과 정서적 기능의 조합이라 할 수 있다. 서비스 업종에 따라서 두 기능은 다르다. 다음 서비스업에서의 두 기능의 비중을 기술하라.
   ① 호텔, ② 레스토랑, ④ 전세버스, ⑤ 수영장, ⑥ 노래방, ⑦ 극장, ⑧ 놀이공원
2. 서비스 품질은 서비스만의 특성으로 인해 측정 및 관리가 어렵다고 말한다.
   ① 서비스의 특성을 예를 들어 설명하라.
   ② 서비스 품질을 관리하기 어려운 이유는 무엇인가?
3. 고객만족은 서비스접점(service encounter)에서 추구하는 것이 이상적이다. 맥도널드에서 햄버거를 먹는 고객과 국내선 항공기를 이용하는 승객의 서비스 접점을 각각 나누어 열거하라.
4. 서비스품질을 구성하는 요소 내지 차원에 대한 연구는 서비스품질의 측정 및 개선의 토대가 된다. 파라슈만 등은 SERVQUAL에서 서비스품질의 결정요소를 10가지로 제시하였으나 후에 이들을 5가지로 묶어서 제시하였다. 이들 요소들을 기술하라.
5. 소비자가 서비스품질을 인식하고 평가하는 과정을 흐름도로 설명하라.
6. 서비스품질 평가프로세스의 구축이 기업에게 가져다 줄 수 있는 이점(利點)과 효과적인 운용방법에 관하여 각자의 견해를 서술하라.
7. 서비스의 품질관리 과정을 PDCA단계로 구분하여 그림을 그려서 설명하라. 그리고 서비스접점(service encounter)은 PDCA의 어느 단계에서 주로 이루어지는가?
8. 서비스 품질개선(회복)의 중요성을 설명하라.
9. 서비스품질의 주요 관리지표를 제시하라.
10. 서비스품질의 개선요령을 사례를 들어 설명하라.
11. 서비스품질이 고객만족에 이르는 서비스품질의 연결고리인 서비스-이익체인(service profit chain)을 설명하라.

제 2 편

품질의 전략과 설계

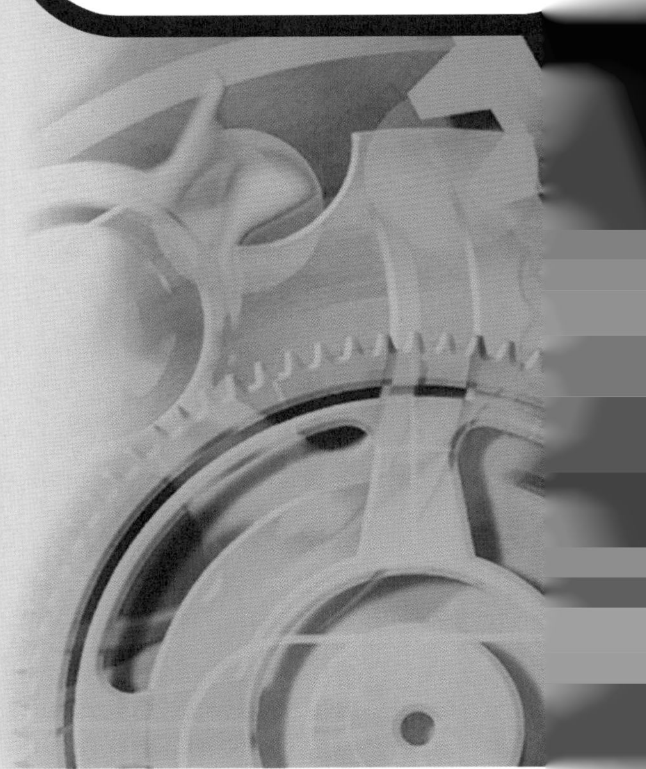

제7장 품질/품질경영 전략

제8장 고객만족 품질의 설계

제 7 장

품질 / 품질경영 전략

1 전략적 품질경영

1.1 전략경영

전략적 경영에서는 조직의 환경분석과 경영이념 그리고 톱의 비전과 역량들을 종합하여 장기적인 관점에서 전략을 수립하여 전개한다. 조직의 성과를 좌우하는 경영전략은 장기간에 걸쳐 복잡한 과정을 거쳐 수립된다.

전략경영(strategic management)은 환경변화속에서 조직이 당면하고 있는 위협과 기회에 조직능력을 대응시키는 전략의 수립뿐만 아니라 실행과 평가 등 전략을 실제로 전개해 나가면서 전략목표를 달성하는 총체적인 경영과정이다(그림 7-1 참조).

이들 전략경영의 **주요 포인트**를 열거하면 다음과 같다.

① 환경변화에 따른 성장기회와 위협을 분석한다.

② 기업의 강점과 약점을 분석한다.

③ 기업의 이념과 사명을 확인한다.

④ 조직의 비전과 목적을 정한다.

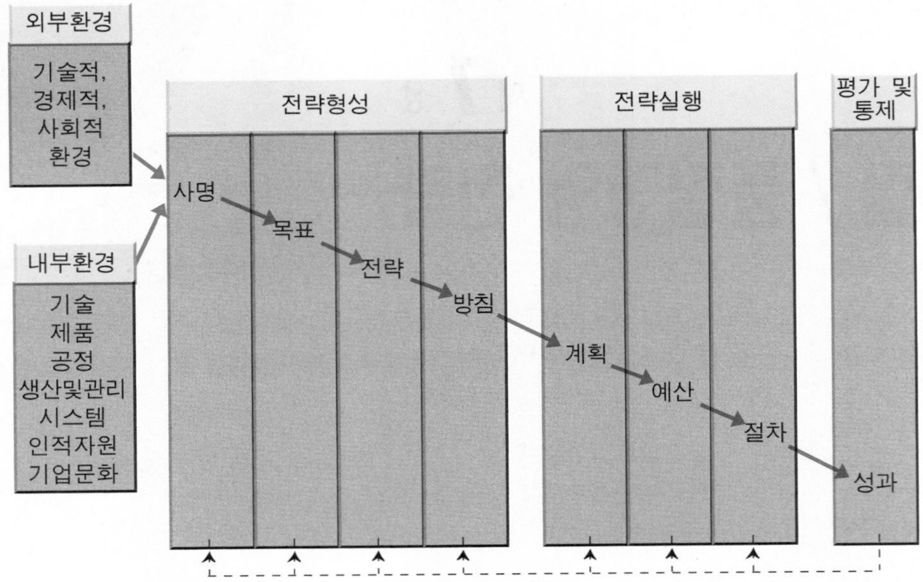

그림 7-1 **전략적 경영 모델**

⑤ 목적달성을 위한 전략을 수립한다.
⑥ 전략실행을 위한 방침을 정한다.
⑦ 실행계획을 수립한다.
⑧ 계획을 예산에 반영한다.
⑨ 세부절차를 정한다.
⑩ 실행성과를 평가하고 통제한다.

이상은 전략경영의 과정을 10개의 세부단계로 나누어 제시한 것으로, ①에서 ⑥까지는 전략의 **형성**(formulation) 단계이고, ⑦에서 ⑨까지는 전략의 **실행**(implementation) 단계이며, ⑩은 전략실행 성과의 **평가** 및 **통제**(evaluation & control) 단계이다.

사 례 **'선택과 집중'의 삼성전자 전략경영**

삼성전자는 일본 전자업체를 뛰어넘기 위해 비전을 "21세기 세계 초일류기업"으로 정하고 선택과 집중의 전략을 전개하였다. 일본 전자업체처럼 다양한 제품을 생산하는 방법으로는 기술과 역량, 자금에서 떨어지므로 규모의 경제를 이룩할 수 있는 제품군을 선택하고 이에 집중하였다. 역량분산을 막기 위해 메모리 반도체, 휴대폰, 디스플레이 패널, 디지털미디어를 주력사업으로 하는 전문회사로 진화할 수 있었다.[1)]

경영전략 측면에서는 품질 중시 전략, 시장 선도전략, 사업구조 고도화 전략을 추구했다.

삼성전자는 '세계 최고 수준의 제품과 서비스', '월드베스트 상품'을 기치로 내걸고 질(質) 중시 전략을 실행하기 위해 기술개발, 고객 지향적 가치혁신, 공정혁신을 통한 제품 품질향상과 디자인, 브랜드, 서비스 등 소프트 경쟁력 강화를 시도하였다.

사업구조 고도화를 위해서는 기존에 생산해왔던 다양한 제품군 중에서 삼성이 집중 투자하면 선진업체를 뛰어넘을 수 있는 사업영역을 정하고, 시장 규모가 작은 사업에서 철수하고 규모가 큰 사업에 집중 투자하는 전략을 실행하였다.

1.2 비전과 목표의 전환: 전략

우량기업의 획기적인 경영성과의 결정적 요인은 바로 경영자의 리더십과 전략경영이라는 사실이 최근 여러 연구에서 밝혀졌다. 경영자의 리더십 역량 중 가장 중요한 것은 조직의 장래 비전을 제시할 수 있는 전략가(strategist)로서의 리더 역할이다. 이미 1970년대에 장래의 기술동향을 예측하고 C&C(computer & communication)라는 비전을 제시한 NEC의 고바야시(小林)는 우수한 전략가임에 틀림없다.

톱의 중요한 과업 중 하나는 조직의 장래에 대한 비전을 가지고 장기목표를 세우고 이들 목표를 어떻게 성취할 것인가를 다루는 전략을 수립하는 것이다. 즉, 톱의 리더십에서 전략경영(strategic management) 내지 전략계획(strategic planning)은 매우 긴요하다. 전략계획을 통하여 리더는 장래(3년~5년)에 조직이 나아가야 할 방향에 초점을 맞추어 비전을 제시하고 변화를 주도한다.

1) 송재용 · 이경묵, *삼성웨이*, 21세기북스, 2013.

1 비전(vision)

비전[2]이란 리더가 조직이 나갈 방향과 미래모습을 구성원들에게 제시한 것이다. '사람(people), 서비스(service), 이익(profit)'을 경영이념(credo)으로 표방한 FedEx(Federal Express)의 비전은 "적시 신속배달을 실현하는 운송으로 뛰어난 재무성과를 달성하는 것"이다. 맥도널드(MacDonald)의 창립자 래이 크록은 '품질 · 서비스 · 청결 · 가치'라는 비전을 정하고 철저하게 지킨 결과 오늘의 성공을 거두었다.

'월드베스트'(본장 2.1 참조)를 추구하는 S전자의 비전은 "디지털 핵심경쟁력 창출(Digit all)"이다. 이는 "인재와 기술을 바탕으로 최고의 제품과 서비스를 창출하여 인류사회에 공헌한다"는 경영이념의 추진방향이다.

비전은 장기적 안목에서 현실과 미래목표를 연결시키는 전략구상이기도 하다(전략체계 참조). 가령 1970년대 일본 캐논(Cannon)의 비전은 '제록스(Xerox) 타도'이었으며, 일본 NEC의 그것은 'C&C'(Computer & Communication)이다.

일본의 건설장비업체 고마쯔(小松)의 2대 회장에 취임(1964년)한 가와이는 고마쯔의 비전과 목표를 "캐터필더를 따라잡고 그들을 능가한다"로 정하고 전략을 전개하여 캐터필더가 고마쯔를 강력한 도전자로 인정할 정도로 성장할 수 있었다.[3]

비전과 전략의 전환, 전략체계

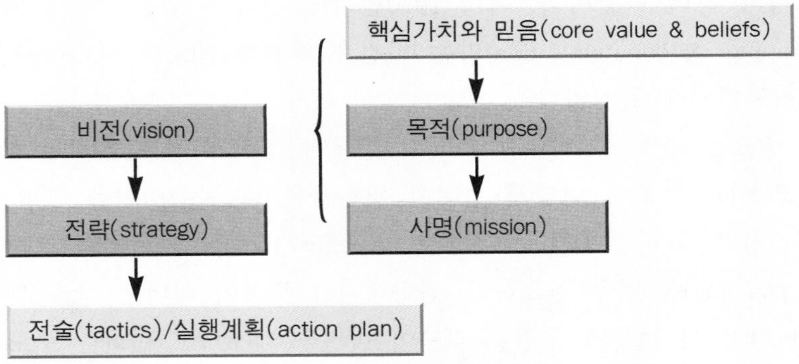

2) 비전(vision)이란 리더의 상상력을 대중의 상상력으로 변화시키고 함께 세운 목표를 향해 달려갈 수 있는 에너지의 원동력이다. 서재명 외, *세계가 보인다 미래가 보인다*, 해냄, 1998.

3) C.A. Bartlett & S. Ghoshal, 임창희 역, "최고경영자의 역할, 바뀌어야 한다," *서강하버드비즈니스*, 1995; 이장우, 경영전략론(제2판), 법문사, 1997.

2 목적과 목표(goal and objectives)

목적(goal)은 장기적으로 조직이 지향하는 조직의 성과로서, 이 목적을 달성하기 위해 경영활동이 지향하는 표적이 목표이다. 즉, **목표**(objectives)는 활동을 위한 계획의 기초가 되는 것으로 특정 기간 중에 달성하리라고 기대되는 성과를 나타낸 것이다. 목표는 수치로 명확히 표시되고 성문화 될 때 달성효과가 높다.

3 전략(strategy)

전략이란 목표와 현실간의 갭을 효과적으로 극복하기 위해서 특정 기업이 주요 목표, 정책(방침), 활동들을 하나의 응집체로 통합시킨 계획이다(전략체계 그림 참조). 전략이란 본질적으로 확실하고 예측 가능한 것을 다루는 것이 아니라, 불확실한 것(the unknown)을 다루는 것이다. 따라서 불확실한 환경변화에 대응할 수 있도록 전략이 체계적으로 수립되어야 자원의 효과적인 배분과 활용을 통해서 경쟁자와 경쟁할 수 있다.

공식적인 전략에는 다음 세 가지 **요소**가 포함된다.

① 달성하고자 하는 목표(objectives)

② 활동을 유도/제한하는 방침(policy)

③ 목표를 달성하기 위한 활동계획(action plan)

1.3 전략계획

물고기와 물의 관계처럼 전략계획은 리더십발휘에 필수요소이다. 그래서 말콤볼드리지상 평가기준에도 리더십 다음으로 전략계획이 제시되어 있다. 전략계획을 통해서 리더는 조직의 장래를 조망하고 비전의 장기 실행계획을 수립하고 관리한다. 전략계획 범주에는 조직의 이념, 비전, 전략, 방침, 목표를 비롯한 전략의 형성과정이 망라된다.

전략계획의 접근과정에서 볼 때, **우량기업**들은 다음과 같은 **공통점**이 있다.[4)]

4) J.R. Evans & W.M. Lindsay, *The Management and Control of Quality*, 4th ed., South-Western College Publishing, 1999.

(1) 최고경영자와 구성원들이 전략계획과정에 활발히 참여한다.

확고한 리더십은 총체적 품질의 신뢰성 확립과 품질을 사업기획과정에 통합시키는데 필수적이다. 예컨대 AT&T 송신시스템의 상위경영자는 본사 품질위원회(quality council)의 위원이다. 이 위원회가 품질개선대책을 논의할 때는 품질목표를 우선 검토한다. 산하 특별위원회의 위원장이기도 한 품질위원회의 위원 각각은, 특별위원회에서 품질목표를 전개하는 별도의 책임을 지고 있다.

조직의 구성원은 전략계획에 중요한 자원이다. 구성원이 고객과의 관리업무를 알고 있으면, 이들 구성원의 개입으로 전략경영의 효율성을 크게 높일 수 있다. 고객과 접촉하는 일선종업원의 기획은 고객만족 차원에서 더 잘 이해되고 평가될 수 있다.

웨스팅하우스(Westinghouse Electric)에서는, 종업원 팀이 모든 과정의 품질기준을 연구하여 관리자에게 그 업무를 보고한다. 팀의 연구결과는 품질위원회에서 검토하여 연간품질계획에 반영한다.

(2) 고객의 욕구와 요구를 지향하는 전략을 수립한다.

전략계획과정은 조직의 관심사를 고객만족에 집중시킨다. 1992년도 말콤 볼드리지상 수상업체인 리츠칼튼(Ritz-Carton) 호텔은 모든 활동계획에 대해 고객요구의 효과적인 전달을 집중적으로 평가한다. 목표는 한 사람의 고객도 이탈이 없는 제1의 서비스 업체가 되는 것이다. 따라서 모든 계획은 이 목표를 반영한다.

마찬가지로 1994년도 볼드리지상 서비스부문 수상업체인 AT&T 고객통신서비스(CCS)는 고객만족 요소로서 ①품질 사명감, ②고객서비스, ③요금청구, ④요금, ⑤회사평판의 다섯 가지로 정하였다. 이들 고객만족 요소들은 고객요구사항에 따라 정리된 것으로 업무개선과 새로운 서비스 목표가 된다.

(3) 전략계획과정에 공급자를 참여시킨다.

공급자와의 협력관계가 장기계약으로 지속되면서 개발 및 계획과정에 공급자를 참여시킨다. AT&T 송신시스템의 관리자는 공급자와 5개년 부품품질계획을 협상한다. 1990년도 볼드리지 수상업체인 Wallace회사에서는 고객과 공급자를 매년 열리는 품질계획 수정회의에 참여시켜 이들의 의견을 계획에 반영한다.

(4) 전략 개발과 전개를 위한 체계적인 계획시스템이 확립되어 있다.

1995년도 말콤볼드리지상 수상업체인 코닝(Corning) 텔레콤 제품사업부는 전략개발, 전략계획, 전략전개의 3단계로 계획시스템이 구축되어 있다. 전략개발단계에서는 신규전략과 전략의 갱신이 이루어지고, 전략계획단계에서는 전략을 연간계획으로 작성하면서 전략우선순위와 CSF(critical success factor)가 제시된다. 전략전개단계에서는 전략우선순위와 CSF를 고려하여 전략추진부서별로 목표를 수립한다.

전략전개단계에서 전략의 검토와 피드백과정은 고객요구나 경쟁적 환경의 변화에도 불구하고 계획의 효과를 높여준다. AT&T 유니버설 카드 서비스는, 현행계획을 토대로 연간 주요 업무의 공식적인 검토를 행하고 있다. 모토로라(Motorola)는 본사 품질위원회에서 팀을 차출하여 매년 각 사업부를 방문하여 업무를 감사한다. 사업부장이 감사결과를 검토해서 본사 품질위원회에 보고하면 본사는 이를 계획에 반영한다.

1.4 전략적 품질경영의 접근단계

경영자의 중요한 역할은 조직을 이끌어 가는 것인데, 품질이 중요한 전략변수가 된 오늘에 있어서 전략적 품질경영은 매우 중요하다. 전략적 품질경영(strategic quality management: SQM)은 장기적인 품질목표를 수립하여 이를 전략적으로 전개하는 경영으로 정의할 수 있다.

1970년대 후반에 제록스(Xerox)가 고전한 것은 일본의 경쟁업체가 전사적 품질관리(CWQC/TQC)를 전개한 것과 관련이 있으며, 그 후 벤치마킹을 통하여 경쟁업체의 TQC를 역으로 수입하여 경쟁력을 다시 회복할 수 있었다.

1980년대 초 경쟁업체인 제너럴 모터스(GM)와 일본 자동차에 계속 밀리던 포드(Ford)자동차는 고객의 요구와 기대를 충족시키고자 일본의 마쯔다자동차의 주식을 매입하여 협력관계를 맺고 이들로부터 일본의 품질경영을 배워 품질개선을 위해 구성원들을 교육·훈련시키고 그들의 부품 공급업체와 함께 지속적인 품질개선을 꾸준히 전개하였다. 그 결과, 1992년과 1993년에 최고의 매출을 올린 토러스(Taurus) 승용차를 개발하여 경쟁할 수 있었다.

급속하게 변하는 기업환경에서 환경변화에 신속히 대응하려면 경영전략과 이를 과감하게 밀어 줄 경영자의 역량이 필요하다. 그러려면 경영자는 품질경영 사상과 기법들을 이해하고 이의 실천에 앞장설 수 있어야 한다.[5] 1980년대 들어 많은 회사들이 품질관리에 새로운 의미를 부여하기에 이르렀는데, 즉 품질을 소비자측면에서 인식하고 품질과 원가, 수익성, 생산성 등 주요 전략변수와의 밀접한 관계를 깨닫기 시작했다. 이는 곧 전략적 품질경영의 개념으로 품질관리에 대한 사고변화를 뜻하는 것이다. 즉 제품의 품질은 이를 소비하는 고객이 판단하는 것이며 제품에 대한 고객의 만족은 구매시점은 물론 제품의 수명이 다할 때까지 지속되어야 한다.

전략적 품질경영(SQM)의 **전략적 접근단계**를 제시하면 다음과 같다.

(1) 고객의 요구에 초점을 맞춘다.

이는 SWOT분석을 토대로 갭분석(Gap Analysis)에 입각하여 목표와 조치를 모색한다.

(2) 품질목표와 전략을 개발하기 위해 상위경영자가 리더십을 발휘한다.

(3) 전략을 연간 사업계획으로 전환한다.

(4) 품질부서 대신에 일선 현장에서 전략을 실행한다.

참고

SWOT 분석

SWOT는 Strength(강점), Weakness(약점), Opportunity(기회), Threats(위협)의 머리글자 합성어이다.

SWOT분석은 기업환경의 변화와 기업의 내부적 능력이 잘 조화될 수 있는 전략을 개발하기 위한 것이다. 이 분석은 일종의 상황감사 기법으로 환경분석 및 예측 결과와 자체능력 분석결과를 체계적으로 비교하여 사업전략들을 평가하는 기준을 마련하는 데 이용된다.

전략적 품질경영을 성공적으로 전개하는 데는 경영자의 확고한 리더십이 필요하다. 전략적 품질경영을 실행함에 있어서 경영자는 실행책임자에게 권한과 책임을 위양해야 되지만, 중요한 것은 품질하부구조가 부실해서는 안 된다는 점이다. 즉, 목표, 계획, 계획수행을 위한 조직구조, 예산, 성과에 대한 인식과 보상이 뒤따라야 한다.

---

5) D.A. Garvin, *Managing Quality: The Strategic and Competitive Edge*, The Free Press, 1988.

2 품질지향 전략

2.1 월드베스트 품질전략

현대는 기술혁신과 수요의 다양화로 과거엔 없었던 다양한 제품과 사업이 출현하고 엄청나게 빠른 변화가 일어나고 있다. 동시에 제품 라이프사이클(PLC)의 단축과 글로벌 시장개방 등으로 경쟁우위가 없는 기업은 살아남기 힘들다. '싸고 빠르게' 만들면 성공할 수 있었던 과거와 달리 차별화되는 핵심역량(core competence) 없이는 생존할 수 없는 시대가 되었다.

가전제품 조립으로 1969년 사업을 시작(매출액 37백만 원)한 삼성전자는 반도체 휴대폰 디스플레이 패널로 영역을 확장하면서 가파르게 성장(2012년 매출액 2백조 원)하여 세계적인 기업으로 발돋움하게 된 것은 D램 반도체에서의 성공과 '신 경영혁신'을 꼽을 수 있다. 1993년 이건희 회장의 프랑크푸르트 선언으로 가시화된 '신 경영혁신' 이후 경영성과와 혁신 역량에서도 세계 초일류수준으로 올라섰다.[6]

이와 같은 성과는 "최고의 제품과 서비스를 창출하여 사회에 공헌한다"는 경영이념과 "디지털 핵심경쟁력 창출"이라는 비전을 추구하는 삼성전자의 '월드 베스트(world best) 전략'에서 비롯된 것이다.

사 례 **삼성전자의 월드 베스트 상품**

2000년대 초반의 세계시장 점유율 1위를 기록한 삼성전자 제품으로는 DRAM, SRAM, TFT-LCD, 컴퓨터 모니터, 전자 렌지 등을 꼽을 수 있다.[7] Business Week(2010) 선정 '가장 혁신적인 기업' 세계 11위에 오른 삼성의 '세계 1위 제품'은 26개에 이르렀다.

최근 글로벌 시장을 석권하는 주요 제품의 시장점유율을 살펴보면 다음과 같다.[8]

TV 27.6%, UHD TV 34.1%
스마트폰 22.2%, DRAM 45.3%
NAND 플레시 39.1%
디스플레이 패널 21.1%

삼성전자는 1983년 D램 반도체 사업을 시작하여 1993년에 세계1위로 올라선 이래 부동의 1위를 차지하고 있다.

D램 반도체 사업에서의 성공으로 첨단산업에서도 세계 1등을 할 수 있다는 자신감을 바탕으로 1993년 '신 경영혁신'을 추진하였다. D램 반도체 사업을 확보한 기술과 자금, 경영방식을 활용하여 플레시 메모리 사업, 시스템 LSI 사업, LCD 사업을 성공시킬 수 있었고, 부품사업에서의 경쟁력을 바탕으로 TV 사업, 휴대폰 사업에서 세계 시장점유율 1위를 할 수 있었다.[9]

---

6) 이경묵 · 배종문 외, *미라클 경영: 기적을 만든 7개 대한민국 기업 스토리*, 자의누리, 2017.
7) "홀로 뛰는 삼성 강점은 무엇인가?", *매경ECONOMY*, 2000.12.27.
8) *삼성전자 2016년 지속가능경영보고서*
9) 이경묵 · 배종훈 외, *전게서*, 2017.

2.2 경쟁전략변수: 품질

현대 경영에서 가장 중요한 성공요인(critical success factor: CSF)은 품질이다. 미국 기업의 최고경영자(CEO) 303인을 대상으로 1992년에 설문 조사한 결과,[10] 1991년에 이어 '제품 품질'과 '고객 서비스'가 '기술혁신'이나 '신제품 개발'보다 더 중요한 성공요인으로 지목되었다. 1989년 유럽품질경영포럼(EFQM)에서 제시된 맥킨지보고서(*McKinsey Report*)에서 유럽선도기업의 최고경영자 90%가 기업의 결정적 성공요인(CSF)으로 품질을 꼽았다.

품질은 납기 · 가격 · 유연성 · 서비스 등의 주요 경쟁전략 변수 중에서 핵심을 이룬다. 납기는 품질경쟁력이 확보되지 않는 한 경쟁력은 발휘될 수 없고, 품질과 납기가 경쟁력을 갖추지 못하면 원가를 통한 경쟁력을 발휘할 수 없다. 소비자위주의 시장에서 중요시되는 유연성과 서비스도 품질 · 납기 · 원가의 경쟁력이 선행되지 않고서는 경쟁무기로 기대할 수 없다. 현대경영에서 품질이 중요한 요인으로 지목되는 것은 품질이 중요한 전략변수로 작용하는 시대이기 때문이다.

오늘날 품질이 전략변수로 중요시되는 **이유**는 다음과 같다.

(1) 날로 발전하는 기술혁신으로 제품이 더욱 더 복잡해짐에 따라 제품의 품질 내지 신뢰성 관리 문제는 더욱 어려워지고 있다.

(2) 인플레로 인한 원가 증가분을 가격에 직접반영하기 보다는 정부의 억제 내지 기업간 경쟁 등으로 말미암아 품질이 이들의 완충제 역할을 하도록 하는 것이 유리하다.

(3) 소비자들의 지식수준이 점차로 높아짐에 따라 제품의 안전 내지 높은 신뢰성 등을 요구하는 소비자 운동이 더욱 활발히 전개되고 있다.

(4) 제품생산이 분업으로 이루어지는 경우, 제품 전체로서가 아니라 부분적으로 책임을 지는 생산방식으로서는 제품의 품질이나 신뢰성이 떨어지기 쉽다.

2.3 품질지향 경쟁전략

선두경쟁자의 꼬리를 잡으려고 하면, 그 보다 뒤떨어질 수밖에 없다. 그를 앞서려면 그의 머리가 향하고 있는 방향에 초점을 맞추어 겨루는 경쟁전

10) Electronics Business/Ernst & Young에서 CEO를 대상으로 1992년에 설문조사.

략이 필요한 것이다.

현대경영에서 경쟁우위는 가격경쟁력과 품질경쟁력의 확대를 통하여 확보될 수 있다. 그러나 품질과 가격 중 중요시되어야 할 것은 품질이다. 가격경쟁력은 짧은 시간에 경쟁사에 의하여 모방되고 수익성을 저하시킬 수 있기 때문이다. 즉 격심한 경쟁속에서 지속적인 경쟁우위를 확보하고 수익성을 올릴 수 있는 유일한 대안은 품질력의 확보뿐이다.

경쟁성격의 변화에 따라 기업전략의 정의와 범위는 수정되어야 하는데, 1980년대에 이르러 경쟁전략의 관점은 시장매력도로부터 시장능력으로 이전되었다. 도요다(豊田)자동차나 월마트(Wal Mart)와 같은 1980년대 성장기업의 경쟁전략을 보면, 상대적으로 빈약해 보이는 틈새시장(niche market)을 파고 들어가 경쟁에 성공했으며, 그들의 업계 내에서 우위를 차지하게 되었다.

1990년대에 들어와서 품질을 전략변수로서 활용한 기업들이 두각을 나타내었다. 경쟁전략의 보편적 특징은 품질이다. 조직의 장기적인 성과에서 품질이 얼마큼 중요할까?

포터(M.E. Porter)의 경쟁전략 틀[11]에서 보면, 품질과 전략 사이의 가장 뚜렷한 연결은 '차별화 전략'에서 볼 수 있다. 차별화는 구매자가 중요하게 고려하는 것을 제공하는 것으로, 차별화의 접근방법에는 품질 · 설계 · 상표이미지 · 기술 · 고객서비스 · 판매망 또는 다른 특성들을 취하는 방법 등이 있다.

가령 제록스(Xerox)는 구매 후 3년 내에 어떤 이유이건 제품교환이 가능하다는 것을 약속하여 경쟁자와 차별화를 꾀하였으며, 모토로라(Motorola)는 '총체적 고객만족'(total customer satisfaction)이란 목표달성을 위해 「6시그마 프로그램」을 전개하였다.

1980년대 중반이후 일본이나 미국에서는 고객만족을 위해 품질에 초점을 맞추는 기업의 수가 급격히 늘어나고 있다. 모토로라사는 품질과 기업전략 연결에 중요한 통찰력을 이용하여 고객만족을 획득하는 데 성공하였다.

모토로라의 품질주도의 핵심(core of Motorola's quality initiative)은 고객의 요구를 만족시킬 수 있는 제품이나 서비스를 생산하기 위해서 고객요구와 만족에 다양한 관심을 두고 있다는 점이다. '6시그마에 이르는 6단계'(the six steps to six sigma)의 기본적인 특성은 지속적인 개선과정이다.

---

11) 포터(M.E. Porter)는 경쟁전략에 대한 기본적인 접근방법으로 다음 세 가지를 제시하였다.
① 원가상의 우위확보(overall cost leadership), ② 차별화(differentiation), ③ 집중화(focus).

지속적인 개선(continuous improvement)은 전체적 품질혁신을 위한 기준이 된다. 결과적으로 품질은 고객 요구변경에 따른 가치 전달을 보장하는 구체적인 개념으로 그리고 각 활동에 대한 강도를 강화시키거나 유지하기 위한 메커니즘이 되었다.

모토로라가 발견한 것은 품질이 경쟁전략에 영향을 준다는 것이며, 경쟁지위에도 영향을 미친다는 것이다. 품질자체는 단일속성 개념을 갖는 것은 아니며, 거기에는 여러 품질수준이 존재한다는 것을 발견했다. 또한 달성된 품질수준은 미래 전략수립 능력에 직접적인 영향을 미치며, 이것이 경쟁적 지위를 만들기 때문이다. 그러한 분석을 통해서 모토로라는 고품질기업은 그들의 경쟁자보다 우수할 뿐만 아니라 극복하기 어려운 격차를 만들어 낸다고 결론내렸다.[12)]

경쟁자보다 높은 수준의 품질은 차별화 전략뿐만 아니라 원가우위 전략면에서도 유리하다. 1980년대 일본산업 경쟁력의 마술은 그들이 기업의 경쟁전략에서 차지하는 품질역할을 충분히 이해하여 이를 핵심 전략변수로 도입한데서 비롯된 것이다.

사 례 **페덱스(FedEx)사의 성장비결은 신속 · 정확**

1997년 11월 「포춘」(*Fortune*)은 택배시장의 만년 2위였던 페덱스(FedEx)가 1위 UPS(United Postal Service)와 격차를 줄이고 있다고 보도했다.

페덱스 상승과 UPS 침체의 분기점이 된 것은 1996년 여름이다. UPS사 직원들이 보름 넘게 파업을 하면서부터 급한 서류나 소포를 보내지 못한 기업들이 페덱스로 몰려들었다. 페덱스가 사원들의 애사심 속에 '다음날까지 무조건 배달'이라는 고객과의 약속을 지킨 반면, 값이 저렴한 UPS를 이용하던 고객들은 서류나 소포가 배달되지 않아 발만 동동 구를 뿐이었다.

페덱스는 20년전 배송업체로는 가장 빨리 접수－분류－배달에 따른 전 과정을 전산화했다. 페덱스는 고객이 직접 배달할 물건에 바코드를 부착할 수 있는 단말기를 10만대 이상 무료로 공급했다. 또 65만대의 고객 PC에 이 작업을 할 수 있는 소프트웨어를 설치해 줬다. 결국 현재 배달물의 60%이상은 고객이 직접 포장을 해, 바코드까지 부착시키고 있고 인터넷을 통한 우편접수도 매월 10%이상 늘고 있다.

1996년 110억 달러의 매출에 40달러였던 주가는 1년 사이 70%이상 오른 76달러가 되었다.[13)]

12) James A. Belohlav, "Quality, Strategy, and Competitiveness," *California Management Review,* Spring 1993.

13) [해외경영] 미 택배업체 '페덱스(FedEx)', *조선일보,* 1997.11.2.

2.4 품질전략의 추진 요소: 품질엔진

말콤볼드리지상 수상업체에 대한 연구[14]에서 이들 수상업체들은 조직의 품질활동에 힘을 실어준 독특한 **품질엔진**(quality engine)을 보유하고 있다는 사실이 밝혀졌다. 즉, 〈표 7-1〉에 제시된 품질엔진들은 조직의 품질활동을 주도하고 조직문화에 구성원들의 품질노력을 맞추어 주는 역할을 한다는 것이다.

이들 수상기업의 품질엔진으로 시장지향품질, 프로세스관리, 제품개발, 벤치마킹, 권한부여, 전략계획, 사실에 의한 관리 등이 제시되었다. 그러나 우리가 유념해야 될 것은 세계적 우량기업들의 최선의 관행들(the best practices)이라 해도 모든 기업에 양약(좋은 전략)이 될 수 없다는[15] 점이다. 즉, 그 기업의 규모, 문화, 여건, 특성 등에 따라서 적절한 전략변수를 선택·적용해야

표 7-1 말콤볼드리지상 수상업체의 품질엔진

회사명(수상연도)	품질엔진(quality engine)	주요 추진내용(focus)
IBM Rochester(1990)	시장지향품질 (market driven quality)	고객의 요구를 제품계획 및 설계과정 초기에 반영
Motorola, Inc.(1998)	공정(프로세스)관리 (process control)	불량 예방: 6시그마 품질관리
Cadillac Motor(1990)	제품개발 (product development)	설계와 제조활동을 통합하고 고객과 공급자의 협력에 치중
Xerox Corp.(1989)	벤치마킹 (benchmarking)	경쟁자와 최상급의 벤치마킹 the best practice 추구
Federal Express(1990)	기술(technology)	프로세스의 신속화와 고객서비스 향상 기술에 치중
Milliken & Co.(1989)	종업원의 권한부여와 참여 (employee empowerment & involvement)	모든 사업분야에서 자율경영팀과 종업원들의 적극적 참여
Zytec Corp.(1991)	전략계획 (strategic planning)	다기능팀, 고객, 공급자의 전략계획 참여
Westinghouse(1988)	데이터와 사실에 의한 관리 (management by data & fact)	품질활동의 지속적 측정·분석에 의한 품질개선

14) James H. Davis, *Who Owns Your Quality Program? Lessons from Baldrige Award Winners* (New York: Coopers & Lybrand, undated).
15) "Special report: Quality," *Business Week*, 30 Nov., 1992.

한다는 점이다.

최고경영자의 적극적인 지원과 참여가 없이는 품질전략은 성공할 수 없다. 보편적인 품질전략의 주요 요소로 최고경영자의 리더십을 비롯하여 고객집중, 전략계획, 의사결정, 지속적 개선, 전원참여를 꼽을 수 있다(그림 7-2 참조).

1 고객중심(customer focus)

현대 품질의 관점에서 볼 때, 우리가 생산·판매하는 제품이나 서비스는 고객에 초점을 맞추어 개발·설계되고 제공되어야 한다. 즉, 고객의 요구나 기대를 충족시키면서 그들에게 값진 것이야 한다. 고객에 초점을 맞추면 고객의 욕구와 필요를 알 수 있다.

고객에는 제품이나 서비스 이용자인 외부고객과 종업원을 비롯한 내부고객이 포괄되는데, 이는 외부고객을 만족시키려면 내부구성원들의 품질의식과 결집된 정성과 노력이 필요하기 때문이다.

2 사실에 근거한 의사결정(decision making by facts)

품질경영에서 중요한 요소는 사실에 입각한 의사결정이다. 제품개발 프로젝트의 실패율은 20~95%에 이르는데, 이는 고객이 실제로 무엇을 원하며 얼

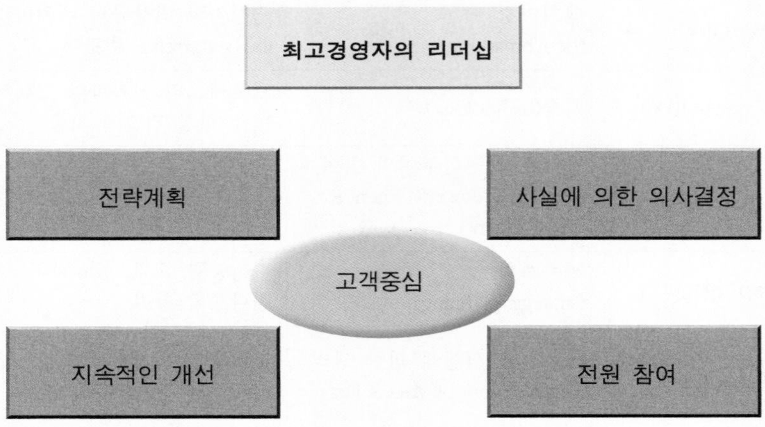

그림 7-2 품질전략의 주요 요소

마를 지불하고자 하며 경쟁자가 무엇을 하는지 등에 관한 시장사정을 제대로 파악하지 않았기 때문이다.

14장의 [그림 14-1]에서 보인 것처럼 일본기업들은 제품개발단계에서 설계변경을 하는데 반해 구미의 기업들은 생산단계에 이르러서 변경을 하므로 시장적응이나 원가면에서 상당히 불리하다.

3 전략계획(strategic planning)

전략계획을 통해서 리더는 조직의 장래를 조망하고 비전의 장기 실행계획을 수립하고 관리한다. 전략계획을 통하여 고객요구를 명확히 이해하고 효과적인 자원배분과 전략실행이 가능해진다.

1980년대부터 품질이 핵심 전략변수가 되면서 품질전략이 전략계획의 주류를 이루고 있다. 제록스(Xerox)는 경쟁력 약화로 고전하던 1980년대 초반 '품질전략을 통한 리더십'(Leadership Through Quality strategy) 프로그램을 추진하여 우량기업의 기틀을 마련하고 1989년 대망의 말콤볼드리지상을 수상하였다.

4 지속적인 개선(continuous improvement)

기술의 발전이나 문명의 발달 그리고 매스컴의 발전, 그리고 소비자들의 교육수준 향상 등으로 그들이 기대하는 품질수준은 나날이 높아지고 경쟁자들의 품질수준도 향상되므로 제품이나 서비스의 지속적인 개선 없이는 경쟁우위를 지킬 수 없다.

전통적인 품질수준 개념에서 품질개선에 대한 한계선은 최적 품질수준이지만, 무결함을 지향하는 현대에서는 무결함에 이를 때까지 지속적으로 개선하는 것이다. 그러나 지속적인 개선에 앞서 TQM에서 강조되어야 할 것은 "당초에 올바르게 행하는 것"(do it right the first time)이다.

5 구성원의 적극적인 참여

품질전략이 성공적으로 수행되려면 전 구성원이 고객만족과 지속적인 품질개선을 위해 정성을 다해 매진해야 한다.

SAS(Scandinavian Airlines Systems)의 전 사장인 얀 칼슨(Jan Carlzon)은 두 사람의 석공이야기를 들려주었다. 그들에게 "무엇을 하고 있는가?"를 물었을 때, 그들 중 한 사람은 짜증스러운 말투로 "돌을 다듬고 있오"하는데 반해 한 사람은 "성당을 짓고 있습니다"고 정중히 대답한다고 이야기한다. 종업원들은 그들이 하는 일에 긍지와 책임을 갖고 적극적으로 참여할 기회가 주어져야 한다. 그럴 때 그들은 보다 열심히 정성을 다하여 일을 할 것이고 이에 따라 품질은 더욱 향상될 수 있다.

조직 안의 종업원들뿐만 아니라 원자재를 납품하는 공급자들을 포함한 구성원 모두가 자기가 하는 일에 긍지를 갖고 품질향상에 적극적으로 참여해야 한다.

3 품질경영시스템의 설계

3.1 품질경영과 품질방침의 관계

어떤 조직에서든지 경영활동을 계획적으로 그리고 효과적으로 수행하기 위해서는 다음의 **계획수립과정**이 필요하다.

① 방침의 확립
② 목표의 설정
③ 계획(방책)의 수립

이들 계획과정은 기본계획과정(전략의 결정과정)과 실행계획과정(전략의 실행과정)으로 구분할 수 있다. 전략결정과정에서와 같은 요령으로 각 부문의 전략 실행과정은 다음과 같은 차례로 전개된다.

실행방침의 확립 → 실행목표의 설정 → 실행계획의 수립

따라서 품질경영의 계획과정은 품질방침의 확립→품질목표의 설정→품질계획의 수립으로 전개된다.

품질경영에서 목표로 하는 품질의 내용은 전사적으로 뚜렷하게 이해되어야 하므로, 품질경영활동을 전개하기에 앞서 우선 품질방침과 품질목표가 설정되어야 한다.

이 경우 품질경영과 품질방침 그리고 품질시스템의 관계를 자동차여행으로 비유해 보기로 한다. 자동차여행에서 지도 및 도로규칙, 운전자, 자동차는 필수요소이다. 품질방침은 도로규칙과 지도에 비유될 수 있고, 품질경영은 운전기사, 품질시스템은 차량에 비유할 수 있다. '안전하고 쾌적한 여행' 즉 '고객의 만족'은 이들 3자에 달려 있는 것처럼,[16] 품질방침, 품질경영, 품질시스템의 관계는 매우 긴밀하다.

3.2 품질방침의 확립

방침(policy)은 활동을 위한 지침(guide) 역할을 하는 원칙들을 설명한 것이다. **품질방침**(quality policy)은 최고경영자에 의해 공식적으로 표명된 품질에 관한 조직의 의도와 방향으로 경영방침의 일부이다.

품질경영 활동을 전개하기에 앞서서 품질경영활동의 지침이 되는 포괄적인 원칙으로서의 품질방침이 확립되어야 한다. 최고경영자가 품질방침을 사전에 검토하고 승인해야 할 것이지만, 세부방침은 품질전문가가 맡아서 수립하는 것이 보통이다.

품질방침의 **주요 내용**들은 다음과 같다.

(1) 제품의 판매 대상: 어떤 고객에게 제품을 팔 것인가에 따라서 설계품질의 수준 내지는 제품의 품질등급을 정하는 방침을 정한다.

(2) 품질리더십의 정도: 품질수준을 최대로 높여서 품질리더십을 잡느냐, 아니면 품질을 보통수준으로 낮추느냐 하는 것을 방침으로 정한다.

(3) 제품전략의 중점: 제품전략을 전개함에 있어서 그 중점을 제품의 신뢰성에 둘 것인가, 제품가격에 둘 것인가 등을 방침으로 정한다. 스웨덴의 볼보(VOLVO)자동차는 80여 년 동안 안전한 자동차를 고객들에게 제공하는 품질방침을 고수해 오고 있다.

(4) 고객관계에 대한 회사의 입장: 불량에 대한 고객의 클레임을 해결함에 있어서 융통성 내지는 엄격성의 정도를 고객에게 충실하게 알리는 것을 방침으로 정한다.

16) Ian S. Kallnosky, "The Total Quality System - Going Beyond ISO 9000," *Quality Progress*, June 1990.

(5) 공급업자와의 관계: 공급자가 조달하는 물품에 대해서 검사를 할 것인지, 아니면 그 공급자에 일임할 것인지를 방침으로 정한다.

(6) 품질보증 활동의 강화: 안전사고의 예방과 고객의 신뢰도를 높이기 위해 연구개발, 자재조달, 제조 및 공정관리, A/S전반에 걸친 품질보증 활동의 강화를 방침으로 정할 수 있다.

품질방침은 구성원 모두가 올바르게 이해하고 방침대로 실행할 수 있어야 한다. 그러기 위해서는 구성원의 책임과 권한에 따라 말하자면, 사장방침 → 사업부장(공장장)방침 → 부장방침 → 과장방침 등으로 계층별로 연계되어 전개되어야 한다. 즉, 방침전개 내지는 방침관리가 필요하다.

참고

방침관리와 방침전개

1960년대 중반 닛폰덴소(日本電裝)와 브릿지스톤(Bridgestone)타이어 등에서 도입되어 일본산업에서 발전된 방침관리는 구미에서 많은 관심을 끌고 있다.

방침관리(management by policy)란 기업의 목적 · 경영이념 · 경영정책 · 중장기 경영계획 등을 토대로 해서 수립된 연도 경영방침(사장방침)을 달성하기 위해서 계층별로 방침을 전개 · 책정, 즉 실행계획을 세워서 이를 실시한 다음, 그 결과를 검토하여 필요한 조치를 취하는 조직적인 관리활동이다.

방침관리는 결과보다는 그렇게 되기까지의 과정을 중요시하여 그 다음의 좋은 결과를 낳게 한다는 점에서, 결과를 중요시하는 **목표관리**(management by objectives; MBO)와 구별된다. 방침관리의 특징은 조직의 목표설정보다는 계획과정 자체에 초점이 있다는 점이다. 즉 방침관리의 목표는 계획과정을 지속적으로 개선하는 데 있다.[17] 그 과정은 최고경영자가 기업의 주요 목표를 제시하는 데서 비롯되어 차츰 하부층으로 목적과 수단의 고리(end-means chain)를 이어서 전개되어 결국 실행계획이 작업현장에 내려지게 된다. 그래서 구미에서는 일본의 방침관리를 방침전개라 부르기도 한다.

방침전개(policy deployment)는 경영의 방침 · 목표 · 방책(계획)을 톱에서 말단 사원에 이르기까지 전달 · 전개해서(plan), 각 계층이 이들 목표나 계획을 토대로 활동하고(do), 실시결과를 평가 · 검토한(check) 것을 피드백(action)시키는 PDCA 사이클을 통해 계획적이며 체계적인 경영개선을 지속적으로 도모하는 것이다.

따라서 방침관리를 추진함에 있어서 ①방침의 책정, ②전개(계획화), ③실시결과의 검토, ④검토결과를 차기방침에 피드백하는 추진과정을 적절히 수행해야만 효과를 높일 수 있다.

17) T.J. Cartin, *Principles and Practices of TQM,* American Society for Quality Control, 1993.

품질방침의 기본적인 사항은 동일하지만, 품질방침의 주제는 각 회사의 입장에 맞게 수립되어야 한다. '고객지향'과 '고품질의 업무활동' 등을 경영이념(4장 4.4의 사례 참조)으로 하는 필립스(Phillips)코리아의 품질방침은 "작은 차이가 명품을 만듭니다" (let's make things better)이다.

전동공구를 전문으로 생산하는 계양전기[18]의 품질방침을 예시하면 다음과 같다.

[품질 방침]

고객만족	고객이 요구하는 최적의 조건을 충족시키기 위하여
품질경영활동	품질 제일주의에 입각한 끊임없는 품질개선과 전사적인 품질경영 활동을 통한
최고 품질의 제품	최고 품질의 제품을 소비자에게 공급한다.

3.3 품질목표의 설정

목표란 활동을 위한 계획의 기초가 되는 것으로 "특정기간 중 달성될 것으로 기대되는 성과를 나타낸 것"이다. **품질목표**는 품질방침에 따라 설정한 품질에 관한 목표이다.

이상적인 품질목표는 무결함이라 할 수 있다. 모토로라社(Motorola Corp.)에서 비롯된 6시그마 목표(3.4 ppm)를 예로 들 수 있다. 지속적인 개선활동의 방침 자체도 목표임에 틀림없다. 목표는 계수로서 표시될 때 달성효과가 높다. 벤치마킹은 하나의 탁월한 목표설정 기법이다.

품질목표는 기본적으로 다음의 두 가지로 구분된다.

① 현상유지, 즉 관리(control)를 위한 품질목표:

예) 2002년도에는 불량률을 100 ppm수준으로 유지한다.

---

18) 1992년 품질관리 대상 수상, 1993년 ISO 9001 인증 획득, 1995년 품질경영 100선 업체. 1996년 QS9000 인증 획득, 1999년 품질경쟁력 50대기업 선정.

② 현상타파(breakthrough), 즉 품질개선을 위한 품질목표:
예) 2003년도까지는 불량률을 현재의 0.1%에서 20 ppm으로 낮춘다.

현상유지(품질관리)**를 위한 품질목표**는 현재의 품질이 만족스러운 상태여서 품질개선의 필요가 적다거나, 품질개선을 하는 것이 비경제적일 경우, 그리고 정상적인 품질관리 활동을 전개하는 경우에 흔히 설정된다.

현상타파(품질개선)**를 위한 품질목표**를 수립하는 **이유**는 다음과 같다.

① 품질리더십을 확보하기 위해서
② 뛰어난 성과를 올려서 경쟁력을 확보하기 위해서
③ 품질문제들(불량, 불만, 반품 등)로 일어나는 보증비용, 조사비용, 손해배상, 할인 등으로 야기되는 실패코스트를 절감하기 위해서
④ 고객, 공급자, 투자자, 지역사회 등 외부 이해관계자들에 대한 기업의 이미지 쇄신을 위해서

3.4 품질계획의 수립

품질계획 로드 맵(quality planning road map)은 신제품이나 제품개량 계획의 토대가 되는데, 포드(Ford)사의 토러스(Taurus) 개발사례를 중심으로 설명하기로 한다.

포드는 1980년대 초 중형의 전륜구동 자동차 생산계획에 착수하였다. 당시 기업환경은 일본차를 비롯한 외국차에 밀리고 시장점유율은 계속 떨어지고 유류가격은 상승되고 있었다. 이에 따라 포드는 새로운 자동차를 개발하기로 하였다. 즉 '고객만족'을 위해 최상의 승용차를 생산하기로 하고 토러스(Taurus)계획에 착수하였다.

품질계획의 몇몇 단계들 가령, 고객의 요구를 제품특징이나 공정특징 및 공정관리 특징으로 번역하고 전개(deployment)하는 것 등은 품질기능전개(Quality Function Deployment: QFD)과정으로 이룰 수 있다.[19]

---

19) '품질기능전개'에 대한 설명은 8장을 참조.

설 예

토러스의 품질계획 로드 맵[20)]

1) 품질목표 : 동급 최상의 승용차(best in class)
2) 영향을 줄 대상, 즉 고객의 식별

예:	
기업적 측면	고객
영업적 측면	소비자
법적 측면	미국 교통성(DOT)
부품 제작자	조립 공장

3) 고객의 요구(필요) 탐색

예: 고객	요구/필요
소비자	효율 높은 히터
DOT	브레이크 라이트(Hi-mount brake light)
조립공장	조립의 용이

이들 요구는 시장조사나 전문가들로부터 구해지며 이들 '고객 언어'는 '토러스 언어'(Taurus language)로 번역된다.

예: 요 구	해 석
효율 높은 히터	필요한 온도에 이르는 시간
조립의 용이	부품 수의 삭감

4) 제품 특징의 개발

이 단계에서 시장조사 결과는 제품 개발부에 넘겨져 제품 특징의 세세한 지침이 된다.

이 단계에서 429개의 제품 특징이 개발되었는데, 이는 제품판매성(product salability)에 중요한 요소가 된다. 이들 특징의 예를 보면, 자동차의 후드를 열어 올리는데 소요되는 노력의 량이다. 후드를 열어 올리는 데 소요되는 노력은 경쟁차의 경우, 9파운드로 측정되어 최종설계에서 7파운드로 내려 잡았다.

이로써 토러스는 동급 차종에서 제품특징의 80%가 상위에 이르게 되었다.

5) 공정 특징의 개발

설계와 제조계획 단계에서 현장의 제조부서(조립공장)와 함께 제조상의 문제들을 검토하는 기회를 동시에 가졌다. 제조부서에서는 1,400가지의 여러 가지 일어날 수 있는 문제들이 제시되였다.

6) 관리항목을 설정하고 생산을 준비

이들 계획들이 생산단계에 들어감에 따라서 각 부서간에 조정이 이루어지고 제품 설계와 공정설계의 최종적인 조정이 이루어졌다.

---

20) J.M. Juran & F.M. Gryna, Jr., *Quality Planning and Analysis,* 3rd ed., *op.cit.,* pp.92-96.

3.5 품질조직의 재편성

오늘날 대부분 중요한 품질문제들은 전통적인 품질관리조직으로 다루기 힘들다. 현대 산업에서의 품질조직 변화를 보면 다음과 같다.

(1) 품질경영 과업이 품질부서보다는 기능적인 현장 부서에 부여되었다. 가령, 공정능력조사 업무는 품질부서에서 공정기술부서로 이전되었다.

(2) 품질경영의 범주가 생산활동에서 모든 활동으로 확대되었으며, 외부 고객으로부터 외부 및 내부 고객으로 확대되었다. 대다수 기업의 직능별 부서에서 품질경영 차원의 교육·훈련을 실시하고 있다.

(3) 품질 팀의 적용이 확대되고 있다.

(4) 의사결정 권한이 하위계층으로 이양되었다.

이상의 변화추세는 품질활동을 새로이 조직하고 조정하도록 만들고 있다. 전통적인 기능부서별 조직은 책임이 분명하고 기능별 활동능률이 높다는 이점도 있지만, 부서간에 높은 벽을 쌓고 서로 의사소통이 잘 안되고 리드타임이 길어진다는 단점도 있다. 이는 전사적 품질경영활동에 커다란 장애요소가 되고 있다. 그래서 킬만[21](R.H. Kilmann)은 미래의 조직으로 부문간에 벽이 없는 '네트워크형'(network type) 조직의 등장을 예언한 바 있다.

이 조직은 바퀴통 형태로 구성되며, 전통적인 기능별 노동분업(functional division of labor) 대신에 지식분업(division of knowledge)으로 대치된다. 포드(Ford)자동차에서 토러스 승용차를 설계하고 생산함에 있어서 조직을 바퀴통형 조직으로 변형하여 부서간 장벽을 헐고 동시병행설계 내지 동시공학(concurrent engineering)을 추구하여 생산효율을 높일 수 있었다(그림 7-3 참조).

미래의 조직은 팀 활동 의존율이 높아짐에 따라 품질경영자와 품질부서의 기능 또한 변화가 예상된다. 그리나 2세(F.M. Gryna, Jr.)에 의하면,[22] 장래 품질담당이사의 두 가지 중요한 역할은 품질부서를 관리하는 일과 전략적 품질경영(SQM)면에서 상위 경영자들을 지원하는 일이라고 한다.

오늘날 조직구성원 가운데 재무담당 요원이 CFO(chief financial officer)와 같은 핵심역할을 하는 것처럼, 품질담당 이사는 앞으로 상위 경영자의 오른팔 역할을 맡게 된다. 품질담당 이사가 중대한 역할을 제대로 수행하려면 다

21) R.H. Kilmann, "Tomorrow's Company Won't Have Walls," *The New York Times*, June 18, 1989.
22) F.M. Gryna, Jr., "The Quality Director of the 1990's," *Quality Progress*, April-May 1991.

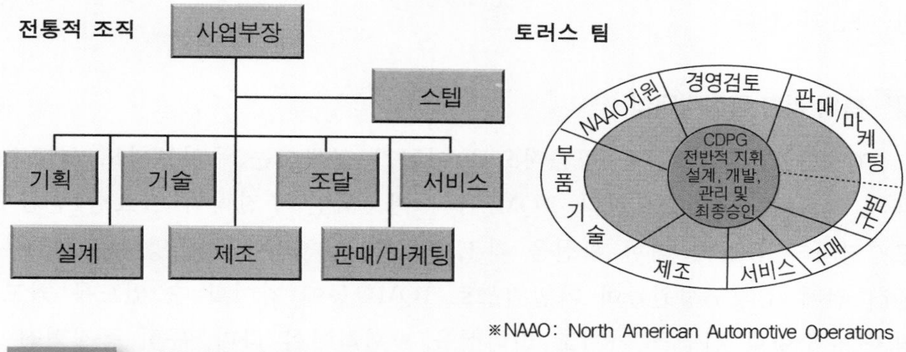

그림 7-3 **전통적 조직과 토러스 팀**

음 사항들이 충실히 이행되어야 한다.

① 기술이 아닌 사업에 중점을 둔다.
② 시방에의 일치보다는 고객요구에 초점을 맞춘다.
③ 상위 경영자와 라인 부서에 대한 봉사에 충실히 한다.
④ 품질부서의 목표가 아닌 기업 품질목표에 중점을 둔다.
⑤ 촉진자로서 역할을 한다.
⑥ 다른 부서에 자원들을 제공하는 실체가 된다.

그러나 기업마다 여건이 다르기 때문에 획일적인 품질조직으로 새로운 품질요건들을 충족시킬 수는 없다. 즉 당해기업이 처한 시장·기술·사회·경제적 상황에 적절히 대처할 수 있는 품질조직이 이룩되고 운영되어야 한다.

3.6 TQM체제의 구축

21세기의 품질문제는 전사적인 경영전략 차원에서 고객만족을 위한 품질목표와 방침을 수립하고 이를 종합적으로 전개하는 총체적 품질경영(TQM)체제로 풀어나가야 한다. TQM을 그의 사상과 원칙대로 실행하고 소기의 성과를 거두기 위해서는 TQM체제의 구축과 품질경영의 체계적인 접근이 필요하다.

TQM체제의 구축 포인트를 주로 품질의 무형성(無形性) 측면에서 제시하면 다음과 같다.

1 톱의 강한 품질리더십

TQM으로 경영혁신을 성공적으로 이끌기 위해서는 무엇보다도 최고경영자의 역할이 매우 중요하다. TQM 역시 전사적인 추진력이 필요한 만큼 최고경영자가 품질에 대한 확신을 갖고 확고한 실천의지를 표명해야 한다. 아울러 전체 조직구성원들이 자발적으로 TQM활동에 참여할 수 있도록 최고경영자는 뚜렷한 신념을 가지고 리더십을 발휘하여야 하며, 특히 품질혁신 차원의 품질목표 달성을 위한 품질방침을 공식화함으로써 조직 구성원의 활동방향 제시와 조직의 일사불란한 역동력을 조성해야 한다.

2 품질 비전의 공유

리더의 중요한 자질은 대중이 볼 수 없는 미래를 보여주는 능력이다. 구성원 모두가 함께 나아갈 길을 제시하고 그 방향으로 가면 무엇이 보인다는 리더의 상상력을 대중에게 실체화시키는 비전 제시가 필요하다.

사 례 **유키지루시 유업(雪印乳業)의 추락과 품질리더십**

일본인의 식탁에서 가장 사랑받는 하얀 눈송이 상표의 유제품 생산업체인 유키지루시유업이 75년간 쌓아온 명문기업의 신뢰가 무너지는 데는 1주일도 걸리지 않았다.

사건은 2000년 6월말 이 회사 우유를 먹은 오사카 지역 소비자들이 집단식중독을 일으키면서 시작됐다. 1주일마다 가설밸브를 분해 · 청소하도록 되어있는 규정을 무시하고 3주일간 한번도 씻지 않아 생긴 사고였으나 문제를 조속히 해결하지 않고 넘어가려다 이와 같이 엄청난 일이 벌어지고 말았다.[23)]

홋카이도 낙농조합에서 출발한 이 회사는 일본 유제품 업계에선 드문 주인(대주주) 없는 자주적 회사다. 창사이래 단 한번도 적자를 안내고 승승장구했으나, 위기가 터지자 분권형 체제는 허점을 드러냈다.

경영진이 신속한 결단을 못 내리고 초기대응에 실패, 사건을 키웠다는 분석이다. 이 사건이 남긴 교훈은 품질관리만의 문제가 아니다.

민첩하게 위기에 대응하고 회사 안팎에 대한 품질문제에 대한 해결능력을 갖춘 톱의 품질리더십 발휘가 결여되었었다는 점이다.

---

23) *일본경제신문(日本經濟新聞)*, 2000.7.13.

기업의 이념이나 비전에 품질과 관련된 내용을 담아 구성원 모두가 이를 공유하고 실천하는 것이 중요하다. 경쟁력이 높은 기업들은 대부분 기업을 리드하는 톱의 비전이 명확히 제시되어 구성원들이 공유하고 있다.

3 품질목표의 제시

이상적인 품질목표는 무결함(無缺陷)이라 할 수 있다. 지속적인 개선활동의 방침 자체도 목표임에 틀림없다. 벤치마킹은 하나의 탁월한 목표설정 기법이다. 세계 초우량기업 또는 업계 최고 경쟁사와의 벤치마킹을 통해서 TQM의 목표관리를 하는 것도 좋은 방법이다.

TQM의 품질목표로는 공정능력, ppm(parts per million), 사이클 타임(cycle time) 등이 흔히 제시된다. 가령 규격한계가 $\pm 5\sigma$가 주어질 경우에는 6σ의 공정능력이 있어야 한다. 시그마 능력과 동일한 목표로 나타내는 또 하나의 방법으로 ppm이 있는데, 이는 100만개의 생산물(서비스)당 결함수(불량)를 나타낸다. 3σ의 공정능력을 갖고 있을 경우 100만개의 생산품 가운데 2,700개의 불량이 예상되지만, 6σ의 공정능력을 갖추면 불량은 3.4ppm으로 줄어들므로 고객의 만족은 증대된다. 사이클 타임(cycle time)은 주문을 받아 제품/서비스를 제공하기까지의 시간을 지칭하는데, 납기준수나 서비스 제공시간의 단축은 고객만족의 중요한 척도의 하나이다.

4 품질지향적 기업문화

도요다 자동차 품질의 명성은 "불량품을 다음 공정에 넘기지 않는다"는 '불량 제로 원칙'에서 비롯된 것과 같이 특정기업 조직구성원들의 공유된 가치의식과 행동방식은 독특한 품질문화를 이루고 있음을 본다. 최고의 품질을 고객에 제공하려면 제품개발단계에서 전개되는 품질보증과 같은 유형적 요소의 강화와 함께, 무형적 품질요소인 경영이념 · 가치관 · 규범과 관습 등을 구성원들이 공유하는 품질지향적 기업문화가 형성되어야 한다.

5 성과에 대한 보상체계 마련

TQM을 성공적으로 실천하여 그 성과가 가시화된 경우에는 반드시 합리적인 평가를 통한 보상이 뒤따라야 한다. 모든 경영활동이 그러하듯이 팀별 또는 개인별 경영혁신 활동의 업적에 대해서는 보상에 의한 동기부여가 되어야 TQM 추진력이 지속적으로 활성화될 수 있다.

TQM으로 전사적인 경영/품질혁신을 이루기 위해서는 최고경영자가 품질에 대한 확고한 신념을 가지고 조직을 그의 이념이나 방침대로 이끌어 나갈 수 있는 내부역량 및 시스템을 구축하는 것이 필요하다. 그 다음에는 품질에 관련된 모든 기능을 전사적 차원에서 정비해야 한다. 품질혁신 성공의 열쇠는 개발·생산에서부터 마케팅 그리고 애프터서비스에 이르기까지 모든 기능을 포괄하는 품질경영 활동이기 때문이다. 그러나 우리가 반드시 유념해야 할 점은 품질관리 내지 품질경영 시스템은 그 기업의 여건이나 특성에 맞게 구축하는 것이 긴요하다는 점이다.

주요 용어(key word)

• 전략경영(strategic management) • 비전(vision) • 전략(strategy) • 전략적 품질경영(strategic quality management) • SWOT분석 • 품질지향전략 • 품질엔진(quality engine) • 고객중심(customer focus) • 품질방침(quality policy) • 방침관리(management by policy) • 품질리더십(quality leadership)

연습문제

1. 톱의 중요한 과업 중 하나는 조직의 비전 아래 장기목표를 세우고 이를 다룰 전략을 수립하는 것이다. 전략경영에서 비전(vision) – 목표(objectives) – 전략(strategy)의 관계를 기술하라.
2. 전략계획은 리더십 발휘에 필수요소이다. 전략계획과 관련하여 우량기업의 공통점을 기술하라.
3. 장기적인 품질목표를 전략적으로 전개하는 전략적 품질경영의 접근단계를 기술하라.

4. 현대경영에서 가장 중요한 성공요인(CSF)은 품질이다. 오늘날 품질이 전략변수로 중요시되는 이유는 무엇인가?
5. 말콤볼드리지상 수상업체들은 조직의 품질활동에 힘을 실어준 독특한 품질엔진(quality engine)을 보유하고 있다는 사실이 밝혀졌다. 이들 수상기업의 품질엔진과 추진내용을 기술하라.
6. 성공적인 품질전략의 주요 요소들을 설명하라.
7. 품질경영활동을 효과적으로 수행하기 위한 계획수립과정을 순서대로 기술하라.
8. 경영방침, 품질방침간의 차이점과 품질방침 설정의 필요성에 대하여 설명하라.
9. 방침관리와 목표관리의 차이점을 양자의 특징을 중심으로 기술하라.
10. TQM이 소기의 성과를 거두기 위해서는 TQM시스템과 품질경영의 체계적인 접근이 필요하다. TQM시스템의 구축 포인트를 기술하라.

제 8 장

고객만족 품질의 설계

1 고객이 만족하는 품질

1.1 장수상품의 비결

우리주위에서 볼 수 있는 장수상품들, 가령 부채표 활명수, 샘표 간장, 박카스 드링크, 모나미 153 볼펜, 초코파이, 새우깡, 신라면, 참眞이슬露 소주, 하이트 맥주, 코카콜라 등이 오랜 세월동안 애용되는 비결은 무엇일까?

이들 장수상품의 **비결**[1]로서 고객요구의 충족, 상품컨셉의 명확화, 상품의 독창성, 품질의 우수성, 끊임없는 품질개선, 좋은 브랜드 이미지 유지, 네이밍과 판매촉진, 가격 등을 꼽을 수 있다. 쉽게 말해서 고객이 만족하는 품질로서, 경쟁제품보다 품질이 좋기 때문이다.

반세기전에 피터 드럭커는 그의 저서(*Practice of Management, 1954*)에서 "기업의 목적은 고객을 창조하는 것"이라 하였다. 기업은 고객이 있어야 이윤도 올릴 수 있고 생존하고 성장할 수 있으므로, 기업의 목적을 달성하기

1) 長田 洋, "ロングセラー商品の秘訣とTQMの役割," *品質管理,* 2000.11.

위한 전제 조건은 고객이 있어야 하는데, 그러려면 먼저 고객을 만족시켜야 한다.

최근의 히트상품들 가령, 구글 어스, 애플의 아이팟과 아이폰, 도요타 렉서스, 닌텐도 위, 노키아 폰, LG 트롬세탁기 등에서 보건대, 이들은 한결같이 새로운 고객가치 창출에 초점을 맞추어 성공하였다.[2)]

전통적 공급자지향 시장에서 가격을 비롯한 제품, 광고 등 이른바 4P(Product, Price, Promotion, Place)를 마케팅 전략변수로 꼽았으나, 소비자/고객지향 시장에서 고객위주의 4C(Customer benefits, Cost to customer, customer Communication, customer Convenience)로 대체되면서 고객을 위한 가치창조가 강조되고 있다

생산자지향 시장에서 고객지향 시장으로 바뀌면서, 현대경영의 패러다임 시프트는 종래 가격경쟁의 '양질 저가'가 아닌 가치경쟁의 '고객가치 추구'에서 찾을 수 있다. 간단히 말해서 종래의 가격경쟁이 아닌 가치경쟁에서 고객의 요구나 기대사항들을 충족시켜 주거나 훨씬 뛰어넘는 상품이나 서비스를 제공하는 기업만이 살아남을 수 있다.

현대는 가격보다는 가치로 승부하는 가치경쟁 시대이다. 그래서 요즘 기업의 경쟁 패턴은 가격, 품질 중심에서 가치중심으로 옮겨가고 있다. 가치창조 경영에서도 고객만족을 추구하려면 소비자나 고객의 요구(need)에서 출발해야 한다. 즉, 고객이 원하는 니즈가 무엇인지 먼저 파악하고, 이를 통해서 고객을 만족시킬 수 있는 새로운 가치를 창출하는 것이다.

세계최강 제품의 성공비결도 결국은 고객만족 품질경영에 있음을 알 수 있다. 코틀러(Philip Kotler)는 고객만족을 통해서만이 매출증대가 이루어진다고 말한다. 상품가치가 없는 제품은 팔리지 않는 것으로, 기업의 입장에서 볼 때 고객이 만족하는 품질의 상품이 무엇보다 필요하다.

서비스제공자와 고객 만남의 참 순간(moment of truth)을 강조한 SAS(Scandinavian Airline Systems)의 얀 칼슨 사장은 고객만족을 초우량기업의 필수조건으로 지목하였다. 미국의 말콤볼드리지상이나 유럽품질상에서 평가배점의 상당부분을 고객만족에 할애하고 있음은 품질경영의 목적이 고객만족에 있음을 시사한다.

2) 이순룡, "가치분석에서 고객가치의 창조까지", *국제표준화저널*, 2008(가을), 제15호.

고객만족은 제품/서비스의 수행성과가 고객의 기대보다 클 때 이루어지는 것으로, 다음의 **고객가치**(customer value)와 함수관계가 있다.

$$\text{고객가치} = \frac{\text{제품 · 서비스의 수행성과(기능 · 품질 · 서비스)}}{\text{고객이 기대하고 투자한 것(시간 · 금전)}}$$

1.2 고객의 기대(요구)와 만족

고객이 기대하는 제품과 서비스의 품질은 ① 기본 기대사항, ② 시방/요구사항 그리고 ③ 감동/기쁨의 3단계로 살펴볼 수 있다.[3)]

[그림 8-1] 밑바닥층의 **기본 기대사항**(base expectation)은 당연히 충족되어야 하는 고객의 묵시적 요구사항으로 이것이 충족되지 않으면 고객은 불만에 이른다. 예컨대, 승용차의 브레이크나 핸들의 안전성과 같은 기본적 품질 특성이다.

가운데 층의 **시방**(示方)/**요구사항**(specifications/requirements)은 고객의 명시적 요구사항으로 이들이 충족될수록 만족은 증대되고, 충족되지 않을 경우

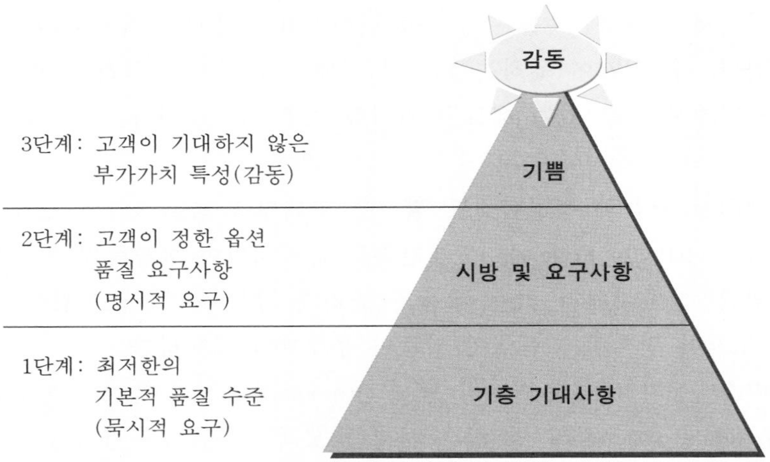

그림 8-1 **고객의 3단계 기대수준**

3) A.R. Tenner & I.J. DeToro, *Total Quality Management: Three Steps to Continuous Improvement*, Addison-Wesley Publishing Co., 1992.

불만이 증대된다. 시방/요구사항의 충족과 만족도는 정비례하므로 품질관리에서 시방이나 요구사항의 충족은 매우 중요하다. 예컨대, 고객이 선택적으로 요구하는 품질특성으로 승용차의 엔진출력, 자동기어, 에어컨, 에어백, 색채, 납기 등과 같은 품질특성의 충족이다.

최상층의 **감동/기쁨**(delight)은 고객이 기대하지 않은 부가가치 특성으로 기쁨이나 감동으로 나타나는 잠재적 욕구사항이다. 따라서 이것이 제공되지 않더라도 고객은 불만에 이르지 않는다. 요즈음 휴대전화로 불리는 셀룰러폰(cellular phone)이 1990년대 초반에 처음 나왔을 때, 유선전화에 익숙한 소비자는 시간과 장소에 구애됨이 없이 언제 어디서나 전화를 걸고 받을 수 있어 기쁨과 감동으로 나타났다.

고객의 기대수준에 따라 고객만족도는 달리 나타난다. 따라서 제품/서비스의 특성에 대한 고객의 기대수준을 알게 되면, 현재 내지 장래 고객들이 요구하는 품질특성이 어떤 것인지 알 수 있다. 그리고 고객들의 만족수준이 품질특성의 변화에 어떻게 반응할 것인지에 대한 예측도 가능하다.

고객의 요구나 기대에 대한 중점적인 충족사항은 2단계 고객의 명시적 요구인 시방/요구사항들이다. 1단계 기본 기대사항의 충족은 최소한의 고객

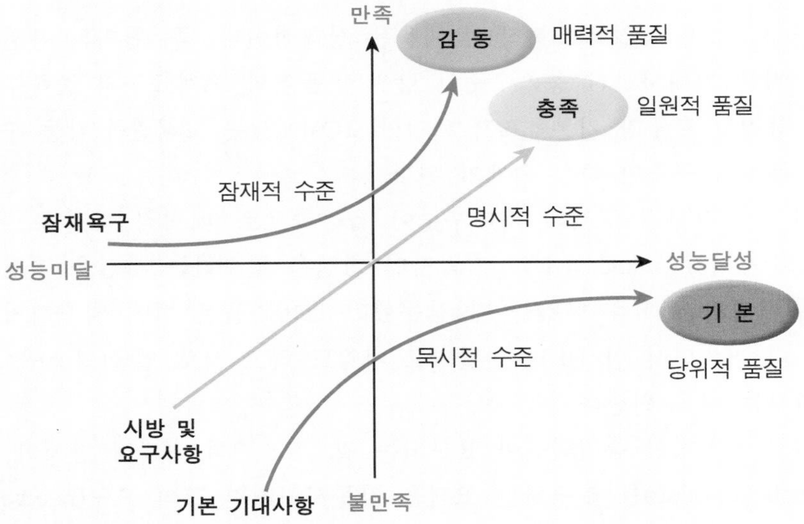

그림 8-2 가노의 고객만족 모델

불만 발생을 피하게 해주는 방어적 요건이다. 높은 수준의 고객만족도는 묵시적인 기본 기대사항(1단계)과 모든 명시적 요구사항(2단계)의 충족은 말할 것도 없고 고객에 감동(기쁨)을 주는 부가가치 창출에서 이루어진다.

이상의 3단계 기대수준을 일본의 가노 노리아끼(狩野紀昭) 등[4] 은 고객이 기대하는 품질 관점에서 지각품질을 다음 3가지 요소(품질특성)로 고찰하였다(그림 8-2 참조).

(1) 당위적 품질요소(must be quality element): 당연히 충족되어야 하는 묵시적 기대사항으로, 이들이 충족되더라도 고객만족에는 크게 영향을 미치지 않지만 충족되지 못하면 불만을 일으키는 2원적(二元的) 품질요소(특성)이다(기본 기대사항의 충족수준).

(2) 일원적(一元的) **품질요소**(one dimensional quality element): 충족되면 만족을 주지만 충족이 되지 않으면 불만을 일으키는 품질요소이다(시방/요구사항의 충족수준).

(3) 매력적 품질요소(attractive quality element): 설사 충족이 되지 않더라도 문제되지 않지만 충족되면 고객이 만족 내지 감동을 하는 2원적(二元的) 품질요소이다(고객만족/감동 수준).

이들 세 가지 품질요소(특성)의 내용은 상대적이다. 즉, 협의의 품질관리에서는 기본 기대사항의 충족수준인 당위적 품질과 고객요구의 충족수준인 일원적 품질의 추구가 기본목표가 되지만, TQM에서는 고객만족/감동 수준인 매력적 품질의 구축이 중심 과제가 된다.

시간이 경과하면 고객의 기대수준이 올라가므로 '매력적 품질'로 한 때 고객을 감동시켰더라도 품질의 지속적인 개선은 필수라는 사실을 명심해야 한다. 휴대전화가 처음 나왔을 때 감동했던 소비자들은 이에 익숙해지면서 크기가 더 작으면서 인터넷과 연결되고 게임도 하고 서로 얼굴(영상)을 보면서 통화하는 것을 원한다.

따라서 지속적인 품질혁신이 요구되는 것으로, 특히 내재적 감성의 매력가치(aesthetic value)를 추구하는 고객을 감동시키려면 그의 요구(needs)보다는 감성이나 심리적 욕망(wants)을 자극해야 수요와 가격의 제약을 벗어날 수 있어 보다 효과적이라는 점을 명심해야 한다.

4) 狩野紀昭 外, "魅力的品質と當たり前品質," *品質*, 14卷2號, 1984.

1.3 고객감동의 열쇠 러브마크[5)]

고객이 기대하는 가치는 컨셉(concept)과 품질로 제공할 수 있지만, 고객들은 이들에 열광하지 않는다. 고객이 기대했던 것 이상의 감동이 있을 때 고객은 그 브랜드에 강하게 이끌린다.

애플의 아이폰이나 할리 데이비슨 오토바이는 고객이 기대하는 가치를 넘어서는 감동을 제공하여 열광하는 고객층을 만든 사례이다.

사치앤사치(Saatchi & Saatchi)의 CEO인 케빈 로버츠(Kevin John Roberts)는 2004년에 발간한 『러브마크: 브랜드의 미래』(*lovemarks: the future beyond brands*)란 책을 통해 인간의 감성을 강조하고, 감성을 중시하는 브랜드 '러브마크'의 중요성을 강조했다. 러브마크(Lovemark)란 '소비자들과 감성적으로 연결된 브랜드'를 의미한다. 시간이 흘러도 사람들로부터 사랑과 존경을 받고 있는 브랜드, 소비자 삶 속에 스며들어 소비자들의 꿈을 실현해 주는 브랜드를 말한다.

고객의 지각가치(perceived value) 구성(그림 8-3)에서 고객이 기대하는 가치를 '컨셉'과 '품질'로 정의하고 가격 수준에 상응하는 기대를 넘어서 고객에 감동을 주는 개념으로 '러브마크'와 '세렌디피티(Serendipity)'를 살펴보기로 한다.[6)]

요즈음 세계의 소비자들이 열광하는 아이폰 처럼 상품의 기본적 가치인 컨셉과 품질과 함께 디자인, 스토리, 영감 제공 노력이 전개되어야 고객이 감동한다.

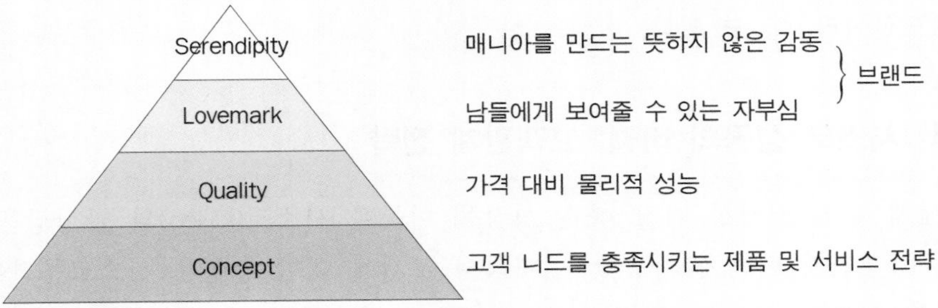

그림 8-3 고객의 지각가치

5) 이강봉, "고객감동의 열쇠 '러브마크'", *사이언스타임스*, 2010,11,9.
6) 박재규, "기대를 넘어선 자부심과 감동으로 고객이 열광하는 브랜드 만들기" *LG Business Insight* #1118, 2010.11.10.

디자인을 잘 활용하면, 고객들의 감각을 깨우고 들뜨게 하여 매혹적인 이미지를 기억하게 할 수 있다. 부드럽고 단순한 모양의 아이팟 터치는 시각을, 코카콜라의 탄산음료 터지는 소리는 청각을, 아쿠에어 샴푸의 풋풋한 향내는 후각을 활용한 것이다. 의식적으로 생각하고 분석하기 전에 무의식적으로 감지하고 느끼는 (감성)반응이 먼저 일어나는데 이를 활용할 경우 감동의 '러브마크'가 나타난다. 인간이 습득하는 정보 중 83%가 시각적인 것인데, 특히 인간의 시각 기능은 '첫눈에 반한다'는 말이 있을 정도로 감수성이 매우 높다.

상품에 있어 스토리는 은유, 꿈, 상징 등을 통해 상품의 신비감을 조성한다. 심지어 과거 · 현재 · 미래가 하나가 되는 신화를 창조하기도 하면서 브랜드 소유자에 대해 다른 사람과 다르다는 느낌을 창출하기도 한다.

'세렌디피티'(Serendipity)는 '생각지 못한 귀한 것을 우연히 발견하는 능력' 을 뜻하는데, 뜻밖의 놀라움이나 즐거움으로 고객 감동을 창출할 수 있다. 세렌디피티를 제공하는 방법으로 서비스 전설, 프로모션, 비지니스 모델 융합 등을 들 수 있다. 고객우선주의로 성공한 재포스(Zappos)(6장 3.4의 [사례]를 참조)를 비롯하여 대부분 전설적인 서비스 사례(service myth)를 가지고 있다. 노드스트롬(Nordstrom) 백화점은 초기 성장할 때 고객의 요구에 따라 매장에서 팔지 않는 타이어를 반품 처리해 주었다는 일화가 있다.

'10년 10만 마일 워런티' 품질보증으로 미국 소비자들의 브랜드 신뢰성에 대한 관심을 높인 현대자동차가 2008년 글로벌 금융위기 때 발표한 '고객이 차를 산 후 1년 이내에 직업을 잃으면 차를 반납할 수 있는' 어슈어런스 프로그램은 고객이 처한 상황을 감성적으로 이해하고 대응한 고객감동 프로모션이라 할 수 있다.

1.4 시스코 성공의 비결: 고객관계 전략

세계 기업 역사상 가장 빠른 성장을 이룩한 시스코(Cisco)의 급성장은 견고한 고객관계 때문에 가능했다. 따라서 고객에 대한 충성은 시스코문화에서 핵심을 이룬다. 1990년 전후 시스코는 주로 라우터(router)[7]를 대기업에 직접 판매했다. 당시 시스코의 고객들은 생각지 못했던 방식으로 라우터를 사용하고 있었다. 그 후 심도 있는 연구를 통해 잠재고객들이 무엇을 기대(요구)하는지 알아냈다. 이를 바탕으로 시스코는 고객이 필요로 하는 기술과 서비스, 유

7) 3장 1절의 [사례] "인터페이스용 라우터로 성장한 시스코" 참조바람.

연성을 제공했다. 즉 시스코는 고객의 소리에 귀를 기울이고 기술・판매 인력을 고용하며 인터넷을 사용하고 고객이 스스로 문제를 해결하도록 도왔다.

시스코의 성공배경에는 다음 네 가지 **고객관계 전략**이 숨어 있다.[8)]

1 고객의 소리에 귀를 기울여라

고객요구를 만족시키기 위해 제품개발과 기술사용에서 고객의 역할을 강조한 시스코는 새로운 툴의 출시보다는 시장의 소리에 귀를 기울이고 시장의 요구에 반응함에 따라 고객과 함께 성장할 수 있었다.

2 기술 · 판매 인력을 고용하라

초기에 시스코는 전문기술을 갖춘 판매인력을 고용함으로써 다른 기업과 차별화했다. 고객들의 질문이나 요구가 제품개선으로 연결되었기 때문에 엔지니어가 고객을 직접 상대하는 것이 효과적이었으나 판매가 증가하면서 고객서비스에 대한 약속은 새로운 변화를 모색해야 했다.

3 인터넷을 사용하라

1989년 고객지원 웹사이트를 만들어 버그 데이터베이스를 올려 고객과 소프트웨어 개발자들이 바이러스를 막을 수 있도록 하였다. 1993년 다국적기업 고객들에게 인터넷 기반 시스템을 제공하기 시작했다. 게시판 기능은 엔지니어들이 웹사이트에서 뽑은 어려운 문제들에 집중할 수 있도록 큰 도움을 주었다.

4 고객이 스스로 문제를 해결하도록 하라

1994년 '시스코컨넥션 온라인(CCO)'으로 온라인 주문을 도입한 이후, 70% 이상의 비전문적 고객지원 문의가 전화상담센터에서 웹으로 옮겨갔다. 고객 스스로 문제를 해결하게 하는 단계로 시스코는 on-line configuration system을 제공했다. 고객 스스로 넷을 통해 각기 다른 제품구성을 시험해 보기 때문에 고객지원팀은 특별한 문제와 상황만을 다룰 수 있게 되었다.

이 사례에서 우리가 배울 수 있는 사실은 고객관계 개선이나 고객만족을 위해서 우선 필요한 것은 고객요구의 올바른 파악임을 알 수 있다.

8) 데이비드 버넬・애덤 드레이드 지음, 홍성원 옮김, *시스코 커넥션: 시스코 시스템즈와 존 챔버스의 성공방식*, 물푸레, 2000.

2 고객이 요구하는 품질의 해석

21세기에 들어와 고객 내지 시장의 요구는 급격히 변하고 있다. 지난날 양품을 싸게 대량으로 만들어 파는 시대에서 이제는 다양한 가치관을 가진 개개인 고객의 요구에 맞추지 않으면 팔리지 않는 시대로 변하고 있다.

고객이 요구하는 품질을 실현하기 위해서 품질경영이 전개된다고 할 때, 품질경영(QM)의 첫 단계는 고객이 누구이며 무엇을 요구하는지를 밝히는 것이다.

2.1 고객의 요구(기대)사항

고객을 만족시키려면 우선 고객이 기대(요구)하는 것이 무엇인지 올바르게 파악해야 한다.

1980년대 초반 2천억 원의 냉장고 시장을 둘러싸고 금성사와 삼성전자가 냉장실과 냉동실의 크기 경쟁을 벌린 일이 있다.[9] 소비자들은 냉장실이 큰 냉장고를 선호하였는데, 이는 고객의 요구와 관련된 사례이다. 우리나라 냉장고 소비자의 요구를 올바로 파악하기까지는 10년 이상의 세월이 소요되었다. 즉, 「한국형 냉장고」라 할 수 있는 '김치냉장고'가 처음 출시된 것은 1980년대 중반이지만 본격적인 김치냉장고의 출현은 1990년대부터이다.

1 고객은 누구인가?

고객의 요구나 기대를 파악함에 있어 먼저 나의 고객이 누구인지를 명확히 알아야 한다.

냉장고의 고객은 냉장고를 이용하는 주부가 주류임에 틀림없다. 그 다음은 이들 주부 중 누구를 주 고객(target)으로 하느냐가 결정되어야 한다. 고객의 연령·소득·주거형태 등에 따라서 고객의 요구가 다르기 때문이다.

일본의 아지노모도(味の素)는 미국사람에게 조미료를 음식에 넣도록 식성을 바꾸어 놓았는데, 대미수출용은 조미료 깡통을 유리병으로 담아 성공한 바 있다. 우리는 요리할 때 조미료를 넣지만 서양사람들은 음식을 먹을 때 식탁에서 조미료를 넣는다. 아지노모도는 서양사람 습관에 맞추어 유리병에 조미료를 포장하여 판매함으로써 매출을 높일 수 있었다. 이 사례는 고객이

9) 냉장고 개발경쟁에 대한 사례는 이순룡, *품질경영론*, 법문사, 1995, 7장을 참조바람.

누구냐에 따라 고객의 요구나 기대가 다를 수 있음을 의미한다.

세계 여러 나라의 고객들은 지역과 국가의 사회·문화적 특성이 다른 환경에서 생활하기 때문에 고객이 누구인가를 제대로 알지 못하면 글로벌 경쟁에서 살아남기 힘들다. 누가 나의 고객인지 확인되면 그 다음에는 각국의 문화와 생활을 이해하고 그들이 요구(기대)하는 제품을 만드는 것이다.

사 례

현지화로 고객을 창조하는 전자업체들[10)]

대우일렉은 국내 3위 가전업체임에도 매출액은 1, 2위 기업의 100 내지 50분의 1에 불과하다. 하지만 해외시장에선 선두권을 지키는 제품이 적지 않다. 아프리카 알제리에선 드럼세탁기 시장 점유율 1위이고, 멕시코에선 전자레인지가 업계 1위 현지업체를 바짝 뒤쫓고 있다. 비결은 나라별 특성에 맞춘 특화 제품을 만들어 파는 데 있다.

멕시코 중저가 세탁기 시장의 65%를 차지하는 '워시온리 세탁기'는 탈수 기능이 없다. 햇볕이 강한 멕시코에선 탈수하지 않아도 빨래가 잘 마르므로 탈수기능을 빼고 가격을 낮춰 중저가 시장에 주력한 결과이다. 쥐가 많은 베트남에선 드럼세탁기 하단부에 쥐 침입방지용 패널을 달았고, 북미지역에선 전자레인지에 피자를 구울 수 있는 오븐을 얹은 '피자 전자레인지'를 팔고 있다. 물이 비싸 가사도우미들이 훔쳐가는 일이 종종 발생하는 중동에는 자물쇠를 단 냉장고를 수출한다

LG전자가 나이지리아 시장에 최근 출시한 TV는 메뉴나 화면조정용 언어로 영어와 부족어를 사용한다. 열악한 전력사정으로 가정마다 소음이 큰 발전기를 사용하는 점을 고려, TV 스피커 출력을 높였고 전통 대가족의 많은 식구들이 함께 시청하기 쉽도록 회전식 스탠드를 달았다. 이 같은 현지화 노력에 힘입어 나이지리아 시장에서 1위 자리를 지키고 있다. LG전자는 중동 시장에서 '코란 TV'도 팔고 있다. 이슬람 신자들을 위해 코란 경전을 내장하고 있을 뿐 아니라 읽어주기까지 한다.

삼성전자가 현재 인도에서 판매하는 냉장고에는 특이하게 '쿨 팩'이라는 축냉제가 딸려있다. 정전이 잦은 인도 현지 환경을 생각한 것으로, 일종의 얼음주머니인 이 팩으로 정전이 되더라도 냉동실 온도 상승을 2시간 가량 늦출 수 있다. 또 채식주의자가 많은 인도인들을 위해 냉동실 면적을 줄이는 대신 냉장실을 키웠다. 인도의 환경과 문화를 최대한 반영한 삼성전자 냉장고는 현지 고급 냉장고 시장에서 큰 인기를 끌고 있다.

하나의 휴대전화를 2대처럼 사용할 수 있는 '듀오스 폰'으로 러시아, 중국 등에서 삼성전자는 승승장구하고 있다. 이 제품은 2개의 SIM(가입자인증모듈) 카드를 끼워 두 번호를 통해 동시에 전화, 문자메시지, 무선통신 등을 주고 받을 수 있다.

---

10) "현지화로 해외서 펄펄나는 대우 일렉," *중앙일보*, 2011.12.13, "전자제품 현지화로 불황 넘는다," *Joins.com*, 2009.3.22.

2 고객은 무엇을 원하는가?

자신의 고객이 밝혀지면 그들 고객의 요구사항들을 규명하여 고객이 기대(요구)하는 것이 무엇인가를 알아야 한다.

1980년대 「한국형 냉장고 사례」에서 볼 때, 당시 냉장실이 큰 냉장고가 선호된 까닭은 대부분 고객의 냉장고 니즈(need)가 김칫독을 냉장고에 넣어서 신선한 맛을 유지하려는 것이었음에도 정답을 찾는데 10년 이상의 세월을 허비하였다. 1980년대 중반까지만 해도 국내의 가전제품(家電製品) 시장은 생산자 중심의 사고가 지배적이다 보니 설계 측면에서 요구되는 것은 재질・기능・기술 등의 요소에 생산공정의 요구를 어떻게 반영할 수 있는가가 주류를 이루었기 때문이다.

사 례 **김치냉장고를 사려는 엄마의 고민**[11)]

엄마는 김치냉장고를 장만하려는데, 옆집 아주머니의 말씀을 듣고 고민하신다. 옆집 김치냉장고는 위에서 뚜껑을 열어서 무거운 김치박스를 들어올려 꺼내는 방식이다.

문제는 김치박스가 무거워서 김치를 통째로 꺼내려면 상당히 무겁다는 것이다. 게다가 2층으로 되어 있는 김치박스 중 1층에 있는 상자를 꺼내려면 위에 있는 상자를 꺼내고 다시 그 밑에 있는 김치박스를 꺼내야 한다. 이러한 이유로 해서 옆집 아주머니는 엄마에게 김치냉장고를 사지 말라고 하신 것이다.

그런데 무거운 김치박스를 들어내지 않고도 꺼내기 편한 서랍식 모델이 새로 나와서 엄마는 그것을 사신다고 하신다.

이제 고객을 감동시키려면 단순히 성능향상만을 치중하여서는 안된다. 경쟁이 치열한 품목일수록 그 물건에서 고객이 느끼는 불편함을 제품설계에 반영하여 고객이 만족하는 제품을 만드는 것이다. 애프터서비스를 잘한다고 고객이 만족하는 시대는 지났다. 끊임없는 품질혁신과 고객이 기대하지 못한 매력적 품질로서 고객감동을 추구해야 하는 시대이다.

장기적인 경쟁우위를 획득하는 관건은 제공하는 제품(서비스)에 가치를 부가시켜 이를 고객들로 하여금 인식시키는 방법으로 고객의 기대와 욕망(wants)을 지속적으로 충족시키는 것이다.

고객들은 그들이 제품을 구매하기 전에 기대했던 것과 그가 인지한 실제

11) 이 사례는 1999학년도 2학기 '품질경영' 수강학생이 작성한 TQM 노트의 일부임.

성과와 비교하여 품질을 평가한다. 이 경우 성과가 기대에 못 미치면 '불만족'이고 기대수준에 이르면 '만족'이고 기대이상이면 '대만족' 즉 감동한다.

기 대	>	가 치	→	불만족
기 대	≦	가 치	→	만 족
기 대	<	가 치	→	대만족(감동)

위의 등식을 이해하기 쉽게 그림으로 나타낸 것이 [그림 8-4]이다.

고객들의 기대사항(customer expectations)은 다음 네 가지 질문에 대한 해답으로 결정될 수 있다.[12)]

① 고객이 원하는 제품/서비스 특성은 무엇인가?

② 고객의 기대사항을 충족시키는 데 필요한 성능수준(performance level)은 무엇인가?

③ 각 특성의 상대적 중요성은 무엇인가?

④ 현재의 성능수준에서 고객들은 얼마나 만족하고 있는가?

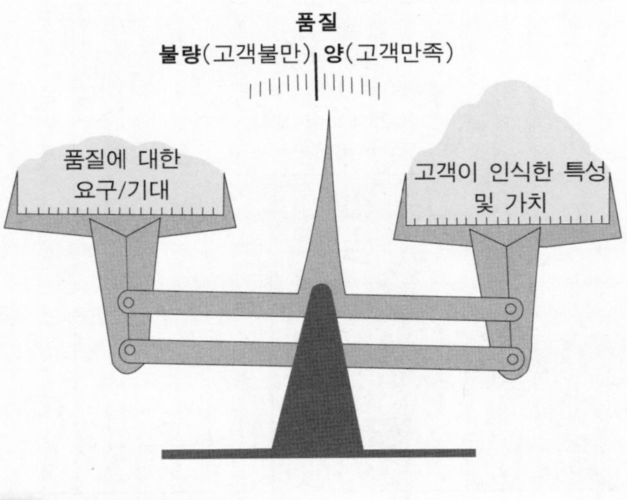

그림 8-4 고객이 만족하는 품질

12) Tenner & DeToro, *op. cit.*, Chapter 6.

2.2 고객요구(기대)의 이해 메커니즘

고객의 요구 내지 기대의 이해는 품질을 개선하고 고객만족을 충분히 달성하기 위한 선결요건이다. 고객의 불평불만에 대한 소극적인 대처로는 최소한의 고객 기대사항만을 이해할 뿐이다. 이보다는 고객의 소리에 귀를 기울이는 가령 소비자 여론수집, 소비자 여론함, 소비자 전화, 인터넷을 통한 조사, 소비자 상담, 소비자 대표와의 접촉 등은 보다 적극적인 방법이다(그림 8-5 참조).

고객 기대사항의 완전한 이해는 특별히 마련된 고객의견의 체계적인 수집 메커니즘을 이용하는 것인데, 가령 개인별 접촉, 포커스 그룹 인터뷰(focus group interview), 계획된 조사연구(designed survey), 벤치마킹(benchmarking) 등의 방법을 이용하는 것이다.

1991년 후반 금성사 냉기사업부는 한국형 냉장고 개발을 위해 「S 프로젝트」에 들어갔다. 우선 소비자의 요구(need)를 올바로 알기 위해서 냉장고를 사용 중인 30대미만/30대/40대 주부를 대상으로 '포커스 그룹 인터뷰'(focus

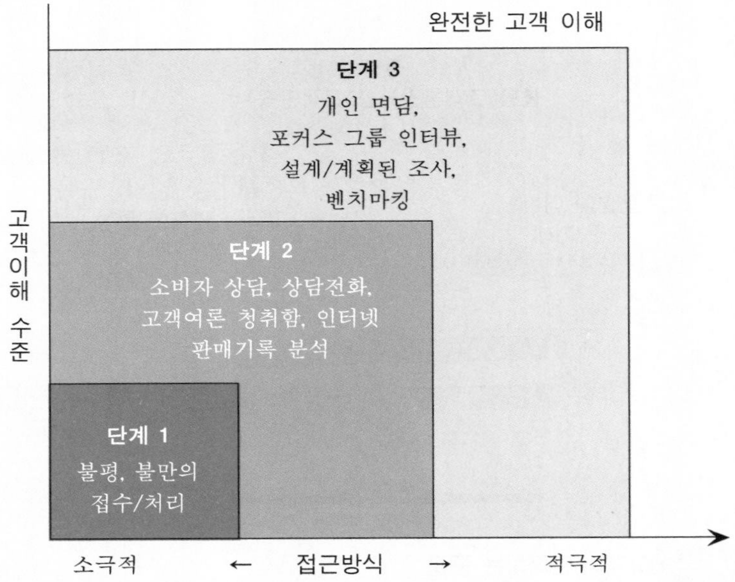

그림 8-5 고객이해 메커니즘

group interview)를 실시하여 김치 냉장고의 컨셉을 이끌어낸 금성사는 히트 상품 「김장독 냉장고」를 만들어 낼 수 있었다.[13)]

결국 고객만족의 열쇠는 고객의 요구와 기대사항을 올바로 이해하는 것이다.

2.3 고객이 요구하는 품질특성

'고객이 요구하는 품질'을 실현하기 위해서는 맨 먼저 고객이 요구하는 진정한 품질이 어떤 것인가를 밝혀야 한다. 일찍이 슈하트(W.A. Shewhart)는 "제품 소비자 개개인의 욕구를 충족시키려면 고객들의 다양한 욕구를 가급적 제품의 물리적 특성, 즉 품질특성으로 변환시켜야 한다"고 강조하였다.

1 품질특성

품질이란 사용목적을 수행하기 위해서 사물이 갖추고 있어야 할 성질이라 할 수 있는데, 이 각각의 성질이 **품질특성**(quality characteristics)[14)]이다.

쥬란(J.M. Juran)에 따르면, 품질특성이란 용도의 적합성(fitness for use)을 기술적인 용어로 표현한 것으로, 성능·순도·강도·치수·공차·외관·신뢰성·수명·불량률·수율(收率) 등과 같은 것이다. 이들 특성을 수치로 표시한 것을 **품질특성치**라 하는데, 중량(g), 길이(cm), 강도(kg/cm^2) 등으로 표시된다.

가빈(David Garvin)은 품질특성을 품질차원(dimension of quality)으로 표현하면서 성능·특징·신뢰성·일치성(적합성)·내구성·서비스성·미관성·인지된 품질의 8가지 요소를 제시하고 있다.

- **성능**(performance): 제품의 기본 특성으로서 가령 승용차의 가속력, 속도, 안전성이나 TV의 해상도, 색채 선명도, 음질을 예로 들 수 있다.
- **특징**(feature): 기본적인 성능을 보완하는 2차적 특성으로 선택 사양(option) (예: 승용차의 에어백)과 같은 품질요소이다.
- **신뢰성**(reliability): 특정 시간 중 제품이 고장나는 확률로서 내구재나 시스템, 제품품질의 주요 요소이다.

13) 자세한 내용은 이순룡, *품질경영론*, 법문사, 7장을 참조;
금성사 마케팅전략실, *한국적인 것이 가장 세계적이다*, (주)금성사, 1994.
93 KMA 히트상품 성공사례(발표대회 발표문집), 한국능률협회, 1993.12.
14) ISO의 품질용어(ISO 9000: 2000)에서는 품질특성을 "요구사항과 관련된 제품, 프로세스 또는 시스템의 고유특성"으로 정의한다.

- **일치성**(conformance): 설계 내지 시방과의 일치 정도를 나타내는 품질 요소이다.
- **내구성**(durability): 제품이 성능을 제대로 발휘하는 수명을 말하는 것으로, 신뢰성과 밀접한 관계가 있다.
- **서비스성**(serviceability): 신속성, 친절, 능력, 수리용이성을 나타내는 품질요소이다.
- **미관성**(aesthetics): 외관, 형태, 디자인, 질감, 색채 등 제품외형에 대해 소비자가 주관적으로 느끼는 품질요소이다.
- **인지된 품질**(perceived quality): 소비자는 제품속성에 대한 완벽한 정보를 갖고 있지 못하므로 구매대상을 결정할 때 기업의 이미지, 상표, 명성 등의 인지된 지각품질이 중요한 역할을 한다.

보편적인 품질특성으로 성능, 신뢰성, 일치성 등을 꼽을 수 있는데, 모든 생산자가 이들을 공통적으로 추구하다 보니 경쟁품과의 차별화가 힘들게 되었다. 최근 그 동안 등한히 했던 미관성(디자인)이나 사용편의성 및 서비스성과 같은 품질특성을 이용하여 경쟁품과 차별화하여 고객의 감성이나 욕망을 자극하여 앞서가고 있는 기업을 볼 수 있다.

사 례

감성적 디자인과 서비스성을 강조한 아이팟

숨겨진 고객의 니즈를 파악해 만든 제품/서비스가 큰 성공을 거둔 사례로 애플의 아이팟(i-Pod)을 들 수 있다. 경쟁사들이 나름대로 파악한 고객의 소리를 바탕으로 초소형 다기능 MP3 플레이어를 만드는데 초점을 맞출 때, 감성적 디자인과 '아이튠즈'와 같은 풍부한 컨텐츠를 제공함으로써 오늘의 영광을 누릴 수 있었다.[15)]

'워크맨'의 대항마로 등장한 MP3의 기본기능은 가급적 작은 기계에 많은 음악을 담아 좋은 음질로 재생하는 것이다. 이 밖에 어떤 곡이 나오는 지 배터리가 얼마나 남았는지 등도 보여줘야 한다. 그래서 MP3 시장을 선점한 한국의 아이리버(iRiver)는 기본기능을 충실히 수행하면서 디자인도 돋보이게 하려고 노력하였지만, 후발주자인 애플의 아이팟에 밀려 고전하고 있다. 디자인 컨설팅회사 더 브리지의 대표 엘리 블레싱은 '아이팟'이 갖고 있는 다른 경쟁품(싱가폴의 Zen, 한국의 iRiver)과의 큰 차이점으로 일관되고 심플한 디자인에서 품어져 나오는 라이프스타일과 아이튠(iTunes)이라는 음악사이트를 통해 다양한 음악을 고객에 제공하는 서비스를 꼽는다.

15) 이순용, "글로벌시장의 고객 지향 품질", *국제표준화저널*, 2008(여름), 제14호.

2 참 품질특성과 대용특성

품질특성은 크게 참 품질특성과 대용특성으로 나눌 수 있다.

참 품질특성은 소비자가 요구하는 품질특성으로, 가령 승용차의 경우 스타일이 좋으며, 운전하기 쉽고, 승차감이 좋으며, 가속성이 우수하며, 안전성이 높으며, 내구성이 강하며, 수리하기 쉽고, 유지비가 적게 드는 등의 승용차에 대한 소비자가 요구하는 품질이다.

대용특성은 참 품질특성을 위한 하나의 조건이다. 승용차 스타일의 경우, 차의 길이(全長), 폭, 높이, 색상, 형태 등으로 표시될 수 있다. 생산에 중요한 규범은 표준(규격)인데 이들은 대용특성으로 표현되는 것이 일반적이다.

국가표준이나 사내표준에 따라 생산된 일부 공산품이 소비자로부터 환영받지 못하는 것은 소비자가 요구하는 품질, 즉 참 품질특성을 올바로 파악하지 못했거나 이를 대용특성으로 제대로 옮기지 못했기 때문이다.

2.4 품질의 해석

오늘날 일본상품이 품질 면에서 좋은 평가를 받고 있음은 소비자가 요구하는 품질의 해석에 노력했기 때문[16]이다.

1970년대 후반 일본의 미놀타 카메라가 포화상태에 이른 카메라 시장을 타개하기 위해 맨 먼저 행한 일은 소비자 요구(need)의 파악이었다. 우선 카메라 사용자들이 어떤 경우에 가장 불편함을 느끼며 무엇을 해결해 주길 원하는가를 찾아보았다. 「필름현상소」에서 1만8천여 장의 사진을 분석한 결과, 그 중 7%에 해당하는 1,200여장이 실패작이었다. 실패원인은 초점이 안 맞는 것, 노출이 부족한 것, 흔들린 것, 필름이 안 감긴 것 등으로 나타났다. 미놀타 카메라는 이들 실패원인들을 고객의 요구품질로 해석하여 필름의 감기 및 되감기는 물론 초점거리까지 자동으로 조절되는 이른바 전자동 AF(자동초점)카메라를 개발할 수 있었다.[17]

소비자가 요구하는 품질의 해석을 위해서는 우선 참 품질특성이 어떤 것인지를 파악해야 한다. 그 다음에는 이들 특성을 어떻게 측정하고 시험할 것인가, 그리고 품질수준을 얼마로 할 것인가 등을 뚜렷이 한 다음, 이에 영향을 준다고 생각되는 대용특성들을 선정한다. 그리고 대용특성들을 어느 정도

16) 石川 馨, *日本的 品質管理*, 日科技連出版社, 1981.
17) 자세한 내용은 이순룡, *품질경영론*, 법문사, 7장을 참조.

로 나타내어 참 품질특성을 만족시킬 수 있는가, 즉 참 품질특성과 대용특성과의 관계를 해석하여 고객만족 품질설계로 전개하여야 한다.

소비자가 요구하는 **품질**의 **해석단계**를 요약하면 다음과 같다.

① 참 품질특성을 파악한다.

② 그의 측정방법을 정한다.

③ 대용특성을 나열하고 참 품질특성과 대용특성과의 관계를 올바르게 파악한다.

이상의 품질 해석단계는 품질설계나 제품설계의 중요한 단계로서 품질해석(品質解析) 또는 품질기능전개(品質機能展開)라 한다.

3 품질기능전개(QFD)

고객의 기대사항을 제품시방으로 작성하는 일은 쉽지 않은 일로서 품질기능전개로 알려진 QFD의 도움을 받으면 훨씬 용이해진다. 즉 QFD는 고객의 요구사항을 적절한 기술시방으로 변형시킬 수 있다.

3.1 품질기능전개의 적용

고객의 요구를 효과적으로 설계품질에 반영시킬 수 있는 품질기능전개(品質機能展開)는 일본의 미쯔비시중공업(三菱重工業)의 고베(神戶)조선소에서 1972년에 제안된 품질표(品質表)에서 비롯되었다.

품질에 대한 고객의 요구가 성취되도록 전개되는 것이 품질전개이다. QFD의 제창자인 아카오요지(赤尾洋二)는 "품질전개(quality deployment)란 사용자의 요구를 대용특성으로 전환하고 완성품의 설계품질을 결정한 다음, 이를 각 기능 부품의 품질이나 공정의 요소에 이르기까지 이들간의 관련을 계통적으로 전개하는 것"이라고 하였다.

품질기능전개(QFD: quality function deployment)란 고객의 요구와 기대를 규명하고 이들을 설계 및 생산 사이클을 통하여 목적과 수단의 계열을 따라 계통적으로 전개되는 포괄적인 계획화과정이다. 말하자면 '고객의 소리'를 제품개발과정에 체계적으로 반영시키기 위한 접근과정이다.

품질기능전개(QFD)의 **목적**은 제품설계→부품계획→공정계획→생산계획에 이르기까지 각 단계에서 소비자의 요구가 제품이나 서비스에 충분히 반영되도록 하여 고객만족을 최대화하는 것이다. 즉, 고객의 요구사항에 맞는 제품이나 서비스가 제공될 수 있도록 제품 및 공정 개발의 각 단계에서 품질을 조직적으로 전개하는 것이다.

제품개발과 공정계획에 QFD를 적용하면, 개념단계에서 생산단계까지의 시간을 상당히 절감할 수 있다. 1980년대에 일본의 도요다(豊田)자동차는 제품개발단계에서 QFD를 적용하여 신제품을 3년 6개월만에 시장에 선보일 수 있었다.

QFD의 **적용효과**는 제품개발기간의 단축을 비롯하여, 고객요구 즉 참 품질의 대용특성(설계변수)화, 관련부서간의 긴밀한 협조와 팀웍의 증진, 고객만족 등을 꼽을 수 있다.

일본에서 발표된 품질전개에 관한 사례와 문헌을 보면 품질보증의 적용과 신제품 개발 및 설계에 관련된 것이 많은데, 판매·서비스 부문에서의 적용도 늘어나고 있다. 구미에서도 1980년대 이후 QFD기법의 적용이 급속히 증가되고 있는데, QFD의 적용분야도 자동차, 전기전자, 소비자 제품, 항공우주, 소프트웨어, 병원, 컨설팅, 서비스 산업 등 다양하다.

3.2 QFD 매트릭스의 구성

QFD의 주요 기능은 소비자의 요구사항을 우선 제품의 설계특성으로 변환하고 이를 다시 부품특성, 공정특성, 그리고 결국 생산을 위한 구체적 시방으로 변환하는 것이다.

도요다 자동차에서 차체의 녹이 쓰는 것을 방지하기 위해 1970년대 중반에 실시하였던 QFD 적용사례를 예로 들면, "차체에 녹이 잘 생기지 않아야 한다"는 소비자들의 요구를 "적어도 처음 3년은 눈으로 식별이 가능한 녹이 차체 외부에 생겨서는 안된다"는 비교적 구체적인 설계특성으로 변환한 다음 이를 충족시키기 위한 부품특성(페인트의 밀도, 입자크기 등)을 정하고 계속하여 이를 달성하기 위한 구체적인 공정방법과 생산조건(온도, 시간 등)을 결정한다. 이와 같은 일련의 과정을 통하여 소비자의 요구가 각 단계에서 구체적인 목표로 변환되고 결과적으로 소비자가 원하는 기능과 품질이 최종 제품에 구현되도록 하는 것이다.[18]

18) 김광재, "QFD를 통한 설계단계에서의 품질향상," *IE매거진*, 2권 1호, 1995년 봄호.

품질기능전개를 통해서 팀은 다음과 같은 의견의 일치에 체계적으로 도달할 수 있다.

- 무엇을 할 것인가?
- 최선의 방법은 무엇인가?
- 가장 합리적인 순서는 어떻게 정하는가?
- 필요한 인원과 물자는 무엇인가?

고객이 요구하는 '무엇(what)'과 고객의 요구를 충족시키기 위해서 제품과 서비스를 '어떻게(how)' 설계하고 생산할 것인지를 서로 관련시켜 나타내 주는 매트릭스를 이용하는 것이 이 기법의 **특징**이다.

[그림 8-6]는 '목적-수단 매트릭스'를 이용하여 고객의 요구(목적)와 기술적 특성(수단) 및 경쟁력 평가를 나타낸 「품질의 집」(house of quality: HOQ)이라 불리는 품질표(品質表)이다. 경쟁력 평가의 경우, 목적과 수단의 관계 가령 소비자요구와 설계특성의 관계에서 기업과 경쟁기업에 대한 고객의 주관적 평가와 기업자체의 객관적 평가가 수행된다.

목적과 수단 매트릭스인 **품질의 집 구성요소**를 보면,

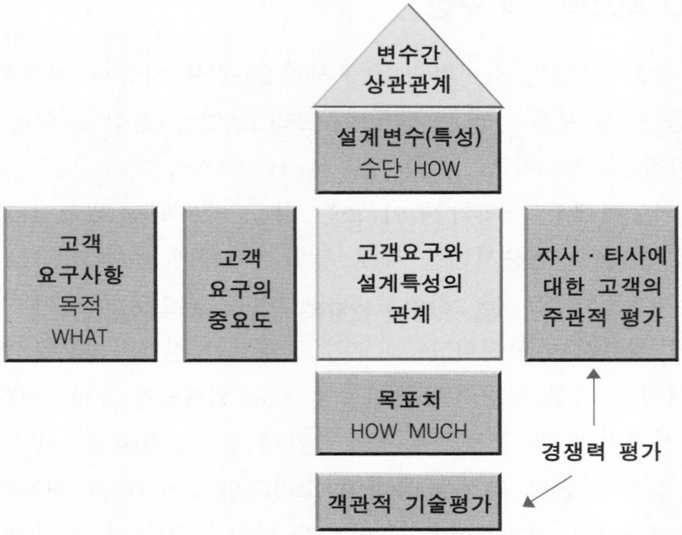

그림 8-6 품질의 집(품질표)**의 구조**

사 례 자동차 문에 대한 품질기능전개(QFD)[19)]

도요다 자동차는 1960년대 중반에 소형 승용차를 미국에 출시하였는데 문제는 경쟁차종인 독일의 폴크스바겐(Volkswagen)보다 차체가 더 빨리 녹이 슨다는 것이었다.

소형트럭은 다른 차종에 비해 크기도 작고 모양이 단순하므로 소형트럭의 부식문제 해결에 미쯔비시 조선소에서 개발된 QFD를 적용해 보기로 하였다.

이 과정에서 문짝에 대한 고객의 의견을 물었더니 놀랍게도 미리 알아차리지 못했던 소비자 요구가 쏟아져 나왔다. 예컨대 언덕에서 문을 여닫는 것이 큰 문제로 지적된 것이다. 내리막길에서 차를 세우고 문을 여닫는 것이 특히 여자들에게 힘겨운 일로 지적되었다.

자동차문에 대한 고객들의 요구사항을 정리한 결과, [그림 8-7]과 같이 가장 많은 요구가 "경사진 곳에서 문이 열린 채로 있을 것"과 "밖에서 닫기가 용이할 것"이었다. 고객들은 손으로 창문을 열려면(그때는 자동문이 없었으므로) 윈도 크랭크를 많이 돌려야 되는 문제에 대해서도 관심을 표명하였다.

도요다는 QFD를 사용하는 과정에서 '고객의 소리'를 들을 수 있게 되었고, 고객들의 선호도를 기술과정과 제작과정에 반영할 수 있었다.

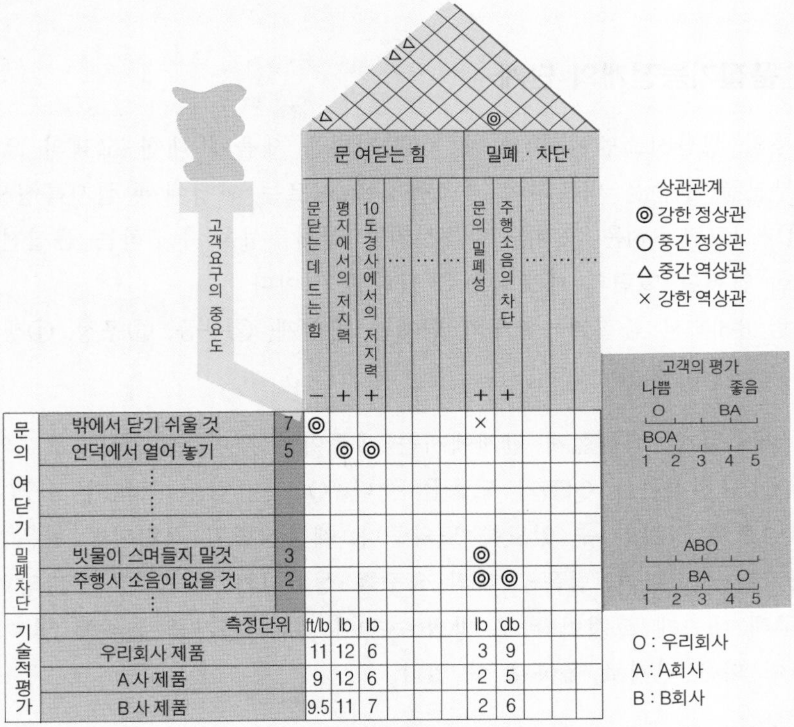

그림 8-7 자동차 문에 대한 요구와 설계 특성

19) 이 사례의 내용은 이순룡, *생산관리론*, 법문사, 1998, 8장에서 인용한 것임.

① 고객 요구사항: 목적인 고객의 요구를 중요도로 제시한다.
② 설계특성: 고객요구를 해결할 수단인 기술변수를 제시한다.
③ 고객의 주관적 평가: 자사 및 경쟁 제품에 관한 고객의 주관적 의견을 모아 평가한 것이다.
④ 목적과 수단의 관계: 고객의 요구(목적)와 특성(수단)간 상관관계를 강도로서 나타낸다.
⑤ 목표치: 고객의 주관적 평가내용과 설계특성의 자체 평가내용과의 비교로서 나타낸다.

품질의 집(HOQ) 매트릭스(그림 8-6 참조)는 특성간의 상관관계를 나타내는데, 이는 어떤 특성이 다른 특성에 주는 영향을 알기 위한 것이다. 목표척도인 목표치(target value)는 최종제품에서 성취되어야 할 설계특성이 되는데, 이는 고객의 중요도, 곤란도, 비용 등에 입각해서 설정된다.

3.3 품질기능전개의 단계

제품의 생산시스템에서 볼 때, QFD기법은 제품에 대한 고객의 요구사항들을 부분품 수준을 비롯하여 제조공정에 이르는 과정에서 설계특성으로 변환시킨다. [그림 8-8]은 고객을 만족시키는 설계특성을 추구하는 품질전개과정을 상호 연결된 일련의 매트릭스로 나타낸 것이다.

[그림 8-8]에서 품질기능전개의 단계는 ①설계, ②부품, ③공정, ④생산의 4단계로 나누어 볼 수 있다.

(1) 제품설계: 제품설계 단계에서는 제품이나 서비스에 대한 고객의 요구사항들을 규정하는데 QFD가 도움을 준다. QFD는 팀이 고객의 요구(목적)를 상품개념으로 정립할 수 있도록 도와준다. 제품개념이 정립되면 팀은 모형을 전개시키기 시작한다. 팀은 고객의 요구를 성취시켜 줄 수 있는 다양한 수단을 강구해 내는데 그것이 바로 방법(수단)이 된다. 평가를 통해서 몇 개의 방법들만이 다음 단계로 옮아갈 수 있다.

(2) 부품전개: 제품설계 단계에서 시행된 방법들은 두번째 단계의 목적 즉 내용이 된다. 여기서 제품이나 서비스를 생산하는 데 필요한 부품이나 성분들이 결정된다. 이 단계에서 드러난 부품들은 고객에 의해서 제시된 제품

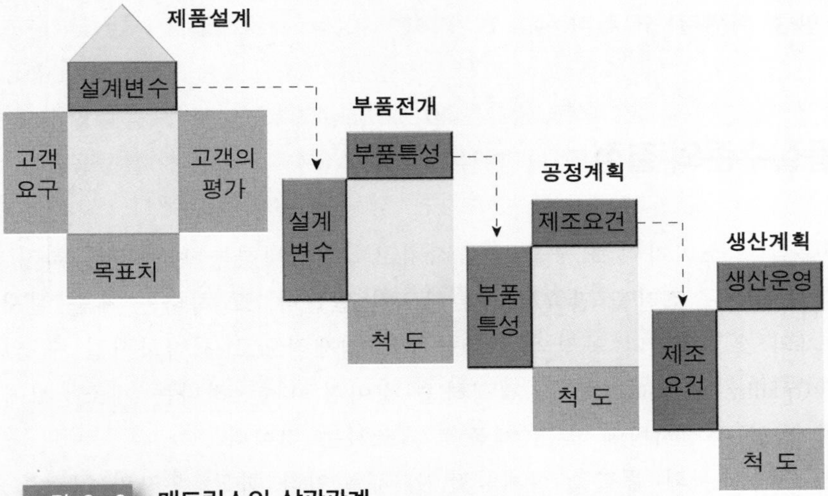

그림 8-8 **매트릭스의 상관관계**

의 요구사항을 충족시키는 일과 깊은 관계를 갖고 있다. 그 방법들은 다시 다음 단계로 넘어간다.

(3) 공정계획: 세번째 단계에서 모형은 제품생산에 필요한 공정들을 보여준다. 이 단계에서 드러난 공정들은 고객들에 의해서 제시된 제품에 대한 요구사항을 가장 잘 충족시킨다. 그것들이 다음 네번째 단계로 넘어가는 방법들이다.

(4) 생산계획: 생산단계에서 제품생산에 대한 요구사항들이 전개된다. 공정계획 단계에서의 방법들은 이 마지막 단계에서 내용(목적)이 된다. 여기서 결정된 생산방법들을 가지고 고객의 요구를 만족시켜 줄 수 있는 품질의 제품을 생산할 수 있게 된다.

QFD로 고객의 요구를 충족시켜서 고객만족을 최대화하는 과정에서 특히 설계과정은 매우 복잡하다. 즉 소비자 내지 고객의 요구를 상품개념으로 정립시켜 이를 설계요건으로 변환하는데 있어 고객요구사항을 소비자언어로 표현한다는 속성 때문에 설계변수나 특성으로 변환하기가 쉽지 않다. 즉, 고객의 요구와 품질특성(대용특성) 사이의 상호관계를 결정하기가 쉽지 않다는 점이다. 또한 QFD를 실제 적용하면서 부딪치는 어려움 중의 하나는 설계문제의 크기가 커지기 마련인데 설계문제의 크기를 줄일 수 있으면 QFD의 적용도 그만큼 쉬워질 수 있다.

4 품질수준의 결정

제품품질이 소비자의 요구를 만족시키고 그 기대하는 바에 적응하기 위해서는 다음의 두 조건을 만족시키지 않으면 안된다. 그 하나는 제품 설계자가 소비자의 요구품질과 공장의 제조능력을 경제적으로 최적화시킬 수 있는 품질시방(quality specification)을 결정하는 것이며, 다른 하나는 제조부서에서 설계자가 정한 품질시방에 맞는 제품을 제조하는 것이다.

이 때 전자에서의 품질을 설계품질(設計品質)이라 하고, 후자의 그것을 제조품질 또는 적합품질(適合品質)이라 한다.

4.1 설계품질의 결정

설계품질(design of quality)이란 신제품의 도입이나 제품개발 단계에서 제품설계시 목표로 하는 품질로서, 특정제품을 생산하기에 앞서 소비자가 요구하는 품질인 시장품질을 비롯해서 생산능력과 다른 회사의 시장품질 및 가격 등을 종합적으로 고려하여 결정한다.

설계품질은 어떤 수준의 고객을 대상으로 하며 어느 정도의 이익을 목표로 하는가에 따라 결정되는데, 흔히 시장조사 결과와 품질방침에 의해서 정해진다. 설계품질의 바람직한 품질수준은 단위당 이익이 최대가 되는 적정품질수준이지만, 실제로는 소비자가 요구하는 품질이나 경쟁품의 시장품질을 비롯해서 가격 및 수요공급관계, 자사의 생산 및 판매능력, 자금, 기업이미지 내지는 방침 등 많은 요소들을 고려해서 결정하기 마련이다.

설계품질을 가격과 원가와의 관계에서 볼 때, 품질수준을 높이는 경우 원가는 지수적으로 상승하지만 시장가격은 원가에 비례하여 형성되지 않는다. 그 이유는 품질의 시장가치(가격)는 사용용도의 적합성(fitness for use)이라든가 제품의 수요와 공급량에 따라서 다르기 때문이다.

설계품질은 어떤 종류의 제품이며, 어떤 수준의 고객을 대상으로 하며,

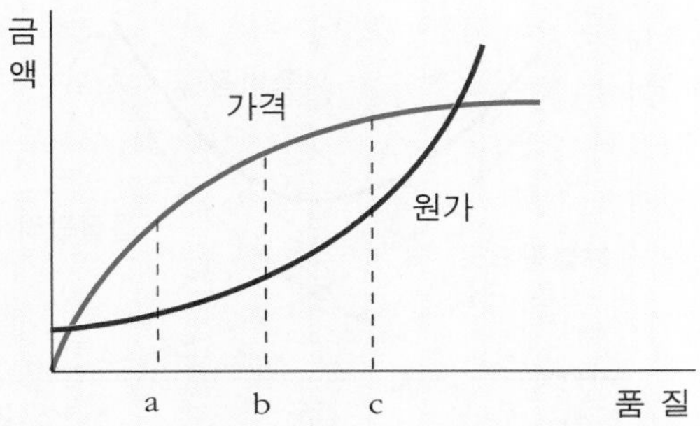

그림 8-9 설계 품질

어느 정도의 이익을 목표로 하는가에 따라 다르게 결정된다. 설계품질 수준의 결정인자는 소비재와 자본재에 따라 다르다. 소비재의 경우에는 보통 그 기업이 추구하는 시장이 고급시장이냐 중산층시장이냐에 따라 달리 결정될 수 있다. 한편 자본재의 경우에는 제품수명, 운영유지비, 서비스 코스트 등이 중요 결정요인이 된다.

보다 나은 설계품질로서 올릴 수 있는 매출증대라는 경제적 효과는 제조품질을 향상시킴으로써 오는 원가절감의 경제적 효과보다 훨씬 크다.[20] 그러나 적정수준에서 설계품질을 정하기도 어렵지만 설계품질만에 의한 품질개선은 불가능하다. 즉 설계품질에 입각해서 생산현장에서 행해지는 제조(적합) 품질의 관리가 뒷받침되어야 비로소 수익증대 및 원가절감이라는 경제적 효과를 얻을 수 있다.

4.2 제조(적합)품질의 경제성

설계품질을 목표로 하여 실제로 제품을 생산할 경우, 제조공정의 여러 조건 즉 원자재, 기계설비, 작업방법, 생산기술 등을 균일하게 고정시키기가 어렵기 때문에 설계품질대로 제조되지는 않는다. 이 때 제조현장에서 생산된 제품의 품질이 시방에 어느 정도 적합하게 제조되었는지가 문제되기 때문에 이를 가리켜 **적합품질**(quality of conformance) 또는 **제조품질**이라 한다.

[그림 8-10]는 시방에 적합한 제조품질 수준, 즉 적합품질을 나타낸 것으로 여기서 품질을 좋게 하면 불량으로 인한 손실은 적게 되지만 품질관리

20) E.G. Kirkpatrick, *Quality Control for Manager's and Engineering*, John Wiley & Sons, 1970, p.44.

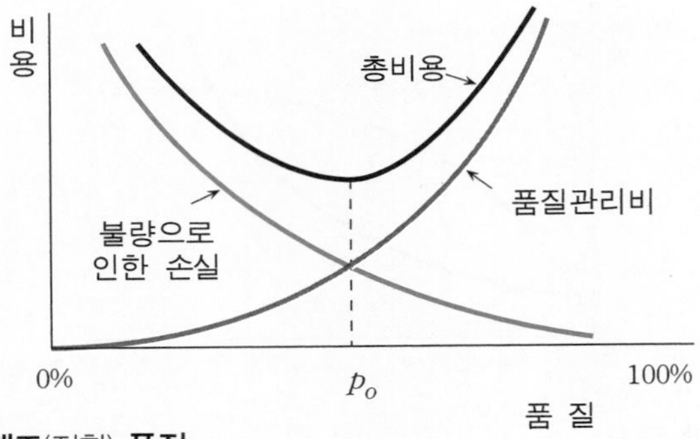

그림 8-10 **제조**(적합) **품질**

및 공정코스트가 많이 소요되는 것이 문제이다.

한편 이들 코스트를 적게 들이면 불량으로 인한 손실이 커진다. 그러므로 총비용의 최저점은 불량률 p_o의 점이며, 이 점의 품질수준이 적정제조품질이 된다. 기업으로서는 이 품질이 가장 경제적인 품질수준이 되므로 이 수준을 제조품질의 목표로 하고 싶지만, 이 경우 p_o만큼의 불량률이 나오는 것을 각오해야 한다. 따라서 제조품질을 결정하기에 앞서 소비자가 만족할 수 있는가를 검토할 필요가 있다.

수출상품을 수탁 가공하는 OEM 생산업체라든가 내수용품(內需用品)을 기술제휴나 단순모방에 의해 생산하는 경우에는 설계품질에 대해서 경제적인 고려를 하기는 힘들고 다만 제조공정에서의 제조품질에 대한 경제성이 고려될 수 있을 뿐이다.

4.3 고객만족 사용품질

제품이 출하되어 소비자의 손에 넘어간 다음 그 제품(사용품질)이 당초의 사용목적에 대하여 충분히 기능을 발휘하는가에 따라서 사용자, 즉 소비자의 만족 여부가 좌우된다. 소비자들의 상품(제품)에 대한 관심은 그의 필요성과 경제성에 의해서 강한 영향을 받는다. 최근에 이르러 소비자의 요구가 까다로워지고 시장경쟁이 치열해짐에 따라 제품설계의 최종적인 평가요소인 사용품질(quality of use)은 중요한 품질결정 문제가 되고 있다.

전술한 설계품질이나 제조품질에서와 같이 사용품질에 대해서도 경제적

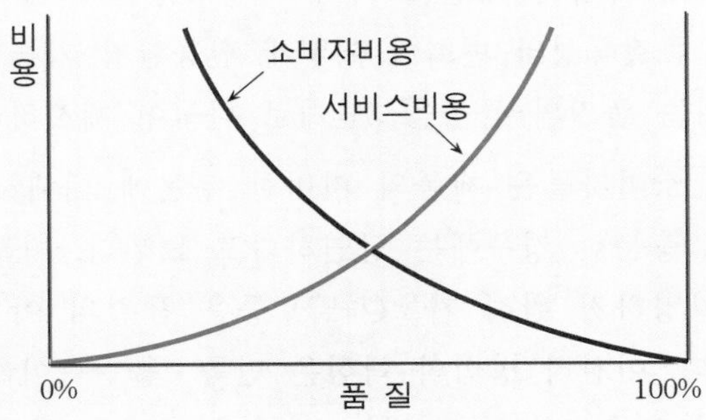

그림 8-11 **사용 품질**

인 적정품질수준이 고려될 수 있지만, 사용품질은 시장상황에 따라 결정되는 것이 일반적이다.

[그림 8-11]에 보인 사용품질에 있어서 품질을 소비자의 만족도로 보았을 때, 소비자로 하여금 만족할 수 있도록 제품의 사용품질을 높이려면 생산자 측에서는 많은 서비스 비용을 부담해야 된다. 반대로 사용품질을 낮추면, 생산자비용은 적어지지만 소비자의 부담(사용 품질코스트)이 증대된다.

주요 용어(key word)

• 고객가치(customer value) • 가노의 고객만족모델 • 고객의 3단계 기대수준 • 고객의 지각가치 구성 • 고객관계 전략 • 고객이해 메커니즘 • 품질특성(quality characteristics) • 품질기능전개(QFD) • 품질의 집(HOQ) • 설계품질(quality of design) • 제조(적합)품질(quality of conformance) • 사용품질(quality of use)

연습문제

1. 우리 주위에서 볼 수 있는 장수상품들이 오랫 동안 애용되고 있는 이유는 무엇인가?

2. 제품/서비스 특성에 대한 고객의 기대수준을 이해하면 고객들의 만족수준이 품질특성의 변화에 어떻게 반응할지 가늠할 수 있다. 고객이 기대하는 품질의 특성을 3단계로 나누어 제시하라.
3. 대부분의 소비자들은 제품의 미비한 부분에 대해서는 불만을 가지지면서도, 충분한 경우에는 당연하다고 느낀다. 이러한 상황을 체계적으로 설명하기 위해 가노(狩野) 등은 품질의 이원적 인식방법을 제시하였다. 이원적 방법의 핵심은 만족·불만족이라는 주관적 측면과 물리적 충족·불충족이라는 객관적 측면을 함께 고려하고 있다는 것인데, 이를 바탕으로 구성될 수 있는 세 가지 품질요소를 '고객의 3단계 기대수준'에 맞추어 설명하라.
4. 고객의 요구 충족만으로 고객감동에 이르기는 힘들다. 즉 가격과 수요의 제약을 벗어날 수 있는 고객감동의 방법을 제시하라.
5. 고객만족 품질의 설계과정, 즉 소비자요구의 해석 및 이해과정을 사례를 들어 설명하라.
6. 고객이 요구하는 품질을 실현하기 위해서 우선 필요한 단계는 고객이 누구이며 무엇을 요구하는지를 밝히는 것이다. 고객이 요구하는 품질의 해석단계를 기술하라.
7. 슈하트(W.A. Shewhart)는 소비자 개개인의 욕구를 충족시키려면 고객들의 다양한 욕구를 품질특성으로 변환시켜야 한다고 하였다. 제품의 품질특성과 서비스의 품질특성을 각각 기술하라.
8. 품질기능전개(QFD)는 고객의 요구와 기대를 규명하고 이들을 설계 및 생산 사이클을 통하여 목적과 수단의 계열을 따라 계통적으로 전개되는 포괄적인 계획화과정이다.
   ① 품질기능전개(QFD)의 목적과 적용효과에 관하여 기술하라.
   ② 목적과 수단의 매트릭스인 '품질의 집'(HOQ)의 기능과 구성요소를 서술하라.
9. 고객지향 품질사이클은 고객의 요구와 기대를 토대로 한 설계품질 → 제조(적합)품질 → 사용품질로 이어진다. 문제는 세 가지 품질이 추구하는 목표품질수준이 연결되어 전개되지 않는다는 점이다. 세 가지 품질에서 목표품질수준이 연결 전개되지 못하는 이유를 제시하라.

제 3 편
품질의 관리

제 9 장　품질의 통계적 관리
제 10 장　샘플링 검사
제 11 장　통계적 공정관리

제 9 장

품질의 통계적 관리

1 통계적 품질관리

1.1 통계적 품질관리의 원칙

사물을 사실에 의거해서 판단할 수 있는 가장 효과적인 방법은 통계적 방법이다. 품질관리 분야에서는 소비자가 요구하는 양질의 제품을 경제적으로 생산하기 위해서 통계적 방법을 근간으로 하는 통계적 품질관리가 그 핵심을 이루고 있다.

데밍(W.E. Deming)에 의하면, **통계적 품질관리**(SQC: Statistical Quality Control)란 유용하고 시장성 있는 제품을 가장 경제적으로 생산할 수 있도록 생산의 모든 단계에 통계적 원리와 기법을 응용하는 것이다. 통계적 방법을 품질관리에서 적용하는 까닭은 품질변동을 통계적으로 해석하여 경제적으로 품질을 개선하거나 관리할 수 있기 때문이다.

품질을 통계적으로 관리하려면 다음 **원칙**들이 지켜져야 한다.

① 목적 명확화의 원칙: 데이터를 취하는 목적을 뚜렷이 한다.

② 수량화의 원칙: 객관적인 판단이 가능하도록 데이터를 수량화한다.

③ 등질화의 원칙: 모집단의 내용을 등질의 것으로 구분할 수 있도록 데이터를 층별(層別)한다.

④ 확률화의 원칙: 모집단의 품질을 경제적으로 관리하기 위해 확률을 적용하여 랜덤으로 샘플링한다.

1.2 통계적 품질관리 기법

통계적 품질관리(SQC)에서 흔히 사용되는 기법으로는 도수분포도, 파레토도, 관리도 및 샘플링검사 등이 있다. 그러나 통계적 품질관리의 내용이 시대의 변화와 더불어 확산되어 감에 따라 실험실 내지 연구실에서는 검정과 추정, 상관 및 회귀분석, 분산분석과 실험계획법 등을 이용하고 있으며, 근래 들어 품질보증문제가 강조되면서 신뢰성기법이 적용되고 있다.

이들 **기법**들을 데이터를 취하는 목적별, 즉 용도별로 보면 다음과 같다.

① 품질설계용: 실험계획법(DOE), 품질기능전개(QFD), 분산분석, 신뢰성기법, 공정능력지수

② 검사용: 샘플링검사

③ 공정관리용: 도수분포도, 파레토도, 특성요인도, 관리도, 샘플링검사

④ 공정해석용: 도수분포도, 파레토도, 특성요인도, 관리도, 샘플링검사, 추정 검정, 회귀분석, 상관분석, 실험계획법, 신뢰성기법 등.

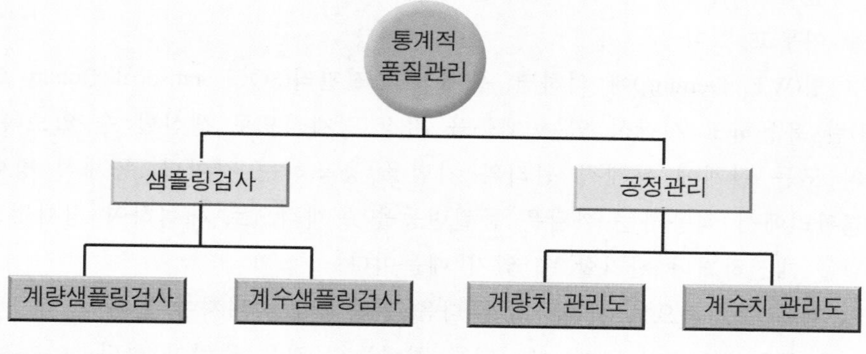

그림 9-1 통계적 품질관리의 기본기법

이처럼 각 용도에 따라 다양한 기법들이 제시되고 있으나, 통계적 품질관리의 **핵심기법**은 샘플링검사와 관리도라 할 수 있다(그림 9-1 참조).

2 품질관리와 데이터

2.1 데이터의 측정

품질관리에서 통계적인 사고방법이 중요한 까닭은 품질이 계속해서 변동하기 때문이다. 동일한 설계와 원자재 및 기계로 만들어진 제품이라도 그 품질에는 차이가 나기 마련이다. 이러한 차이를 산포(dispersion)라 하는데, 한 가지 다행스러운 점은, 이들 산포에는 통계적인 규칙성이 있어 이를 통계적으로 분석하거나 해석하여 품질을 관리할 수 있다는 점이다.

품질을 통계적으로 분석하고 추리하기 위해서는 수량화된 정보인 데이터(data)가 갖추어져 있어야 한다. 품질에 관한 수량적 내용인 데이터는 사실의 관찰이나 측정에 의해서 얻어지며, 이들은 분석 내지 처리과정을 거쳐 의사결정에 필수적인 정보가 된다. 결국 의사결정의 신뢰성은 측정을 통해서 얻어지는 데이터에 달려 있기 때문에, 올바른 측정은 품질관리에 매우 중요하다. 사물을 측정(measure)하지 않고 사물을 통제(control)할 수 없으며, 통제함이 없이 관리(manage)할 수 없기 때문이다.

일반적으로 정확한 측정을 하려면 다음 사항들이 충족되어야 한다.

① 표준 측정단위의 사용

② 요구되는 정확성에 알맞는 도구의 선택

③ 측정도구의 올바른 사용을 위한 사용자 훈련

④ 측정도구의 주기별 점검(calibration)

측정도구는 정확성과 정밀성을 유지하기 위하여 주기적으로 점검되어야 한다. **정확성**(accuracy)은 반복 측정한 결과의 평균이 측정표준(참값)에 부합하는 범위를 말하며, 이 평균에서 표준 값을 뺀 것이 측정도구의 오차이다. 한편, **정밀성**(precision)은 일련의 측정을 반복했을 경우 매번 동일한 값을 얻을 수 있는 능력이다.

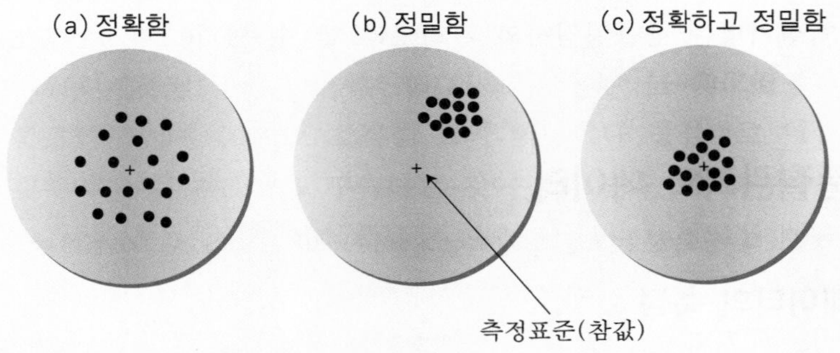

그림 9-2 **정확성과 정밀성의 차이**

따라서 측정도구는 정확성과 정밀성을 함께 갖추어야 측정표준 내지 참값에 일치되는 측정을 할 수 있는데, 이들 관계를 나타낸 것이 다음 [그림 9-2]이다.

측정의 정확성과 정밀성의 불일치는 측정오차를 유발하게 된다. 측정오차(measurement error)란 측정된 값과 측정표준(참값)과의 차이를 말한다. 이들 측정오차의 근본적인 원인은 환경, 변형 및 인간오류 등에서 비롯된다.[1)]

2.2 데이터의 종류

데이터는 그 성질에 따라 계량치(variables)와 계수치(attributes)로 나누어지므로, 통계처리할 때 이들 데이터의 차이를 명확하게 식별할 필요가 있다.

계량치 데이터란 계량기(計量器)로 측정이 가능한 연속적인 값으로 길이 · 무게 · 습도 · 순도 · 강도 · 두께 등의 값을 예로 들 수 있다.

계수치 데이터는 불량품의 개수나 결점 수와 같이 불연속적인 측정치로서 대부분 정수로 나타낸다.

품질의 통계적 해석을 위해서 사용하는 수량화된 정보로서의 데이터는 그가 소속된 집단이 있는데, 의사결정자가 관심을 가지게 되는 이 집단 전체를 **모집단**(population)이라 한다. 이 모집단을 이루는 단위체의 수는 매우 크기 때문에 이들 모두를 검사하는 전수조사는 특별한 경우를 제외하곤 사실상 불가능한 일이다.

1) 보다 자세한 내용은 다음을 참조바람. 이순룡, *품질경영론*, 법문사, p. 188.

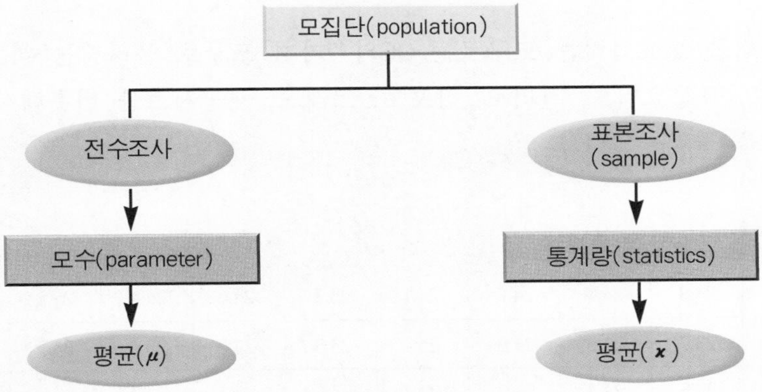

그림 9-3 **모집단과 표본**

이에 따라 모집단에서 일정수의 **표본**(sample)을 추출하여 여기서 파악된 특성을 이용하여 모집단의 특성을 유추하거나 예측하는 표본조사라는 통계적 기법을 활용하게 되는 것이다.

이때 모집단이 가지는 품질의 특성을 수량적으로 나타내는 모평균이나 모분산과 같은 값들을 **모수**(parameter)라 하며, 샘플에 대한 측정치의 평균값이나 표준편차들의 수치를 **통계량**(statistics)이라 한다.

3 데이터의 정리방법

품질의 변동, 즉 산포를 가져오는 원인을 파악하여 이것을 체계적으로 관리하기 위해서는 그 변동의 상태를 정확하게 식별할 필요가 있다. 이를 위해서는 제품이나 제품공정 등으로부터 얻어진 다수의 데이터를 정리하여 제조공정의 상황을 조사하고 변동의 실태와 원인 등을 파악하여야 한다.

이러한 데이터의 정리방법으로는 데이터의 도표화 그리고 분석 내지 판단을 신속하게 하는 데이터의 수량화가 있다.

3.1 데이터의 도표화

데이터를 도표화하는 도구로는 **QC의 7가지 도구**로 불려지는 히스토그램, 파레토도, 특성요인도, 관리도, 산포도, 그래프, 체크시트를 비롯해서 공정능력도 등을 들 수 있다.

표 9-1 강판두께 측정치

23.5	23.8	24.1	24.7	24.1	23.2	24.6	24.4	24.5	23.8
24.9	23.7	23.6	24.0	24.2	23.8	24.0	23.9	23.7	24.3
24.1	24.3	24.4	23.9	23.4	23.5	24.1	24.3	24.0	23.6
24.0	24.2	24.5	23.6	24.0	24.1	24.4	23.9	23.7	23.9
23.8	24.0	23.9	24.1	23.9	24.2	24.0	23.9	24.2	24.0

표 9-2 도수분포표

철판두께	분포	빈도(f_i)	도수분포비율($\frac{f_i}{n}$×100)
25.0		–	0
24.9	/	1	2
24.8		–	0
24.7	/	1	2
24.6	/	1	2
24.5	//	2	4
24.4	///	3	6
24.3	///	3	8
24.2	////	4	6
24.1	~~////~~ /	6	12
24.0	~~////~~ ///	8	16
23.9	~~////~~ //	7	14
23.8	////	4	8
23.7	///	3	8
23.6	///	3	6
23.5	//	2	4
23.4	/	1	2
23.3		–	0
23.2	/	1	2
23.1			
합계		50	100%

1 히스토그램(도수분포도)

데이터를 그래프로 정리 내지 요약하는 도수분포는 품질관리를 위해서 흔히 이용되는 가장 간단하면서도 효과적인 통계적 방법 중의 하나이다.

예를 들어 강판 50매의 두께를 측정한 <표 9-1>과 같은 데이터를 얻었을 때, 이들 불규칙한 데이터를 같은 값끼리 모아서 크기에 따라 그 빈도수를 나열하면 데이터의 분포상태를 쉽게 파악할 수 있는데, 이를 **도수분포표**(frequency distribution table)라 한다.

이들 데이터의 분포상태를 보기 쉽게 막대그래프로 나타낸 것이 히스토그램(histogram)으로 [그림 9-4]는 품질 특성치인 강판의 두께가 정규분포형태를 나타내고 있음을 알 수 있다.

2 누적도수분포도

히스토그램을 이용하면 데이터의 분포상태를 쉽게 파악할 수 있다. 그러나 데이터의 수가 어떤 품질 특성치 이하 또는 이상에 소속되어 있는가를 알기 위해서는 누적도수를 구하게 된다. 단계별로 합산된 누적도수를 데이

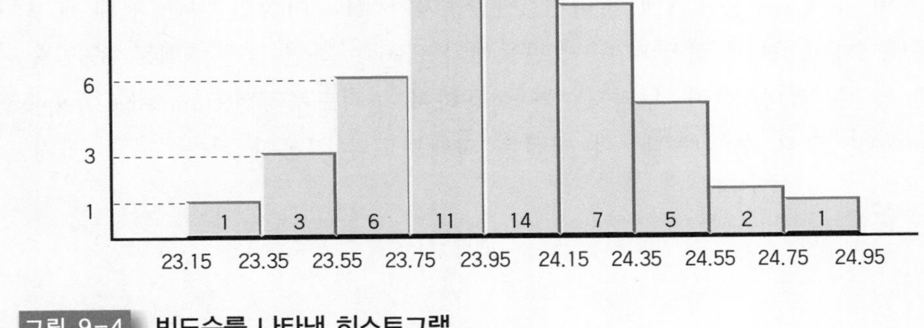

그림 9-4 빈도수를 나타낸 히스토그램

표 9-3 누적도수분포표

계급구간	빈도(f_i)	상대도수(f_i/n)	누적도수	누적상대도수($\Sigma f_i/n$)
25.0	·	·	·	·
24.9	1	0.02	1	0.02
24.8	·	·	·	·
24.7	1	0.02	2	0.04
24.6	1	0.02	3	0.06
24.5	2	0.04	5	0.10
24.4	3	0.06	8	0.16
24.3	3	0.06	11	0.22
24.2	4	0.08	15	0.30
24.1	6	0.12	21	0.42
24.0	8	0.16	29	0.58
23.9	7	0.14	36	0.72
23.8	4	0.08	40	0.80
23.7	3	0.06	43	0.86
23.6	3	0.06	46	0.92
23.5	2	0.04	48	0.96
23.4	1	0.02	49	0.98
23.3	·	·	·	·
23.2	1	0.02	50	1.00
23.1	·	·	·	·
합계	50	1.0	50	

터의 총수 n으로 나누어준 값을 누적상대도수(cumulative relative frequency)라 하며, 이 값은 흔히 백분율로 표시한다.

앞서 제시한 〈표 9-2〉 도수분포표의 자료를 이용하여 누적도수와 누적상대도수를 구한 것이 〈표 9-3〉이다.

이 누적도수분포표에 의하면, 철판두께가 24.8 이상인 것은 전체 50매 가운데 1매로 2%에 해당되며, 철판두께가 23.6 이하인 것은 7매로 8%임을 쉽게 알 수 있다. 한편, 누적도수를 이용하여 누적도수곡선(cumulative frequency curve)을 그릴 수 있는데, 이 곡선은 파레토도의 기본이 된다.

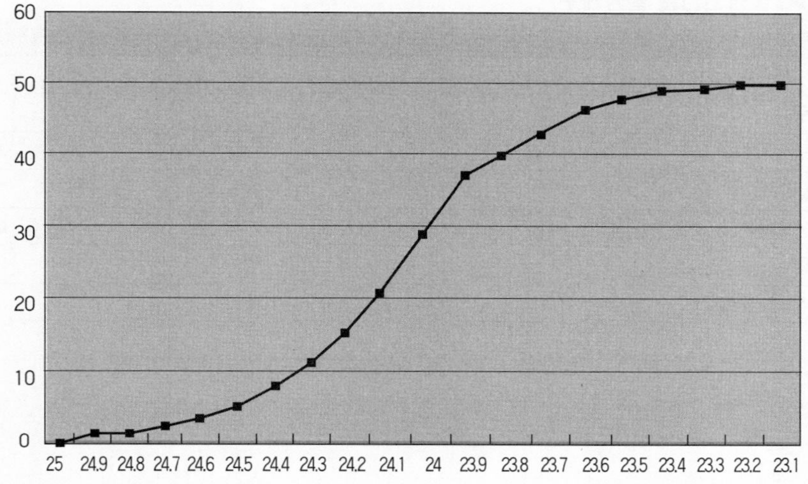

그림 9-5 **누적도수곡선** (철판두께)

3 파레토도

품질에 문제를 일으키는 원인의 대부분은 일부 항목에 편중되는 경우가 많다. 문제에 대한 영향도가 큰 원인부터 대책을 세워 조치를 취해가도록 도움을 주는 것이 곧 파레토도(Pareto's graph)이다.

이 도표는 파레토(V. Pareto)가 소득분포의 불균등상태를 나타내는 데 이용한 것으로, 쥬란(J.M. Juran)이 불균등도에 착안하여 불량품 수나 불량손실의 대부분은 극히 적은 수의 불량원인에 의해 야기됨을 밝히는 데 사용한 누적도수분포도의 일종이다.

파레토도는 품질관리 활동의 경우 손실이 적은 '다수의 경미한'(trivial many) 항목보다는 문제가 되는 '소수의 중요'(vital few) 항목에 대해서 집중적으로 관리할 수 있는 토대를 제공해 주므로 오늘날 중점관리기법으로 각광을 받기에 이르렀다. 또한, 파레토도는 불량의 원인이나 결과에 따라 각기 불량원인별 파레토도와 불량상황별 파레토도로 구분하여 작성하는데, 그 까닭은 원인과 대책을 보다 명확하게 세우기 위함이다.

불량항목의 비중이 큰 순위에 따라 A · B · C의 계층으로 층별하여 이들을 중점적으로 관리하는 데 흔히 이용되는 불량원인별 파레토도를 〈표 9-4〉

표 9-4 불량원인별 불량개수

불량원인	불량개수	누적개수	상대도수(%)	상대누적도수(%)
작업자 부주의	24	24	48.0	48.0
기계불량	7	31	14.0	62.0
자재불량	6	37	12.0	74.0
도면 불명확	4	41	8.0	82.0
공구의 미비	3	44	6.0	88.0
계기불량	3	47	6.0	94.0
작업지시 불분명	2	49	4.0	98.0
기타	1	50	2.0	100.0
계	50		100.0	

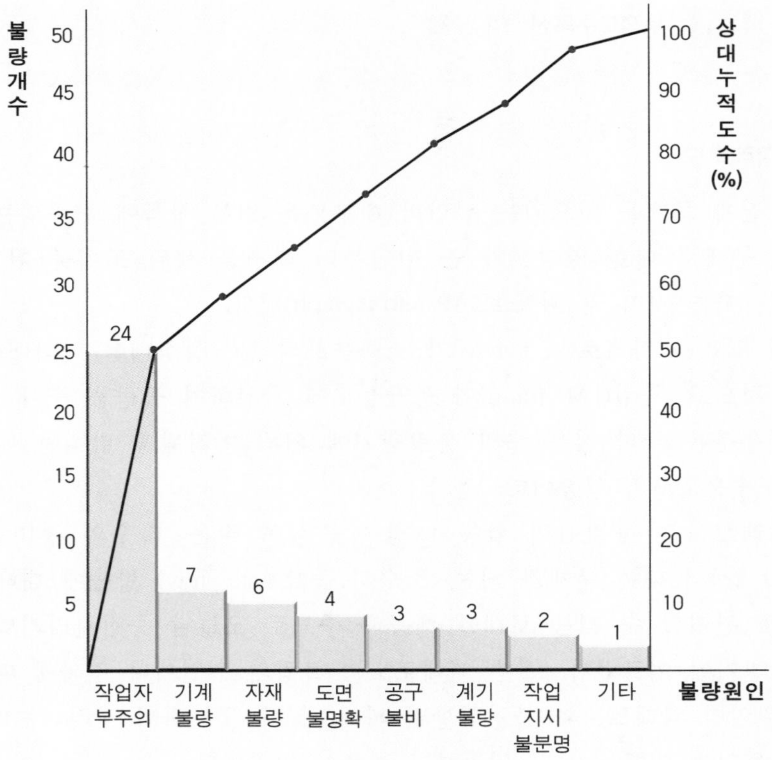

그림 9-6 불량 원인별 파레토도

의 데이터를 토대로 작성해보기로 하자.

〈표 9-4〉에 따르면 50개의 제품불량 가운데 전체의 48%에 달하는 24개가 '작업자 부주의'로 발생한 것이고, 그 다음으로는 '기계불량'이 14%이다.

이들 데이터를 불량원인별로 층별해서 그 발생빈도가 높은 순서부터 작성한 파레토도가 [그림 9-6]이다.

4 특성요인도

문제가 되는 특성이나 결과에 영향을 미치는 요인이나 원인과의 관계를 알기 쉽게 도표로 나타낸 것을 특성요인도 또는 인과관계도(cause and effect diagram)라 한다. 일본의 이시가와가오루(石川 馨)가 창안했다고 해서 '이시가와 도표'(Ishkawa diagram) 내지는 그 생긴 모습에 따라 '생선뼈도표'(fishbone diagram)라 불리기도 한다.

이 도표는 특성으로 표시되는 결과를 오른쪽 화살표의 끝 부분에 표시하고 결과를 일으킨 원인들을 화살표 방향을 거슬러 올라가며 요인에 따라 체계적으로 나타내는데, 이를 간략히 도시한 것이 [그림 9-7]이다.

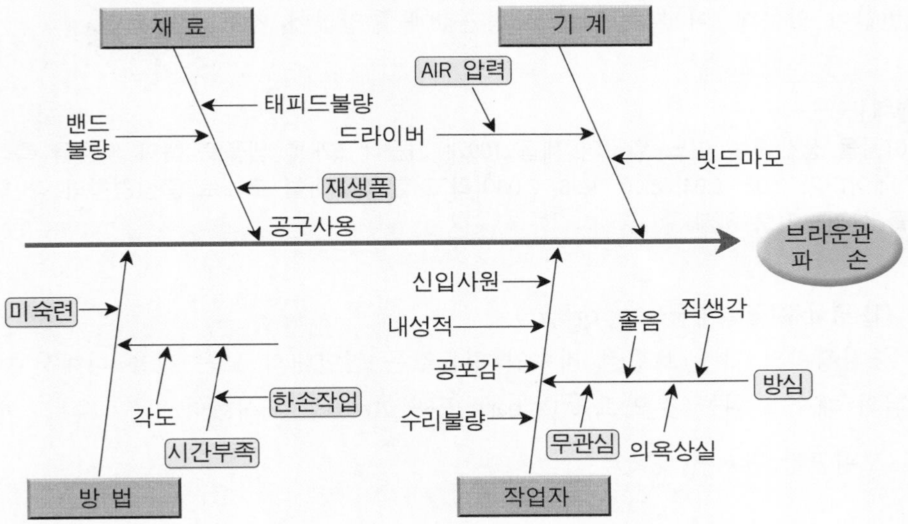

그림 9-7 특성요인도

이때 요인의 분류는 분석하려는 대상목적의 특성, 즉 문제점에 따라 다양하지만 대개 4M(Man, Material, Method, Machine)을 토대로 하여 계통에 따라 가지를 쳐서 세부요인까지 추구하는 시스템 접근방법을 적용한다.

한편, 특성요인도를 효율적으로 활용하기 위해서는 먼저 문제점으로 대두되는 품질의 특성이나 결과를 그에 대한 요인 내지 원인에 따라 분석하고 이를 토대로 특성요인도를 작성한 뒤 그 대책을 수립해야 하는데, 앞서 살펴본 파레토도와 병용하면 더욱 효과적이다.

3.2 데이터의 수량화 정리

품질의 특성을 나타내는 데이터의 분포모양은 전술한 히스토그램으로 판단하는 것이 좋으나, 그 위치와 분포는 수량적으로 표현하는 것이 편리하다. 분포의 중심경향을 나타내는 척도에는 평균값, 가중평균값, 중앙값 및 최빈값 등이 있으며, 분포의 척도로는 범위, 분산 및 표준편차 등이 있다.

1 데이터의 중심경향을 나타내는 척도

데이터의 중심경향을 나타내는 척도로는 평균값, 가중평균값, 중앙값 및 최빈값이 있는데, 이 가운데 특히 평균값과 중앙값이 자주 이용된다.

[설례]

베어링을 생산하는 어느 회사의 제품 100개 가운데 5개를 샘플로 뽑아 외경을 측정한 데이터가 2.02, 2.04, 2.00, 1.96, 2.08이라고 할 때, 이를 토대로 중심경향의 각 척도를 살펴보기로 하자.

(1) 평균값(산술평균: $\bar{x}$ or μ)

중심경향의 가장 보편적 지수인 평균값은 집단내의 모든 값을 더해서 데이터의 개수로 나눈 것으로, $\bar{x}$(x bar) 또는 μ(mu)로 표시한다.

(모평균값: $\mu = \dfrac{1}{N}\sum_{i=1}^{N} x_i$)

$$\bar{x} = \frac{x_1 + x_2 + x_3 + \cdots + x_n}{n} = \frac{1}{n}\sum_{i=1}^{n} x_i$$

$$\bar{x} = \frac{2.02 + 2.04 + 2.00 + 1.96 + 2.08}{5} = 2.02$$

(2) 중앙값(median or central value: $\tilde{x}$)

데이터를 크기 순서에 따라 배열했을 때, 그 중앙에 위치하는 하나의 값(홀수) 또는 둘의 값(짝수의 경우)에 대한 산술평균을 중앙값 또는 중위수라 하며 $\tilde{x}$(x wave)로 표시한다. 따라서 중앙값은 평균값에 비해 너무 큰 수나 작은 수에 영향을 받지 않는 장점을 가지고 있어 데이터의 중심을 파악하는 데 보다 합리적인 경우도 있다.

앞서의 데이터를 그 크기 순으로 배열하면 1.98, 2.00, 2.02, 2.04, 2.06으로 데이터의 수가 5개(홀수)가 되어 세번째의 2.02가 중앙값이 된다. 그러나 2.08이라는 새로운 값이 본래의 사례에 추가될 경우에는 데이터가 6개로 짝수가 되므로, 세번째와 네번째의 평균값 $\left[\frac{(2.02+2.04)}{2}\right]$인 2.03을 중앙값으로 갖게 된다.

(3) 최빈값(mode: M)

최빈값은 빈도수가 가장 많은 데이터 값으로 경우에 따라서는 최빈값이 없을 수도 있다. [설례]로 제시된 베어링의 경우 최빈값이 없으며, 앞서 〈표 9-1〉에 나타난 강판의 경우 24.0이 최빈값이다.

(4) 중심경향(평균값, 중앙값 및 최빈값)의 위치

데이터의 분포곡선상에서 중심경향의 위치는 각 척도의 값에 따라 대칭

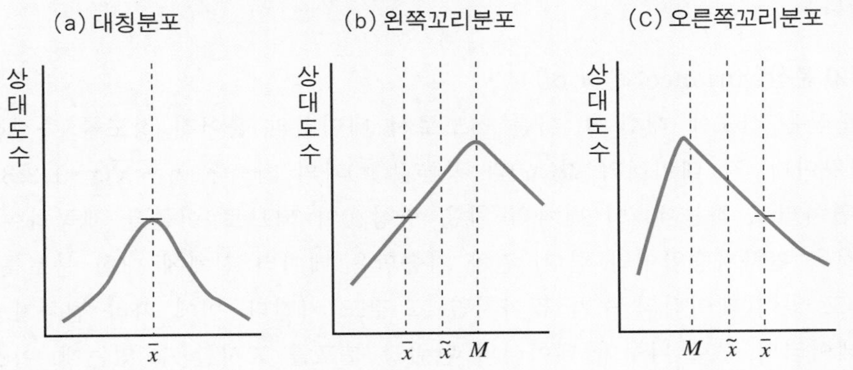

그림 9-8 중심경향의 위치

(symmetrical)분포, 왼쪽꼬리분포(skewed to the left) 그리고 오른쪽꼬리분포(skewed to the right)로 다르게 나타난다(그림 9-8 참조).

2 분포의 산포를 나타내는 척도

데이터의 변화량을 측정하는 통계량으로는 데이터의 중심으로부터 치우치는 정도, 즉 분포 내지는 산포를 나타내는 척도인 범위, 편차자승합, 분산, 불편분산 및 표준편차 등이 있으며, 이 가운데 범위와 분산 그리고 표준편차가 흔히 이용된다.

(1) 범위(range: R)

범위란 관측된 한 조(set)의 여러 데이터 가운데 최대값과 최소값의 차이를 말하는 것으로, 데이터의 흩어진 정도를 측정하는 데 이용하는 가장 간단한 방법 중 하나이다.

데이터 가운데 최대치를 x_{max} 최소치를 x_{min}이라 한다면, 범위 R은

$$R = x_{max} - x_{min}$$

이 된다.

앞서의 [설례]를 토대로 범위를 살펴보면, $R = 2.08 - 1.96 = 0.12$임을 알 수 있다.

한편, 범위의 결정적인 단점은 두 데이터(최대값과 최소값)만 고려하고 조(set)내 데이터의 흩어진 정도에 대해서는 별다른 정보를 제공하지 못한다는 점이다.

(2) 분산(variance: s^2 *or* σ^2)

분산은 산포에 대한 또 다른 척도로서 데이터의 흩어진 정도를 측정하는 통계량이다. 각 데이터의 값(x_i)과 평균값($\bar{x}$)과의 차, 즉 $x_i - \bar{x}$(x_i =1, 2, 3, ⋯, n) 편차라고 하는데, 이 편차의 합은 항상 0이 되므로 이들을 제공하여 합한 것을 **편차자승합**이라 한다. 편차 자승합은 데이터 전체에 대한 분포를 표시하고 있어 데이터의 수가 많아지면 그 값도 커진다. 이에 따라 편차자승합을 데이터의 수로 나누어 데이터의 단위당 분포를 표시할 수 있는데, 이것을 **분산**이라고 하며 샘플분산(s^2)과 모분산(σ^2)으로 구분된다.

샘플분산(sample variance) s^2은 따라서 샘플로부터 측정한 편차자승합을

샘플데이터수인 n으로 나눈 값이다.

$$s^2 = \frac{1}{n}\sum_{i=1}^{n}(x_i - \bar{x})^2$$

앞서 [설례]의 경우 샘플분산 s^2은

$$s^2 = \frac{1}{5}\,[(2.02-2.02)^2 + (2.04-2.02)^2 + (2.00-2.02)^2 + (1.96-2.02)^2 + (2.08-2.02)^2]$$

$$s^2 = \frac{1}{5}\,[(0 + 0.0004 + 0.0004 + 0.0036 + 0.0036) = \frac{1}{5} \times 0.008 = 0.0016$$

$s^2 = 0.0016$이 된다.

(3) 표준편차(standard deviation: s or σ)

표준편차는 분산으로부터 유도되는데, 분산의 제곱근이 곧 표준편차이며 샘플표준편차(s)와 모표준편차(σ)로 표시한다. 따라서 샘플표준편차 s는 다음 식으로 구해진다.

$$s = \sqrt{s^2} = \sqrt{\frac{1}{n}\sum_{i=1}^{n}(x_i - \bar{x})^2} = \sqrt{\frac{1}{5}(0.008)} = 0.04$$

샘플분산의 계산시 관찰값(x_i)에서 평균값($\bar{x}$)을 빼서 제곱하여 모두 더해준 편차자승합을 데이터 수 n 대신 $n-1$로 나누는 것이 일반적인데, 그 이유는 모분산 σ^2을 가장 적절하게 대신하여 줄 수 있는 대체치를 얻기 위함으로 이를 불편분산(unbiassed variance)이라 한다.

이 경우 $s^2 = 0.002$가 된다.

주요 용어(key word)

• 통계적 품질관리(SQC) • 통계적 품질관리 원칙 • 통계적 품질관리 기법 • 정확성(accuracy) • 정밀성(precision) • 계량치(variables) • 계수치(attributes) • QC의 7가지 도구 • 파레토도(Pareto's graph) • 특성요인도(cause & effect diagram)

연습문제

1. 통계적 방법을 품질관리에서 적용하는 까닭은 품질변동을 통계적으로 해석하여 품질을 경제적으로 개선·관리할 수 있기 때문이다.
   ① 품질을 통계적으로 관리하는 데 지켜야 할 원칙으로 어떤 것이 있는가?
   ② 통계적 품질관리(SQC)의 핵심기법은?
   ③ QC의 7가지 도구를 기술하라.
2. 품질관리에는 사실에 입각한 데이터가 필수적으로 요구되는데, 데이터는 정량적인 것과 정성적인 것으로 구별할 수 있다. 그 중 정량적인 데이터는 계량치와 계수치 데이터로 구분할 수 있다.
   계량치와 계수치 데이터의 정의와 예를 기술하라.
3. 파레토(V. Pareto)가 소득분포의 불균등상태를 나타내는 데 이용한 파레토도는 쥬란(J.M. Juran)이 품질의 중점관리기법으로 제시한 이래 각광을 받기에 이르렀다. 파레토도가 품질의 중점관리에 적합한 이유를 밝혀라.
4. 문제가 되는 특성이나 결과에 영향을 미치는 요인이나 원인과의 관계를 알기 쉽게 도표로 나타낸 것을 특성요인도 또는 인과관계도(cause and effect diagram)라 한다.
   ① 특성과 요인의 의미
   ② 특성요인도의 작성요령
   ③ 특성요인도의 적용분야
5. 품질의 특성을 나타내는 데이터의 분포모양은 히스토그램으로 판단할 수 있지만 세밀하게 그리고 동적으로 나타낼 수는 없다.
   ① 데이터의 중심경향을 나타내는 척도를 기술하라.
   ② 분포의 산포를 나타내는 척도는 무엇인가?

제 10 장

샘플링검사

1 샘플링검사의 기본개념

1.1 검사의 기능과 종류

1 검사의 기능

검사(inspection)란 품질 또는 서비스의 하나 이상의 특성 값에 대하여 측정, 시험, 검정, 게이지 맞춤 등을 실시하여, 규정 요구사항과 비교하여 적합한지 여부를 판정하는 활동[1]이다.

검사의 **기능**으로는 ① 합격·불합격을 판정하는 검사표준의 설정, ② 품질의 측정, ③ 표준과 측정결과의 비교, ④ 합격·불합격의 판정, ⑤ 합격·불합격의 처리, ⑥ 품질정보의 제공 등을 꼽을 수 있다.

2 검사의 종류

검사가 행해지는 공정단계와 검사의 성질과 방법에 따라서 검사는 다음

1) 한국산업규격(KS A3001-2)「통계적 품질관리 용어」.

의 여러 유형으로 구분된다.

(1) 검사가 행해지는 공정에 따른 분류: ① **수입**(구입)**검사**, ② **공정검사**, ③ **제품검사**, ④ **출하검사**

원자재가 공정품 · 제품 · 상품으로 바뀌는 과정(공정)에서 행해지는 검사 유형이다.

사 례 **협업 공정별 검사로 불량률 70% 감소**[2)]

충북 오창의 LG화학 편광판 공장의 가공생산팀과 품질팀이 불량률을 낮추기 위해 마라톤 회의를 가졌다. 두 팀은 평소 “검사를 더욱 강화해야 한다”는 입장과 “품질검사가 까다로워 생산성이 떨어진다”며 맞서던 상황이었지만, 갈수록 치열해지는 경쟁을 이겨내기 위해선 협업이 최우선이라는 데 공감했다.

두 팀은 각각 문제점을 조사한 뒤 동일한 결론에 이르렀다. 품질 검사원들이 직접 손으로 전수검사하는 '검사원 검사'가 편광판 불량의 원인이 된다는 점을 확인한 것이다. 두 팀은 최종 검사원 검사를 축소하는 대신 각 공정별 검사를 강화했고, 이는 2차 불량을 70% 이상 줄이는 성과로 나타났다.

(2) 검사의 성질에 의한 분류: ① **파괴검사**, ② **비파괴검사**

타이어의 인장강도시험이나 빵의 성분시험은 물품을 파괴하지 않고서는 검사의 목적을 달성할 수 없어 파괴검사를 행한다. 그러나 전구의 점등시험, 맥주병의 이물질 검사, 도금강판의 핀홀(pin hole)검사 등은 상품가치의 변화 없이 비파괴검사로 가능하다.

(3) 검사방법에 의한 분류: ① **계측검사**, ② **관능검사**

계측검사란 도량형기나 계기를 비롯한 계측기기에 의한 검사이다. **관능검사**(sensory test)는 인간의 감각을 사용해서 품질특성을 평가하고 품질 판정을 내리는 검사이다. 음식물의 맛과 향기는 미각으로 술은 취각으로 통조림이나 음향기기는 청각으로 검사하는 경우이다.

(4) 검사개수에 의한 분류: ① **전수검사**, ② **샘플링검사**

2) “LG 부서간 협업 통해 불량률 70%나 줄여”, *조선일보*, 2013.10.31.

1.2 전수검사와 샘플링검사

전수검사(total inspection)는 검사대상 로트 전체에 대하여 행하는 검사이다. 검사의 대상이 되는 물품전체에 대해서 하나 하나 검사함으로써 품질을 완전히 보증할 수 있다는 입장에서 실시된다. 따라서 이 검사는 불량품이 조금이라도 있어서는 안되는 경우라든가 검사항목수가 적고 로트의 크기가 작을 때 행해진다.

샘플링검사(sampling inspection)는 모든 물품을 하나하나 검사하지 않고, 로트로부터 샘플을 발췌하여 측정한 결과를 로트의 합격판정기준과 비교하여 그 로트의 합격 · 불합격을 판정하는 검사이다.

전수검사와 샘플링검사의 **특징**을 비교한 것이 〈표 10-1〉이다.

샘플링검사에서는 합격판정샘플링(acceptance sampling)이 기본이 되는데, 그의 **절차**는 다음과 같다.

(1) 로트에서 무작위로 샘플을 발췌하여 검사한 결과 판정기준을 통과하면 그 로트 전체를 합격시킨다.

(2) 검사결과 판정기준에 못 미치면 그 로트 전체를 불합격시키거나 전수검사를 실시하여 불량품을 조치한다.

다음과 같은 경우에 샘플링검사가 **적용**된다.

① 전수검사가 불가능한 경우(예: 파괴검사)

표 10-1 전수검사와 샘플링검사의 비교

	전수검사	샘플링검사
검사항목	검사항목이 적고, 간단한 검사	검사항목이 많고 복잡한 검사
로트의 크기	로트의 크기가 작을 때	로트의 크기가 클 때
불량이 있어서는 안되는 것	적 합	부적합
검사비용	많 다	적 다
생산자에 대한 품질향상 자극	작 다	크 다

② 샘플링검사가 경제적으로 유리한 경우
③ 기술적으로 개별검사가 무의미한 경우(예: 금형으로 가공된 물품의 검사)
④ 전수검사에 비해 신뢰도가 높은 결과를 얻을 수 있을 때(예: 검사항목과 수량이 많은 경우)
⑤ 생산자나 공급자에게 품질향상의 자극을 주고 싶은 경우

1.3 샘플링검사의 이론

샘플링검사가 품질관리에 본격적으로 적용된 것은 1930년대 닷지(H.F. Dodge)와 로믹(H.G. Romig)의 연구 이후이다. 샘플링검사는 로트로부터 발췌한 샘플을 검사하여 그 로트의 합격·불합격을 판정하고 있기 때문에 합격된 로트 중에 다소의 불량품이 들어 있게 되지만, 샘플링검사에서는 검사된 로트 중에 불량품의 비율이 확률적으로 어떤 범위 내에 있다는 것을 보증할 수 있다.

큰 통속에 20개의 빨간 구슬과 980개의 흰 구슬을 섞어서 넣고 한번에 50개씩 들어가는 주걱으로 떠내서 그 속에 빨간 구슬이 몇 개 들어 있나를 세어 보고 다시 통속에 넣는 것을 100회 반복·관찰하였을 때, 각 50개의

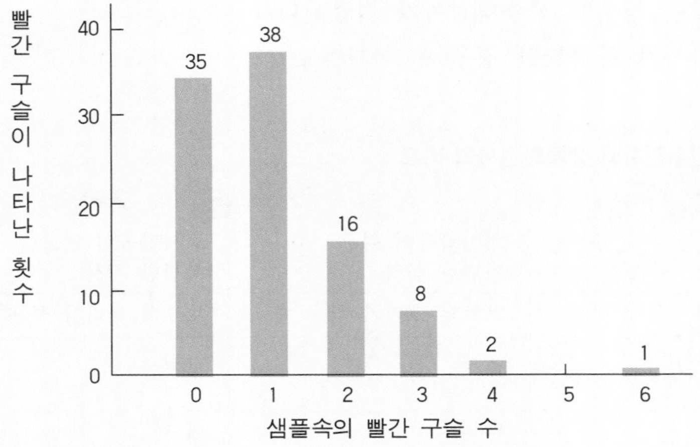

그림 10-1 100회의 구슬실험 결과

표 10-2 50개의 샘플 중 r개의 불량품이 나타나는 확률

r	0	1	2	3	4	5	6	7	8	9
$P_r(r)$	0.364	0.372	0.186	0.061	0.014	0.0027	0.0004	0.0005	0.00001	0.00000

* r: 불량품수
$p_r(r)$: 샘플 중 r개의 불량품이 나타나는 확률

구슬 속에서 빨간 구슬이 나온 횟수는 [그림 10-1]에 보인 히스토그램과 같았다(이 막대그림의 정점을 이어보면 이항분포곡선이 된다).

이와 같이 샘플 속에 섞이는 빨간 구슬(불량품)이 일정치 않은 것은, 로트 불량률은 일정하더라도 샘플 속에 포함되는 샘플의 불량률은 우연에 의해서 좌우되기 때문이다. 이것을 가리켜 **샘플링 요동**(sampling fluctuation)이라 한다.

이와 같은 실험결과는 다음의 이항분포식으로 구할 수 있다.

$$P_r(r) = \binom{n}{r} p_r (1-p)^{n-r}$$

50개의 샘플 중 r개의 불량품이 포함되는 확률을 위의 산식으로 계산하면 〈표 10-2〉와 같다. 즉 전술한 구슬실험 결과의 히스토그램(그림 10-1)과 비슷한 경향을 나타내고 있음을 볼 수 있다.

2 샘플링검사의 유형

2.1 샘플링검사의 분류

샘플링검사는 품질의 판정방법, 검사의 실시방식, 검사횟수 등에 따라서 〈표 10-3〉과 같이 분류된다.

■ 계수샘플링검사와 계량샘플링검사

샘플링검사에서 사용되는 데이터는 품질의 판정방법, 즉 검사단위의 표시방법에 따라 ① 불량개수, ② 결점수, ③ 품질특성치(계량치)의 세 가지로

표 10-3 샘플링검사의 분류

품질의 판정방법별	검사의 실시방식별	검사횟수별
① 계수샘플링검사: 불량개수로써 판정하는 샘플링검사 ② 계량샘플링검사: 계량치로 판정하는 샘플링검사	① 규준형 샘플링검사 ② 선별형 샘플링검사 ③ 조정형 샘플링검사 ④ 연속생산형 샘플링검사	① 1회 샘플링검사 ② 2회 샘플링검사 ③ 다회 샘플링검사 ④ 축차 샘플링검사

분류할 수 있다.

불량개수와 결점수는 계수샘플링검사, 무게 · 길이 · 온도 등의 품질특성치는 계량샘플링검사가 적용된다.

① 불량개수에 의한 계수샘플링검사

② 결점수에 의한 계수샘플링검사

③ 품질특성치에 의한 계량샘플링검사

2.2 샘플링검사의 형태

샘플링검사를 실시함에 있어 적용되는 방식은 규준형 · 조정형 · 선별형 · 연속생산형 샘플링검사의 네 가지 유형으로 나눌 수 있다.

(1) 규준형 샘플링검사(sampling inspection based on OC)

공급자에 대한 보호와 구매자에 대한 보증의 정도를 각각 규정하고 양자의 요구가 충족되도록 짜여진 것이 특징이다. 즉 OC곡선상의 불량률 p_0와 같은 좋은 품질의 로트가 불합격될 확률 α(생산자 위험)를 5%로 정하여 공급자를 보호하고, 불량률 p_1과 같은 나쁜 품질의 로트가 합격될 확률 β(소비자 위험)를 10%로 정하여 구매자를 보호한다(그림 10-6 참조).

계수규준형 1회 샘플링검사(KS A 3102, JIS Z 9002)와 계량규준형 1회 샘플링검사(KS A 3103, JIS Z 9003)가 대표적이다.

(2) 조정형 샘플링검사(sampling inspection with adjustment)

구매자가 샘플링검사를 엄격하게 하거나 수월하게 조정하는 것을 특징으로 한다. 구매자가 합격시키고 싶은 바람직한 로트의 품질(합격품질수준: AQL)을 정하고, 이 수준보다 좋은 품질의 로트를 제출하는 한 합격시킬 것을 공급자에게 보증한다. 품질이 좋은 공급자에 대해서는 엄격하지 않은 샘플링검사를 하여 공급자를 장려하고, 품질이 나쁜 경우에는 엄격한 샘플링검사를 적용하여 공급자의 품질향상을 촉구한다.

계수조정형 샘플링검사(구KS A 3109)와 MIL-STD-105 A가 널리 이용된다.

(3) 선별형 샘플링검사(sampling inspection with screening)

샘플 속의 불량품수가 합격판정개수를 넘는 경우, 로트 잔량에 대하여 전수 선별하는 것을 특징으로 한다. 이 경우 전수 선별된 로트는 불량품이 제거되었으므로 전수선별을 거치지 않고 합격된 로트의 것이 포함되더라도 평균 불량률은 검사전 불량률에 비하여 낮아진다.

이 방식은 공급자를 선택하지 않는 구입검사와 공정검사 및 출하검사 등에 적용된다. 「닷지-로믹 샘플링 검사표」(Dodge-Romig sampling table)와 계수선별형 1회 샘플링검사(구KS A 3105)가 대표적이다.

(4) 연속생산형 샘플링검사(sampling inspection for continuous production)

제품이 연속적으로 생산되는 연속생산 상태에서 적용하는 것을 특징으로 한다. 가령 처음에는 한 개씩 검사하여 양품이 일정 개수 계속되면 일정 개수씩 묶어서 검사하고, 불량품이 나오면 다시 1개씩의 검사로 되돌아오는 방식이다.

계수연속생산형 샘플링검사(KS A 3106, JIS Z 9008)가 적용된다.

2.3 샘플링검사의 형식

로트의 합격·불합격을 판정하는데 샘플을 몇 번 뽑아내는가 하는 발췌횟수에 의해서 1회·2회·다회 샘플링검사로 나눌 수 있다.

(1) 1회 샘플링검사(single sampling inspection)

단 1회의 샘플검사 결과로 로트의 합격·불합격을 결정하는 방식이다.

(2) 2회 샘플링검사(double sampling inspection)

1회 검사에서는 합격·불합격이 확실한 경우에만 판정을 내리고, 그 중간 결과를 보였을 경우에는 2회째 샘플의 결과를 추가하여 합격·불합격을 결정하는 형식이다.

설 예

크기 1,000개의 로트에서 1차로 50개의 샘플을 뽑아 검사한다. 검사결과 발견된 불량개수가 1개 이하이면 그 로트를 합격시키고 4개 이상이면 불합격시킨다.

그러나 불량개수가 2~3개이면, 80개의 샘플을 추가로 뽑아서 검사한다. 1회와 2회의 검사에서 130개의 샘플 중 불량개수가 3개 이하이면 합격시키고 4개 이상이면 불합격시킨다.

샘플	크기	누계	합격판정 개수	불합격 판정개수
n_1	50	50	$c_1=1$	$r_1=4$
n_2	80	130	$c_2=3$	$r_2=4$

(3) 다회 샘플링검사(multiple sampling inspection)

2회 샘플링검사의 형식을 확장한 것으로, 매번 정해진 크기의 샘플을 뽑아내어 각 회의 샘플을 조사한 결과를 판정기준과 비교함으로써 합격·불합격·불확정의 세 가지로 분류하면서 어느 일정 횟수까지 합격·불합격을 결정짓는 방식이다.

(4) 축차 샘플링검사(sequential sampling inspection)

하나씩 또는 일정 개수씩 샘플을 뽑아서 검사하면서 그 누적된 성적을 그때 그때 판정기준과 비교하여 로트의 합격·불합격·불확정(검사계속)으로 분류해 가는 검사이다. 다회 샘플링검사는 판정기준으로서 판정개수(c)를 설정하는데 반해, 이 방식은 판정영역(이는 합격선과 불합격선에 의해 구분됨)을 설정하여 로트의 합격·불합격을 결정하며 이들 영역에 속하지 않을 때는 판정기준에 이를 때까지 계속하여 실시하는 방법이다.

이 방법은 이론적으로 검사가 무한히 계속될 수 있다는 것을 제외하고는 다회 샘플링검사와 비슷하다. 실무적으로는 검사개수가 1회 샘플링검사 개수의 3배에 달하면 검사를 중지한다. 비용이 많이 드는 검사이지만, 파괴검사 시 검사량을 줄이기 위해 적용된다.

3 샘플링방식의 설계

3.1 샘플링방식과 OC곡선

샘플링검사의 방식, 즉 **샘플링방식**(sampling plan)이란 로트의 합격 · 불합격을 결정하기 위해서 샘플의 크기(n)와 합격판정개수(c)를 규정하는 것을 말한다. 가령 계수규준형 1회 샘플링 검사의 경우, 1,000개의 제품이 들어 있는 로트(N=1,000)에서 랜덤으로 50개의 샘플(n=50)을 뽑아서, 가령 합격판정 개수를 1(c=1), 불합격판정 개수를 2(r=2)로 결정하는 것을 샘플링방식의 결정이라 한다.

표 10-4 n=50, c=1일 때, 불량률 p(%)의 로트가 합격하는 확률 P_a

p(%)	0	1	2	3	4	5	6	7	8	9	10
np	0.0	0.5	1.0	1.5	2.0	2.5	3.0	3.5	4.0	4.5	5.0
P_a	1.000	0.910	0.736	0.558	0.406	0.287	0.199	0.136	0.091	0.061	0.041

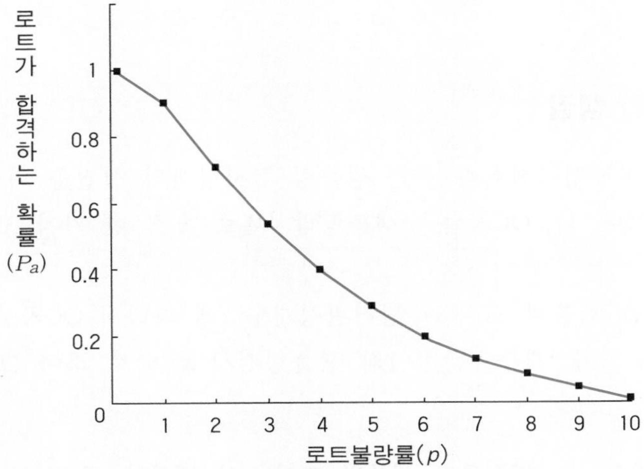

그림 10-2 OC(검사특성)곡선

샘플링방식이 결정되면 그 방식에 따라 샘플링검사의 특성이 결정되는데, 이 특성을 그래프로 나타낸 것을 **OC곡선**(Operating Characteristics curve) 또는 검사특성곡선이라 부른다.

OC곡선은 한 샘플링방식에 대해서 반드시 하나의 곡선이 나타나기 때문에 어느 정도의 품질을 갖는 로트가 검사를 받으면 얼마의 확률로 합격하고 불합격되는가를 알 수 있다. 뿐만 아니라 샘플링검사에서 품질이 좋은 로트가 잘못되어 불합격으로 되는 확률, 또 임의의 품질을 갖는 로트가 합격 또는 불합격으로 되는 확률도 OC곡선에 의해서 알 수 있다.

OC곡선의 **작성요령**은 다음과 같다.

불량품이 20개 들어 있는 로트(N=1,000)에서 샘플을 50개 뽑아서 불량품이 1개 이하이면 그 로트를 합격시키고 2개 이상이면 불합격시키는 샘플링방식(n=50, c=1)의 OC곡선을 [부록]의 「누적포아송분포표」의 자료로서 작성해 보기로 한다.

① 불량률 p의 크기별로 샘플크기 n을 곱하여 불량개수 np를 구한다.

② 「누적포아송분포표」의 $r=1$의 행에서 np값에 해당하는 확률을 찾는다.

샘플링방식 $n=50$, $c=1$일 때, 로트가 합격되는 확률을 불량률의 크기에 따라 제시한 것이 〈표 10-4〉이다. 이 표에 나타난 불량률을 가로축으로 하고 로트가 합격되는 확률을 세로축에 옮겨서 그래프를 그리면 [그림 10-2]의 OC곡선이 된다.

3.2 OC곡선의 성질

OC곡선을 검사특성곡선이라 함은 샘플링 검사방식의 성질을 나타낸다는 데서 비롯된 말이다. 즉, OC곡선은 샘플링방식별로 오직 한 가지 모양의 곡선을 그린다.

로트의 크기 N, 샘플의 크기 n, 합격판정개수 c에 따라서 OC곡선의 모양이 어떻게 변하는가를 '계수규준형 1회 샘플링검사'를 예로 하여 그 성질을 살펴보기로 하자.

(1) 합격판정개수 c는 일정하고 샘플의 크기 n이 변화할 때(N=일정)

샘플의 크기 n이 변화함에 따라 로트가 합격하는 확률의 기울기와 위치가 바뀐다. [그림 10-3]에서 볼 수 있듯이 n이 증가할수록 기울기는 '이상적인

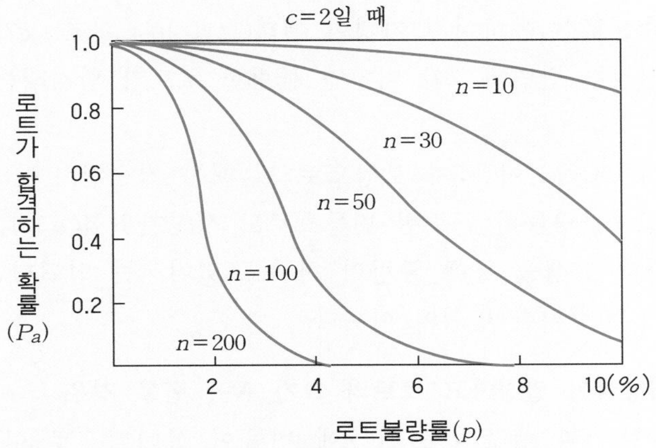

그림 10-3 c가 일정한 샘플링방식의 OC곡선

OC곡선'에 근접해 가는데, 이 경우 좋은 로트와 나쁜 로트의 판별력이 증대된다. 따라서 샘플링검사의 성능을 향상시키려면 샘플의 크기를 어느 정도 크게 할 필요가 있다.

(2) 합격판정개수 *c*만이 변화할 때(*N*, *n*은 일정)

합격판정개수 *c*가 커지면 불량한 로트가 합격하는 확률이 높아져 OC곡선

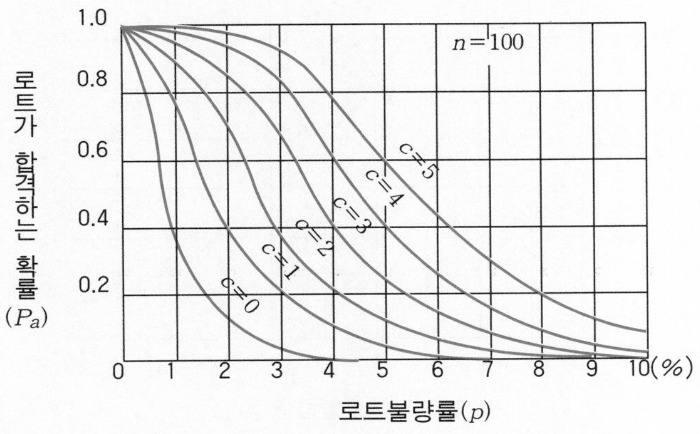

그림 10-4 n이 일정한 샘플링방식의 OC곡선

은 우측으로 이동하여 ㄱ자 모양이 되지만, 반대로 c가 작아지면 검사가 까다로워져 좌측으로 이동하여 ㄴ자형이 된다(그림 10-4 참조). c가 작을수록 검사가 까다로워지는 반면에, c가 커지면 불량한 로트가 합격되는 확률이 높아진다.

c가 작아서 OC곡선이 ㄴ자 모양으로 될 때는 전수검사에 가까운 성질을 띄게 되어 로트 불량률의 근소한 변동으로도 생산자위험(α)에 큰 영향을 미치게 된다. 따라서 샘플 중에 불량이 하나도 있어서는 안된다는 샘플링방식(c=0)은 그다지 바람직한 방식이 아니다.

(3) 샘플링방식이 일정하고 로트의 크기 N이 변할 경우

로트의 크기 N과 샘플의 크기 n에 비율이 상대적으로 아주 작지 않는 한 OC곡선은 별로 변화하지 않는다. 즉 로트의 크기(N)가 샘플의 크기(n)의 10배 이상일 때는 OC곡선에 큰 변화는 없다.

(4) 샘플의 크기 n과 합격판정개수 c를 N에 비례해서 샘플링할 경우

샘플의 크기 n과 합격판정개수 c를 로트의 크기 N에 비례해서 샘플링하

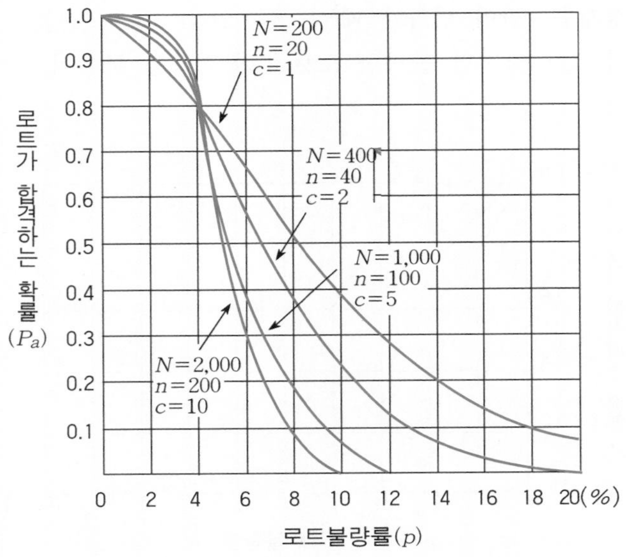

그림 10-5 백분율샘플링의 OC곡선의 변화

는 것을 백분율샘플링(percent sampling) 또는 비례샘플링이라 하는데, 이 때에 OC곡선은 [그림 10-5]와 같이 변한다.

[그림 10-5]의 N=200, n=20, c=1인 샘플링검사와 N=2,000, n=200, c=10인 샘플링검사를 비교해 보면, 로트불량률이 낮은 쪽에서는 합격확률이 낮지만, 로트불량률이 높은 쪽에서는 합격률이 높아지므로 좋은 로트가 불합격으로 되거나 나쁜 로트가 합격으로 될 확률이 상대적으로 높은 편이다. 다시 말해서 전자는 후자에 비하여 좋은 로트와 나쁜 로트를 구별하는 능력이 떨어진다.

이와 같은 비례샘플링방식은 로트의 크기가 변하면 품질보증의 정도가 전혀 달라지므로 좋은 검사방식이라 할 수 없다.

3.3 샘플링방식과 이해관계자의 보호

합격판정 샘플링검사(acceptance sampling inspection)에서는 샘플링 요동으로 실제 품질과는 다소 다른 결과를 초래하여 생산자와 소비자 또는 판매자와 구매자간 거래에서 불공평한 위험부담을 줄 수 있다. 따라서 이들 이해관계자들이 갖는 위험부담을 줄이고 원하는 수준에서 보증품질을 제시할 수 있는 경제적인 샘플링방식을 설계할 필요가 있다.

보증품질이란 구매자나 소비자의 입장에서는 '보증받고 싶은 품질'이며, 판매자나 생산자의 입장에서는 '보증하고 싶은 품질'이다. 합격판정 샘플링검사에서 보증품질은 합격품질수준(AQL)이나 로트허용불량률(LTPD)과 같은 '로트품질지표'(lot quality index)로 표시된다.

1 합격품질수준(AQL)과 로트허용불량률(LTPD)

샘플링검사에서 나쁜 로트가 합격되고 좋은 로트는 불합격되는 수가 있다. 이는 '샘플링 요동' 때문으로, 검사특성곡선(OC curve)은 '이상적인 OC곡선'과 같이 직선이 아니고 곡선으로 나타나게 된다. [그림 10-6]의 OC곡선에서 볼 때, 구매자에게 가장 바람직한 품질수준은 p_0(또는 AQL)이상이지만, 그들이 허용할 수 있는 최저한의 품질수준은 p_1(또는 LTPD)이다.

[그림 10-6]에서 바람직한 품질수준 p_0는 합격판정 샘플링검사에서 공정평균의 품질수준으로 구매자가 만족할 수 있는 최대한의 불량률로서, **합격품질수준**(AQL: Acceptable Quality Level)이라 한다. 이 때 로트의 합격확률은 보통

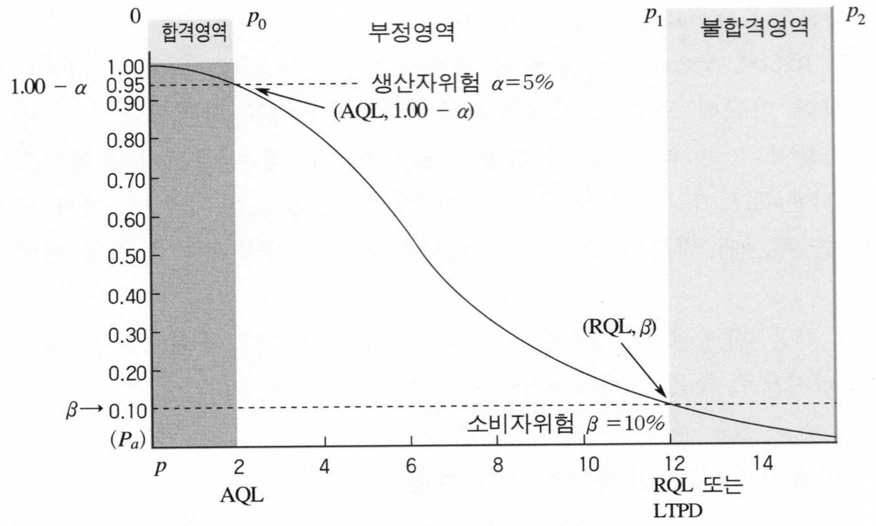

그림 10-6 **OC곡선상의 α, β, AQL, LTPD**

95%정도가 된다.

한편 최저한의 품질수준 p_1은 구매자의 입장에서 불합격시키고 싶은 불합격품질수준(RQL: Rejection Quality Level)으로 흔히 **로트허용불량률**(Lot Tolerance Percentage Defectives: LTPD)이라 한다. 이 경우 로트의 합격확률은 10%정도이다.

AQL이상($0 \sim p_0$)을 가리켜 생산자의 입장에서 로트를 가급적 합격시키고 싶은 합격영역(acceptance range)이라 하고, RQL 또는 LTPD이하($p_1 \sim p_2$)를 가리켜 소비자의 입장에서 가급적 로트를 불합격시키고 싶은 불합격영역(rejection range)이라 한다(그림 10-6 참조).

2 생산자위험과 소비자위험

샘플링검사에서는 로트불량률이 낮은 OC곡선상의 p_0, 즉 AQL이상의 품질을 갖는 로트를 전부 합격시키고 싶어도 '샘플링 요동'으로 이들 가운데 일부가 잘못되어 불합격으로 판정(제1종의 오류)되는 수가 있다. 이 경우 공급자 즉 생산자로서는 좋은 로트가 불합격이 되는 것이므로, 이 확률(α=5%)을 **생산자위험**(producer's risk)이라 한다.

표 10-5 샘플링검사의 오류와 위험

구 분	불합격 판정	합격 판정
양 품	불합격(제1종 오류) 생산자 위험	합 격
불량품	불합격	합격(제2종 오류) 소비자 위험

한편 로트불량률이 높은 p_1, 즉 LTPD(RQL)이하의 품질을 갖는 로트를 불합격시키려 해도 합격판정(제2종의 오류)되는 수가 있다. 이 경우 구입자 즉 소비자로서는 나쁜 로트가 합격되는 것으로서 이 확률(β=10%)을 **소비자위험**(consumer's risk)이라 한다(표 10-5 참조).

3.4 샘플링검사표에 의한 샘플링방식 결정

샘플링검사에서는 샘플링방식에 따라 공급자와 구입자에게 어느 정도의 보증품질을 확보해줄 것인지를 수량으로 가늠할 수 있다. 이와는 반대로 사전에 생산자 위험과 소비자 위험을 정해 놓고 아울러 이에 대응되는 불량률, 즉 AQL과 LTPD를 지정하여 샘플링방식을 결정할 수도 있다.

샘플링검사방식의 설계과정은 매우 지루하다. 간편한 방법은 샘플링검사표를 이용하는 것으로 '닷지-로믹 샘플링방식'이 대표적이다.

샘플링검사표를 이용하여 주어진 AQL과 LTPD를 만족시키는 샘플링방식

설 예

합격판정 샘플링방식의 설계

생산자는 로트불량률 1%의 제품생산을 목표로 하되 불량률이 최대 7%가 넘지 않도록 하여 소비자를 보호하려는 합격판정 샘플링방식을 결정하려 한다. 소비자위험 β = 10%로 하고 생산자는 적어도 95%를 합격시키고자 할 때, 보증품질지표는 AQL = 0.01, LTPD = 0.07, α = 0.05, β = 0.10이다.

이 경우 각 로트는 1,000개의 제품으로 되어 있어 로트의 크기가 너무 크므로, AQL(또는 p_0) = 1%와 LTPD(또는 p_1) = 7%를 만족시킬 수 있는 샘플링방식, 즉 샘플크기 n과 합격판정개수 c를 「계수규준형 1회 샘플링검사표」(표 10-6 참조)에서 구하면, n = 80이고 c = 2이다.

표 10-6 계수규준형 1회 샘플링검사표

왼쪽 수치는 n, 오른쪽 수치는 c
$\alpha \fallingdotseq 0.05$, $\beta \fallingdotseq 0.10$

$p_0(\%)$ \ $p_1(\%)$	0.71 ~ 0.90	0.91 ~ 1.12	1.13 ~ 1.40	1.41 ~ 1.80	1.81 ~ 2.24	2.25 ~ 2.80	2.81 ~ 3.55	3.56 ~ 4.50	4.51 ~ 5.60	5.61 ~ 7.10	7.11 ~ 9.00	9.01 ~ 11.2	11.3 ~ 14.0	14.1 ~ 18.0	18.1 ~ 22.4	22.5 ~ 28.0	28.1 ~ 32.5	$p_1(\%)$ / $p_0(\%)$
0.090~0.112	*	400 1	↓	←	↓	→	60 0	50 0	←	↓	↓	←	↓	↓	↓	↓	↓	0.090~0.112
0.113~0.140	*	↓	300 1	↓	←	↓	→	↑	40 0	←	↓	↓	←	↓	↓	↓	↓	0.113~0.140
0.141~0.180	*	500 2	↓	250 1	↓	←	↓	→	↑	30 0	←	↓	↓	←	↓	↓	↓	0.141~0.180
0.181~0.224	*	*	400 2	↓	200 1	↓	←	↓	→	↑	25 0	←	↓	↓	←	↓	↓	0.181~0.224
0.225~0.280	*	*	500 3	300 2	↓	150 1	↓	←	↓	→	↑	20 0	←	↓	↓	←	↓	0.225~0.280
0.281~0.355	*	*	*	400 3	250 2	↓	120 1	↓	←	↓	→	↑	15 0	←	↓	↓	←	0.281~0.355
0.356~0.450	*	*	*	500 4	300 3	200 2	↓	100 1	↓	←	↓	→	↑	15 0	←	↓	↓	0.356~0.450
0.451~0.560	*	*	*	*	400 4	250 3	150 2	↓	80 1	↓	←	↓	→	↑	10 0	←	↓	0.451~0.560
0.561~0.710	*	*	*	*	500 6	300 4	200 3	120 2	↓	60 1	↓	←	↓	→	↑	7 0	←	0.561~0.710
0.711~0.900	*	*	*	*	*	400 6	250 4	150 3	100 2	↓	50 1	↓	←	↓	→	↑	5 0	0.711~0.900
0.901~1.12		*	*	*	*	*	300 6	200 4	120 3	80 2	↓	40 1	↓	←	↓	→	↑	0.901~1.12
1.13~1.40			*	*	*	*	500 10	250 6	150 4	100 3	60 2	↓	30 1	↓	←	↓	→	1.13~1.40
1.41~1.80				*	*	*	*	400 10	200 6	120 4	80 3	50 2	↓	25 1	↓	←	↓	1.41~1.80
1.81~2.24					*	*	*	*	300 10	150 6	100 4	60 3	40 2	↓	20 1	↓	←	1.81~2.24
2.25~2.80						*	*	*	*	250 10	120 6	70 4	50 3	30 2	↓	15 1	↓	2.25~2.82
2.81~3.55							*	*	*	*	200 10	100 6	60 4	40 3	25 2	↓	10 1	2.81~3.55
3.56~4.50								*	*	*	*	150 10	80 6	50 4	30 3	20 2	↓	3.56~4.50
4.51~5.60									*	*	*	*	120 10	60 6	40 4	25 3	15 2	4.51~5.60
5.61~7.10										*	*	*	*	100 10	50 6	30 4	20 3	5.61~7.10
7.11~9.00											*	*	*	*	70 10	40 6	25 4	7.11~9.00
9.01~11.2												*	*	*	*	60 10	30 6	9.01~11.2
$p_0(\%)$ / $p_1(\%)$	0.71 ~ 0.90	0.91 ~ 1.12	1.13 ~ 1.40	1.41 ~ 1.80	1.81 ~ 2.24	2.25 ~ 2.80	2.81 ~ 3.55	3.56 ~ 4.50	4.51 ~ 5.60	5.61 ~ 7.10	7.11 ~ 9.00	9.01 ~ 11.2	11.3 ~ 14.0	14.1 ~ 18.0	18.1 ~ 22.4	22.5 ~ 28.0	28.1 ~ 32.5	$p_0(\%)$ / $p_1(\%)$

(비고) → 표는 그 方向의 최초란의 n, c를 사용한다. 공란에 대한 샘플링검사방식은 없음.
단, p_0 = AQL, p_1 = LTPD.

즉, 샘플의 크기(n)와 합격판정개수(c)를 구해 보기로 한다.

[설예]의 샘플링방식($n=80$, $c=2$)이 보증품질지표를 만족시키는지를 규명해 보자.

불량률 1%일 때와 7%일 때, 80개의 샘플 중 2개 이하의 불량품이 나타나는 확률을 [부록]의 「누적표아송분포표」나 포아송분포식 $p_r(r)=\frac{(np)^r}{r!}e^{-np}$로서 각각 구하면 다음과 같다.

(1) 불량률 1%일 때

① 불량품이 전혀 나타나지 않는 확률은

$$p_r(0)=\frac{(80\times 0.01)^0}{0!}e^{-80\times 0.01}=\frac{(0.8)^0}{1}(0.4493)=0.4493$$

② 불량품이 1개 나타나는 확률은

$$p_r(1)=\frac{(80\times 0.01)^1}{1!}e^{-80\times 0.01}=\frac{(0.8)^0}{1}(0.4493)=0.3594$$

③ 불량품이 2개 나타나는 확률은

$$p_r(2)=\frac{(0.8)^2}{2!}e^{-0.8}=\frac{0.64}{2}(0.4493)\fallingdotseq 0.1438$$

「누적표아송분포표」의 경우, $np\,(80\times 0.01)=0.8$ 열에서 $r=0$, 1, 2의 값을 각각 구한다.

그래서 불량률 1%일 때, 2개 이하의 불량품이 나타나는 로트의 합격확률은 $P_a=P_r(0)+P_r(1)+P_r(2)=0.9525$이다.

즉, 불량률 1%의 로트가 불합격되는 확률은 $1.000-0.9525=0.0475=4.75\%$이다.

이 수치는 당초 기대했던 생산자위험 $\alpha=5\%$에 비해 만족스럽다.

(2) 불량률 7%일 때

$$p_r(0)=\frac{(80\times 0.07)^0}{0!}e^{-80\times 0.07}=\frac{(5.6)^0}{1}(0.0037)=0.0037$$

$$p_r(1)=\frac{(5.6)^1}{1!}e^{-5.6}=\frac{(5.6)}{1}(0.0037)=0.0207$$

$$p_r(2)=\frac{(5.6)^2}{2!}e^{-5.6}=\frac{31.36}{2}(0.0037)=0.0580$$

불량률 7%일 때, 2개의 불량품이 나타나는 로트의 합격확률은,

$$P_a = P_r(0) + P_r(1) + P_r(2) = 0.0824$$이다.

즉, 소비자위험은 8.24%로서 당초 예상했던 β=10%에 훨씬 미달되므로 샘플링방식 n=80, c=2는 앞서 제시된 보증품질지표를 만족시킨다.

3.5 ppm수준의 샘플링검사표

품질경쟁력을 강화하기 위해 자동차 및 전기·전자업체에서는 100ppm 내지 싱글 ppm관리를 추진하고 있다. 최근 산업계 일부에서 확산되고 있는 「6시그마 관리」에서는 3.4ppm의 불량을 추구한다. 현대 산업에서는 TQM을 끊임없이 전개함에 따라 불량이 지속적으로 감소되어 품질수준의 척도는 전통적인 백분율(%)보다는 ppm 척도를 선호하고 있다. 이 품질척도는 백만단위중의 결함수나 불량품수를 나타내는 것으로 ppm(parts per million)이라고 부른다.

〈표 10-7〉은 500, 250, 100, 50ppm에 대한 AOQL 샘플링방식[3]을 제시하고

표 10-7 ppm수준의 AOQL 샘플링검사표

N	500ppm			250ppm			100ppm			50ppm		
	n	c	p_t%*	n	c	p_t%	n	c	p_t%	n	c	p_t%
1 ~ 200	All	0	–	All	0	–	All	0	–	All	0	–
201 ~ 300	213	0	1.08	All	0	0.92	All	0	0.83	All	0	0.80
301 ~ 400	259	0	0.89	249	0	0.73	277	0	0.64	289	0	0.61
401 ~ 500	298	0	0.77	315	0	0.62	361	0	0.52	379	0	0.49
501 ~ 600	330	0	0.70	373	0	0.54	440	0	0.45	468	0	0.41
601 ~ 800	383	0	0.60	426	0	0.44	516	0	0.35	555	0	0.32
801 ~ 1,000	424	0	0.54	595	0	0.39	787	0	0.29	880	0	0.26
1,001 ~ 2,000	538	0	0.43	848	0	0.27	1,295	0	0.18	1,572	0	0.15
2,001 ~ 3,000	591	0	0.39	987	0	0.23	1,652	0	0.14	2,131	0	0.108
3,001 ~ 4,000	622	0	0.37	1,076	0	0.21	1,916	0	0.12	2,591	0	0.089
4,001 ~ 5,000	641	0	0.36	1,137	0	0.20	2,120	0	0.108	2,977	0	0.077
5,001 ~ 7,000	666	0	0.35	1,216	0	0.19	2,412	0	0.095	3,587	0	0.64
7,001 ~ 10,000	685	0	0.34	1,283	0	0.18	2,690	0	0.086	4,239	0	0.054
10,001 ~ 20,000	710	0	0.32	1,317	0	0.17	3,107	0	0.074	5,379	0	0.043
20,001 ~ 50,000	725	0	0.32	1,430	0	0.16	3,426	0	0.067	6,413	0	0.036
50,001 ~ 100,000	730	0	0.32	1,450	0	0.16	3,458	0	0.065	6,854	0	0.034

P_t% = 로트허용불량률

3) Robert Cross, "Part Per Million AOQL Sampling Plans," *Quality Progress*, Nov. 1984.

있는데, 이 「샘플링검사표」로부터 목표로 하는 ppm불량수준에 적합한 샘플링방식, 즉 샘플의 크기 n, 합격판정개수 c, 로트의 크기(N)를 찾아 볼 수 있다. 가령 로트크기 1,000단위의 물품을 생산할 경우, 100ppm의 불량수준을 목표로 한다면, 787단위 즉 로트의 78.7%를 샘플로 뽑아서 검사해야 한다.

ppm관리를 도입한 기업이나 관리자들이 겪게 되는 딜레마는 제조라인에서 상대적으로 낮은 ppm단위의 불량수준을 제공할 수 있다는 것을 어떻게 보증하느냐 하는 것이다. ppm수준의 품질확보를 위한 방법에는, ① 공정의 품질능력을 확보하여 품질을 보증하는 방법과 ② 검사에 의해 보증하는 방법이 있는데, ②의 방법만으로 ppm수준의 품질확보는 한계가 있기 때문에 흔히는 ①의 방법을 토대로 하여 ppm수준의 품질보증활동을 추진한다.

3.6 평균출검품질(AOQ)과 평균출검품질한계(AOQL)

1 평균출검품질(AOQ)

계수선별형(計數選別型) 샘플링방식에 따르면 일정한 품질수준을 유지할 수 있다. 샘플 중의 불량품수가 합격판정 개수를 넘을 경우에 로트 잔량에 대해서 전수선별을 하기 때문이다. 이 경우 전수 선별된 로트는 불량품이 제거되므로 전수선별을 거치지 않고 합격된 로트의 것이 포함된다 하더라도 이들의 평균불량률은 검사 전의 불량률에 비하여 낮아진다.

검사 후의 평균불량률을 **평균출검품질**(Average Outgoing Quality: AOQ)이라 한다. AOQ는 샘플링검사방식의 성과를 사전 점검하는 데에 이용할 수 있다.

AOQ는 다음 산식으로 구할 수 있다.

$$\text{AOQ} = \frac{\text{평균불량품수}}{\text{로트의 크기}} = \frac{P_a \times p(N-n)}{N} \fallingdotseq P_a \times p \qquad (\because N \gg n)$$

P_a = 로트가 합격하는 확률

p = (검사전) 로트 불량률

N: 로트 크기

n: 샘플 크기

설 예

AOQ의 계산

계수선별형 샘플링방식을 채택하고 있는 구매자가 검사시 기대되는 AOQ를 알고자 한다. 이 경우 생산자는 불량률 p=0.01을 목표로 생산하고 있다. 이 구매자가 로트의 크기 N=1,000개에서, n=40개를 뽑아서 합격판정 개수 c=1개를 기준으로 하여 검사를 행할 경우에, 생산자가 1%의 불량률을 목표로 생산·공급한 제품의 로트가 합격할 수 있는 확률 P_a = 0.938 ≒ 0.94이다(로트불량률 p에 대한 합격확률 P_a는 포아송분포식이나 누적포아송분포표로 구할 수 있다).

이상의 데이터를 앞서의 AOQ산식에 대입하면

$$\text{AOQ} = \frac{P_a \times p(N-n)}{N} = \frac{0.938 \times 0.01(1{,}000-40)}{1{,}000} = 0.009005$$

불량률 p=0.01을 목표로 생산한 제품의 경우, 계수선별형 샘플링검사 시 기대되는 평균출검품질(AOQ)은 0.00901이다.

현실적으로 로트의 크기 N에 비해서 샘플의 크기 n은 아주 작으므로 이 샘플크기(n)를 무시하고 AOQ $= p \times P_a$로서 계산하는 것이 보통이다.

〈표 10-8〉에 제시한 AOQL계산표 역시 개산치(概算值)로 표시한 것이다(가령 로트불량률 1%의 경우, 0.009005 대신에 0.00938로 표시하였다).

2 평균출검품질한계(AOQL)

평균출검품질(AOQ)은 검사 전의 로트불량률인 p값에 관계없이 일정한 값(AOQ의 최대값)을 넘지 않는데, 이러한 값을 **평균출검품질한계**(Average Outgoing Quality Limit: AOQL)라 한다(그림 10-7 참조).

AOQL의 **산정순서**를 적으면 다음과 같다.

① 로트불량률(p)의 크기별로 불량품수(np)를 산정한다.

② 「누적포아송분포표」에서 주어진 합격판정개수(c)에 해당하는 각 로트불량률별 불량품수(np)에 대한 합격확률을 구한다.

③ 로트불량률 p에 대한 AOQ를 개략산식 AOQ ≒ $p \times P_a$로 개산한다.

④ AOQ값 중에서 가장 큰 값이 AOQL이 된다.

AOQL은 계수선별형 샘플링검사 시 기대되는 최악의 평균품질을 알려준다.

설 예

AOQL의 산정

계수선별형 샘플링방식을 채택하고 있는 구매자가 현재의 샘플링방식(n=40, c=1)으로 앞으로 공급자로부터 공급되는 최악의 평균품질, 즉 AOQL을 알려고 한다.

AOQL산정순서에 따라 작성된 〈표 10-8〉에서 AOQ의 값이 제일 큰 0.021이 AOQL이 된다. 이로써 생산자로부터 공급받을지도 모를 최악의 평균출검품질은 0.021을 넘지 않을 것이라는 것을 알 수 있다. 로트불량률별 평균출검품질(AOQ)을 그래프로 나타낸 것이 [그림 10-7]의 AOQ곡선이다.

표 10-8 평균출검품질한계(AOQL)의 계산(n=40, c=1의 경우)

롯트불량률(p)	불량품수(np)	합격확률(Pa)	평균출검품질 AOQ = p × Pa
0.005	0.2	0.963	0.00482
0.010	0.4	0.910	0.00910
0.015	0.6	0.878	0.01317
0.020	0.8	0.808	0.01616
0.025	1.0	0.736	0.01840
0.030	1.2	0.662	0.01986
0.035	1.4	0.592	0.02072
0.040	1.6	0.525	0.02100(AOQL)
0.045	1.8	0.463	0.02084
0.050	2.0	0.406	0.02030

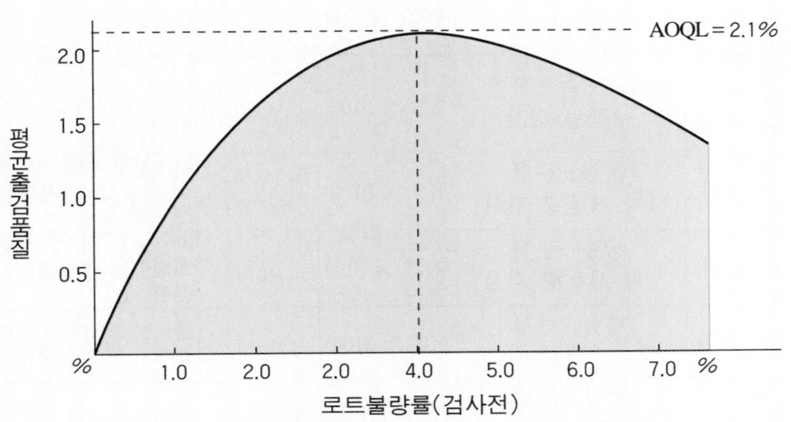

그림 10-7 AOQ곡선과 AOQL

4 샘플링검사의 실시

4.1 샘플링검사 유형의 선택

샘플링검사는 로트의 일부를 뽑아서 조사하고 그 결과에 따라 그 로트 전체의 품질을 판정하여 합격여부를 결정하므로 샘플링 요동에서 오는 위험을 적게 하려는 요구와 검사비용을 적게 하려는 경제적 요구를 고려하여 그 타협점을 찾아 적정 검사수준을 결정해야 한다.

표 10-9 주요 샘플링검사 일람표

종류	형	형식	샘플링검사의 명칭 및 규격		보증품질	비 고
계수샘플링검사	규준형	1회	계수규준형 1회샘플링 검사	KS A 3102	p_0 p_1	불량개수의 경우
		축차	계수규준형 축차샘플링 검사	구KS A 3107	p_0 p_1	
	선별형	1회	계수선별형 1회 샘플링 검사	구KS A 3105	AOQL, p_1	
		1, 2회	닷지-로믹형 샘플링 검사		AOQL, LTPD	
	조정형	1, 2 다회	계수조정형 샘플링 검사	MIL-STD-105 (구KS A 3109)	AQL	
		1회	계수조정형 1회 샘플링 검사	구KS A 3111	Pb(한계 불량률)	
	연속생산형		계수연속생산형 샘플링 검사	KS A 3106	AOQL	불량개수의 경우
계량샘플링검사	규준형	1회	계량규준형 1회 샘플링 검사	KS A 3103	p_0 p_1 또는 m_0, m_1	σ를 알고 있을 때, 로트의 평균치 및 불량률을 보증할 경우
		1회	계량규준형 1회 샘플링 검사	구KS A 3104	p_0 p_1	σ를 모를 때, 상한 또는 하한규격 중 하나만 규정된 경우
		축차	계량규준형 축차샘플링 검사	KS A 3108	p_0 p_1	σ를 알고 있을 때, 로트 불량률을 보증하는 경우
	조정형	1회	계량조정형 샘플링 검사	MIL-STD-414	AQL	

주: 구 규격은 2001년에 폐지.

샘플링검사의 방법을 선택할 때에는 샘플링방식의 조건이나 특징을 알고 검사의 목적이나 성질 등에 적합한 것을 선택하여야 한다.

샘플링검사는 다음 **순서**로 행하는 것이 좋다.

(1) 샘플링검사의 형태, 즉 검사의 실시방식을 정한다.

(2) 품질의 판정방법(결점수, 불량개수, 품질특성치)을 정한다.

(3) 샘플링검사의 형식을 정한다.

(4) 이 밖에 OC곡선, AQL, LTPD, AOQL, 관리점, 샘플의 크기 등을 고려하여 그 목적에 알 맞는 샘플링 검사방식을 결정한다.

〈표 10-9〉는 샘플링검사의 분류형식에 따라 제시된 주요 샘플링검사의 일람표이다.

4.2 샘플링검사의 절차

샘플링검사를 효과적으로 수행하기 위해서는 검사의 목적에 따라 검사단위와 검사항목의 설정에서부터 검사결과의 활용에 이르기까지 제반 절차가 명확하게 수립되어져야 한다. 검사절차가 일목요연하게 규정됨으로써 소요자원 및 비용의 최소화효과를 얻을 수 있고 더불어 검사결과를 효과적으로 활용하여 검사의 효율성을 증진시킬 수 있기 때문이다.

샘플링검사는 원칙적으로 다음 **절차**에 따라 전개된다.

(1) 검사단위와 검사항목을 정한다.

(2) 검사단위의 품질기준과 측정방법을 결정한다.

(3) 검사특성의 비중(치명불량 · 중불량 · 경불량 등)을 정한다.

(4) 검사의 종류(계량 · 계수, 규준형 · 조정형 · 선별형, 1회 · 2회 · 다회 샘플링 검사 등)를 정한다.

(5) 검사조건을 제시해 주고 샘플링검사의 제요소(AQL, LTPD, 그리고 AOQL 등)를 선정한다.

(6) 검사로트의 범위를 구분하고 그 크기를 정한다.

(7) 샘플링방식(샘플의 크기 n과 합격판정개수 c)을 정한다.

(8) 검사대상 로트로부터 샘플(sample)을 랜덤으로 발췌한다.

(9) 정해진 측정방법으로 데이터를 측정한다.

(10) 측정결과를 품질기준 및 합격판정기준과 비교한다.

(11) 판정기준에 따라 해당 로트를 합격 또는 불합격 판정·조치한다.

(12) 검사기록은 관리정보로 활용될 수 있도록 유지·관리한다.

(13) 검사결과를 검사·공정·품질표준의 개선 및 공급자의 선정·평가 등에 활용한다.

주요 용어(key word)

• 샘플링검사(sampling inspection) • 샘플링 요동(sampling fluctuation) • 샘플링 방식(sampling plan) • OC곡선(operating characteristics curve) • 합격판정 샘플링검사(acceptance sampling inspection) • 합격품질수준(AQL) • 생산자위험과 소비자위험 • 평균출검품질(AOQ) • 평균출검품질한계(AOQL)

연습문제

1. 검사의 기능을 기술한 다음, 검사의 성질과 방법에 따른 검사의 종류를 서술하라.
2. 전수검사와 샘플링 검사의 특징을 비교하라.
3. 샘플링 검사의 종류와 각 종류별 특성을 열거하고 비교하라.
4. 계수규준형 1회 샘플링검사로 1천개의 부품이 들어 있는 로트에서 50개를 뽑아서 불량이 1개미만이면 합격으로 하고 그 이상이면 불합격으로 할 때의 샘플링방식을 제시하라.
5. 샘플링방식이 결정되면 그 방식에 따라 샘플링검사의 특성이 결정되는데 이때 이것을 그래프로 나타낸 것이 OC곡선이다. OC곡선의 작성요령을 기술하라.
6. 샘플링검사시 발생할 수 있는 통계적 오류와 이와 관련된 생산자위

험과 소비자 위험에 대하여 기술하라.

7. OC곡선을 그린 다음, 합격판정 샘플링검사에서 제기되는 합격품질 수준(AQL), 로트허용불량률(LTPD), 생산자위험(α), 소비자위험(β)을 표시하여 설명하라.
8. α=5%이고 β=10%일 때, 불량률 2%의 AQL과 9%의 LTPD를 OC곡선상에 그리고 설명하라. 그리고 샘플링검사에서 발생되는 오류부분을 OC곡선상에 나타내고 이와 같은 오류가 발생하는 이유를 밝히라.
9. 동양강철에서는 캐비넷을 만드는 데 필요한 소형 6각 볼트를 구입하는 계약을 체결하였다. 원형 볼트가 섞이면 작업에 지장을 초래하므로 이들이 섞이지 않도록 납품업자에게 계약으로 요구하였다. 납품계약에서 구매자는 일반관행을 따르되 불량률 7/1,000을 추구하며 불량률이 40/1,000이면, 인수를 거절하기로 계약을 체결하였다.
위의 계약조건을 만족시키는 샘플링방식은? (힌트: 계수규준형 샘플링검사표를 이용한다).
10. 계수선별형 샘플링방식(N=1000, n=80, c=2)을 채택할 때, 검사시 기대되는 AOQL을 알려고 한다.
   ① 부록의 「누적포아송 분포표」를 사용하여 불량률(p) 0.5%, 1.0%, 1.5%, …, 5%일 때의 합격확률을 구하라.
   ② 이로서 AOQL 계산표를 작성하라.
   ③ AOQ 곡선을 그리고 아울러 AOQL을 제시하라.

제 11 장

통계적 공정관리

1 공정품질의 통계적 관리

1.1 통계적 공정관리(SPC)의 개념

현대 품질관리에서는 공정품질의 변동축소에 관리의 초점을 맞추고 있다. 공정의 품질변동을 측정하고 변화하는 데이터를 통계적으로 분석 내지 해석하여 관리하는 통계적 기법을 통틀어서 **통계적 공정관리**(statistical process control: SPC)라 한다.

SPC의 근원은 1926년 슈하트(W.A. Shewhart)가 품질의 변동원인을 통계적으로 규명하고 관리도를 이용하여 공정품질의 변동을 체계적으로 관리한데서 찾을 수 있다.

공정품질의 관리와 개선에 필수적인 SPC는 전체 공정을 지원하기 위한 통계적 방법 및 도구를 제공함으로써 종합적이며 지속적인 품질개선의 기반을 마련해준다. 따라서 일정기간에 걸쳐 공정(품질)의 변동을 측정하는 것은 SPC의 기능이며 장점이다.

공정의 품질변동을 측정하는 주요 수단은 관리도(control chart)이다. 이는 공정관리의 분석적인 의사결정 도구로써 전술한 'QC의 7가지 도구' 가운데 하나이다. SPC의 주요도구로는 관리도를 비롯한 QC의 7가지 도구와 공정능력분석 및 실험계획법(design of experiments: DOE) 등을 꼽을 수 있다.

SPC가 성공하려면 통계적 공정관리가 지속적으로 전개되어야 하며, 공정의 관리자와 현장 구성원이 SPC를 통해 공정품질을 관리하면서 성취감을 가져야 한다.

1.2 공정품질의 변동원인

동일한 원자재와 기계 및 작업자에 의해 동시에 생산된 제품일지라도 이들의 품질특성이 꼭 같지는 않다. 설비나 원자재, 환경 및 작업자의 심리상태 등이 다양하게 어우러지는 복합적인 요인에 의해 품질의 변동 내지 산포가 나타나기 때문이다.

공정품질의 변동원인은 크게 우연(공통)원인과 이상(특수)원인으로 나눌 수 있다.

우연원인(chance cause)은 표준화된 제조조건에서 생산되었음에도 불구하고 품질변동이 생기는 이른바 피할 수 없는 원인이다. 이는 시스템 고유의 원인으로 여러 부문에서 산발적으로 발생하여 **공통원인**(common cause)이라고도 한다.

이상원인(assignable cause)은 생산이나 서비스 또는 업무상의 요건을 갖추지 못하여 변동이 발생하는 것으로, 요건을 제대로 갖추면 피할 수 있는 원인으로 **특수원인**(special cause) 이라고도 한다. 가령 원자재의 불량이나 작업자의 오류 또는 기계고장 등으로 발생하는 품질변동이다.

모든 품질변동 문제 가운데 80~85%정도는 공통(우연)원인에 의한 것으로 이들은 주로 경영자에 의해서 해결될 수 있다. 나머지 15~20%는 특수(이상)원인에 위한 것으로 현장(공정)의 작업자/기술자 및 관련당사자들에 의해서 해결될 수 있는 문제들이다.

이들 특수원인과 공통원인의 발생범위를 관리도상에 그려보면 [그림 11-1]과 같다.

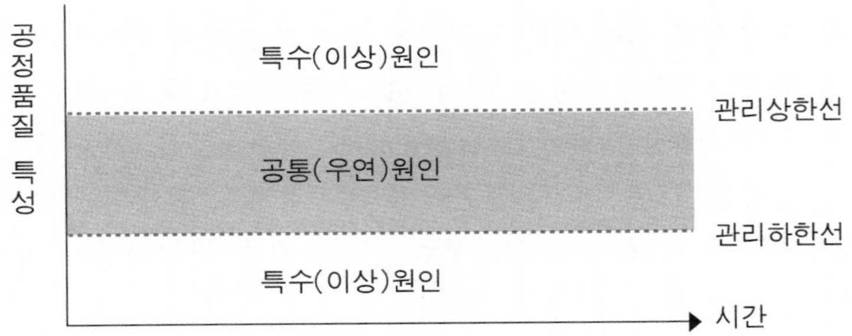

그림 11-1 **관리도상의 품질변동원인**

표준화된 제조조건에서 우연원인에 따른 제품집단의 품질특성치는 대체로 정규분포를 이룬다. 이를 가리켜 '관리된 산포'(controlled variability)라 하며, 관리된 산포만을 나타내는 공정의 상태를 **안정상태** 또는 **관리된 상태**(controlled state)라 한다.(그림 11-2의 하단)

제조조건에 이상이 있어 그 공정에서 생산된 제품의 품질특성치가 이상하게 나타나는 분포를 '관리되지 않은 산포'(uncontrolled variability)라 한다.

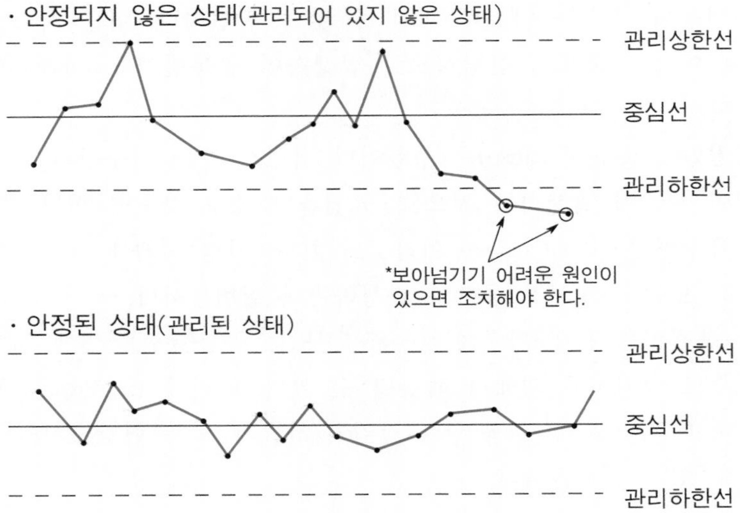

그림 11-2 **관리된 상태와 관리되지 않은 상태**

이러한 산포를 나타내는 공정의 상태를 **관리되지 않은 상태**(uncontrolled state)라 한다(그림 11-2 상단).

2 공정의 관리도

2.1 관리도의 본질

품질의 변동이 우연원인에 의한 것인지 아니면 이상원인에 의한 것인지를 추정하여 공정의 안정상태 여부를 밝혀주는 역할을 하는 관리도는 슈하트(W.A. Shewhart)에 의해서 개발되었다.

관리도(control chart)는 품질의 추이를 나타내는 추이그래프로서 공정의 관리상태를 동태적으로 밝혀주고, 공정품질의 상태를 통계적으로 판단하는 관리한계선이 설정되어 있는 것이 특징이다.

공정이 안정된 상태에서 생산한 물품의 품질데이터(길이, 무게 등)를 수집하여 이를 히스토그램으로 그려보면 종 모양의 정규분포 모형을 이룬다. 이때 품질특성치인 데이터가 평균치로부터 3배의 표준편차 범위($\bar{x} \pm 3\sigma$) 안에 들어가는 확률은 0.9973이다. 따라서 품질특성치가 이 범위를 벗어나는 확률은 0.0027로서, 이 경우 규명할 수 있는 어떤 원인으로 로트의 품질이 본질적으로 변동한 것으로 보아도 무방하다는 것이다. 이 원리를 **슈하트의 3σ법**이라 하며, 관리도의 관리한계선을 설정하는 데 결정적인 역할을 한다.

관리도에는 관리한계(control limit)를 나타내주는 관리상한선(upper control limit: UCL)과 관리하한선(lower control limit: LCL)이 중심선의 위쪽과 아래쪽에 설정된다. 품질의 측정결과를 관리도상에 타점한 점들이 관리한계선 안에 있으면 관리상태로 간주하고 이 점들이 관리한계선을 벗어나면 보아 넘길 수 없는 원인에 의한 이상발생으로 본다(그림 11-2 참조).

통계적 관리를 행하기 위해서는 [그림 11-3]에서처럼 규격한계(USL: upper specification limit과 LSL: lower specification limit)와 별개의 조치한계인 관리한계(UCL과 LCL)를 도입할 필요가 있다. 규격한계 내지 시방한계(specification limit)는 생산된 제품의 합격과 불합격 여부를 판정하기 위한 것인데 반해서, 관리한계(control limit)는 이상원인을 제거하려는 목적에서 공정에 대한 조치

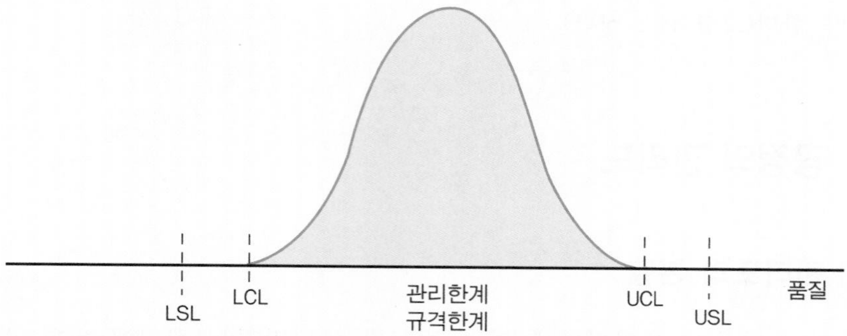

그림 11-3 규격한계와 관리한계

를 지시하는 수단으로 사용된다.

따라서 관리도는 통계적 관리를 실제로 행하는 하나의 기준(criterion of control)으로 볼 수 있는데, 관리도를 이용하여 품질을 통계적으로 관리하기 위해서는 다음과 같은 기능을 발휘해야 한다.

① 이상원인의 존재를 밝힐 수 있어야 한다.

② 이상원인을 쉽게 발견하는 방법을 제시하여야 한다.

③ 지속적인 자기수정적 관리활동에 적용될 수 있어야 한다.

2.2 관리도의 유형

관리도는 관측된 측정치의 종류에 따라 계량치 관리도와 계수치 관리도로 대별되며, 그 용도에 따라서 공정해석용 관리도와 공정관리용 관리도로 나누어진다.

1 계량치 관리도(control charts for variables)

무게 · 길이 · 온도 · 습도 · 압력 · 인장강도 등의 연속적인 계량치를 관리항목으로 하여 작성되는 관리도를 계량치 관리도라 하는데, 가장 기본이 되는 $\bar{x}-R$(평균치와 범위)관리도를 중심으로 $\bar{x}-\sigma$(평균치와 표준편차)관리도, $\tilde{x}-R$(중앙치와 범위)관리도 및 x(생데이터)관리도 등이 있다.

이들 관리도는 일반적으로 정규분포이론의 적용을 받는다.

2 계수치 관리도(control chart for attributes)

제품의 품질특성치가 불량개수나 불량률일 때, 적용되는 관리도로는 이항분포이론이 적용되는 pn(불량개수)관리도와 p(불량률)관리도가 있다. 품질특성치가 결점수일 때 적용하는 관리도에는 c(결점수)관리도 및 u(단위당 결점수)관리도가 있는데, 이 경우 포아송 분포이론이 적용된다.

계량치 관리도와 계수치 관리도의 유형별 세부설명은 〈표 11-1〉을 참고하기 바람.

표 11-1 관리도의 종류

데이터의 종류		관리도	적 용	확률분포
계량치관리도	길이, 무게, 강도, 성분, 온도, 압력, 수율	$\bar{x}-R$ 관리도	품질을 계량치로 관리할 때에 사용, 다량의 정보를 얻을 수 있음.	정규분포
		$\bar{x}-\sigma$ 관리도	$\bar{x}-R$관리도와 같음. 품질의 산포를 자세히 나타낼 수 있음. σ계산이 번거로움.	
		$\tilde{x}-R$ 관리도	$\bar{x}-R$관리도와 같음. 중앙치 $\tilde{x}$의 계산이 간단.	
		x 관리도	데이터의 발생간격이 길거나 데이터 측정에 시간과 비용이 많이 소요될 때 적용.	
계수치관리도	불량률	p 관리도	품질을 불량률로 관리하는 경우에 사용.	이항분포
	불량개수	pn 불량률	품질을 불량개수로 관리하는 경우에 사용.	
	결점수	c 관리도	군의 단위수가 일정할 때 품질을 결점수로 관리하는 경우에 사용.	포아송 분포
	단위당 결점수	u 관리도	군의 단위수가 다를 때 품질을 결점수로 관리하는 경우에 사용.	

3 관리도의 작성

3.1 $\bar{x}$ − R 관리도(평균치와 범위의 관리도)

평균치의 변화를 다루는 $\bar{x}$관리도와 산포의 변화를 다루는 R관리도로 구성되는 $\bar{x}-R$ 관리도는, 주로 무게 · 길이 · 시간 · 강도 · 순도 · 수율 등과 같은 계량치를 관리하는 경우에 사용한다.

1 관리도의 작성순서

$\bar{x}-R$ 관리도의 작성과정을 순서대로 나타내면 다음과 같다.

① 데이터를 수집한다.

일정기간 동안 발생한 데이터 가운데 샘플크기(n)를 4~5개 정도로

표 11-2 $\bar{x}-R$ 관리도 자료표(Data Sheet)

측정치의 수(n): 5								
번호	x_1	x_2	x_3	x_4	x_5	합계	$\bar{x}$	R
1	4	7	2	5	8	26	5.2	6
2	5	4	7	9	6	31	6.2	5
3	6	5	9	7	7	34	6.8	4
4	9	1	6	3	10	29	5.8	9
5	3	6	4	2	6	21	4.2	4
6	3	7	10	6	7	33	6.6	7
7	1	4	7	5	10	27	5.4	9
8	7	6	1	4	5	23	4.6	6
9	5	1	7	10	6	29	5.8	9
10	7	5	4	3	7	26	5.2	4
11	4	6	8	5	10	33	6.6	6
12	6	8	7	9	5	35	7.0	4
13	3	2	6	1	10	22	4.4	9
14	3	6	9	5	3	26	5.2	6
15	9	5	7	10	8	39	7.8	5
16	4	7	10	6	3	30	6.0	7
17	5	4	9	6	3	27	5.4	6
18	8	6	7	5	9	35	7.0	4
19	5	6	8	3	4	26	5.2	5
20	9	5	1	8	7	30	6.0	8
계							116.4	123

하여 군의 크기(k)는 약 20~25군을 채취하여 측정한 뒤, 이를 데이터 시트(data sheet)에 기입한다(표 11-2 참조).

② 각 군의 평균치 $\bar{x}$를 계산한다.

$$\bar{x} = \frac{x_1 + x_2 + x_3 \cdots + x_n}{n} = \frac{1}{n}\sum_{i=1}^{n} x_i$$

1군의 경우, $\bar{x} = \frac{4+7+2+5+8}{5} = \frac{26}{5} = 5.2$

③ 각 군의 범위 R을 계산한다.

$R = x_{max} - x_{min}$ 1군의 경우, $R = 8 - 2 = 6$

④ 관리도 용지의 세로축에 $\bar{x}$와 R의 눈금을 매기고 가로축에 샘플군의 번호를 기입한다(그림 11-4 참조).

⑤ $\bar{x}$의 총 평균치 $\bar{\bar{x}}$를 계산한다. ($\bar{\bar{x}}$는 관리한계선의 중심선이다)

$$\bar{\bar{x}} = \frac{\bar{x}_1 + \bar{x}_2 + \bar{x}_3 \cdots + \bar{x}_k}{k} = \frac{1}{k}\sum_{i=1}^{k} \bar{x}_i$$

$$\bar{\bar{x}} = \frac{116.4}{20} = 5.82$$

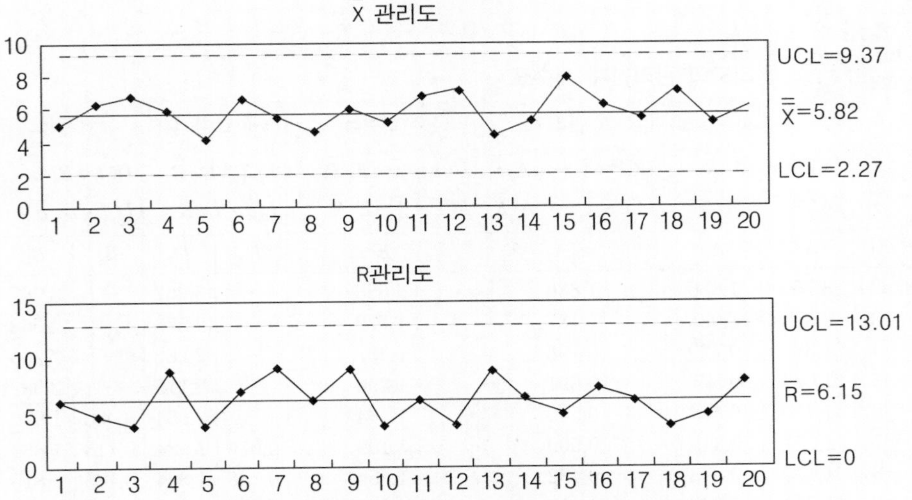

그림 11-4 $\bar{x}$–R **관리도**

⑥ R의 평균치 $\bar{R}$를 계산한다. ($\bar{R}$는 R관리도의 중심선이다)

$$\bar{R} = \frac{R_1 + R_2 + R_3 \cdots + R_k}{k} = \frac{1}{k}\sum_{i=1}^{k} R_i$$

$$\bar{R} = \frac{123}{20} = 6.15$$

⑦ 관리도 용지(그림 11-4)에 중심선 $\bar{\bar{x}}$와 $\bar{R}$를 실선으로 기입한다.

⑧ 관리한계를 계산한다.

$\bar{x}$ 관리도의 경우;

관리상한선(Upper Control Limit) UCL = $\bar{\bar{x}} + A_2\bar{R}$

관리하한선(Lower Control Limit) LCL = $\bar{\bar{x}} - A_2\bar{R}$

A_2의 계수는 「관리한계 계수표」(표 11-3)에 정해진 값을 샘플크기 n에 따라 구한다.

$$UCL = \bar{\bar{x}} + A_2\bar{R} = 5.82 + (0.577 \times 6.15) = 9.37$$

$$LCL = \bar{\bar{x}} - A_2\bar{R} = 5.82 - (0.577 \times 6.15) = 2.27$$

R 관리도의 경우;

관리상한선 UCL = $D_4\bar{R}$

관리하한선 LCL = $D_3\bar{R}$ 이다.

표 11-3 관리도의 관리한계 계수표

샘플의 크기	$\bar{x}$ 관리도 $UCL = \bar{\bar{x}} + A_2\bar{R}$ $LCL = \bar{\bar{x}} - A_2\bar{R}$		$\tilde{x}$ 관리도 $UCL = \bar{\bar{x}} + m_3A_2\bar{R}$ $LCL = \bar{\bar{x}} - m_3A_2\bar{R}$	x 관리도 $UCL = \bar{x} + E_2\bar{R}$ $LCL = \bar{x} - E_2\bar{R}$	R 관리도 $UCL = D_4\bar{R}$ $LCL = D_3\bar{R}$		σ 관리도 $UCL = B_4\bar{\sigma}$ $LCL = B_3\bar{\sigma}$	
n	A_1	A_2	m_3A_2	E_2	D_3	D_4	B_3	B_4
2	3.760	1.880	1.880	2.659	–	3.267	–	3.267
3	2.394	1.023	1.187	1.772	–	2.575	–	2.568
4	1.880	0.729	0.796	1.457	–	2.282	–	2.266
5	1.596	0.577	0.691	1.290	–	2.115	–	2.089
6	1.410	0.488	0.549	1.184	–	2.004	0.030	1.970
7	1.277	0.419	0.509	1.109	0.076	1.924	0.118	1.882
8	1.175	0.373	0.432	1.054	0.136	1.864	0.185	1.815
9	1.094	0.337	0.412	1.010	0.184	1.816	0.239	1.761
10	1.028	0.308	0.363	0.975	0.223	1.777	0.284	1.716

D_3, D_4의 계수는 「관리한계 계수표」(표 11-3)에서 샘플크기 n에 따라 구한다.

$$\text{UCL} = D_4\bar{R} = 2.12 \times 6.15 = 13.01$$

$$\text{LCL} = D_3\bar{R} = 0 \times 6.15 = 0$$

⑨ $\bar{x}$관리도 및 R 관리도에 관리상한선(UCL)과 관리하한선(LCL)을 각각 기입한다.

⑩ 각 군의 $\bar{x}$와 R의 값을 관리도(그림 11-4)에 군 번호순으로 타점한다.

⑪ 관리도에 의하여 제조공정의 관리상태를 판정하고 조정한다.

⑫ 관리한계 밖으로 나간 점이 있을 경우, 이를 빼고 ⑤~⑩까지의 순서에 따라 관리한계선을 다시 계산하고 조치한다.

2 관리도의 판정과 적용

관리도를 작성하고 공정의 관리상태를 판단할 때, 다음 항목을 검토하는 것이 바람직하다.

1) 품질변동이 우연원인에 의한 것인가, 이상원인에 의한 것인가?

2) 관리상 바람직한 품질수준을 유지하고 있는가?

① 데이터가 중심선 상하로 고르게 집중하고 있는가?

② 데이터의 산포가 만족할 만한가?

$\bar{x}-R$ 관리도로 공정품질을 관리하는 경우, 공정평균의 변화를 관리하는 $\bar{x}$관리도와 공정산포의 변화를 관리하는 R관리도를 동시에 활용할 때 공정의 효율적인 관리가 가능하다.

3.2 X 관리도(생 데이터 관리도)

개개의 측정치를 생 데이터 그대로 1군 1점씩 기입하는 것을 x관리도라 하는데, 보통의 추이그래프와 비슷하지만 관리한계선을 갖고 있다. 이 관리도는 1회에 1개의 측정치만 얻을 수 있거나 데이터의 발생간격이 긴 공정관리에 주로 이용되며, $x-Rs$ 관리도가 대표적이다.

$x-Rs$ 관리도의 **작성요령**은 $\bar{x}-R$ 관리도와 비슷하지만, 서로 인접한 2개 측정치의 차이 값인 이동범위 Rs를 구하는 것이 다른 점이다.

표 11-4 ***x–Rs*** **관리도용 데이터 시트**

번호	1	2	3	4	5	6	7	8	9	10	11	12	13	14	15	16	17	18	19	20	계	평균
x	12	7	9	10	7	9	13	11	8	9	14	12	9	8	12	10	7	11	9	10	197	9.85
Rs		5	2	1	3	2	4	2	3	1	5	2	3	1	4	2	3	4	2	1	50	2.63

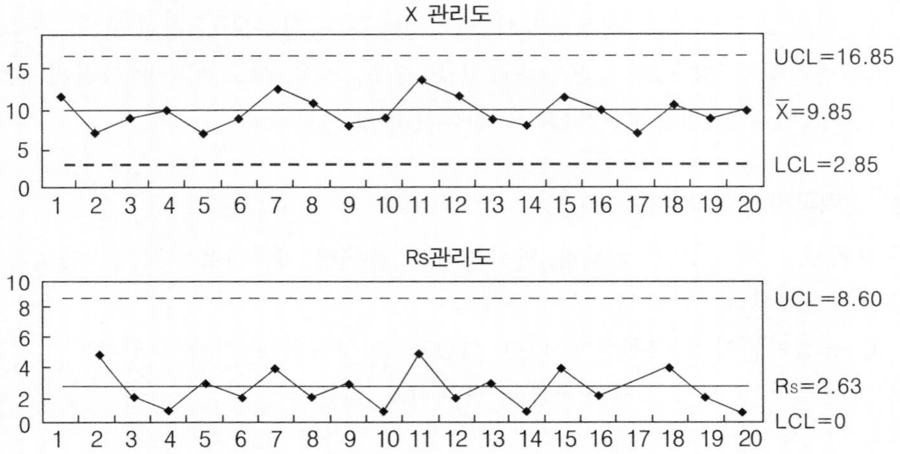

그림 11-5 ***x–Rs*** **관리도**

Rs 값은 다음과 같이 산출한다:

$$Rs = |(i \text{ 번째의 측정치}) - (i+1 \text{ 번째의 측정치})|$$

$x-Rs$ 관리도의 중심선 및 관리한계선은 다음 산식으로 구한다.

$$CL = \bar{x} = \frac{\Sigma x_i}{k} = \frac{1}{k}\Sigma x_i = \frac{197}{20} = 9.85$$

$$UCL = \bar{x} + E_2 R_S = 9.85 + 2.66 \times 2.63 = 16.85$$

$$LCL = \bar{x} - E_2 R_S = 9.85 - 2.66 \times 2.63 = 2.85$$

Rs 관리도의 관리한계선은 R 관리도와 같은 원리이다.

$$UCL = D_4 \bar{R}_S = 3.27 \times 2.63 = 8.6$$

$$LCL = -$$

$x - Rs$ 관리도의 이해를 돕기 위해 다음 〈표 11-4〉의 데이터 시트를 토대로 x 관리도 및 Rs 관리도를 그려보면 [그림 11-5]와 같다.

3.3 p관리도(불량률 관리도)

불량률관리도(control chart for fraction defectives)는 부적합률 또는 불량률을 품질특성으로 하여 불량률이 통계적으로 안정되어 있는가를 판정하기 위한 관리도로서 흔히 p관리도라 부른다.

검사결과에 따라 제품이 양품(적합품)과 불량품(부적합품)으로 나누어질 경우, 후자를 불량원인별로 분류하여 기록함으로써 관리한계를 벗어나는 불량이 나타났을 때 이상원인의 파악을 수월하게 할 수 있으며 그에 따른 조치도 신속히 취할 수 있다.

샘플의 크기 n을 정하는 문제도 중요한데, 샘플 가운데는 적어도 1개 이상의 불량품이 들어가도록 샘플의 크기를 정한다.

1 p관리도의 작성순서

① 불량률로 나타나는 데이터를 수집한다.
이 때 데이터는 불량률 p와 검사개수 n을 알고 있어야 한다.

② 데이터를 군으로 구분한다.
군의 크기는 20~100개 정도에서 각 군의 불량개수가 평균 1~5개 정도 들어가도록 잡는다.

③ 각 군의 불량률 p를 계산한다.

$$p = \frac{np}{n} = \frac{\text{불량개수}}{\text{검사개수}}$$

④ 평균불량률 $\bar{p}$를 계산한다.

$$\bar{p} = \frac{\Sigma pn}{\Sigma n} = \frac{\text{총불량개수}}{\text{총검사개수}}$$

⑤ 관리한계를 계산한다.

$$\text{관리상한선: } UCL = \bar{p} + 3\sqrt{\frac{\bar{p}(1-\bar{p})}{n}}$$

$$\text{관리하한선: } LCL = \bar{p} - 3\sqrt{\frac{\bar{p}(1-\bar{p})}{n}}$$

LCL은 계산 결과 마이너스가 되는 경우에는 고려하지 않는다.

⑥ 관리도 용지에 평균불량률 $\bar{p}$를 중심선 CL과 관리한계선 UCL과 LCL을 기입한다.

⑦ 관리도상에 불량률 p를 검사순으로 타점한다.

⑧ 관리도에 의하여 공정의 관리상태를 판정・조치한다.

⑨ 관리도 밖으로 나간 점을 빼고 ④~⑨의 순서로 관리한계와 중심선을 다시 계산한다.

2 p관리도의 작성 사례

〈표 11-5〉는 에어컨용 R부품의 불량개수(pn)와 불량률에 관한 자료이다.

이 자료로서 p관리도를 작성하려 한다.

불량률은 알고 있으므로 평균불량률 $\bar{p}$를 계산한다.

$$\bar{p} = \frac{\Sigma pn}{\Sigma n} = \frac{294}{4800} \times 100 = 6.125\%$$

관리한계선 UCL과 LCL을 구한다.

$$UCL: \ \bar{p} + 3\,\frac{\bar{p}(1-\bar{p})}{n} = 6.125 + 3\sqrt{\frac{6.125(1-6.125)}{200}} = 11.212$$

$$LCL: \ \bar{p} - 3\,\frac{\bar{p}(1-\bar{p})}{n} = 6.125 - 3\sqrt{\frac{6.125(1-6.125)}{200}} = 1.038$$

이로서 관리도용지에 중심선과 관리한계선을 긋고 일별로 불량률 p를 군별로 타점한 것이 [그림 11-6]이다.

p관리도에 의하면 샘플군 #10과 #19의 불량률이 관리한계선(UCL)을 벗어나므로 이를 제외하고 관리한계선을 다시 계산할 필요가 있다. 아울러 관리한계선에 근접한 샘플군 #7의 지속적인 관망이 필요하다.

표 11-5 ***p* 관리도 데이터 시트**

No.	샘플크기(n)	불량개수(pn)	불량률p(%)	CL(%)	UCL(%)	LCL(%)
1	200	10	5.0			
2	200	5	2.5			
3	200	10	5.0			
4	200	12	6.0			
5	200	11	5.5			
6	200	9	4.5			
7	200	22	11.0			
8	200	4	2.0			
9	200	12	6.0			
10	200	24	12.0			
11	200	21	10.5	주) 이 란은 샘플크기(n)가 같을 때는 생략되며, 다를 때에는 샘플크기별로 기재한다.		
12	200	15	7.5			
13	200	8	4.0			
14	200	14	7.0			
15	200	4	2.0			
16	200	10	5.0			
17	200	11	5.5			
18	200	11	5.5			
19	200	26	13.0			
20	200	13	6.5			
21	200	10	5.0			
22	200	9	4.5			
23	200	11	5.5			
24	200	12	6.0			
합계	4800	294				
평균 ($\bar{p}$)		6.125				

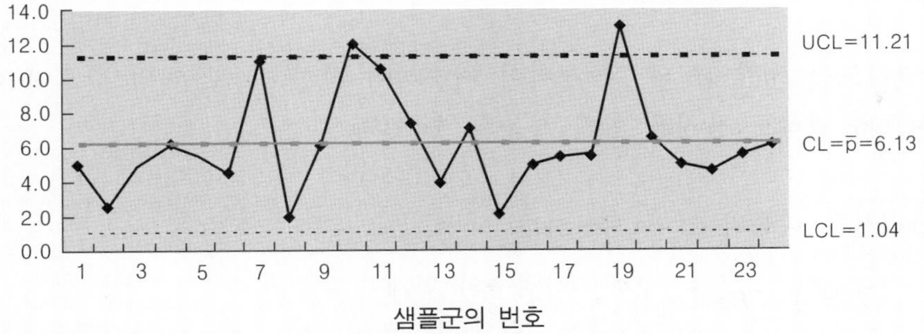

그림 11-6 ***p*관리도**

3.4 *pn* 관리도(불량개수 관리도)

이 관리도는 불량개수를 관리항목으로 하는 경우에 쓰인다(KS A 3201).

*pn*관리도는 *p*관리도에서 *n*의 크기가 일정한 경우에 상당하는 것으로, *pn* 관리도의 작성방법은 관리한계를 구하는 방법을 제외하고는 *p*관리도의 방식과 같다. 즉, *pn*관리도는 샘플의 크기 *n*이 일정한 경우에 사용되며, 따라서 관리한계선은 일직선이 된다.

*pn*관리도의 관리선은 다음과 같이 계산한다.

중심선: $CL = \overline{pn} = \frac{\Sigma pn}{k}$

관리상한선: $UCL = \overline{pn} + 3\sqrt{\overline{pn}(1-\overline{pn})}$

관리상하선: $LCL = \overline{pn} - 3\sqrt{\overline{pn}(1-\overline{pn})}$

LCL은 계산 결과 마이너스가 되는 경우에는 고려하지 않는다.

3.5 *c* 관리도(결점수 관리도)

결점수 관리도(number of defects chart)는 일정 단위, 가령 철판의 장당 또는 직물 야드당 결점수인 품질특성치로 공정을 관리하려는 경우에 사용되는 관리도로서 *c*관리도라 부른다.

특히 다음 조건이 충족될 경우 *c*관리도를 적용할 수 있다.

① 생산 단위당 결점이 발생할 기회가 무한정일 때

② 단위당 결점발생 확률이 비교적 낮고 일정할 때

③ 결점발생 기회의 영역이 같을 때

*c*관리도는 *pn*관리도와 그 성격이 비슷하여 작성순서도 거의 같으며 데이터 시트와 관리도 용지를 함께 사용할 수 있다.

관리선은 다음과 같이 계산한다.

중심선: $CL = \overline{c} = \frac{\Sigma c}{k} = \frac{\text{결점수의 합계}}{\text{군의 수}}$

관리상한선: $UCL = \overline{c} + 3\sqrt{\overline{c}}$

관리하한선: $LCL = \bar{c} - 3\sqrt{\bar{c}}$

[작성 사례] 가구점의 식탁 1개당 나타나는 흠집을 제시한 자료가 〈표 11-6〉이다. 이를 근거로 c관리도를 작성한 것이 [그림 11-7]이다.

표 11-6 **c 관리도 데이터 시트**

샘플의 번호	1	2	3	4	5	6	7	8	9	10	11	12	13	14	15	16	17	18	19	20	계	평균
결점수(c)	6	3	9	7	8	4	5	2	4	3	6	4	5	1	2	5	6	2	5	3	90	4.5

$UCL = \bar{c} + 3\sqrt{\bar{c}} = 4.5 + 3\sqrt{4.5} \fallingdotseq 10.86$

$LCL = \bar{c} - 3\sqrt{\bar{c}} = 4.5 + 3\sqrt{4.5} \fallingdotseq -$

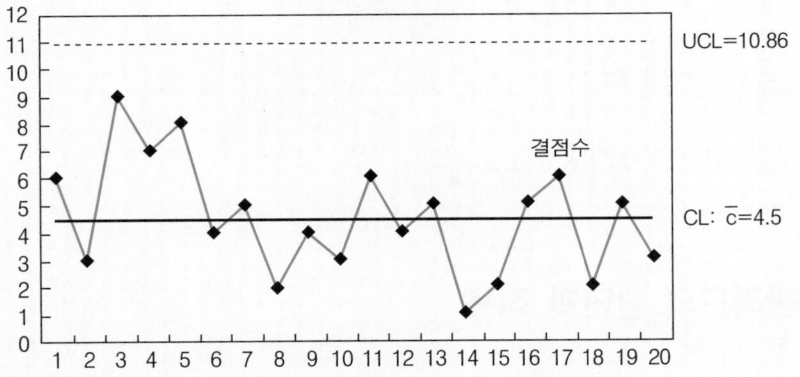

그림 11-7 **c관리도**

3.6 *u* 관리도(단위당 결점수 관리도)

단위당 결점수 관리도(defects per unit chart)는 직물의 얼룩 및 에나멜선의 바늘구멍 등과 같은 단위당 결점수를 취급할 때 검사하는 샘플의 면적이나 길이가 일정하지 않은 경우에 사용하는 관리도이다. 그래서 관리한계선은 대부분 요철(凹凸)형을 이룬다.

결점수를 관리하는 점에서는 c관리도와 같으나, **차이점**은 *c*관리도가 주로 검사단위(자동차 10대, 직물 100㎡)의 총 결점수를 나타내는데 비해 *u*관리도는 생산단위당(자동차 1대당, 직물 1㎡당) 평균 결점수를 나타내는 점에서 차이가 난다.

*u*관리도의 단위당 결점수(*u*)와 관리한계선은 다음과 같이 계산한다.

단위당 결점수: $u = \frac{c}{n} = \frac{\text{샘플 중의 결점수}}{\text{샘플의 크기}}$

중심선: $CL = \bar{u} = \frac{\sum c}{\sum n} = \frac{\text{결점수 총합계}}{\text{샘플 총합계}}$

관리상한선: $UCL = \bar{u} + 3\sqrt{\frac{\bar{u}}{n}}$

관리하한선: $LCL = \bar{u} - 3\sqrt{\frac{\bar{u}}{n}}$

4 관리도의 판단과 적용

4.1 관리도의 판단

관리도의 작성 못지 않게 관리도를 보고 공정의 관리상태를 올바르게 판단하는 것 또한 매우 중요하다. 관리도에 타점된 점이 관리한계선을 벗어났는지의 여부와 점들의 배열상태를 주의 깊게 살펴보아야 한다.

관리도에 타점된 점이 전부 관리한계 내에 있고 점들의 배열에 일정한 규칙이 없을 때는 공정이 안정(관리)상태에 있다고 판단할 수 있다.

관리도의 이상원인을 규명하는 대표적 방법으로 「AT&T 기준(rule)」을 들 수 있다. 이 기준에서는 관리도를 6개의 구역으로 구분한다. [그림 11-8]에서

C구역은 1배의 표준편차(1σ) 구역이고, B구역은 2배의 표준편차(2σ), A구역은 3배의 표준편차(3σ) 구역이다. 여기서 B와 C구역의 경계선은 이른바 '경고한계'(warning limits)로서 관리도의 개선에 이용된다.

AT&T 지침(guidelines)에 따르면, 다음과 같은 경우 이상원인의 가능성이 존재한다.

(1) 1점이 관리한계선 밖으로 벗어난 경우(그림 11-8의 a)

점들이 관리한계선 밖으로 나왔을 때에는 공정에 분명히 이상원인이 있음을 나타내는 것이므로 그 원인을 찾아서 조치하여야 한다.

(2) 연속해서 7점이 C구역이나 B와 C구역 경계에 집중되어 있는 경우(그림 11-8의 b)

점이 관리한계선 내에 있으나 중심선 한쪽에만 연속해서 나타날 경우, 특히 7개 이상의 점이 연속 한쪽으로 몰리는 경우에는 이상원인이 있다고 판단한다. 해석용 관리도의 경우는 연속 11점 중 적어도 10점이, 또는 연속 14점 가운데 12점 이상이 중심선을 경계로 한쪽에 몰리면 공정에 이상이 있을 가능성이 있다.

(3) 3점 가운데 2점이 A구역이나 밖으로 벗어난 경우(그림 11-8의 c)

2σ선과 관리한계선 사이, 즉 3점 중 A구역에 연속 2점이 나타날 때에는 이상원인이 있는 것으로 본다. 이 경우 관리한계선 가까이 나타난 점에 대한 원인조사를 할 필요가 있다.

(4) 5점 가운데 4점이 B구역이나 밖으로 벗어난 경우(그림 11-8의 d)

(5) 6점이 연속해서 상승 또는 하강하는 경우(그림 11-8의 e)

점이 하강하거나 상승하는 경향을 나타낼 때에는 이상이 있을 수 있으므로 주의를 요한다. 이러한 경향(trend)은 기계의 성능저하나 공구의 마모에서 발생될 수 있다.

(6) 14점이 교대로 올라가고 내려가는 경우(그림 11-8의 f)

점이 주기적인 변동을 나타낼 때에는 피할 수 있는 산포의 원인이 있다고 볼 수 있다.

이 밖에 점이 관리한계 밖으로 반 이상 나가 있거나 대부분 중심선 부근에 조밀하게 몰려 있는 경우에는 공정에 이상이 있기보다는 관리도의 작

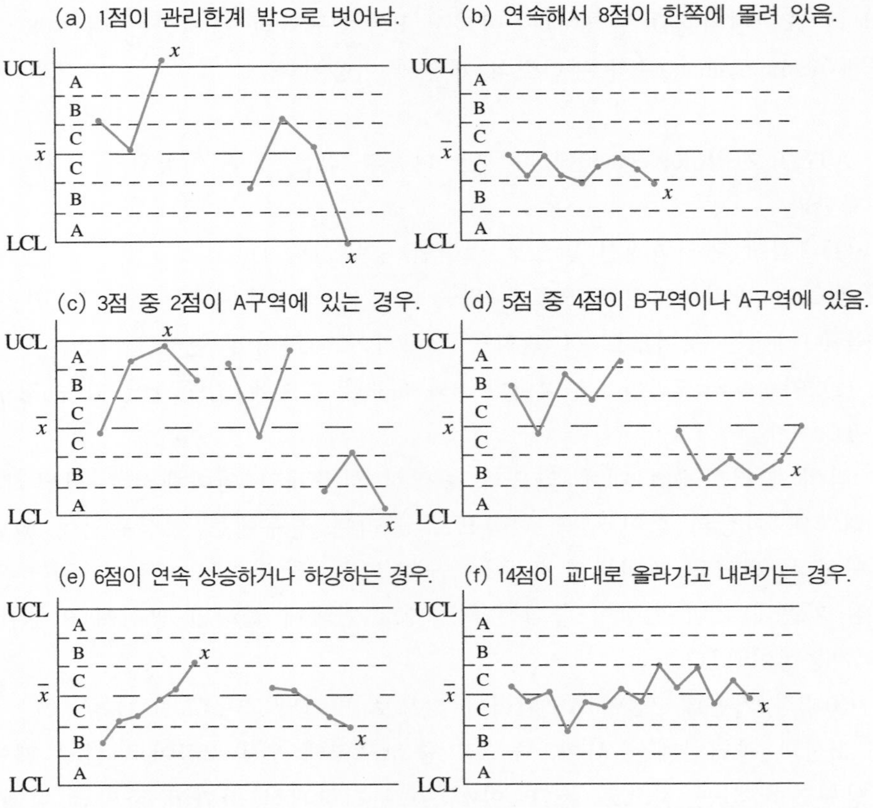

그림 11-8 이상이 있는 관리도

성방법, 가령 군별 내지 층별 방법에 이상이 있는 경우이다.

4.2 관리도의 사용절차

관리도를 사용하여 공정을 관리하는 **절차**는 다음과 같다.

① 관리도를 작성할 품질특성, 즉 관리항목을 결정한다.

② 사용할 관리도의 종류를 선택한다.

③ 데이터를 수집하여 관리도를 작성한다.

④ 공정의 해석결과 공정이 안정상태에 있으면 관리용 관리도로 전환한

다.

⑤ 관리도 작성결과 관리한계선을 벗어날 때에는 그 원인을 규명하고 조치한다.

⑥ 공정의 변경 및 제조조건의 변동이 있을 경우에는 관리한계선을 재검토한다.

⑦ 현 공정의 능력을 최대로 발휘하고 공정품질의 개선을 이루기 위해 공정개선용 관리도로 전환한다.

주요 용어(key word)

• 통계적 공정관리(SPC) • 우연원인/공통원인 • 이상원인/특수원인 • 슈하트의 3σ법 • 계량치 관리도 • $\bar{x}-R$관리도 • x 관리도 • 계수치 관리도 • p관리도 • pn관리도 • c관리도 • u관리도

연습문제

1. 일반적으로 제조공정에서는 설계품질에 합치되는 제품을 만들어 내는 일이 주요 목표 중의 하나이다. 그런데 일정한 생산조건하에서 작업을 실시한다 하더라도 제조된 제품의 품질에는 반드시 산포(변동)가 생기기 마련이다.
   이러한 변동이 생기는 원인은 무엇인지 기술하라.
2. 슈하트(W.A. Shewhart)가 공정품질의 변동원인을 우연원인과 이상원인으로 제시한 것을 데밍(W.E. Deming)과 쥬란(J.M. Juran)은 공통(우연)원인과 특수(이상)원인으로 구분하였다. 이들 두 원인의 개념을 구분하여 설명하라.
3. 슈하트(W.A. Shewhart)는 1924년 관리도를 구상하여 공정관리단계에서 품질을 관리하기 위하여 통계적 방법을 적용하였다. 이러한 통계적 관리의 원리에 입각하여 오늘날 주로 사용되고 있는 통계적 공

정관리(SPC)의 기법과 내용을 기술하라.

4. 관리도의 구성원리와 특성을 설명하라.
5. 슈하트가 주창한 3σ법의 개념과 내용을 그림을 이용하여 설명하라.
6. 계량치 관리도와 계수치 관리도의 종류를 쓰고 각각의 특징을 설명하라.
7. 다음 데이터시트를 완성하고 관리도를 작성하여 이상원인이 있으면 표시하라.

Data Sheet

샘플군번호	x_1	x_2	x_3	x_4	x_5	Σx_i	$\bar{x}$	R
1	9.20	9.28	9.13	9.20	9.15	45.96		
2	9.21	9.20	9.14	9.20	9.24			
3	9.17	9.24	9.15	9.21	9.20			
4	–	–	–	–	–	46.00	9.20	0.04
5							9.19	0.15
6							9.19	0.16
7							9.17	0.08
8							9.21	0.12
9							9.25	0.18
10							9.29	0.16
11							9.11	0.25
12							9.22	0.20
13							9.17	0.06
14							9.21	0.08
19							–	–
20							–	–
							$\Sigma \bar{x}$	ΣR
합계							184.01	2.26

8. 관리도를 작성하였으면 이를 잘 분석하여 이로부터 원자재·품질·공정 및 작업에 관한 사항과 정보를 수집하여 이상원인을 찾아서 제거해야 한다. 그러기 위해서 관리도를 보는 요령이 필요하다. 관리도를 보는 원칙을 아는 대로 기술하라.
9. 관리도를 사용하여 공정을 관리하는 절차를 간단히 기술하라.

제 4 편
품질의 보증

제 12 장 품질보증
제 13 장 신뢰성의 분석과 관리

제 12 장

품질보증

1 품질보증 총론

1.1 품질보증의 개념과 요건

B.C. 18세기경에 제정된 함무라비 법전(Code of Hammurabi)에 "건축물이 무너져서 입주자가 죽으면 건축업자를 사형에 처한다"는 조항이 있는 것을 보면, 품질에 대한 보증은 고대부터 제기되어 온 문제이다.

만 명 이상의 사망자가 생긴 1999년의 터키지진으로 온통 폐허로 변한 가운데 이슬람 사원만이 그대로 남아 세상사람들을 놀라게 하였다. 537년에 완공된 이스탄불의 성 소피아 성당과 푸른 사원(Blue Mosque)은 전혀 피해를 입지 않았는데, 전문가들은 내진설계(耐震設計)에서[1] 그 이유를 찾는다.

품질의 보증문제는 소비자와 생산자 또는 구매자와 판매자간의 문제이던 것이 상거래 범위가 확대되고 기술이 발전되면서 품질의 영향력이 사회적 문제로 파급됨에 따라 계약당사자는 물론 보험회사, 소비자단체, 기업, 산업, 국가 등의 주요 관심사가 되었다.

1) [터키] 사원들 강진에도 멀쩡..."내진설계 덕," *조선일보*, 1999.8.29.

사 례

파이어스톤 타이어의 품질보증 문제

사상 두 번째 규모인 650만개의 타이어 리콜[2]로, 파이어스톤社와 불량 타이어가 주로 장착됐던 「익스플로러」를 생산하는 포드사의 피해는 막대하다.

사고원인을 둘러싸고 발주자인 포드사와 공급자인 파이어스톤의 공방이 계속되고 있다. 포드측은 "익스플로러에 굿이어(Goodyear) 타이어를 장착했을 때는 아무 문제가 없었다"면서 "타이어가 문제지, 익스플로러에는 문제가 없다"고 주장하고 있다.

파이어스톤측은 "포드가 운전자에게 추천한 타이어 공기압이 적정치보다 낮게 책정돼 있는 등 타이어회사가 책임질 수 없는 요인들이 사고의 원인이 됐다"고 반박하고 있다.

AP통신 보도에 따르면,[3] 포드는 내부지침에서 파이어스톤사가 스포츠 유틸리티 차량(SUV)용 15인치 타이어의 공기 압력을 30psi로 권고한데[4] 반해 1990년부터 이 타이어를 장착한 익스플로러를 시판하면서 타이어 압력을 26psi로 유지했던 것으로 드러났다.

고속도로교통안전청(NHTSA) 관계자는 "많은 사고가 타이어의 결함에다 일반 차량보다 높은 무게중심 등 스포츠레저용 차량의 특성이 복합적으로 작용해 일어난 것 같다"고 말했다.

사고가 난 타이어는 1994년 일리노이주 디케이터(Decatur, Il.)소재 공장에서 만든 것이 대부분인데 당시 공장은 파업으로 대체인력이 투입됐고, 품질검사를 제대로 하지 않았다는 등 파이어스톤에게 불리한 지적들도 있다.[5]

품질보증(QA: Quality Assurance)이란 간단히 말해서 고객[6]의 요구에 맞는 품질을 보증하는 것으로 품질경영의 요체가 된다.

제품이나 서비스품질이 고객의 만족을 얻기 위해서는 품질보증의 필요조

참고

ISO와 한국산업규격(KS)의 품질보증 정의

ISO 9000-2000 : "품질경영의 일부로서, 품질 요구사항이 충족될 것이라는 신뢰를 제공하는 데 초점을 맞추는 것"

KS A 3001-2006 : "제품 또는 서비스가 제시된 품질 요구사항을 만족시키고 있다는 것을 적절히 신뢰감을 주기 위하여 필요한 모든 계획적이고 체계적인 활동"

---

2) Susan E. Daniels, "Tire Failures, SUV Rollovers Put Quality on Trial," *Quality Progress*, Dec. 2000.
3) "포드, 타이어 리콜관련 3개공장 조업중단," *연합뉴스*, 2000.8.22.
4) 1989년 한 안전테스트 결과 문제의 파이어스톤 타이어를 장착한 포드 익스플로러 자동차는 타이어 공기압을 규정의 최고수준(35psi)으로 주입하고 급회전할 경우 전복할 가능성이 있음이 밝혀졌다.
5) [기자 24시] "파이어스톤과 포드," *매일경제*, 2000.9.6.
6) 여기서 '고객'이라 함은 사외에서 볼 때는 제품의 소비자 내지 구매자를 말하며, 사내에서는 경영자, 구성원, 공급자를 가리킨다.

건과 충분조건이 충족되어야 한다(그림 12-1 참조). 즉, ① 공약사항의 이행, ② 공약사항의 보완, ③ PL문제에의 대처는 품질보증의 **필요조건**으로 이는 구매자 위주의 품질보증에서 필수적 사항이다.

생산자(공급자)의 품질보증에 대한 진정한 의지와 실천이 없는 경우에는 우선 구매자(소비자) 위주의 품질보증제도가 필요하다. 그러나 국제적인 품질 보증규격을 충족시키더라도 소비자의 요구(참 품질특성)를 만족시키지 못한다면 품질보증의 의미는 없는 것으로 고객만족을 위해 공급자/생산자 스스로 전개하는 품질보증 활동이 바람직하다.

따라서 **품질보증**은 소비자가 안심하고 만족하게 구입하고, 사용한 결과 안도감과 만족감을 가지는 품질을 보증하는 것이다. 상품 구매자로 하여금 안심하고 만족하게 구매할 수 있도록 함은 오랜 동안 쌓아올린 신용이 있어야 하는 것으로 품질보증은 단기간에 이룩될 수 없다. 그래서 현대그룹의 정주영 회장은 "품질은 신용"이라 하였다.

사용결과에 대해 소비자가 만족감을 갖게 하려면 그가 기대한 성능(참 품질특성)을 발휘해야 하는 것으로, 품질의 우수함은 말할 것도 없고 판매나 광고의 과대선전이 없어야 하며, 영업사원의 언행이나 사용설명서의 충실함 등이 요구된다. 그리고 보증기간 동안 고장이 없이 오래 사용되어야 하지만 고장이 발생했을 때 수리가 용이하도록 설계되고, 신속한 애프터서비스는

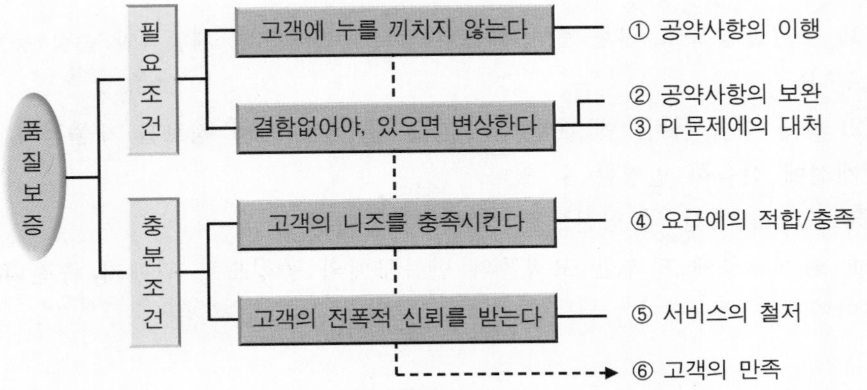

그림 12-1 **품질보증의 요건**

물론 일정 기간(특정 모델의 라이프 사이클 기간) 수리부품을 확보해 둘 필요가 있다.

따라서 품질보증을 올바로 행하려면 최고경영자가 품질보증에 대한 확고한 방침을 제시함과 아울러, 개발·설계 부문에서부터 구매·제조·판매·서비스 부문에 이르는 모든 부서와 공급업체 등 전 구성원이 품질보증 활동에 적극적으로 참여하여야 한다.

1.2 품질보증의 효과

품질보증 효과는 대별해서 소비자 측면의 효과와 생산자(공급자) 측면의 효과로 나누어 볼 수 있다.

1 소비자 측면의 효과

(1) 소비자의 안전이 확보된다(예: 전기용품, 가스용품, 의약품의 품질보증).

(2) 소비자의 경제적 부담(수리비, 유지비 등)이 대폭 감소된다.

(3) 소비자의 불만과 피해를 줄일 수 있는 제도적 장치의 토대가 된다.

(4) 구매경험이 없는 소비자가 갖게 되는 불안감을 감소시킨다.

(5) 제품에 관한 올바른 지식과 정보를 제공받을 수 있다.

(6) 소비자가 안심하고 구매하여 사용한 결과 만족감을 갖게 된다.

2 생산자/공급자 측면의 효과

(1) 품질불량으로 인한 손실(애프터서비스, 손해배상, 제품책임 손실 등)이 감소된다.

(2) 불량 제품/서비스에 대한 소비자의 불만 및 사용 정보를 제품정책 및 품질개선에 신속히 반영할 수 있다.

(3) 품질의 개선 및 혁신으로 경쟁력이 증대된다.

(4) 품질보증에 만족한 고객들의 반복구매와 충성도로 판매가 촉진되고 기업이미지가 제고된다.

[사례]에서 경쟁업체는 반복구매 고객에 대한 매출이 20%를 밑돌고 있음에도 다이찌의 반복구매 고객 비중이 매출의 70%를 점하고 있음은, 고객에

사 례

품질보증과 반복구매의 성과

도쿄 아끼하바라에 자리잡고 있는 다이찌(第一)상점의 고객들은 회사의 다이렉트 메일 및 텔레마케팅 프로그램의 일환으로 신제품을 보도록 상점으로 초대된다.

다이찌의 고객들은 상품을 구입하면 1년간의 품질보증대신 3년간의 품질보증을 받는다. 일본 전자제품은 3년 안에 고장나는 경우란 드물어서 다이찌는 별로 많지 않은 경제적 부담으로 다른 상점들보다 많은 고객들이 찾아와서 구매하도록 유인한다. 에어컨이나 난로와 같은 계절상품들은 쓰지 않는 동안 보관도 해준다. 일본 가옥은 작아서 보관공간이 한정되어 있기 때문에 겨울에는 에어컨이나 선풍기를 맡기고 대신 난로와 가습기를 찾아간다.

제품 보증기간의 마지막 해인 3년째에 접어들면, 고객은 다이찌로부터 보증기간이 만료되기 전에 제품의 이상이 없는지를 점검하기 위해 유능한 기술자를 보내겠다는 전화제의를 받게 된다. 고객을 방문한 기술자는 제품을 점검하고 그 집안에 있는 모든 가전제품들을 점검 봉사하겠다는 제의를 한다.

기술자들이 방문 임무를 마치고 상점에 돌아오면, 그들은 그 집에 있는 가전제품의 종류, 메이커, 모델, 사용연한 등에 관한 상세한 보고서를 작성한다.

이 정보는 데이터베이스(DB)로 입력되어 고객정보가 되고 얼마 후 판매사원은 그 고객에게 전화를 걸어 교체기간이 돌아오는 전자제품의 신상품 정보를 알리면서 시간이 있을 때 상점에 한번 들러달라고 권유한다.[7]

대한 독특한 품질보증과 서비스 그리고 이들로부터 수집된 고객정보를 영업정보로 신속히 피드백시키는 품질정보시스템에서 그 이유를 찾을 수 있다.

1.3 품질보증 방법의 발전

품질보증의 발전과정은 검사중심의 품질보증에서 시작해서 공정관리를 거쳐 제품개발 중심의 품질보증 단계로 진보하였다.

1 검사 중심의 품질보증

품질보증은 역사적으로 볼 때 검사를 철저히 하는 것에서 시작하였다. 즉 『검사=품질보증』이라는 사고방식에서 비롯된 것으로, 품질관리가 뿌리를 박기 전에 볼 수 있었던 현상이다.

7) G. Stalk, Jr., & A.M. Webber, "Japan's Dark Side of Time," *Harvard Business Review*, July-Aug. 1993.

이 경우 품질보증은 주로 검사에 의해서 행해지는 것으로 검사원의 수만큼 생산종사원이 불어나므로 생산성 저하요인이 되며, 생산현장은 품질체크를 검사부문에 의존함으로써 품질향상에 대한 의욕이 떨어지고, 검사결과를 시정 조치하는 데 많은 시간이 소요되며, 재발방지의 효과가 적다는 등의 문제점이 있다.

2 공정관리 중심의 품질보증

검사위주의 품질보증은 품질개선이나 불량예방에는 별로 영향을 주지 못한다. 생산후의 검사보다는 생산단계에서 양질의 제품을 생산하는 데 중점을 두는 공정관리 중심의 품질보증방법이 효과적이다.

"품질은 공정에서 만들어진다"는 입장으로, 앞서의 검사중심의 품질보증으로는 불가능한 공정품질의 관리가 가능하다. 따라서 제조공정의 이상으로 발생하는 불량을 제거할 수 있게 되었지만, 품질보증은 공정관리만으로 이룩될 수 없다. 즉 소비자측의 사용방법의 문제라든가 제품의 오용(誤用)문제 등 신뢰성 보증문제는 공정관리만으로는 힘들다. 개발·설계단계에 기인하는 품질문제는 제조부문이나 검사부문에서 관리될 수 없는 문제이다.

3 제품개발 중심의 품질보증

공정관리 중심의 품질보증은 한계가 있다. 따라서 설계단계 즉 제품개발단계에서의 품질보증이 요구되기에 이르렀다. 이 단계는 공정관리 중심의 품질보증이 추진된 기업에서 특히 효과가 크다. 이 단계는 "품질은 설계와 공정에서 만들어진다"는 입장이다.

제품개발 단계에서의 품질보증은 신제품의 기획, 설계, 시작(試作), 시험으로부터 외주, 구매, 생산준비, 양산설계, 양산시작, 본생산, 판매, 애프터서비스의 각 단계별로 철저히 평가하여 품질을 보증하는 것이다.

설계단계에서 품질보증이 **중요한 이유**는 다음과 같다.

(1) 신제품 개발중에 품질관리를 철저히 하지 않으면 충분한 품질보증이 될 수 없다.

(2) 신제품 개발에 실패하면 기업이 망할 수도 있을 만큼 중요한 문제이다.

(3) 신제품 개발의 품질보증을 행하면 기획·연구·설계·구매·기술·생산·검사·영업·애프터서비스 등 전 부문이 품질관리와 품질보증을 실제로

체험할 수 있다.

제품개발 단계에서의 품질보증은 설계품질 → 제조품질 → 사용품질에 이르는 종합적인 품질보증을 뜻하는 것으로 기업의 전 부문이 참여해야 하는 전사적 품질관리 내지 총체적 품질경영의 전개 없이는 이룩될 수 없다.

1.4 품질보증의 기능

품질보증 활동은 제품의 기획에서부터 사용·애프터서비스에 이르는 라이프 사이클의 모든 단계에 걸쳐서 행해진다. 따라서 품질보증 활동은 이들 모든 단계에서 품질확보를 위한 활동, 즉 품질기능을 명확히 하고 이를 올바로 실시하여 그 결과의 검토에서 활동의 수정에 이르는 품질관리 기능 모두에 관계된다.

품질보증의 **기능**(機能)을 중요한 것만 설명하면 다음과 같다.

(1) 품질방침의 설정과 전개: 고객의 요구품질과 자사의 기술수준 및 공정능력 등을 고려해서 어떤 품질의 제품을 설계·생산·공급할 것인가를 방침으로 정하여 구성원에게 알리는 것은 중요한 일이다. 이것은 전사적인 문제로서 특히 최고경영자가 직접 관여해야 할 문제이다.

(2) 품질보증 방침과 보증기준의 설정: 기업의 품질보증 방침은 제품판매와 직결되는 것으로, 이를 구체적으로 제시하는 보증기준은 제반 사정을 검토하여 톱에서 경영방침으로 정한다.

(3) 품질보증시스템의 운영: 품질보증 활동을 효과적으로 전개하기 위해서는 품질보증시스템이 구축되어야 한다. 아울러 각 보증단계에서의 품질평가와 관련해서 품질확인 등 품질보증시스템의 확실한 운영이 필요하다.

(4) 설계품질의 확보: 이 단계에서는 사용자 요구품질의 기술적 대용특성으로의 전개, 완성품의 품질과 부품 품질과의 관련성의 명확화(품질전개, 품질해석)가 중요하다. 제조공정의 기능을 무시한 설계품질은 있을 수 없는 것으로 설계품질은 제조가능한 것으로 확보되어야 한다.

(5) 생산 및 생산 후 단계에서의 중요 품질보증 기능: 제조단계에서는 생

산개시 전 시험생산에 의한 제품 및 공정의 해석에 의한 불량해소의 문제가 중요하다. 생산 중에는 일상의 품질관리 활동이 중요하며, 특히 공정능력의 확보가 중요하다. 포장·보관·수송·판매·사용과정 중 품질에 손상을 줄 수 있는 생산 후 단계에서의 품질보증을 위한 업무표준을 세워서 지킬 필요가 있다.

(6) 품질조사와 클레임 처리: 판매한 제품이 사용자에게 만족감을 주었는지를 조사해서 불만이 있는 품목에 대해서 품질개선 대책을 마련하고, 불량품이 있을 때는 그 제품을 회수(recall)하고 클레임(claim) 처리 대책을 세운다.

고객만족에 중점을 두는 기업은 많지만 클레임처리에 적극적인 기업은 적다. 클레임처리를 통해서 새로운 상품개발의 정보를 얻는 것도 적지 않을 뿐더러 고객과의 관계개선에도 중요하다. 적절한 클레임처리는 리스크관리에도 중요하지만 고객의 반복구매에도 영향을 미친다. 신속하고 적절히 클레임을 처리할 경우, 이에 만족한 고객의 반복구매율은 50%이지만 해결에 불만인 고객의 구매율은 20% 이하로 떨어진다는 조사가 있다.

참고

클레임 지표(claim index)

클레임 상태를 측정하는 클레임 지표로는 고장횟수, 서비스콜 수, 애프터서비스 횟수, 클레임 건수, 수리시간 등의 **절대치 지표**와 $\frac{\text{클레임 건수}}{\text{매출액}}$, $\frac{\text{클레임손실액}}{\text{매출액}}$, $\frac{\text{서비스 비용}}{\text{매출액}}$ 등의 **발생률 지표**가 사용된다.

(7) 표시 및 설명서의 관리: 제품에 결함이 없더라도 제품에 첨부된 표시 내용과 설명서가 잘못되었을 때는 사용자가 그 제품을 오용할 가능성이 있다. 전자제품의 경우 사용오류로 인한 고장이 상당히 많은데 이는 사용설명서와 관련이 깊다.

(8) 애프터서비스: 최선의 대책은 고장이 생기지 않는 것이겠으나 일단 발생한 고장에 대해서는 사용자의 요구가 있을 때 신속하고 경제적인 애프터서비스가 실시되어야 한다. 즉 판매된 제품의 점검과 수리 등의 애프터서비스 체제를 갖추어 효율적으로 운영하는 것도 중요한 QA기능이다. 성실하

고 진실한 애프터서비스는 품질보증도 하고 후일의 잠재고객, 즉 반복구매 고객을 확보할 수 있는 계기를 마련하기도 한다.

(9) 제품 품질감사와 품질보증시스템의 감사: 출하검사에서 합격된 제품이라도 불량이 생길 수 있으므로, 사용자 손으로 넘어가서 그 제품의 품질이 만족한 상태에 있는가를 조사하여 불량이 있을 때는 적절한 조치를 취하는 제품품질감사(product quality audit)를 행한다. 또한 품질보증시스템이 적절히 운영되고 있는가를 조사할 필요도 있는데, 이와 같은 기능을 품질보증시스템 감사 또는 품질시스템감사(quality system audit)라 한다.

1.5 품질보증시스템의 운영

품질보증 활동은 제품의 개발에서부터 그의 수명이 끝나는 전체 라이프사이클에서 전개되므로 각 부문의 참여 없이 이들 업무가 제대로 수행될 수 없다. 그러나 품질확보를 위해서 행하는 업무와 그의 관리방법을 명확히 하기 위해서는 기능별 품질보증활동이 요구된다.

품질보증 활동업무를 라이프사이클 과정에서 보면 ① 제품기획, ② 시작(試作)설계, ③ 생산준비, ④ 생산·출하, ⑤ 판매·서비스의 품질보증업무로 대별할 수 있다.

품질보증 활동을 기능별로 보면 품질평가, 품질감사, 검사, 신뢰성시험, 고장해석(故障解析), 제품책임, 표준화, 설비관리, 계측관리, 공정능력 조사, QC 교육, 공정관리 등으로 나눌 수 있다.

품질보증시스템에서 품질평가시스템은 매우 중요한 역할을 한다. 그러나 품질보증 활동은 품질정보 없이는 올바로 전개될 수 없다. 제품품질에 대한 소비자의 요구 및 시장정보를 비롯해서 각 단계에서 실시되는 품질보증 업무의 관리 역시 품질정보를 토대로 하므로, 품질보증시스템에서 품질정보시스템은 중요한 시스템이다.

따라서 품질보증시스템은 ① 품질보증업무시스템, ② 품질평가시스템, ③ 품질정보시스템으로 이루어지는 것으로 이들 삼자가 품질보증체계를 이룬다.

그러나 실무자들이 품질보증체계를 나타낼 때에는 PDCA 단계별로 관련부서를 연관시켜 [그림 12-2]와 같이 품질보증업무의 흐름을 나타내는 방식이 일반적이다.

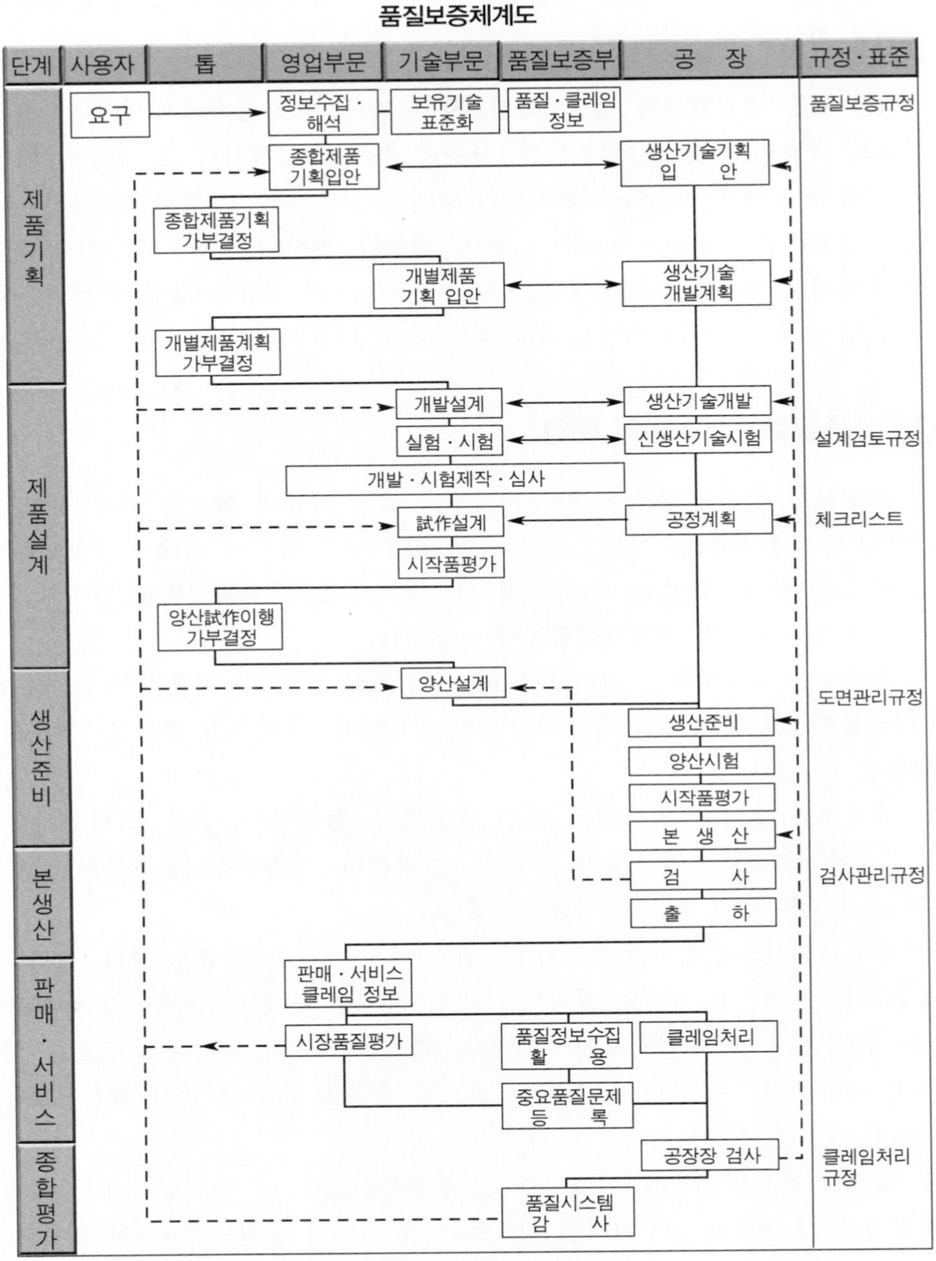

그림 12-2 업무흐름으로 나타낸 품질보증체계도

품질보증시스템 구축시 **유의할 사항**들을 열거하면 다음과 같다.

(1) 피드백 과정이 명확할 것.

(2) 체계도의 세로축에는 업무단계를 기입하고, 가로축에는 부서를 기입하여 책임자가 명확히 나타나도록 할 것.

(3) 시스템운영을 위한 수단·용구(帳票類)·운영규정(표준)이 정해질 것.

(4) 다음 단계로의 진행 여부를 결정하기 위한 평가항목과 평가방법이 명확히 제시될 것.

(5) 시스템 운영결과를 반성해서 시스템 개정을 행할 것.

품질보증체계도와 품질보증규정이 작성되었더라도 각 단계별 하위시스템의 운영방법의 표준화가 없으면 소용이 없다. 중요한 것은 각 단계에서의 품질을 구체적으로 어떠한 항목에 대해서, 어떤 평가·시험 방법으로 측정하고, 어떻게 판정하는가 하는 기준치를 구체적으로 표준화하는 것이다.

품질보증시스템이 형식적으로 운영되어서는 품질보증이 될 수 없다. 품질보증시스템을 잘 운영해 나가려면 주요 품질보증업무 시스템으로 나누어 운영하도록 해야 한다. 그러나 이들 하위시스템을 움직여 가는 것은 각 부문의 구성원인 인간이므로, 품질보증시스템을 훌륭하게 운영해 나가기 위해서는 효율적인 QA시스템을 구축함과 동시에 이들 구성원이 품질보증의 목적 및 중요성을 충분히 인식하여 그 중에서 자기가 할 일이 무엇인가를 알고 적극적으로 품질보증 활동에 참여하는 것이 중요하다. 즉, 전원참가의 품질보증인 것이다.

2 품질보증 활동(품질평가와 품질감사)

품질보증 활동은 품질보증의 업무단계별(제품기획·설계·생산준비·생산·판매·서비스)로 전개하는 것이 일반적이다. 이 경우 품질보증 업무는 해당 업무부서 중심으로 수행되므로 소비자가 요구하는 품질의 확보와 관리를 효율적으로 이루려면 기능별 품질보증 활동이 필요하다. 이 경우 품질보증 활동은 품질평가, 품질감사, 검사, 신뢰성 시험, 제품책임, 표준화, 설비관리, 계측관리, 공정능력조사, QC 교육, 공정관리 등으로 나누어 전개된다. 이들 품질보증 활동에서 중요한 것은 품질평가와 품질감사이다.

2.1 품질평가의 목적

생산·판매할 제품의 품질평가 없이 품질경영을 하는 것은 마치 캄캄한 밤길을 라이트 없이 차를 운전하는 것과 같다. 품질평가의 주목적은 제품품질이 소비자(시장)의 요구를 어느 정도로 만족시키고 있는가를 파악하는 것인데, 중요한 것은 공정한 평가를 하는 것이다. 따라서 품질평가는 현장 책임자가 행하는 것을 피해야 하며, 가급적 라인과 독립된 조직에서 행하는 것이 바람직하다.

품질평가(品質評價)란 품질을 측정해서 그의 목적에 대한 가치를 결정하는 것이다. 품질평가의 목적은 제품이 잘 팔리는지, 소비자 및 사회에 대해서 유효성이 있는지, 공해가 없는지 등을 파악하고, 내적으로 관리·해석·감사의 단계를 추진해 나가는 데 있다.

품질보증의 각 단계, 즉 조사·기획·설계·시작(試作)·생산·출하·판매·서비스 등에서의 품질을 측정해서 얻어진 결과를 관리용·해석용·감사용으로 활용함으로써 QA활동을 원활히 추진해 나갈 때에 품질평가의 목적은 달성된다고 본다.

신문용지의 품질은 제지회사, 신문사, 수송 및 배달기관, 독자의 여러 가지 요구가 어떤 수준에서 일치된 것이라 할 수 있다. 즉, 신문용지의 근본목적은 인쇄물 정보전달의 매체로서 사용됨에 있는 바, 제지회사에서는 제지가 용이하고, 신문사로서는 신문제작에 무리와 낭비가 없어야 하며, 독자에게는 신문내용을 일정 기간 보는 데 지장이 없어야 할 것이다. 그러나 이를 휴지로 이용하는 사람의 입장에서는 질기고 잉크가 묻지 않는 신문지를 원할 것이고, 장기보관을 원하는 사람에게는 좀이 먹지 않고 변색·변질이 안되는 신문을 원할 것이다.

이상은 극단적인 예를 제시한 경우이지만 제품은 어떤 필요 내지 요구(need)를 충족시키기 위해서 생산된 것이므로 품질평가를 할 때에는 참 품질 내지 본질적인 기능을 중심으로 추구해야 한다. 따라서 품질평가를 하기에 앞서 개개 상품에 대한 시장요구를 해석하고, 아울러 自社 및 업계의 품질·기술·설비·인적·자원 등을 충분히 고려해서 제품별로 그 회사실정에 알맞는 품질평가 시스템을 이룩하도록 해야 할 것이다.

2.2 품질평가의 단계

품질보증의 기본적인 사명은 그들이 제공한 제품을 통해서 품질에 대한 소비자 내지 사회의 요구를 충족시키는 것이다. 그러기 위해서는 소비자의 요구를 올바로 파악하여 그 요구에 알맞는 품질의 제품을 개발하고 생산함은 물론 그 제품이 소비자에게 구매되어 사용단계에서 소비자의 요구를 충분히 만족시키도록 해야 한다.

이는 이른바 종합적인 품질보증의 과정으로서 ① 제품개발, ② 제조, ③ 시장의 각 단계에서 그들 품질의 가치를 올바로 평가할 필요가 있다.

1 제품개발 단계의 품질평가

제품개발 과정은 제품기획과 설계의 두 단계로 대별할 수 있다.

제품기획 단계에서의 품질평가 대상은 구체적인 물품이 아닌 기획품질로서 여기서는 ① 시장에 대한 적합성, ② 사회에 대한 적합성, ③ 기업능력에 대한 적합성이 중요시된다.

설계단계에서의 품질평가 대상은 설계품질로서, 이 경우 설계 고유의 가치를 평가한다. 설계품질의 평가는 먼저 설계대로 시작품(試作品)을 만들어 시험한다. 평가될 설계품질의 내용은 ① 특성과 기능, ② 제품 수명, ③ 신뢰성, ④ 안전성, ⑤ 외관, ⑥ 소요비용의 정도, ⑦ 호환성(互換性), ⑧ 필요한 보전(保全)의 정도, ⑨ 수리 용이성, ⑩ 사용상의 난이도, ⑪ 무공해성 및 사회성 등의 항목이 포함된다.

2 제조단계의 품질평가

이 단계의 품질평가는 주로 제품이 설계품질에 어느 정도 적합한가 하는 이른바 적합품질을 대상으로 하여 행해진다. 이 경우의 평가는 설계도면이나 시방서에 규정된 품질특성에 대해서 제품검사 내지 테스트를 하여 양품과 불량품을 확인하는 평가가 행해진다.

제조공정은 보통 재료나 부분품의 수입에서 시작하여 각종의 생산공정을 거쳐 완성품의 출하에 이르기까지 긴 과정을 거치므로 이 경우 ① 수입/인수품질, ② 공정품질, ③ 출하품질로 나누어 적합품질(適合品質)의 평가를 행할 필요가 있다.

3 시장단계의 품질평가

제품이 시장에 출하된 후의 품질평가는 시장품질이 대상이 되는데, 상품/제품의 품질평가라 부른다. 사용자가 시장에서 상품을 고를 때에는 가격과 납기 외에 품질과 서비스에 대해서도 커다란 관심을 갖는다. 이것이 시장품질로서 고객의 입장에서 볼 때는 ① 사용적합성과 ② 사용경제성이 요구된다.

시장품질의 평가는 대개 영업사원이나 상점으로부터의 정보, 시장조사, 고객의 고충(클레임의 건수 및 금액, 서비스 콜 회수, 수리 및 보전시간 등), 상품 비교테스트에 의해서 행해진다.

2.3 품질평가의 방법

제품설계의 목적은 제품의 기능적 요건에 관한 시방을 결정하는 것으로, 이 때의 품질평가는 고객이 요구하는 참 품질특성이 평가대상이 된다. 그러나 실제는 참 특성의 측정과 해석이 기술적으로 곤란하기 때문에 대용특성을 이용하는 경우가 많다. 이때 유의할 점은 문제가 되는 참 특성과 각종 대용특성과의 관계를 바르게 파악하는 것이다.

제조단계에서의 평가에서는 주로 설계시방과 규정된 대용특성을 이용해서 적합품질의 평가가 행하여지지만, 이 경우에도 대용특성과 참 특성과의 관련을 아는 것이 중요하다. 따라서 제품기능에 대한 대용특성의 중요도를 미리 구분할 필요가 있는데, 중요도를 ① 치명적(critical)인 특성, ② 중요(major)한 특성, ③ 경미(minor)한 특성으로 나누어 평가를 행하는 것이 보통이다.

벨 시스템(Bell system)에서는 **불량 등급**을 다음과 같이 분류하고 있다.

A급 : 치명불량(감점 100) - 예: 인적손상의 원인이 되는 불량, 현지에서 고칠 수 없는 고장원인에 의한 불량.

B급 : 중불량(감점 50) - 예: 현지에서 수리되는 고장원인에 의한 불량, 유지비의 증대·수명단축을 가져오는 불량.

C급 : 경불량(감점 10) - 예: 성능이 표준 이하인 불량, 외관이나 다듬질 불량.

D급 : 미불량(감점 1) - 예: 품질에는 관계없는 불량, 즉 외관상의 미미한 불량

사 례 **파이어스톤 타이어 리콜의 기폭제: 웹**

2000년 7월 19일 남미 베네수엘라에 있는 한 자동차 공장 직원이 동료로부터 파이어스톤 타이어에 문제가 많아 국내에서 운행되는 포드 자동차의 타이어를 무료로 교환하고 있다는 얘기를 들었다. 그는 곧바로 Strategic Safety의 자동차 안전 전문가인 신 케인에게 e-메일을 보내 이와 같은 사실을 알렸다. 당시 미국내에서는 파이어스톤 타이어의 결함 때문에 사고가 잇따르고 있었지만, 포드와 파이어스톤은 인과관계가 명확히 밝혀지기 전 까지는 어떠한 형태의 보상도 할 수 없다는 입장을 고수하던 터였다.

케인은 정확한 사실파악을 위해 베네수엘라 언론 웹사이트를 뒤지기 시작했다. 그는 마침내 베네수엘라의 한 사이트에서 타이어 불량 및 리콜 사실을 확인했다. 인터넷을 통해 사우디아라비아, 태국, 말레이시아 등지에서도 타이어 결함 사고가 발생했다는 사실을 확인했다.

7월 31일, 그는 확인한 내용을 미국고속도로안전청(NHTSA)에 통보했다. NHTSA는 자체 조사를 거쳐 포드와 파이어스톤에 관련 타이어를 모두 리콜하도록 요구했다. 그러나 양사는 미국내 판매차량에 장착된 타이어라면 몰라도 미국 이외 지역에 판매한 타이어의 리콜은 받아들이지 않겠다고 버텼다.

해결의 실마리는 의외의 곳에서 풀리기 시작됐다.[8] 케인은 타이어 불량 사실을 자신과 자신의 연구소 웹사이트에 띄웠는데 이후 미국은 물론 전 세계의 수백만 자동차 운전자들이 이를 보고 포드와 파이어스톤사 웹사이트에 비난의 글을 퍼부었다.

결국 파이어스톤은 2000년 9월 10일 650만개의 타이어 리콜을 발표하기에 이르렀다.

시장품질의 평가는 평가주체에 따라 생산기업, 사용자, 소비자 단체에 의한 평가로 나눌 수 있다. 생산기업에 의한 품질평가는 시장조사나 경쟁품질의 상대평가가 주로 행해진다. 소비자단체에 의한 품질평가의 영향력이 커지고 있는데, 인터넷의 등장으로 사용자나 소비자의 품질평가가 중요시되고 있는 추세이다.

최근 인터넷은 품질평가와 소비자 운동에 중요한 도구로 부상하고 있다.

2.4 품질감사(品質監査)

품질감사(quality audit)는 시스템의 품질성과를 수행표준과 비교하여 품질보증에 필요한 정보를 톱에 제공하기 위해 독립적으로 행해지는 심사이다.

8) "e-메일 한통이 파이어스톤사 타이어 리콜 이끌어," *중앙일보*, 2000. 8. 22,
"웹, 파이어스톤 타이어 리콜에 큰 역할," *연합뉴스*, 2000. 8. 16.

일본에서는 품질감사를 사장이 주관하여 행하는 경우가 많아서 사장감사(社長監査)라 하기도 한다.

품질감사는 감사주체에 따라서 다음과 같이 대별할 수 있다.

① 생산기업에 의한 자체품질감사(최고경영자의 품질감사)

② 하청기업(외주기업)에 대한 구매자 품질감사

③ 감사기관에 의한 품질감사

이들 품질감사 중 품질경영에서 특히 강조되는 것은 ①의 자체품질감사이다. 이 경우 최고경영층이 시스템의 품질활동과 품질성과를 객관적으로 평가하여 품질보증에 필요한 조치를 취하기 위해 집행부와 독립된 감사부서에 지시하여 행하는 것이 보통이다. 감사결과 문제가 있을 때는 그 원인을 추구하는 한편 대책을 세우며 최고경영층에 이를 보고하여야 한다.

품질감사의 대상이 되는 부서의 책임자와 품질감사 실시부서의 책임자 그리고 이들 양 부서를 관장하는 최고경영자가 품질개선에 대한 책임감과 의무감을 갖지 않으면 품질감사는 소기의 목적을 달성할 수 없다.

품질감사에 의해서 파악된 정보는 이들 책임자들이 알고 있어야 하며, 필요시 즉각 조치되어야 한다. 가령 제품에 이상이 있음이 발견되었을 때는 제품의 출하정지 및 회수를 비롯하여 제품개발방침 등에 조치할 필요가 있다.

품질감사의 대상이 되는 것은 제품의 품질로서 품질감사의 대상이 되는 단계는 ① 개발단계, ② 제조단계, ③ 출하단계, ④ 유통단계, ⑤ 사용단계이지만 주목적은 사용단계의 품질상태를 파악하는 것이다.

3 외주품의 품질보증(외주품질관리)

3.1 부품품질과 제품의 신뢰성

시스템이나 제품의 신뢰성은 이를 구성하는 요소나 부품의 품질에 의해서 많이 좌우된다. 특히 하청 의존도가 높은 자동차·가전제품·전자기기·공작기계 등의 고장률은 부품의 품질과 밀접한 관계가 있다.

일본 자동차에 대한 미국 소비자들의 인기가 높은 것은 가격에 비해 품질이 우수하고 고장률이 낮기 때문이다. 오늘날 일본상품의 품질이 세계적으로 높이 평가되고 있음은 일본산업 특히 부품제조업체의 끊임없는 품질개선 활동의 성과이다.

일본은 텔레비전이나 자동차 산업의 부품품질 수준을 높이기 위해서 일찍이 외주공장(공급업체) 종업원에 대한 QC 교육훈련을 실시하고 이들 외주공장들을 전문화시킨 바 있다. 부품이나 소재의 품질을 향상시키려면 많은 시일이 소요되는데, 가령 TV공장에서 QC를 제대로 하려면 부품의 외주업체(外注業體)가 QC를 해야 되고 그 다음에는 외주업체에 소재를 공급하는 소재업체(素材業體)가 QC를 해야 되기 때문에 일본 TV 생산업계에서는 이를 위해 약 10년이 걸렸다고 한다.

외주품질의 중요성은 일본의 **40-30-30의 원칙**에서 엿볼 수 있다. 즉 모든 품질문제의 40%는 설계에서 비롯되고, 30%는 제조공정에서 나오는 것이고, 나머지 30%는 사외조달품인 부품품질과 관련이 있다는 것이다. 이 비율은 국가별, 산업별, 공장별로 다른 것으로 미국 산업의 경우 품질문제 중 40%는 공급(납품)업자와 관련이 있다.[9)]

소비자 불만 가운데 자동차와 가전제품에 대한 것이 많은데, 이들 제품의 불량원인은 대부분이 부품불량으로 인한 것이다. 쥬란(J.M. Juran)도 컬러 TV의 고장원인 중 40~65%는 부품의 품질과 관련이 있다고 하였듯이, 자동차·컴퓨터·기계 등의 조립제품의 경우 부품의 품질이 제품품질에 지대한 영향을 주고 있다(4장 4.4의 [사례] '도요타 대량리콜 사태의 교훈' 참조).

이들 부품들은 대부분이 중소기업에서 생산·공급되는데, 제조원가의 60% 정도가 이들 사외조달품에 지출된 재료비이다. 특히 자동차·전기기계·전자기기산업 등은 하청의존도($\frac{\text{하청액}}{\text{출하액}}$)가 높으며 제조원가의 3분의 2이상을 사외조달품에 의존하고 있다. 사외조달품으로 조립·가공되는 완성품의 품질보증을 위해서 외주품질관리는 매우 중요하다.

3.2 외주품질관리(外注品質管理)

사외조달품(社外調達品)은 보통 시장구매품과 외주품의 두 가지로 구분된다.

구매품(購買品)은 시장에서 구입이 가능한 물품으로 표준재료나 표준부품

9) F.S. Leonard & W.E. Sasser, "The Incline of Quality," *Harvard Business Review*, Sep.-Oct. 1992.

(예: KS규격품)과 같은 것으로, 대개는 물품 생산자(공급자) 스스로 설계·제조(판매)하므로 공급자품목(vendor item)이라고도 한다.

외주품(外注品)은 발주기업이 제시한 시방을 토대로 하여 외주업체나 하청업체에서 제조 또는 가공된 것으로 하청품목(subcontracted item)이라고도 부른다.

참고

외주(外注)와 아웃소싱

외주란 발주자가 자신의 도면이나 시방서에 따라 물품(제품·부품)의 생산이나 서비스(가공·건설·용역 등)를 다른 기업, 즉 공급자(하청기업)에 위탁하는 것을 말한다. 외주생산의 형태에 따라 ①제품외주, ②부품외주, ③가공외주, ④건설외주, ⑤용역외주(예, 청소·세탁·운송·전산처리 등)로 나눌 수 있다.

아웃소싱(outsourcing)이란 부가가치가 낮은 업무를 외부에 위탁하거나 자기회사에 없는 기능을 외부에서 구한다는 점에서 외주와 같은 개념이다. 아웃소싱을 하는 이유는 비용절감과 조직의 슬림화, 사업의 전문화, 핵심역량의 집중화 등을 통한 경영의 효율화를 추구하기 위한 것이다.

대한상공회의소에서 1998년 아웃소싱 실태를 조사한 결과, 도입분야는 정보처리 및 시스템개발(18.8%), 생산(17.0%), 경비 보안(16.8%), 건물관리(15.5%), 물류(9.3%) 순으로 나타났다. 활용목적은 각종 비용절감이 44.7%, 품질·서비스 향상(20.0%), 핵심업무에 기업역량 집중(16.0%), 고용부담 경감(14.3%) 등의 순이었다.

외주품질관리(外注品質管理, subcontracting quality control)란 발주기업이 요구하는 품질의 급부(제품 또는 서비스)를 경제적으로 생산하기 위해서 발주기업(구매자)과 협력해서 실행하는 외주공장(공급자)의 품질관리 활동이다.

외주품질관리의 **목적**은 발주자가 요구하는 품질의 제품을 경제적으로 생산하며, 아울러 정해진 수량의 제품을 납기에 맞추어 요구된 가격 내에서 생산하여 일정 이윤을 올리는 것이다. 즉, 발주자와 공급자의 공존공영(共存共榮)을 도모하기 위해서 외주품질관리가 전개된다.

외주품질관리에서 발주기업과 공급자가 행하는 품질관리 활동은

(1) 발주기업측에서 공급자에 대해 품질의 유지·향상을 위해서 행하는 품질관리 활동.

(2) 발주기업측에서 요구품질과 일치하는 외주품을 받기 위해서 행하는

수입검사 활동.

(3) 공급자측에서 발주자가 요구하는 제품을 제조하기 위해서 행하는 품질관리 활동.

(4) 공급자측에서 외주품의 품질보증을 위해서 행하는 제품검사 활동이다.

특히 발주기업에서 행하는 외주품질관리의 **주요내용**은 다음과 같다.

① 외주품질관리 방침의 제시
② 외주품질에 관한 조직과 관리
③ 공급자(외주공장)의 선정
④ 납품품질의 평가
⑤ 공급자의 평가 및 감사
⑥ 외주불량 재발방지시스템의 구축
⑦ 공급자의 지도 육성

3.3 공급자(외주공장)의 선정과 평가

1 공급자(외주공장)의 선정

외주공장은 대부분 중소기업이어서 발주기업측의 요구를 만족시킴에 능력이 모자라는 경우가 허다하다. 그래서 발주기업은 공급자가 요구품질을 만족시킬 공정능력과 품질보증능력을 갖고 있는가를 조사해서 선정한다. 즉, 기술능력, 공정관리능력, 설비능력, 인적 능력, 경제능력 등 품질보증에 직접·간접으로 영향을 미치는 요인들을 검토해서 능력이 있는 공급자를 선정하는 것이다.

공급자의 선정은 ① 거래 중의 기존 공급자 중에서 선정하는 경우와 ② 신규로 공급자를 선정하는 두 가지 경우가 있다.

①의 경우에는 과거의 품질평가 자료를 토대로 하여 선정할 수 있으며, ②의 경우는 기업평판, 제품견본에 대한 인정시험, 실태조사 및 공급자 품질조사 등에 의해서 선정한다.

공급자 품질조사(vendor quality survey)는 품질상의 요구조건을 충족시킬 수 있는 공급자의 능력을 평가하는 데 이용된다. 이 조사는 각 공급자의 품질관리 활동분야별로 평가된 성적을 집계하여 공급자의 능력을 평가하는 방법이다.

2 외주품질의 평가

공급자로부터 납품되는 외주품질의 평가자료는 공급자의 품질개선대책과 공급자를 선정하는 데 결정적인 역할을 하게 된다.

흔히 이용되는 **외주품질**의 **평가척도**를 제시하면 다음과 같다.

① 검사 불량률 $= \dfrac{\text{불량개수}}{\text{검사개수}} \times 100$

② 로트 불합격률 $= \dfrac{\text{불합격로트수}}{\text{검사로트수}} \times 100$

③ 반품률 $= \dfrac{\text{반품로트수}}{\text{입하로트수}} \times 100$

④ 특채율[10] $= \dfrac{\text{특채로트수}}{\text{검사로트수}} \times 100$

3 공급자(외주공장)의 평가

공급자의 평가요소는 여러 가지가 있지만 일반적으로 품질평가가 중심이 된다.

품질중심의 공급자 평가방식으로는 로트불합격률(p)을 주어진 가중치(W)로 곱한 결과를 이용하여 공급자를 평가(rating)하는 방법이 있다. 즉, 불량로트의 유형별로 로트불합격률을 구하여 이를 가중치로 곱한 것을 합산하여 얻은 비율을 100%에서 감하여 공급자를 평가하는 방법이다(표 12-1 참조).

여기서 그 비율이 95% 이상이면 '우수', 90~94.9%이면 '보통', 90% 미만이면 '불량'으로 판정한다. 〈표 12-1〉의 경우, 86%이므로 '불량'으로 평가된다.

그러나 공급자의 평가를 품질에만 국한시킬 수 없는 것으로 납기와 가격 등을 함께 고려해서 평가하는 것이 바람직하다.

---

10) 특채(concession)란 규정된 요구사항에 적합하지 않은 제품을 사용하거나 불출하는 것에 대한 허용을 뜻한다. 이는 자재심사과정에서 발생되는 것으로 material review로도 표기한다.

표 12-1 공급자의 품질평정 예

불량로트		로트불합격률(p)	가중치(W)	p×W
유형별	로트수			
특 채	2	2/50 = 4%	1	4%
분류 및 재작업	1	1/50 = 2%	3	6%
반 품	1	1/50 = 2%	2	4%
공급자 평정 = 100 − 14 = 86%				14%

단, 수입검사로트의 크기 = 50

사 례

연고에 얽매인 납품체인의 비효율성

현대자동차는 만도 부품의 저급한 품질을 들어 전 세계 납품업자로부터도 부품을 구입하겠다는 글로벌소싱(global sourcing)계획을 발표했다.[11] 지금까지 만도는 현대자동차의 독점 부품업체로서 납품해왔기 때문에 품질향상이나 경쟁력 강화에 대한 필요성이 적었다고 본다. 같은 재벌에 속해 있거나 관련이 있는 기업들은 가능하면 연고를 통해 물건을 사왔기 때문이다.

궁극적으로 납품 체인의 비효율성은 우리산업의 품질 경쟁력을 약화시켰다.

3.4 외주불량 재발방지시스템

외주품의 불량이 발견되어 문제가 된 경우에는 그 불량품의 사후처리, 원인조사, 불량재발방지 대책의 입안 조치·확인에 이르는 일련의 시정조치 활동을 발주기업에서 제도화하여 실시하는 것이 바람직하다.

이와 같은 제도가 활성화되려면 그의 실시상황을 정기적(월간 또는 주간)으로 분석·검토하여 외주공장과 합동으로 불량대책회의를 갖고 불량재발방지에 노력해야 한다. 이와 같은 제도를 가리켜 **메이커 클레임**(maker claim)[12] 제도라 부르고 불량대책회의를 가리켜 외주품질회의(外注品質會議)라 한다.

발주기업이 공급자에 대해서 클레임을 제기하여 그의 시정조치를 요구하는 요령은 다음과 같다.

11) 매일경제 지식경제팀 편, *두뇌강국 보고서*, 매일경제신문사, 1999.

12) 공급자에 기인하는 불량이 발주기업의 공정이나 수입검사에서 발생할 경우에 발주메이커가 공급자에 제기하는 클레임으로 '발주기업 클레임'이라고도 한다.

(1) 메이커 클레임의 적용범위를 품질관리에 한정하고 배상 등의 경제적 문제는 외주관리 문제로 다룬다.

(2) 시정조치 요구는 클레임 연락표나 불량통지대책표 등을 이용하여 간단 명료하게 필요한 정보만을 기입하여 행한다.

(3) 메이커 클레임이 신속·정확하게 외주공장에 전달되어 시정조치 되기 위해서 필요한 시스템이 확립될 필요가 있다. 클레임 처리에 관한 책임과 업무 분담이 명확히 정해져 있어야 한다.

(4) 외주품질회의 내지 외주불량대책회의와 같은 클레임 연락회의를 정기적으로 갖는다.

(5) 공급자로 하여금 월별 클레임을 불량품의 수량·금액·현상·원인별로 분석하여 품질의 통계적 관리에 이용토록 한다.

(6) 만성적인 클레임에 대해서는 발주기업이 협조하여 대책을 수립한다.

(7) 발주기업측에서는 다수의 외주공장에서 납품된 외주품질의 불량문제가 동시에 발생하므로 품질·코스트·납기면에서 중요하며 재발이 잦은 외주품에 대해 중점적으로 관리한다.

(8) 불량품품평회(예: 새벽시장)를 열어 외주공장 경영자의 품질개선 의식을 고취시키고 품질개선을 이루어 메이커 클레임을 예방한다.

참고

불량품의 새벽시장

자동차 · 전자제품 등의 부품조립산업에서 부품불량을 줄이기 위해 이른 새벽에 불량품을 전시하고 이를 납품회사 경영자에 되팔아 납품업체 특히 경영진의 품질의식을 고취시켜 협력업체의 품질개선을 도모하는 일종의 품질개선 동기부여 프로그램이다.

이 제도는 1960~70년대에 일본의 마쓰시다전기(松下電器)에서 적용하여 많은 성과를 올렸는데, 우리나라에서는 1987년 현대자동차에 도입된 이후 삼성전자와 LG 등 여러 기업에 확산되었다.

3.5 공급자 품질시스템의 확립

공급자의 품질시스템 확립을 위해 사용되는 방법으로 공급자의 선정 · 관리 기준과 인증제도가 있다.

1 공급자의 선정 및 관리 기준

주요 공급자를 선정함에 있어 모토로라(Motorola)에서는 말콤볼드리지상의 수상업체 선정기준을 적용하고 있는가 하면, AT&T에서는 일반적으로 공인된 품질시스템 가령 ISO 9000규격을 적용하여 선정·관리한다.

ISO 9000시리즈 규격은 공급자를 평가하는 데 기본적인 평가도구로 이용할 수 있다. 수많은 외주/협력기업을 거느리고 있는 모기업이나 대기업들은 ISO 9000시리즈를 공급자 품질(보증)시스템의 토대로 적용하고 그들의 협력업체로 하여금 이들 규격을 도입하도록 자극을 주는 한편 품질보증체제를 강화하도록 이끌어 준다.

2 포드자동차의 공급자 인증(supplier certification)

포드자동차회사의 경우 최저한의 품질표준인 Q101기준과 이보다 진취적인 Q1 및 TQE기준을 적용하여 공급자를 선정한다.

포드가 고객 및 자체공장의 품질기대 수준을 객관화하기 위해 개발한 품질시스템 표준 Q-101은 1964년에 제정하여 정기적으로 개정한 매뉴얼로서 공급자 평가를 위한 품질시스템 조사용 매뉴얼도 포함되어 있다. 이에 따라 Q-101 인증공급자(qualified supplier)가 되려면 품질시스템 평가에서 일정수준 이상의 점수를 따야 한다. 포드는 공급자를 독려하기 위해 Q1 우수품질 공급자상(Q1 preferred Quality Supplier Award)제도를 마련하였는데, Q1 수상업체가 되려면 품질시스템 평가에서 Q-101 인증공급자의 최저수준보다 10%이상 높은 점수를 얻어야 한다.

이 밖에 '종합품질우수상'(Total Quality Excellance: TQE) 제도는 제품품질뿐만 아니라 납기, 기술적인 지원 및 사업적 성과가 월등한 업체를 선발하여 표창하기 위한 것이다.

포드의 공급자 품질평가시스템(supplier quality rating system)은 Q1상과 TQE상의 수상업체 선정을 위한 주요 평가자료로 이용되는데, 평가기준은 공급자 품질시스템 30점, 경영자의 품질인식 및 참여 20점, 제품품질 40점이다.

3.6 공급자와의 협력관계(Supplier Partnership)

오늘날 구미의 다수기업에서는 사업거래에서 ISO 9000시리즈에 준한 제3

자 인증을 요구하고 있으나 이는 최소한의 품질요건을 충족시키는 품질시스템이므로 항상 만족스러운 것은 아니다. 이보다는 발주자와 공급자가 상호 신뢰속에서 협력관계 구축을 돈독히 하는 것이 필요하다.

전통적으로 발주자와 공급자(외주업체)의 주종관계에서 후자의 몫은 일방적으로 제약되어 왔다. 그러나 이들 양자가 협동하여 품질을 개선하고, 원가를 줄이고, 시장점유율을 확대하면 양자의 분배 몫은 더욱 커지게 된다[13](그림 12-3 참조).

경영자, 종업원 다음으로 공급자는 TQM과정에 참여하는 제3의 집단이다. 공급사슬(supply chain)의 상호의존성으로 공급자들은 전체 생산·공급시스템의 일부로서 전반적인 TQM과정에 참여해야 한다.

즉, 구매자(발주업체)들은 다음 사항을 이행하여야 한다.

(1) 설계에 관한 논의와 검토에 공급자를 참여시켜 공급자로 하여금 설계과정을 이해시키고 제품품질과 원가개선에 공헌할 수 있는 지식과 경험을 갖게 한다. 도요다를 비롯한 일본업체에서는 설계과정에 공급자를 참여시켜 왔다.

(2) 공급자로 하여금 적절한 TQM실천을 위한 지속적인 개선활동을 전개하도록 한다.

(3) 상호신뢰를 바탕으로 진정한 동반자관계를 이루기 위한 품질시스템이 확립되어야 한다.

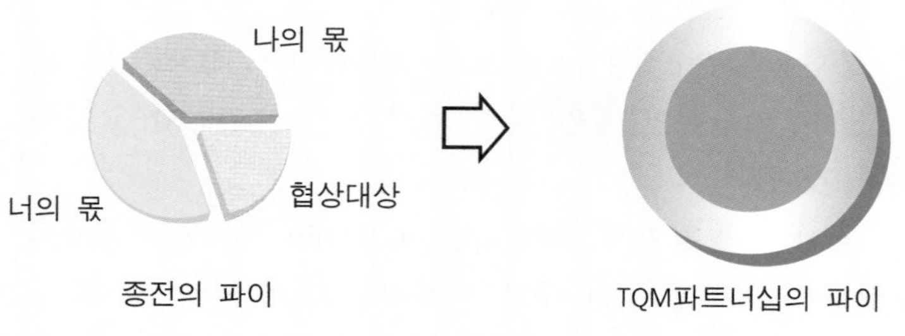

그림 12-3 발주자와 공급자의 파이

13) A.R. Tenner & I.J. DeToro, *Total Quality Management: Three Steps to Continuous Improvement*, Addison-Wesley, 1992.

사 례 **성과를 공급자와 공유하는 협력 프로그램**

1989년 6억5천만 달러의 적자를 낸 크라이슬러 자동차는 납품업자들과 협력하여 전제 납품 체인의 성과를 향상시킬 수 있는 방법을 모색하였다. 그 결과 전통적으로 이어 온 납품업자들과의 적대적 관계를 개선한 새로운 협력 프로그램이 탄생했다.

비용절감액을 납품업자와 공유하는 크라이슬러의 납품업자 비용절감 프로그램(SCORE)은 매우 성공적이었다. 1995년 12월 현재 크라이슬러는 이 프로그램을 통해 발굴한 5,300개의 아이디어를 실행했다.

이로서 제품개발 사이클을 단축하고 자동차 프로그램의 전체적인 비용과 거래비용을 줄이고, 새 모델의 개발기간을 단축함으로써 17억 달러 이상의 비용절감을 달성했다.[14]

제로썸 게임(zero-sum game)에서는 다른 사람의 몫을 희생하여 자기 몫을 늘릴 수 있겠지만, TQM체제에서는 윈윈(win-win)관계에서 서로의 이익을 보장하며 상호신뢰관계를 구축하는 진정한 동반자관계를 이루어 전체적인 파이의 크기를 크게 할 수 있다(그림 12-3 참조).

3.7 외주품질관리의 실천

외주품질관리의 성패는 발주기업과 공급자의 품질개선 활동에 달려 있는 것으로, 양자는 공존공영(共存共榮)의 이념아래 협조정신을 바탕으로 유기적인 품질경영활동을 전개하여야 한다.

1 발주자의 외주품질관리 요령

발주기업에서 준수해야 할 **외주품질관리 요령**은 다음과 같다.

(1) 외주공장의 경영진들이 품질경영에 대해 신념을 갖도록 한다.

(2) 품질보증 기본사항들을 문서화(예, 품질보증조항협정서)하여 문제발생시에 대비토록 한다.

(3) 시방이 불명확하거나 시방의 의도를 충분히 확인하지 못함으로 해서 생기는 문제가 없도록 한다.

(4) 의사소통이 불충분한 경우에 품질문제가 제기될 수 있다.

(5) 외주공장과의 연락창구를 일원화한다.

14) Jeffrey H. Dyer, "How Chrysler Created an American Keiretsu," *Harvard Business Review*, July-August 1996.

(6) 외주공장에 대한 품질교육은 현실적인 것이어야 한다.

(7) 관능검사적 특성에 대해서는 한도견본을 정하여 기준을 가급적 통일한다.

(8) 외주공장에 대한 심사 및 평정을 정기적으로 행하고, 자사의 품질관련 대회 참관 및 견학을 비롯하여 우수한 외주공장 및 구성원에 대해서 표창을 행하여 강한 연대감을 갖도록 한다.

2 공급자의 품질경영 실천요령

발주자가 요구하는 품질을 산출하기 위한 공급자의 품질경영 **실천요령**은 다음과 같다.

(1) 톱의 품질제일이념을 바탕으로 한 리더십 발휘가 요구된다.

(2) 품질의식을 바탕으로 하는 구성원들의 원만한 인간관계는 긴요하다.

(3) 외주품질대책의 기본은 정리·정돈에 있다.

(4) 공정의 경미한 이상에도 주목한다.

(5) 제조조건이 바뀌면 철저히 대처해서 불량이 없도록 한다.

(6) 품질상의 문제가 생기면 모든 요인을 의심하여 본다.

(7) QC기법을 차츰 익혀서 공장실정에 맞도록 이용한다.

사 례

고객에 대한 책임완수

"우리의 제품과 서비스를 사용하는 모든 고객에 대해 전적인 책임을 진다"는 고객지향적 비전을 제시하고 있던 존슨 앤 존슨(Johnson & Johnson)사는 1982년 타이레놀 사건으로 큰 시련에 봉착하였다.

진통제인 타이레놀 캡슐에 극약을 주입하여 5명이 살해된 사건이 발생한 것으로, 이 회사는 문제의 오염된 약품을 회수하기 위해 모든 조직력을 동원하고, James Burk 회장 자신은 매일 30분간 TV뉴스에 출연하여 소비자들에게 이 사실을 알렸다. 이 사건은 회사의 책임한계를 벗어난 문제로서 경찰이 다루어야 할 사항이라고 주장할 수도 있었으나 '고객에 대한 책임완수'라는 비전에 따라 회사책임으로 돌렸던 것이다.

제품을 즉각 회수한 뒤 제품에 독극물을 넣을 수 없도록 1주일만에 제품을 정제(알약)로 바꾸는데 1억5천만 달러의 비용이 투입되었다. 이러한 책임감 있는 행동은 고객들의 깊은 신뢰를 얻게 되어 사건 직후 절반으로 줄었던 타이레놀의 매출액이 3년 뒤인 1985년에 이르러 예년 수준으로 회복되어 진통제 시장의 35%를 석권하기에 이르렀다.

(8) 고차적인 기법보다는 중소기업에 적합한 기법을 익혀서 일상관리에 활용한다.

(9) "실패는 두 번 다시 안한다"는 심정으로 당초에 양품이 생산되도록 노력한다.

(10) 품질 사고가 발생하면 그 명예를 만회하는 데 최소한 2년이 소요된다.

4 품질의 사회적 책임

4.1 제품책임의 문제

기업의 이미지는 관리방식에 따라 기업의 운명을 결정하는 주요 변수가 된다. 존슨&존슨은 [사례] '고객에 대한 책임완수'에서 처럼 타이레놀 독극물 사건에 적극 대응하여 기업의 이미지를 제고시킨 반면 일본의 유키지루시유업은 우유 식중독 사고에 소극적으로 대처해[15] 75년간 쌓아온 명문기업의 신뢰를 무너뜨렸다. 115년의 역사를 자랑하는 코카콜라사도 늑장대처로 창립 이후 최대의 시련을 겪었다.

제품의 안전문제는 주로 소비자나 사용자의 관심문제였지만 제품의 생산자와 판매자 그리고 관리감독기관에도 매우 중요한 문제가 되었다([사례] 참조). 미국에서는 연간 5천만건의 제품책임사고가 발생하여 5백억 달러 이상의 비용이 지출되는 것으로 추정되고 있다.

일차적으로 제품책임 비용은 제품의 결함으로 인한 손해배상에 대비한 보험료, 결함 여부에 대한 다툼이 있을 때 드는 법정비용과 제품시험 안전관리비용, 제품리콜 등의 형태로 기업에 부과된다. 이 비용들은 결국 가격상승으로 이어져 소비자들에게 전가되고 경쟁력을 떨어뜨린다.

세계에서 제품책임 문제가 가장 심각하게 제기되고 있는 국가는 미국이다. 1972년 소비자제품안전법(Consumer Product Safety Act)의 제정 이후 제품책임에 대한 책임추궁이 가혹해지면서 파산하는 기업이 적지 않다. 여성들의 유방확장수술에 사용된 실리콘 겔의 생산업체 다우코닝(Dow Corning)은 1998년 부작용을 이유로 소송을 제기한 17만명에게 32억 달러의 손해배상에 합

15) 7장 3.6의 [사례] 참조.

사 례 **기형아 출산비극 막은 20세기 최고의 공무원**[15)]

'탈리도마이드(Thalidomide)'를 주 성분으로 한 입덧약 케바돈은 동물 실험에서 임신한 동물에게 투여해도 새끼에게 아무런 영향을 미치지 않는 탁월한 수면제였다. 1957년 시장에 출시된 케바돈은 날개 돋친 듯 팔려나갔다. 하지만 1960년대 초반 의학계에서 탈리도마이드가 기형아 출산과 연관이 있다는 사실이 밝혀졌다. 케바돈은 회수됐지만, 이미 약을 복용한 임신부 중 일부는 팔·다리가 없거나 눈·귀가 변형된 기형아를 출산한 뒤였다. 유럽에서만 무려 1만2,000명의 기형아가 태어났다.

프랜시스 올덤 켈시(2015년 작고)는 1960년 미국식품의약국(FDA)에 입사하여 처음 맡은 임무가 케바돈 승인업무였다. 유럽에서 널리 판매되는 약이었지만, 그녀는 약품의 독성과 효과 등에 대한 연구가 미흡하다며 추가 자료를 요구했다. 제약사가 로비를 거듭하며 압박했지만, 켈시 박사는 굴하지 않았다. 결국 탈리도마이드의 유해성이 밝혀지면서 수많은 미국인이 비극을 피할 수 있었다.

동물실험에서 탈리도마이드를 복용했을 때 사람과 같은 문제가 생기는 것은 일부 토끼 종류뿐이었다. 개, 고양이, 쥐, 닭 등 동물실험에 사용되던 대부분의 동물은 탈리도마이드의 부작용이 없었다. 탈리도마이드의 비극은 임상시험에 대한 과학계의 시각을 완전히 바꿔놓았다.

이후 세계 각국은 '동물실험=인체시험'이라는 고정관념을 버리고, 최대한 여러 단계를 거쳐 안전성을 입증하는 방식으로 의약품 허가 절차를 변경했다.

의하고, 회사자산에 피해를 입히지 않기 위한 '파산재조정계획'을 법원에 제출한 바 있다.

제품책임법의 시행은 세계적 추세로 미국·유럽연합(EU)·일본은 물론 러시아·중국·필리핀 등 30여 국가가 시행 중에 있다. 일본에서는 1968년에 소비자보호기본법이 제정되고, 1973년에 소비생활용 제품안전법이 공포되었으며 1995년에 제조물책임법이 시행되었다.

우리나라에서도 1999년말 국회를 통과한 제조물책임법(법률 6109호)이 2002년 7월부터 시행되고 있다.

4.2 제품책임의 법률적 근거

제품책임(product liability: PL)이란 설계, 제조 혹은 표시에 결함이 있는 제품

16) "기형아 수만명 출산 비극 막은 '미국 20세기 최고 공무원'", *조선일보*, 2015.9.6.
[if 프론티어] "그녀의 깐깐함이 '기형아의 비극'을 막았다", *조선일보*, 2015.8.29.

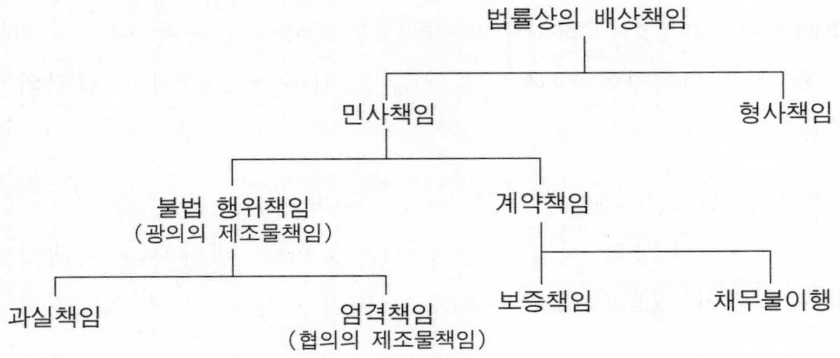

그림 12-4 **제품책임의 법적 구성**

을 사용한 자, 또는 제3자가 그 결함으로 말미암아 받은 손해에 대해서 제조업자와 판매업자가 져야할 배상책임이나 제품책임이다(구KS A 3001, JIS Z 8101).

법조계에서는 PL을 '제조물책임'이라 하는데, "제조물이 안전성을 갖추지 못함으로 인하여 그 제조물의 소비자·이용자 또는 제3자의 생명, 신체 또는 재산에 발생한 손해에 대하여 제조업자, 판매업자 등 그 제조물의 제조·판매에 관여한 자가 지게 되는 민사상 손해배상책임"으로 정의한다.

제품책임 문제는 대개 법률문제가 수반되는데, 제품책임과 관련된 법률용어로는 제조물책임, 제조물배상책임, 제조자책임, 생산자배상책임 등을 들 수 있다. 이들이 적용되는 법률이론에서 볼 때, 제품책임은 불법행위상의 과실책임(過失責任)과 엄격책임(嚴格責任) 그리고 보증책임(保證責任)으로 나눌 수 있다(그림 12-4 참조).

(1) 과실책임(negligence in tort)

과실책임이 따르는 제품 결함으로는 다음의 것이 있다.

① 제조 가공상의 결함

② 설계상의 결함

③ 사용표시상의 결함, 상표사용상의 위험 및 그 위험을 최소한으로 억제하는 방법에 대해서 사용자에게 충분히 경고하지 않은 경우 등이다.

미국에서 한 소녀가 에어로설 향수를 그녀의 친구에게 뿌려 주다가 촛불에 가스가 인화되는 바람에 크게 화상을 입은 사고가 있었다. 이 때 화상을 입은 피해자가 향수병에 '화기주의' 경고나 표시가 없음을 이유로 '표시상의 과실'을 들어 향수회사를 상대로 소송을 제기하여 2천7백만 달러의 배상을 받은 사례가 있다.

(2) 보증(담보)책임(保證責任)

보증책임은 계약상의 책임을 추궁하는 것으로, 생산자나 판매자가 보증한 사항의 위반이 있으면 생산자 내지 판매자는 당연히 책임을 져야 한다.

보증에는 명시보증과 묵시보증이 있다.

① **명시보증**(express warranties): 계약서, 설명서, 카탈로그, 광고 등의 의사 전달수단에 의해서 명시된 사항을 위반한 경우의 부당표시책임이다.

② **묵시보증**(implied warranties): 상품으로서의 기능을 발휘하지 못하는 경우라든가 사용적합성이 없는 경우 등은 표시의 유무와 관계없이 보증위반이 된다. 가령 횟가루가 포함된 두부라든가, 부작용이 심한 의약품 등은 식품이나 의약품으로서의 최소한도 기준에 합치되지 않는 것으로 상품성(商品性)의 묵시보증 위반이다.

(3) 불법행위상의 엄격책임(strict liability in tort)

이는 과실존재의 입증과 계약관계의 요건 없이 배상청구를 가능하게 한다. 피해자는 다음 사항을 입증하면 된다.

① 판매자(생산자)가 결함상품을 판매한 것

② 결함상품에 위해(危害)의 원인이 있는 것

③ 결함상품이 손해로 법적 관련성을 갖는 것

④ 손해가 발생한 것

이와 같이 과거에 비해서 피해자로 하여금 소송을 용이하게 함으로써 생산자는 매우 엄한 제품책임의 부담을 안게 되었다.

4.3 제품책임의 대책

제품책임 대책은 소송에 지지 않기 위한 방어(PL defence: PLD)와 결함제품을 만들지 않기 위한 예방(PL prevention: PLP)으로 구분된다(그림 12-5 참조).

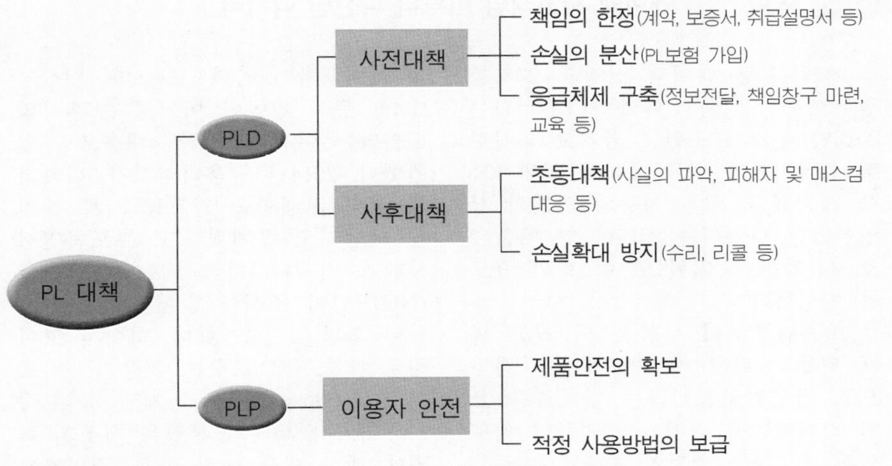

그림 12-5 **제품책임(PL)의 대책**

결함제품(상품)을 생산·판매한 경우, 그에 대한 손해배상액도 엄청나겠지만 이보다 큰 손실은 이른바 사업상의 손실이다. 사업상 손실에는 판매기회의 상실로 인한 매출액 저하와 이익 감소를 비롯하여 가격인하로 인한 손실, 보험료 증대, 품질코스트 증대 등이 포함된다.

생산기업에서 제품책임과 관계있는 부서는 설계·기술·구매·생산·품질관리/보증·판매 등 여러 부서로서 기업전체 입장에서 제품책임예방(product liability prevention: PLP) 활동을 전개할 필요가 있다.

예방활동중심의 제품책임 **대책**을 기술하면 다음과 같다.

1 개발·설계부문의 예방대책

제품사고는 제품개발단계에서 예방하는 것이 가장 바람직하다. 설계결함에 의한 제품책임 문제를 미리 막기 위해서는 다음과 같은 활동이 수행되어야 한다.

(1) 기획·조사단계에서 표적이 되는 제품의 안전성에 대해서 조사한다(업계전체의 수준, 자사의 수준, 경합제품의 수준, 사회의 요구, 관련 법규, 소송 동향 등).

(2) 제품을 사용하는 사람과 사용환경을 배려하여 사용상 예견되는 위험을 간파한다.

브리지스톤/파이어스톤社의 CEO 오노 마사토시는 기자회견에서 사고가 난 와일드니스AT타이어가 더운 날씨에 바람을 충분히 주입하지 않은 상태에

사 례

에어백 사고책임 미루다 파산한 다카타

세계 차량 에어백 시장의 20%를 점유했던 일본의 다카타(Takata)는 2017년 부채 17조원을 남기고 파산한 뒤 중국자본의 미국 에어백 업체 KSS에 매각됐다. 일본 자동차 안전의 상징이었던 다카타는 2015년 연 매출 7조 2천억원, 종업원 5만여 명의 규모를 자랑했다.

2000년쯤부터 부품을 더 작고 싸게 만들기 위해 에어백 팽창용 화약으로 질산암모늄이라는 신재료를 쓰기 시작했는데 습기가 스며들면 너무 세게 폭발하는 위험이 존재했다.

다카타 에어백 이상 폭발 문제가 처음 드러난 것은 2004년 미국에서 혼다차량 충돌 사고 때 이지만, 다카타와의 책임공방으로 혼다는 2008년에야 미국에서 처음 다카타 에어백 리콜을 실시했다. 이듬해인 2009년 미국에서 첫 사망 사고가 나오고, 다카타 에어백을 장착한 도요타·닛산·BMW 등의 리콜이 이어졌다. 혼다와 다카타는 여전히 소극적 대응으로 일관했다. 2014년 뉴욕타임스가 '다카타와 혼다가 결함을 알고도 서로 책임을 떠넘기고 은폐했다'고 보도하면서 사태가 커졌다. 미국 도로교통안전국(NHTSA)이 조사에 들어갔고 소비자들이 집단 소송을 했다. 하야시 고이치로(林紘一郎)교수는 전문지 '비즈니스 로(Business Law) 저널' 기고에서 "다카타 사태의 본질은 제조물 책임에 대한 대응 능력 부재, 소비자에 대한 배려 결여에 있다"고 하였다.[17]

다카타는 2004년 에어백 결함 첫 사고와 2009년 결함에 따른 첫 사망사고라는 두 번의 결정적인 문제 해결 기회가 있었다. 이때에만 빨리 대처했어도 일본 제조업 최대 도산이라는 참사는 막았을지 모른다.

서 고속주행을 하는 등의 열악한 운행조건에선 트레드가 코어로부터 분리되는 현상을 알아내고 설계를 개량하려 했었다고 말했다.[18]

(3) 부품을 줄이거나 제품을 단순화하여 신뢰성을 높인다.

마쓰시다전기산업(松下電器産業)은 1995년 PL法 시행을 계기로 제품안전대책의 일환으로 부품수를 줄여서 신뢰성을 높이고 결함과 제품사고의 발생을 미연에 방지함과 아울러 원가절감을 도모하였다.

(4) 신뢰성 및 안전성에 대한 확인시험을 실시한다.

(5) PL에 관계되는 주요 구성품에 대해서 신뢰성 예측, 고장해석 등을 제품 라이프 사이클의 입장에서 검토한다.

(6) 불가피하게 위험이 예측되는 것에 대해서 그 사실내용을 사용자에게

17) [Case Study: 日제조업 사상 최대 규모 도산… 에어백 업체 다카타의 교훈], 에어백 사고 책임 미루다… 파산 피할 기회 두 번 날렸다, *조선일보 WEEKLY BIZ*, 2018.1.10.

18) *Wall Street Journal*, Aug. 18, 2000,
"파이어스톤, 열악조건 운행때 타이어파손결함 시인," *연합뉴스*, 2000. 8. 18.

명확히 알리도록 한다(약품의 부작용표시, 주의환기, 사용설명서 등).

2 구매부문의 자재공급 대책

양질의 자재(부품)가 공급되도록 우량 공급자(외주업체)를 선정하고 납품계약 체결 시 위험의 분담(클레임 보증조항)을 명확히 한다. 아울러 공급품의 지속적인 품질유지 및 향상을 위해서 기술지도 및 관리점검을 강화한다.

3 제조부문의 현장대책

현장대책에서 가장 중요한 것은 현장 사람들의 품질의식이다. 아무리 설계가 좋고 양호한 자재를 사용하여 우수한 설비로 생산하더라도 작업자들의 높은 품질의식이 없이는 좋은 제품을 생산하기가 어렵다.

전자제품 생산업체 필립스(Philips)는 "작은 차이가 명품을 만듭니다"(let's make things better)라는 문구로 구성원들의 품질개선을 독려한다.

4 QC 및 QA부문의 신뢰성향상 대책

불량이 발생하면 엄청난 손실을 초래하므로 애프터서비스나 재발방지보다는 불량예방에 중점을 두어야 한다. 이제까지의 지식과 경험을 집약해서 불량의 원인을 예측하여 불량발생을 사전에 방지하도록 해야 한다.

특히 제품의 안전성 내지 신뢰성 향상을 위해서는 신뢰성시험과 제품생산시 작업표준·기술표준·안전규격 등을 비롯하여 제품안전표준을 설정하고 그대로 준수함은 물론 사용환경의 변화에 따라 개정·사용해야 한다.

5 판매부문의 PL예방대책

제품이나 상품을 판매함에 있어서, 제품의 기능·품질·사용방법 등을 정확히 표시하여 사용자에게 공지시켜 과실책임(negligence)이 발생치 않도록 한다.

그리고 판매촉진 과정에서 품질이나 성능을 과대 선전하여 제기될 수 있는 보증책임을 지지 않도록 해야 한다. 가령 '절대안전', '안전을 보증' 등의 문구(文句)를 사용하지 않도록 하는 것 등이다.

1970년대 중반에 우리나라에 수입·시판된 쥐약 RH-787은 "쥐에 대해서만 선택적으로 약효가 작용한다"는 사용설명서의 문구로 인하여 적어도 251명 이상의 중독자가 발생하였으며 이들 가운데 25%는 치료 중 숨졌으며 나머지

생존자들 중 대부분은 당뇨병 등의 후유증으로 고생하고 있다.[19)]

6 리콜(recall)

판매된 결함상품을 생산자나 판매자가 자발적 또는 의무적으로 회수해 수리・교환・환불 등 적절한 조치를 취하는 리콜(recall)은 선진국에서는 일반화한 소비자보호제도이다. 특히 자동차처럼 인체나 재산에 엄청난 피해를 줄 수 있는 제품일수록 리콜이 일반화되어 있다. 법적으로 설계나 제작 과정의 잘못으로 기능에 문제가 생기면 사실을 공개하고 무상으로 수리해주도록 되어 있다. 문제점을 덮어뒀다가 사고가 나면 피해보상 문제도 있지만 제품과 기업 이미지에 치명적인 손상을 입히기 때문이다. 최근 도요타자동차의 대량 리콜을 비롯하여 파이어스톤 타이어의 리콜사례가 대표적이다. 국내외에서 최근 리콜이 늘고 있는 추세이다. 1장의 [사례] '글로벌 자동차 1등의 저주' 리콜에서 기술한 것처럼, 세계 1위를 달리던 도요타, GM, 폴크스바겐은 리콜 사태로 1등자리에서 내려와야 했다.

1996년 LG전자가 「싱싱냉장고」의 냉각기능에 문제가 생겨 2백억 원을 투입하여 리콜을 실시하여 '책임경영을 하는 기업'으로 언론과 소비자단체로부터 찬사를 받았다. 1970년대에는 같은 계열사인 LG화학이 전기장판을 전량 리콜을 한 바 있다.

7 현행 법규에 대한 방어대책

제품책임과 관련된 거래당사국의 사정이나 그 나라의 현행 법규에 대한 충분한 이해와 이에 대한 연구 및 대응책의 강구가 필요하다.

사건이 발생된 뒤에 기업이 부담해야 할 위험(risk)을 최소로 줄이기 위해서는 배상책임보험에 가입해 둘 필요가 있다. 그러나 PL문제는 제품에서 시스템 내지 사회 문제로 확대되고 있는 것이 현실이다. 특히 리스크가 높은 문제에 대해 윤석철 교수는 머피의 법칙으로 풀어가기를 권하고 있다.[20)]

---

19) 조갑제, "미제 쥐약 먹은 한국인 1천명," *월간조선*, 1984.

20) 윤석철, "경영할 때, 머피의 법칙 피해야," *매경이코노미* #1464, 2008.7.16.
머피의 법칙(Murphy's law): '잘못될 수 있는 일은 결국 잘못되게 마련이다' 또는 '잘못될 수 있는 일은 하필이면 최악의 순간에 터진다'는 뜻.

주요 용어(key word)

• 품질보증(QA) • 클레임 지표(claim index) • 품질평가 • 품질감사(quality audit) • 아웃소싱(outsourcing) • 외주품질관리(subcontracting quality control) • 메이커클레임(maker claim) • 불량품의 새벽시장 • 공급자 인증(supplier certification) • 제품책임(PL) • 리콜(recall)

연습문제

1. [사례]로 제시된 파이어스톤 타이어의 품질보증 문제가 발생한 원인을 밝히고 품질보증의 요건에 입각하여 그 대책을 기술하라.
2. 품질보증의 효과를 소비자와 생산자의 입장에서 각각 설명하라.
3. 품질보증활동은 크게 품질평가와 품질감사로 구분할 수 있다. 품질평가와 품질감사의 정의를 내리고 이들이 품질보증활동에서 차지하고 있는 중요성에 대하여 기술하라.
4. 인터넷이 품질보증이나 품질평가에서 차지하는 비중을 사례를 들어 설명하라.
5. 외주란 발주자가 자신의 도면이나 시방서에 따라 물품의 생산이나 서비스를 다른 공급자(하청기업)에 위탁하는 것을 말한다. 따라서 서비스업무의 아웃소싱(outsourcing)도 이에 포함된다. 아웃소싱과 관련한 품질보증문제를 기술하라.
6. 외주품질관리의 목적과 주요내용을 기술하라.
7. 외주품질관리의 성패는 발주기업과 공급자의 공존공영의 협동에 달려있다. 발주자와 공급자의 현실적인 협력방안에 대하여 아는 대로 기술하라.
8. 제품책임의 정의와 이에 대한 법률적인 근거를 설명하라.
9. 제품책임의 대책활동은 크게 나누어 제품책임 방어와 제품책임 예방활동으로 구분할 수 있다. 각 영역을 구성하는 내용을 설명하라.
10. 제품책임과 관련된 예방활동을 다음의 다섯 가지 영역(개발·설계부문의 예방활동, 생산/제조부문의 예방활동, 판매부문의 예방활동, 자재조달부문의 예방활동, 품질관리/QA부문의 예방활동)에 따라 약술하라.

제 **13** 장

신뢰성의 분석과 관리

1 신뢰성 개요

1.1 시스템 신뢰성의 문제

사 례 **위성발사 실패와 시스템의 신뢰성**

1990년대 말 미국은 9개월 동안 여섯 번이나 위성발사에 실패함으로써 위성기술의 안전성과 신뢰성에 심각한 의문이 제기되었다.[1)]

미국의 보잉항공사는 1999년 5월 1억5천만 달러짜리 첩보용 위성을 실은 델타Ⅲ 로켓을 발사했으나 로켓의 2단계 추진체가 고장을 일으켜 위성을 궤도에 진입시키지 못했다. 1999년 4월 록히드 마틴사는 가장 안전성이 높은 것으로 알려진 타이탄Ⅳ 로켓을 이용, 8억 달러짜리 밀스타 통신위성을 발사했으나 궤도에 올려놓는 데 실패했다. 록히드사는 그 전달(5월)에도 상업용 위성을 실은 아테네 로켓을 발사했으나 위성의 궤도진입에 실패했다. 1998년 8월 10억 달러짜리 비밀 첩보위성을 실은 타이탄 로켓이 발사 직후 공중폭발하면서 시작된 위성발사 연쇄사고의 원인은 아직 밝혀지지 않고 있다.

1) "美, 위성발사 3번연속 실패," *동아일보*, 1999. 5.12.

시스템 신뢰성에 대한 관심이 제기된 것은 1960년대이다. 당시 시스템 신뢰도와 시스템 안전에 관한 분석방법으로 제시된 것으로 FTA(Fault Tree Analysis)를 꼽을 수 있는데, 이는 1960년대 초 벨연구소와 보잉에서 미뉴트맨 미사일(Minuteman missile)의 신뢰도를 연구할 때 이용했던 것이다. 유사한 신뢰성 분석기법으로 FMEA(failure mode and effects analysis)가 있다.[2)]

오늘날 품질문제는 구성 부분품이나 제품의 좋고 나쁜 것에 그치지 않고 시스템으로서의 제품이 본래 기대하였던 기능에 대하여 어느 정도 신뢰할 수 있는가 하는 문제로 확대되었다. 말하자면 품질보증 문제에서 신뢰성(信賴性) 문제로 확대된 것이다. 제품의 신뢰성을 높이기 위해서는 안전계수라든가 부하의 여유율을 높여야 되는데, 경제성이나 기술상의 제약을 넘지 않는 범위에서 필요한 신뢰성을 확보해야 되는 어려움이 있다.

이와 같은 품질보증적 동기에서 신뢰성을 정량적으로 측정할 수 있는 척도를 설정해서 이들 수치들을 토대로 신뢰성을 향상시키려고 체계화한 것이 이른바 **신뢰성 관리**(reliability engineering)이다. 신뢰성 관리는 품질보증이나 품질개선에 매우 중요한 도구이다. 신뢰성 관리의 **목적**은 불량원인을 발견해서 이를 제거하는 것, 즉 고장의 원인을 찾아내서 가능한 한 그의 영향을 줄이거나 제거시키는 것이다(그림 13-1 참조).

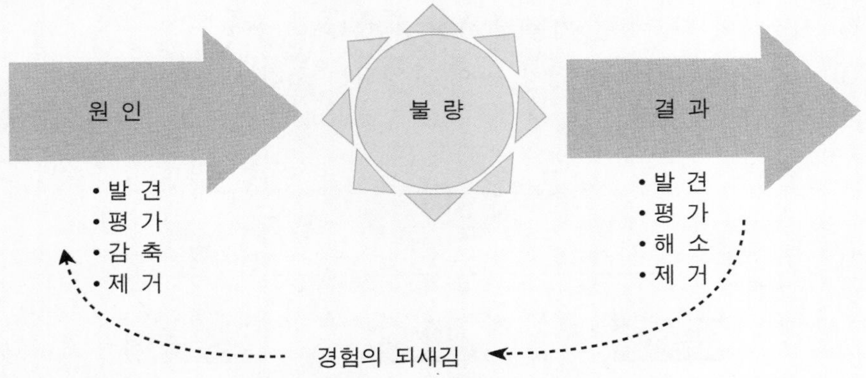

그림 13-1 신뢰성 관리의 목적

2) Bo Bergman & Bengt Klfsjo, *Quality: from Customer Needs to Customer Satisfaction,* McGraw-Hill Book Co., 1994.

1.2 제품의 신인성

제품의 특성(property) 중 중요한 특성은 신인성이다. 신인성(dependability)이란 유용성의 성능 및 유용성에 영향을 미치는 요소(신뢰성, 보전성, 보전지원력)에 관련된 특성의 총체로 정의한다.[3] 즉, 고장 및 보전으로 인한 성능감소를 고려하여 주어진 사용조건에서 의도했던 성능을 수행할 수 있는 제품의 특성이다.

따라서 제품의 신인성은 다음 세 가지 요인으로 결정된다(그림 13-2 참조).

① 신뢰성: 제품이 고장없이 작동할 수 있는 능력

② 보전성: 고장을 찾아내어 이를 바로 수정하기 쉬운 정도

③ 보전지원력: 필요시 보전자원을 동원할 수 있는 보전조직의 능력

보전지원력은 제품특성 척도라기보다는 보전조직의 능률척도라 할 수 있다.

신인성의 구성요소인 신뢰성은 이들 중 가장 중요한 품질특성이다.

신뢰성(reliability)이란 부분품·장치·기기(機器) 또는 시스템이 주어진 사용조건에서 일정 시간동안 의도했던 기능을 수행하는 확률이다.[4]

신뢰성에는 확률·시간·기능·운영조건의 **네 가지 요소**가 내포되어 있다.

① 신뢰성은 수치로 나타낸 확률 값이다.

② 임무시간(수명)과 관련된다.

③ 시스템의 의도했던 기능(성능)과 관련된다.

④ 시스템(부분품, 제품, 장치 등)이 운영되는 조건과 관련된다.

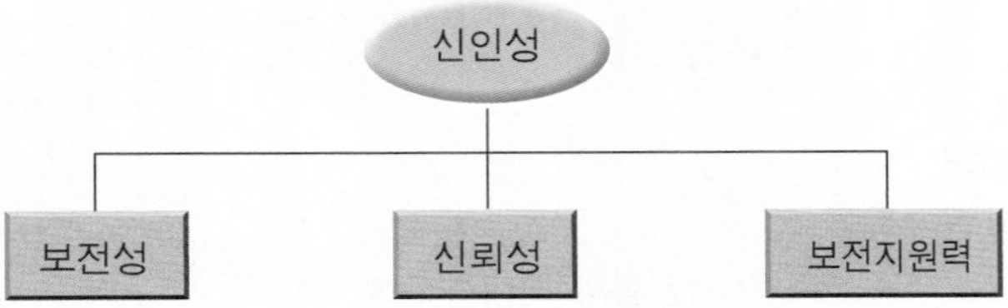

그림 13-2 시스템 신인성의 영향요인

---

3) IEC 60050-191, ISO 9000: 2000.

4) 이는 정량화된 신뢰성, 즉 신뢰도의 정의이다. 따라서 보편적인 신뢰성은 제품이 일정기간 주어진 사용조건에서 의도했던 기능을 수행하는 능력이나 성질이라 할 수 있다.

1.3 신뢰성의 평가척도

품질관리에서는 모수(母數)의 영역에서 불량의 분포를 문제로 삼는데 대해서, 신뢰성관리는 시간의 영역에서 고장의 분포를 다루는 점이 특징이다. [그림 13-3]은 여러 부품으로 구성된 기계의 고장률을 사용시간별로 나타낸 것이다. 이 그림에서 수명초기인 500시간에서는 2%의 고장이 있었지만 곧 안정을 찾아 정상가동중에는 1%정도의 고장률을 보이다가 수명말기인 4,500시간에 이르러 4%를 상회하는 고장률을 보이고 있다.

이 고장률곡선은 고장률을 제품수명주기 단계(초기 · 정상가동 · 마모)별로 나타내어 제품수명특성곡선(product life characteristics curve)이라고도 한다.

참고

고장률 곡선(bathtub curve)

전자제품이나 복잡한 기계의 고장률을 그의 사용시간에서 보면, 사용초기와 수명이 거의 다 되었을 때 가장 높으며 사용 후 일정기간은 고장률이 저하되어 마치 욕조모양의 고장률곡선을 그린다(그림 13-3 참조).

이 곡선에서 초기의 고장률이 높은 시기를 초기고장기간이라 하고, 이 시기의 고장을 가리켜 **초기고장**이라 한다. 뒤에 가서 고장률이 다시 높아지는 수명이 다 한 시기를 마모고장기간이라 하고, 그 고장을 **마모고장**이라 부른다. 중간에 고장률이 낮게 안정된 시기를 우발고장기간이라 하고, 이 시기의 고장을 **우발고장**이라 하는데 이 때의 고장은 돌발적인 고장으로 인한 것이다.

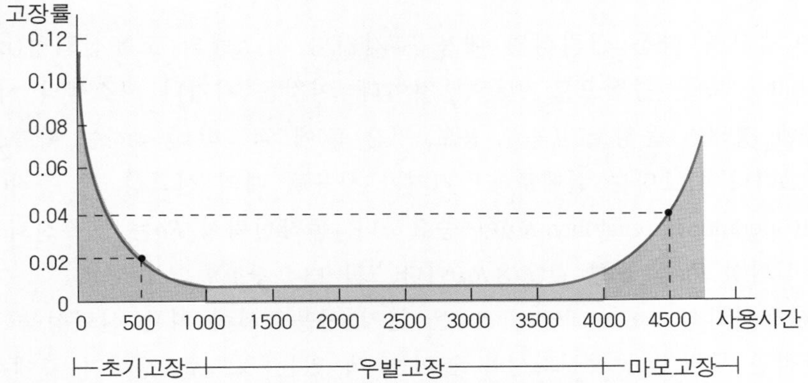

그림 13-3 목욕통 모양 고장률 곡선

실제로 신뢰도를 구할 때에는 임무기간 중 일어나는 단위시간당 고장횟수로 나타내는데, 이것을 고장률 $\lambda(t)$라 하며 신뢰성의 평가척도로서 흔히 사용된다. 고장률 $\lambda(t)$의 단위로는 시간의 경우 1천 시간당 몇 %, 즉 $\%/10^3$ 시간 또는 10^{-5}/시간이 흔히 사용된다. TV의 고장률이 1.2(10^{-5}/시간)라면 텔레비전을 1천 시간 작동시켰을 때 1.2%가 고장이라는 것이다.

신뢰도를 시간의 함수로 볼 때는 $R(t)$(신뢰도함수)로 나타낸다. 이것은 제품이 t 시간에 이르도록 고장이 나지 않는 확률이다. 한편 t 시간까지 고장을 일으키는 확률을 고장확률 $F(t)$로 나타낸다. 가령 N개의 기계를 동시에 사용하기 시작해서 임의의 시간 t 까지 고장을 일으킨 기계의 수를 $n(t)$라 하면

$$\text{고장확률: } F(t) = \frac{n(t)}{N}$$

따라서

$$\text{잔존확률: } R(t) = \frac{N - n(t)}{N} = 1 - F(t) \quad \text{①}$$

여기에서 $R(t)$는 잔존확률로서 신뢰도함수 또는 신뢰도이다.

신뢰성 척도로는 전술한 신뢰도 $R(t)$, 고장률 $\lambda(t)$ 외에도 평균고장간격(mean time between failure: MTBF), 고장평균시간(mean time to failure: MTTF) 등이 있다.

1.4 시스템의 평가요소

이제까지 다룬 신뢰성의 내용은 기기나 시스템의 고유신뢰성(inherent reliability: *Ri*)을 중심으로 언급한 것이다. 이것은 기기나 시스템의 시방이나 계약에 정해진 운영조건(목적, 용도, 기간 등)에 적절히 동작하는 확률을 말한다. 그러나 이보다는 실제로 그 기기가 사용될 때의 신뢰성, 즉 동작(운영)신뢰성(operational reliability: *Ro*)이 중요하다. 동작신뢰성 ***Ro***는 고유신뢰성 ***Ri***와 사용신뢰성 ***Ru***를 곱한 값($Ri \times Ru$)이다(그림 13-4 참조).

사용신뢰성(use reliability: *Ru*)은 현지 사용조건에 따른 신뢰성을 말한다. 궁극적인 목적은 동작신뢰성을 높이는 데 있는 것으로, 생산자 측에서는 설계 · 제조 · 품질관리의 모든 면에서 신뢰성 향상에 집중적인 노력을 하고 사

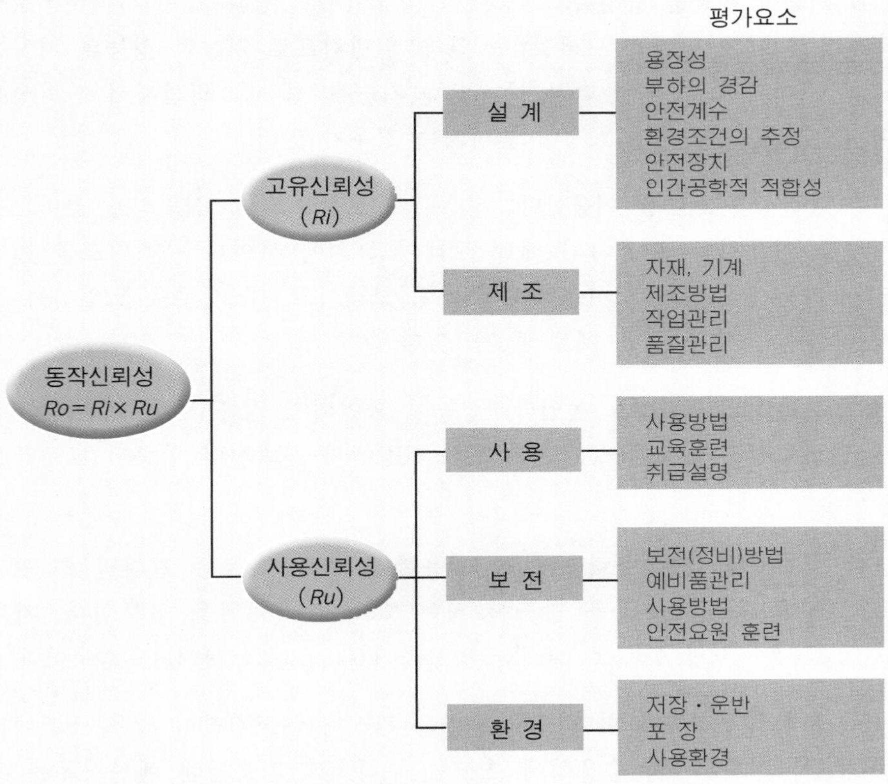

그림 13-4 신뢰성의 관련분야와 평가요소

용자 측에서도 교육훈련, 운용정비 등 여러 면에서 신뢰성을 향상시킬 수 있는 수단을 강구한다.

2 신뢰성 설계

2.1 설계단계에서의 신뢰성 향상

신뢰성의 개선은 설계단계에서 행하는 것이 가장 효과적이다. 설계단계에서 신뢰성 향상을 위해 전개될 수 있는 방법들은 다음과 같다.

(1) 기능적 성능을 높인다: 기능적인 성능이나 중량과 같은 파라미터로써 신뢰성을 높이는 방안을 모색할 수 있다. 일반적으로 기능적 성능의 저하는 불리한 것이지만, 제품에 따라서는 일부 기능적 성능을 희생해서 신뢰성을 높이면 시스템 전체의 유효성이 높아지는 경우가 있다.

(2) 용장성(冗長性)을 이용한다: 시스템의 고장을 막고 신뢰성을 높이도록 용장성을 이용한다. 승용차의 페달 브레이크 외에 사이드 브레이크를 설치한 경우라든가 브레이크 시스템에 「X자형 브레이크 시스템」[5]을 도입하여 신뢰성을 높이는 경우 등을 예로 들 수 있다.

(3) 신제품의 신뢰성을 높인다: 성능이 확인되지 않은 새로운 부품을 선정해서 신뢰성을 검토하고, 기존부품은 시장에서 신뢰성이 입증된 표준품을 사용하도록 한다.

(4) 성능보다 낮은 응력(應力)을 적용한다: 부품이 보통 견뎌낼 수 있는 것보다 낮은 응력(stress)을 받도록 하는 'derating' 개념을 적용한다. 가령 1,500 psi(파운드/평방 인치)로 설계한 펌프를 1,000 psi로 사용하는 경우이다.

(5) 조작이 편리하게 한다: 조작환경을 관리해서 고장률이 낮은 조건에서 작동하도록 한다. 가령 승용차에 초크를 부착시켜 겨울철에 엔진시동을 용이하게 하는 것 등이다.

(6) 부품의 교체시기를 정한다: 신뢰성이 떨어지는 부품에 대해서는 안전한 교환시기를 지정해서 그것이 고장을 일으키기 전에 교체하도록 한다.

(7) 스크린 테스트를 실시한다: 초기고장을 찾아내고 규격을 벗어나는 구성부분품을 제거하기 위해서 스크린 테스트(screen test)를 실시한다. 작업대시험(bench test)이나 가속수명 시험 등이 이에 해당된다.

(8) 신뢰성 향상방안을 개발한다: 시스템 신뢰성에 영향을 주는 주요 구성품의 신뢰성 향상을 위해서 꾸준한 연구·개발을 행한다.

---

5) 왼쪽 앞바퀴와 오른쪽 뒷바퀴, 오른쪽 앞바퀴와 왼쪽 뒷바퀴가 엇갈리게 연결되어 독립적으로 작용하도록 한 이중 브레이크 배관 시스템이다. 한쪽 라인에 이상이 발생하더라도 남은 한쪽만으로도 정지할 수 있도록 설계한 것이다.

2.2 신뢰성의 설계기법

신뢰성설계는 설계품질의 하나인 신뢰성을 실현하기 위한 설계로서, 신뢰성의 결정 수단이 된다. 신뢰성 설계기법에는 ① 고장예방 설계기법과 ② 신뢰성 특유의 설계기법이 있다.

1 고장예방 설계기법

고장예방 설계기법에서 사용되는 일종의 경험법칙인 **고장예방설계 원칙**을 제시하면 다음과 같다.

① 과거의 경험을 활용한다.
② 부분품 수가 적도록 단순화한다.
③ 표준품을 많이 사용하도록 한다.
④ 보전성 즉 점검·조정·수리 등을 용이하게 한다.
⑤ 부분품의 호환성을 높인다.

2 신뢰성 특유의 설계기법

신뢰성이론에 입각한 신뢰성 특유의 설계기법으로는 신뢰도의 배분, fail safe 설계방식, safe life 설계방식, fool proof 설계방식, 용장성 설계방식 등이 있다.

(1) 신뢰도의 배분: 제품의 신뢰도 목표치를 제품을 구성하는 부품·유니트별로 배분하는 것으로 일반적으로 중요한 부분이나 높은 신뢰도를 요하는 부품에 높은 값을 배분한다. 예컨대 자동차 휠에는 고신뢰도 볼트를, 다른 곳에는 보통 볼트를 배분하는 설계이다.

(2) fool proof 설계방식: fool proof란 사용자가 그릇된 조작을 하더라도 고장이나 사고가 없도록 설계되어 있는 것을 말한다. 가령 컴퓨터 프로그램에 오류가 있을 때는 error message가 표시되면서 정지되는 경우이다.

(3) fail safe 설계방식: fail safe란 기기가 고장났을 때 이로 인한 사고를 막을 수 있도록 안전하게 설계된 것을 말한다. 가령 모터나 TV와 같은 전기제품에 붙어 있는 휴즈는 고압의 전류나 배선이 합선되었을 때 과대전류가 흐르지 않도록 끊어진다.

(4) safe life 설계방식: safe life란 절대로 고장을 일으켜서는 안되는 완벽한 안전구조 설계방식이다. 특히 보전이 어렵고 높은 신뢰도로 유지되지 않으면 안되는 시스템, 예컨대 원자로나 항공기의 엔진 등에 적용하여 고도의 안전을 도모한다.

(5) 용장성 설계: 많은 부품으로 구성되어 있는 기기나 장치는 부품 하나가 고장을 일으켜도 전체의 기능이 정지될 수 있다. 이때 기기와 장치에 여분의 회로라든가 구성품을 갖추어 전체 기능의 정지를 막을 수 있는데, 이와 같은 성질을 **용장성**(冗長性, redundancy)[6]이라 한다.

용장성에는 동종의 기기를 복수 설치하여 작동 중 1대가 고장이 나면 곧 예비의 것으로 바꾸는 대기용장방식(stand by redundancy)과 여러 대를 동시에 가동시켜서 그 중 1대가 고장나더라도 전체에 지장이 없도록 하는 병렬용장방식(parallel redundancy) 등이 있다.

2.3 신뢰성의 추정

[그림 13-5]와 같이 구성요소(부분품)를 직렬로 결합한 경우(이것을 직렬시스템이라 한다)를 보기로 하자.

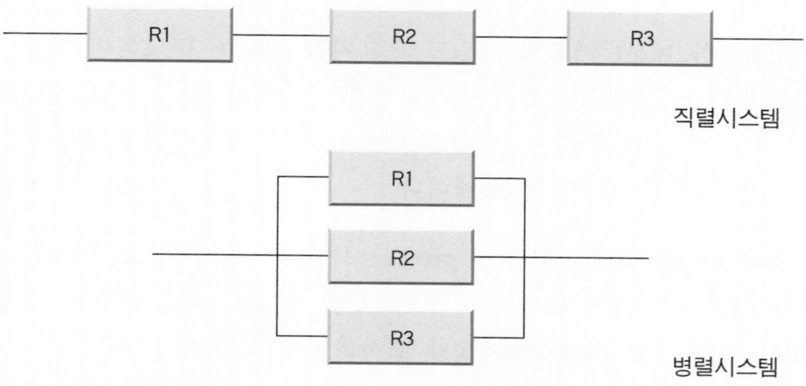

그림 13-5 직렬시스템과 병렬시스템

6) 한국산업규격 KS A 3004에 정의된 것을 보면 "용장성이란 규정된 기능을 수행하기 위한 요소 또는 수단을 부가하여 그 일부가 고장이 나도 전체로서는 고장이 되지 않는 성질"이다.

각 요소의 고장확률을 F_i (i=1,2,3⋯n), 각 요소의 신뢰도를 R_i로 하면, 전술한 신뢰도를 구하는 식(①식)을 다음과 같이 변형시킬 수 있다.

$$R_i = 1 - F_i \quad ②$$

따라서 시스템의 고장확률을 F_s라 하면, 시스템의 신뢰도 R_s는 각 요소의 신뢰도를 곱한 값으로 직렬시스템의 신뢰도 R_s는 ③식과 같다.

$$\begin{aligned} R_s &= 1 - F_s \\ &= (1 - F_1)(1 - F_2)(1 - F_3) \cdots (1 - F_n) \\ &= R_1 R_2 R_3, \cdots R_n \quad ③ \end{aligned}$$

기기장치는 예비 부분품(spare parts)이 붙어 있는 경우가 많은데 각 부분품의 고장은 독립적으로 일어난다고 볼 수 있다. 따라서 ③식은 직렬시스템의 신뢰도 예측을 위한 기본식으로 이용할 수 있다.

한편 병렬시스템의 신뢰도 R_s는 다음 ④식으로 구해진다.

$$\begin{aligned} R_s &= 1 - F_s \\ &= 1 - (1 - R_1)(1 - R_2)(1 - R_3) \cdots (1 - R_n) \quad ④ \end{aligned}$$

〈표 13-1〉은 직렬시스템 및 병렬시스템의 각각에 대해서 부분품수(n)를 2개, 3개,⋯ 5,000개로 변화시켰을 때의 신뢰도를 계산한 것이다.

표 13-1 직렬 병렬시스템의 신뢰도

시스템	직렬시스템		병렬시스템		
n \ R	99.99%	99.999%	80%	90%	99%
2			96.0%	99.0%	99.99%
3			99.2	99.9	99.9999
10	99.90%	99.90%			
100	99.01	99.90			
500	33.13	99.51			
1,000	30.49	99.02			
5,000	20.67	95.17			

〈표 13-1〉에서 보는 바, 직렬시스템에서는 구성부분품의 신뢰도가 상당히 높더라도 n이 증가되면 시스템 전체의 신뢰도는 급히 저하되며, 반대로 병렬시스템에서는 각 구성부분품의 신뢰도가 많이 높지 않더라도 시스템 전체의 신뢰도는 급속히 올라간다.

3 신뢰성 분석

3.1 그래프 분석방법(graphical methods)

시험이나 사용 결과로 밝혀진 결함(faults)을 피드백시켜 해결방안을 추구하는 방법은 신뢰성 연구에 매우 중요하다. 수리할 수 없는 부품이나 구성품의 고장데이터 분석에 이용되는[7] 간편한 그래프 분석방법으로는 확률지를 이용하는 확률 프로팅과 사각형의 대각선상에 타점하는 TTT 프로팅을 꼽을 수 있다.[8]

1 확률 프로팅(probability plotting)

이 방식에서는 고장데이터를 이용한 고장시간분포의 추정이 확률지상에서 이루어지는데, 확률지의 눈금은 고장시간분포가 직선으로 나타나도록 설계되어 있다. 확률 프로팅에서 먼저 결정해야 되는 일은 가정한 분포모형에 해당하는 확률용지를 선택하는 것이다.

주어진 데이터가 가정한 분포를 따른다면 우연오차에 의한 변동을 고려하더라도 타점된 점들은 직선에 가깝게 나타난다. 이것은 분포의 가정이 합당하다는 것을 나타낸다(그림 13-6 참조).

가장 일반적인 확률지는 수명분포의 확률지로서 여기서는 와이블분포를 가정하여 와이블 확률지(Weibull probability paper)를 이용하기로 하고 확률지에 타점하여 신뢰도를 추정하는 **절차**를 살펴보기로 한다.

---

7) 한편 수리가능한 부품이나 시스템의 고장데이터 분석에 이용되는 간편한 그래픽분석방법으로는 log-log paper가 있다.

8) Bo Bergman & Bengt Klefsjo, *op. cit.*, pp.107-117.

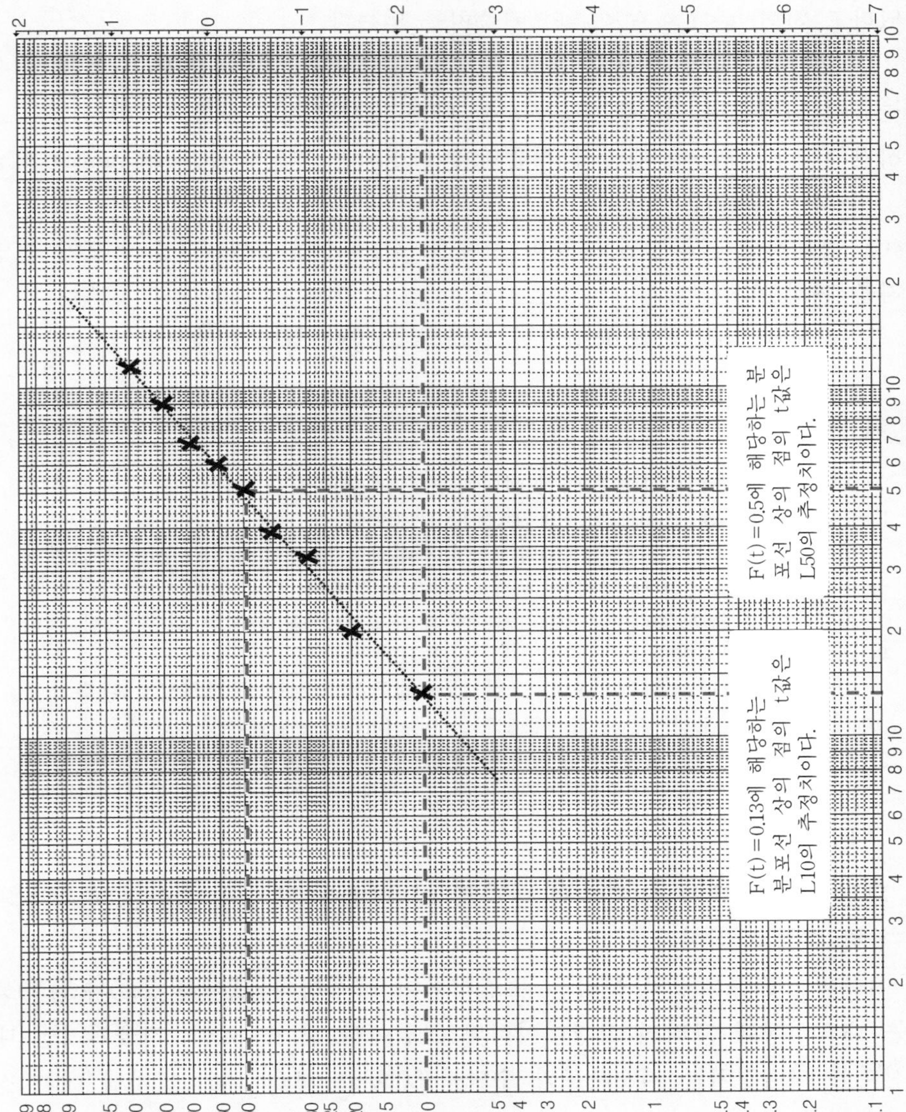

그림 13-6 와이블 확률지

(1) n개의 부품을 고장날때까지 시험하여 고장시간의 크기 순서대로 정렬하였다고 하면, $t_1 < t_2 < \cdots < t_n$ 의 관측치를 얻는다.

(2) 고장시간 t_j의 추정치 $F(t_j)$ (즉, 시간 t_j 직전의 고장확률)를 확률지의 수평눈금에 타점한다. 이 추정치 $F(t_j)$는 다른 방식으로도 구할 수 있다. 즉, 고장시간 t_j가 $j/(n+1)$에 대해서 확률지에 타점되는 평균범위(mean range) 개념을 사용하여 구한다.

(3) 확률지상에 타점된 점들의 추세선, 즉 직선을 그린 다음 분포가 합당한지를 판정한다.

즉, 점들이 직선 가까이 있으면 분포의 가정이 합당한 것으로 판정한다.

설 예

9개의 부품을 시험하여 얻어진 데이터를 고장(소요)시간 크기 순으로 제시하면 1.36, 2.00, 3.20, 3.80, 5.00, 5.90, 7.00, 9.00 및 11.20이다.

먼저 와이블확률지(그림 13-6)의 y축에 자리잡은 평균범위 0.10(1/10)에 대한 x축의 고장시간 t_1=1.36과 맞나는 교점을 찾아 타점한다. 같은 요령으로 평균범위 0.20(2/10)에 대한 t_2=2.00, ⋯ , 0.90(9/10)에 대한 t_9=11.20을 타점한 것이 [그림 13-6]의 x표시된 타점들이다.

이 점들의 경향선을 직선으로 그린 결과 점들은 직선에 근접하므로 관측치인 n개의 부품들의 고장시간은 와이블분포를 이룬다고 볼 수 있다.[9)]

2 TTT 프로팅(TTT plotting)

TTT는 Total Time on Test의 약자로 이 방법은 앞서의 '확률지 타점법'과는 전혀 다른 방식이다.

이른바 TTT프로팅의 눈금은 독립적이며 사각형의 모서리 (0,0)와 (1,1)을 잇는 대각선상에 그려진 고장데이터의 그림이라 할 수 있다. 기울기 1인 대각선과의 타점편차는 지수분포와 수명분포(life distribution)의 편차에 대한 정보를 제공한다.

고장시간(t)을 크기 순서($t_0 < t_1 < t_2 < \cdots < t_n$)로 타점한 TTT프로팅은 S_0=0, j=0, 1, 2, ⋯, n인 경우, 점$\left(\frac{j}{n}, \frac{S_j}{S_n}\right)$들의 타점에 의해 얻어진다.

9) 확률지를 통해 와이블누적분포함수 $F(t) = 1 - \exp(-(t/\alpha)^\beta)$, $t \geq 0$에서 모수(parameter) α와 β를 추정하는 것이 가능하다. 또한 고장평균시간 MTTF(Mean Time To Failure)와 같은 고장시간의 다른 측도(measure)들을 추정하는 것도 가능하다.

S_j의 **산식**은 다음과 같다.

$$S_j = nt_1 + (n-1)(t_2 - t_1) + \cdots + (n-j+1)(t_j - t_{j-1})$$

단, $j = 1, 2, \cdots, n$

TTT프로팅은 위의 산식의 결과로부터 얻어진 점들을 $0 \le \frac{j}{n} \le 1$과 $0 \le \frac{S_j}{S_n} \le 1$의 크기에 따라 연결함으로써 이루어진다. TTT프로팅은 사각형 좌측하단 모서리 (0,0)에서 시작해서 사각형 우측상단 모서리 (1, 1)를 잇는 대각선 부근에서 이루어진다(그림 13-7 참조).

설 예

1.36	2.00	3.20	3.86	5.00	5.90	7.00	9.00	11.20
t_1	t_2	t_3	t_4	t_5	t_6	t_7	t_8	t_9

이들을 위의 산식에 대입하면

$S_1 = 9 \times 1.36 = 12.24$

$S_2 = S_1 + 8(2.00 - 1.36) = 17.36$

$S_3 = S_2 + 7(3.20 - 2.00) = 25.76$

$S_4 = S_3 + 6(3.86 - 3.20) = 29.72$

$S_5 = S_4 + 5(5.00 - 3.86) = 35.42$

$S_6 = S_5 + 4(5.90 - 5.00) = 39.02$

$S_7 = S_6 + 3(7.00 - 5.90) = 42.32$

$S_8 = S_7 + 2(9.00 - 7.00) = 46.32$

$S_9 = S_8 + 1(11.20 - 9.00) = 48.52$

이들로서 TTT프로팅의 S_j / S_n를 구하면,

$S_0 / S_9 = 0$, $S_1 / S_9 = 0.25$, $S_2 / S_9 = 0.36$, $S_3 / S_9 = 0.53$, $S_4 / S_9 = 0.61$, $S_5 / S_9 = 0.73$, $S_6 / S_9 = 0.80$, $S_7 / S_9 = 0.87$, $S_8 / S_9 = 0.95$, $S_9 / S_9 = 1.00$이다.

사각형내의 대각선 위에 10개의 점들, 즉 (0, 0), (1/9, 0.25), (2/9, 0.36), (3/9, 0.53), (4/9, 0.61), (5/9, 0.73), (6/9, 0.80), (7/9, 0.87), (8/9, 0.95), (9/9, 1.00)

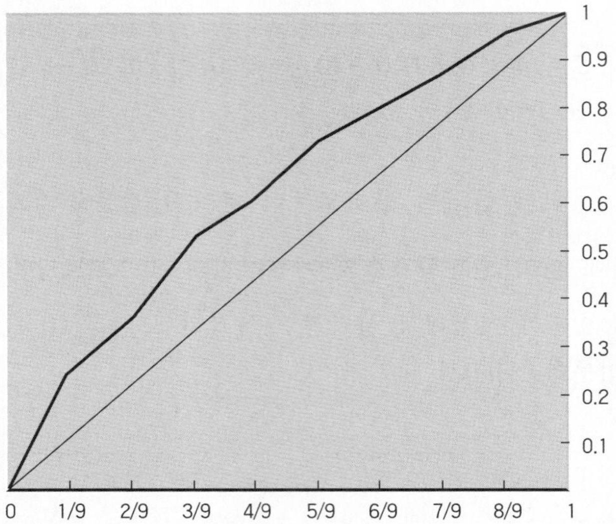

그림 13-7 설예의 TTT 프로팅

을 타점하여 연결한 곡선이 [그림 13-7]이다.

TTT프로팅은 부품이나 시스템의 고장률에 대한 정보를 제공해준다. [그림 13-7]처럼 TTT프로팅이 대각선상에 오목형(凹형, concave)으로 나타나면 고장률이 증가하고 있음을 나타낸다. $S_j / S_n > j / n$ (단, $j = 0$, 9 제외)이므로 전형적인 욕조모양의 고장률 함수의 패턴[10]과는 달리 초기고장기간과 마모고장기간 이외에 우발고장기간 내에 고장발생확률이 상대적으로 높다고 볼 수 있으므로 고장률이 증가하고 있음을 나타낸다. 반대로 TTT프로팅이 대각선 아래로 볼록형(凸형, convex)으로 나타나면 고장률이 감소하고 있음을 나타낸다.

3.2 고장의 증상과 영향의 분석(FMEA)

FMEA(Failure Mode and Effects Analysis)는 신뢰성 분석에 매우 유용한 기법이다. 특히 부품의 고장으로 제품이나 시스템이 고장을 일으키는 시스템에

10) 이러한 경우 TTT타점 결과는 $Sj/Sn < j/n$의 부등식 형태를 갖게 된다.

적용하면 효과적이다. FMEA는 설계단계의 신뢰성수법으로 1960년대에 미국에서 발전된 것으로 "설계의 불완전이나 잠재적인 결함을 찾아내기 위하여 구성요소의 고장증상과 그 상위 아이템에 대한 영향을 분석하는 기법"(JIS 신뢰성 용어)이다.

FMEA는 제품이나 공정의 고장증상, 고장의 원인 및 영향을 체계적으로 검토하여 고장을 예방하고 줄이는 방안을 제시한다. 가령, 부품→부분품조립→구성품→서브시스템→시스템과 같이 작은 쪽부터 시스템의 고장이나 결함 문제를 검토하는 방식이다. 즉, 고장을 일으키는 개개 부품이나 구성부품과 같은 낮은 단계 아이템의 고장증상으로 전체 시스템이나 부분 시스템 수준의 영향을 분석하는 상향접근방식(bottom-up approach)이다. 따라서 전체 시스템이나 구성부품의 기능에 대한 자세한 지식을 필요로 한다.

설계단계에서 설계검토용 기본자료를 제시하기도 하는데, 이러한 유형의 FMEA를 **설계-FMEA**(design FMEA)라 한다. 설계-FMEA에서는 주로 부품이 제품의 신뢰성에 미치는 영향을 고장증상으로 추정한다. "새로운 것에는 반드시 고장이 존재한다"는 사고에 입각해서 "어떻게 하면 고장을 사전에 막을 수 있을까"하는 입장에서 고장의 가능성을 여러 각도에서 추구한다.

생산기술과 연관하여 공정의 신뢰성을 평가하는 데에도 사용되는데, 이를 **공정-FMEA**(process FMEA)라 한다. 이는 공정개선이나 공정관리의 기본자료를 제시해 주기도 한다. 공정-FMEA에서는 공정에서 만들어지는 품질의 신뢰성을 높이기 위해서 불량과 산포를 예측하고 공정내에서 예견되는 불량요인이 품질에 미치는 영향을 정량적으로 평가하여 대책의 우선순위를 정하여 불량원인을 제거한다.

FMEA의 신뢰성 분석결과는 FMEA분석표(표 13-2 참조)에 기입되는데, 이들은 고장영향의 분석목적에 따라 다양하게 설계될 수 있다.

설계-FMEA에 관한 **작업단계**는 다음과 같다.

① 시스템의 정의와 제약
② 복잡도 수준의 선택
③ 시스템 기능의 검토
④ 구성부품 기능의 검토
⑤ 고장증상의 파악
⑥ 고장영향의 파악

표 13-2 잠재적 고장 증상과 영향 분석표(FMEA–Design/Process)[11)]

잠 재 적
고장형태 및 영향분석
(설계 FMEA)

_______ 시스템
_______ 하위시스템
_______ 구성품: 01.30/Body Closures ②　설계책임 Body Engineering ③
모델년도/차종: 199X/Lion 4dr/Wagon ⑤　완료예정일 9X 03 01 ER ⑥
핵심팀 T Fender-Car Dev. Childers-Manufacturing, J. Ford-Assy Ops(Daltor), Fraser, Henley Assembly Plants ⑧

FMEA 번호 ①
페이지 1 of 1
작성자: A Tate-X6412-Body Engr ④
FMEA 최초작성일 8X 03 22 최근개정일 8X 07 14 ⑦

부품 ⑨ 기능	잠재적 고장형태 ⑩	고장의 잠재적 영향 ⑪ ⑫ ▶	심각도	분류	◀ ⑬ 고장의 잠재적 원인/메카니즘 ⑭	발생도	◀ ⑮ 현설계관리 ⑯ ⑰ ▶	검출도	위험우선순위	◀ ⑱ 권고조치사항 ⑲	책임 및 목표 완료 예정일 ⑳	조치결과 ㉒ 조치내용 ㉑	심각도	발생도	검출도	위험우선순위
font Door L.H. H8HX-0000-A · 차량출입 · 날씨, 소음, 측면 충돌로부터 보호 · 밀러, 힌지, 랫치, 윈도우 레큐레이터를 포함한 도어 하드웨어 장착점 제공 · 외관부품의 적절한 표면 제공 · 도장 및 트림류 장착	내부하단 도어 패널부식	도어의 열화가 다음을 초래한다. · 시간경과에 따라 페인트 녹발생으로 외관이 만족스럽지 못하게 된다. · 내부 도어 하드웨어 기능이 손상된다.	7		안쪽도어 판넬에 적용되는 모서리 부위의 보호 왁스 규격이 너무 낮다.	6	차량일반내구시험 vah. T-118 T-109 T-301	7	294	실험실 가속부식 시험 추가	A Tate-Body Engrg. 8X 09 30	시험결과에 근거하여 (Test No. 1481) 모서리의 도포 spec'을 125mm로 증가	7	2	2	28
			7		왁스 두께 규격 불충분	4	차량일반내구시험 -상기시험과 동일	7	196	실험실 가속부식 시험추가 왁스 두께에 대한 실험계획법에 수행	모서리에 도포된 왁스검증을 위한 w/test A Tate-Body Engrg. 9X 01 15	시험결과(Test No. 1481) 규정된 두께가 적정하다는 것을 보여줌. 실험계획법은 규정된 두께의 25% 산포는 허용된다는 것을 보여줌.	7	2	2	28
			7		왁스 배합 규격 부적합	2	물리적 및 화학적 실험실 시험 -보고서 NO.1265	2	28	없음						
			7		잘못된 공기가 왁스의 모서리/끝단부위에 유입을 막는다.	5	작동치 않는 스프레이 헤드의 설계보조 연구	8	280	양산스프레이 장비 및 규정 왁스를 사용한 팀평가 추가	Body Engrg. &Assy Ops 8X 11 15		7	1	3	21
			7		왁스도포가 도어 드레인 홀을 막는다.	3	왁스도포 및 홀크기를 최악의 조건으로 실험실 테스트 실시	1	21	없음		테스트를 근거하여 영향부위에 3개의 Vent를 추가				
			7		스프레이 헤드 접근을 위한 판넬사이의 충분한 여유공간이 없다.	4	스프레이 헤드 접근을 위한 도면평가	4	112	설계 aid buck과 스프레이헤드를 이용한 팀평가 추가	Body Engrg & Assy Ops	평가를 통해 적절한 조치가 취해졌다.	7	1	1	7

⑦ 고장 감지가능성의 검토
⑧ 치명적 고장의 판단
⑨ 고장간 종속관계 연구
⑩ 문서화

공정-FMEA도 이와 유사한 방식으로 작성할 수 있다.

설계-FMEA를 작성할 때, 고장영향의 치명도에 따라 등급을 매겨 대책을 세우는데, FMECA(Failure mode Effects and Critically Analysis)라고 한다. 이 경우 각 구성부품의 고장증상을 계량화하고 아울러 이들 고장증상별로 중요도를 수치화한다.

> **참고**
>
> **심각도 · 발생도 · 검출도**
>
> - **심각도**(severity of effect: S): 잠재적 고장증상이 그 다음 단계의 구성품, 하위 시스템, 시스템 또는 고객에 미치는 영향의 심각성을 평가한 정도. 설계변경에 의해서만 감소한다.
> - **발생도**(likelihood of failure occurrence: O): 특정한 원인이나 메커니즘이 발생할 가능성. 설계변경으로 고장원인/메커니즘이 변경될 때 감소한다.
> - **검출도**(likelihood of detection: D): 잠재적 고장원인/메커니즘을 설계도면 배포 전에 현 설계관리로 검출(발견)할 수 있는 능력. 검출도는 계획된 설계관리(예방, 유효성 확인, 설계검증)로 개선이 있어야 증가한다.

〈표 13-2〉의 고장증상 영향분석표의 고장영향 상태를 나타내는 심각도 · 발생도 · 검출도는 평가기준의 등급을 1~10으로 나누어 치명도가 클수록 높은 등급을 매긴다. 그 다음은 이들 3개의 평가기준을 종합하여 설계위험 척도인 위험우선순위(RPN: risk priority number)를 매긴다.

위험우선순위(RPN) = 심각도(S)×발생도(O)×검출도(D)

RPN은 설계도면 배포 전이나 양산 전에 우선적으로 조치해야 되는 항목을 선택하기 위한 것인데, 높은 RPN과 심각도가 높은 항목에 우선조치 순위

11) *Potential Failure Mode and Effects Analysis: FMEA,* Chrysler Corp., Ford Motor Co., General Motors Corp., 1995; Korean Foundation for Quality(KFQ: KSA-QA 2000).

가 부여된다.

3.3 고장나무 분석(FTA)

복합요인으로 고장이 발생하는 복합시스템에서는 시스템 신뢰성의 질적 분석과 양적 분석에 FTA가 적용될 수 있다. FTA는 1962년 벨 전화연구소에서 대륙간탄도미사일(ICBM)인 미니트만 발사통제시스템(Minuteman Launch Control System)을 분석하는 데 처음으로 적용되었다.

FTA(fault tree analysis)는 제품이나 시스템에 고장이 났을 때, 시스템의 고장원인과 이들 원인의 근원을 찾아내고 이들 근원과 원인을 피할 방안을 찾는 기법이다. 즉, 시스템의 불량상태 → 서브시스템의 장해 → 부품의 고장과 같이 FMEA와는 반대로 큰 것에서 작은 것 순으로 검토하는 하향접근방식(top-down approach)이다

고장나무(fault tree)의 구축으로 시스템의 신뢰성을 전반적으로 이해할 수 있는데, 이 도구는 시스템수준에서 바람직하지 못한 문제의 발생과 이 문제를 일으킨 낮은 수준의 원인을 연결해서 설명하는 하나의 논리적 도표이다. 때로는 구성부품의 데이터가 없이도 치명적 고장증상을 추적할 수 있다. 하지만 복잡한 시스템의 경우 결점나무가 복잡해져 이해하기 어렵고 많은 비용과 노력을 필요로 한다.

4 신뢰성 프로그램

소비자와 생산자의 입장에서 높은 신뢰성을 경제적으로 이루기 위해서는 신뢰성의 관리가 필요하다. '요람에서 무덤까지'라는 말과 같이 신뢰성관리는 전체 라이프사이클에 걸쳐서 전개되어야 한다.

신뢰성 **대책** 내지 **프로그램**에는 다음의 여러 활동이 포함된다.[12)]

① 전체 신뢰성 목표의 설정

② 신뢰성 목표의 할당

③ 신뢰성의 예측

12) Juran & Gryna, Jr., *Quality Planning & Analysis,* 2nd ed., McGraw-Hill, Inc., 1980.

④ 설계검토
⑤ 고장증상과 영향의 분석(FMEA)
⑥ 중요 부분품의 확인
⑦ 납품업자의 확인
⑧ 제조중의 신뢰성 관리
⑨ 신뢰성 시험
⑩ 고장보고 및 수정조치시스템

1 전체 신뢰성목표의 설정

신뢰성 척도를 이용·제시한 시스템의 신뢰성 목표 예를 보기로 하자.

a) 전화시스템 - 각 교환기의 고장시간은 연간 15분을 넘지 않는다.
b) 엔진 제조업체 - 엔진 생산량의 99%는 보증기간 중 클레임이 없어야 한다.

전체 신뢰성 목표를 설정할 때 다음 세 가지 내용이 내포되도록 할 필요가 있다.

① 수치로서의 신뢰성
② 사용조건 및 환경조건의 규정
③ 제품성능의 정의

이상의 세 가지 내용이 내포되도록 신뢰성 목표를 설정하기란 쉽지 않다. 그렇지만 이들 내용이 결여된 신뢰성으로는 소비자의 요구 즉 용도에 대한 적합성이 충족될 수 없으므로 특히 설계자는 이들이 내포되는 범위 내에서 전반적인 신뢰성 목표를 설정하도록 노력해야 한다.

2 신뢰성 목표의 배분 · 예측 · 분석

전체 시스템의 신뢰성 목표가 설정되면 이를 하위시스템의 목표로 할당할 필요가 있다. 이것이 신뢰성배분(reliability apportionment)으로, 신뢰성을 수치로 나타내는 첫 번째 단계이다.

신뢰성을 **수치화**하는 **과정**은 다음 3단계로 나누어 볼 수 있다.[13)]

13) 자세한 설명은 이순룡, *품질경영론*, 법문사, 15장을 참조.

(1) **신뢰성의 배분:** 전체 제품신뢰성의 목표를 구성요소(sub-system)별로 분할한다.

(2) **신뢰성의 예측:** 과거의 실적자료와 확률이론을 이용하여 여러 가지 기기나 구성요소들에 대한 고장률을 예측한다.

(3) **신뢰성의 분석:** 설계의 강점과 약점을 식별해서 신뢰성 향상을 위한 기초자료로 이용한다.

3 설계검토

설계검토(design review)란 제안된 설계에 대해서 ① 사용성능을 제대로 발휘할 수 있는지, ② 최저의 생산비로 생산할 수 있는지, ③ 수리보전이 용이하고 그 비용이 저렴한지에 대해서 평가하는 기법이다.

ISO 8402-1994에서는 설계검토를 "품질 요구사항을 만족시키고, 문제점이 있으면 이를 규명하고 해결책을 제시하기 위하여 설계내용에 대하여 실시하는 문서에 의한 포괄적이고 체계화된 조사"라고 규정하고 있다.

설계검토의 주요 목적은 여러 전문가들의 중지를 모아서 설계자로 하여금 최적의 설계를 이루도록 하는 것이다.

4 고장증상과 영향의 분석(FMEA)

본장 3절 3.2를 참조.

5 신뢰성 시험

신뢰성 시험은 특정 시스템의 신뢰성을 측정·평가하기 위한 모든 시험이라 할 수 있다. 이는 시스템의 신뢰성 향상 내지는 설계개선을 위한 정량적 연구의 토대가 되는 중요한 요소이다.

전술한 신뢰성목표의 설정, 신뢰성목표의 배분·예측, 설계검토, 고장의 증상 및 영향분석 등의 방법은 조기경보 수단으로서의 가치는 있겠지만 실제로 고객이 사용하는 현실상황과 다른 경우가 많다. 더욱이 고객의 사용 결과가 되돌아오기까지에는 많은 시간이 소요되므로 현실상황을 모사한 여러 형태의 시험이 설계단계에서 행해질 필요가 있다.

신뢰성시험은 대별해서 현지시험(field functional test)과 모의시험(simulated

function test)으로 나눌 수 있는데, 설계단계에서는 일반적으로 후자가 중심이 된다.

6 고장의 보고 및 수정조치

다른 관리활동에서와 마찬가지로 활동의 분석·평가를 follow up하기 위한 수정조치(corrective action)가 필요하다.

[그림 13-8]은 고장의 수정조치과정을 나타낸 것으로, 이들 수정조치활동은 신뢰성 내지 고장과 관련된 설계·제조·구매·QC·애프터서비스 등 각 부문의 협동을 토대로 전사적으로 전개되어야 한다.

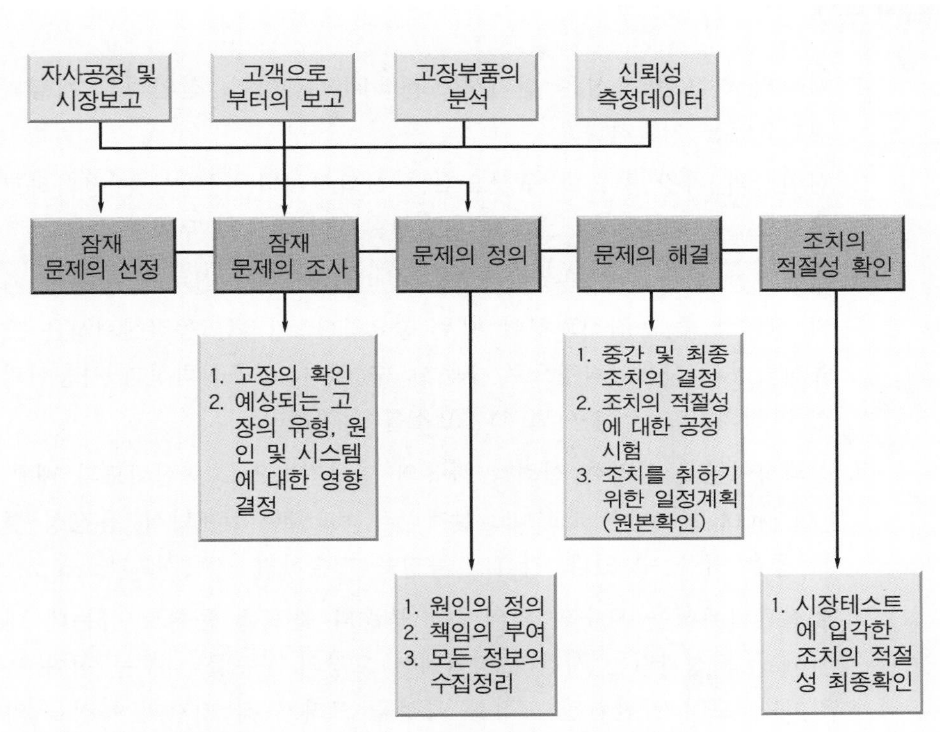

그림 13-8 수정조치시스템

주요 용어(key word)

• 신뢰성 공학(reliability engineering) • 신인성(dependability) • 고장률 곡선(bathtub curve) • 동작신뢰성(operational reliability) • 사용신뢰성(use reliability) • 용장성(redundancy) • FMEA(Failure Mode & Effects Analysis) • FTA(Failure Tree Analysis) • 설계검토(design review) • TTT프로팅(plotting)

연습문제

1. 제품의 중요한 특성은 신인성(dependability)이다. 신인성의 개념과 영향요인을 기술하라.
2. 신인성의 가장 중요한 구성요소는 신뢰성이다. 신뢰성을 정의하고 구성요소를 기술하라. 그리고 신뢰성의 평가척도는 무엇인가?
3. 실질적인 의미의 신뢰성이란 기계설비나 기기가 실제로 사용될 때의 신뢰성 즉 동작신뢰성이 매우 중요하다. 이러한 동작신뢰성은 고유신뢰성과 사용신뢰성으로 구분할 수 있다. 고유신뢰성과 사용신뢰성을 정의하고 각 분야별 평가요소를 설명하라.
4. 신뢰성이론에 입각한 신뢰성 특유의 설계기법으로는 신뢰도의 배분, fool proof 설계방식, fail safe 설계방식, safe life 설계방식, 용장성 설계 등을 꼽을 수 있다. 각각의 특징을 기술하라.
5. 품질관리에서는 모수의 영역에서 불량의 분포를 문제로 삼는데 대해서, 신뢰성관리는 시간의 영역에서 고장의 분포를 다루는 점이 특징이다. 고장과 관련된 고장률 곡선을 그리고 각 기간의 특징을 약술하라.
6. 신뢰성 분석기법인 FMEA는 제품이나 공정의 고장증상, 공장의 원인 및 영향을 체계적으로 검토하여 고장을 예방하고 줄이는 방안을 제시한다. 이는 설계-FMEA와 공정-FMEA로 구분된다. 설계-FMEA의 작업단계와 작성요령을 아는 대로 기술하라.

제 5 편
품질의 개선

Modern Quality Management

제 14 장 제품 및 서비스의 품질개선
제 15 장 품질공학(다구찌 방법)에 의한 품질개선
제 16 장 공정능력의 분석과 개선

제 14 장

제품 및 서비스의 품질개선

1 품질의 지속적 개선

1.1 지속적 개선활동

최근 인공지능(AI)을 활용하여 불량 검사와 예방, 질병 진단과 처치 예방, 오류의 판단 · 시정 · 예방 등 획기적인 성과가 보도되고 있다.[1] 품질의 본질상 '완전'(perfection)은 존재하지 않는다. 비록 현재로서는 최선의 것이 이룩되었더라도 시일이 흐르면 이보다 나은 진보발전을 필요로 하게 된다. 즉, 지속적인 개선이 필요한 것으로, 품질은 '움직이는 표적'이라 할 수 있다. 끊임없이 움직이는 품질표적을 쫓아가는 끝없는 여행이 바로 지속적인 개선(continuous improvement: CI)으로서 이는 품질경영의 일부가 된다.

일본상품의 경쟁력이 막강한 것은 **카이젠**(改善), 즉 지속적인 개선에 그들이 노력하기 때문이다. 일본의 지속적 품질개선을 주시한 쥬란(J.M. Juran)은 1966년에 20년 이내, 즉 1980년대에 세계적 품질선도자가 될 것이라 예언하였다.[2] 지속적 개선활동은 미국에서 고안되고 적용되어 온 것으로, 2차대전 후 일본에서 도입하여 꽃을 활짝 피운 것이다.

1) [보론] B. 인공지능과 빅데이터를 활용한 품질경영 사례 참조.

2) J.M. Juran, "Made in U.S.A.: A Renaissance in Quality," *Harvard Business Review*, July-Aug. 1993.

1894년 미국의 NCR(National Cash Register)에서 영국에 선적한 금전등록기가 대량으로 반품되었다. 영업에만 전념하던 패터슨(J.H. Patterson) 사장은 책상을 공장으로 옮겨 불량원인을 찾았다. 작업자들의 열악한 작업환경에서 불량이 비롯되었음을 간파한 그는 작업환경을 쾌적하게 개선하고 제안제도를 병행 실시하였다. 우수제안자에게는 상금을 수여하고 사내보(社內報)에 그의 사진과 수상내역을 공표하였다. 1940년대에는 매년 평균 3천여 건의 제안이 들어올 정도로 구성원들의 참여율도 매우 높았다.[3)]

지속적 개선활동(continuous improvement program: CIP)은 구성원들이 경험과 창의력을 발휘하여 제품이나 프로세스를 끊임없이 개선하는 활동이다. 품질개선활동이 지속적으로 전개되려면 품질향상에 대한 경영자와 구성원의 몰입과 끊임없는 실천이 필요하다.

CIP가 성공하려면 경영자의 리더십은 물론 구성원들의 끊임없는 참신한 아이디어 제시와 인내가 필요하다. 따라서 구성원들이 계속 참여욕구를 갖도록 유도하는 제안제도와 구성원들에 대한 지속적인 교육훈련이 함께 실시되어야 한다. 그리고 구성원들의 체계적인 사고와 접근을 위해서는 충분한 기술적 지식과 관리기법도 필요하다.

1.2 품질선구자들의 품질개선 방법론

데밍을 비롯한 쥬란, 크로스비 등은 독특한 품질개선 방법을 제시하였다. 이들이 제시한 품질개선 방법들은 각기 특색이 있어 품질개선활동이나 이론전개에 많은 도움을 주고 있다.

1 데밍의 프로세스 개선론

데밍(W.E. Deming)은 품질개선 방법론으로 경영시스템 및 프로세스의 개선을 강조하였다.[4)]

그는 품질개선을 효율적으로 이룩할 경영시스템의 개선을 위해 「경영전환 14개항」(14 points for the Transformation of Management)을 제시하였다.

---

3) D.M. Schroeder & A.G. Robinson, "America's Most Successful Export to Japan: Continuous Improvement Program," *Sloan Management Review*, Spring 1991.

4) 2장 2.2 '데밍의 품질사상과 철학' 참조.

그가 행한 프로세스개선 실천사항으로는 ① 공급자와 고객을 포괄한 프로세스 개념의 확대, ② 통계적 공정관리(SPC), ③ PDCA 사이클에 의한 지속적인 프로세스 개선을 꼽을 수 있다.

데밍의 PDCA 사이클은 지식의 적용을 통해서만 개선이 가능하다는 전제조건을 바탕으로 깔고 있다.[5] 여기서 **지식**(knowledge)이란 기술이나 경영에 관한 지식을 비롯하여 어떻게 하면 작업을 쉽고 빠르고 저렴하고 안전하게 할 수 있으며, 고객들을 만족시킬 수 있는지에 관한 지식을 의미한다.

2 쥬란의 품질개선론

쥬란(J.M. Juran)은 경영자가 솔선수범하는 품질개선의 추진을 강조하였다. 품질문제의 대부분을 점하고 있는 만성적인 품질문제를 해결하기 위해서 품질의 지속적인 개선을 주장하였다.[6] 그 방법론으로 「품질 트릴로지」(Quality Trilogy)를 제시하였다. 즉, 품질경영 과정을 품질계획, 품질관리, 품질개선의 3단계로 구분하여 단계적으로 품질경영을 추진할 것을 역설하였다.

여기서 그가 제시한 **품질개선 실천요령**은 다음과 같다.

① 경영자가 개선의 필요성을 확신할 수 있도록 설명하고 입증하라.

② 파레토 분석 등의 방법으로 우선 수행할 과제를 선정하라.

③ 프로젝트를 이끌어갈 팀을 편성하라.

④ 문제의 원인을 규명하고 진단하라.

⑤ 대책들을 강구하고 그들의 효과를 제시하라.

⑥ 제시된 대책이나 변화에 대한 저항을 효과적으로 대처하라.

⑦ 개선효과가 지속되도록 통제수단을 강구하라.

3 크로스비의 품질개선 단계

크로스비(P.B. Crosby)는 그의 무결함(zero defects)사상을 실천하기 위한 품질철학으로 '품질경영의 절대조건'(Absolutes of Quality Management)과 '품질개선 대책'(Quality Improvement Program)을 제시하였다.[7]

---

5) J.R. Evans & W.M. Lindsay, *The Management & Control of Quality*, 4th ed., South-Western College Publishing, 1999, p.421.

6) 2장 2.3 '쥬란의 품질사상과 철학' 참조.

7) 2장 2.4 '크로스비의 품질사상과 철학' 참조.

그가 제시한 품질경영의 절대조건을 실현할 방법으로 14단계의 **품질개선 대책**을 제시하였다.

① 경영자가 품질개선 활동에 적극적으로 참여한다.
② 품질개선 팀을 결성한다.
③ 품질활동의 수행척도를 정한다.
④ 품질코스트를 측정한다.
⑤ 품질의식을 고취시킨다.
⑥ 품질문제에 대한 체계적인 수정조치를 취한다.
⑦ 무결함 프로그램을 실행하기 위한 특별위원회를 구성한다.
⑧ 감독자들에게 필요한 교육을 실시한다.
⑨ 무결함의 날을 선포한다.
⑩ 품질개선 목표를 정한다.
⑪ 오류(결함)의 원인을 제거한다.
⑫ 달성한 성과에 대해 표창·포상한다.
⑬ 품질위원회를 구성하고 개선활동을 점검한다.
⑭ 위의 과정을 반복 시행한다.

품질의 개선은 제품의 라이프사이클에서 볼 때, ① 개발·설계단계, ② 제조·가공단계, ③ 사용단계에서의 품질개선으로 나누어 볼 수 있다.

2 설계단계의 품질개선

2.1 개발 및 설계단계의 품질개선

현대경영에서 앞서가려면 시장과 고객의 니즈에 의해 주도되는 사업에 초점을 맞출 필요가 있다. 고객의 요구나 욕구가 제품의 설계단계에서 충족되고 아울러 부품설계나 제조공정 및 조립작업에 반영될 때 시스템의 유효성은 커진다. [그림 14-1]은 일본과 서구의 품질개선 활동의 관행을 제시한 것[8]이다. 이는 설계와 계획단계에서 고객의 니즈를 충분히 고려하지 않았거

8) L.P. Sullivan, "The Seven Stages in Company-Wide Quality Control," *Quality Progress*, May 1986.

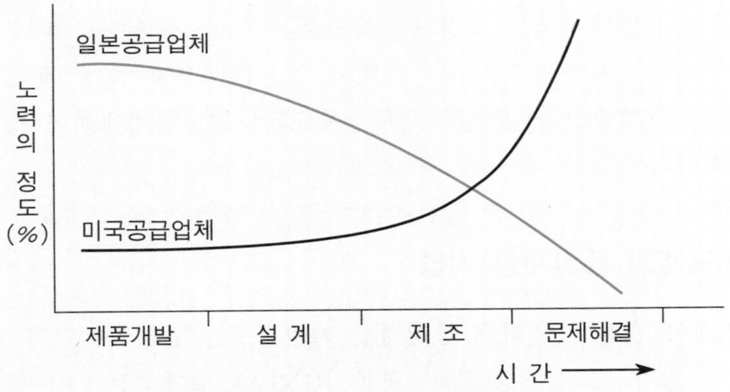

그림 14-1 PLC단계별 품질개선 노력

나 그의 고려가 부적합했기 때문에 문제해결 단계에서 많은 자원과 노력이 소모되는 서구(西歐)산업의 전통적인 관행에 비해 프로젝트의 시작단계에서 많은 노력을 기울이는 일본관행의 장점에 대해 설명하고 있다.

일본의 경우 개발초기단계에서 대부분의 설계변경이 이루어지는데, 미국에서는 생산단계에서도 설계변경이 잦다. 이 점은 우리나라도 비슷하다.

품질개선의 경우 개발·설계단계로 올라갈수록 효과가 큰 것을 [그림 14-

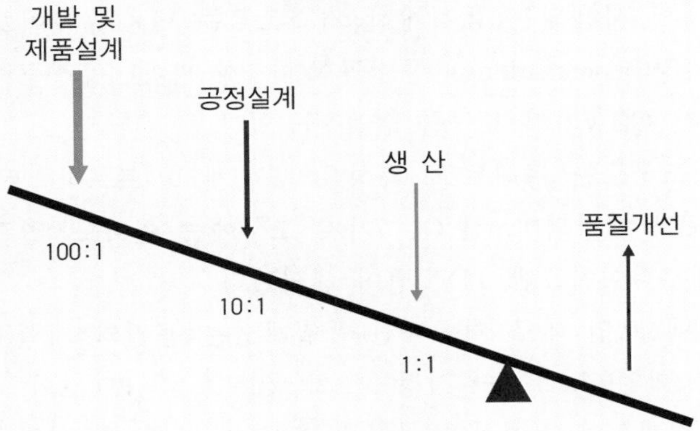

그림 14-2 품질 지렛대

2]의 품질지렛대(quality lever)의 작용에서 볼 수 있다. 즉, 품질개선을 위한 지렛대의 힘은 개발단계에서 가장 큰 것으로 시간이 경과함에 따라, 설계단계 → 제조단계 → 사용단계로 넘어가면서 그 힘은 점차 줄게 된다. 그러나 개발 내지 설계단계에서는 품질의 구체성이 결여되어 품질개선이 쉽지 않다는 것이 문제이다.

2.2 설계단계의 품질개선 기법

설계단계에서 흔히 사용되는 **품질개선 기법**으로는 품질기능전개(QFD), 품질공학(다구찌 방법), 고장증상 및 영향분석(FMEA), 설계검토(DR) 등을 꼽을 수 있다.

개발 및 설계단계에서 적용되는 대표적인 기법으로는 품질기능전개(QFD)와 품질공학(다구찌 방법)을 꼽을 수 있는데, QFD는 7장 3절에서 품질공학은 15장에서 설명하였다. 설계검토(DR)와 고장증상 및 영향분석(FMEA)에 대해서는 13장을 참고바란다.

3 제조단계의 품질개선

3.1 품질개선 기법

제조단계에서 사용되는 품질개선 기법으로는 PDCA 사이클, 5가지 왜(5 Why's), 벤치마킹(benchmarking), 품질공학(다구찌 방법), 공정능력 분석, QC 7가지 도구와 신 QC 7가지 도구를 꼽을 수 있다.

QC 7가지 도구로는 파레토도, 특성요인도, 체크시트, 히스토그램, 산점도, 그래프, 관리도가 해당되며, **신 QC 7가지 도구**에는 친화도, 연관도, 매트릭스도, 계통도, 애로다이어그램, PDPC법이 해당된다.

[그림 14-3]에 보인 대로 지속적인 품질개선은 품질의 계획(Plan) → 실행(Do) → 검토・확인(Check) → 시정・조치(Action), 즉 PDCA의 과정을 반복한다. 따라서 품질개선의 전형적인 과정은 PDCA라고 할 수 있다.

사 례 **5 Why's: 왜 제퍼슨 기념비가 마모되는가?**

워싱턴 D.C.에 있는 링컨기념관에는 대리석에 새겨진 제퍼슨 기념비가 있다. 그런데 이 기념비가 샌드페이퍼로 문질러 놓은 것처럼 마모되어가고 있었다.

왜 비석이 마모되고 있는가? 너무 자주 닦았기 때문이다.

왜 그렇게 자주 닦았는가? 새들이 배설물을 너무 많이 쌌기 때문이다.

왜 그렇게 많은 새들이 기념비에 서식하는가? 참새와 제비가 거미를 먹으러 그 곳으로 모이기 때문이다.

왜 거미가 그렇게 많은가? 작은 벌레를 좋아하기 때문이다.

왜 그곳에는 작은 벌레들이 많은가? 벌레들이 몰려다니는 해질 무렵에 점등되는 불빛이 벌레들을 끌어들이기 때문이다.

그래서 점등시간을 1시간 늦추었더니, 벌레의 수가 줄면서 거미의 수가 줄어들고, 참새와 제비의 수도 줄어들면서, 배설물이 줄어들어 청소횟수도 줄면서 기념비의 마모문제가 해결되었다.[9]

3.2 PDCA 사이클

PDCA 사이클은 창시자인 슈하트(W.A. Shewhart)의 이름을 따서 '슈하트 사이클'(Shewhart's cycle)이라 불리웠으나, 데밍(W.E. Deming)이 1950년에 일본에 전파한 이래 일본인들에 의해 **데밍사이클**(Deming's cylce)이라 불려지고 있다.

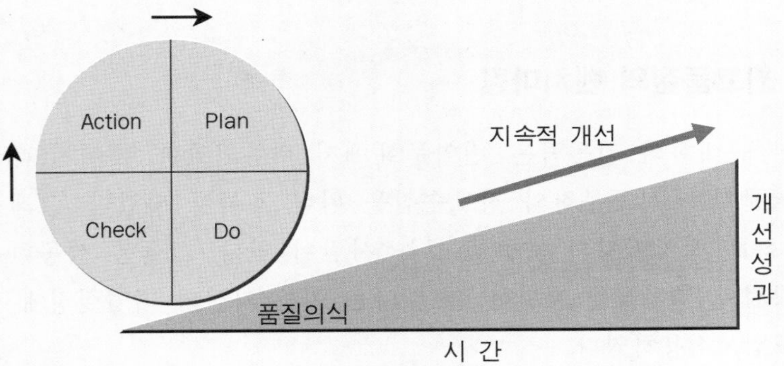

그림 14-3 PDCA사이클에 의한 지속적 개선

9) J. Main, *Quality Wars*, Free Press, 1993. 이종관 역, 21세기 북스.

PDCA 사이클은 Plan(계획), Do(실행), Check(확인), Action(조치)의 4단계로 진행된다.

계획(Plan)단계에서는 개선할 대상과 목표를 정하고 개선방안을 모색한다. 계획 활동으로는 고객과 공급자의 규명, 고객의 요구와 기대의 이해, 문제의 확인, 해결방안의 개발 등이 수행된다.

실행(Do)단계에서 계획이 실행되는데, 처음은 실험수준에서 행해진다. 예컨대 실험실에서의 실험이나 소수의 고객을 대상으로 실행된다.

확인(Check)단계는 계획대로 실행되고 있는지, 문제점은 없는지를 검토한다.

조치(Action)단계에서 최종계획이 실행되고 개선방안은 표준화되어 계속적으로 이행된다. 이 과정은 계획단계로 넘어가서 [그림 14-3]처럼 새로운 과정을 반복하면서 지속적인 개선이 이루어진다.

PDCA 사이클은 지속적 개선의 방법론이라 할 수 있다. 목적과 수단의 관계에서 그 단계를 제시하면 다음과 같다.

① 목적(목표)을 정한다. ② 목적달성에 적합한 수단을 정한다.	Plan
③ 수단과 방법을 익히도록 교육훈련한다. ④ 수단과 방법대로 행한다.	Do
⑤ 실행결과를 목표와 비교한다.	Check
⑥ 그 차이와 원인에 대해서 조치한다. ⑦ 이를 다음 목표에 반영한다.	Action

3.3 최고품질의 벤치마킹

일본 근대화의 원동력은 '번역문화'에서 비롯되었다. 메이지(明治)시대 이래 번역문화는 서구문화의 정보수집을 위한 초석이 되었다. 그래서 일본의 근대문화를 벤치마킹의 문화로 보는 사람이 있다. 그들은 성공한 우량기업들의 장점과 특징들을 자세히 살핀 다음 이를 자신의 기업실정에 맞게 개량하여 도입·적용하였다.

오늘날 이와 같은 과정을 제록스(Xerox)를 비롯한 미국기업이 다소 체계화시켜 TQM활동에 적용하여 품질개선에 큰 효과를 보고 있는 기법이 벤치마킹(benchmarking)이다. 이 기법은 미국의 제록스, 모토로라(Motorola)를 비롯한「말콤볼드리지품질상」수상업체에서 TQM활동의 방향지표를 제시하여 이들 업체의 품질개선활동에 획기적인 발전을 유도했다. 벤치마킹은 다른 업체에서 효과가 있음이 증명된 것을 그대로 옮겨옴으로써 연구개발과 시행착오 과정에서 투입되는 시간과 금전을 절약할 수 있다.

일본의 공세에 밀려 침체일로를 걷던 1980년대 후반에 미국 자동차산업의 경쟁력을 회복시켜준 경영기법은 벤치마킹으로 미국 5백대기업의 2/3가 활용할 정도로 보편화되었다.[10)]

사 례 **미국 자동차산업의 벤치마킹**

포드자동차의 토러스(Taurus)는 1980년대 말까지 일본 혼다자동차의 어코드(Accord)에 베스트셀러 자리를 내주었던 미국 자동차업계의 자존심을 되찾아 주었다.

포드는 일본의 자동차를 벤치마킹하기로 하고 5백여 개의 항목을 정한 후 일본 자동차와의 차이점을 철저히 분석했다. 일본차의 나사못 모양, 조립각도, 작업자의 위치, 자세 등 인간공학적인 요소까지 철저하게 분석한 결과, 혼다의 어코드를 따라잡을 수 있었다.

GM과 크라이슬러도 일본에 빼앗긴 소형차시장을 되찾기 위해 '새턴'과 '네온' 모델을 개발할 때, 일본 도요타의 린 방식과 일본인의 집단의식, 그리고 부품업체와의 협력생산 방식을 접목시키려고 미국식 발상을 완전히 뛰어넘는 경영혁신을 감행하는 벤치마킹을 실천했다.

벤치마킹은 하나의 비교과정으로, 경쟁자나 다른 조직의 우수한 경영실무(best practice)를 지속적으로 추구하여 이를 거울삼아 조직발전의 발판으로 삼는 창조적 모방(creative copy)과정이다. **벤치마킹**(benchmarking)이란 "조직의 업적향상을 위해 최상의 것으로 인정되는 제품·서비스·업무수행 방식을 검토하고, 자기의 조직에 새로운 아이디어를 도입하는 지속적이고 체계적인 과정"이다.

벤치마킹의 **유형**으로는 제품 벤치마킹, 프로세스 벤치마킹, 전략 벤치마킹, 경쟁 벤치마킹 등을 꼽을 수 있다.

벤치마킹의 **효과**는 다음과 같다.

① 우량 기업의 성과를 구성원에게 알려서 자극을 준다.

② 경쟁자와 대등하거나 그 이상의 기능을 수행할 수 있어 시장경쟁에

10) 서재명 외, *세계가 보인다 미래가 보인다*, 1998, 해냄.

유리하다.

③ 벤치마킹을 통하여 경쟁에 유리한 입지를 계속 유지한다.

④ 벤치마킹과정은 구성원들로 하여금 조직이 작용하는 방법을 마음속 깊이 이해시킨다.

⑤ 외부에 초점을 맞춤으로서 비건설적인 내부경쟁을 피하게 한다.

⑥ 자원을 적절히 이용하고 비용이 최소로 투입되도록 한다.

최초로 기록된 벤치마킹 실천자로는 "거울아, 거울아, 이 세상에서 가장 예쁜 사람이 누구니?"하고 마법거울에 물었던 『백설공주 이야기』의 심술궂은 계모여왕을 꼽을 수 있다. 계모여왕의 비교대상과 방법이 달랐더라면, 아마도 그 나라에서 의문의 여지가 없는 최고의 미인으로서 자신의 위치를 유지할 수 있었을 것이다.

이 「사례」가 주는 교훈과 마찬가지로, 기업활동에서도 누가 어떤 기준을 어떻게 사용하느냐 하는 것은 대단히 중요한 문제이다. 따라서 벤치마킹을 추진하기에 앞서 벤치마킹의 본질이나 속성에 대한 올바른 이해가 선행되어야 한다.

〈표 14-1〉은 스펜돌리니(M. Spendolini)가 제시한 벤치마킹의 속성이다.

벤치마킹이란 세계최고 또는 업계최고의 수준을 추구하는 창조적 모방행위이므로 실력(능력)이 있는 사람이 장기간 지속적으로 추구하되 사전에 마련된 규범적 모델에 따라서 행해져야 한다. 벤치마킹은 프로젝트 계획단계

표 14-1 벤치마킹의 속성

벤치마킹인 것	벤치마킹이 아닌 것
· 지속적인 프로세스	· 1회성 행사
· 가치있는 정보를 제공해주는 조사과정	· 단순한 해답을 제공하는 조사과정
· 다른 사람으로부터 배우는 학습과정: 아이디어를 찾아나서는 학습과정	· 복제, 모방
· 일정한 원칙이 있어야 하며 시간과 노력이 요구되는 프로세스	· 신속, 간편
· 실제로 모든 업무를 향상시켜 주는 유용한 정보를 제공해주는 편리한 도구	· 전문적인 유행어

출처: M. Spendolni, 황태호 역, *벤치마킹 & 기업경쟁력*, 김영사, 1993.

에서 시작되어야 하고 프로세스를 개선해야 성공할 수 있다. 스스로의 노력이 없는 베끼기식 벤치마킹은 당장은 좋을지 몰라도 결국 사상누각(砂上樓閣)에 불과하다.

경쟁력을 강화하기 위한 **벤치마킹 단계**는 다음과 같다.

① 벤치마킹 분야를 결정한다. ② 벤치마킹할 대상을 결정한다. ③ 자료를 수집한다.	계획단계
④ 동급에서 최상을 결정한다. ⑤ 회사의 상황을 동급 최상과 비교한다.	분석단계
⑥ 목표를 설정하고 이를 경영계획에 반영한다.	통합 및 조정단계
⑦ 전략과 이정표를 삽입한 실행계획을 수립한다. ⑧ 계획대로 실행하고 점검한다. ⑨ 목표를 재설정하고 지속적 개선을 추진한다.	실행단계

벤치마킹의 **목표**는 최선의 관행(the best practice) 추구이다. 즉 벤치마킹은 경쟁자는 물론 타 업계의 활동과 기업내부의 활동간 비교에도 적용할 수 있는 것으로, 모든 분야에서 최선의 관행이나 성과를 추구할 수 있다. 분명한 목표를 갖고 벤치마킹 프로세스를 추진하는 기업은 뚜렷한 목적이 없이 벤치마킹을 수행하는 기업보다 훨씬 커다란 성공을 거둘 수 있다.

벤치마킹을 기업문화와 결합시킨 기업들은 벤치마킹을 구성원들의 마음속에 자리잡게 하는데도 노력을 기울인다. 피터 센지(Peter Senge)는 학습하는 조직(learning organization)은 그의 장래를 결정하는 조직능력을 지속적으로 확대하는 조직이라고 말한다. 학습하는 조직에서 벤치마킹은 더욱 효과적이다.

4 사용단계의 품질개선

4.1 바르고 쉬운 상품설명서

1970년대 중반에 수입 시판된 쥐약 사용설명서의 잘 못된 문구("이 쥐약은 쥐는 잘 죽으나 사람이나 가축에는 피해가 거의 없어-----")로 많은 피해가 발생한 일이 있다. 담뱃갑 표면에 적힌 “흡연은 건강을 해칠 수 있습니다”는 경고문구는 폐암환자 등 흡연피해자들의 소송을 담배회사들이 피하는 구실로만 활용될 뿐 아무 효용이 없다는 비판을 받기도 한다.

오늘날 각종 첨단 제품들은 기능이 다양하여 복잡해지고 있는데, 소비자들은 제품설명서에 별로 관심을 기울이지 않을 뿐더러 첨단제품의 매뉴얼은 읽어도 무슨 뜻인지 모르는 경우가 많다. 전자제품 고장신고의 절반 가량은 소비자의 조작 미숙과 오류로 인한 것인데, 이는 사용설명서에 대한 소비자들의 무관심과 불충분한 제품매뉴얼과 관련이 깊다.

가전제품에 대한 사용설명서가 지나치게 어려워 불편하다는 소비자 불만이 잇따르자 국내의 가전회사는 최근 전담팀을 신설하는 등 사용설명서를 알기 쉽게 개선하는데 적극 나서고 있다. 특히 가전제품의 복합화, 디지털화가 급진전되면서 복잡해지고 달라진 사용환경에 맞는 새로운 개념의 사용설명서를 쉽게 제작하는 데 노력하고 있다.[11]

선진국의 컴퓨터 소프트웨어 업체의 경우 제품개발시 상품기획 디자인 매뉴얼 작성에 많은 비중을 두고 있다. 이제는 제품의 사용설명서나 매뉴얼도 생산자가 아닌 사용자의 입장에서 바르고 쉽게 그리고 간결하게 작성되어야 한다.

4.2 이지라인(사용하기 쉬운 제품)

일본의 사무기기 메이커인 리코社가 1990년대 초에 신형 팩시밀리를 구입한 고객들을 대상으로 조사한 결과, 힘들여 개발한 주요기능을 한번도 사

사 례 **조작이 복잡한 제품은 싫다**

제록스(Xerox)社는 사무실용 복사기 「8200」을 1980년에 상품화하여 출시하였으나 실패했다. 이 복사기는 문서를 순서에 따라 정리해 주고 확대와 축소도 가능한 첨단기능을 갖추고 있었음에도 사용방법이 복잡한 게 문제였다. 한두 장의 서류를 간단히 복사하려 할 때 어디를 손대야 할지 엄두가 나지 않을 정도로 조작방법이 복잡하였다.

당시 미국 소비자들은 제록스 복사기보다는 가격도 저렴하고 사용하기 간편한 일제 복사기를 선호하게 되어 80년대 초반 제록스의 시장은 상당히 위축되었다.

11) “가전 사용설명서 쉬워진다 - 업계, 소비자 불만 해소 주력,” *전자신문*, 1997. 8. 4.

용하지 않았다는 대답이 95%에 달했다.

[사례]가 주는 교훈은 현대의 소비자들은 '조작이 복잡한 제품을 싫어한다'는 것이다. 우리나라를 비롯한 세계의 전자업체들은 이와 같은 소비자의 요구를 간파하고 사용법을 간소화한 제품개발에 힘쓰고 있다.

네덜란드의 필립스(Phillips)社는 「이지라인」이라는 가전제품시리즈를 내놓았다. S社의 '간단조작' 전자레인지, L社 전자레인지의 '한국형 요리단추', D社의 '만능 리모콘' 등은 「이지라인」(easy line)의 한 예이다. 필요없는 복잡한 기능은 버리고 누구라도 간단히 조작할 수 있도록 설계의 초점을 간편성에 맞춘 것이다.

사용이 간편한 이른바 '이지라인'의 개념은 기본기능은 크게 강화하되 조작은 단순화하는 것이다. 컬러TV와 VCR은 화질과 음질, 냉장고와 에어컨은 냉각성능과 절전, 그리고 오디오는 음질이 기능강화의 포인트이다. 그 대신 사용빈도가 드문 기능은 아예 없애 버린다던가, 여러 번 조작해야 하는 기능은 자동조절이나 원터치로 마감하는 것 등이다.

4.3 사용단계 품질개선의 한계

우리나라에서 지명도가 높은 M전기밥솥은 중국 연변에 A/S팀을 파견하여 소비자의 불편을 덜어줌으로써 당국으로부터 「애프터서비스상」을 수상한 일이 있다. 현대의 품질경영이 소비자의 만족을 목표로 한다고 할 때, 사용단계의 품질개선은 긴요하다. 그러나 품질개선 활동의 성과에서 볼 때 사용단계보다는 생산단계, 생산단계보다는 설계단계에서의 개선활동이 보다 바람직한 것이다.

1960년대의 진공관을 사용한 TV 수상기는 고장률이 높고 내부구조가 복잡하여 수리하기가 어려웠다. 복잡한 배선과 진공관 대신 회로판에 반도체를 부착한 TV가 1960년대 후반에 등장하였는데, 미국 모토로라 계열의 Quasar는 트랜지스터 기술을 처음으로 채택한 회사 중 하나이었다.

이 회사는 수리가 쉽고 비용도 적게 소요되도록 회로판을 텔레비전 앞 공간에 두도록 설계했다. 이 아이디어는 마케팅 담당자들에게 긍정적으로 받아들여졌고, 그래서 Quasar의 텔레비전은 불티나게 팔렸다. 이 때 개선목표는

사 례 **사용단계 품질개선에 치중한 제록스**

1960년대의 제록스(Xerox)복사기는 독보적인 존재이었다. 당시 가장 뛰어난 복사로 인해 모든 사람들이 제록스 복사기를 원했다. 따라서 제록스사는 급성장을 할 수 있었다. 그러나 제록스 기계는 오작동과 고장을 자주 일으켰다. 따라서 이들은 현장서비스 팀을 편성하여 신속한 수리에 힘썼다. 이로써 서비스부서는 이윤을 남기고 있었고 신속한 수리에 치중한 의사결정은 옳은 것처럼 보였다.

그러나 고객들은 고장기간 중 복사가 불가능하므로 수리보다는 고장이 없는 복사기를 원했다. 그래서 자금의 여유가 있는 고객들은 예비복사기를 확보하여 고장에 대비하기도 했다. 경쟁자가 없었던 당시의 영업성과 분석으로는 고객들의 불만을 감지할 수 없었다.[12]

이러한 상황은 일본의 경쟁자들이 침투할 틈새를 만들어 주었다. 그들은 특허시효가 만료되는 1970년대 중반에 고장이 잘 나지 않으면서 가격이 저렴한 복사기를 출시하여 제록스의 시장을 침투할 수 있었다.

TV가 고장이 났을 때 수리를 쉽게 하기 위한 것이었는데, 이는 사용단계에서의 품질개선 사례이다.

그럼에도 불구하고 Quasar텔레비전은 여전히 한 대당 평균 4개 정도의 결점을 가지고 있었다. 이즈음 일본에서는 텔레비전의 고장이 없고 수리할 필요가 없도록 설계되고 있었는데, 이것이 바로 설계단계의 품질개선이다.

5 품질개선과 가치개선

5.1 VE와 QC의 접근방법

오래 전에 쓰여진 성경이나 채근담(採根譚)이 요즈음에도 애독되고 있는 이유는 무엇일까? 온고이지신(溫故而知新)이란 말이 있듯이 VE나 QC 같은 관리기법이 반세기 이상 애용되고 있음은 그만한 값어치가 있기 때문이다.

품질관리(QC)와 가치공학(VE: value engineering)[13]이 상호 보완적인 관계에서 종합적으로 전개되면 그 효과가 높다. VE는 고객이 요구하거나 필요로 하는 기능이 무엇인지를 추구하여 기능분석을 중심으로 문제해결의 실마리

12) J.M. Juran, "Made in U.S.A.: A Renaissance in Quality," *Harvard Business Review*, July-Aug. 1993.
13) 가치 공학/분석(value engineering or value analysis: VE/VA)은 마일즈(L.D. Miles)에 의해서 개발된 기능분석을 중심으로 하는 원가절감 내지 가치개선 기법이다.

를 풀어 나간다. QC에서는 이들 요구된 기능들을 물리적 특성, 즉 품질기준으로 만들어 이를 유지하는 데 주력한다.

VE는 제품이나 서비스의 가치를 향상시키기 위해서 주어진 목적에 적합한 수단을 강구하는 기능중심의 전개[14]를 도모하고 있다. 이 경우 목적추구의 어프로치를 하고 있어 VE는 목적론적 사고방식에 입각하고 있다. 이에 대하여 QC는 현상의 분석을 중심으로 하는 분석적인 어프로치, 즉 방법론적 사고방식에 중점을 두고 있다.

문제해결의 방법에서 볼 때, VE는 시스템 사고(system approach)에 입각하여 우선 시스템의 목적을 올바로 파악한 다음에 그 목적에 적합한 수단을 폭넓게 선택하는 독창적인 문제해결 방법을 적용하고 있다. 이에 대해서 QC는 해당문제의 현상 내지 현행수단을 파악하고 이를 분석·해석하여 그 결과를 토대로 문제를 해결하는 논리적이고 분석적인 문제해결 방법이다.

운반작업을 중심으로 양자의 **차이점**을 살펴보면 〈표 14-2〉와 같다.

현행수단에 입각하여 주로 방법개선에 주안점을 두고 있는 QC의 경우, 목적추구에 중점을 두고 있는 VE의 지원을 받을 때 시스템의 효과는 더욱 커진다.

표 14-2 운반작업의 분석 예

구 분	QC 어프로치	VE 어프로치
분석 방법	운반작업의 수단을 중심으로 통계적으로 분석하고 이를 표준과 비교·검토 한다.	운반작업의 목적을 중심으로 기능적 분석을 행하여 수단을 강구한다.
분석 내용	① 더 실을 수 없는가? ② 용이하게 실는 방법은 없는가? ③ 대기시간을 단축할 수 없는가? ④ 운반거리는 단축할 수 없는가? ⑤ 트럭과 포크리프트 트럭 중 어느 것이 경제적인가? ⑥ 보다 안전한 방법은 없는가?	① 그 작업의 기능(목적)은 무엇인가? ② 무엇 때문에 운반을 하는가? ③ 그 비용은 얼마인가? ④ 그 작업의 가치는 어떠한가? ⑤ 그 방법 외에 다른 방법으로 달성할 수는 없는가? ⑥ 그 방법의 비용은 얼마인가?
분석의 중점	운반의 방법개선에 중점을 두고 있다.	운반의 목적추구에 중점을 두고 있다.

14) VE의 근간을 이루는 것은 기능분석(functional approach)으로서 ① 기능정의, ② 기능평가, ③ 대체안의 개발을 거쳐 불필요한 기능에 내포된 '불필요한 원가'를 제거시킨다.

5.2 VE에 의한 품질개선

가치공학 기법이 미국방성의 원가절감 프로그램으로 각광을 받고 있던 1960년대 중반, 미국방성은 VE의 역효과를 우려하여 미국병기협회(American Ordnance Association: AOA)에 의뢰하여 1964년과 1967년 두 차례에 걸쳐 VE의 영향조사를 실시하였다.

1964년 AOA로 부터 미국방성에 보고된 조사보고서[15]에 의하면, VE는 품질과 신뢰성 개선에 작용하고 있음이 밝혀졌다. 1967년에 미국방성은 VE가 과거의 수준을 유지하고 역효과를 초래하지 않았는지 확인하기 위해서 AOA에 재조사를 의뢰하였던 바, 신뢰성에 대한 개선효과는 63%, 무효과는 37%로 나타났으며, 품질에 대한 개선효과는 71%, 무효과는 27%로 1차 조사결과보다 효과가 높게 나타났다.

VE가 품질이나 신뢰성 향상에 **공헌**하는 **이유**는 VE 적용결과 불필요한 기능이 제거되어 제품 및 구성부품의 단순화 내지 작업의 간소화를 기할 수 있기 때문이다. 한 마디로 VE의 역할은 그가 지닌 단순성(simplicity)에서 비롯된다.

1 부품수의 감소와 신뢰성 개선

직렬시스템으로 연결된 부품 1개의 신뢰성 확률이 0.98이라 할 때,

사 례

단순화와 원가절감

S전자는 2007년까지 TFT LCD(초박막 액정표시장치) 제조원가를 브라운관과 같은 수준으로 낮추기로 했다. 현재 1인치당 25달러로 브라운관의 2.5배에 달하는 TFT LCD 제조원가를 2007년까지 1인치당 10달러선으로 내려 브라운관과 비슷하게 만들 계획이다.[16]

이를 위해 액정 모듈의 부품수를 현재 약 3백개에서 1백20개로 줄이고 2백50가지에 달하는 공정수를 1백개 수준으로 단순화할 방침이다. 또 생산수율(재료투입 대비 생산제품 비율)을 현재 80%에서 10년 후 95%로 높이고 제조장비도 표준화하기로 했다. 회로부문에선 일부 기능을 하나의 반도체에 통합한 후 장기적으로는 모든 기능을 원(one)칩화 할 예정이다.

15) DOD, *Fringe Effects of Value Engineering*, reported by AOA, May 1964.
16) "TFT-LCD 제조비용 대폭 축소," *한국경제*, 1999. 9. 20.

5개인 경우의 신뢰성은 $R_5 = 0.98^5 = 0.904$

↓

10개인 경우의 신뢰성은 $R_{10} = 0.98^{10} = 0.817$

↓

100개인 경우의 신뢰성은 $R_{100} = 0.98^{100} = 0.133$으로

연결되는 부품수가 늘어날수록 신뢰성이 급격히 떨어짐을 알 수 있다.

복잡한 제품이나 시스템을 간소화할 경우, 시스템의 고장률이 감소되어 신뢰성이 향상된다.

2 시스템의 신뢰성 개선과 가치개선

여러 부품들로 구성되는 제품의 경우, 실제로는 각 요소간에 품질수준의 차이가 많이 있으므로 전체 시스템의 품질(신뢰성)은 어떤 요소의 품질변화에 의해서 크게 영향을 받을 수 있다. 그런데 이들 요소 중 어떤 것은 투입비용이 크게 늘어났으면서도 신뢰성 개선은 보잘 것 없는가 하면, 어떤 것은 적은 비용의 투입으로도 신뢰성이 상당히 개선되는 경우가 있다.

이러한 경우 개개 구성요소들의 신뢰성(품질수준)과 원가수준을 시스템 전체의 입장에서 조절하면 전체적으로 원가절감과 아울러 신뢰성이 향상되고, 원가 대 신뢰성 관계가 개선될 수 있다.

[그림 14-4]에서 부품 A의 신뢰성 곡선과 같이 신뢰성 향상에 대한 비용증가가 완만할 경우에는 비용이 다소 증가되더라도 신뢰성을 향상시키고, 부품 B와 같이 코스트의 증가도가 가파를 때는 신뢰성은 다소 떨어지지만 비용을 대폭 줄일 수 있다. 이 경우 A곡선과 B곡선의 교차점인 O점을 고려할 수 있으며, 대체품 B_1이나 B_2 등을 개발할 경우 점 O_1이나 점 O_2가 제시될 수 있으며, A_1, A_2가 제시된다면 결국 음영부분에서 가치개선을 모색할 수 있다.

이로써 원가와 신뢰성(품질)을 교환요인(trade off factors)으로 간주하기보다는 오히려 제품의 가치를 증대시키기 위해 이들이 상호 작용할 수 있음을 알 수 있다. 따라서 품질개선 활동에 VE를 도입할 경우 원가의 큰 부담 없이도 제품이나 서비스의 품질(신뢰성)을 향상시킬 수 있다.

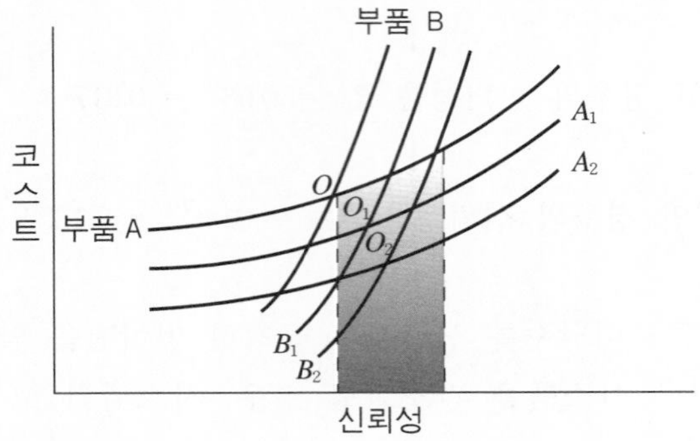

그림 14-4 가치의 개선

5.3 가치의 최대화

가치공학(VE)이란 최저의 코스트로 필요로 하는 기능 · 품질 · 신뢰성 등을 저하시킴이 없이 필수기능을 달성코자 품질이나 서비스의 기능상의 요건을 분석하는 데 기울이는 조직적인 노력이다.

위의 정의에서 "최대의 가치는 최저의 코스트로 필요한 기능을 달성할 때에 얻어 진다"는 가치공학의 기본원리를 이끌어 낼 수 있는데, 가치(價値)의 정의를 다음 산식으로 간단히 나타낼 수 있다.

$$\text{가치}(V) = \frac{\text{기능}(F)}{\text{원가}(C)}$$

이 경우 가치(V)는 기능(F)이 일정할 경우에 원가(C)에 반비례한다. 그리고 원가가 일정할 경우에 기능과 가치는 정비례한다. 일반적인 원가절감기법에서는 원가의 절감만이 가치증대의 요건이 되고 있지만, 가치공학에서는 품질개선이나 기능향상에 의해서도 가치증대를 도모할 수 있다. 그러므로 VE활동에서는 원가절감 방법을 통하지 않고 기능개선이나 품질개선 등에 의해서도 가치를 높일 수 있다.

시스템의 개선을 위한 지속적인 VE활동이 효과적으로 전개될 경우 제품의 원가절감과 더불어 신뢰성 향상이라든가 품질, 중량 등 가치파라미터들의 가치개선이 이루어지게 되므로 [그림 14-5]에서와 같이 가치파라미터에 대한 총비용곡선은

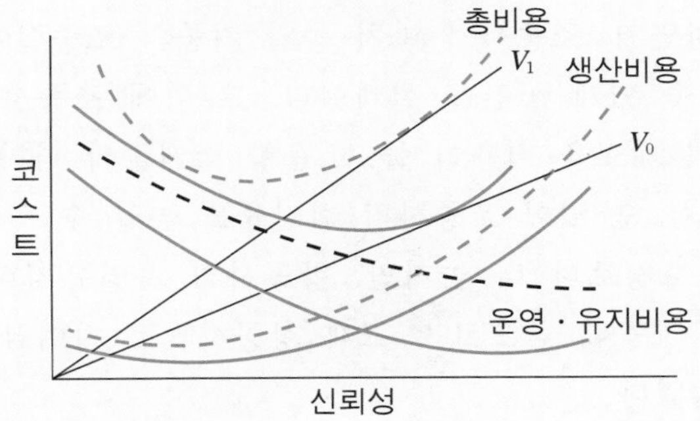

그림 14-5 **가치의 최대화**

아래로 내려가게 되어 등가선(等價線)은 V_1에서 V_0으로 처지므로(등가선의 기울기가 낮을수록 가치는 높다) 결국 보다 나은 가치, 즉 가치의 최대화가 가능하게 된다.

■ 고객가치의 증대

고객이 상품을 사거나 서비스를 받을 때, 고객가치가 가장 큰 것을 선택하기 때문에, 기업은 고객가치를 극대화해야 한다. 고객가치를 극대화하려면 고객이 소비를 통해 얻게 되는 이득은 늘리고 소비 과정에서 부담하는 비용은 감소시켜야 한다.[17] 고객이 부담하는 총비용은 구입가격을 비롯하여 구매단계에서 발생하는 거래비용과 사용단계에서 발생하는 사용비용으로 구분할 수 있다. 전통적 가치공학에서는 이를 라이프 사이클 코스트의 입장(취득가격, 생산/구매비용, 운영유지비용, 폐기비용)에서 접근한다.

① **가격의 감소:** 생산기업에서 흔히 취할 수 있는 방편으로 기술혁신을 비롯한 VA/VE를 통한 생산원가의 절감을 꼽을 수 있다. 고객가치 창조가 강조될수록 원가절감을 등한히 하기 쉬운데, 원가절감 없이 고객가치 창조는 제대로 이루어질 수 없다.

② **거래비용의 감소:** 멕시코의 시멘트 제조업체 시멕스(CEMEX)는 '오늘을 위한 기금(Patrimonio Hoy)'이라는 프로그램을 통해 저소득층에게 구매자금 조달을 가능하게 해주고 이자나 보관비용을 일부 부담하는 형태로 거래비용을 줄여 줌으로써 저소득층을 대상으로 한 새로운 고객가치 창조가 가능했다.

17) 윤여중, "고객가치 창조의 사각지대, 가격외 비용", *LG Business Insight 989*호, 2008.5.21

③ **사용비용의 감소:** 에어버스(Airbus)는 설계가 다른 다양한 기종의 비행기를 생산하면서, 조종사가 마치 동일 기종의 조종실에 앉아 있는 것처럼 느낄 수 있게 공간을 설계했다. 그 덕에 조종사가 비행 기종을 변경할 때의 재교육 비용이 줄고, 운항 스케줄에 따라 유연하게 파일럿 배정을 할 수 있어 조종사의 회전율을 높일 수 있다. 비행기 가격은 경쟁사 보잉보다 더 높지만, 항공사의 운영유지비 감소로 더 큰 고객가치를 제공해 줌으로써 고객 항공사들로 하여금 에어버스를 선택하게 만들었다.

5.4 VE와 QC에 의한 가치혁신

VE활동의 목표를 정할 때에 지나친 욕심은 피해야 되는데, 처음에는 낮은 단계의 목표를 추구하면서 차츰 단계를 높여 가는 것이 바람직하다.

① 품질을 유지하며 가격을 내리는 단계
② 가격을 유지하며 품질을 올리는 단계
③ 품질을 올리며 가격을 내리는 단계
④ 품질과 가격을 모두 올리는 단계

파이겐바움(A.V. Feigenbaum)은 "소비자가 만족할 수 있는 완전한(perfect) 제품을 최저의 원가로 생산·판매하는 기업만이 살아남을 것"이라고 하였다. '완전한 제품을 염가로' 만들어 팔 수 있으려면 적어도 ③단계의 목표가 추구될 수 있어야 한다.

VE활동 단독으로는 ②, ③, ④단계의 목표를 충분히 달성하기 어려운데, 이 경우 TQM 시스템의 일환으로 VE활동을 전개하는 것이 바람직하다. QC

참고

가치개선과 고객가치의 창조

VA/VE는 생산자가 불필요한 기능을 제거하여 생산원가를 절감하는 공급자입장의 원가절감 내지 가치개선 접근방식인데 비해, '고객가치의 창조'는 소비자나 고객의 니즈를 탐색하여 고객가치를 창출하는 소비자지향 접근방식이라는 점에서 구분된다. 그리고 VA/VE는 생산부서가 중심이 되어 체계적인 원가절감을 추구함으로써 기능향상이나 가격인하에 영향력을 발휘하지만, 후자는 고객과 접점을 이루는 영업부서가 중심이 되어 새로운 고객가치를 창출함으로써 고객만족에 직접적인 영향을 주게 된다.

활동과 VE활동은 흔히 생각하는 것과 같이 서로 상충관계에 있지 않고 오히려 상호보완관계에 있는 것으로 양자가 종합적으로 전개될 때 그 효과는 더욱 커질 수 있다.

주요 용어(key word)

• 지속적 개선활동(CIP) • 품질경영의 절대조건(absolutes of quality management) • 품질지렛대(quality lever) • 다섯 가지 왜(5 Why's) • PDCA사이클 • 벤치마킹(benchmarking) • 최선의 관행(best practice) • 이지라인(easy line) • 가치공학(value engineering) • 가치혁신(value innovation)

연습문제

1. 제품품질의 개선과 관련된 다음 문구를 읽고 품질의 지속적 개선을 위하여 필요한 자세에 대하여 논하라.

> 지속적인 개선이 필요한 것으로, 품질은 '움직이는 표적'이라고 할 수 있다. 끊임없이 움직이는 품질표적을 쫓아가는 끝없는 여행이 바로 지속적인 품질개선활동으로서 이는 품질경영의 일부가 된다.

2. 품질선구자(데밍, 쥬란, 크로스비)들이 주창한 품질개선 방법론을 기술하라.
3. 개발 및 설계단계 품질개선의 중요성과 이 단계에서 사용되는 품질개선기법들을 기술하라.
4. 제조단계에서 사용되는 품질개선기법들을 기술하라. 특히 PDCA 사이클의 지속적 개선에 대해서 언급하라.
5. 벤치마킹(benchmarking)은 경쟁자나 다른 조직의 Best Practice를 지속적으로 추구하여 이를 거울삼아 조직발전의 발판으로 삼는다.
   벤치마킹의 효과와 추진단계를 설명하라.
6. 사용단계 품질개선의 한계점에 대하여 논하라.
7. 품질관리(QC)와 가치공학(VE)의 접근방법을 비교・설명하라.
8. VE가 품질이나 신뢰성 향상에 공헌하는 이유를 설명하라.
9. VE와 QC에 의한 가치 혁신방안을 기술하다.

제 15 장

품질공학(다구찌 방법)에 의한 품질개선

1 다구찌의 품질공학

1.1 품질공학(다구찌 방법)

미국에서 다구찌 메소드(Taguchi method)라고 불리는 품질공학(quality engineering)은 다구찌겐이찌(田口玄一)에 의해 개발 추진된 기술개발, 제품설계, 공정설계에서의 최적화 기법이다. 최적화 기법이란 산포를 최소화하기 위한 방법으로 다구찌 방법에서 보면 파라미터 설계에 해당된다. 다구찌 방법은 본질적으로 실험계획법(實驗計劃法)과 같지만, 직교배열표(直交配列表)의 이용방법에서 다르다.

참고

실험계획법(DOE: design of experiment)

"두개 이상의 공정 투입요인(독립변수)과 그에 따른 산출결과(종속변수)의 영향력에 대한 계획적 · 구조적 · 조직적인 관찰"이라 정의할 수 있다.

실험계획법은 영국의 피셔(Ronald Fisher)가 자연상황에서 농업실험을 평가하기 위해 1920년대에 개발한 것으로 농작물 성장에 결정적인 영향을 미치는 영향요인(일광 · 온도 · 강우량 · 토양 · 비료 등)을 결정하고 이로 영향을 받는 결과요인을 결정하였다.

이와 마찬가지로 제조공정에 미치는 영향요인은 어떤 것이며, 그 결과 제품의 품질은 어떻게 되는가를 알 수 있다. 이 실험 결과에서 얻어진 제품특성(파라미터)은 최선의 제품특성을 제공해 주며 아울러 공정 파라미터의 설정은 최소의 품질변동과 최고의 공정 수율을 제공해 준다.

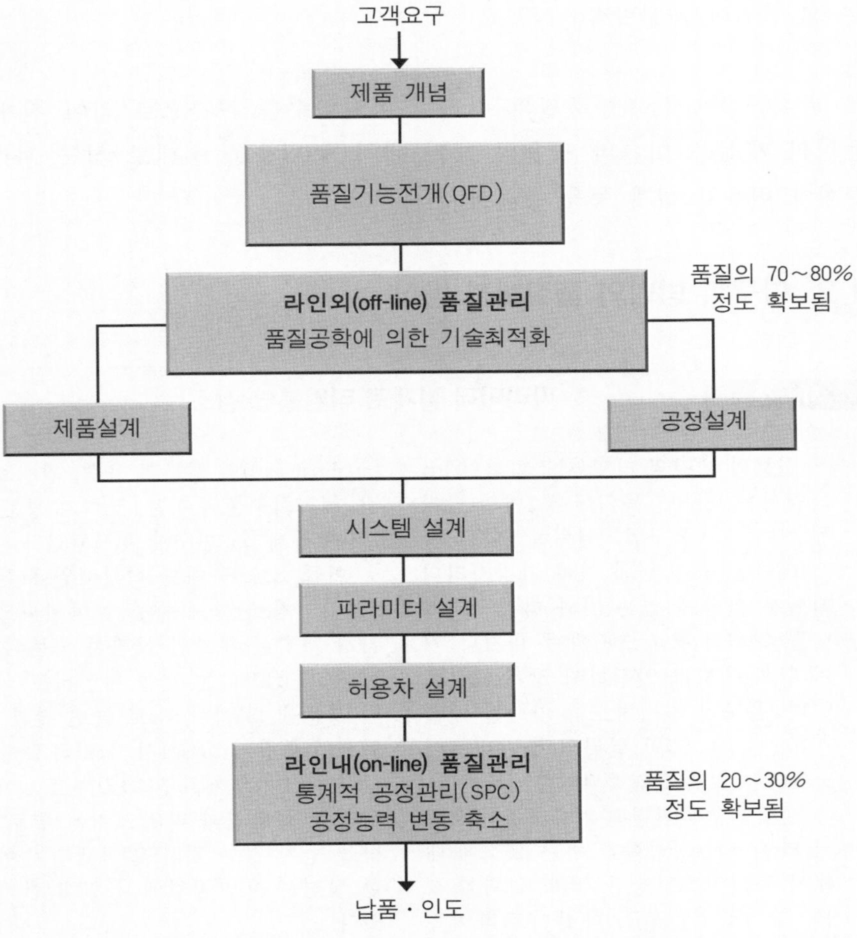

그림 15-1 품질경영에서의 품질공학

다구찌의 **품질공학**(品質工學)은 [그림 15-1]에 보인대로 라인외 품질관리(off-line quality control)와 라인내 품질관리(on-line quality control) 활동[1]을 통하여 제품품질이 사회에 끼치는 손실을 최소화하기 위하여 수행되는 모든 활동의 체계라 할 수 있다. 품질공학은 제품설계 및 공정설계에서의 품질개선을 비롯하여 공정능력 개선에 적용가치가 특히 높으므로 라인외 품질개선 활동과의 관련이 매우 깊다.

품질공학은 크게 나누어 다음의 두 가지 내용을 담고 있다.

① 품질, 특히 기능품질의 평가방법

② 품질의 개선방법

품질공학에서 기능품질의 평가는 손실함수를 근간으로 하여 전개되며, 품질의 개선은 이른바 잡음의 제거 내지 SN비율을 최대로 하는 파라미터 설계와 허용차 설계 등을 통해서 전개된다.

1.2 다구찌 방법의 품질개선 방식

사 례 **파라미터 설계로 타일불량 감소**

일본의 세라믹 타일 제조회사인 Ina 타일사는 1953년 독일에서 2백만 달러에 가마(kiln)를 구입·설치하였다.

타일을 구은 결과 가마 가장자리의 타일은 안쪽에 있는 것과 타일크기가 다를 뿐더러 평균 크기에 못 미쳤다. 가마 안의 온도가 일정하지 않기 때문이었다. 온도가 일정하도록 가마를 재설계하는 데는 50만 달러의 추가비용이 소요되는 것으로 견적되었다.

제조공정에 관련된 기술자들이 모여서 타일크기에 영향을 주는 요소에 대해서 브레인스토밍한 결과, 석회석 성분, 첨가물의 순도, 아갈마토라이트(agalmatolite)의 성분과 유형, 원재료의 량, 폐기회수물의 성분, 장석의 성분 등 7가지 통제가능변수가 제시되었다.

이들 요소에 대한 직교배열표(본장 3절 3.3 참조)를 이용한 실험계획으로 가장 저렴한 재료인 석회석 성분의 영향이 가장 크다는 것을 확인하고 석회석 성분을 1%에서 5%로 늘린 결과, 타일크기 불량이 30%에서 1%이하로 줄었다. 가장 비싼 재료인 아갈마토라이트 성분은 실험결과 타일크기에 별로 영향을 주지 않는 것을 알아냈다.[2] 이러한 발견은 요업공업에서 일대 변혁이었다.

1) 개발·설계단계에서의 품질관리는 라인외 품질관리(off-line QC)이며, 제조단계에서의 그것은 라인내 품질관리(on-line QC) 활동이다.

2) N. Raghhu Kackar, "Off-line Quality Control Parameter Design, and the Taguchi Method," *Journal of*

기계나 자동차를 비롯한 특정 제품의 성능특성이 항상 목표치를 유지할 수 있다면 이상적이지만 대개는 사용환경, 생산설비나 부품의 열화, 불완전한 생산 등의 잡음요인으로 인하여 목표치로부터 변동하기 마련이다.

품질공학에서는 제품성능 변동에 영향을 주는 요인으로 원인의 발견과 통제(control)가 가능한 설계변수와 원인을 찾기 어렵고 통제가 쉽지 않은 잡음으로 구분한다. 후자의 경우, 제품의 품질특성치가 목표 값으로부터 벗어나게 하는 잡음요인(기능의 산포에 대한 원인)은 외부잡음, 내부잡음, 제품간 잡음의 세 가지로 나눈다(표 15-1 참조).

① **외부 잡음**(external noise): 외부 사용환경조건 변화에 의한 품질변동(산포) 요인.
② **내부 잡음**(internal noise): 부품 · 설비 · 생산공정 등의 열화(劣化)에서 오는 품질변동 요인.
③ **제품간 잡음**(between noise): 제품의 생산과정이나 생산활동이 불완전하여 발생되는 품질변동 요인.

다구찌 방법의 목표는 주어진 잡음요인에 민감하지 않은 제품을 생산하는데 있다. 이와 같은 안정성(robustness)있는 제품을 생산하기 위해서는 품질관리의 모든 노력이 제품의 설계과정에서부터 생산에 이르기까지 지속적으로 이루어져야 한다. 품질변동에 지대한 영향을 미치는 이들 잡음의 제거는 주로 기술이나 제품의 개발 및 설계단계와 공정설계단계에서 이루어지는데, 제품이나 공정의 설계에 있어 다구찌 방법은 시스템 설계, 파라미터 설계, 허용차 설계의 세 단계로 나누어진다(그림 15-1과 표 15-1 참조).

다구찌 방법(품질공학)에서의 **품질개선 요령**을 제시하면 다음과 같다.

(1) 목표치에 대한 기능특성치의 변동을 지속적으로 줄여 나간다.

(2) 제품이나 공정을 설계하거나 개선함에 있어 기능특성치가 잡음에 안정(둔감)되도록 한다.

(3) 제품이나 공정을 설계할 때에는 적은 비용으로 목표치의 허용한계를 만족시키는 설계변수의 최적조건을 구한다.

Quality Technology 17, no. 4(Oct. 1985), pp.176-8; Diane M. Byrne & Shin Taguchi, "The Taguchi Approach to Parameter Design," *Quality Progress*, December 1987.

표 15-1 품질개선 대책 일람표

부 문		잡음의 종류 / 대응책	외부잡음 (환경)	내부잡음 (열화)	제품간 잡음	QC
기술 부문	개발·설계	(1)시스템 설계	◎	◎	◎	라인외 품질관리
		(2)파라미터 설계	◎	◎	◎	
		(3)허용차 설계	○	◎	◎	
	생산 기술	(1)시스템 설계	×	×	◎	
		(2)파라미터 설계	×	×	◎	
		(3)허용차 설계	×	×	◎	
라인 부문	제조	(1)공정관리	×	×	◎	라인내 품질관리
		(2)제품관리	×	×	◎	
	영업	(1)애프터 서비스	×	△	△	

◎ : 대응가능, ○ : 대응가능하지만 피하고 싶다, × : 대응 불가능, △ : 예방보전의미로 가능

품질공학에서는 품질변동을 지속적으로 최소화하기 위해 이른바 SN비율을 사용하며, (2)와 (3)의 경우에는 직교배열표를 이용한 실험계획법을 주로 사용한다.

1.3 다구찌 방법의 특징

다구찌는 품질을 사회적 손실과 관련시켜 정의하였다. 따라서 다구찌 방법이나 품질공학은 이와 같은 사회적 품질을 의도적으로 설계하고 이를 안정적으로 유지하기 위한 방법론이라 할 수 있다.

품질불량은 제품특성 변동과 밀접히 연관되어 있는데, 다구찌에 의하면 이 변동은 잡음요인의 영향으로 인한 것이라 한다. 잡음요인의 영향은 최선의 설계 파라미터들을 선정함으로써 줄일 수 있다. 즉, 파라미터 설계는 제품이 잡음에 둔감하도록 하는데, 이 작업에 중요한 역할을 하는 것이 실험계획(DOE)이다.

제품설계 파라미터들이 설정된 다음에는 허용공차 한계도 수월하게 결정할 수 있다. 여기에서 유념해야 할 점은 이상적인 파라미터 결합으로 오는 편차로 인한 소비자비용과 제조원가의 합이 최소가 되어야 한다는 점이다. 다구찌에 따르면 이들 비용은 손실함수 곡선을 효과적으로 적용할 수 있다.

다구찌는 그의 철학을 실현함에 있어서 직교배열(直交配列, orthogonal

array)을 이용한 실험계획법으로 데이터를 수집할 것과 그 데이터로부터 유도된 SN비율(signal to noise ratio)을 분석하여 제품이나 공정의 최적조건을 결정할 것을 제안하였다.

이상의 서술 내용들을 종합하여 품질공학의 바탕이 되는 **다구찌 접근방식**을 정리해 보건대, 품질변동의 영향요인을 통제가 가능한 설계변수와 통제가 어려운 잡음(noise)으로 보고 이들을 이른바 SN비율 특성치로 모델화하여 이들의 최적조건을 품질손실함수 개념에서 추구한다.

따라서 다구찌 접근방식의 **특징**을 요약하면 다음과 같다.

(1) 품질변동 영향요인의 통제가 가능한 기술 · 제품 · 공정의 설계단계를 중시한다.

(2) 영향요인의 통제가 어려운 잡음을 외부잡음(환경), 내부잡음(열화), 제품간 잡음의 세 가지로 규명하고 이들 잡음제거 대책을 설계단계에서 모색한다.

(3) 손실함수에 근거한 SN비율을 이용하여 (1), (2) 영향요인의 최적조건을 모색한다.

2 다구찌의 품질손실함수

2.1 다구찌의 품질철학

다구찌의 품질철학 내지 손실철학(a philosophy of loss)은 그의 품질정의에서 엿볼 수 있다. 그는 품질을 "제품이 출하된 뒤에 사회에 끼친 손실"이라 정의하였다. 다구찌의 견해인즉 목표치로부터 벗어난 모든 품질 변동은 사회적 손실을 발생시키는데, 편차가 크면 클수록 손실은 커진다는 것이다.

모든 제품은 사용환경, 사용이나 시간경과에 의한 열화, 불완전한 생산 등으로 그의 성능특성이 변동되기 마련인데, 이와 같은 성능특성의 변동이 손실을 발생시키는 주요원인이 된다. 가령 기계를 오래 사용하여 고장이 나거나 부품을 갈아 끼우는 손실 등이다. 즉, 품질이 좋은 제품은 사용중 의도했던 기능을 제대로 수행하므로 소비자에게 손실을 적게 준다는 뜻이다.

농가에서 사용하는 비닐하우스용 비닐필름을 얇게 만들면, 파손이 쉽게 되어 소비자인 농민들에게 피해를 준다. 다구찌의 의견인즉 생산자가 재료비를 절약한 대신 소비자는 그 이상을 잃기 때문에 생산자는 도둑과 같다는 것이다.

다구찌에 의하면, 손실을 적게 하면서 좋은 품질을 확보하는 방법은 목표치대로 만드는 것이다. 즉 생산자는 품질변동이 안정되면서 손실이 적도록 제품을 설계하여 이를 목표치로 하여 생산하는 것이, 규격한계를 정하여 이에 따라 검사하여 양품만 골라 쓰는 구미(歐美)의 전통적인 생산방식에 비해 훨씬 경제적으로 생산할 수 있다[3]는 것이다.

다구찌의 손실철학은 곧 그의 품질철학으로서, 이들은 품질공학 내지 다구찌 방법의 토대를 이루고 있다.

그의 **품질철학**을 정리하면 다음과 같다.

(1) 품질 불량은 제품이 고객에 인도된 뒤 이로 인해 사회가 입는 손실이다.

(2) 제품성능 편차로 인한 소비자의 손실은 목표치를 벗어난 편차의 제곱으로 증가한다.

(3) 기업이 경쟁하려면 지속적인 품질개선과 원가절감은 필수적이다.

(4) 제조단계의 온라인 품질관리(on-line QC)보다는 설계단계의 오프라인 품질관리(off-line QC)에 치중한다.

(5) 개발 및 설계단계에서 신호에 영향을 미치는 잡음을 최소화하는 안정화 내지 둔감성(robustness) 설계에 치중한다.

(6) 파라미터 설계에서는 이들 잡음요인의 영향을 가급적 줄이면서 통제가능요인의 최적수준을 결정하는 데 힘쓴다.

(7) 제품특성의 변동을 줄이는 파라미터의 결합을 모색하는데 실험계획을 적용한다.

2.2 규격요건 충족 품질의 허실

전통적으로 생산공장에서는 기술자가 정한 시방이나 규격을 기준으로 하여 생산한다. 이 경우 생산된 제품이 시방(규격)과 일치하면 양품으로 판정

3) L.A. Ealey, *Quality by Design: Taguchi Methods and U.S. Industry*, ASI Press, 1988.

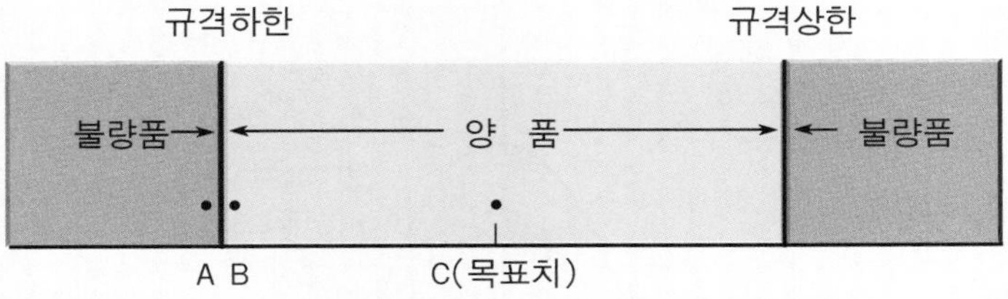

그림 15-2 **규격한계**(허용공차)**에 의한 품질판정**

하고 일치하지 않으면 불량품으로 처리한다. 이러한 개념을 '골대방식'(goal posting)이라 하는데, 축구경기에서 공이 골대(시방)를 벗어나면 허사(불합격)이지만 골대 안으로 들어가기만 하면 성사(합격)가 되는 방식과 같은 이치이다(그림 15-2 참조).

생산자 관점의 "규격요건 충족 품질"은 생산의 각 단계에서 엄청난 품질불량 비용을 생산자와 소비자에게 부담시킨다. 허용공차로 표시되는 기술시방으로는 생산물의 품질변동을 체계적으로 관리하기 힘들다. 이른바 요건주의(requirements doctrine)에 따른다면, [그림 15-2]에서 허용공차(규격한계)에 근접한 점 B는 합격이 되지만, 허용공차를 약간 벗어난 점 A는 불합격된다. 이 두 점이 자동차 문짝의 크기를 나타낸 값이라면, 고객은 A와 B의 차이점을 인식하지 못할 것이지만 목표치인 점 C와 이들 간의 차이에 대해서는 인식할 것이고 후자(c)에 보다 만족할 것은 당연한 이치이다. 즉, 고객들은 허용공차 규격보다는 목표치에 가까운 품질변동이 적은 것을 원한다.

1970년대 후반에 행한 Sony 컬러TV에 대한 소비자들의 선호도 조사에서 일본 동경공장의 TV가 미국 샌디에고 공장의 것보다 선호도가 높게 나타났다.[4] 일본공장과 샌디에고 공장에서 출하된 컬러 TV의 품질(색상밀도) 분포를 비교한 결과, [그림 15-3]에 보인 바와 같이 일본공장의 것은 목표치인 색상밀도 10을 중심으로 정규분포를 그린 반면 샌디에고 공장의 것은 규격한계인 7~13내에서 빵 모양의 일양분포를 보이고 있었다.

샌디에고 공장에서 생산된 텔레비전들은 [그림 15-3]과 같이 모두가 규격 내에 들어가는 합격품이었고 일본공장에서 생산된 것 가운데 일부(3/1,000)는 규격을 벗어나고 있었다. '규격요건 충족주의'의 입장에서 볼 때, 샌디에

4) L.P. Sullivan, "Reducing Variability: A New Approach to Quality," *Quality Progress*, July 1984.

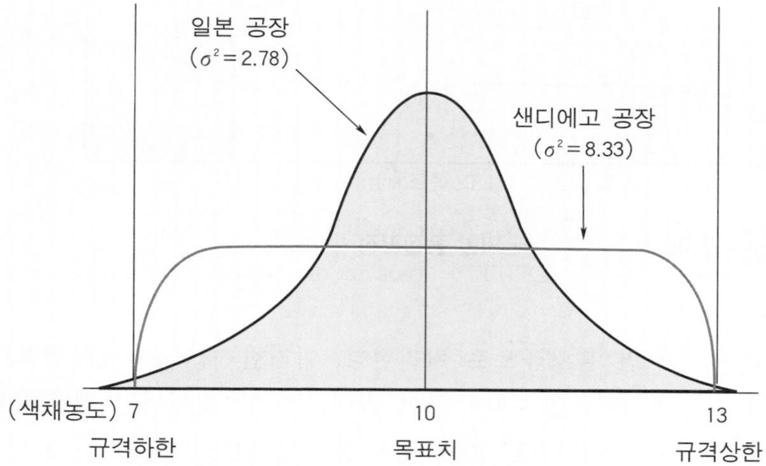

그림 15-3 일본공장과 미국공장 TV의 품질분포

고 공장의 TV가 더 선호되어야 함에도 불구하고 소비자들은 정반대의 반응을 보인 것이다.

일본 마쯔다자동차의 주식 25%를 소유한 포드자동차는 1980년대 초 마쯔다자동차와 공동으로 미국시장에 판매할 자동차 변속기를 생산하기로 합의하였다. 이에 따라 양사는 동일한 설계도에 따라 트랜스밋션을 생산하였음에도 소비자들의 불만은 포드의 트랜스밋션에 집중되었다. 분석결과 목표치에 치중한 마쯔다의 트랜스밋션은 목표치 근처에 집중되어 변동폭이 좁은 대신, 규격한계에 치중한 포드의 것은 허용공차 한계를 넘지는 않았지만 품질의 변동폭이 넓은 것으로 나타났다.

소니 샌디에고 공장의 TV와 포드의 트랜스밋션 [사례]는 '요건충족 원칙'으로는 고객의 기대에 부응하기 어려움을 보여준 실례이다.

품질변동 축소의 아이디어는 다구찌겐이찌(田口玄一)의 품질사상인 "품질은 목표치를 벗어난 변동의 정도"에서 비롯된 것이다. 그에 따르면 목표로부터 벗어나는 변동폭이 크면 클수록 품질은 떨어진다는 것이다. 이는 규격한계라는 전통적인 '요건충족' 개념과는 달리 품질이 목표치로부터 벗어남에 따라 손실이 증대된다는 입장이다. 이 개념은 생산 현장보다는 소비자의 입장에서 제시된 것으로, 사실 소비자가 그 품질을 수용할 수 없다면 생산비용에 영향을 준다는 입장에서 나온 개념이다.

한편 허용공차를 목표치에 접근하도록 좁히는 것도 하나의 대안이 될 수 있지만, 이는 최선의 해결책은 되지 못한다. 즉 공정능력의 개선이 없이 규격치만을 엄격하게 조이는 것은 결과적으로 허용공차를 벗어나는 불합격품만 증대시키므로 생산비용은 증대될 수밖에 없다.

2.3 품질손실함수(QLF)

다구찌는 "성능특성의 변동이 손실을 발생시키는 주요요인이며, 목표치를 벗어나는 품질변동이 클수록 손실은 더욱 커진다"는 손실의 개념을 품질손실함수(品質損失函數)에 도입하여 품질개선 내지 관리방법을 정량화하였다.

품질손실함수(quality loss function: QLF)는 품질이 목표치를 벗어나는 손실뿐만 아니라 개선으로 얻어지는 이득을 금액으로 나타낼 수 있다. 따라서 제품개발이나 공정에서의 품질손실을 경영자나 기술자들이 용이하게 평가할 수 있게 한다. 그는 손실함수를 이용하여 기술개발·제품설계·공정설계 외에 제조공정의 관리에 관한 매우 우수한 관리방법을 제시하였다.

다구찌는 사회에 대한 품질손실은 품질특성의 실제 값이 설계상의 목표치와 일치할 때 최소가 되고 변동할 때는 손실이 2차 함수적으로 증가한다고 주장한다. [그림 15-4]와 같이 목표로부터 벗어나는 변동폭이 클수록 품질은 떨어진다는 것이다. 다구찌는 목표로부터 벗어나는 편차를 나타낸 이른바 손실함수(loss function)를 포물선으로 그리고 있다. 이 경우는 망목특성(望目特性)의 경우이다.

망목특성(norminal-is-best characteristics)이란 목표치가 주어진 경우 특성치의 값이 목표치에 접근할수록 좋은 경우로서, 가령 제품의 길이·두께·무게와 같은 특성이다. 이 경우 손실곡선(loss curve)상의 최소 손실점(x=0)을 목표치(m=0)로 선택한다(그림 15-4 참조).

망목특성의 경우, 2차 손실함수 $L(x)$를 다음과 같이 표현한다.[5)]

$$\text{손실함수} = \text{손실계수} \times (\text{품질특성치} - \text{목표치})^2$$

5) 다구찌는 품질특성을 y로 표현하여 망목특성 산식을 $L(y) = k(y-m)^2$로 표기하였으나, 본서에서는 품질특성을 x로 보고 $L(x) = k(x-m)^2$로 표기하였음.

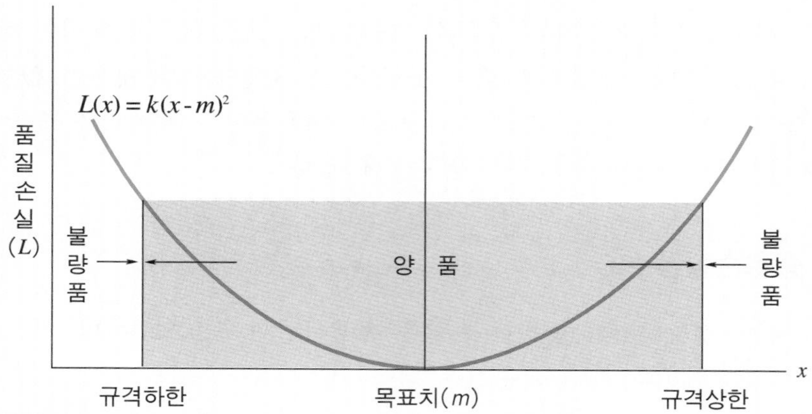

그림 15-4 **품질손실 함수: QLF**

$$L(x) = k(x-m)^2 \quad \cdots\cdots ①$$

품질특성에는 연료소비, 기계마모, 불순물 함량, 소음, 균열 등과 같이 작으면 작을수록 좋은 특성이 있는데, 이 경우 **망소특성**(smaller-is-better characteristics)이라 한다(그림 15-5 참조).

이와 반대로 수명, 성능, 효율, 강도, 내구성 등과 같이 크면 클수록 좋은 특성을 **망대특성**(larger-is-better characteristics)이라 한다(그림 15-5 참조).

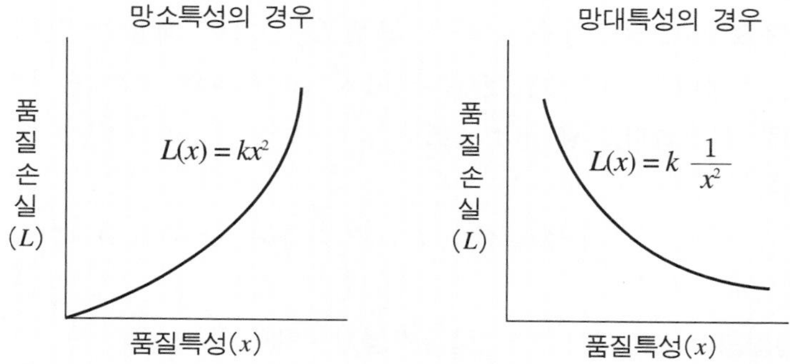

그림 15-5 **망소특성과 망대특성 손실함수**

3 품질공학의 주요 품질개선기법

3.1 파라미터 설계와 허용차 설계

다구찌는 제품이나 공정의 설계단계에서 최소의 비용으로 품질을 개선하는데 주력하였다. 즉 품질공학은 제조단계의 온라인 품질관리(on-line QC)보다는 설계단계의 오프라인 품질관리(off-line QC)에 치중한다. 이 단계에서 품질 내지 품질코스트의 70~80%가 결정되기 때문이다.

제품이 환경조건, 즉 잡음에 영향을 덜 받도록 설계하고 실험계획법을 사용해서 이것이 설계단계에서 구현되도록 하는 것은 품질공학 내지 다구찌 방법의 특징이라 할 수 있다.

품질공학(다구찌 방법)에서는 ① 시스템설계 ② 파라미터 설계, ③ 허용차 설계의 3단계로 설계과정이 이루어진다(그림 15-6 참조).

1 시스템 설계(system design)

고객의 요구를 충족시키는 제품의 기본기능을 입안하는 기능설계(機能設計)는 제품설계의 1차 단계이다. 이 단계에서는 전문기술이나 지식, 경험 등

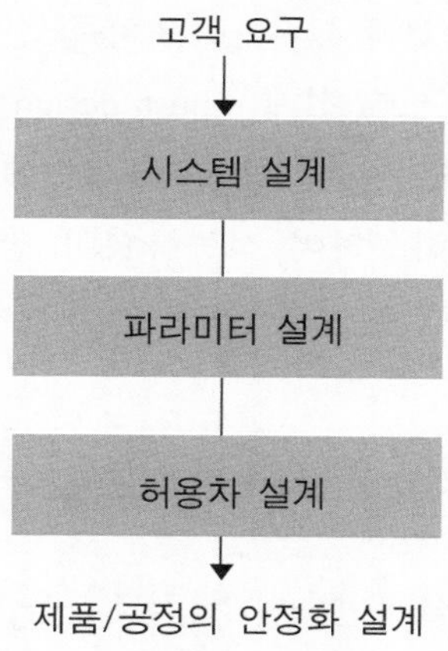

그림 15-6 품질공학의 3단계 설계과정

을 통하여 주어진 목적(고객요구의 달성) 기능을 갖는 제품의 원형(原型)이나 기본설계안을 개발한다. 따라서 시스템 설계의 최종결과는 고객요구를 충족시킬 수 있는 원형설계(prototype design)가 된다.

2 파라미터 설계(parameter design)

품질공학의 주요 관심분야로서 제품이나 공정의 성능특성이 잡음에 둔감(잡음요인의 영향을 최소화)하도록 설계 변수의 최적조건을 구하는 단계이다. 파라미터 설계에서는 자금이 많이 투입되는 설비투자보다는 잡음을 줄이는 데 치중하므로 최소의 비용으로 품질수준을 획기적으로 높일 수 있다.

그래서 다구찌 방법을 도입한 일본기업들은 잡음요인의 영향을 최소화하여 적은 비용으로 높은 수준의 품질을 확보할 수 있었다(본장 1.2의 '파라미터 설계로 타일불량 감소' [사례] 참조).

파라미터(parameter)란 제품이나 공정의 성능에 영향을 주는 재료의 성분, 장치의 성능, 기계 용량, 음향기기의 출력, 기계 회전속도 등과 같은 통제가능요인(controllable factor)을 의미한다. 외부환경의 온도나 습도, 기계노후와 같은 잡음요인은 통제불능요인(uncontrollable factor)으로서 이들을 제거하기보다는 이들의 영향력을 억제하는 것이 경제적이다.

그래서 파라미터 설계에서는 이들 잡음요인의 영향을 가급적 줄이면서 통제가능요인의 최적수준을 결정하는 데 힘쓴다.[6] 이 단계는 제품이나 공정이 잡음에 가장 둔감한(민감하지 않은) 목표치를 선택하는 설계단계이므로 파라미터 설계를 가리켜 **로버스트 설계**(robust design)라고도 부른다.

파라미터 설계에서는 제품이나 공정의 성능에 지장이 없는 범위내에서 설계변수에 잡음(허용차)을 허용하여 성능특성이 잡음에 둔감하도록 설계변수의 최적치를 구하고, 허용차 설계를 통해 설계변수의 허용차를 선별적으로 조정하는 것이 바람직하다.

3 허용차 설계(tolerance design)

파라미터 설계에 의해 설계변수의 최적조건을 구하였으나 성능특성의 변동이 아직 만족할 만한 상태가 아닐 때 허용차 설계를 수행하게 된다. 허용차 설계 역시 실험에 의존하게 되며, 그 목적은 성능특성치의 변동에 큰 영

6) 본장 1.2의 '파라미터 설계로 타일불량 감소' [사례] 참조.

향을 미치는 설계변수를 선택하여 그 허용차를 줄여줌으로써 궁극적으로 성능특성치의 변동을 바람직한 수준이하로 유지해 주는데 있다.

이 단계는 파라미터 설계에서 얻어진 성능특성치의 목표 값에 대한 허용차를 결정하는 단계이다. 전통적인 방법은 시행착오로 행하지만, 품질공학에서는 체계적으로 접근하여 경제성 평가를 통한 설계를 행한다.

이때 허용차가 크면 품질변동이 커지고 허용차를 좁히면 생산비용이 증가되는 트레이드오프(trade-off)관계가 형성되므로 허용차 설계에서는 품질손실을 줄이기 위한 허용차의 선택적 절감에 초점이 맞추어진다. 이 단계에서는 품질변동에 따른 소비자의 손실과 생산비용의 증가를 고려하여 허용차를 결정한다.

3.2 SN비율(신호 대 잡음의 비율)

다구찌는 산출물의 품질성능을 평가하는 수단으로 통신분야에서 적용되는 신호 대 잡음의 비율인 SN비율의 사용을 제안하였다.

앰프와 같은 음향기기의 음량을 높이면 동시에 잡음(noise)도 커진다. 이때 필요한 것은 소리로서 소리만 크게 하고 잡음은 적게 하는 것이 바람직하다. 전체 소리의 출력 가운데 소리의 크기가 신호(signal)이고 불필요한 부분은 잡음이다.

통신분야에서는 신호와 잡음의 비율을 데시벨(decibel)이라는 단위를 사용하여 SN비율(signal-noise ratio)을 다음 「산식」 전반부와 같이 나타낸다.

$$SN\text{비율} = \frac{\text{신호의 힘}}{\text{잡음의 힘}} = \frac{\text{평균}}{\text{표준편차}}$$

파라미터 설계에서도 이 SN비율의 의미를 확장하여 기능의 효과와 잡음의 비율을 SN비율이라 부른다. 즉 기능의 효과를 최대로 발휘하고 동시에 잡음을 최소로 줄이기 위한 평가척도로서 SN비율을 사용한다. 기능의 효과를 높이는 경우에 신호의 크기를 높이거나 잡음을 최소로 하면 SN비율은 올라간다.

위의 SN비율 「산식」 후반부처럼 신호는 목표치에 얼마나 접근하는지를 나타내기 위해 '평균'으로 나타내고 잡음은 허용공차를 나타내는 '표준편차'로 나타낸다. [그림 15-7]은 평균 대 표준편차의 입장에서 SN비율 개념을 도해적으로 설명하고 있다.[7] 하단 왼쪽 그림(a)는 평균신호를 2배로 늘려 SN비율을 종전의 2배 높인 경우이고, 오른쪽 그림(b)는 신호의 크기는 그대로 두고 잡음을 반으로 줄여 SN비율을 배로 높인 경우이다.

SN비율에서 볼 때, 생산성 향상과 품질개선에 대한 구미(歐美)와 日本의 접근방법에는 상당한 차이가 있다.[8] 2차대전 후 일본의 열악한 환경은 SN비율의 분모 즉 잡음(noise)을 줄이는 방법으로 SN비율의 개선을 추구했다.

일본 사람들은 잡음이나 변동의 근원을 효과적으로 식별하는 수단으로서 실험계획(DOE)이나 통계적 공정관리(SPC)를 사용하여 잡음을 제거하거나 변동을 줄이는 조치를 취했다. 그들은 안정화(robustness) 설계 내지 파라미터 설계를 통해 투입으로부터 제품이나 공정의 성능에 미치는 잡음의 영향력을 줄이는데 실험계획을 효과적으로 사용하였다.

이에 반해 서구인들은 SN비율의 분자인 신호(signal)의 개선을 통해 SN비

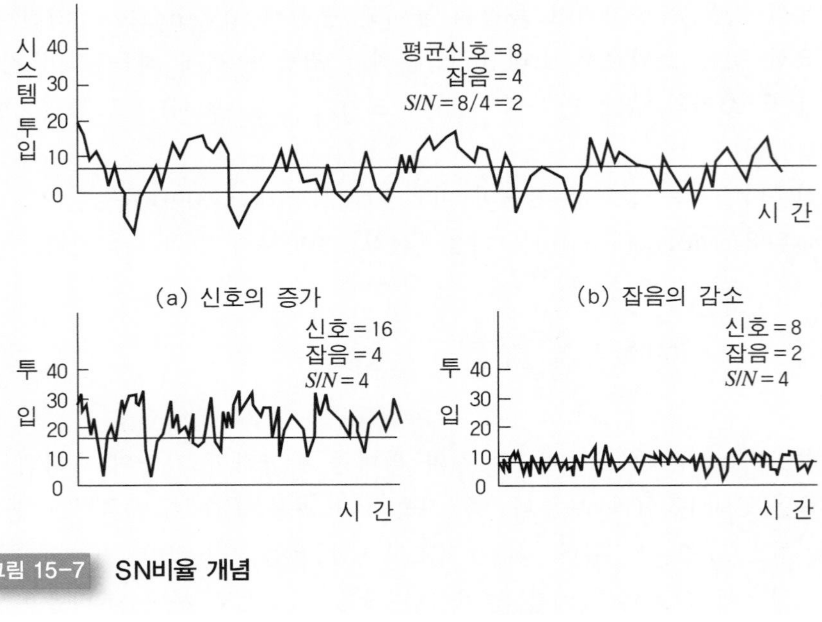

그림 15-7 SN비율 개념

7) R.E. DeVor et al., *Statistical Quality Design and Control: Contemporary Concepts and Methods*, Macmillan Publishing Co., 1992.
8) 이순룡, *품질경영론*, 법문사 17장 3.3의 내용을 참조바람.

율을 개선하는 접근방법을 추구하였다. 그런데 문제는 추가자원 투입(생산능력의 확충, 생산설비의 혁신 및 증설, 고가의 원자재 투입, 생산인원의 증대 등)에 많은 자금이 소요될 뿐만 아니라 자원이 투입된 만큼 생산성이나 품질개선이 이루어지지 않아 자칫 자원의 낭비를 초래한다는 점이다.

전통적인 서구식 접근방법을 보건대, 대부분 신호(signal)의 크기를 증대시키거나 사후처리를 통해 잡음(noise)을 필터링하여 SN비율을 높인다. 그런데 추가자원의 사용은 경제성에서 문제가 있고, 사후처리는 검사나 필터링을 통해 잡음이 신호를 방해한 사후에 제거된다는 데 문제가 있다.

신호는 그대로 두고 잡음을 줄여 생산성과 품질을 향상시킨 일본 도요타 자동차의 사례를 보자.

사 례 **가미고 엔진공장 생산성의 비밀**

1984년 일본의 도요다자동차를 시찰한 미국 기자들은 20년 전에 제작된 구식의 미국기계로 엔진을 생산하는 가미고 엔진공장의 능률이 미국 GM의 현대식 엔진공장보다 높은 것을 보고 놀란 일이 있다.[9] 즉 180명이 2교대로 연간 25만대의 4씨린더 엔진을 생산하고 있었는데 생산성은 미국의 엔진공장보다 높을 뿐더러 직행률(直行率)[10]은 99.5%에 이르렀다.

이는 1960년대에 제작된 엔진공장 설비의 갱신이나 확장투자 없이 지속적인 개선과 보전을 통해 기계설비의 성능을 향상시킨 결과로서, 기계외형만으로 볼 때 구식의 미국기계일 뿐 알맹이는 전혀 다른 기계로 개량되었기 때문이다.

3.3 직교배열표의 이용

다구찌 방법은 개발 및 설계단계에서 신호에 영향을 미치는 잡음을 최소화하는 안정화 내지 둔감성(robustness) 설계에 치중한다. 품질공학에서 중요시하는 파라미터 설계의 경우, 설계변수들의 여러 조합에서 성능특성이 잡음에 어떻게 영향을 받는가를 관찰하여 분석함으로써 가장 바람직한 설계변수값을 정할 수 있다. 이 때, 실험적 연구의 경제성과 통계적 효율성을 고려하여 적절한 실험계획을 선정하는 것이 중요하다. 다구찌는 파라미터 설계를

9) Lance A. Ealey, *Quality by Design : Taguchi Methods and U.S. Industry*, ASI Press, 1988.
10) 직행률(nonadjusted ratio)이란 제조라인에서 불량이나 결함 등으로 도중에 정체된 것을 제외하고 첫 공정에서 최종공정까지 순조롭게 통과한 물품수의 비율이다.

위한 실험계획으로서 직교배열표(直交配列表)의 이용을 제안하였다.

다구찌는 직교배열(orthogonal array)의 특별한 세트를 만들어 냈는데, 이는 실험 요인(factor)의 실험시간을 최소화하기 위한 것이다. 예를 들어 자동차의 핸들조향장치 성능에 영향을 주는 스프링 강도, 타이어 압력, 핸들 결합구조 등 13개의 주요 요인들을 찾아내서 이들을 상·중·하의 수준에서 실험하려면, 3의 13승(3^{13})인 1,594,323회의 실험을 거쳐야 한다. 이들 13개 요인의 최선의 수준이 정해지면 실험횟수를 39(3×13)회로 줄일 수 있지만, 이 경우 요인 간의 상호작용이 무시된 것이다.

표 15-2 13개 요인의 3단계 실험계획을 위한 $L_{27}(3^{13})$직교배열표

실험횟수	*A*	*B*	*C*	*D*	*E*	*F*	*G*	*H*	*I*	*J*	*K*	*L*	*M*
1	1	1	1	1	1	1	1	1	1	1	1	1	1
2	1	1	1	1	2	2	2	2	2	2	2	2	2
3	1	1	1	1	3	3	3	3	3	3	3	3	3
4	1	2	2	2	1	1	1	2	2	2	3	3	3
5	1	2	2	2	2	2	2	3	3	3	1	1	1
6	1	2	2	2	3	3	3	1	1	1	2	2	2
7	1	3	3	3	1	1	1	3	3	3	2	2	2
8	1	3	3	3	2	2	2	1	1	1	3	3	3
9	1	3	3	3	3	3	3	2	2	2	1	1	1
10	2	1	2	3	1	2	3	1	2	3	1	2	3
11	2	1	2	3	2	3	1	2	3	1	2	3	1
12	2	1	2	3	3	1	2	3	1	2	3	1	2
13	2	2	3	1	1	2	3	2	3	1	3	1	2
14	2	2	3	1	2	3	1	3	1	2	1	2	3
15	2	2	3	1	3	1	2	1	2	3	2	3	1
16	2	3	1	2	1	2	3	3	1	2	2	3	1
17	2	3	1	2	2	3	1	1	2	3	3	1	2
18	2	3	1	2	3	1	2	2	3	1	1	2	3
19	3	1	3	2	1	3	2	1	3	2	1	3	2
20	3	1	3	2	2	1	3	2	1	3	2	1	3
21	3	1	3	2	3	2	1	3	2	1	3	2	1
22	3	2	1	3	1	3	2	2	1	3	3	2	1
23	3	2	1	3	2	1	3	3	2	1	1	3	2
24	3	2	1	3	3	2	1	1	3	2	2	1	3
25	3	3	2	1	1	3	2	3	2	1	2	1	3
26	3	3	2	1	2	1	3	1	3	2	3	2	1
27	3	3	2	1	3	2	1	2	1	3	1	3	2

출처: L. Ealey, *Quality by Design : Taguchi Methods and U. S. Industry*, Dearborn, Mich.: ASI Press, 1988, p.115.

다구찌는 이러한 방법보다 효과적인 직교배열을 이용한 실험계획법을 제안하였다. 즉, 1,594,323회의 실험을 27회로 줄인 다구찌 방법을 제안하였다. 다구찌의 L_{27} 직교배열을 이용하면, 단지 27회의 실험으로 통제해야 할 주요 파라미터를 확인할 수 있다. 〈표 15-2〉는 A부터 M까지 13개 요인에 대한 27회의 실험상황을 나타내고 있으며 상·중·하의 3단계를 1·2·3으로 표기하고 있다.

핸들 조향장치의 직교배열을 보기로 하자. 배열의 각 행은 한번의 실험을 구성하며, 각 수직 열은 하나의 실험요인을 의미한다. 가령 1(A)열은 스프링 강도를 의미할 수 있다. 기술자들은 상·중·하 3개의 다른 설정 값(1·2·3)에서 핸들조향장치의 13개 요인들을 실험한다.

목표는 상·중·하의 각 실험단계(1·2·3)를 다른 실험단계와 동일한 횟수(3×3×3=27)만큼 노출시키는 것이다. 즉, 〈표 15-2〉에서 보는 것처럼 각 요인별 실험횟수는 상(1)이 9번, 중(2)이 9번, 하(3)가 9번씩이다. 결국 직교배열표에 나타난 각 요인수준의 순서에 따라서 무작위로 27회의 실험을 시행하여 통제해야 할 주요 파라미터를 확인할 수 있다.

주요 용어(key word)

• 다구찌 메소드(Taguchi method) • 품질공학(quality engineering) • 실험계획법(DOE) • 라인외 품질관리(off-line QC) • 잡음(noise) • 품질손실함수(QLF) • 망목특성 • 망소특성 • 망대특성 • 파라미터설계(parameter design) • 로버스트설계(robust design) • 허용차설계(tolerance design) • SN비율(signal to noise ration) • 직교배열(orthogonal array)

연습문제

1. 구미에서 다구찌메소드라고 불리는 품질공학은 일본의 다구찌겐이찌에 의해 개발되었다.

① 품질공학의 개념을 기술하라
② 다구찌 방법이 실험계획법과 다른 점은?
③ 다구찌 방법의 특징은?

2. 다구찌 방법의 품질개선방식에 대해서 간단히 기술하라.
3. 다구찌의 품질철학 내지 손실철학은 그의 품질정의에서 엿볼 수 있다. 그가 제시한 품질의 정의는?
4. 다구찌의 손실함수를 망목특성으로 설명하라.
5. 다음 품질특성 중에서 망소특성, 망대특성, 망목특성에 적합한 것을 각각 골라라.

(a) 마모량, (b) 유해성분, (c) 소음의 음압, (d) 플라스틱과 알루미늄의 강도, (e) 기계의 수명, (f) 타일의 두께, (g) 자동차 속도계의 오차, (h) 불순물의 함량, (i) 균열, (j) 포탄의 지름

6. 파라미터설계를 미국에서는 로버스트설계라 부른다.

① 여기서 말하는 파라미터란 무엇인가?
② 파라미터설계의 내용을 간략히 기술하라.

7. 품질개선과 관련된 접근방식 중 서구식 접근방법에 비하여 일본식 접근방식이 가지는 이점을 다구찌가 제시한 SN비율의 관점에서 설명하라.
8. 다구찌방법에서 파라미터 설계를 위한 실험계획으로서 이용하는 표는 무엇인가? 이 표는 어떤 역할을 하는가?

제 16 장

공정능력의 분석과 개선

1 공정능력의 조사와 분석

1.1 공정능력의 개념

제품이나 서비스는 변환과정(transformation process)인 공정을 통하여 산출된다. 따라서 산출성과의 측정척도인 능률이나 생산성 그리고 산출물의 품질은 공정능력과 깊은 관련이 있다.

공정능력(process capability)이란 "통계적 관리 상태에 있는 공정의 정상적인 움직임, 즉 외부 원인에 방해됨이 없이 운영되는 공정에 의해 만들어진 일련의 예측할 수 있는 결과"로 정의할 수 있다. 간단히 말해서 공정능력은 현행 공정을 정상적으로 운영하여 최대로 산출할 수 있는 성과이다.

공정(process)을 통하여 제품을 생산하는 공장에서는 사전에 계획한 공정능력과 실제 공정능력을 비교하여 공정의 효율을 측정 · 평가함으로써 공정을 관리하고 개선할 수 있다. 공정능력은 공정의 운영자나 관리자로 하여금 그 공정이 설계 목표를 충족시키고 있으며 공정에서 산출되는 불량이 얼마나 될 것인지를 판정할 수 있게 한다.

1.2 공정의 능력조사

공정능력을 알려면 공정능력의 조사가 필요한데, **공정능력연구** 내지 **공정능력조사**(process capability study)는 공정변동의 원인을 연구하고, 이상원인과 우연원인으로 분리하여 이상원인을 제거하기 위한 활동이다.

이상원인이 아닌 우연원인에 의한 변동이 있을 때 그 공정은 통계상 관리상태에 있는 것으로 나타난다. 따라서 공정관리 시스템의 첫번째 역할은 이상원인에 의한 변동이 있을 때 통계적인 신호를 제공하는 것이다. 그리고 공정이 통계상 관리상태, 즉 공정이 안정상태에 들어간 연후에 공정능력조사가 시행된다. 관리상태에 있는 공정, 다시 말해서 이상원인이 제거된 공정이라도 우연원인에 의한 변동으로 공정능력을 제대로 발휘하지 못할 수[1] 있다(그림 16-1의 하단 참조).

공정능력조사는 공정에 영향을 주는 모든 가능한 변동요소들의 상호작용을 제대로 파악할 만한 기간 동안 시행되어야 한다. 이제까지 공정의 안정상태를 살펴보기 위해 사용되어 왔던 관리도(control chart)는 공정능력조사 기간 동안 작성·유지된다.

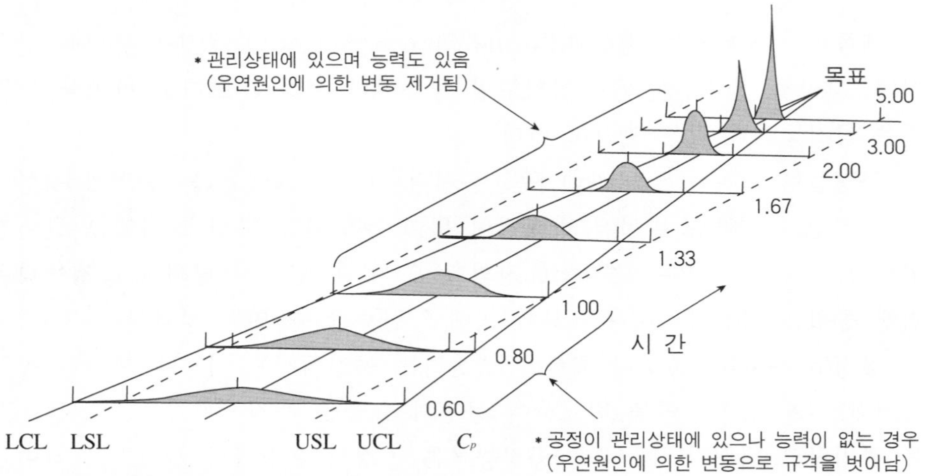

그림 16-1 공정의 능력과 관리상태

1) T.J. Cartin, *Principles & Practices of TQM*, American Society for Quality, 1993, p.214.

관리도에서 공정이 관리상태에 있는 것으로 나타났을 경우에, 공정능력 조사에서 취하는 샘플은 공정을 대표할 수 있어야 한다. 공정능력조사의 경우, 최소한 20개의 샘플이 필요[2)]하다.

1.3 공정의 능력과 관리상태

'통계적으로 관리상태'(in control)에 있는 공정과 '능력이 있는'(capable) 공정과는 내용면에서 차이가 많다.

다음 두 가지 질문을 해보면 그 뜻을 쉽게 알 수 있다.

▶ 이 공정은 통계적으로 안정(관리)되어 있는 상태인가?

▶ 이 공정은 주어진 시방규격을 충족시킬 수 있는 능력이 있는가?

이 두 가지 질문에 대한 응답은 〈표 16-1〉에 제시된 네 가지 경우로 요약될 수 있다.

두 질문 모두에 긍정적인 경우(사례 A)는 공정의 능력과 관리상태가 가장 건실한 공정으로 문제가 없지만, 공정의 관리와 능력에 문제가 있는 경우(사례 D)와 이들 중 어느 하나에 문제가 있는 공정(사례 B와 C)은 관리개선 내지 능력개선이 필요한 경우로서 공정능력연구의 대상이 된다.

표 16-1 공정의 능력과 관리상태

공정 능력	공정 관리	
	관리되는 상태	관리되지 않는 상태
규격을 제대로 충족시킬 수 있음	사례 A 공정의 능력과 관리가 건전한 상태	사례 B 능력은 있으나 관리상태 불안정. 공정의 안정대책이 필요함
규격을 제대로 충족시킬 수 없음	사례 C 관리 양호하나 능력 부족. 공정능력연구가 필요함	사례 D 공정능력도 없고 관리상태 불안. 공정의 능력 및 관리 개선 필요함

2) G.L. Miller & L.L. Krumm, *The Whats, Whys and Hows of Quality Improvement*, ASQ Quality Press, 1992, p.179.

1.4 공정능력의 분석

통계적 공정관리의 주요 기능 중 하나는 공정을 관리(안정)상태로 유지하는 것으로, 이러한 기능을 제대로 수행하려면 관리도의 작성과 공정능력 분석이 선행되어야 한다. **공정능력 분석**(process capability analysis)은 제품의 개발 및 제조 단계에서 여러 가지 통계적 기법들을 사용하여 생산공정의 품질 변동 정도를 측정하여 이들 변동폭을 줄이기 위해 규격(시방)과 비교·분석하는 것이다.

공정능력 분석은 공정성과를 두 단계로 평가한다.

1단계는 관리도를 이용하여 공정이 통계적 관리상태에 있는지를 판정하는 것으로, 이 경우 공정이 관리상태에 있으면 다음 2단계로 진행한다.

2단계에서는 제조담당 관리자가 개략적인 공정능력(C_p)을 산정하는 것이다. 이로써 제조공정에서 어느 정도의 불량품이 생산될 것인지를 가늠할 수 있다. 그런데 공정이 이상원인에 의한 변동 등으로 통계적 관리를 벗어난 상태일 때에는 이와 같은 추정이 불가능할 뿐만 아니라 그 공정에서 나온 공정능력지수의 효력도 없다고 보아야 한다.

공정능력지수가 강력한 도구가 되기 위해서는 관리도와 함께 사용되어야 한다. 관리도상에서 어떤 공정이 관리상태에 있는 것으로 나타났을 때, 그 공정은 동일한 품질을 생산한다고 볼 수 있다. 그렇지만 그 공정에서 우수한 품질의 제품을 계속 생산할 것이라는 보증은 할 수 없다. 그래서 그 다음에 해야 될 일은 주어진 규격(시방)에 대한 그 공정의 능력을 검토하는 것이다.

공정능력 분석에서 해야 될 일은 ① 공정상태를 파악하고, ② 주어진 규격(시방)을 인식하여, ③ 이들 공정상태와 규격을 서로 비교하는 일이다.

1 공정상태의 파악

공정의 상태는 관리도나 히스토그램을 작성하여 품질의 분포를 통해서 이해할 수 있다. 품질분포가 정상적으로 분포(가령 정규분포)되어 있으면 그 공정은 정상으로 돌아간다고 볼 수 있는데, 통계적으로는 평균치와 표준편차를 통해서 품질의 중심과 산포를 이해할 수 있다.

2 규격(시방)과의 비교

공정의 중심이 주어진 규격(시방) 중심과 일치하며 공정품질의 산포가 규격내에 있는 것으로 나타날 때(그림 16-2 a), 그 공정은 정상이라고 볼 수 있다. 그러나 품질의 산포가 규격한계를 훨씬 벗어난다든가(그림 16-2 b), 공정중심이 규격중심과 훨씬 떨어져서 일부가 규격한계를 벗어날 때(그림 16-2 c)는 공정의 개선이나 조정작업이 필요하다. 이 경우 공정의 상태를 나타내주는 통계적 방법 즉 공정능력 지수가 필요하다.

참고

규격한계와 관리한계

규격(시방)한계인 USL, LSL과 관리한계인 UCL, LCL을 혼동해서는 안된다(11장의 그림 11-3 참조).

USL(upper specification limit) : 규격 상한
LSL(lower specification limit) : 규격 하한
UCL(upper control limit) : 관리 상한 = 평균값 + 3σ
LCL(lower control limit) : 관리 하한 = 평균값 − 3σ

관리한계가 규격한계내에 있거나 규격한계와 일치하면(그림 16-2 a) 그 공정은 규격을 충족시킬 수 있지만, 관리한계가 규격한계보다 크면(그림 16-2 b) 그 공정은 규격을 충족시킬 수 없다. $\pm 3\sigma$, 즉 6배의 표준편차 폭으로 측정된 품질변동, 즉 산포가 규격한계 내에 있으면 그 공정은 본래부터 능력이 있는 것으로 볼 수 있지만, 공정의 품질이 규격한계를 벗어나면(그림 16-2의 b와 c) 그 공정은 운영상 문제가 있는 것으로 볼 수 있다.

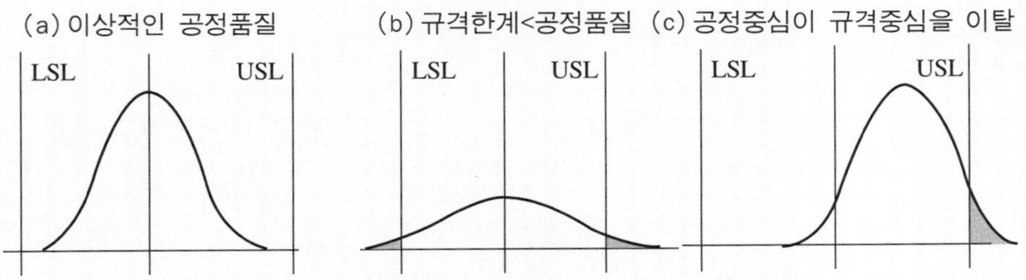

그림 16-2 공정품질의 중심과 산포

2 공정능력 지수의 측정

공정이 규격을 충족시킬 수 있는 능력이 어느 정도인지를 측정하거나 공정의 능력을 비교하는데 **공정능력 지수**(process capability indices)를 이용할 수 있다. 공정능력의 조사 내지 분석에서 가장 보편적으로 사용되는 공정능력지수로는 C_p와 C_{pk}가 있다.

이들 공정능력 지수들(C_p, C_{pk})의 **적용효과**는 다음과 같다.

(1) 규격(시방)을 충족시키지 못하는 공정이 어느 공정인지 알 수 있다.

(2) 공급자의 공정능력을 평가할 수 있다.

(3) 능력의 여유가 적은 공정들을 파악함으로써 공정개선의 우선순위를 정할 수 있다.

(4) 규격한계를 벗어나는 불량품의 생산비율을 추정할 수 있다.

(5) 새롭게 설계된 제품을 생산할 공정능력을 추정할 수 있다.

(6) 공정의 최적 운영상태를 유지하기 위해 장기간에 걸쳐 공정성과를 평가할 수 있다.

2.1 공정능력 비율: C_p

공정능력(공정변동)에 대한 규격공차의 비율로 공정능력 비율(process capability ratio) C_p를 다음과 같이 산정한다.

$$C_p = \frac{\text{규격공차}}{\text{공정변동}} = \frac{USL - LSL}{6\sigma}$$

보기 예

3인치 스테인리스 볼트의 규격상한(USL)이 4.10, 규격하한(LSL)이 3.90이고, 평균치 = 4.02 그리고 추정 표준편차 σ = 0.025인 자료를 이용한 공정능력 비율 C_p는 다음과 같다.

$$C_p = \frac{USL - LSL}{6\sigma} = \frac{4.10 - 3.90}{6 \times 0.025} = \frac{0.20}{0.15} = 1.333$$

C_p =1.333이면 8시그마($\pm 4\sigma$)의 공정능력이 있는 것으로 추정할 수 있다.

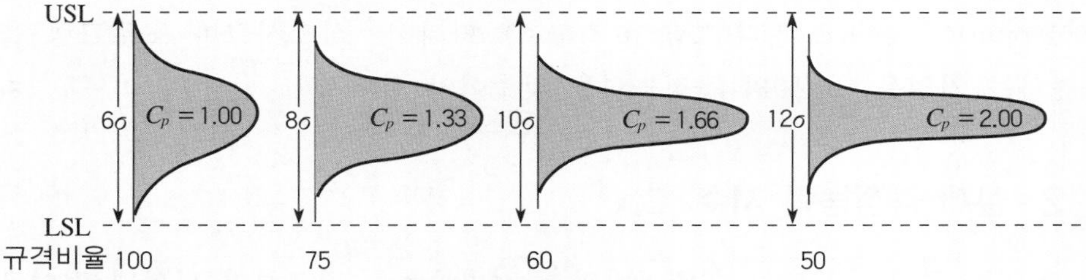

그림 16-3 규격한계와 공정능력(C_p)의 관계

일정의 규격공차 한계를 유지하는 범위 내의 공정변동으로 공정능력 값을 나타낸 **공정능력 비율 C_p**는 주어진 규격의 변화성과 ±3σ, 즉 6배의 표준편차로 제시된 공정의 자연적인 변화성(natural variability)을 단순히 비교한 것으로 공정능력의 가능성 내지 잠재력을 나타내는 척도이다.

이 비율이 1.0 이하이면 그 공정은 능력이 부족한 것으로 판정한다. 특히 C_p가 0.67 이하일 때 공정 능력이 없는 것으로 판정한다. C_p=1이면 공정은 6σ(±3σ)의 능력이 있는 셈인데(그림 16-3 참조), 이 경우 6배의 표준편차를 경계로 하는 공정 변동폭은 산출량의 99.73%만을 커버하므로 결함 수는 2,700ppm이 예상된다(표 16-2 참조).

한편 C_p=1.33은 ±4σ, 즉 8σ의 공정 변동폭을 가지므로 C_p값이 1.33 이상이

표 16-2 공정능력 비율(C_p)에 해당되는 결함수

C_p 비율	백만 단위당 결함수(ppm)
0.50	133,600
0.75	24,400
1.00	2,700
1.10	966
1.20	318
1.30	96
1.40	26
1.50	6.8
1.60	1.6
1.70	0.34
1.80	0.06
2.00	0.0018

면 그 공정은 능력이 있는 것으로 판정한다. C_p=2.0이면, ±6σ의 능력(결함수 0.0018ppm)이 있다고 본다(그림 16-3 참조). 따라서 「식스시그마 프로그램」을 추진하는 기업은 C_p=2.0의 공정능력을 갖추어야 한다.

2.2 실제 공정능력 지수: C_{pk}

전술한 공정능력 C_p는 규격공차와 공정변동폭을 비교하여 나타낸 것이므로 C_p지수로는 공정의 중심을 측정할 수 없다. 이러한 결점을 극복하기 위한 지수가 바로 다음의 C_{pk}지수이다.

공정능력(C_p)은 공정이 규격상한(USL)과 규격하한(LSL)의 폭인 규격공차의 중앙에 있다는 가정 아래 산정하는 것이므로 이는 잠재능력(potential capability)으로 측정된다. 이에 비해 **실제 공정능력 지수**인 C_{pk}는 실제 공정능력을 나타낸 것으로, 공정변동 폭의 중앙(평균)에서 벗어난 크기를 가늠하는 보다 유용한 척도이다.

C_{pk}를 산정하는 **방법**으로 ① 최소 C값 방식, ② 최소 Z값 방식, ③ k 팩터 방식 등이[3] 있는데, 여기서는 '최소 C값 방식'에 대해서 설명하기로 한다.

▶ 최소 C값 방식(minimum (C lower, C upper) method)

이 방법은 통계에 익숙하지 못한 사람들이 선호하는 방식으로 다음 산식이 적용된다.

$$Cpk = \frac{\text{공정중심과 가장 가까운 규격 한계와의 거리}}{3\sigma} = \frac{C_{min}[(USL-\overline{x}),\ (\overline{x}-LSL)]}{3\sigma}$$

공정이 목표치에서 중심을 이루면, 이때 C_p값은 공정이 규격한계내에서 생산할 수 있는 능력이 있음을 나타낸다. 그러나 공정이 목표치를 벗어나서 운영될 때에는 공정중심과 가장 가까운 규격한계와의 거리를 취하고자 공정능력을 나타내는 C_p값을 상부한계상에 있는 C_p와 하부한계상의 C_p값 중에서 최소치를 취하여 C_{pk}로 지정하는 방식이다.

앞서의 [보기 예] 자료로서 '최소 C값 방식'으로 C_{pk}를 산정해 보면,

3) 이들 C_{pk} 산정방법에 대한 설명은 다음을 참조 바람. 이순룡, *품질경영론*, 법문사, 18장 3절의 3.2.

$$C_{pk} = \frac{C_{min}[(USL - \overline{x}),\ (\overline{x} - LSL)]}{3\sigma} = \frac{\text{최소}[(4.10 - 4.02),\ (4.02 - 3.90)]}{3 \times 0.025}$$

$$C_{upper} = \frac{(USL - \overline{x})}{3\sigma} = \frac{4.10 - 4.02}{3 \times 0.025} = \frac{0.08}{0.075} = 1.07\text{이고,}$$

$$C_{lower} = \frac{(\overline{x} - LSL)}{3\sigma} = \frac{4.02 - 3.90}{3 \times 0.025} = \frac{0.12}{0.075} = 1.6\text{이므로}$$

$$C_{pk} = M_{in}(C_{upper},\ C_{lower}) = \text{최소}(1.07,\ 1.6) = 1.07\text{이다.}$$

따라서 실제 공정능력 지수인 C_{pk}값은 1.07로서 공정중심이 규격중심을 USL쪽으로 벗어나면서 잠재 공정능력(C_p=1.33)을 제대로 발휘하지 못하고 있다.

[보기 예]의 분석에서 볼 수 있는 바와 같이, C_{pk}지수는 공정의 변화성뿐만 아니라 공정의 중심을 가늠할 수 있는 우수한 지수로서 다음의 **용도**가 있다.

① 일정 기간중의 공정능력을 추적할 수 있다.

② 공정개선을 위한 조사 우선순위를 정할 수 있다.

③ 외주/공급 업체의 공정능력을 평가할 수 있다.

2.3 Cp와 Cpk의 관계

C_p를 가리켜 '공정능력 비율' 또는 '공정 잠재력 비율'이라 부르는데, 이것은 공정이 관리상태에 있을 때 공정의 변동폭이 허용공차의 어느 정도를 점유하는지 가늠하는 도구가 된다. C_p가 갖고 있는 주요 문제는 C_p를 1.0 이상으로 유지하면서 공정평균은 허용공차의 중심 내지 목표치를 벗어나지 말아야 한다는 점이다.

[그림 16-4]에서 이 점을 잘 나타내고 있는데, C_p가 1.5 이상이라도 그 개념은 동일하다. 사실 C_p지수는 공정의 중심이 어디에 있는지를 고려하지 않는다. 가령 C_p지수가 2.5가 되더라도 공정중심이 규격한계를 벗어나면 불량은 나올 수 있다. 그래서 C_p지수를 가리켜 공정의 잠재력비율(process potential ratio)이라고 부른다.

공정중심이 규격중심을 벗어나 있을 때, 공정평균의 위치를 시방규격과

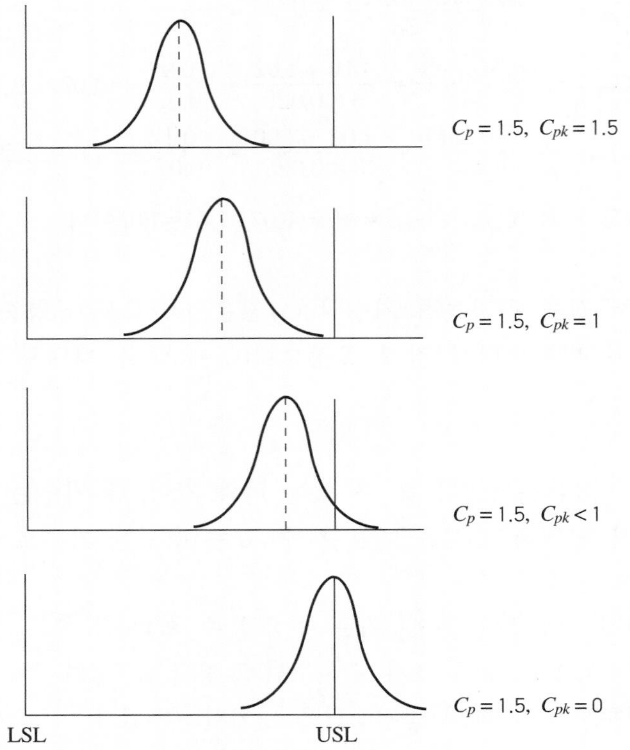

그림 16-4 Cp와 Cpk의 관계

관련시켜 나타낸 새로운 지수가 필요한데, 이것이 바로 '실제 공정능력지수'인 Cpk이다. 공정중심이 규격중심 내지 목표치 중앙에 자리잡을 경우(그림 16-4의 상단), Cp = Cpk가 된다.

공정능력 비율인 Cp와 실제공정능력 지수 Cpk의 관계를 정리하면 다음과 같다(그림 16-4 참조).

① Cpk < Cp일 때, 공정 평균값은 목표치와 동일하지 않다.
이때 공정평균은 규격상한(USL)쪽으로 접근한다.

② Cpk = Cp일 때, 공정 평균값은 목표치와 동일하다.
극소수의 경우를 빼고는 대부분 공정에서 Cp와 Cpk는 같지 않다.

3 공정능력의 개선: 식스시그마 품질혁신

3.1 지속적인 공정 개선

현재 공정이 최고의 성능을 발휘하고 있다 하더라도 개선의 여지는 있게 마련이다. 그래서 일본기업에서는 마른 타월도 쥐어짜서 물이 나오게 할 정도로 이른바 '카이젠'(改善), 즉 지속적인 개선활동을 전개한다. 도요다자동차의 경우 C_p=4.0을 추구하며, 어떤 일본기업에서는 C_p가 8.0에 이르고 있다고 하는데, 지속적인 공정개선(continuous process improvement)은 우리산업의 경쟁력 강화에 필수적 요건이다.

품질경영에서 지속적 개선은 필요조건이다. TQM에서는 품질을 끊임없이 개선하여 이른바 지속적 개선을 추구한다. **지속적 개선**(continuous improvement: CI)은 프로세스(process)에 초점을 두고 프로세스 각 부분을 담당하는 구성원들이 중심이 되어 지속적으로 개선하는 것이다. 따라서 TQM에서는 지속적 개선을 지향하는 조직문화의 구축이 필요하다. 공정의 지속적인 개선은 궁극적으로 높은 품질의 제품을 보다 낮은 비용으로 산출할 수 있다. 지속적인 개선으로 공정능력지수(C_p)가 향상됨을 [그림 16-1]에서 볼 수 있다.

공정의 **지속적**인 **개선단계**를 제시하면[4] 다음과 같다.

(1) 공정을 측정한다. 히스토그램이나 관리도를 작성한다.

(2) 공정을 통계적으로 관리한다. 변동의 이상원인을 제거한다.

(3) 필요한 경우 공정 운영의 중심을 잡는다.

(4) 변동이 너무 커서 능력이 여의치 않으면, 획기적인 통계기법(예: 다구찌 방법)을 사용해서 공정을 개선한다.

(5) 공정변동의 감축을 경제적으로 가능한 선에서 지속한다.

품질을 기업전략에 통합하여 경쟁력을 강화시킨 모토로라(Motorola)社에서 '6시그마에 이르는 6단계'(The six steps to six sigma)를 통해서 고객만족을 획득하는데 성공하였다. 이른바 '6시그마에 이르는 6단계'의 기본적 특성은 지속적 개선으로 지속적인 공정개선은 시스템의 품질혁신을 위한 기준이 된다.

4) T.J. Cartin, *Principles & Practices of TQM*, American Society for Quality, 1993.

3.2 ppm과 6시그마 품질수준

보편적으로 공정품질이 설계품질과 같을 때, 즉 공정품질의 자연공차가 설계상의 허용공차와 일치하면 그 품질은 좋은 것으로 판정한다. 품질이 정규분포를 이룰 때, 보편적인 설계상의 허용공차인 ±3σ를 벗어날 확률은 0.27%이다.

99.9%의 품질수준에서 생기는 문제들을 미국의 실정에서 보건대,

- ▶병원에서 매년 2만 건 이상의 의사처방전이 잘못 발부된다.
- ▶산부인과에서 신생아 12명이 매일 다른 부모에게로 간다.
- ▶전기・수도・가스 공급이 중단되는 경우가 연간 9시간이나 된다.
- ▶매시간 2천 건의 우편물 분실사고가 발생한다.
- ▶공항에서 항공기의 이착륙사고가 매일 2건씩 발생한다.

백분율(%)로 나타내는 품질수준으로는 고객들이 만족하는 품질을 보증할 수 없다. 불량률 0.01%를 100ppm(parts per million)으로 표현할 수 있는데, 이 수준의 품질을 보증하려면 설계와 원자재의 완벽은 물론 철저한 공정관리로 공정능력의 강화・유지가 필요하다.

ppm사상은 일본의 마쯔시다전자부품(松下電子部品)이 1960년대 후반에 전자부품의 품질향상에 노력한 결과, ppm수준의 품질수준이 실현될 수 있게 되었던 것에 근원을 두고 있다. 수많은 부분품으로 조립되는 자동차나 전자제품의 품질은 부품 품질과 직결되므로 ppm관리에는 부품업체와 모기업의 완벽한 공정관리가 긴요하다. 1994년 이래 우리산업에서 시행되고 있는 이른바 「100ppm 운동」은 자동차 및 전기 전자부품업체 중심으로 추진되고 있다.

최근 추진되고 있는(2005년 현재, 세계 500대 기업 중 2/5가 도입) 6시그마(six sigma)는 모토로라사의 해리(Mikel Harry)가 1986년에 시작한 단계별 고품질 접근프로그램인데, 여기서는 3.4ppm 수준을 목표로 한다. 세계 500대 기업의 40%가 도입하고 있다.

모토로라(Motorola)의 식스시그마 프로그램은 공정품질 특성치의 평균값이 정규분포의 중심에 위치하고 있다는 가정 아래 불량률 2ppb(parts per billion), 즉 0.002ppm을 추구한다. 그러나 현실적으로 공정의 중심과 규격의 상・하한값이 일치하기는 쉽지 않은 것으로, 공정중심이 [그림 16-5]에 보인 대로 1.5시그마 정도 이동한 경우 6σ의 불량률(결함률)은 3.4ppm이 된다(표 16-3 참

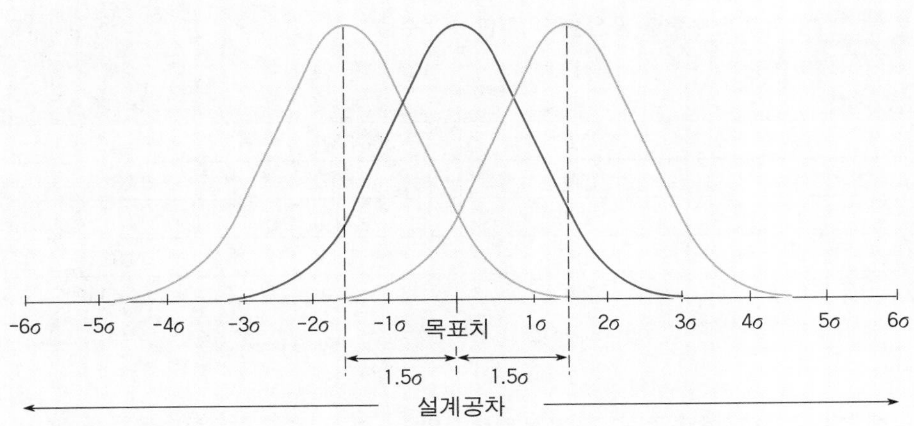

그림 16-5 **6시그마 품질**

조). 따라서 모토로라의 6시그마 관리에서는 3.4ppm의 결함 수를 추구하는데, 이 경우 공정능력지수 C_p=2의 공정능력을 목표로 한다.

품질수준(결함 수)을 좌우하는 것은 공정분산을 얼마나 줄일 수 있는가에 달려 있다. 공정평균을 중심에 고정시킬 수 있다면, 4시그마 품질수준으로 63ppm에 이를 수 있다. 공정중심의 고정은 현실적으로 매우 힘든 것으로 보편적으로 공정중심이 1.5시그마 벗어남을 전제로 공정을 관리 · 운영한다.

표 16-3 **공정중심을 벗어난 경우의 시그마수준별 결함 수**

단위:ppm

중심이동	품질수준						
	3σ	3.5σ	4σ	4.5σ	5σ	5.5σ	6σ
0	**2,700**	465	**63**	6.8	**0.57**	0.034	**0.002**
0.25σ	3,577	666	99	12.8	1.02	0.1056	0.0063
0.5σ	6,440	1,382	236	32	3.4	0.71	0.019
0.75σ	12,288	3,011	665	88.5	11	1.02	0.1
1σ	22,832	6,433	1,350	233	32	3.4	0.39
1.25σ	40,111	12,201	3,000	577	88.5	10.7	1
1.5σ	**66,803**	22,800	**6,200**	1,350	**233**	32	**3.4**
1.75σ	105,601	40,100	12,200	3,000	577	88.4	11
2σ	158,700	66,800	22,800	6,200	1,300	233	32

표 16-4 시그마 수준별 공정능력 · 결함 수 · 수율

시그마 수준 σ	공정능력 Cp	100만개당 결함 수 ppm	수율 yield%
2	0.67	308,537	69.0%
3	1.0	66,807	93.3
4	1.33	6,210	99.3
5	1.67	233	99.98
6	2.0	3.4	99.9997

주: 결함 수와 수율은 공정중심이 $\pm 1.5\sigma$ 이동한 경우의 것임.

이 경우 시그마수준과 공정능력(C_p)별로 결함 수(ppm)와 수율을 제시한 것이 〈표 16-4〉이다.

요컨대 공정의 분산을 줄이기 위해서는 공정의 지속적 개선을 비롯하여 통계적 공정관리(SPC), 실험계획법(DOE), 다구찌 방법 등의 도입 · 적용이 필요하다.

3.3 식스시그마 프로그램

모토로라에서 시작된[5] 「식스시그마 프로그램」(Six-sigma Program)은 미국의 GE, IBM, 얼라이드 시그널(Allied Signal)을 비롯하여 일본의 소니 등에서 도입 적용되어 놀라운 성과를 올린 품질경영 기법이다. 우리나라에서도 삼성전관(SDI)이 1996년에 처음으로 도입한 이래 삼성전기, 삼성전자, LG전자, 현대자동차, 한국중공업 등 여러 기업에서 도입 · 적용 중에 있다.[6]

1 식스시그마의 정의

모토로라(Motorola)사의 「식스시그마 프로그램」을 발전시킨 해리와 슈뢰더(M. Harry & R. Schroeder)는 **식스시그마**(Six Sigma)란 조직으로 하여금 자원의 낭비를 최소화하는 동시에 고객만족을 최대화하는 방법으로 조직활동을 설계하고 운영하여 결과적으로 조직의 수익성을 향상시키는 비즈니스프로세스[7]

5) 모토로라는 1987년 6시그마 운동을 시작해 1992년까지 5년간 제조공정의 불량률을 150배 감소시켰다. 공정 1백만개당 6천개에 달하던 불량을 1992년에는 20개정도로 줄였다. 이에 따라 제조부문과 비제조부문에서 34억 달러의 비용을 절감했다고 한다.

6) *유영준, 6시그마 경영품질혁신*, 미래경영기술컨설팅, 2000.

(business process)라고 정의한다.

자원의 낭비를 줄이면서 동시에 고객만족을 추구하여 결국 조직의 수익성을 향상시키는 철학은 일본 도요다자동차의 JIT(Just In Time)방식이나 TQM의 철학과 일맥상통한다. 그러나 식스시그마는 기술 프로그램이 아닌 경영 프로그램(management program)이라는 점에서 구분된다.[8]

식스시그마에서는 제품이나 서비스의 불량을 단위당 불량률이나 결함수(DPU: defect per unit) 대신에 '1백만 불량발생기회당 결함수'(DPMO: defect per million opportunity)라는 척도로 측정한다.

$$DPMO = \frac{\text{총 결함수}}{\text{총 결함발생기회수}} \times 1{,}000{,}000$$

식스시그마에서 정의하는 **결함**(defect)은 다음과 같다.

① 고객불만을 유발하는 모든 것.

② 정해진 기준과 일치하지 않는 모든 것.

③ 정상적인 프로세스를 벗어나는 모든 것.

④ 고객의 요구사항과 어긋나는 모든 것.

2 식스시그마의 기본원리

식스시그마의 **기본원리**는 "품질 좋은 제품이 나쁜 것보다 비용이 적게 소요된다"는 것이다. 이는 TQM에서 중시하는 "처음에 올바르게 행한다"(Do it right the first time: DIRTFT)는 결함예방 철학에 입각한 것이다.

식스시그마의 아이디어를 처음으로 제시한[9] 모토로라의 빌 스미스(Bill Smith)는 현장에서 수집된 애프터서비스 자료를 분석하는 과정에서 고장난 제품 대부분이 공장에서 제조할 때부터 말썽이 있었던 재작업이나 수리를 거친 제품이라는 흥미있는 사실을 밝혀냈다. 처음부터 결함이 없이 제조된 제품은 고객이 사용할 때 초기고장이 거의 발생하지 않는다는 것이다.

7) M. Harry & R. Shroeder, *Six Sigma*, Leighco Inc., 1999; 마이클 해리 · 리처드 슈뢰더 지음, 안영진 옮김, *6시그마 기업혁명*, 김영사, 2000.

8) T. Pyzdek, "Six Sigma is Primarily a Management Program," *Quality Digest*, Sep. 1999.

9) 6시그마의 아이디어는 모토로라가 일본 기업에 밀려 TV사업을 접고 반도체사업도 고전하는 최악의 상황에서 1985년 스미스(Bill Smith)에 의해서 제시되었다.
Del Jones, "Firms Aim for Six Sigma Efficiency," *USA Today*, 1998. 7. 21.

식스시그마가 지향하는 "고품질 제품이 비용이 더 적게 든다"는 기본원리를 실현하려면, 설계나 개발단계와 같이 초기단계에서부터 결함을 예방하는 **식스시그마 설계**(design for six sigma)가 필요하다.

식스시그마 설계는 다음 세 가지 목적을 추구한다.[10]

(1) 어떻게 하면 자원을 가장 능률적으로 사용할 수 있을까?

(2) 제품의 복잡성과 수량에 상관없이 어떻게 하면 높은 수율을 달성할 수 있을까?

(3) 어떻게 하면 공정변동이 발생하지 않도록 할 수 있을까?

3 식스시그마 경영의 추진절차

시스시그마 경영은 다음 3단계로 추진된다.

1단계: 핵심품질요소(Critical to Quality, CTQ)를 파악한다. 고객입장에서 기업의 경영활동(고객이 누구이며, 무엇을 제공하며 중요시하는지)을 조명한다.

2단계: 핵심프로세스를 도출한다. 핵심품질요소(CTQ)를 좌우하는 프로세스와 결함을 발생시키는 부분을 집중 탐색한다.

3단계: 프로세스에 대한 측정, 분석, 관리를 시도한다. 결함 원인을 찾고 개선활동을 통해 원인을 제거한 뒤 지속적으로 관리한다.

3.4 식스시그마 프로젝트의 수행

1 프로젝트의 수행단계: MAIC/DMAIC

식스시그마 프로젝트는 **MAIC**이라고 알려진 ①측정(Measure), ②분석(Analysis), ③개선(Improve), ④관리(Control)의 4단계 수행과정을 통해 지속적 개선이 추진된다(그림 16-6 참조).

이 단계들은 문제의 근본원인을 찾아내기 위해 조사하고, 측정하고, 분석하며, 문제가 다시 반복되지 않도록 통제함을 요구한다. 그런 점에서 마지막 '관리단계'가 중요한데, GE에서는 높은 품질이 계속 유지되도록 하기 위해 6개월~1년마다 품질 프로젝트를 점검한다.

MAIC은 지속적 개선과정으로 흔히 이용되는 PDCA사이클에서 Check와 Action과정을 심화시킨 것이 특징이다.

10) 안영진, *6시그마의 핵심*, 김영사, 2000.

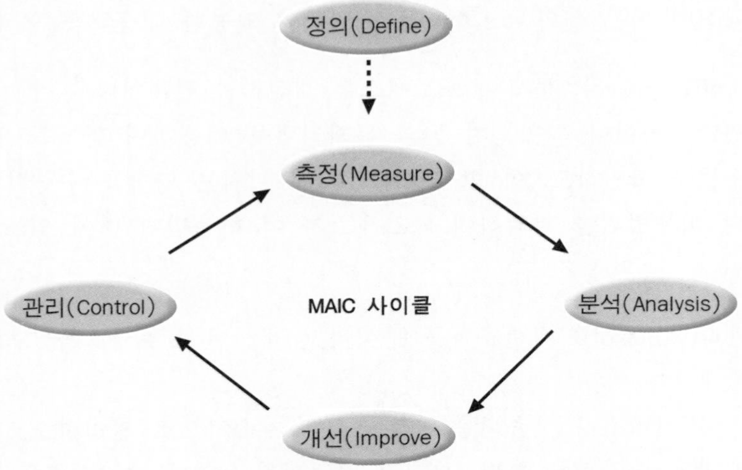

그림 16-6 식스시그마 프로젝트의 수행과정(DMAIC)

GE에서 식스시그마 프로젝트가 수행되는 과정을 보면, 우선 신규 프로젝트를 확인하는 단계에서 품질에 결정적 영향을 미치는 핵심품질요소(CTQ)들이 규명된다. 그래서 MAIC에 정의(Define)단계를 추가한 ①정의, ②측정, ③분석, ④개선, ⑤관리의 5단계 DMAIC으로 추진한다(그림 16-6 참조).

(1) 정의(Define)**:** 개선할 대상을 확인하여 정의하는 단계이다.

프로세스의 고객이 누구이며 고객의 요구사항이 무엇이며 개선해야 할 점은 무엇인가를 CTQ로 파악하여 프로젝트를 선정하고 정의한다.

(2) 측정(Measure)**:** 개선할 프로세스의 품질수준을 측정하고 문제에 대한 계량적 규명을 시도한다.

CTQ에 영향을 미치는 핵심 프로세스들을 파악하고, 파악된 CTQ와 관련해 발생된 결함을 측정한다. 이 단계 마지막에서는 블랙벨트가 CTQ에 영향을 미치는 핵심 프로세스에서 발생하는 결함을 측정할 수 있게 된다.

(3) 분석(Analysis)**:** 결함이나 문제가 발생한 장소와 시점, 문제의 형태와 원인을 규명한다.

벤치마킹이나 파레토도, 특성요인도 등의 통계기법을 사용하여 결함의 원인이 되는 주요 변수들을 파악한다. 문제의 잠재원인들을 파악하고 이들 중 소수의 핵심이 되는 원인(vital few)을 규명하여 가능한 대응책을 모색한다.

(4) 개선(Improve)**:** 문제나 프로세스를 개선하는 단계이다.

브레인스토밍이나 회귀분석 등의 통계기법을 이용하여 문제를 일으키는 주요 변수들을 확인하고, 이 변수들이 CTQ에 미치는 영향을 수량화하고, 주요 변수의 허용범위를 파악하여 프로세스가 이 허용범위 내에 있도록 수정한다.

(5) 관리(Control)**:** 개선효과를 분석하고 개선된 프로세스를 지속시키는 방법을 모색한다.

제품이나 서비스가 산출되는 프로세스를 지속적으로 관리함으로써 같은 문제가 재발하지 않도록 한다. 통계적 공정관리(SPC)나 체크리스트 같은 통계도구를 사용하여, 수정된 프로세스가 유지되도록 한다.

식스시그마 프로젝트는 이상 5단계의 DMAIC 수행과정으로 추진되지만, 새로운 프로젝트가 아닌 기존 프로젝트의 지속적 개선을 추진하는 경우는 4단계 MAIC 사이클을 돌린다(그림 16-6 참조).

2 프로젝트 진척도에 대한 평가

GE는 각 사업부가 식스시그마의 진척도를 평가하는 데 다음 척도를 이용한다.[11]

(1) 고객만족: 각 사업부는 고객조사를 통해 고객들에게 CTQ에 대해 GE와 각 분야의 최고회사를 평가하도록 한다.

5점 척도를 사용하는데, 5는 최고를 1은 최악을 나타낸다. 결함은 각 분야에서 최고보다 떨어지거나, 3 또는 그 이하의 점수로 규정된다.

(2) 품질불량비용(COPQ: cost of poor quality)**:** 검사로 발생하는 평가코스트, 폐기나 재작업에 따르는 내부실패코스트, 보증이나 클레임 등에 지불하는 외부실패코스트의 세 가지가 있다.

---

11) Robert Slater, *Jack Welch and the GE Way*, McGraw-Hill, 1999; 로버트 스레이터 지음, 강석진 · 이태복 옮김, *잭 웰치와 GE 방식*, 물푸레, 1998.

(3) **공급자 품질:** 부품이 하나 이상의 CTQ에서 허용공차를 벗어나서 반품이나 재작업이 이루어졌거나 또는 납기를 넘길 경우 결함으로 처리된다.

(4) **내부성과:** 조직내부의 각 프로세스에서 발생한 결함을 측정한다. 측정치는 모든 발생 가능한 결함의 합계 대비 실제 결함의 합계이다.

3.5 식스시그마 실행의 성공요소

식스시그마는 제조업에만 적용되는 것이 아니라 화학 · 제약 · 장비 · 금융기관 · 병원 · 레저산업 등 전 업종에 적용이 가능하다. 그러나 식스시그마 수준에 이르려면 철저한 경영개선 노력이 요구되며 무엇보다 조직내 정렬된 분위기가 필요하다.[12] 이는 최고경영자가 확신을 가지고 솔선수범하며 충분한 자원이 할당되고 조직문화적인 변화와 지원을 의미한다.

식스시그마 프로그램이 **성공**하려면 다음 **원칙**들이 준수되어야 한다.[13]

(1) 톱의 리더십이 발휘되어야 한다.

식스시그마로 획기적 성과를 이룩한 GE의 잭 웰치(Jack Welch)나 모토로라의 갈빈(Bob Galvin)의 리더십 엔진을 예로 들 수 있다.

(2) 식스시그마 노력은 조직의 경영전략, 성과척도 등과 통합되어 전개되어야 한다.

GE의 잭 웰치 회장은 기업의 장래를 위해 ① 글로벌화, ② 서비스, ③ 6시그마 세 가지로 3대 기업전략을 구축하였다. 결과적으로 6시그마는 GE 캐피탈서비스의 금융서비스에 엄청난 능률과 생산성을 향상시키는 데 기여한 바 있다.

(3) 6시그마의 성공적 추진은 프로세스적 사고틀을 활용해야 한다.

6시그마는 고객요구사항과 기업성과를 비교하면서 계량적 사업분석을 하므로, 사업 프로세스에 대한 엄밀한 매핑(mapping)을 하지 않고서는 제대로 실천할 수 없다.

(4) 훈련된 고객/시장지식 정보의 수집을 필요로 한다.

고객/시장에 관한 지식 데이터를 수집하는 프로세스를 구축함으로써 수

---

12) J.A. Blakeslee, Jr., "Implementing the Six Sigma Solution," *Quality Progress*, July 1999, pp.77-85.

13) Ibid.; 이재관 · 홍영림 편저, *식스 시그마 전략과 도구*, 품질경영시스템 연구소, 1999.

집된 자료를 정기적으로 분석하고 사업의 실제 성과와 비교할 수 있다.

(5) 식스시그마 프로젝트는 실질적인 절약효과나 수익증대효과가 있어야 한다.

식스시그마를 도입한 GE, 모토로라, 얼라이드시그널 등에서 엄청난 성과를 올린 바 있다.

GE는 1990년대 후반 6시그마 기법을 벤치마킹하여 제품의 생산라인은 물론 인사, 관리, 총무, 마케팅 등 경영 전반에 도입하여 성과를 올렸다. 6시그마 도입에 총 2억 달러를 투자했는데, 도입 3년 뒤인 1998년에만 약 10억 달러, 1999년에는 20억 달러 가량의 비용을 절감했다.[14)]

(6) 잘 훈련된 요원들에 의해 추진되어야 한다.

식스시그마는 강도 높은 품질향상 접근법이므로 요원들의 전문적 훈련과 주도적 역할이 필수적이다. GE에는 5천명 이상의 블랙벨트(black belt)들이 있는데, 이들은 고도의 품질기법, 원인분석법, 통계적 수법을 교육받은 사람들이다.

(7) 지속적인 강화대책과 요원들에 대한 정당한 보상이 따라야 한다.

주요 용어(key word)

• 공정능력조사(process capability study) • 공정능력분석, 공정능력지수 • 공정능력 비율(C_p) • 실제 공정능력 지수(C_{pk}) • 지속적인 공정개선 • ppm (parts per million) • 식스시그마 프로그램(six-sigma program) • DPMO(Defect Per Million Opportunity) • 결함예방 철학(DIRTFT), MAIC/DMAIC • CTQ(Critical to Quality)

연습문제

1. 공정의 능력을 알려면 공정능력조사(공정능력연구)가 필요하다. 공정능력조사에 대해서 아는대로 기술하라.

14) "'불량률 낮추기'서 출발한 식스시그마 경영전반의 숨은 해결책으로 진화," *조선일보 Weekly Biz*, 2016.5.7.

2. '통계적으로 관리상태'에 있는 공정과 '능력이 있는' 공정과는 내용면에서 차이가 많다. 다음 메트릭스에서 관리개선이 필요한 공정과 능력개선이 필요한 공정을 지목하라.

공정능력	공정관리	
	관리되는 상태	관리 안되는 상태
규격을 충족시킴		
규격을 충족시키지 못함		

3. 공정능력 분석은 공정성과를 두 단계로 평가하는데, 그 두 단계를 기술하라. 아울러 공정능력 분석에서 해야 될 일은 무엇인가?

4. 공정의 능력을 측정/분석하거나 비교하는데 C_p와 C_{pk}의 공정능력지수가 이용된다.
   ① 공정능력지수의 적용효과를 기술하라.
   ② C_p(공정능력 비율)의 개념과 산식은?
   ③ C_{pk}(실제 공정능력지수)의 개념과 산식은?

5. 볼트의 제조공정이다. 4인치 볼트의 측정자료는 다음과 같다.
   규격한계: 규격상한(USL) = 4.10, 규격하한(LSL) = 3.90
   공정품질: $\bar{x} = 4.05$ 표준편차 $\sigma = 0.03$
   제조공정의 추정공정능력 C_p와 실제공정능력 C_{pk}를 구하라.

6. $C_p = 1.0$, $C_p = 1.3$, $C_p = 2.0$일 때의 백만단위당 결함수(ppm)는 각각 얼마인가?

7. C_p와 C_{pk}의 관계를 설명하라.

8. 식스시그마 관리와 100ppm 관리의 유사점과 차이점을 기술하라.

9. 미국 모토로라에서 시작된 「6시그마 프로그램」은 최근 많은 선진기업에서 도입되어 그의 성과가 높다.
   다음 사항에 대해서 아는 대로 기술하라.
   ① 식스시그마의 정의(철학)
   ② 식스시그마에서 정의하는 결함은?
   ③ 식스시그마의 기본원리

10. 식스시그마 프로젝트의 수행과정을 그림으로 설명하라.

제 6 편

품질경영의 평가

제 17 장 품질경영 평가시스템
제 18 장 품질코스트의 이론과 적용

제 17 장

품질경영 평가시스템

1 품질정보와 품질경영평가

1.1 품질경영평가에 필요한 품질정보

미국 메릴랜드주 볼티모어에 있는 존스홉킨스 병원(Johns Hopkins Hospital)이 시사주간지 US 뉴스 앤드 월드 리포트(US News & World Report)가 선정하는 미국 내 최우수병원에 19년 연속(2009년 현재)으로 뽑혔다. 존스홉킨스 병원은 미국 내에서 가장 낮은 사망률을 기록하고 있다. 이 리포트의 '병원평가'에서 부동의 1위를 지키고 있는 이 병원의 비결[1]은 "자체적으로 의료의 질을 평가하고 개선을 위해 끊임없이 노력하고 있다"는 점이다.

결과를 모르고서, 즉 결과에 대한 평가 없이 실패로부터 성공이나 교훈을 배울 수 없는 것이다. 결과를 이해함에 있어서 과거의 자료를 포함한 정보의 축적과 관리는 매우 중요하다. 더욱이 실패를 인식하지 못한다면 실패를 시정할 수 없다. 이 점에서 경영활동의 지속적인 평가가 필요한 것이다.

1) "존스홉킨스 병원은 어떻게 미국 최고가 됐나", *조선일보*, 2007.11.21
EBS 특집 다큐멘터리 '의료, 이제는 질이다' 2007.11. 22일과 29일 밤 10시50분 방송.

경영활동에 관련된 자료나 정보는 경영자들에게 정확한 사실에 기초한 의사결정을 가능하게 한다. 하지만, 너무 많은 자료나 정보는 별로 도움을 주지 못할 수 있다.

품질경영에서 중요한 정보는 소비자가 요구하는 참(眞) 품질에 관한 정보이다. 소비자의 요구(정보)는 영업부서나 시장조사 그리고 애프터서비스 등에 의해서 입수될 수 있는 것으로 이들 정보를 토대로 하여 설계품질이 이룩되어야 한다. 설계나 개발부서에서는 소비자의 요구에 관한 정보에 입각해서 설계특성을 결정하는 것으로 이들은 설계나 시방서 등으로 제시된다.

소비자의 요구에 따라 설정된 설계특성을 생산공정에서 충실히 실현시키려면 설계특성에 대해서 현장에서 잘 알고 있지 않으면 안된다. 즉 설계특성을 구체화한 설계도나 시방서 등에 의거하여 구매부서에서는 필요한 원자재를 조달하고, 생산현장에서는 제조활동을 전개함으로써 제조품질이 이룩되는 것이다.

생산현장에서 이룩된 제조품질이 주어진 설계 및 시방과 일치할 때 제품품질 내지 사용품질이 확보되는 것이며, 이 단계에 이르러 비로소 판매가능한 제품이 산출되는 것이다. 그러나 이들 제품이 소비자에게 판매되고 사용되려면 제품광고 및 선전이나 사용설명서 등의 제품정보도 필요하다.

1.2 품질 및 경영평가의 척도와 지표

성공적인 기업들은 내·외부 고객들의 요구사항과 기업경영을 이끄는 주요 요인들을 반영하는 포괄적인 일련의 성과 척도와 지표를 개발하여 사용한다. 성과의 측정 척도와 지표들은 경영성과의 점수표를 제공하고 성과들을 가시화 해준다. 지표(index)는 때때로 성과의 측정척도로 사용되어 진다. 예를 들어, 고객의 불만을 계량적으로 측정하기는 어려우나 숫자로 표기된 불만 지표로써 측정하고 평가할 수 있다.

경영성과의 측정범주로는 ① 고객만족, ② 재무와 시장성과, ③ 인적자원, ④ 공급자 성과, ⑤ 기업의 전략특성 등을 꼽을 수 있다.

고객만족의 측정척도로는 고객만족도, 불만율, 고객의 평판 및 인지도, 고객 유지율 및 이탈률 등이 포함된다. 대표적인 고객만족 평가모델로는 미국의

ACSI(American Customer Satisfaction Index)를 꼽을 수 있다(1장의 그림 1-4을 참조).

재무적 성과의 측정척도에는 자산수익률(ROE), 투자이익률(ROI)을 비롯한 영업이익, 주가수익률(EPS), 순이익, 기타의 유동성 척도 등이 포함된다.

시장성과 측정척도로는 시장점유율, 매출액 증가율, 신제품 매출액, 신상품 판매비율 등이 있다.

인적자원 측정척도로 구성원의 만족도, 이직률, 결근율, 교육성과, 제안율 등을 꼽을 수 있다.

공급자 성과의 주요 측정항목으로는 품질, 운송, 서비스 그리고 가격을 꼽을 수 있다. 품질은 불량률이나 결함률, 신뢰성 그리고 유지/보수능력 등으로 측정될 수 있다. 운송과 서비스 성과는 적시성(납기준수), 응답성, 독립성, 기술적 지원 등으로 측정한다.

그러나 기업별로 제품이나 서비스품질이 다르고 전략특성이 상이하여 이들 품질지표들은 기업별로 다양하게 적용되고 있다. 미국의 TI(Texas Instrument)사에서 사용되고 있는 주요 품질지표를 보이면 〈표 17-1〉과 같다.

보편적인 품질평가척도인 결함이나 실수의 정도는 같은 서비스라도 대개 동일하지 않다. 따라서 치명적인 결함과 사소한 결함을 구분함에 가중치를 부여한 복합적인 지표를 만들기도 한다.

표 17-1 TI(Texas Instrument)사의 주요 품질지표

고객관련 품질척도	제품선적 완료율 창고실수(입출고 실수 및 분실사고) 반품 사이클타임
제품품질 품질척도	전기적 결함률(ppm) 기계적 결함률(ppm) 사용수명시험
공정 품질척도	사이클 타임 공정별 재작업 최종시험 수율
공급자 성과척도	결함률(ppm) 청정 수준 기능시험 결과
운영 성과척도	일치비용 불일치비용 전체 품질코스트

표 17-2 FedEx의 서비스품질 지표

품질상태	가중치	지표 설명
화물 손상	10	취급, 일기 등의 손상
화물 분실	10	물품의 분실, 도난
배달 지연	5	약속기일 어김
물품인수지연	3	배달물품 인수지연
불만 재발	3	불만의 거듭제기
배달시간 지연	1	배달약속시간 지연
배달확인 누락	1	배달시 고객확인 누락

FedEx는 〈표 17-2〉의 서비스품질지표(SQI)로서 기업의 성과에 대한 고객들의 기대를 반영하는 요인들을 가중치(1~10)로 구분하여 관리한다. 예를 들어, 배달물품을 분실하는 것은 배달이 몇 분 늦어지는 배달시간 지연(가중치 =1)보다 훨씬 심각한 결함이므로 가중치 10을 부여한다.

2 품질경영활동의 평가

2.1 품질경영 평가의 범주

성수대교와 삼풍백화점 붕괴를 비롯한 대형의 품질관련 사고들을 경험한 이후, 우리는 건설된 지 얼마 안되는 신도시 아파트, 빌딩, 교량, 지하철 등의 안전성에 대해서 불안해 하고 있다. 자동차를 비롯한 전자제품, 식료품, 의약품 등 공산품의 경우도 소비자들의 불만은 만만치 않다. 존스홉킨스 병원의 사례처럼 품질개선을 하려면 반드시 불량의 원인과 발생과정을 체계적으로 분석·규명할 수 있는 품질경영활동의 평가가 필요하다.

품질경영활동으로 달성할 수 있는 사업목표 내지 성과들을 보면 ① 제품(서비스)의 품질·안전·신뢰성 향상, ② 낭비의 예방, ③ 구성원의 창의력 개발과 잠재력 함양, ④ 기업문화의 변화, ⑤ 인류의 안전·건강·환경의 개선 및 사회 손실의 최소화, ⑥ 고객의 만족, ⑦ 매출/시장점유율의 증대, ⑧ 기업의 수익성 증대 등이다.

흔히 품질경영의 목표로 제시되는 고객만족은 ①, ②, ③, ④, ⑤의 결합

작용으로 이룰 수 있는 것으로, ⑥ 고객만족은 ⑦ 매출 내지 시장점유율의 증대를 수반하여 종국적으로는, ⑧ 수익성이 증대되어 기업의 성장·발전을 도모하게 된다.

따라서 품질경영의 주요 평가항목으로 품질경영 목표인 고객만족과 수익성 등의 사업성과(결과)들을 비롯하여 이의 추진인자인 경영자의 리더십, QM활동의 수행과 관련된 품질경영과정을 꼽을 수 있다.

2.2 QM활동의 중점 평가항목

품질경영활동의 중점 평가항목들은 품질경영에 관한 세계적으로 명성이 높은 국가품질상제도(미국의 말콤볼드리지상, 일본의 데밍상, 유럽품질상)나 국제규격(ISO 9000, ISO 14000, ISO/TS 16949) 등에서 살펴 볼 수 있다.

미국의 「말콤볼드리지상」은 7개 범주로 구분하고 있는데 비해, EFQM의 「유럽품질상」은 9개 범주, 일본의 「데밍상」은 6개 범주로 구분하고 있다(표 17-3 참조). 심사평가 기준의 배점을 비교해 보면, 리더십의 배점은 각국이 비슷하지만, 품질경영 과정 및 성과에 대한 평가배점에서는 「데밍상」과 상당한 차이가 있다. 즉, 품질경영과정의 평가비중을 「말콤볼드리지상」(이하 MB

표 17-3 각 국 품질상의 품질경영 평가항목별 비중

미국(말콤볼드리지상) 2017	한국(품질경영상) 2010	유럽(유럽품질상) 2010	일본(데밍상) 2009
① 리더십(12%)	① 리더십(12%)	① 리더십(10%)	① 경영방침(20%)
② 전략(8.5%) ③ 고객(8.5%) ④ 측정,분석,지식경영(9%) ⑤ 인적자원(8.5%) ⑥ 운영(8.5%)	② 전략기획(8.5%) ③ 고객/시장중시(8.5%) ④ 측정,분석,지식경영(9%) ⑤ 인적자원중시(8.5%) ⑥ 프로세스관리(8.5%)	내부프로세스	④ 경영시스템(10%) ⑤ 정보분석,IT활용(15%) ⑥ 인재육성(15%) ② 신제품 개발, 프로세스혁신(20%) ③ 유지관리,개선(20%)
⑦ 사업성과(45%)	⑦ 경영성과(45%)	⑨ 사업성과(15%) ⑥ 고객성과(15%) ⑦ 종업원만족(10%) ⑧ 사회적 공헌(10%)	

상)은 43%, 유럽품질상은 40%를 배점한데 비해 「데밍상」은 80%(②③④의 핵심 품질시스템 50% 포함)의 배점을 하고 있어 양자간에 두드러진 차이를 볼 수 있다. 또한 「MB상」은 사업성과에 45%, 유럽품질상은 50%로 과반수에 가까운 비중을 두고 있으나 「데밍상」에서는 배점을 하지 않고 있는 점도 큰 차이점이다.

한국 「품질경영상」의 기본골격은 〈표 17-3〉과 같이 미국 「MB상」의 그것과 같을 뿐만 아니라 배점에서도 동일하다. 1992년 중반이후 정부는 TQC에서 QM체제로 정책을 바꾸면서 1980년대부터 시행해 오던 「품질관리대상」을 1993년부터 「한국품질대상」과 「품질경영상」으로 나누고, 「품질경영상」을 2000년에 「국가품질상」으로 개명하였다.

2.3 품질경영 평가의 실천

1 평가의 중점을 어디에 둘 것인가?

품질경영의 평가는 누가 어떤 목적으로 실시하느냐에 따라 평가의 내용이나 중점이 다를 수 있다. 그래서 품질경영활동에 대한 평가목적이나 평가주체에 따라서 평가내용을 차별화해야 한다. '품질상'의 경우, 평가주체는 국가나 평가기관이 되며 평가대상은 심사를 받는 기업의 품질경영활동이 되지만, 기업스스로 자신의 QM활동에 대한 평가를 하는 경우 평가의 목적과 내용은 다르게 마련이다.

최고경영자나 기업전체의 입장에서는 품질경영의 결과인 경영성과와 고객만족을 더욱 중요시하지만, 현장이나 품질경영 추진관리자의 입장에서는 과정위주의 체계적인 분석방법을 통한 품질경영활동과 지속적인 품질개선활동 평가에 중점을 둔다.

그러나 품질경영활동 결과와 수행과정의 유기적인 연결·운영이 없이 TQM은 성공할 수 없다. 즉, TQM의 지속적 발전에는 최고경영자, 관리자 및 종업원들의 결집된 노력과 이에 대한 올바른 평가와 반영이 절대로 필요하다.

수많은 협력기업을 거느리고 있는 모기업(母企業)의 입장에서 공급자의 품질경영을 평가할 때 여러 가지 평가기준이 적용되고 있다. 모토로라에서는 「MB상」의 기준을 적용하고 있는가 하면, AT&T에서는 「ISO 9000 기준」이 사용되고 있다. 구매자인 AT&T는 공급자의 품질・신뢰도・제조능력・기능・서비스・가격・납기 등에 대한 ISO 9000 기준에 근거하여 공급업자를 선정하고 관리한다.

포드자동차의 「공급자 품질평가시스템」은 'Q1賞'이나 'TQE賞'과 같은 수상업체 선정을 위한 주요 평가자료로 이용되는데, 이 때 평가기준은 품질시스템 30점, 경영자의 품질 인식 및 참여 20점, 제품품질 40점이다.

2 어떤 평가척도를 사용할 것인가?

품질경영평가에 있어서 간과할 수 없는 것으로 어떤 평가척도를 사용할 것인가 하는 점이다. 품질수준의 경우, 현장에서 흔히 사용되는 척도로는 불량률이나 결함 수를 지목할 수 있지만, 이들 척도는 객관성이나 정확성에 한계점이 있다.

특히 품질경영의 성과를 기회손실을 포괄하여 총괄적으로 평가할 때 불량률은 큰 의미가 없는데, 이 경우 품질코스트를 이용해서 품질경영평가를 하는 것이 바람직하다. 가령 고객만족의 정도를 불량률 몇 % 또는 몇 ppm 등으로 하여 평가함은 큰 의미가 없는 것으로, 고객의 만족과 불만족을 가급적 객관적으로 나타내려면 지수화된 만족도와 함께 품질코스트와 같은 금전적 척도의 병행 적용이 바람직하다.

끝으로 품질경영평가에 있어서 긴요한 것은 평가내용이 정확해야 하며, 평가결과는 곧장 품질경영이나 전략에 반영되어야 한다. PDCA 사이클의 C(check) → A(action) → P(plan) → D(do)나, MAIC사이클의 M(measure) → A(analysis) → I(improve) → C(control)의 평가과정이 끊임없이 전개되어야 품질개선과 품질경영활동의 성과증대가 지속적으로 이루어 질 수 있다.

3 성과측정 및 전략관리 시스템으로서의 BSC

기업의 경영성과를 나타내는 전통적 재무측정치는 과거 지향적이며, 고객과의 관련성 고려가 적고, 무형/지식 자산의 가치를 제대로 반영 못 할뿐더러 성과지표간의 연계・통합이 미흡하고 전략과의 연계가 불충분하다는 **제약점**이 있다. 이에 카프란(R. Kaplan)교수와 노턴(D. Norton)은 새로운 성과측정 방법인 BSC(Balanced Scorecard; 균형성과표)를 제시하여[2] 산업계로부터 큰 호응을 얻고 있다.

건강의 활력 시그널(vital signal)로 혈압, 체온, 맥박, 호흡수를 꼽는다면, 기업의 그것은 현금흐름, 고객만족도, 구성원의 만족도를 꼽을 수 있다. 특히 기업 성과는 구성원의 노력과 직결되므로 구성원 몰입도 → 고객만족도 → 현금 흐름 → ROI 흐름에 비추어 BSC의 **주요관점**을 ① 재무적 관점(현금 흐름), ② 고객관점(고객만족도), ③ 내부 프로세스 관점(구성원 몰입도), ④ 구성원 학습 및 성장(구성원 만족도)으로 제시한다.

아래 전략 맵(strategy map)에 나타난 품질관련 전략목표의 인과관계를 통하여 이들 관점별 연계흐름을 살펴 볼 수 있다.

BSC의 **주요 기능**은 다음과 같다.

① 조직의 사명/비전을 전략목표와 성과지표(KPI; Key Performance Index)로 구체화한다. 즉, 비전 → 전략목표 → 성과지표(KPI) → 실행계획으로 전개한다(그림 17-1 참조).

② 기업경영의 내비게이터 역할, 즉 환경변화에 따른 신속한 경영상황

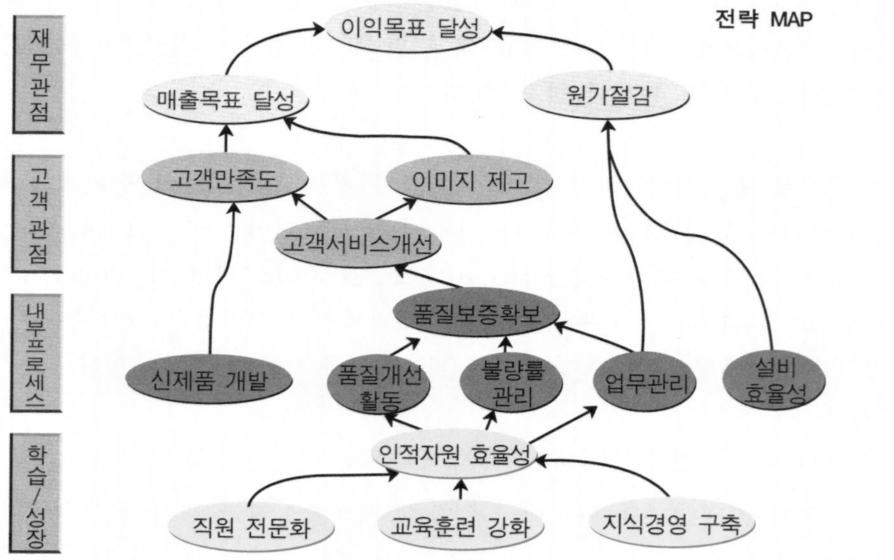

2) 10여 업체에 대한 실증연구를 통해 논문 '성과를 창출하는 측정도구' "The Balanced Scorecard: Measures That Drive Performance"(*Harvard Business Review*, 1992)를 발표하고 4년 후 저서 *The Balanced Scorecard*(1996)로 세계적인 명성을 얻게 됨. 발표 후 Fortune 1000대 기업의 64%이상이 BSC를 도입하는 성과를 보였음.

인식과 전략계획 추진으로 전략적 대응을 한다.

③ 전략목표의 합리적 선택, 자원(예산, 인원 등)의 최적 배분, 성과의 측정/평가와 피드백으로 전략목표를 효과적으로 달성하도록 한다.

④ 전략경영 목표에 의해 설정된 조직의 성과지표를 개인의 목표로 체계적으로 배정, 즉 성과목표의 정렬(arrangement) 기능을 수행한다.

⑤ BSC의 균형: 즉 재무적 지표와 비재무적 지표의 균형, 조직의 내부요소와 외부요소간의 균형, 선행지표와 후행지표간의 균형을 도모한다.

BSC를 통한 비전과 전략의 전개과정은 [그림 17-1]과 같다. 이른바 균형성과표(BSC)는 전략목표와 성과측정지표를 통해 조직의 전략에 대해 설명해주는 새로운 틀을 제공함으로써 비전과 전략을 실행계획이나 예산 등으로 전환시켜 준다.

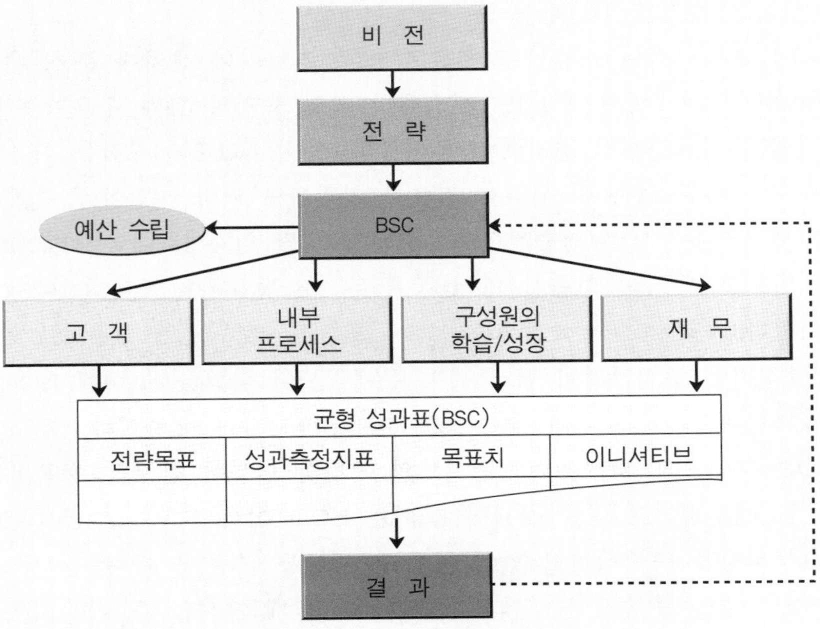

그림 17-1 비전과 전략의 BSC 전개

3 국제 품질경영시스템 규격: ISO 9000/14000

3.1 품질경영시스템 인증제도

품질과 환경이 무역장벽으로 등장하고 있는 현실에서 기업의 품질경영과 환경경영이 글로벌 스탠더드에 이르지 못하면 도태될 수밖에 없다.

1987년 ISO(국제표준화기구)에서는 생산/공급자 품질시스템에 대한 '제3자 인증제도'가 소비자의 신뢰도를 높이고 국가간 품질 상호인정의 기본이 된다는 입장에서 「품질경영과 품질보증에 관한 국제규격」(ISO 9000s)을 제정하였다.

인증제도의 심사는 제3의 인증기관에 의해 수행되며 조직의 전반적인 품질경영 능력을 평가하고, 사후관리를 통하여 계속적으로 유지능력을 확인한다. 이 과정에서 심사의 객관성과 전문성이 수반되어 조직의 품질경영 능력이 향상되는 계기를 마련해 준다.

ISO 9000s 규격이 1987년에 제정된 이후 기업이나 산업에 준 영향은 컸다. 공급자 입장에서의 품질보증시스템의 확립 유지와 함께 수요자측에서는 공급자의 품질보증체제 평가에 활용되었다. 특히 ISO 9000규격을 이용한 인증제도가 확립된 점은 이 규격을 적용한 기업에도 커다란 영향을 주었다.

전 세계의 ISO 9001 인증건수는 2016년 12월말 현재 192개국에서 1,105,938건[3]에 이르고, 한국의 인증실적(KAB등록)은 2018년 6월말 현재 20,925건으로 집계되었다.

인증실적이 증가하면서 여러 가지 문제점들이 나타났다. 이에 ISO에서는 10여 년의 개정작업을 거쳐 「ISO 9000: 2000」 모델을 발표하였다.

ISO 9000인증과 ISO 14000인증제도의 정착과 더불어 업종별·품목별로 품질인증이 세분화되고 있는 추세이다. 이는 ISO 9001과 ISO 14001이 최소한의 품질요구사항을 충족시키고 있어 자동차·정보통신·항공 등 특정 산업계의 품질요구사항을 충족시키는 데는 한계가 있기 때문이다. 즉, 자동차(ISO/TS 16949), 통신(TL 9000), 식음료(ISO 22000), 항공(AS 9100)산업 등의 섹터별 국제규격이 적용되고 있다.

---

3) ISO 14001은 183개국에서 346,148건의 인증실적이 있는 것으로 집계되었다.
The ISO certificate Survey-2016

참고

ISO/TS 16949

GM, 포드, 크라이슬러 등 미국 자동차 업계에서 'ISO 9000 요구사항'에 자동차의 안전 및 신뢰성 확보를 위해 산하 부품납품업체에 요구한 품질시스템 규격인 QS-9000을 유럽 자동차업계를 포함한 세계 자동차업계가 결성한 IATF(국제자동차 협의회)에서 글로벌 스탠더드로 확대 강화하여 제정한 ISO의 기술규격(technical standard: TS)이다.

3.2 품질경영시스템: ISO 9000: 2000 모델

「ISO 9000: 2000」 모델의 핵심규격은 다음의 네 가지이다.

① ISO 9000(기본사항 및 용어)

② ISO 9001(품질경영시스템 - 요구사항)

③ ISO 9004(품질경영시스템 - 성과개선지침)

④ ISO 19011(품질/환경경영시스템 심사지침)[4]

ISO 9001은 제품·서비스 품질을 위한 품질경영시스템에 대한 요구사항이고, ISO 9004는 경영성과 개선을 위한 품질경영시스템 지침이다. 이들 양자가 상호 일관된 한 쌍(consistent pair)의 규격을 이루는 것이 2000년판의 **특징**이다.

1 ISO 9001: 2000 품질경영시스템 - 요구사항

ISO 9001: 2000에서 규정하고 있는 품질경영시스템의 요구사항은 품질보증에 부가해서 고객만족의 향상도 지향하고 있다.

2000년판에서는 품질경영시스템에서 강조되는 '고객만족', '고객관계', '인적자원', '개선' 등이 내용적으로 강화되었다. 고객의 요구와 기대의 파악, 고객요구에의 합치에 관한 조직의 능력, 고객과의 의사소통 등 고객관계에 관한 요구사항이 확충되었다.

경영자원 특히 인적자원에 대한 요구사항이 늘어났다. 고객만족과 같은 비중으로 요구된 것으로 '개선'을 꼽을 수 있다. **개선**(improvement)은 "품질경영시스템(QMS)의 지속적 개선에 필요한 프로세스를 계획하고, 관리하는 것"이라

4) ISO 19011은 품질경영시스템의 내부심사 및 외부심사를 운영·실시하는 지침으로서 품질과 환경의 심사지침을 통합한 것이다.

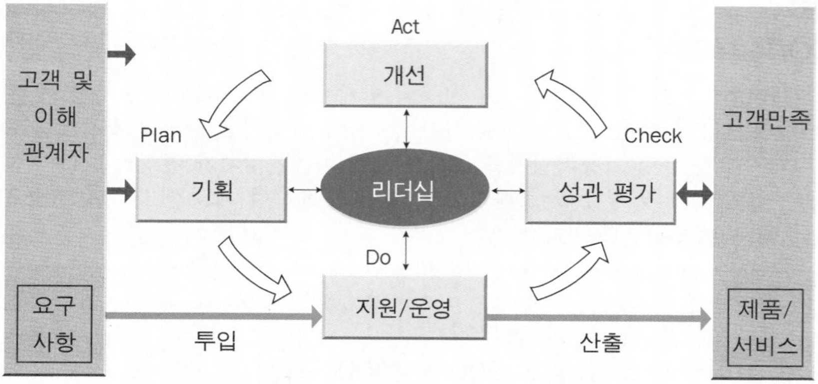

그림 17-2 품질경영시스템 모델(2015)

하고 아울러 "품질방침, 품질목표, 심사결과, 데이터 해석, 시정조치, 예방조치, 경영검토를 통해서 QMS의 지속적 개선을 촉진하는 것"을 요구하고 있다.

2000년판에서 프로세스 접근 모델을 도입한 것은, 제반 업무를 투입, 산출, 자원, 측정 등으로 명확히 관리하도록 업종과 규모를 막론한 모든 조직에 적용이 가능한 일반화한 단위프로세스에 관한 요구사항이나 지침을 기술하여 이를 품질경영시스테으로 통합할 수 있기 때문이다.

[그림 17-2]의 품질경영시스템 모델(2015)은 ① 기획, ② 지원/운영, ③ 성과 평가 ④ 개선의 PDCA 사이클을 통한 제품/서비스를 산출하여 고객만족을 추구하고 있다.

ISO 9001은 2000년에 이어 2008년, 2015년에 부분 개정되었다. 이번 개정(2015년 판)은 사용자(제조, 서비스, 정보분야 등)의 다양성이 증대되면서 이용자 친화규격을 제정하려는 노력의 일환이다. 주요 변경사항으로는 ① 서비스 산업의 규격적용 용이, ② 프로세스 접근 강화, ③ 목표달성 위한 리스크 관리, ④ QMS/EMS 설계시 조직상항 고려, ⑤ 신개념(리스크, 조직상항, 지식 등) 추가를 꼽을 수 있다.

2 ISO 9004: 2000 품질경영시스템 - 성과개선 지침

이 규격의 타이틀은 「품질경영시스템 - 성과개선 지침」(Quality Management

Systems - Guidelines for performance improvement)이다. 초우량경영을 추구하는 품질경영시스템 지침으로 만들어졌음을 기술하고 있다. 이 규격은 경영자에 의한 적극적인 활용이 권장되는 규격이다. 부속서로 제시된 「자기평가 지침」은 자체적인 품질경영평가에 이용될 수 있다.

ISO 9004: 2000에서 **강조**된 **점**들은 다음과 같다.

(1) 고객을 포함한 이해관계자 모두의 이익을 추구하는 품질경영시스템을 구축한다.
(2) 프로세스접근을 통한 경영관리를 강조한다.
(3) 프로세스접근을 통한 개선을 강조하고 아울러 혁신도 추구한다.
(4) 기업 스스로 평가(self-assessment)할 수 있도록 「자기평가 지침」을 부속서로 제시하고 있다.
(5) 다양한 조직에서 적용될 수 있도록 폭넓은 적용성을 중시한다.

3.3 환경경영시스템: ISO 14000

ISO 14000은 상이한 환경 관리기법과 관리체계의 표준화를 도모하고 지구환경 보전에 기여하기 위해 ISO에서 1996년에 제정되어 2004년과 2015년에 개정된 규격이다. ISO 9000과 마찬가지로 기업이 환경경영체제를 구축하여 실행하고 있음을 제3자(인증기관)로부터 인증 받는 환경경영시스템(EMS: Environmental Management System) 인증제도이다.

이 규격은 제품의 설계・개발, 원자재 조달, 생산, 판매, 폐기에 이르기까지 조직활동 전 과정에 걸쳐, 제품이나 서비스가 미치는 영향(자원소모, 대기・수질・토양 오염, 폐기물 발생 등)을 사전에 평가하여 경영조직, 관리체계, 환경경영을 규격화한 것이다. ISO 14000시리즈는 준수 규격인 ISO 14001과 몇 개의 가이드(지침) 규격으로 구성되어 있다.

EMS의 개선은 경영자가 성과데이터를 검토하고 필요한 변화를 지시할 때 효과를 높일 수 있다. 따라서 경영자 검토가 효과를 거둘 수 있도록 하기 위해 경영자 검토 프로세스에서는 필수적인 유용한 정보 획득 및 제공과정이 고려되어야 한다. EMS의 변화에 대한 필요성을 고려할 때 적절한 정보를 유용하게 활용하는 것이 경영자의 책임이다. EMS를 위한 정보관리 요구는 EMS 범위, 환경방침의 반영, 중요한 환경측면, 법규 및 세부 목표, 이해관계자의 관심과 관계가 깊다. 경영자 검토를 위한 중요한 정보 출처 중 하나로 환경성과 지표를 꼽을 수 있다. 환경성과평가(Environmental Performance Evaluation: EPE)는 환경성과를 고려한 경영진의 의사결정에 도움을 주기 위한 것으로 ① 환경지표 선정, ② 데이터 수집 및 분석, ③ 경영자가 정한 환경성과 기준에 대한 정보의 평가 프로세스로 이루어진다.

3.4 사회적 책임 규격: ISO 26000

기업의 사회적 책임(CSR: Corporate Social Responsibility)의 세계적 표준이다. ISO(국제표준화기구)는 사회적 책임 경영의 국제표준으로 ISO 26000을 2010년에 제정 · 발표했다. 현재(2013년) 전 세계에서 1만여 단체가 ISO 26000 지침을 사용하고 있다.

ISO 26000의 기본 원칙은 ① 책임성, ② 투명성, ③ 윤리적 행동, ④ 이해 관계자의 이익 존중, ⑤ 법규 준수, ⑥ 국제 행동 규범존중, ⑦ 인권 존중의 7가지이다.

ISO 26000의 핵심 주제, 즉 사회적 위험과 영향을 파악하고 이를 관리하기 위해 가이드라인에 포함된 핵심 분야는 ① 조직 거버넌스, ② 인권, ③ 노동 관행, ④ 환경, ⑤ 공정 운영 관행, ⑥ 소비자 이슈, ⑦ 지역사회 참여와 발전의 7개 분야이다.

ISO 26000 가이드라인에는 위의 핵심 분야가 기업이나 조직의 지속 가능성에 영향을 미치며 위험성이 있는 분야라고 명시되어 있다. 가령 인적 자원이나 인권 문제에 관심을 기울이지 않을 경우 불필요한 사회적 비난을 초래할 수 있다. 그리고 공정 거래 관행을 따르지 않을 경우 기업은 금전적 손해와 이미지 훼손을 입게 된다.

4 각국의 품질경영상: 초우량경영 평가모델

국가차원의 품질경영상인 「데밍상」이 일본에서 제정된 것은 1951년으로 그 후 일본의 유수한 우량기업들이 이 상의 수상자가 되었다. 일본에 밀리던 미국은 1987년 경쟁력 회복을 위해 「말콤볼드리지 국가품질상(MBNQA)」을 제정하였으며, 뒤를 이어 유럽에서는 「유럽품질상」이 등장하였다. 이들 품질상의 공통점은 제품품질은 물론 경영품질이 뛰어난 기업/기관만이 수상할 수 있다는 점이다.

미국 · 일본 · 유럽에서 생산되는 제품들은 세계시장에서 거래되는 상품의 과반수를 훨씬 넘을 만큼 품질이 우수한 것으로, 이들 국가의 품질상 제도에서 초우량경영의 평가모델을 배우기로 하자.

4.1 일본의 데밍상

최초의 국가품질상이라 할 수 있는 「데밍상」은 1951년 일본과학기술연맹(the Union of Japanese Scientist & Engineers: JUSE)이 통계적 품질관리를 일본에 정착시키는데 공헌한 데밍(W.E. Deming)의 업적을 기리기 위해 제정된 것이다.

데밍상은 전사적 품질관리를 모범적으로 수행한 기업이나 기관에 수여되는데, 도요다, 고마쓰, 히타치, 마쓰시다 전자부품, 리코, 후지 제록스를 비롯한 일본의 유수한 기업에서 수상하였다. 데밍상의 시상과 심사 등 업무는 민간기관인 JUSE가 주관하며, 전문가로 구성된 심사위원회의 심사와 추천을 거쳐 데밍상이 수여된다.

데밍상(2009)의 심사기준은 〈표 17-3〉과 같이 ①경영방침, ②신제품 개발, 프로세스 혁신, ③유지관리, 개선, ④경영시스템, ⑤정보분석, IT활용, ⑥인재육성의 6개 범주로 되어 있다.

이 심사기준의 **특징**은 ①방침관리와 ②③④의 핵심 품질시스템을 중심으로 품질경영의 과정과 실행에 초점을 맞추어 평가하도록 되어 있다는 점이다.

JUSE에서 데밍상 수상업체의 사례집을 발간하여 배포하거나, 심사에 참여한 심사원이 우수사례나 품질관리기법을 교육이나 컨설팅을 통하여 산업계에 전파함으로써 우수 품질관리 정보를 공유할 수 있다.

제품이나 서비스 품질이 우수한 조직에 수여되는 데밍상은 생산현장의 제품과 제조공정의 품질개선을 중심으로 심사·평가한다. 따라서 기업경영 전체의 프로그램을 만들어서 경영품질을 심사·평가하는 미국의 말콤볼드리지상과 대조를 이룬다.

1995년 「말콤볼드리지상」의 일본판이라 할 수 있는 「일본경영품질상」(Japan Quality Award: JQA)이 재단법인 사회경제생산성본부에 의해서 제정되었다.

4.2 말콤볼드리지 국가품질상

미국 기업들의 품질경영 역량과 경쟁력을 향상시킬 목적으로 레이건 대통령은 1987년 8월 20일 말콤볼드리지 국가품질향상 법안에 서명하였다. 말콤 볼드리지(Malcom Baldrige)는 이 법안을 입안하고 추진했던 상무장관으로, 그의 노력을 기리는 「말콤볼드리지 국가품질상」(MBNQA: Malcom Baldrige National Quality Award)이 탄생하였다(이후부터 MBNQA는 MB상으로 표기한다).

1 MB상의 제정목적

(1) 미국 산업사회 구성원들의 품질의식을 높이고,

(2) 우수품질의 요구조건을 올바로 파악하며,

(3) 성공적인 품질전략 및 성과에 대한 정보를 공유하고 이를 실천토록 이끌기 위해 만들어졌다.[5)]

2 MB상의 관리기관

MB상은 상무성의 NIST(국립표준기술원)가 관리하며, 미국품질협회(ASQ: American Society for Quality)는 신청서의 검토, 수상서류 준비와 그 밖의 행정업무를 지원한다. 수상 신청업체의 심사와 평가는 심사위원회(Board of Examiners)에서 수행한다.

3 MB상의 핵심가치

고객의 가치증대와 조직의 성과 및 능력향상을 지향하는 MB상의 평가기준은 NIST에서 개발한 일련의 핵심가치(core value)에 기반을 두고 있다. 즉, 초우량기업의 신념과 행태를 이루고 있는 다음의 **핵심가치**들[6)]은 현대 품질경영의 핵심원칙이라 할 수 있다.

① 탁월한 리더십(visionary leadership)

② 고객지향 초우량품질(customer-driven excellence)

③ 최고의 성과달성을 위한 조직 및 개인 학습(organization and personal learning)

---

5) R.J. Vokurka, G.L. Stading, & J. Brazeal, "Comparative Analysis of National and Regional Quality Awards," *Quality Progress*, Aug. 2000.

6) M.L. Blazey, *Insight to Performance Excellence 2001*, ASQ Quality Press, 2001.

④ 종업원 및 파트너의 존중(valuing employee and partners)

⑤ 고객요구에 대한 신속 · 유연한 대응(agility)

⑥ 미래에 대한 계획(focus on the future)

⑦ 끊임없는 혁신(managing for innovation)

⑧ 사실에 근거한 관리(management by fact)

⑨ 사회적 책임과 시민의식(public responsibility and citizenship)

⑩ 성과와 가치창조의 중시(focus on results and creating value)

⑪ 시스템적 접근(systems perspective)

4 MB상의 7가지 평가범주

MB상은 전술한 핵심가치에 근거하여 평가기준을 다음 7가지 범주로 나누어 제시하고 있다(그림 17-3 참조).

① 리더십(leadership)

② 전략(strategy)

③ 고객(customer)

④ 측정, 분석 및 지식경영(measurement, analysis and knowledge management)

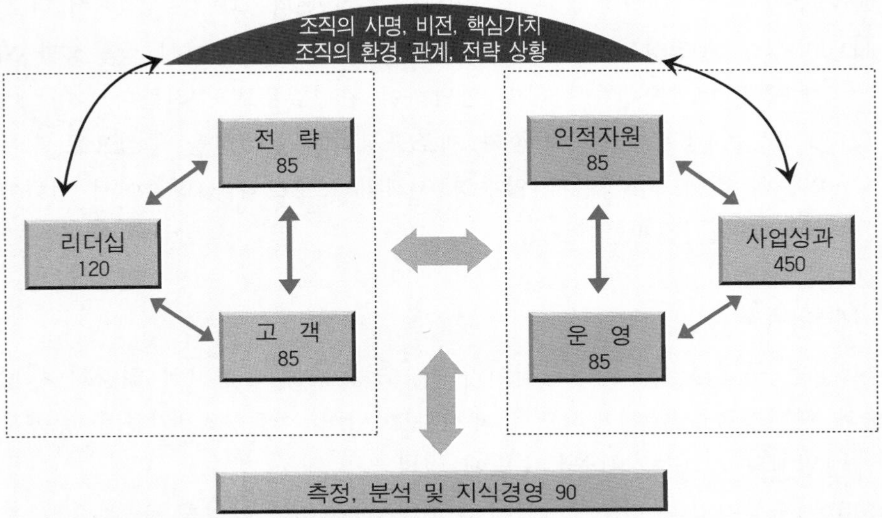

그림 17-3 말콤볼드리지상 평가기준의 기본구조

⑤ 인적자원(workforce)

⑥ 운영(operations)

⑦ 사업성과(results)

MB상의 주요 평가기준인 7가지 범주들은 ①, ②, ③의 '리더십 3요소'(leadership triad)와 ⑤, ⑥, ⑦의 '성과 3요소'(results triad)를 지원하는 ④정보와 분석으로 대별된다(그림 17-3 참조). 리더십, 전략, 고객의 리더십 3요소는 ⑦사업성과의 **추진인자**(driver triad)이다.

[그림 17-3]에서 '고객/시장중시 전략 및 실행계획'의 우산이 리더십 3요소와 성과 3요소를 받치고 있다. 즉, 톱이 탁월한 리더십을 발휘하여 만족할 만한 사업성과를 달성하려면 고객 및 시장중시 전략과 실행계획의 뒷받침이 필요하다.

5 MB상 평가기준의 평가항목

MB상의 2009년도 평가기준은 7가지 범주 18항목 34세부영역으로 되어 있는데, 이들의 내용과 배점은 〈표 17-4〉와 같다.

6 데밍상과의 차이점

MB상은 일본의 「데밍상」을 모방하였다고 하지만 다음과 같은 점에서 다르다.

(1) MB상은 데밍상과 달리 국가품질향상 법안을 만들어서 상무성과 NIST가 주관하고 ASQ가 관리를 담당하여 관민일체로 추진한다.

(2) 데밍상은 생산현장의 제품과 제조공정의 품질개선을 중심으로 다루고 있는데 비해, MB상은 기업경영 전체의 프로그램을 만들어서 전략에서 실행까지를 전개한다.

7 MB상의 효과

MB상은 품질경영의 핵심원칙이라 할 수 있는 핵심가치에 입각하여 평가기준과 평가항목들을 체계적으로 제시하고 있어, 이들 평가기준을 충족시키는 수상업체의 성과는 뛰어날 수밖에 없다.

MB상 수상기업은 비수상기업에 비해 주가, 매출, 이익률 등 주요 평가항목에서 증가율이 높은 것으로 나타났다. 1988년이래 MB상을 수상한 16개 업체의 투자이익률을 분석한 결과, 수상업체의 수익률이 미국 대표기업들의 주

표 17-4 MB상 평가기준의 평가항목별 세부영역(2017~2018)

범주(category)	항목(item)	세부평가영역(areas to address)
1. 리더십(120점)	1.1 경영진 리더십(70점) 경영진이 조직을 어떻게 이끄는가?	a. 비전 및 가치 b. 의사소통 c. 사명 및 조직성과
	1.2 지배구조 및 사회적 책임(50점) 조직의 지배와 사회적 책임 이행은 어떻게 하는가?	a. 조직의 지배구조 b. 법적, 윤리적 행위 c. 사회적 책임
2. 전 략(85점)	2.1 전략개발(45점) 전략은 어떻게 개발하는가?	a. 전략개발 과정 b. 전략 목표
	2.2 전략실행(40점) 전략은 어떻게 실행하는가?	a. 실행계획 개발 및 전개 b. 실행계획 수정
3. 고 객85점)	3.1 고객의 소리(40점) 고객으로부터 정보를 어떻게 얻는가?	a. 고객의 소리 경청 b. 고객만족 및 참여의 결정
	3.2 고객참여(45점) 고객참여와 관계구축을 위해 고객요구에 어떻게 부응하는가?	a. 제품 제공 및 고객 지원 b. 고객관계
4. 측정, 분석 및 지식경영(90점)	4.1 측정, 분석 및 조직성과 개선(45점) 조직성과의 측정, 분석 및 개선은 어떻게 하는가?	a. 성과측정 b. 성과분석 및 검토 c. 성과개선
	4.2 정보 및 지식경영(45점) 정보와 지식자산을 어떻게 관리하는가?	a. 데이터 및 정보 b. 조직의 지식
5. 인적자원(85점)	5.1 업무수행 환경(40점) 효과적인 구성원 업무환경을 어떻게 구축하는가?	a. 업무능력 및 역량 b. 업무수행 환경
	5.2 구성원 참여(45점) 고 성과 업무환경 구축을 위해 구성원들을 어떻게 참여시키는가?	a. 구성원 참여 성과 b. 인력개발 및 리더 육성
6. 운 영(85점)	6.1 업무 프로세스(45점) 핵심 제품과 업무프로세스를 어떻게 설계, 관리, 개선하는가?	a. 제품 및 프로세스 설계 b. 프로세스 관리 및 개선 c. 공급망 관리 d. 이노베이션 관리
	6.2 운영 유효성(40점) 효과적인 운영관리를 어떻게 확보하는가?	a. 프로세스 효율 및 유효성 b. 정보시스템 관리 c. 안전 및 비상대책
7. 사업성과(450점)	7.1 제품 및 프로세스 성과(120점) 제품 및 프로세스의 유효성 성과는 무엇인가?	a. 고객초점 제품 및 서비스성과 b. 업무프로세스의 유효성 성과 c. 공급망 관리 성과
	7.2 고객 성과(80점) 고객초점 성과는 무엇인가?	a. 고객 성과 b. 고객초점 성과
	7.3 인적자원 성과(80점) 인적자원 초점성과는 무엇인가?	a. 인적자원초점 성과
	7.4 리더십 및 지배구조 성과(80점) 경영진 리더십과 지배구조 성과는 무엇인가?	a. 리더십, 지배구조, 사회적 책임 성과 b. 전략실행 성과
	7.5 재무 및 시장 성과(90점) 재무 및 시장 성과는 무엇인가?	a. 재무 및 시장성과

가지수인 S&P 500지수의 수익률보다 3배이상 높은 것으로 나타났다. 최종결선에 이르렀던 MB상을 수상하지 못한 48업체의 투자수익률도 S&P 지수보다 2배가 높은 것으로 조사되었다.[7]

MB상은 특정 조직의 품질경영수준을 가늠하고 시스템을 평가하는 객관적인 기준이 된다. MB상 평가항목별 체크리스트와 수상기업의 사례들은 품질경영활동을 기업 스스로 개선하고 평가하는 데 주요 지침이 된다. 특히 MB상의 평가기준은 조직의 내부의사소통, 공급자와의 의사소통, 정보를 공유하려는 조직과의 의사소통을 원활히 할 수 있게 한다.

결론적으로 MB상은 전사적 품질관리와 지속적인 개선 등 일본식 경영을 벤치마킹하여 이를 TQM으로 전개하여 제품품질뿐만 아니라 경영품질을 향상시키는 패러다임시프트(paradigm shift)를 실현하는 데 성공하였다.

4.3 유럽 품질상과 IBEC 모델

1 유럽품질상: EFQM 모델

미국에서 말콤볼드리지상이 제정되면서 품질경영의 중요성을 인식한 유럽소재 14개 다국적 기업은 EC(European Commission)의 후원을 받아 1988년 유럽품질경영재단(European Foundation for Quality Management: EFQM)을 설립하였다. EFQM은 1991년에 이르러 품질경영 성과가 우수한 유럽의 사업체를 표창하고 아울러 유럽기업의 품질경영을 발전시키기 위해 「유럽품질상」(European Quality Award: EQA, 현 EEA) 제도를 제정하였다.

「유럽품질상」(European Excellence Award: EEA)은 다음 16개 국가들이 포함된 지역 프로그램이다(오스트리아, 벨기에, 체코 공화국, 덴마크, 독일, 헝가리, 아일랜드, 이탈리아, 네덜란드, 노르웨이, 포르투갈, 러시아, 슬로베니아, 스페인, 터키, 영국).

유럽품질상(EEA)의 기본 틀, 즉 **EFQM모델**은 미국의 「말콤볼드리지상」(MBNQA)과 유사하다. EFQM모델의 평가기준은 [그림 17-4] 처럼 5개의 과정지표와 4개의 결과지표로 구성된다.

과정지표인 '촉진수단'(enablers)은 조직의 활동을 평가하며, 결과지표인

7) *Business Week*, March 10, 1997.

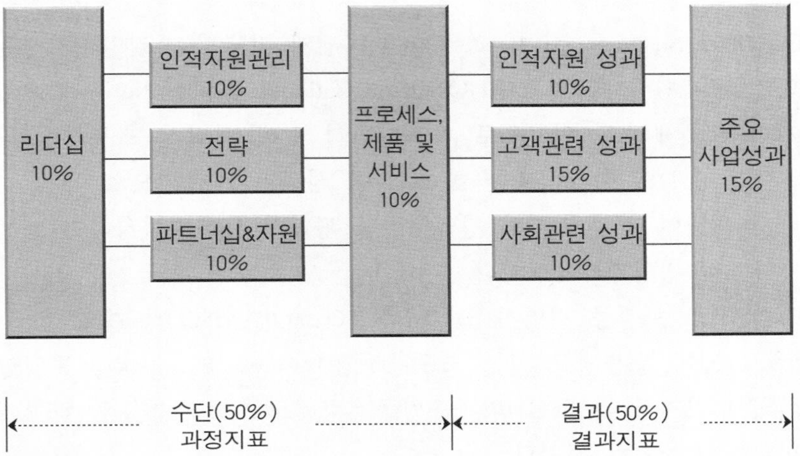

그림 17-4 EFQM 2010-모델의 기본 구조

'성과'(results)는 '촉진수단'과 인과관계가 있다. 즉, 사업성과를 비롯한 구성원, 고객, 사회 관련 성과들은 방침 및 전략, 자원, 구성원, 프로세스를 이끄는 리더십을 통해 달성된다.

성과의 **촉진수단**(enablers)에는 다음 다섯 가지 범주들이 포함된다.

① 리더십(leadership)

② 인적자원관리(people)

③ 전략(strategy)

④ 파트너십과 자원(partnership and resources)

⑤ 프로세스, 제품 및 서비스(processes, product & service)

품질향상 촉진수단의 효과적 실행은 다음 네 가지 **성과**(results)에 영향을 미친다.

① 인적자원 성과(people results)

② 고객관련 성과(customer results)

③ 사회관련 성과(society results)

④ 주요 사업성과(key performance results)

EFQM은 유럽품질상 신청업체의 자료와 실적들을 분석한 결과를 토대로 EFQM 모델을 계속 개정하고 있다.

2 IBEC 모델

IBEC(IQNet Business Excellence Class)은 세계 각국의 품질인증기관들이 모여서 만든 국제인증네트워크인 IQNet(International Quality Network)에서 인증획득 기업들을 세계적 수준으로 발전시키기 위해 개발한 초우량경영모델이다. 즉 기업(조직)의 경영성과를 높이고 이 성과가 지속적으로 유지·발전되도록 하기 위하여 기업/조직의 경영품질을 평가하고 벤치마킹하며 개선에 활용하는 국제적 경영평가모델이다.

IBEC의 구조는 각종 경영시스템 규격(ISO 9000과 ISO 14000)의 요구사항과 국제적으로 널리 통용되고 있는 초우량경영(Business Excellence) 모델인 미국의 「말콤볼드리지상」과 EFQM의 「유럽품질상」 모델을 기본으로 하여 조직개발의 개념을 접목시킨 것이다.

[그림 17-5]처럼 IBEC이 지향하는 초우량경영모델은 국제적으로 준수가 요구되는 국제표준(ISO 9000s, ISO 14000 등)을 통합하는 기본단계에서 출발하여 시스템과 행동양식의 두 축을 중심으로 세계적 수준으로 높이기까지, 조직의 발전방향 제시를 통한 시장경쟁우위 확보에 초점을 둔다.[8)]

이 모형은 중소기업을 망라한 기업 수준별 단계적 접근이 가능하여 모든 수준의 기업들이 경영품질을 높이는 데 효과적으로 활용할 수 있다.

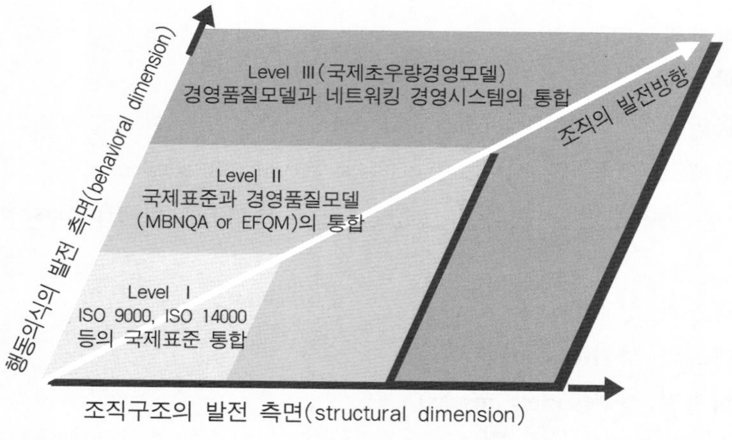

그림 17-5 **초우량경영모델의 기본구조와 통합단계**

8) *신품질포럼(New Quality Forum)*, 한국품질재단, 2002. 1.

주요 용어(key word)

• 품질경영 평가 • 품질지표(quality index) • 서비스품질지표(SQI) • 품질경영 시스템(ISO 9000) • ISO/TS 16949 • 환경경영시스템(ISO 14000) • 말콤볼드리지 국가품질상(MBNQA) • 데밍상 • 유럽품질상(EQA, EEA) • EFQM 모델 • IBEC(IQNet Business Excellence Class) • 초우량경영(business excellence) 모델

연습문제

1. 다음은 품질경영평가와 관련한 문제들이다. 아는 대로 기술하라.
   ① 품질경영평가의 필요성
   ② 품질경영평가에 필요한 정보들의 예
   ③ 품질경영평가 척도들의 예
2. 말콤볼드리지상, 데밍상, 한국품질경영대상에서 제시하고 있는 품질경영활동의 중점 평가항목들을 기술하라.
3. 품질경영평가의 중점은 평가주체에 따라 다르게 마련이다. 평가의 주체별(경영자, 현장)로 품질경영 평가의 중점항목을 기술하라.
4. ISO 9000 시리즈의 탄생배경과 발전추세에 대하여 기술하라.
5. ISO 9000: 2000 모델(품질경영시스템)의 핵심규격의 구성내용에 대하여 간략히 설명하라.
6. 기존의 ISO 9000 시리즈(1994 모델)와 ISO 9000: 2000 모델의 차이점을 기술하라.
7. ISO/TS 16949의 정의와 활용범위에 관하여 설명하라.
8. ISO 14000 시리즈의 정의와 적용범위에 관하여 기술하라.
9. ISO 9000, ISO/TS 16949 그리고 ISO 14000 시리즈의 특징들을 비교하고 차이점에 관하여 기술하라.
10. 말콤볼드리지상 평가기준의 기본구조를 제시하고 MB상의 7가지 평가범주와 핵심가치를 제시하라.
11. 말콤볼드리지상과 유럽품질상의 평가기준의 기본구조를 비교하라.
12. 초우량경영 모델이라고 일컫는 IBEC 모델에 대하여 간단히 기술하라.

제 18 장

품질코스트의 이론과 적용

1 품질코스트의 이론

1.1 품질코스트의 개념과 기능

오늘날 선진기업들은 수익률 증대를 위해 품질코스트를 통한 품질개선에 지속적인 노력을 기울이고 있다. GE가 1996년부터 전개하고 있는 「Quality 2000」은 6시그마(six sigma)기법을 토대로 품질코스트 제로를 목표로 하는 프로젝트이다. 이로써 GE는 1998년 한 해에 실패코스트를 38억 달러나 절감하였다.

'품질코스트'(quality cost) 개념은 1951년에 출간된 「품질관리 핸드북」(*Quality Control Handbook*)에서 주란(J.M. Juran)이 회피가능 품질코스트를 "금광에 묻힌 황금"(gold in the mine)으로 묘사한 데서 비롯된다. 1953년 미국 필라델피아에서 열렸던 ASQC(American Society for Quality Control) 대회에서 GE에 근무하던 레써(W.H. Lesser)는 "품질코스트"(Cost of Quality)라는 논문을 발표하였다.[1] 품질시스템의 유효성(effectiveness)을 높이기 위해서 최소의 품

1) W.H. Lesser, "Cost of Quality," *Industrial Quality Control,* Nov. 1954.

질코스트를 추구하는 종합적 품질관리(TQC)를 파이겐바움(A.V. Feigenbaum)이 제창한 것은 1950년대 후반이다. 그는 TQC에 의해서 원가절감과 품질향상을 기할 수 있음은 이것이 품질코스트의 분석을 토대로 하기 때문이라고 주장하였다.[2)]

전통적인 품질관리에서 추구하던 불량률 · 결점수 등의 물량적 평가척도로는 경제적 품질관리를 이루는 데 한계가 있다. 품질을 화폐척도로 나타내고 이에 따라 품질개선활동을 측정 · 평가하고 관리하는 능력을 갖춘 객관적인 평가척도는 품질경영에서 필수적 요소이다. 품질의 경제성 향상과 품질경영에서 전제되어야 하는 것은 경제성 평가이며, 이에 긴요한 평가척도는 품질코스트라 할 수 있다.

품질코스트(quality cost or cost of quality)란 물품이나 서비스의 품질과 관련해서 발생되는 코스트로 기회비용을 포괄한 개념이다. 즉, 품질코스트에는 품질을 이룩하고 이를 관리하는 데 소요되는 일치비용(cost of conformance)과 품질불량 즉 품질이 일정(시방 · 요구 · 고객만족 등)수준에 미달되어 발생하는 손실, 즉 불일치비용(cost of non-conformance)이 포함된다.

품질코스트는 품질이나 품질문제의 중요도를 화폐가치로 나타내고 불합리한 품질개선활동을 객관적으로 나타낼 수 있어 품질경영의 목적을 구체적으로 제시하고 품질개선활동을 객관적(화폐가치)으로 측정 · 평가할 수 있다. 또한 품질을 품질코스트로 제시함으로써 최고경영층이나 구성원들의 품질에 대한 관심을 불러일으키고, 불량을 손실이나 비용의 값으로 나타냄으로써 품질개선활동의 성과를 정확히 평가하고, 조치를 시급히 취해야 할 품질활동의 우선순위와 중점을 명확히 규명할 수 있다.

품질코스트의 **주요 기능**을 이용주체별로 열거하면 다음과 같다.

(1) **경영자**로 하여금 품질경영이나 품질문제의 중요성을 이해시키고 독려하는 데 필요한 정보와 지표를 제공하여 경영자원의 효과적 배분을 도모한다.
(2) 현장의 경영자나 **관리자**로 하여금 품질코스트의 절감목표를 설정하고 이들 계획을 수립하는 데 필요한 정보와 지표를 제시한다.
(3) 품질의 문제가 어디에 있는지, 어느 정도 심각한지를 제시하여 **현장**

2) A.V. Feigenbaum, *Total Quality Control,* 2nd ed., McGraw-Hill, 1961, Chapter 5.

관리자로 하여금 효과적인 해결방안을 모색하도록 한다.

(4) 경영자가 현장의 관리자나 **구성원**들로 하여금 야심적인 목표를 설정하도록 동기를 부여하고 아울러 목표를 달성하도록 한다.

1.2 품질코스트의 분류[3)]

품질코스트를 알기 쉽게 생산자와 사용자 그리고 사회 품질코스트로 대별하여 분류한 것이 [그림 18-1]이다.

생산자 품질코스트(producer quality cost)는 생산자가 제품이나 서비스를 제공할 때 품질과 관련해서 발생되는 운영품질코스트와 공급자품질코스트 그리고 자본(설비)품질코스트가 망라된다. 공급자품질코스트와 자본품질코스트는 간접품질코스트로서 현실적으로 그의 측정이 쉽지 않고 평가기준이 분명하지 않아 보편적으로 적용되고 있는 것은 **운영품질코스트**(operating quality cost)이다.

▨ 운영품질 코스트의 분류

품질코스트는 품질창출 → 품질평가 → 품질결과의 관계에서 예방코스

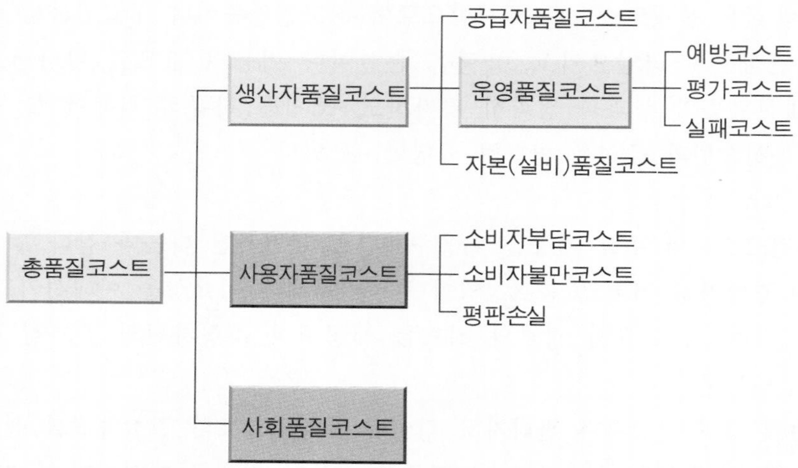

그림 18-1 **품질코스트의 분류체계**

3) 자세한 설명은 이순룡, *품질경영론*, 법문사, 2001을 참조.

트·평가코스트·실패코스트로 나눌 수 있다.

(1) **예방코스트**(prevention cost): 품질을 개발하고 불량을 사전에 예방하는 품질창출(quality creation)활동에 소요되는 비용이다. 가령 품질설계·품질개발·품질교육·외주업체 지도 등 예방적인 품질경영과 관련된 활동에 지출되는 비용이다.

(2) **평가코스트**(appraisal cost): 품질에 관한 시험을 비롯하여 수입검사, 공정검사, 완성검사 및 품질감사 등의 품질평가(quality evaluation)활동에 소요되는 비용이다. 검사/시험기기의 보전비용이나 제품의 품질인증비용 등은 평가코스트이다.

(3) **실패코스트**(failure cost): 일정 품질수준에 미달됨으로써 야기된 품질결과(quality resultant), 즉 품질불량손실이다. 실패코스트는 내부실패코스트와 외부실패코스트로 구분된다.

① **내부실패코스트**(internal failure cost): 생산시스템내에서 발생되는 불량손실로서, 가령 스크랩, 재작업, 수율손실, 불량대책 등으로 발생한 손실이다.

② **외부실패코스트**(external failure cost): 제품이나 서비스가 소비자에 제공된 후에 발생하는 불량손실이다. 불량으로 인한 반품 및 클레임, 애프터서비스, 판매기회손실 등을 예로 들 수 있다.

1.3 예방·평가·실패코스트 상호간의 관계

품질창출활동에 투입되는 예방코스트와 품질평가활동의 평가코스트는 품질결과인 실패코스트에 영향을 준다. 그래서 독립변수인 예방코스트와 평가코스트를 일치비용 또는 **관리비용**(cost of control)이라 하고 종속변수인 실패코스트를 불일치비용 혹은 **관리불량비용**(cost of failure of control)으로 구분한다. 따라서 「품질코스트시스템」(quality cost system)에서는 관리가 가능한 예방코스트와 평가코스트를 통해서 품질불량비용인 실패코스트를 간접적으로 관리한다.

예방코스트와 평가코스트는 실패코스트와 반비례관계에 있는데, 실패코스트는 품질불량이 없을 때는 발생하지 않으며, 반대로 불량률이 높을수록 많이 발생한다. 그러나 관리비용인 예방코스트와 평가코스트는 실패코스트에 영향을 줌에 있어서 함수관계가 다르다.

실패코스트에 대한 이들 **관리비용**의 **영향력**을 살펴보기로 하자.

(1) 예방활동은 불량이나 오류를 줄인다.

예방코스트가 증대되면 불량이 감소되어 내부실패코스트와 외부실패코스트 모두가 감소한다(그림 18-2).

(2) 평가활동은 불량을 찾아낼 수 있어도 줄일 수는 없다.

평가코스트가 증대된다고 해서 이미 발생된 불량의 수가 감소되지는 않는다(그림 18-3의 a).

그러나 불량이 발견되어 이를 재작업하거나 처분하면 불량품으로 발생되

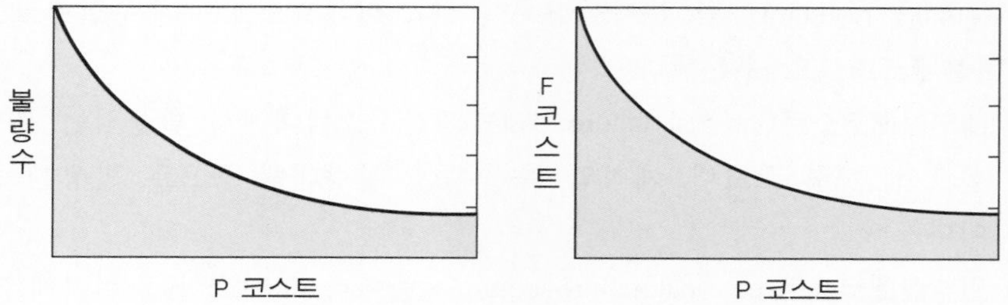

그림 18-2 예방(P)코스트와 실패(F)코스트의 관계

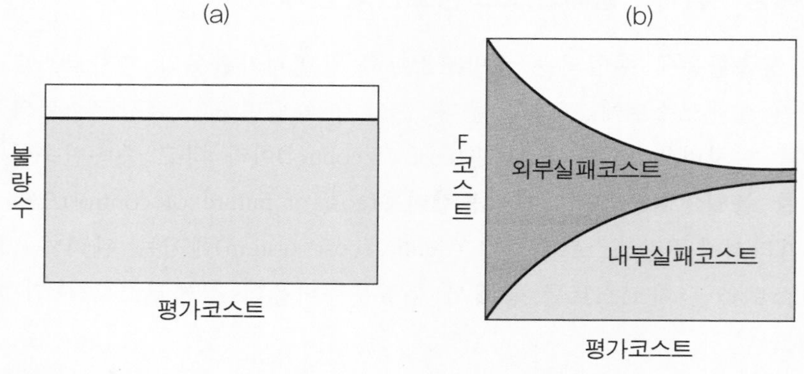

그림 18-3 평가(A)코스트와 실패(F)코스트의 관계

는 외부실패코스트는 줄일 수 있다. 따라서 평가코스트가 투입되면 전체 실패코스트는 감소하지만 감소 폭은 예방코스트의 효과(그림 18-2)에 비해 크지 않다(그림 18-3의 b).

예방활동과 평가활동의 관계에서 볼 때, 예방활동이 미약하면 품질관리는 대부분 평가활동에 의존하게 되지만, 예방활동이 강화되면 평가활동의 필요성은 감소된다.

[그림 18-4]는 P · A · F코스트의 상관관계를 나타낸[4] 것으로, F코스트는 P코스트 및 A코스트와는 반비례관계에 있지만, F코스트에 대한 A코스트의 영향력은 P코스트에 훨씬 못 미친다. 즉 불량예방활동을 강화하면 품질불량이 줄어들고 아울러 품질평가활동의 필요성이 감소된다.

그러나 품질관리시스템이 불완전한 상태에서 예방활동만으로 불량을 억제하는데는 많은 비용이 지출되어 비경제적인 품질개선활동이 되기 쉽다. 그래서 F코스트와 A코스트의 관계를 일률적으로 제시하기 힘들므로 쥬란(J.M. Juran)을 비롯한 논자들은 P코스트와 A코스트를 묶어서 F코스트와의 관계를 반비례로 나타낸다(그림 18-5 참조).

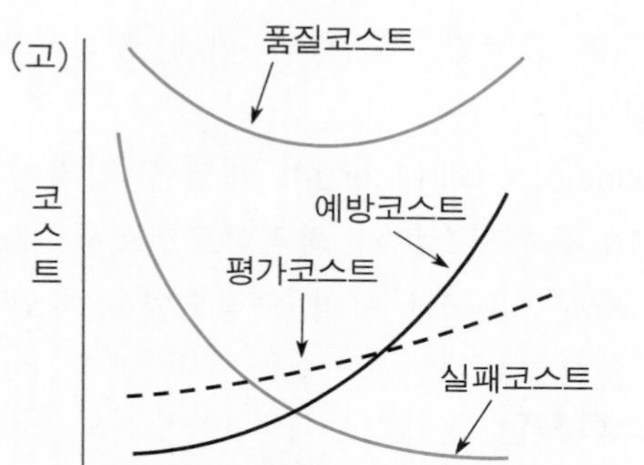

그림 18-4 예방 · 평가 · 실패코스트의 개념도

4) H.C. Charbonneau & G.L. Webster, *Industrial Quality Control*, Prentice-Hall, 1978.

참고

품질코스트의 레버리지 효과

IBM에서는 품질코스트 레버리지 효과(leverage effect)를 **1:10:100의 원칙**이라 부른다. "예방 1이면, 검사(평가) 10, 실패는 100에 이른다"는 레버리지 효과를 나타낸 것이다.

FedEx는 품질에 대한 '1:10:100의 원칙'을 직원교육에서 강조하고 있다. 직원의 실수가 원천에서 발견되면 수정비용은 1, 다음 단계에서는 10이지만, 고객에 넘어가면 교정에 100이 소요된다는 것이다. 이 원칙에서 강조되는 것은 "처음에 올바르게 행한다"(do it right the first time)는 '예방의 원칙'이다.

1:10:100 비율에 맞추어 **불량예방 원칙**을 제시하면,

① 처음에 올바르게 행한다 (품질코스트 = 1).

② 만에 하나 불량품이 나오더라도 고객에 전달되어서는 안된다(품질코스트 = 10).

③ 이마저 잘못되어 불량품이 고객에게 전달되었을 때는 신속하게 조치한다(품질코스트 = 100).

1.4 최적품질코스트 모델

P · A · F코스트의 상관성을 이용하여 전체 품질코스트의 합이 최소가 되는 최적품질수준을 모색할 수 있다. 즉, 예방코스트와 평가코스트를 독립변수로 하고, 실패코스트를 종속변수로 하여 전체 품질코스트가 최저가 되는 최적품질수준을 추구한다.

최적품질코스트(optimum quality cost)의 개념은 일찍이 쥬란을 비롯한 논자들에 의해서 적합(제조)품질코스트의 최적화모델로서 제시된 바 있는데, 슈나이더만(A. Schneiderman)은 1986년 이의 수정모델을 제안하였다.

1 전통적 최적품질코스트 모델

[그림 18-5]에 제시된 쥬란(J.M. Juran)의 전통적 최적품질코스트 모델은 품질코스트의 상관관계를 이용하여 전체 품질코스트가 최소에 이르는 최적 비용배분 상태를 그래프로 나타낸 것이다. 그는 이 최적품질수준의 개념을 이용하여 적합(제조)품질의 경제적 관리를 도모할 수 있는 「품질코스트의 최적배분모델」(optimum segment of quality cost model)을 제시하였다.[5]

5) J.M. Juran & F.M. Gryna, Jr., *Quality Planning & Analysis,* 2nd ed., McGraw-Hill, 1980, pp.26-28.

(1) 실패코스트가 70% 이상이고 예방코스트가 미미한 **품질개선영역**에서는 실패코스트의 불량발생 원인을 중점적으로 제거하여 실패코스트를 줄일 수 있다.

(2) 평가코스트가 실패코스트를 훨씬 초과하는 **완전영역**에서는 검사규격을 완화하거나 보다 효율적이고 경제적인 평가방법을 모색하여 평가코스트를 줄인다.

(3) 그 이상의 유리한 대책이 없는 **중립영역**에 이르면 전체 품질코스트는 최적수준에 이르렀다고 본다.

2 수정 최적품질코스트 모델

쥬란의 전통적 「최적품질코스트 모델」에서는 100% 양품 내지 완전무결에 가까운 품질수준은 경제적으로 기대하기 어렵다는 문제에 봉착하게 된다. 이에 슈나이더만(A.M. Schneiderman)은 "최적품질코스트와 무결함(zero defects)은 양립할 수 없는가?"[6]라는 명제아래 「무결함에 이르는 최적품질수준」(optimum quality level equals zero defects) 모델을 제시하였다(그림 18-6 참조).

슈나이더만은 지속적인 품질개선활동으로 5ppm이하의 불량을 추구하는 일본기업(Yokogawa Hewlett-Packard)의 사례를 들어 완전무결에 가까운 품질

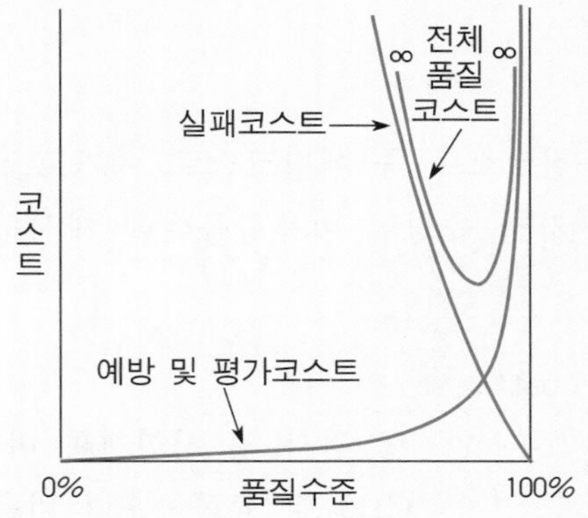

그림 18-5 쥬란의 최적품질코스트

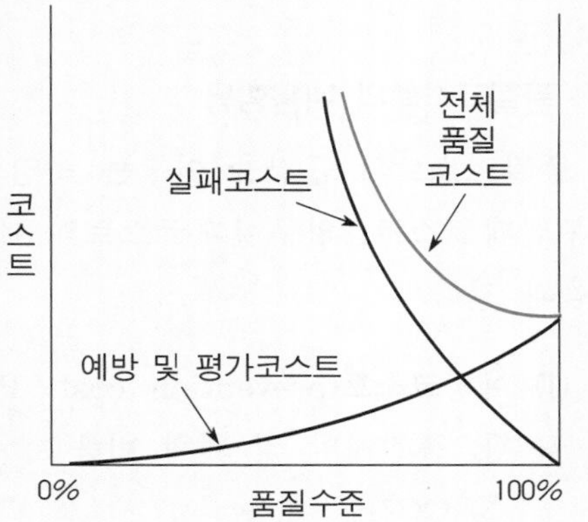

그림 18-6 슈나이더만의 최적품질코스트

6) A. M. Schneiderman, "Optimum Quality Costs and Zero Defects: Are They Contradictory Concepts?," *Quality Progress*, Nov. 1986.

수준을 최소의 품질코스트로 이룰 수 있음을 주장하였다. 즉, 불량제로에 이르는 증분비용이 증분이익보다 작다면 품질수준은 경제적으로 무결함의 품질수준에 이를 수 있어 이것이 곧 최적품질수준이고 이 수준에 이르는 품질코스트가 '최적품질코스트'(optimum quality cost)라는 주장이다.

슈나이더만의 수정모델은 경제적 품질개선능력을 갖춘 시스템에서 장기적으로 지속적인 품질개선을 추진하여 품질수준이 무결함수준에 이를 때에 성립될 수 있다. 현실적으로 일부 일본기업과 TQM 실시기업에서는 불량수준이 10ppm 미만에 이르고 있어 수정모델의 적용이 가능하다. 그러나 품질수준이 무결함수준에 이르지 못할 경우에는 쥬란의 「최적품질코스트 모델」이 적용될 수밖에 없다.

2 품질코스트의 측정과 분석

2.1 품질코스트의 산정 · 집계

품질코스트를 산정하고 집계하기에 앞서 결정해야 되는 것은 품질코스트 데이터를 수집할 대상을 선정하고 아울러 그 기업이나 공장의 특성을 고려하여 품질코스트의 비용항목들을 정하는 일이다.

1 품질코스트의 비용항목

품질코스트의 근간을 이루는 운영품질코스트 즉 예방코스트, 평가코스트, 내부실패코스트, 외부실패코스트의 네 가지 유형별 비용항목들을 제시하면 다음과 같다.[7)]

(1) 예방코스트(prevention cost: P-cost)

① 품질개발 및 계획 비용
② 검사 및 시험계획 비용
③ QC기술 비용
④ 품질 교육 · 훈련 비용
⑤ 외주업체 지도 및 평가 비용
⑥ 인정시험 비용
⑦ 품질시스템의 개발 및 관리 비용
⑧ QC/QM 사무비용
⑨ 제품에 대한 오용방지 계몽 및 소비자 교육 비용

7) 각 비용항목에 대한 자세한 설명은 이순룡, *품질경영론*, 법문사, 26장을 참조바람.

⑩ 기타의 예방코스트(시장조사, 거래처심사, 계약 및 거래조건 심사, 공정관리 비용)

(2) 평가코스트(appraisal cost: A-cost)

① 수입검사 비용
② 공정검사 비용
③ 완성품검사 비용
④ 시험 비용
⑤ 검사 및 시험기기의 보전 비용
⑥ 구성품 및 제품의 품질인증 비용
⑦ 제품출하시 품질검토 및 현지시험 비용
⑧ 기타의 평가코스트(측정기기 및 자동공정시스템의 감가상각비)

(3) 내부실패코스트(internal failure cost: IF-cost)

① 스크랩 비용
② 재작업 비용
③ 수입자재 및 외주가공 불량 비용
④ 고장발견 및 불량분석 비용
⑤ 불량대책 비용
⑥ 등급저하로 인한 손실 비용
⑦ 기타의 내부실패코스트

(4) 외부실패코스트(external failure cost: EF-cost)

① 보증기간 중의 불만(반품 및 클레임 포함)
② 보증기간 만료후의 불만
③ 현지 서비스 비용
④ 지참 서비스 비용
⑤ 대품 서비스 비용
⑥ 제품책임 비용
⑦ 기타의 외부실패코스트(판매기회 손실, 영업권 감손 손실 등)

2 품질코스트의 산정

품질코스트 데이터를 수집함에 있어서 기존의 회계시스템을 이용하면 많은 정보를 손쉽게 얻을 수 있다. 가령 QC부서나 검사부서의 인건비, 출장비, 교육훈련비 등은 회계자료에서 용이하게 파악할 수 있는 것들이다. 이 밖에 품질코스트와 관련된 주요 정보는 관리부서에서 관장하는 회계장표에서 구할 수 있는데, 가령 재작업비는 재작업보고서나 수리일보 또는 작업일보에서 얻을 수 있으며, 시험검사비는 검사보고서나 검사시험 관련서류에서 구할 수 있다.

생산기업에서 사용되는 기존문서 가운데 품질코스트의 **주요 자료원**이 되는 것으로는 다음의 것이 있다.

① 급여명세서 ② 제조경비철
③ 폐각손실보고서 ④ 재작업보고서
⑤ 여비・출장비 명세서 ⑥ 재조원가보고서
⑦ 수리일보 ⑧ 클레임 접수보고서
⑨ 검사・시험기록(보고서) ⑩ 생산작업 분석기록
⑪ A/S 및 제품보증비용 명세서 ⑫ 부서별 임률 및 경비율 자료

이상과 같은 자료들이 없을 때는 비용을 추정하거나 간접비를 배부하는 방법이 이용될 수 있다. 가령 설계 담당자가 고객의 품질요구를 시방으로 작성하는 데 소요된 비용을 산정할 때에는 설계에 소요된 시간과 그의 임률을 곱하여 품질코스트를 산정한다.

3 품질코스트의 집계

여러 자료에서 수집된 코스트 데이터는 적절한 집계표에 집계되어야 하는데, 이들 코스트 데이터에 비용항목별 즉 비목별 코드[8]를 부여하여 집계 및 분석이 용이하도록 할 필요가 있다. 더욱이 컴퓨터를 이용하여 품질코스트를 집계함에 있어서 비목별 코드는 필수요소이다.

품질코스트를 부서별로 집계하여 「품질코스트 자료보고서」가 작성되는데, 이들을 모아서 품질코스트 요소별로 집계한 품질코스트를 비용항목별로 분류・집계한 〈표 18-1〉에 보인 「품질코스트 집계표」를 작성한다. 부서별 품질코스트 자료보고서에 집계되지 않은 부문공통비나 간접비는 주어진 배부기준에 의거 부문별로 배부되며, 계량화되지 않은 것은 비용항목별로 추정하여 「품질코스트 집계표」에 산정한다.[9]

8) 품질의 불량원인 및 책임부서를 체계적으로 규정할 수 있도록 하려면 비목별 코드에 부가해서 원인별, 발생장소별, 책임부서별 코드를 부여할 수 있을 것이다.
9) 자세한 요령은 이순룡, *품질경영론*, 법문사, 2001, 26장을 참조.

표 18-1 품질코스트 집계표

(단위: 백만원)

항목 \ 월별	1	2	3	4	5	6
예방코스트	18	20	20	21	19	17
평가코스트	976	968	953	957	1,002	919
내부실패코스트	285	358	352	484	540	305
외부실패코스트	312	319	338	310	299	294
품질코스트	1,591	1,665	1,663	1,772	1,860	1,535
매출액	14,205	18,725	18,102	17,984	18,968	20,866
제조원가	13,155	12,755	10,957	10,810	12,056	11,251
품질코스트/매출액	11.20%	8.89%	9.19%	9.85%	9.81%	7.36%
품질코스트/제조원가	12.09%	13.05%	15.18%	16.39%	15.43%	13.64%

2.2 품질코스트의 분석

품질코스트가 산정되고 집계되면, 품질경영 실태를 파악하고 문제해결을 도모하기 위한 품질코스트의 분석이 행해진다. 품질코스트의 분석은 품질코스트의 ① 비교분석, ② 경향분석, ③ 구성분석으로 전개할 수 있다.

1 측정기준에 의한 비교분석

일반적인 품질코스트의 분석과정은 품질코스트를 매출액이나 제조원가와의 관계를 분석하는 것이다. 이 밖에 당년과 전년도의 품질코스트를 비교하기도 하며, 경우에 따라서는 제품별, 공장별, 공정별, 생산시간별로 비교할 수도 있다.

품질코스트 분석에 이용되는 **측정기준**은 다음과 같다.

① 매출액 기준: $\dfrac{\text{품질코스트}}{\text{매출액}} \times 100$

② 제조원가 기준: $\dfrac{\text{품질코스트}}{\text{제조원가}} \times 100$

③ 노무비 기준: $\dfrac{\text{품질코스트}}{\text{노무비}} \times 100$

④ 부가가치 기준: $\dfrac{\text{품질코스트}}{\text{부가가치}} \times 100$

⑤ 1인당 실패코스트: $\dfrac{\text{실패코스트}}{\text{종업원수}}$

이상의 기준 중에서 두 가지 정도를 병용하는 것이 보통이다.「매출액기준」은 가격이나 경쟁·불황 등으로 영향을 받고,「제조원가기준」은 인건비·재료비의 등락, 공정이나 작업방법의 개선, 자동화 등으로 영향을 받으며,「노무비기준」은 임금인상이나 자동화에 의한 감원이 있을 때 영향을 받을 수 있기 때문이다.

2 도표에 의한 품질코스트 분석

품질코스트의 분석에 도표를 이용하면 분석이 용이하고 이해하기도 수월하다. [그림 18-7]과 [그림 18-8]은 월별 품질코스트 발생액과 이를 매출액기준

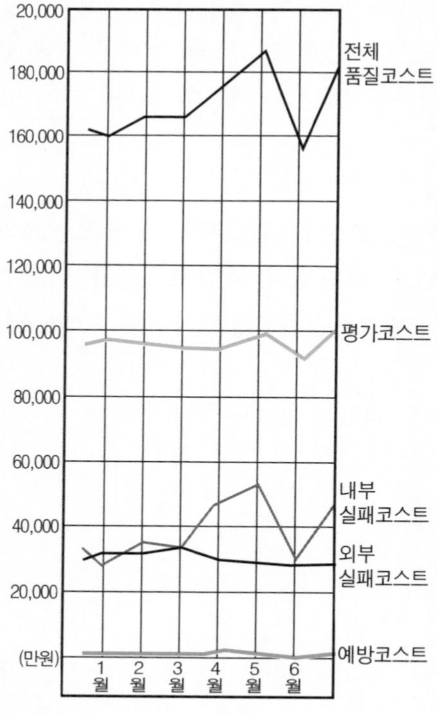

그림 18-7 품질코스트 발생액

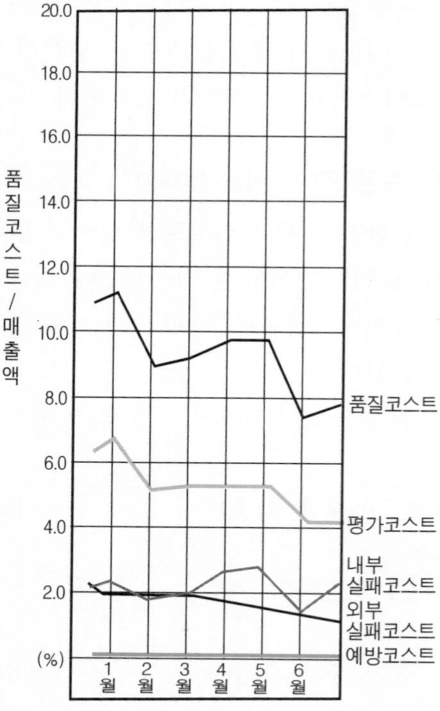

그림 18-8 매출액기준 품질코스트

으로 분석한 품질코스트 비율로 각각 작성된 그래프로이다. 그래프는 시간의 흐름에 따른 품질코스트의 요소별 구성 및 경향을 쉽게 파악할 수 있다.

품질코스트의 분석에 이용되는 도표로는 그래프와 막대도표가 대표적인데, 그래프는 시계열에 따라 품질코스트의 경향을 나타내는 경향분석에 주로 이용되며, 막대도표(bar chart)와 파이도표(pie chart)는 품질코스트의 요소별 구성분석이나 기간별, 제품별, 불량원인별 구성분석에 이용된다.

3 품질코스트의 개선

3.1 예방활동중심의 품질코스트 개선

검사만으로 실질적인 불량제거는 어렵다. 불량이 있을 때 아무리 검사를 철저히 하여도 일부가 소비자에게 넘어갈 수 있으며 불량으로 판명된 것은 재작업이나 스크랩으로 처리되므로 그만큼 손실은 있게 마련이다.

파이겐바움(A.V. Feigenbaum)은 총품질코스트의 5~10% 정도에 이르는 예방코스트를 2배 내지 3배로 높일 필요가 있음을 강조한다. 사실 품질기술, 품질교육, 품질정보, 설비기술, 공정관리 및 품질시스템의 개선 등 예방코스트에 적절히 투자하면 불량이 감소되어 실패코스트는 줄게 된다. 불량이 줄게 되면 검사 및 시험업무도 감소되므로 평가코스트도 따라서 줄게 된다.

1980년대 초 미국과 일본의 에어컨 제조업체의 품질코스트를 비교한 자료(표 18-2 참조)에 의하면[10] 미국기업의 평균품질코스트는 매출액의 3.9%로서 일본기업(1.3%)의 3배나 되었다. 품질보증비용도 미국기업은 매출액의 2.2%로서 품질코스트의 반 이상(56%)을 점하고 있는데 비해서, 일본 업체의 그것은 0.6%에 불과하였다.

그 이유는 일본기업은 품질관리의 영역을 전사로 확대시켜 제품설계의 검토, 부품공급업체의 선정 및 관리, 그리고 제조현장에서의 불량예방활동의 강화 등 전사적 품질관리(CWQC)를 전개하였기 때문이다. 미국업체의 경우, 불량예방 활동을 등한히 함으로써 품질보증비용의 증대만으로는 품질문제를 원천적으로 해결할 수 없어 품질코스트는 증가될 수밖에 없었다.

10) D.A. Garvin, "Quality on the Line," *Harvard Business Review*, Sep.-Oct. 1983.

표 18-2 미국과 일본 에어컨 제조업체의 품질코스트 비교

품질수준별 기업집단	품질보증비용 (매출액 대비)		총품질코스트 (매출액 대비)	
	중앙값	범 위	중앙값	범 위
일본의 제조업체	0.6%	0.2~1.0%	1.3%	0.7~2.0%
미국의 최상 제조업체	1.8	1.1~2.4	2.8	2.7~2.8
미국의 중상 제조업체	2.4	1.7~3.1	3.4	3.3~3.5
미국의 평균 제조업체	2.2	1.7~4.3	3.9	2.3~5.6
미국의 하위 제조업체	5.2	3.3~7.0	5.8	4.4~7.2

품질의 경제적 관리를 위해서는 품질의 인과관계를 규명하고 종속변수(실패코스트)에 대한 독립변수(예방코스트)의 크기를 가늠해야 한다. 즉, 실패코스트에 대한 영향력이 큰 예방코스트의 효과적인 투입이 요구된다.

예방코스트에는 품질과 관련된 관리비와 사업비가 상당액 내포되는데, 이들을 구분해서 관리할 필요가 있다. 그 한 가지 방법으로 품질경영 추진비와 같이 불량예방에 정기적으로 투입되는 계속예방코스트(continuing preventive cost: Pc)와 임시적인 불량대책이나 품질개선 활동에 지출되는 임시예방코스트(temporary preventive cost: Pt)로 구분하여 관리하는 방법이 있다. 예방코스트의 투입효과는 후자에서 높은 것으로 예방코스트의 효율적 투입은 동태적 시스템에서 가능하다.

결과적으로 예방활동을 중심으로 하는 종합적 품질경영에 의해서 품질수준의 향상과 품질코스트의 감소가 이룩되는데, 파이겐바움은 이 경우 품질코스트의 1/3 이상 절감이 어렵지 않다고 주장한다.[11]

3.2 품질코스트의 개선단계

품질경영 수준이 성숙되어 가면서 품질코스트는 점차로 낮아진다. 크로스비(P.B. Crosby)에 의하면, 품질경영이 제대로 안되는 '불확실 단계'에서는 품질코스트는 매출액의 30% 정도 되지만 '정착 단계'[12]에 이르면 2.5%까지 내려

11) A.V. Feigenbaum, *Total Quality Control*, 3rd ed., McGraw-Hill Book, 1983.
12) P. Crosby는 품질경영의 성장단계를 ①불확실(uncertainty), ②눈을 뜨는(awakening), ③터득(enlightenment), ④보급(wisdom), ⑤정착(certainty) 단계의 5단계로 구분한다.

간다.

품질코스트는 품질경영의 수준에 따라 그의 크기와 내용면에서 많은 차이가 있다. 따라서 품질코스트 시스템을 도입하여 품질의 경제적 관리를 추진하려면 우선 당해 기업의 품질경영 수준을 판단한 다음에 그에 적합한 접근방법이 선택적으로 모색되어야 한다.

품질경영의 성숙과정(quality management maturity grid)을 5단계로 나누어 품질코스트의 **개선단계**를 기술하기로 한다.

(1) **제1단계**인 수동적 관리에서는 품질관리가 전혀 실시되지 않고 있는 수준이므로, 일차적으로 품질개선에 대한 이해의 증진과 더불어 품질향상의 필요성을 인식할 수 있도록 품질코스트를 파악 제시할 필요가 있다. 이 경우 외부실패코스트가 그 대부분을 점하는데, 외부실패코스트를 줄이기 위해서는 우선 출하검사를 강화할 필요가 있다.

(2) **제2단계**인 검사관리에서는 품질개선의 필요성을 인식하고 품질향상에 대한 동기부여를 단기적으로 시도하는 단계이다.

제품출하검사에 치중하면 외부실패코스트는 줄어드는 대신에 평가코스트의 비중이 증대되고 내부실패코스트가 증대된다. 내부실패코스트를 줄이기 위해서는 출하검사보다는 수입검사 및 중간검사에 힘쓰고 공정관리에 주력해야 한다.

(3) **제3단계**인 공정관리에서는 공정품질의 개선을 통해서 품질이 안정되어 품질경영이 점차 제도화되는 단계이다.

품질개선을 위해서 공정관리에 치중하면 관리코스트는 증대되지만, 대신 내부실패코스트가 상당히 줄고 아울러 평가코스트와 외부실패코스트도 다소 개선된다. 그러나 경제적인 품질개선은 초기에 근원적으로 불량이 예방되어야 하는 것으로, 설계 및 외주품의 관리를 비롯한 예방책이 강구되어야 한다.

(4) **제4단계**인 예방적 관리에서는 전사적인 품질경영의 필요성이 인식되고 품질경영에서 톱 및 구성원의 역할이 강조되는 단계이다.

이 단계에서는 예방코스트가 증대되고 실패코스트는 상당히 안정된다. 품질코스트 프로그램의 성과를 올리고 경제적인 품질관리가 전개되려면 보다 체계적인 불량예방대책이 모색되고 궁극적으로 품질코스트의 최적화가 모색

표 18-3 품질경영의 성숙단계별 품질코스트

QM 단계별 / Q-코스트	수동적 관리	검사관리	공정관리	예방적 관리
외부실패코스트	20	3	2	0
내부실패코스트	0	12	8	4
검사비용	0	3	2	0
공정관리비용	0	0	4	2
예방코스트	0	0	0	2
계	20	18	16	8

되어야 한다.

(5) 마지막 **제5단계**는 품질경영의 정착단계로서, 품질경영이 기업시스템의 필수기능이 되는 단계이다.

특수한 경우를 제외하고 품질문제가 예방·조치되어 품질코스트가 최소에 이르는 최적수준에 이르게 된다. 그리고 이 단계에서 예방·평가·실패코스트가 최적배분을 이루게 되면 품질코스트는 적정수준에 이르게 된다. 그리고 이 단계에서는 품질코스트의 지속적 관리가 필요한데 이 경우 회계자료를 이용할 수 있도록 품질코스트시스템이 제도화되어야 한다.

〈표 18-3〉은 품질경영의 성숙단계를 ① 수동적 단계, ② 검사관리 단계, ③ 공정관리단계, ④ 예방적 관리(TQC)단계의 4단계로 나누어 각 품질코스트의 비용행태를 예시한 것이다.

4 품질코스트의 적용

4.1 품질코스트의 적용실태

1960년대 중반에 ASQC(American Society for Quality Control, 현재의 ASQ)에서 품질코스트의 적용을 산업계에 권장한 이래 구미제국에서 품질코스트의 적용이 보편화되고 있다. 파이겐바움(A.V. Feigenbaum)이나 크로스비(P. Crosby)

는 품질경영(quality management)에서 품질코스트로 품질을 측정하는 것을 주요 요건으로 제시하고 있다.[13)]

현실적으로 우리가 산정·집계하는 품질코스트는 [그림 18-9]에 보인 대로 빙산의 일각에 불과하다. 우리산업의 품질코스트는 매출액의 30%수준임에도 불구하고 10%미만으로 집계(보고)되고 있다. 「1990년도 조사」에서 한국 생산기업의 평균 품질코스트는 매출액 대비 7.3%에 제조원가 대비 9.0%로 나타났다.[14)] 소비자 부담 내지 불만코스트가 대부분 누락되고 우리의 품질수준이 구미 선진국보다 떨어지는 것을 감안해 볼 때 이보다 훨씬 높다.

세계적 우량기업인 텍사스 인스트루먼트(Texas Instrument)가 1988년 6시그마 프로그램을 도입했던 당시의 품질코스트는 매출액의 30%에 달했으나, 5

그림 18-9 보이는 실패코스트는 빙산의 일각

13) P.B. Crosby, *Quality Without Tears: The Art of Hassle-Free Management*, McGraw-Hill Book, 1984.
14) 이순룡, *품질경영론*, 법문사, 2001, p.698.

표 18-4 시그마 수준과 품질코스트의 관계

시그마 수준	결함률(DPMO)	품질코스트/매출액	비 고
2	308,537	50%이상	경쟁력없는 기업
3	66,807	25~40%	
4	6,210	15~25%	산업 평균
5	233	5~15%	
6	3.4	1%이하	초일류 기업

년 후인 1993년의 품질코스트는 7.4%로 감소되었다.[15] GE가 6시그마 프로그램을 도입했던 1996년 초의 품질수준(불량률)은 4시그마(6,210ppm)수준이었지만, 1998년 말 5시그마(233ppm)수준으로 불량률을 낮춘바 있다.

〈표 18-4〉에서 볼 수 있듯이 시그마수준을 1단계씩 향상시킬 때마다 매출액대비 품질코스트는 대략 10%씩 감소한다.[16] 가령 6시그마 프로그램을 도입한 GE의 품질수준이 4시그마에서 5시그마로 개선되었던 1998년 말의 매출액은 1,000억 달러로 이의 10%인 100억 달러의 품질코스트를 절감한 셈이다. GE자료에 의하면, 실제로 1998년 한 해에 실패코스트를 38억 달러나 절감하였다.

4.2 현행 품질코스트의 유용성

품질코스트의 범주대로 품질코스트가 제대로 집계된다고 하여도 이들 데이터의 효과적 사용 내지 이들 비용의 절감은 제약을 받는데, 그 **이유**는 다음과 같다.

(1) 불량/결함의 발생시점과 실패코스트의 파악시점이 달라서 불량원인을 규명하고 조치하기가 어렵다.

(2) 실패코스트(불량/결함)에 대한 예방 및 평가코스트의 영향력을 구분하기가 쉽지 않다.

(3) 예방코스트의 개념은 무형적이고 애매한 부분이 있어 그의 성과판단이 쉽지 않다.

(4) 품질코스트와 재무회계비용과의 개념 차이로 인해 기존 회계시스템을

15) [6시그마 경영혁명] '완전무결'이 목표, *한국경제신문*, 1999.6.21.
16) M. Harry & R. Shroeder, *Six Sigma*, Leighco Inc., 1999.

충분히 이용할 수 없다. 그리고 재무회계시스템에서는 기회비용을 고려하지 않는다는 점이다.

(5) 회계시스템에서 단일기준으로 공통배부하는 제조간접비는 실제 발생 코스트와 차이가 커서 품질의 인과관계를 규명하기 힘들다.

미국의 ASQC와 미국회계사협회(National Association of Accountants: NAA)의 후원을 받아 행해진 한 연구[17]에 따르면 '전통적 품질코스트'는 지속적인 품질개선 활동에 별로 이용되지 못하고 있으며 이를 지원하는 원가관리 방법으로도 부적합하다는 것이다. 지속적인 개선활동에서는 프로세스 및 지원활동에 관한 원가자료가 필요한데, 여기에는 활동기준원가(Activity Based Costing: ABC) 방식이 적합하다.

4.3 활동기준 품질코스트시스템

활동기준원가방식(ABC)으로 제품개발 및 생산활동의 주요 비용들이 명확히 식별되어 제조 및 공정 활동을 이해할 수 있으며, 품질개선을 지속적으로 전개하는 현실에 맞게 그때그때 필요한 코스트데이터를 활용할 수 있다.

전통적인 원가회계시스템에서는 제조간접비를 원가기준이나 시간기준에 따라 인위적인 배부를 하므로 시간과 노력이 상당히 투입되면서도 정확도가 떨어진다. ABC의 경우 현장이나 사무실에서 발생되는 직접활동과 간접활동의 비용들을 활동별 원가동인(cost driver)을 이용하여 비교적 정확히 측정할 수 있다. 전통적인 원가회계시스템이 "제품은 자원을 소비한다"는 개념에 입각하고 있는데 반하여, ABC에서는 "제품은 활동을 소비하고 활동은 자원을 소비한다"는 개념에 기초를 두고 있기 때문이다.

ABC시스템의 두 가지 주요 구성요소인 프로세스 가치분석과 원가동인분석은 현대 품질코스트시스템의 기초가 된다.[18] **프로세스 가치분석**(process value analysis: PVA)은 프로세스 출력(process output)에 가치를 부가시키는 활동과 비부가가치 활동을 식별하는 하나의 방법이다.

PVA는 [그림 18-10]에 보인대로 가치·비용·사이클 타임을 분석하여 최적의 개선활동과 비용을 제시해 준다.

---

17) W.O. Winchell & G. Hohner, "Implementing Quality Cost System," *Annual Quality Congress Transactions*, ASQC, 1990.

18) T.J. Cartin, *Principles and Practice of TQM*, ASQ Quality Press, 1993.

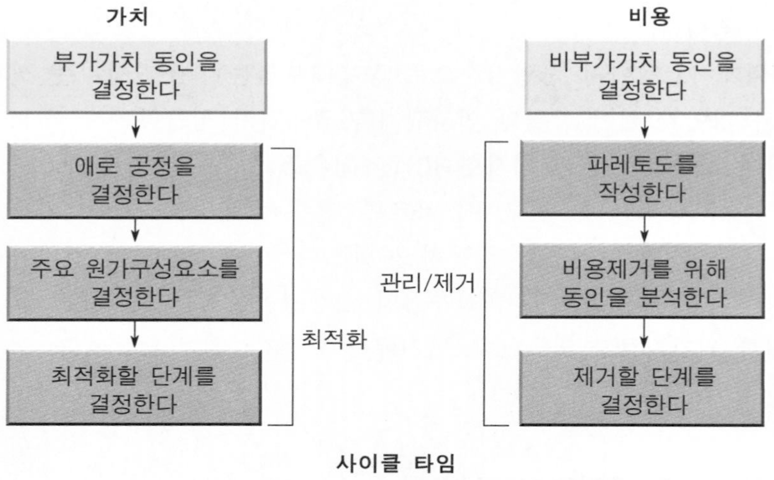

그림 18-10 프로세스 가치분석(PVA)

프로세스 가치분석(PVA)의 네 가지 활동을 제시하면 다음과 같다.

① 프로세스를 파악한다.

② 활동을 분석한다.

③ 원가동인(cost driver)을 분석한다.

④ 개선 성과를 파악한다.

(1) 프로세스의 파악에서는 조직의 중요한 사업시스템과 기능별 프로세스를 파악하여 기술한다.

프로세스란 한정적인 성과를 산출하기 위해 경영자원들을 사용하는 논리적으로 관련된 활동들의 집합으로서 이들 프로세스의 흐름을 체계적으로 이해하는 단계이다.

(2) 활동분석에서는 프로세스의 이해를 추구한다. 즉 각 단계의 존재와 존재이유를 확인한다.

여기서는 단계별 사이클 타임과 원가를 측정하고 부가가치활동과 비부가가치활동을 구분하는데, 프로우 차트, 공정분석도, 특성요인도, 파레토도 등이 이 분석에 사용된다.

표 18-5 활동별 원가동인의 예

활동(activity)	원가동인(cost driver)	제조간접비
기계작업	기계작업시간	전기료
부품세척	갤런, 톤	수도료
조립작업	직접작업시간	임금
구매업무	구매물품수, 주문횟수	구매비
수입검사	검사횟수	검사비
기계가동	기계가동시간	감가상각비

이 분석에서 사용되는 원가동인과 활동은 〈표 18-5〉와 같다.

가령 기계를 생산하는 공장에서 출하검사를 하는데, 전통적인 회계에서는 검사인원의 인건비를 일정비율로 배부하였으나 ABC에서는 출하검사활동의 원가동인은 출하검사시간이나 검사횟수로서 여기에 검사자의 시간당 임률이나 검사당 임률을 곱하여 산출한다.

(3) 원가동인분석으로 비용들을 부가가치 활동과 비부가가치 활동으로 나눈다.

원가동인분석은 ABC의 핵심이 되는 과정이다. 현행 회계제도상 적절한 자료의 수집에 상당한 장애가 있어 ABC의 성공여부가 여기에 달려있다. 활동기준으로 품질코스트를 분석하는 목적은 비부가가치 품질코스트와 부가가치 품질코스트를 구분하기 위함이다.

(4) 개선성과를 파악한다.

이는 프로세스내 고객의 만족도를 높이고 부가가치 활동을 최적화하고 비부가가치 활동은 제거 내지 최소화하며, 아울러 조달기간, 사이클 타임, 낭비를 줄이기 위한 것이다.

ABC의 도입으로 기대되는 **효과**는 다음과 같다.

(1) 품질개선에 이용될 보다 정확한 정보의 입수가 가능하다.

(2) ABC와 통합함으로서 품질코스트정보의 체계화도 촉진되고 이제까지 다른 경영활동에 묻혔던 품질관련활동을 식별하여 품질개선에 대한 여러 활동의 비용 대 효과를 평가할 수 있다.

주요 용어(key word)

• 품질코스트(quality cost) • 일치비용(cost of conformance) • 불일치비용(cost of non-conformance) • 운영품질코스트(operating quality cost) • 예방코스트(P-cost) • 평가코스트(A-cost) • 실패코스트(F-cost) • 1:10:100의 원칙 • 최적품질코스트 모델 • 품질코스트 분석 • 프로세스 가치분석(PVA) • 활동기준원가방식(ABC)

연습문제

1. 과거에는 경영자들이 품질을 높이려면 비용을 더 써야 한다고 생각했었다. 고품질은 곧 고비용을 의미했다. 이런 견해는 품질선구자들의 주장과는 상반되는 것이다. 쥬란(J.M. Juran)은 품질의 경제성을 분석하여 품질의 혜택이 비용을 능가함을 보였다. 파이겐바움(A.V. Feigenbaum)은 종합적 품질관리(TQC)의 목표로서 양질을 최저의 품질코스트로 달성하는 것을 제시하였다. 크로스비(P. Crosby)는 '품질은 공짜(Quality is Free)'라는 신개념을 1979년에 제시하였다.
   이상과 같은 품질 대가들의 품질코스트와 관련된 견해들을 종합하여 정리하여 보라.
2. 품질코스트는 일정수준의 품질을 이룩하고 이를 관리하는데 소요되는 가령 예방코스트와 평가코스트의 일치비용(cost of conformance)과 품질수준에 미달되어 발생하는 실패코스트, 즉 불일치비용(cost of nonconformance)으로 구분된다.
   이들 일치비용과 불일치비용의 각각의 관계에 대하여 설명하라.
3. 전통적인 최적품질코스트모델과 수정 최적품질코스트 모델을 비교하여 그 차이점과 두 모델의 유용성에 대하여 기술하라.
4. 품질코스트 통제의 효과를 측정하는데 있어 가장 많이 원용되고 있는 것이 1 : 10 : 100의 원칙이다. 이 원칙의 정의와 내용은 무엇인지 설명하라.

5. 품질코스트 분석에 이용되는 측정기준을 제시하고 설명하라.
6. 경영진으로 하여금 문제를 예방하거나 수정하는데 드는 현재의 비용에 주의를 기울이게 하는 효과적인 도구가 바로 품질코스트 분석이다. 품질코스트 분석을 통해 평가나 실패보다는 예방에 비용을 쓰는 것이 실질적으로 이득이라는 점을 알 수 있다. 그러나 품질코스트 분석은 기업의 품질향상 노력을 조사하는 핵심 수단은 될 수 없다. 그렇다면 품질코스트로써 기업활동을 측정하는데 있어 발생할 수 있는 문제점들은 무엇이며 이의 해결방안은 어떠한 것이 있는지 서술하라.
7. 대부분의 기업들은 회계시스템으로 품질의 비용이나 프로세스의 활동을 제대로 반영하지 못한다. 이와 같은 문제점을 개선하기 위하여 등장한 개념이 활동기준원가계산(ABC)이다.
   ABC의 정의와 활용범위에 대해 아는 대로 기술하라.
8. 예방·평가·내부실패·외부실패 코스트의 네 가지 품질코스트 요소 중에서 예방코스트가 우선되어야 하는 이유를 설명하라.
9. 품질코스트 시스템을 이용하는 이점으로 무엇이 있는지 기술하라.
10. 대명산업의 1999년 매출액은 950억원이고 2000년도는 1,230억원이다.
    1999년도의 제조원가는 800억원으로 품질코스트는 40억원이다.
    2000년도의 종업원수는 30명이고 비용지출액은 다음과 같다.

    재료비 502억원, 노무비 310억원, 제조경비 220억원, 스크랩 5억원, QC 교육비 2억원, 클레임 15억원, QM부서 인건비 3억원, 재작업비 4억원, 외주업체 지도비 2억원, 시험검사비 9억원, A/S 비용 7억원

    대명산업의 품질코스트를 다음 기준으로 분석하라.
    ① 매출액 기준:
    ② 제조원가 기준:
    ③ 1인당 실패코스트:
    ④ 종합평가:

보 론

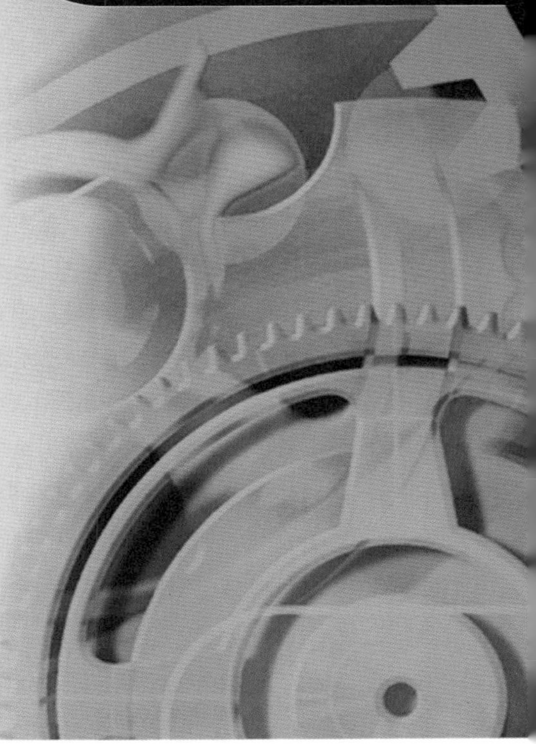

A. 기본으로 돌아가자
(Back to the Basic)

B. 인공지능과 빅데이터를 활용한
품질경영 사례

A. 기본으로 돌아가자(Back to the Basic)

1 대형사고를 통해 본 QC의 반성

300명 이상이 희생된 2014년 세월호 참사는 선박의 무리한 증축과 과적, 운항미숙이 침몰의 직접원인으로 밝혀졌다. MBC TV에서 1999년에 방영된 「한국 100년 우리는 이렇게 살았다 - 대형사고」에서 해방 이후 발생한 대형 참사 가운데 6할이 선박사고로 정원초과, 적재화물 중량 초과, 악천후 속 무리한 운항, 항해미숙 등 대부분의 대형 선박사고가 안전수칙 위반이나 운항 및 조작 오류와 같은 인재 관련 원인으로 재발된 사고이다.

예나 지금이나 대형사고가 발생하면 조사반이 참사현장에서 화재나 사고의 원인을 규명하기 마련인데, 이는 같은 사고의 발생을 미연에 방지하려는 것임에도 불구하고 동일한 사고가 계속 재발하는 것은 사고원인의 규명이나 대책마련이 미흡했거나 알고도 대책을 실행하지 않았기 때문이다. 한국산업에서 QC의 'PDCA 사이클'이 제대로 돌아가지 않는다는 반증으로 품질관리의 사각지대에서 우리가 살고 있음을 실감하게 만든다.[1]

대구지하철 화재참사(2003년)이후 열차의 의자가 불연재로 바뀐 것은 'Check'와 'Action'이 반영된 결과라 하겠다. 품질관리의 기능이 제대로 수행되면, 즉 PDCA 사이클이 제대로 돌아가기만 해도 대형사고를 미연에 방지하거나 대폭 줄일 수 있다.

2 절차와 기준만 지켜도 사고는 줄일 수 있다

최근 발생한 대형 사고들, 즉 세월호 침몰, 메르스 사태, 폴크스바겐의 디지털 게이트 모두가 '안전수칙 준수'라는 'QC 기본'에 충실하지 못해서 발생한 사고라는 데 공통점이 있다. QC 맨의 입장에서 가슴 아픈 일은 똑같은

1) 대형사고를 통해 본 QC의 반성, *국제표준화저널*, 2008 봄 제13호(통권 91호), 한국품질재단, 2008.4.21.

대형사고가 반복해서 발생한다는 점이다. 세월호 참사의 희생자가 많이 발생한 것은 긴급 재난시 지켜야 될 절차와 기준을 준수하지 않았기 때문이다.

2007년 인터넷 경매사이트에 이른바 '타이타닉호의 열쇠'(사진)가 떴다. 이것은 1912년 1,522명의 희생자를 낸 타이타닉호의 선원들이 망루에서 사용할 망원경들이 들어 있던 상자의 열쇠로 항해사 데이비드 블레어가 출항 직전 교체되면서 깜박 잊고 후임자에게 전해 주지 못한 바람에 망원경이 없이 선원들은 맨 눈으로 앞을 살피던 중 거대한 빙산과 충돌하여 사고가 일어났다는 것이다. 열쇠의 인수인계 절차가 제대로 지켜졌다면 엄청난 사고는 막을 수 있지 않았을까?

2015년 초여름, 메르스가 확산되면서 학교가 휴교하고 시장경기가 침체되고 외국인 관광객이 줄어드는 타격을 입었다. 하루 7만 명이 입국하는 인천공항 검역소는 3년 전 중동지역에서 천명이 넘는 메르스 환자가 발생했는데도 중동서 들어오는 입국자에 대한 방역을 소홀히 하였고, 방역당국과 병원의 초기단계 전염병관리가 부실했기 때문이다. 즉, 수퍼 전파자 한 명이 여러 병원의 응급실을 거치는 과정에서 80여 명에게 메르스를 옮겨 사태를 악화시킨 바 있다.

그럼에도 불구하고 경기도 고양시의 서남의대 명지병원에서는 다섯 명의 메르스 환자를 모두 완치시킨 후 가족 품으로 돌려보냈다. 이 병원에선 의료진의 감염도 없었다. 그 비결은 감염내과 이꽃실 교수팀이 1년 전부터 메르스 국내 유입을 대비하여 완벽하게 대응 체제를 갖춘 데 있었다. 메르스 전담 의료진을 편성하고 10차례의 매뉴얼 회의와 가상 모의 훈련을 실시한 것이다.[2)]

2008년 6월 14일 일본 동북지역에 중국 쓰촨(四川)성 지진에 버금가는 강진이 있었다. 하지만 피해는 사망·실종 22명에 주택 12채가 무너진 것이 전부였다. 일본이 고베지진 이후 모든 건물을 강도 8의 지진에도 버틸 수 있게 설계한 결과이다.

엄청난 희생을 초래한 앞서의 사고들은 우리에게 매뉴얼이 없기 때문에 생

2) 김철중, "메르스 상륙 1년전 이 병원은 메르스팀을 꾸렸다", *조선일보*, 2015.7.1.

긴 현상이다. 매뉴얼(manual)이란 순서에 관한 이야기고 질서에 대한 이야기이며 공동생활의 이야기다. 어떤 어려움에 처했을 때 당황하지 않고 차분히 지속적으로 대응하는 훈련에 관한 이야기다.[3] 그런 것의 훈련에 관한 교범이 다름 아닌 매뉴얼이다. 그리고 그것은 무엇보다 잘못과 실수를 반복하지 말자는 약속이다.

3 검사를 하면 불량을 가려낼 수는 있다

흔히 품질관리라고 하면 우선 검사를 떠올리게 마련이다. 검사를 제대로 안 하면 불량품으로 인해 소동이 벌어지고 시장에서 설 자리를 잃게 될 수도 있다. 미국에서도 초창기의 품질관리는 불량품 억제에 치중하였던바, 명칭을 QC(Quality Control)라 하고 품질(규격)의 현상유지를 위한 통제(control)를 중시했던 시절이 있었다.

비닐장판 회사의 사장님이 "저희 회사가 생산하는 제품은 검사를 철저히 했으므로 사장인 제가 품질을 보증합니다"라고 TV광고에서 자랑하는 화면이 보였다. 물론 검사를 하면 불량이 가려지므로 불량품이 고객에 전달되는 일은 드물다. 그러나 검사를 철저히 한다고 해서 불량품이 양품으로 바뀌는, 즉 검사는 부가가치가 창출되는 활동은 아니라는 점이다. 검사는 경제성이 떨어지는 비부가가치 활동이라는 데 문제가 있다.

정부가 2000~2013년까지 전국의 초·중·고교 운동장에 인조잔디·우레탄을 까는 데 약 4,818억 원을 투입했는데, 이번엔 '학생들의 건강을 해칠 수 있다'는 이유로 또다시 2천억 원이 넘는 예산을 들여 이를 교체하는 사업을 추진 중인 것으로 나타났다.[4] 전국 2,763개 학교의 우레탄 트랙에 대한 유해성 조사 결과, 1,767개교(64%)에서 기준치를 초과한 납(Pb) 등 중금속이 검출됐다고 한다. 납 함유량이 기준치의 100배를 넘는 학교가 15개교, 50배를 넘는 학교도 25개교였다.[5]

사업 초기부터 폐타이어 등으로 만든 인조잔디의 유해성에 대한 지적이 잇따랐지만 정부가 안전성 기준도 없이 사업을 강행한 결과, '수천억 원의 예산을 날리고 학생 건강까지 해쳤다'는 비판이 나오고 있는 것이다.

3) [김대중 특별기고] 우린 매뉴얼이 없다, *Weekly Chosun 2017호*, 2008.8.,
4) "4800억 들인 우레탄 운동장, 갈아엎는데 또 최소 2000억", *조선일보*, 2016.8.8.
5) [사설] 납 범벅 학교 우레탄 트랙, 서둘러 교체해 아이들 지켜야, *조선일보*, 2016.8.9.

4 QC의 근본은 결함 · 불량 · 사고의 예방이다

정치, 행정, 경영, 사회, 문화 등 여러 분야에서 일이 제대로 안 돌아 가고 있다고 불평하는 것을 자주 본다. 우리가 일을 올바르게 행하지 못하여 입는 손실을 국가적으로 추정하건대, 연간 300조 원을 훨씬 넘을 것 같다. 한 예로 한국개발연구원(KDI)은 2005년 1만1천여건의 집회와 시위로 6조9천억~12조3천억 원의 사회적 손실이 발생한 것으로 추산했다.[6] 여기에 해마다 발생하는 제품 및 서비스 불량 손실, 안전사고 및 산업재해로 인한 경제적 손실, 파업 및 노사분규 피해 손실, 교통혼잡 비용 등 국가적 손실은 엄청난 금액에 이른다.

"1온스의 예방약은 1파운드의 치료약에 필적한다"는 말처럼 QC나 QM은 '예방의 원칙'에 입각해서 합리성과 경제성을 추구해야 한다. 품질보증을 비부가가치 활동인 검사에만 의존한다는 것은 비용만 증대시키므로 검사이전에 품질이 생성되는 제품의 개발 설계서부터 원자재 관리와 공정의 관리에 이르기까지 이들에 대한 사전예방적 조처가 긴요하다.

사 례 **해운대 해수욕장 물귀신의 정체를 밝힌 박남훈 경사**

해운대 여름경찰서의 박남훈 경사(사진)가 지난 1991년 해운대 익사사고의 주원인으로 '물귀신'이라 불리는 이안류(離岸流)의 비밀을 밝혀낸 이후 지금까지 무익사 기록을 지키고 있다.

이안류란 해안으로부터 멀어지는 해수의 흐름을 지칭하는 것으로 이안류가 있는 곳에선 파도가 칠 때 밀려오는 흐름보다 빠져나가는 흐름이 훨씬 강해 아무리 수영을 잘 해도 헤어날 수가 없다.

박남훈 경사는 1985년부터 이안류의 흐름을 알아내기 위해 1.4km에 달하는 해안선의 물 흐름을 모눈종이에 3~4m 단위로 그리기 시작했다. 조수 간만의 차, 수온, 풍향 등 8가지 기상조건도 꼼꼼히 기록했다. 이렇게 6년 동안 여섯 차례의 여름을 지내면서 쌓인 모눈종이 뭉치는 500여장에 달했고 결국 이안류의 발생조건과 지점을 식별하는 요령을 밝혀냈다. 즉, 이안류는 밀물과 썰물의 차가 1~1.5m일 때, 수중에 돌출한 암초나 협곡이 있는 곳 등에서 발생하고 그 지점은 역류로 인해 흰 포말이 많이 일고 부표가 다른 지점보다 더 멀리 밀려나는 특징을 보인다는 것이다.

박경사는 높은 곳에 올라가 해안선을 감시하면서 이안류가 흐를 조짐이 보이면 곧바로 방송을 통해 대피령을 내리고 구조요원을 배치했다. 그 덕분에 해운대 해수욕장은 10년간 단 한 명의 익사자도 없었다.[7]

6) "불법시위 손실비용 최대 12조 3000억", *조선일보*, 2007.2.1.
7) "해운대 해수욕장 '익사 0'", *조선일보*, 2001.7.2.

해운대 해수욕장에서 2007년 120여명, 2008년과 2009년에 매년 150여명이 이안류에 휩쓸렸다 구조된 일이 있다.[8] 박남훈 경사가 해운대 물귀신의 정체를 밝힌 후, 10여 년의 세월이 흐르면서 바뀐 해안선 구조의 변화와 그처럼 임무에 충실한 구조대원 및 관련 구조시스템 등과 깊은 관련이 있을 것 같다. 다시 말해서 시스템의 모든 제도나 절차, 규칙 등이 환경이나 여건변화에 맞추어 제대로 운영되지 못하면, 아무리 좋은 장비나 시스템이라도 쓸모가 작아진다는 점이다. 이와 유사한 사례들을 한국의 행정부서나 기업에서 책임자가 바뀔 때 종종 보는 것도 안타까운 일이다.

1장 서두의 [사례] '글로벌 자동차 1등의 저주' 리콜에서 폴크스바겐이 디젤차의 배기가스 배출 SW를 조작하여 발생한 손실비용이 벌금 180억 달러를 포함하여 모두 340억 달러(38조4,000억 원)에 달할 것으로 추산된다고 하였다. 이 SW조작 사건은 미국 웨스트버지니아대학의 대니얼 카더 연구팀에 의해 밝혀졌는데, 고작 5만 달러의 연구비(평가코스트)로 수행한 결과이다.[9] 결국 340억 달러에 달하는 막대한 손실은 관련자의 SW조작이 없었다면 발생하지 않았을 실패코스트이다.

세계적 물류업체 FedEx는 품질에 대한 '1:10:100의 원칙'을 구성원교육에서 강조하고 있다. 직원의 실수가 원천에서 발견되면 수정비용은 1, 다음 단계에서는 10이지만, 고객에 넘어가면 교정에 100이 소요된다는 것이다. 이 원칙에서 강조되는 것은 "처음에 올바르게 행한다"(do it right the first time)는 '예방의 원칙'이다.

5 기본으로 돌아가자

세계적인 IT기업 구글(Google)의 강점은 무엇일까? 구글은 검색 포털의 가장 중요한 기능인 "정확하고 빠른 검색 결과 찾기"에 역량을 집중하였다. 구글의 페이지 랭크 기술과 하이퍼 텍스트 매칭 기술은 타의 추종을 불허한다. 이렇듯 불필요한 것은 버리고 소비자들이 꼭 필요하거나 중요하다고 생각하는 것을 강조한 심플함이 구글 성공의 원동력이라 할 수 있다.[10]

8) "해운대해수욕장 이안류 비상 계속되나", *조선일보*, 2009.8.18.
9) '美실험실' 환경에 맞춰 조작 … 주행땐 가스 40배", *조선일보*, 2015.9.24.
10) "형민우, 단순함에서 성공 열쇠를 찾아라", *LG주간경제*, 2005.12.21.

사람들이 기본적으로 추구하는 가치 중 하나는 바로 '쉬움'(easy)이다. 보다 빠르게, 쉽게, 편하게는 인류 발전을 이끌어 온 핵심 키워드이기도 하다. 사용자가 최소한의 학습으로 제품이나 서비스를 사용하게 하려면 사용자가 익히고 학습해야 할 부분을 줄여야 한다. 즉, 일관된 사용방법과 최소한의 패턴으로 인터페이스를 구성해야 한다. 사용 방식이 단순한 애플의 모바일 운영체제 iOS는 사전 학습 없이도 바로 사용할 수 있다. 실행하고 싶은 앱 아이콘을 탭하고 화면을 좌우로 문지르는 것까지가 학습의 전부다. 인터페이스의 규범과 패턴이 단순한 'iOS'는 매우 빠른 속도로 아이폰(iPhone)과 아이패드(iPad)를 대중화시키는 원동력이 되었다.[11)]

단순함으로 승부한 기업으로, PC와 스마트폰 시장에서는 애플(Apple)이 있고 오디오 산업에는 보스(Bose Inc.)가 있다. MIT대학 교수였던 보스(Amar G. Bose)는 소수의 애호가가 쓰던 복잡한 오디오 장치를 초보자들도 쉽게 쓸 수 있는 간단한 제품으로 만들어 냈다. 1964년에 창립하여 50년 만에 매출 25억 달러(2조6천억 원)를 올린 글로벌 기업으로 성장한 보스의 목표는 매뉴얼이 필요 없을 만큼 간단하고 직관적인 제품을 만드는 것, 오랜 연구를 통해서 고객들이 제품을 사용할 때 가장 중요하게 여기는 것은 '간단한 사용 방법'이라는 결론을 내리고 고객들에게 좋은 '음악적 경험'을 주는 데 치중한다.[12)]

사용 편리성도 기존 고객의 편의를 증진시킬 수 있는 장점 이외에 잠재고객을 확보할 수 있는 중요한 유인책이 될 수 있다. 게임산업의 2005년 히트 상품인 '카트라이더'가 2004년 8월 상용서비스를 개시하여 8개월 만에 가입자 1,000만 명을 돌파하는 대기록을 수립하였는데, 이 게임의 최대 장점은 사용 편리성에 있다. 기존 레이싱 게임들이 자동차 경주와 최대한 비슷하게 재현하는 것이 통념이었기 때문에 게임 조작이 상당히 까다로웠던 반면, '카트라이더'는 이런 통념을 깨고 시프트(Shift), 컨트롤(Ctrl), 화살표 키만으로 방향과 속도 조절이 가능하여 한 게임에 걸리는 시간이 5분에 불과하였다. '카트라이더'는 승부욕이라는 레이싱 게임의 본질은 살리되 나머지는 최대한 단순하게 구성함으로써 게임시장의 마이너 계층이라 할 수 있는 여성 층을 끌어 모아 대중적인 지지를 받은 것이다.[13)]

최근 미국품질협회(American Society for Quality: ASQ)에서 행한 '글로벌 품

11) 이순룡 · 이종호 · 오지연, *생산운영관리*, 법문사, 2016, 5장.
12) "복잡한 건 기업이 도맡아야 - 버튼만 누르고 즐기게 하라", *조선일보 WeeklyBIZ*, 2014.10.11.
13) 형민우, "단순함에서 성공열쇠를 찾아라", *LG주간경제*, 2005.12.21.

질연구 조사'에 따르면, 세계수준(world class)의 기업일수록 품질경쟁력 강화를 위해 품질투자를 확대하고 교육훈련과 고객가치 증대에 주력하고 있다. 특히 우리가 주목해야 할 사실은 글로벌 기업들은 고차원적인 기법이나 시스템에 앞서 기본을 충실히 하는 것이 대세라는 점이다.[14)]

2016년 조사에는 1,665개사가 설문에 응했는데, 응답 기업 대부분이 미국(57%)과 유럽(25%) 기업으로 제조업 59%와 서비스업 41%가 참여하였다. 이 연구에서는 world class와 non-world class 기업간 20%이상의 격차를 보이고 있는데, 특히 world class 기업들은 품질을 전략자산 및 차별적 능력으로 이해하고 높은 성과달성을 위해 품질목표를 추구하고 있었다. 일반기업과 세계수준 기업간 격차는 특히 데이터활용의 유효성, 혁신, 지속성(sustainability), 낭비 절감에서 크게 벌어졌다. 월드클래스 기업은 비교 그룹에 비해서 품질기법에 근거한 혁신을 강하게 추진하고, 크라우드소싱을 활용하고, 아이디어 보상제도도 적절하게 이용하는 것으로 나타났다.

품질 교육훈련에 대한 차이를 규명하기 위해 국가별로 주요 교육훈련 이슈를 조사한 결과, 아시아 국가는 ISO 교육에 관심이 높은(67%) 대신 유럽이나 미국, 남미 등은 품질기본 교육을 중요시(67%)하고 중동 역시 기본품질을 중시(69%)하고 품질관련 기본 도구를 강화하여 실행력이 높은 교육훈련에 매진하는 것으로 나타났다.

특히 산업현장에서 품질기본 교육(Basic Quality Fundamental), 품질도구(Quality Tools), ISO규격, 품질감사(Quality Auditing), 품질경영(Quality Management) 교육에 주력하고 있는데, 품질기본 교육(BQF)의 경우, 식음료(86%), 자동차(81%), 의료보건(69%), 에너지(63%)[15)] 분야에서 특히 중시하는 것으로 나타났다.

14) 신완선, 2030년 한국 품질의 발전방향에 대한 제언, *2016 한국품질대회*, 한국품질경영학회 2016. 5.27.
The ASQ Global State of Quality Research: Discoveries 2016.
15) 에너지는 ISO가 71%이었음.

B. 인공지능과 빅데이터를 활용한 품질경영 사례

1 인공지능(AI)으로 검사, 진단

인공지능을 활용하면 사물의 불량 검사와 예방, 질병의 진단과 처치 예방, 오류의 판단 시정 예방 등 획기적인 성과가 예상된다. 가령 AI 빅데이터 플랫폼인 'DAP(Data Analytics & AI Platform)'을 활용한 비전검사는 클라우드 플랫폼 내 고성능 그래픽처리장치(GPU) 인프라를 통해 수십 개 모델을 검증하고 최우수 모델을 선정해 높은 불량판정 정확도를 제공한다. 또 기존의 설치용 툴이 아닌 플랫폼 기반 딥러닝 비전검사 구현으로 수십 개의 라인을 동시에 모니터링하고 생산실행시스템(MES)과 연동해 각종 통계와 모니터링 정보를 제공 한다.[16)]

LG CNS 관계자는 "DAP으로 검사 기기의 판정률을 높이면 검사 속도가 빨라지고 사람의 업무량도 획기적으로 줄어 든다"고 말한다. 공장에서는 기계의 지능을 높여 정확도를 높이고 사무실에서는 기술 유출을 막는 보안 시스템에 쓰이고 있다.

LG CNS의 인공지능 소프트웨어 DAP은 텍스트·이미지·숫자를 해석할 수 있고, 사람의 말을 이해하는 기능을 갖추고 있다. 기업의 매출 실적과 제품 주문정보, 소셜미디어에 올라온 제품관련 소비자의 글을 분석해 특정 제품수요를 예측하는 '빅데이터 분석'도 가능하다. LG CNS는 DAP의 여러 기능 가운데 계열사별로 필요한 기능만 뽑아 맞춤형 스마트 시스템을 공급하고 있다.

경기도 파주시에 있는 LG화학의 LCD(액정표시장치)용 유리기판 공장에는 DAP의 '이미지 인식' 기능이 적용된다. 유리기판은 조금의 오차도 없이 평평해야 하고, 유리 안에 공기방울이 들어가도 안 된다. LG CNS와 LG화학은 DAP에게 사진만으로 불량품을 구분하는 방법을 가르쳐 판정 정확도를 99.7%까지 높였다. LG화학 관계자는 "DAP이 적용된 검사기는 불량품을 판정할 뿐 아니라 불량 유형까지도 알아낸다"고 했다.[17)]

16) "LG CNS-라온피플, 스마트팩토리 비전검사 기술개발 협력", *조선일보*, 2017.10.9.
17) "인공지능이 순식간에 검사… 더 똑똑해지는 공장들", *조선일보*, 2017.11.6.

가톨릭대 서울성모병원에서 2011년 5월부터 2017년 3월까지 진폐로 검증되거나 기존 진폐 판정자 1200명의 영상을 활용한 딥러닝 연구 결과, 95%의 진단 정확도를 보였다.[18]

유전자 분석 기업 마크로젠(회장 서정선)은 전 세계인의 유전자를 분석하며 구축한 빅데이터를 바탕으로 암이나 알츠하이머 등 중증 질환에 걸릴 확률과 시기를 분석해 알려주는 사업을 진행하고 있다. 방대한 유전자 빅데이터를 바탕으로 사람이 언제 어떤 병에 걸릴지 알려주는 개인 맞춤형 의료 시장에서 선도 기업으로 도약할 것이라는 최근 보도이다.[19]

사 례

인공지능(AI)을 활용한 불량품 검사

LG CNS는 2017년 10월에 인공지능(AI) 전문 업체 '라온피플'과 AI 사업 확대를 위한 전략적 협력 계약(MOU)을 체결했다. LG CNS AI 빅데이터 플랫폼 'DAP(Data Analytics & AI Platform)'의 스마트 팩토리 분석 영역 비전검사(시각 이미지 해석을 통해 불량을 판독하는 검사) 개발과 사업추진에 대한 두 회사 간 협력을 위해 추진됐다.

LG CNS의 딥러닝 기반 비전검사 역량과 스마트 팩토리 노하우, 라온피플의 머신비전 역량, 딥러닝, 룰(Rule) 기반 검사 솔루션을 결합해 부품 불량검사에 필요한 알고리즘을 DAP에 탑재할 예정이다. 머신비전이란 기계가 사람의 눈을 대신해 물체를 인식하고 불량품을 판별하도록 하는 소프트웨어나 인간의 눈으로 검사하는 것을 산업용 카메라와 광학으로부터 영상을 입력받아 컴퓨터로 분석처리 하는 것을 지칭한다.

LG CNS의 DAP 플랫폼은 데이터 수집부터 분석, 시각화까지 빅데이터 처리와 분석을 실시간으로 제공하고 신규 서비스 개발 환경을 제공한다. 고객사들이 별도로 분석 시스템을 구축할 경우 3~4개월씩 소요됐던 데이터 분석을 1~2주로 단축할 수 있다는 것. LG CNS 정정욱 상무는 "대표적인 인공지능을 활용한 불량품 검사 서비스를 LG그룹 제조 계열사에 적용한 결과 불량 판정 정확도가 99.98%에 달했다"고 한다.[20]

기업용 AI 시장은 하루가 다르게 성장하고 있다. AI 기술은 공장의 불량품을 줄여 생산 비용을 대폭 낮춰줄 뿐만 아니라, 신제품 출시 전에 시장 수요예측의 정확성을 높여 불필요한 재고비용도 줄여주기 때문이다. 독일 시장조사업체 스태티스타는 세계 기업용 AI 시장이 올해 8억4,000만 달러(약 9,400억원)에서 2025년 312억4,000만 달러(약 34조8,500억원)으로 37배로 성장할

18) "인공지능(AI)으로 진폐증 진단했더니 정확도 95%", *조선일보*, 2018.1.15.
19) "5달러에 유전자 검사… 의대교수가 판을 흔들다", *조선일보*, 2018.2.23.
20) "인공지능이 순식간에 검사… 더 똑똑해지는 공장들", *조선일보*, 2017.11.6.

것으로 전망했다.[21] 해외에서는 아마존·구글·마이크로소프트(MS)가 자사의 기업 고객들에게 AI를 활용한 데이터 분석 소프트웨어를 제공하면서 시장을 공략하고 있다. 국내에서는 LG CNS 외에 삼성SDS가 2017년 6월과 9월에 데이터 분석 소프트웨어인 '브라이틱스 AI'와 '브리티'를 연이어 내놨다.

2 스마트 팩토리의 품질관리

예전에는 숙련된 작업자가 경험에 기반해 원료 색깔을 보거나 설비 소리를 듣고 문제점을 찾았지만, 생산 제품이 다양해지면서 한계가 조금씩 드러났다. 이제는 IoT 센서가 실시간으로 수집·분석하는 빅데이터를 이용해 문제 원인을 찾아낼 뿐 아니라 예방까지 할 수 있게 된 것이다. 스마트팩토리가 단순 자동화 설비와 다른 점은 앞뒤 공정에서 발생한 데이터를 모두 확인하고 자유롭게 연계해 총체적인 관점에서 문제를 진단할 수 있다는 것이다. 이러한 데이터 기반 공장 운영체계에서는 생산 현장에서 발생하는 현상

사 례

광양제철소의 스마트 팩토리

포스코의 광양제철소는 철강업계 처음으로 '스마트 팩토리'를 운영하고 있다. 스마트 팩토리는 먼저 제철소 생산설비에 사물인터넷(IOT)을 적용해 조업 데이터를 모은다. 수집한 데이터를 빅데이터 기반으로 실시간 분석·예측한다. 이 과정에서 인공지능(AI)이 자가학습을 통해 최적의 해결과 제어방식을 찾아낸다. 실시간으로 수집·분석하는 빅데이터를 이용해 문제 원인을 찾아낼 뿐 아니라 예방까지 할 수 있게 되는 것.

규모가 큰 연속 공정에서 적용하는 포스코의 스마트 팩토리는 단순한 자동화 설비와는 그 차원이 다르다. 앞뒤가 연속하는 여러 공정에서 발생한 데이터를 모두 확인하고 자유롭게 연계, 총체적인 관점에서 문제를 진단하게 된다. 이러한 데이터 기반 공장 운영체계에서는 생산 현장에서 발생하는 현상들의 상관관계까지 파악할 수 있기 때문에 원인을 몰랐던 돌발 장애나 품질불량 등도 쉽게 해결할 수 있게 된다.

포스코는 GE의 스마트 팩토리 솔루션 APM(설비자산 성과관리 솔류션)을 결합하여 스마트 팩토리를 구현하는 플랫폼인 '포스프레임'(PosFrame)을 개발하였다.[22]

21) "인공지능이 순식간에 검사… 더 똑똑해지는 공장들", *조선일보*, 2017.11.6.
22) "포스프레임 플랫폼 등 '인공지능제철소'로 탈바꿈", *조선일보*, 2018.4.4.

들의 상관관계까지 파악할 수 있기 때문에 원인을 몰랐던 돌발 장애나 품질 불량 등도 쉽게 해결할 수 있다.[23)]

3 블록체인으로 물류 · 유통 · 은행 · 보험 · 부동산의 안전거래

데이터의 블록체인(block chain, 분산 저장)이 QC · 은행 · 보험 · 부동산 · 물류 · 유통 · 교육 · 광고와 같은 수많은 산업의 틀을 바꾸기 시작했다.

블록체인은 '블록(block)'이라 불리는 단위로 데이터를 묶은 뒤 동시에 수많은 컴퓨터에 복제해 저장하는 기술이다. 수백, 수천대의 컴퓨터가 같은 데이터를 복사해 보관하기 때문에 하나의 컴퓨터를 해킹하더라도 데이터 위 · 변조가 어려운 것이 장점이다. 기업들은 사내에 대형 컴퓨터를 둘 필요가 없어 비용 절감의 이점이 있다.

영국 은행 바클레이는 "코르다는 세계 금융 산업의 거래 비용 200억 달러(약 22조원)를 줄여줄 것"이라고 전망했다. 데이터가 분산 저장된 여러 컴퓨터가 거래 내역 기록을 보관하기 때문에 은행 입장에서는 많은 지점과 인력을 둘 필요가 없고 대형 컴퓨터를 외부 해커로부터 지키기 위해 드는 보안 비용도 아낄 수 있다.

부동산 거래에서도 토지의 거래 이력, 건물의 상태를 블록체인에 담아 사기를 방지하는 방법으로 블록체인이 활용되고 있다. 스웨덴 정부는 2016년부터 아예 전국의 토지 대장을 블록체인 방식으로 기록 · 저장하고 있다.[24)]

23) "포항 · 광양제철소에 스마트팩토리, 돌발 장애 · 품질 불량 쉽게 해결", *조선일보*, 2018.3.15.
24) "불량식품 막고 차량 안전거래, 실생활로 들어온 블록체인", *조선일보*, 2018.7.19.

부 록

Ⅰ. 정규분포표

Ⅱ. χ^2분포표

Ⅲ. t분포표

Ⅳ. 누적포아송분포표

Ⅰ. 정규분포표

※ 빗금친 부분의 면적은 -∞에서 z까지의 면적을 나타냄.

$z=\dfrac{x-\mu}{\sigma}$ 예 : z=2일 경우, 면적은 0.9773이다.

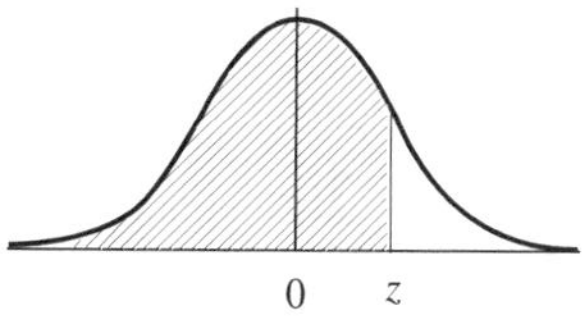

Z	0.09	0.08	0.07	0.06	0.05	0.04	0.03	0.02	0.01	0.00
-3.0	0.00100	0.00104	0.00107	0.00111	0.00114	0.00118	0.00122	0.00126	0.00131	0.00135
-2.9	0.0014	0.0014	0.0015	0.0015	0.0016	0.0016	0.0017	0.0017	0.0018	0.0019
-2.8	0.0019	0.0020	0.0021	0.0021	0.0022	0.0023	0.0023	0.0024	0.0025	0.0026
-2.7	0.0026	0.0027	0.0028	0.0029	0.0030	0.0031	0.0032	0.0033	0.0034	0.0035
-2.6	0.0036	0.0037	0.0038	0.0039	0.0040	0.0041	0.0043	0.0044	0.0045	0.0047
-2.5	0.0048	0.0049	0.0051	0.0052	0.0054	0.0055	0.0057	0.0059	0.0060	0.0062
-2.4	0.0064	0.0066	0.0068	0.0069	0.0071	0.0073	0.0075	0.0078	0.0080	0.0082
-2.3	0.0084	0.0087	0.0089	0.0091	0.0094	0.0096	0.0099	0.0102	0.0104	0.0107
-2.2	0.0110	0.0113	0.0116	0.0119	0.0122	0.0125	0.0129	0.0132	0.0136	0.0139
-2.1	0.0143	0.0146	0.0150	0.0154	0.0158	0.0162	0.0166	0.0170	0.0174	0.0179
-2.0	0.0183	0.0188	0.0192	0.0197	0.0202	0.0207	0.0212	0.0217	0.0222	0.0228
-1.9	0.0233	0.0239	0.0244	0.0250	0.0256	0.0262	0.0268	0.0274	0.0281	0.0287
-1.8	0.0294	0.0301	0.0307	0.0314	0.0322	0.0329	0.0336	0.0344	0.0351	0.0359
-1.7	0.0367	0.0375	0.0384	0.0392	0.0401	0.0409	0.0418	0.0427	0.0436	0.0446
-1.6	0.0455	0.0465	0.0475	0.0485	0.0495	0.0505	0.0516	0.0526	0.0537	0.0548
-1.5	0.0559	0.0571	0.0582	0.0594	0.0606	0.0618	0.0630	0.0643	0.0655	0.0668
-1.4	0.0681	0.0694	0.0708	0.0721	0.0735	0.0749	0.0764	0.0778	0.0793	0.0808
-1.3	0.0823	0.0838	0.0853	0.0869	0.0885	0.0901	0.0918	0.0934	0.0951	0.0968
-1.2	0.0985	0.1003	0.1020	0.1038	0.1057	0.1075	0.1093	0.1112	0.1131	0.1151
-1.1	0.1170	0.1190	0.1210	0.1230	0.1251	0.1271	0.1292	0.1314	0.1335	0.1357
-1.0	0.1379	0.1401	0.1423	0.1446	0.1469	0.1492	0.1515	0.1539	0.1562	0.1587
-0.9	0.1611	0.1635	0.1660	0.1685	0.1711	0.1736	0.1762	0.1788	0.1814	0.1814
-0.8	0.1867	0.1894	0.1922	0.1949	0.1977	0.2005	0.2033	0.2061	0.2090	0.2119
-0.7	0.2148	0.2177	0.2207	0.2236	0.2266	0.2297	0.2327	0.2358	0.2389	0.2420
-0.6	0.2451	0.2483	0.2514	0.2546	0.2578	0.2611	0.2643	0.2676	0.2709	0.2743
-0.5	0.2776	0.2810	0.2843	0.2877	0.2912	0.2946	0.2981	0.3015	0.3050	0.3085
-0.4	0.3121	0.3156	0.3192	0.3228	0.3264	0.3300	0.3336	0.3372	0.3409	0.3446
-0.3	0.3483	0.3520	0.3557	0.3594	0.3632	0.3669	0.3707	0.3745	0.3783	0.3821
-0.2	0.3859	0.3897	0.3936	0.3974	0.4013	0.4052	0.4090	0.4129	0.4168	0.4207
-0.1	0.4247	0.4286	0.4325	0.4364	0.4404	0.4443	0.4483	0.4562	0.4562	0.4602
-0.0	0.4641	0.4681	0.4721	0.4761	0.4801	0.4840	0.4880	0.4920	0.4960	0.5000

Z	0.00	0.01	0.02	0.03	0.04	0.05	0.06	0.07	0.08	0.09
+0.0	0.5000	0.5040	0.5080	0.5120	0.5160	0.5199	0.5239	0.5279	0.5319	0.5359
+0.1	0.5398	0.5438	0.5478	0.5517	0.5557	0.5596	0.5636	0.5675	0.5714	0.5753
+0.2	0.5793	0.5832	0.5871	0.5910	0.5948	0.5987	0.6026	0.6064	0.6103	0.6141
+0.3	0.6179	0.6217	0.6255	0.6293	0.6331	0.6368	0.6406	0.6443	0.6480	0.6517
+0.4	0.6554	0.6591	0.6628	0.6664	0.6700	0.6736	0.6772	0.6808	0.6844	0.6879
+0.5	0.6915	0.6950	0.6985	0.7019	0.7054	0.7088	0.7123	0.7157	0.7190	0.7224
+0.6	0.7257	0.7291	0.7324	0.7357	0.7389	0.7422	0.7454	0.7486	0.7517	0.7549
+0.7	0.7580	0.7611	0.7642	0.7673	0.7704	0.7734	0.7764	0.7794	0.7823	0.7852
+0.8	0.7881	0.7910	0.7939	0.7967	0.7995	0.8023	0.8051	0.8079	0.8106	0.8133
+0.9	0.8159	0.8186	0.8212	0.8238	0.8264	0.8289	0.8315	0.8340	0.8365	0.8389
+1.0	0.8413	0.8438	0.8461	0.8485	0.8508	0.8531	0.8554	0.8577	0.8599	0.8621
+1.1	0.8643	0.8665	0.8686	0.8708	0.8729	0.8749	0.8770	0.8790	0.8810	0.8830
+1.2	0.8849	0.8869	0.8888	0.8907	0.8925	0.8944	0.8962	0.8980	0.8997	0.9015
+1.3	0.9032	0.9049	0.9066	0.9082	0.9099	0.9115	0.9131	0.9147	0.9162	0.9177
+1.4	0.9192	0.9207	0.9222	0.9236	0.9251	0.9265	0.9279	0.9292	0.9306	0.9319
+1.5	0.9332	0.9345	0.9357	0.9370	0.9382	0.9394	0.9405	0.9418	0.9429	0.9441
+1.6	0.9452	0.9463	0.9474	0.9484	0.9495	0.9505	0.9515	0.9525	0.9535	0.9545
+1.7	0.9554	0.9564	0.9573	0.9582	0.9591	0.9599	0.9608	0.9616	0.9625	0.9633
+1.8	0.9641	0.9649	0.9656	0.9664	0.9671	0.9678	0.9686	0.9693	0.9699	0.9706
+1.9	0.9713	0.9719	0.9726	0.9732	0.9738	0.9744	0.9750	0.9756	0.9761	0.9767
+2.0	0.9773	0.9778	0.9783	0.9788	0.9793	0.9798	0.9803	0.9808	0.9812	0.9817
+2.1	0.9821	0.9826	0.9830	0.9834	0.9838	0.9842	0.9846	0.9850	0.9854	0.9857
+2.2	0.9861	0.9864	0.9868	0.9871	0.9875	0.9878	0.9881	0.9884	0.9887	0.9890
+2.3	0.9893	0.9896	0.9898	0.9901	0.9904	0.9906	0.9909	0.9911	0.9913	0.9916
+2.4	0.9918	0.9920	0.9922	0.9925	0.9927	0.9929	0.9931	0.9932	0.9934	0.9936
+2.5	0.9938	0.9940	0.9941	0.9943	0.9945	0.9946	0.9948	0.9949	0.9951	0.9952
+2.6	0.9953	0.9955	0.9956	0.9957	0.9959	0.9960	0.9961	0.9962	0.9963	0.9964
+2.7	0.9965	0.9966	0.9967	0.9968	0.9969	0.9970	0.9971	0.9972	0.9973	0.9974
+2.8	0.9974	0.9975	0.9976	0.9977	0.9977	0.9978	0.9979	0.9979	0.9980	0.9981
+2.9	0.9981	0.9982	0.9983	0.9983	0.9984	0.9984	0.9985	0.9985	0.9986	0.9986
+3.0	0.99865	0.99869	0.99874	0.99878	0.99882	0.99886	0.99889	0.99893	0.99896	0.99900

II. χ^2 분포표

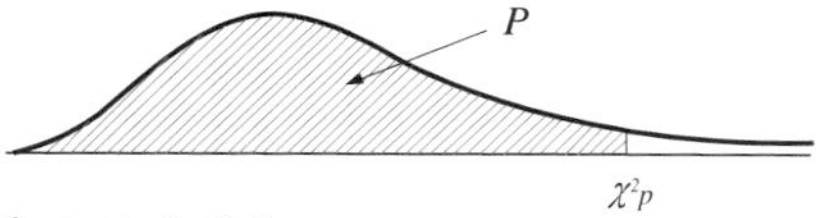

※ $\chi^2 p$는 p에 상응하는 χ^2의 값이다.
예: 자유도 20인 샘플의 확률(p)이 0.95일 경우, χ^2=31.41 이 된다.

자유도	$\chi^2_{.005}$	$\chi^2_{.01}$	$\chi^2_{.025}$	$\chi^2_{.05}$	$\chi^2_{.10}$	$\chi^2_{.90}$	$\chi^2_{.95}$	$\chi^2_{.975}$	$\chi^2_{.99}$	$\chi^2_{.995}$
1	0.000039	0.00016	0.00098	0.0039	0.0158	2.71	3.84	5.02	6.63	7.88
2	0.0100	0.0201	0.0506	0.1026	0.2107	4.61	5.99	7.38	9.21	10.60
3	0.0717	0.115	0.216	0.352	0.584	6.25	7.81	9.35	11.34	12.84
4	0.207	0.297	0.484	0.711	1.064	7.78	9.49	11.14	13.28	14.86
5	0.412	0.554	0.831	1.15	1.61	9.24	11.07	12.83	15.09	16.75
6	0.676	0.872	1.24	1.64	2.20	10.64	12.59	14.45	16.81	18.55
7	0.989	1.24	1.69	2.17	2.83	12.02	14.07	16.01	18.48	20.28
8	1.34	1.65	2.18	2.73	3.49	13.36	15.51	17.53	20.09	21.96
9	1.73	2.09	2.70	3.33	4.17	14.68	16.92	19.02	21.67	23.59
10	2.16	2.56	3.25	3.94	4.87	15.99	18.31	20.48	23.21	25.19
11	2.60	3.05	3.82	4.57	5.58	17.28	19.68	21.92	24.73	26.76
12	3.07	3.57	4.40	5.23	6.30	18.55	21.03	23.34	26.22	28.30
13	3.57	4.11	5.01	5.89	7.04	19.81	22.36	24.74	27.69	29.82
14	4.07	4.66	5.63	6.57	7.79	21.06	23.68	26.12	29.14	31.32
15	4.60	5.23	6.26	7.26	8.55	22.31	25.00	27.49	30.58	32.80
16	5.14	5.81	6.91	7.96	9.31	23.54	26.30	28.85	32.00	34.27
18	6.26	7.01	8.23	9.39	10.86	25.99	28.87	31.53	34.81	37.16
20	7.43	8.26	9.59	10.85	12.44	28.41	31.41	34.17	37.57	40.00
24	9.98	10.86	12.40	13.85	15.66	33.20	36.42	39.36	42.98	45.56
30	13.79	14.95	16.79	18.49	20.60	40.26	43.77	46.98	50.89	53.67
40	20.71	22.16	24.43	26.51	29.05	51.81	55.76	59.34	63.69	66.77
60	32.53	37.48	40.48	43.19	46.46	74.40	79.08	83.30	88.38	91.95
120	83.85	86.92	91.58	95.70	100.62	140.23	146.57	152.21	158.95	163.64

Ⅲ. t 분포표

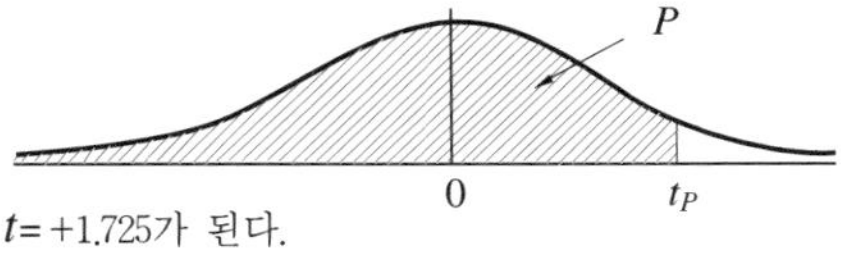

※ t_P는 p에 상응하는 t의 값이다.
예 : 자유도 20인 샘플의 확률(P)이 0.95 일 경우, $t = +1.725$가 된다.

자유도	$t_{.60}$	$t_{.70}$	$t_{.80}$	$t_{.90}$	$t_{.95}$	$t_{.975}$	$t_{.99}$	$t_{.995}$
1	0.325	0.727	1.376	3.078	6.314	12.706	31.821	63.657
2	0.289	0.617	1.061	1.886	2.920	4.303	6.965	9.925
3	0.277	0.584	0.978	1.638	2.353	3.182	4.541	5.841
4	0.271	0.569	0.941	1.533	2.132	2.776	3.747	4.604
5	0.267	0.559	0.920	1.476	2.015	2.571	3.365	4.032
6	0.265	0.553	0.906	1.440	1.943	2.447	3.143	3.707
7	0.263	0.549	0.896	1.415	1.895	2.365	2.998	3.499
8	0.262	0.546	0.889	1.397	1.860	2.306	2.896	3.355
9	0.261	0.543	0.883	1.383	1.833	2.262	2.821	3.250
10	0.260	0.542	0.879	1.372	1.812	2.228	2.764	3.169
11	0.260	0.540	0.876	1.363	1.796	2.201	2.718	3.106
12	0.259	0.539	0.873	1.356	1.782	2.179	2.681	3.055
13	0.259	0.538	0.870	1.350	1.771	2.160	2.650	3.012
14	0.258	0.537	0.868	1.345	1.761	2.145	2.624	2.977
15	0.258	0.536	0.866	1.341	1.753	2.131	2.602	2.947
16	0.258	0.535	0.865	1.337	1.746	2.120	2.583	2.538
17	0.257	0.534	0.863	1.333	1.740	2.110	2.567	2.567
18	0.257	0.534	0.862	1.330	1.734	2.101	2.552	2.552
19	0.257	0.533	0.861	1.328	1.729	2.093	2.539	2.539
20	0.257	0.533	0.860	1.325	1.725	2.086	2.528	2.528
21	0.257	0.532	0.859	1.323	1.721	2.080	2.518	2.518
22	0.256	0.532	0.858	1.321	1.717	2.074	2.508	2.508
23	0.256	0.532	0.858	1.319	1.714	2.069	2.500	2.500
24	0.256	0.531	0.857	1.318	1.711	2.064	2.492	2.492
25	0.256	0.531	0.856	1.316	1.708	2.060	2.485	2.485
26	0.256	0.531	0.856	1.315	1.706	2.056	2.479	2.479
27	0.256	0.531	0.855	1.314	1.703	2.052	2.473	2.473
28	0.256	0.530	0.855	1.313	1.701	2.048	2.467	2.467
29	0.256	0.530	0.854	1.311	1.699	2.045	2.462	2.462
30	0.256	0.530	0.854	1.310	1.697	2.042	2.457	2.457
40	0.225	0.529	0.851	1.303	1.684	2.021	2.423	2.423
60	0.254	0.527	0.848	1.296	1.671	2.000	2.390	2.390
120	0.254	0.526	0.845	1.289	1.658	1.980	2.358	2.358
∞	0.253	0.524	0.842	1.282	1.645	1.960	2.326	2.326

Ⅲ의 계속

n	r	0.05	0.10	0.20	0.30	0.40	0.50	0.60	0.70	0.80	0.90	0.95
	13	1.000	1.000	1.000	1.000	0.994	0.942	0.750	0.392	0.087	0.002	0.000
	14	1.000	1.000	1.000	1.000	0.998	0.979	0.874	0.584	0.196	0.011	0.000
	15	1.000	1.000	1.000	1.000	1.000	0.994	0.949	0.762	0.370	0.043	0.003
	16	1.000	1.000	1.000	1.000	1.000	0.999	0.984	0.893	0.589	0.133	0.016
	17	1.000	1.000	1.000	1.000	1.000	1.000	0.996	0.965	0.794	0.325	0.075
	18	1.000	1.000	1.000	1.000	1.000	1.000	0.999	0.992	0.931	0.608	0.264
	19	1.000	1.000	1.000	1.000	1.000	1.000	1.000	0.999	0.988	0.878	0.642
	20	1.000	1.000	1.000	1.000	1.000	1.000	1.000	1.000	1.000	1.000	1.000
25	0	0.277	0.072	0.004	0.000	0.000	0.000	0.000	0.000	0.000	0.000	0.000
	1	0.642	0.271	0.027	0.002	0.000	0.000	0.000	0.000	0.000	0.000	0.000
	2	0.873	0.537	0.098	0.009	0.000	0.000	0.000	0.000	0.000	0.000	0.000
	3	0.966	0.764	0.234	0.033	0.002	0.000	0.000	0.000	0.000	0.000	0.000
	4	0.993	0.902	0.421	0.090	0.009	0.000	0.000	0.000	0.000	0.000	0.000
	5	0.999	0.967	0.617	0.193	0.029	0.002	0.000	0.000	0.000	0.000	0.000
	6	1.000	0.991	0.780	0.341	0.074	0.007	0.000	0.000	0.000	0.000	0.000
	7	1.000	0.998	0.891	0.512	0.154	0.022	0.001	0.000	0.000	0.000	0.000
	8	1.000	1.000	0.953	0.677	0.274	0.054	0.004	0.000	0.000	0.000	0.000
	9	1.000	1.000	0.983	0.811	0.425	0.115	0.013	0.000	0.000	0.000	0.000
	10	1.000	1.000	0.994	0.902	0.586	0.212	0.034	0.002	0.000	0.000	0.000
	11	1.000	1.000	0.998	0.956	0.732	0.345	0.078	0.006	0.000	0.000	0.000
	12	1.000	1.000	1.000	0.983	0.846	0.500	0.154	0.017	0.000	0.000	0.000
	13	1.000	1.000	1.000	0.994	0.922	0.655	0.268	0.044	0.002	0.000	0.000
	14	1.000	1.000	1.000	0.998	0.966	0.788	0.414	0.098	0.006	0.000	0.000
	15	1.000	1.000	1.000	1.000	0.987	0.855	0.575	0.189	0.017	0.000	0.000
	16	1.000	1.000	1.000	1.000	0.996	0.946	0.726	0.323	0.047	0.000	0.000
	17	1.000	1.000	1.000	1.000	0.999	0.978	0.846	0.488	0.109	0.002	0.000
	18	1.000	1.000	1.000	1.000	1.000	0.993	0.926	0.659	0.220	0.009	0.000
	19	1.000	1.000	1.000	1.000	1.000	0.998	0.971	0.807	0.383	0.033	0.001
	20	1.000	1.000	1.000	1.000	1.000	1.000	0.991	0.910	0.579	0.098	0.007
	21	1.000	1.000	1.000	1.000	1.000	1.000	0.998	0.967	0.766	0.236	0.034
	22	1.000	1.000	1.000	1.000	1.000	1.000	1.000	0.991	0.902	0.463	0.127
	23	1.000	1.000	1.000	1.000	1.000	1.000	1.000	0.998	0.973	0.729	0.358
	24	1.000	1.000	1.000	1.000	1.000	1.000	1.000	1.000	0.996	0.928	0.723
	25	1.000	1.000	1.000	1.000	1.000	1.000	1.000	1.000	1.000	1.000	1.000

Ⅳ. 누적포아송분포표

$p(r) = \frac{np'^r}{r!} e^{-np'}$, ( )안은 누적치

r \ np′	0.05	0.10	0.20	0.30	0.40
0	0.905 (0.905)	0.819 (0.819)	0.741 (0.741)	0.670 (0.670)	0.607 (0.607)
1	0.091 (0.996)	0.164 (0.983)	0.222 (0.963)	0.268 (0.938)	0.303 (0.910)
2	0.004 (1.000)	0.016 (0.999)	0.033 (0.996)	0.054 (0.992)	0.076 (0.986)
3		0.010 (1.000)	0.004 (1.000)	0.007 (0.999)	0.013 (0.999)
4				0.001 (1.000)	0.001 (1.000)

r \ np′	0.6	0.7	0.8	0.9	1.0
0	0.549 (0.549)	0.479 (0.479)	0.449 (0.449)	0.406 (0.406)	0.368 (0.368)
1	0.329 (0.878)	0.349 (0.845)	0.359 (0.808)	0.366 (0.772)	0.368 (0.736)
2	0.099 (0.977)	0.122 (0.967)	0.114 (0.952)	0.166 (0.938)	0.184 (0.920)
3	0.020 (0.997)	0.028 (0.995)	0.039 (0.991)	0.049 (0.987)	0.061 (0.981)
4	0.003 (1.000)	0.005 (1.000)	0.008 (0.999)	0.011 (0.998)	0.016 (0.997)
5			0.001 (1.000)	0.002 (1.000)	0.003 (1.000)

r \ np′	1.1	1.2	1.3	1.4	1.5
0	0.333 (0.333)	0.301 (0.301)	0.273 (0.273)	0.274 (0.274)	0.223 (0.223)
1	0.366 (0.699)	0.361 (0.662)	0.354 (0.627)	0.345 (0.592)	0.335 (0.558)
2	0.201 (0.995)	0.217 (0.879)	0.230 (0.857)	0.242 (0.834)	0.251 (0.809)
3	0.074 (0.974)	0.087 (0.966)	0.100 (0.957)	0.113 (0.947)	0.126 (0.935)
4	0.021 (0.995)	0.026 (0.992)	0.032 (0.989)	0.039 (0.986)	0.047 (0.982)
5	0.004 (0.999)	0.007 (0.999)	0.009 (0.998)	0.011 (0.997)	0.014 (0.996)
6	0.001 (1.000)	0.001 (1.000)	0.002 (1.000)	0.003 (1.000)	0.004 (1.000)

r \ np′	1.6	1.7	1.8	1.9	2.0
0	0.202 (0.202)	0.183 (0.183)	0.165 (0.165)	0.150 (0.150)	0.135 (0.135)
1	0.323 (0.525)	0.311 (0.494)	0.298 (0.463)	0.284 (0.434)	0.271 (0.406)
2	0.258 (0.783)	0.264 (0.758)	0.268 (0.731)	0.270 (0.704)	0.271 (0.677)
3	0.138 (0.921)	0.149 (0.907)	0.161 (0.892)	0.171 (0.875)	0.180 (0.857)
4	0.055 (0.976)	0.064 (0.971)	0.072 (0.964)	0.081 (0.956)	0.090 (0.947)
5	0.018 (0.994)	0.022 (0.993)	0.026 (0.990)	0.031 (0.987)	0.036 (0.983)
6	0.005 (0.999)	0.006 (0.999)	0.008 (0.998)	0.010 (0.997)	0.012 (0.995)
7	0.001 (1.000)	0.001 (1.000)	0.002 (1.000)	0.003 (1.000)	0.004 (0.999)
8					0.001 (1.000)

Ⅳ의 계속

r \ np′	2.1	2.2	2.3	2.4	2.5
0	0.123 (0.123)	0.111 (0.111)	0.100 (0.100)	0.091 (0.091)	0.082 (0.082)
1	0.257 (0.380)	0.244 (0.355)	0.231 (0.331)	0.218 (0.309)	0.205 (0.287)
2	0.270 (0.650)	0.268 (0.623)	0.265 (0.596)	0.261 (0.570)	0.256 (0.543)
3	0.189 (0.839)	0.197 (0.820)	0.203 (0.799)	0.209 (0.779)	0.214 (0.757)
4	0.099 (0.938)	0.108 (0.928)	0.117 (0.916)	0.125 (0.904)	0.134 (0.891)
5	0.042 (0.980)	0.048 (0.976)	0.054 (0.970)	0.060 (0.964)	0.067 (0.958)
6	0.015 (0.995)	0.017 (0.993)	0.021 (0.991)	0.024 (0.988)	0.028 (0.986)
7	0.004 (0.999)	0.005 (0.998)	0.007 (0.998)	0.008 (0.996)	0.010 (0.996)
8	0.001 (1.000)	0.002 (1.000)	0.002 (1.000)	0.003 (0.999)	0.003 (0.999)
9				0.001 (1.000)	0.001 (1.000)

r \ np′	2.6	2.7	2.8	2.9	3.0
0	0.074 (0.074)	0.067 (0.067)	0.061 (0.061)	0.055 (0.055)	0.050 (0.050)
1	0.193 (0.267)	0.182 (0.249)	0.170 (0.231)	0.160 (0.215)	0.419 (0.199)
2	0.251 (0.518)	0.245 (0.494)	0.238 (0.469)	0.231 (0.446)	0.224 (0.423)
3	0.218 (0.736)	0.221 (0.715)	0.223 (0.692)	0.224 (0.670)	0.224 (0.647)
4	0.141 (0.877)	0.149 (0.864)	0.156 (0.848)	0.162 (0.832)	0.168 (0.815)
5	0.074 (0.951)	0.080 (0.944)	0.087 (0.935)	0.094 (0.926)	0.101 (0.916)
6	0.032 (0.983)	0.036 (0.980)	0.041 (0.976)	0.045 (0.971)	0.050 (0.966)
7	0.012 (0.995)	0.014 (0.994)	0.016 (0.992)	0.019 (0.990)	0.022 (0.988)
8	0.004 (0.999)	0.005 (0.999)	0.006 (0.998)	0.007 (0.997)	0.008 (0.996)
9	0.001 (1.000)	0.001 (1.000)	0.002 (1.000)	0.002 (0.999)	0.003 (0.999)
10				0.001 (1.000)	0.001 (1.000)

r \ np′	3.1	3.2	3.3	3.4	3.5
0	0.045 (0.045)	0.041 (0.041)	0.037 (0.037)	0.033 (0.033)	0.030 (0.030)
1	0.140 (0.185)	0.130 (0.171)	0.122 (0.159)	0.113 (0.146)	0.106 (0.316)
2	0.216 (0.401)	0.209 (0.380)	0.201 (0.360)	0.193 (0.339)	0.185 (0.321)
3	0.224 (0.625)	0.223 (0.603)	0.222 (0.582)	0.219 (0.558)	0.216 (0.537)
4	0.173 (0.798)	0.178 (0.781)	0.182 (0.764)	0.186 (0.744)	0.189 (0.726)
5	0.107 (0.905)	0.114 (0.895)	0.120 (0.884)	0.126 (0.870)	0.132 (0.858)
6	0.056 (0.961)	0.061 (0.956)	0.066 (0.950)	0.071 (0.941)	0.077 (0.935)
7	0.025 (0.986)	0.028 (0.984)	0.031 (0.981)	0.035 (0.976)	0.038 (0.973)
8	0.010 (0.996)	0.011 (0.995)	0.012 (0.993)	0.015 (0.991)	0.017 (0.990)
9	0.003 (0.999)	0.004 (0.999)	0.005 (0.998)	0.006 (0.997)	0.007 (0.997)
10	0.001 (1.000)	0.001 (1.000)	0.002 (1.000)	0.002 (0.999)	0.002 (0.999)
11				0.001 (1.000)	0.001 (1.000)

Ⅳ의 계속

r \ np′	3.6	3.7	3.8	3.9	4.0
0	0.027 (0.027)	0.025 (0.025)	0.022 (0.022)	0.020 (0.020)	0.018 (0.018)
1	0.068 (0.125)	0.091 (0.116)	0.085 (0.107)	0.079 (0.099)	0.073 (0.091)
2	0.177 (0.302)	0.169 (0.285)	0.161 (0.268)	0.154 (0.253)	0.147 (0.238)
3	0.213 (0.515)	0.209 (0.494)	0.205 (0.473)	0.200 (0.435)	0.195 (0.433)
4	0.191 (0.706)	0.193 (0.687)	0.194 (0.667)	0.195 (0.648)	0.195 (0.628)
5	0.138 (0.844)	0.143 (0.830)	0.148 (0.815)	0.152 (0.800)	0.157 (0.785)
6	0.083 (0.927)	0.088 (0.918)	0.094 (0.909)	0.099 (0.899)	0.104 (0.889)
7	0.042 (0.969)	0.047 (0.965)	0.051 (0.960)	0.055 (0.954)	0.060 (0.949)
8	0.019 (0.988)	0.022 (0.987)	0.024 (0.984)	0.009 (0.899)	0.030 (0.979)
9	0.008 (0.996)	0.009 (0.996)	0.010 (0.994)	0.012 (0.993)	0.013 (0.992)
10	0.003 (0.999)	0.003 (0.999)	0.004 (0.998)	0.004 (0.997)	0.005 (0.997)
11	0.001 (1.000)	0.001 (1.000)	0.001 (0.999)	0.002 (0.999)	0.002 (0.999)
12			0.001 (1.000)	0.001 (1.000)	0.001 (1.000)

r \ np′	4.1	4.2	4.3	4.4	4.5
0	0.017 (0.017)	0.015 (0.015)	0.014 (0.014)	0.012 (0.012)	0.011 (0.011)
1	0.068 (0.085)	0.063 (0.078)	0.058 (0.072)	0.054 (0.066)	0.050 (0.061)
2	0.139 (0.224)	0.132 (0.210)	0.126 (0.198)	0.119 (0.185)	0.113 (0.174)
3	0.190 (0.414)	0.185 (0.395)	0.180 (0.378)	0.174 (0.359)	0.169 (0.343)
4	0.195 (0.609)	0.195 (0.590)	0.193 (0.571)	0.192 (0.551)	0.190 (0.533)
5	0.160 (0.769)	0.163 (0.753)	0.166 (0.737)	0.169 (0.720)	0.171 (0.704)
6	0.110 (0.879)	0.114 (0.867)	0.119 (0.856)	0.124 (0.844)	0.128 (0.832)
7	0.064 (0.943)	0.069 (0.936)	0.073 (0.929)	0.078 (0.922)	0.082 (0.914)
8	0.033 (0.976)	0.036 (0.972)	0.040 (0.969)	0.043 (0.965)	0.046 (0.960)
9	0.015 (0.991)	0.017 (0.989)	0.019 (0.988)	0.021 (0.986)	0.023 (0.983)
10	0.006 (0.997)	0.007 (0.996)	0.008 (0.996)	0.009 (0.995)	0.011 (0.994)
11	0.002 (0.999)	0.003 (0.999)	0.003 (0.999)	0.004 (0.999)	0.004 (0.998)
12	0.001 (1.000)	0.001 (1.000)	0.001 (1.000)	0.001 (1.000)	0.001 (0.999)
13					0.001 (1.000)

r \ np′	4.6	4.7	4.8	4.9	5.0
0	0.010 (0.010)	0.009 (0.009)	0.008 (0.008)	0.008 (0.008)	0.007 (0.007)
1	0.046 (0.056)	0.043 (0.052)	0.039 (0.047)	0.037 (0.045)	0.034 (0.041)
2	0.106 (0.162)	0.101 (0.153)	0.095 (0.142)	0.090 (0.135)	0.084 (0.125)
3	0.163 (0.325)	0.157 (0.310)	0.152 (0.294)	0.146 (0.281)	0.140 (0.265)
4	0.188 (0.531)	0.185 (0.495)	0.182 (0.476)	0.179 (0.460)	0.176 (0.441)

Ⅳ의 계속

5	0.172 (0.685)	0.174 (0.669)	0.175 (0.651)	0.175 (0.635)	0.176 (0.617)
6	0.132 (0.817)	0.136 (0.805)	0.140 (0.791)	0.143 (0.778)	0.146 (0.763)
7	0.087 (0.904)	0.091 (0.896)	0.096 (0.887)	0.100 (0.898)	0.105 (0.868)
8	0.050 (0.954)	0.054 (0.950)	0.058 (0.945)	0.061 (0.939)	0.065 (0.933)
9	0.026 (0.980)	0.028 (0.978)	0.031 (0.976)	0.034 (0.973)	0.036 (0.969)
10	0.012 (0.992)	0.013 (0.991)	0.015 (0.991)	0.016 (0.989)	0.018 (0.987)
11	0.005 (0.997)	0.006 (0.997)	0.006 (0.997)	0.007 (0.996)	0.008 (0.995)
12	0.002 (0.999)	0.002 (0.999)	0.002 (0.999)	0.003 (0.999)	0.003 (0.998)
13	0.001 (1.000)	0.001 (1.000)	0.001 (1.000)	0.001 (1.000)	0.001 (0.999)
14					0.001 (1.000)

r \ np'	6.0	7.0	8.0	9.0	10.0
0	0.002 (0.002)	0.001 (0.001)	0.000 (0.000)	0.000 (0.000)	0.000 (0.000)
1	0.015 (0.017)	0.006 (0.007)	0.003 (0.003)	0.001 (0.001)	0.000 (0.000)
2	0.045 (0.062)	0.022 (0.029)	0.011 (0.014)	0.005 (0.006)	0.002 (0.002)
3	0.089 (0.151)	0.052 (0.081)	0.029 (0.043)	0.015 (0.021)	0.007 (0.009)
4	0.134 (0.285)	0.091 (0.172)	0.057 (0.100)	0.034 (0.055)	0.019 (0.028)
5	0.161 (0.446)	0.128 (0.300)	0.092 (0.192)	0.061 (0.116)	0.038 (0.066)
6	0.161 (0.607)	0.149 (0.449)	0.122 (0.314)	0.091 (0.207)	0.063 (0.129)
7	0.138 (0.745)	0.149 (0.598)	0.140 (0.454)	0.117 (0.324)	0.090 (0.219)
8	0.103 (0.848)	0.131 (0.729)	0.140 (0.594)	0.132 (0.456)	0.113 (0.332)
9	0.069 (0.917)	0.102 (0.831)	0.124 (0.718)	0.132 (0.588)	0.125 (0.457)
10	0.041 (0.958)	0.071 (0.902)	0.099 (0.817)	0.119 (0.707)	0.125 (0.582)
11	0.023 (0.981)	0.045 (0.947)	0.072 (0.889)	0.097 (0.804)	0.114 (0.696)
12	0.011 (1.992)	0.026 (1.973)	0.048 (1.937)	0.073 (1.877)	0.095 (0.791)
13	0.005 (1.997)	0.014 (1.987)	0.030 (1.967)	0.050 (1.927)	0.073 (0.864)
14	0.002 (1.999)	0.007 (1.994)	0.017 (1.984)	0.032 (1.959)	0.052 (0.916)
15	0.001 (1.000)	0.003 (1.997)	0.009 (1.993)	0.019 (1.978)	0.035 (0.951)
16		0.002 (1.999)	0.004 (1.997)	0.011 (1.989)	0.022 (0.973)
17		0.001 (1.000)	0.002 (1.999)	0.006 (1.995)	0.013 (0.986)
18			0.001 (1.000)	0.003 (1.998)	0.007 (0.993)
19				0.001 (1.999)	0.004 (0.997)
20				0.001 (1.000)	0.002 (0.999)
21					0.001 (1.000)

Ⅳ의 계속

r \ np′	6.0	7.0	8.0	9.0	10.0
0	0.000 (0.000)	0.000 (0.000)	0.000 (0.000)	0.000 (0.000)	0.000 (0.000)
1	0.000 (0.000)	0.000 (0.000)	0.000 (0.000)	0.000 (0.000)	0.000 (0.000)
2	0.001 (0.001)	0.000 (0.000)	0.000 (0.000)	0.000 (0.000)	0.000 (0.000)
3	0.004 (0.005)	0.002 (0.002)	0.001 (0.001)	0.000 (0.000)	0.000 (0.000)
4	0.010 (0.015)	0.005 (0.007)	0.003 (0.004)	0.001 (0.001)	0.001 (0.001)
5	0.022 (0.037)	0.013 (0.020)	0.007 (0.011)	0.004 (0.005)	0.002 (0.003)
6	0.041 (0.078)	0.025 (0.045)	0.015 (0.026)	0.009 (0.014)	0.005 (0.008)
7	0.065 (0.143)	0.044 (0.089)	0.028 (0.054)	0.017 (0.031)	0.010 (0.018)
8	0.089 (0.232)	0.066 (0.155)	0.046 (0.100)	0.031 (0.062)	0.019 (0.037)
9	0.109 (0.341)	0.089 (0.242)	0.066 (0.166)	0.047 (0.109)	0.032 (0.069)
10	0.119 (0.460)	0.105 (0.347)	0.086 (0.252)	0.066 (0.175)	0.049 (0.118)
11	0.119 (0.579)	0.114 (0.461)	0.101 (0.353)	0.084 (0.259)	0.066 (0.184)
12	0.109 (0.688)	0.114 (0.575)	0.110 (0.463)	0.099 (0.358)	0.083 (0.267)
13	0.093 (0.781)	0.106 (0.681)	0.110 (0.573)	0.106 (0.464)	0.096 (0.363)
14	0.073 (0.854)	0.091 (0.772)	0.102 (0.675)	0.106 (0.570)	0.102 (0.465)
15	0.053 (0.907)	0.072 (0.844)	0.088 (0.763)	0.099 (0.669)	0.102 (0.567)
16	0.037 (0.944)	0.054 (0.898)	0.072 (0.835)	0.087 (0.756)	0.096 (0.663)
17	0.024 (0.968)	0.038 (0.936)	0.055 (0.890)	0.071 (0.827)	0.085 (0.748)
18	0.015 (0.983)	0.026 (0.962)	0.040 (0.930)	0.056 (0.883)	0.071 (0.819)
19	0.008 (0.991)	0.016 (0.978)	0.027 (0.957)	0.041 (0.924)	0.056 (0.875)
20	0.005 (0.996)	0.010 (0.988)	0.018 (0.975)	0.029 (0.953)	0.042 (0.917)
21	0.002 (0.998)	0.006 (0.994)	0.011 (0.986)	0.019 (0.972)	0.030 (0.947)
22	0.001 (1.999)	0.003 (1.997)	0.006 (0.992)	0.012 (0.984)	0.020 (0.967)
23	0.001 (1.000)	0.002 (1.999)	0.004 (0.996)	0.007 (0.991)	0.013 (0.980)
24		0.001 (1.000)	0.002 (0.998)	0.004 (0.995)	0.008 (0.988)
25			0.001 (0.999)	0.003 (0.998)	0.005 (0.993)
26			0.001 (1.000)	0.001 (0.999)	0.003 (0.996)
27				0.001 (1.000)	0.002 (0.998)
28					0.001 (0.999)
29					0.001 (1.000)

참고문헌

(1) 한국문헌

강금식, *품질경영 - TQC · TQM -* (전정판), 박영사, 1997.

강석진 · 이태복 옮김, 로버트 스레이터 지음, *잭웰치와 GE 방식*, 물푸레, 1998

고재건, *서비스품질경영론*, 제주대학 출판부, 1999.

곽동성 · 강기두, *서비스 마케팅*, 동성사, 1999.

김기영 외, *품질경영*, 박영사, 1999.

김연성 외, *품질경영*(개정판), 박영사, 2001.

김성인, *서비스산업에서의 품질관리*, 청문각, 1989.

류한주, *TQM에 의한 경영혁신*, 한국생산성본부, 1994.

박성현, *품질공학*, 민영사, 1993.

박영택, *공공행정부문 Single PPM 품질혁신*, Single PPM 품질혁신추진 본부, 2000.

박우동, *품질경영*, 법문사, 1996.

배도선, *통계적 품질관리*, 영지문화사, 1992.

서비스경영연구회 옮김, 제임스 헤스켓 외 지음, *서비스수익 모델*, 삼성경제연구소, 2000.

손　욱, *초일류 목표 설정의 길*, 삼성경제연구소, 2001.

안영진, *품질경영: 21세기 기업경쟁력 강화를 위한 TQM*, 박영사, 1999.

안영진 옮김, 마이클 해리 · 리처드 슈뢰더 지음, *6시그마 기업혁명*, 김영사, 2000.

원석희, *서비스 품질경영: 서비스품질의 완벽 추구*, 형설출판사, 1998.

안상형 · 이관석 · 이명호, *현대품질경영*, 학현사, 1998.

유승민 외, *21세기 미래경영*, 김영사, 2000

유영준, *6시그마 경영품질혁신*, 미래경영기술컨설팅, 2000.

이순룡, *품질관리 정착화를 위한 품질경영의 지혜*, 한국경제연구센터, 1981,

———, *품질경영론: TQM*, 법문사, 1995, 2001.

———, *제품 서비스 생산관리론*, 법문사, 1997.

이유재, *서비스 마케팅*(개정판), 학현사, 1999.

이재관, *TQM혁명과 작은 기업 큰 혁명*, 법영사, 1999.

이재관 · 홍영임 편저, *식스 시그마 전략과 도구*, 품질경영시스템연구소, 1999.

조영호, *품질을 위해 사는 사람들*, 한국표준협회, 1995.

조중완, *신품질주의 선언: 새로운 TQM을 제창함*, 한국품질재단, 2001.

홍성원 옮김, 데이비드 버넬·애덤 드레이드 지음, *시스코 커넥션: 시스코 시스템즈와 존 챔버스의 성공방식*, 물푸레, 2000.
황의철, *품질경영*, 박영사, 1991.
황태호 역, M. Spendolni, *벤치마킹 & 기업경쟁력*, 김영사, 1993

(2) 일본문헌

高利智弘, *經營品質革命*, 東洋經濟新報社, 1996.
久米均, *品質による經營*, 日科技連出版社, 1993.
近藤良夫, *全社的品質管理*, 日科技連出版社, 1993.
吉澤正孝 編, *品質工學講座(1): 開發 設計段階の品質工學*, 日本規格協會, 1988.
木暮正夫, *日本のTQC: その再吟味と新展開*, 日科技連出版社, 1988.
石川 馨, *日本的 品質管理*, 日科技連出版社, 1981.
水野 滋, *全社總合品質管理*, 日科技連出版社, 1984.
水野 滋・赤尾洋二, *品質機能展開*, 日科技連出版社, 1978.
新將命, *圖解 TQM: 經營品質の高め方*, 日本實業出版社, 1998.
伊藤嘉博, *品質コストマネジメント - 品質管理と原價管理の融合*, 中央經濟社, 1999.
佐佐木脩, *外注品質管理*, 日刊工業新聞社, 1980.
——, *實踐 品質管理*, 日刊工業新聞社, 1992.
TQM委員會 編著, *TQM: 21世紀總合算經營*, 日科技連, 1997.

(3) 구미문헌

Bergman, Bo & Bengt Klfsjo, *Quality: from Customer Needs to Customer Satisfaction*, McGraw-Hill Book Co., 1994.
Besterfield, D.H., *Quality Control*, 3rd ed., Prentice-Hall Inc., 1990.
Blazey, M.L., *Insight to Performance Excellence 2001*, ASQ Quality Press, 2001.
Bowles, J. & J. Hammond, *Beyond Quality*, The Berkeley Publishing Group, 1991.
Cartin, T.J., *Principles & Practice of TQM*, American Society for Quality Control, 1993.
Chang Zeph Yun et al., *The Quest for Global Quality: A Manifestation of Total Quality Management by Singapore Airlines*, Addison Wesley, 1996.
Crosby, P.B., *Quality is Free*, New American Library, 1979.
——, *Quality Without Tears: The Art of Hassle-Free Management*, McGraw-Hill Book, 1984.
DeVor, R.E. et al., *Statistical Quality Design and Control: Contemporary Concepts and Methods*, Macmillan Publishing Co., 1992.

Ealey, L.A., *Quality by Design: Taguchi Methods and U.S. Industry*, ASI Press, 1988.

Evans, J.R. & W.M. Lindsay, *The Management and Control of Quality*, South-Western College Publishing, 4th ed., 1999.

Feigenbaum, A.V., *Total Quality Control*, 3rd ed., McGraw-Hill, 1983.

Fisher, Kimball, *Leading Self-Directed Work Teams*, McGraw-Hill, Inc., 1993.

Fitzsimmers, J.A. & R.S. Sullivan, *Service Operations Management*, McGraw-Hill, 1982.

Garvin, D.A., *Managing Quality: The Strategic and Competitive Edge*, The Free Press, 1988.

Gitlow, H. et al., *Tools and Methods for the Improvement of Quality*, Irwin Inc., 1989.

Goetsch, D.L. & Stanby Davis, *Implementing Total Quality*, Prentice-Hall International Inc., 1995.

Harrington, H.J., *Poor-Quality Cost*, ASQC Quality Press, 1987.

Harry, M. & R. Shroeder, *Six Sigma*, Leighco Inc., 1999.

Heskett, J.L., W.E. Sasser, Jr., & L.A. Schlesinger, *THE SERVICE PROFIT CHAIN*, The Free Press, 1997.

Ivancevich, J.M. et al., *Management: Quality and Competitiveness*, Irwin, 1994.

Jablonski, J.R., *Implementing TQM*, 2nd ed., Technical Management Consortium, Inc., 1992.

Juran, J.M. & F.M. Gryna, *Quality Planning and Analysis*, 3rd ed., McGraw-Hill, 1993.

Main, J., *Quality Wars*, Free Press, 1993.

Miller, G.L. & L.L. Krumm, *The Whats, Whys and Hows of Quality Improvement*, ASQ Quality Press, 1992.

Parasuraman, A., V.A., Zeithaml & L. L .Berry, *Delivering Quality Service: Balancing Customer Perceptions and Expectations*, The Free Press, 1990.

Rosander, A.C., *The Quest for Quality in Services*, ASQC Quality Press, 1989.

Sanders, T.R.B. ed., *The Aims and Principles of Standardization, International Organization* for Standardization, 1972.

Slater, R., *Jack Welch and the GE Way*, McGraw-Hill, 1999.

Tenner A.R. & I.J. DeToro, *Total Quality Management: Three Steps to Continuous Improvement*, Addison-Wesley Publishing Co., 1992.

Townsend P.L. & J.E. Gebhardt, *Quality in Action*, John Wiley & Sons Inc., 1988.

Verman L.C., *Standardization*, Affiliated East-West Press Pvt. Ltd., 1973.

Welins, R.S., et al., *Empowered Teams*, Jossey-Bass Publishers, 1993.

국문색인

[ㄱ]

가격경쟁력 177
가공상의 결함 315
가노 198
가치 9, 364
가치기준의 품질 9
가치개선 364, 365, 366
가치공학 360, 364
가치관의 일치 109
가치의 최대화 364, 365, 366
가치창조 20
가치파라미터 365
가치혁신 365
각국의 품질경영상 424
간접품질코스트 436
감동 197
감성적 디자인 208
강제규격 60
개선 403, 420
개정(진보)의 원리 55
객관성 58
객관성의 원리 65
건설업 144
검교정 85
검사 239
검사 불량률 306
검사 중심의 품질보증 291, 292
검사관리 449
검사의 기능 239
검사의 종류 239
검사지향적 품질관리 28
검사특성곡선 246, 248, 251
검출도 339
결과적 품질특성 142
결과지향의 품질경영 416
결점수 관리도 278
결함 401
결함예방 철학 401, 402
결함(상)제품 316, 319
경불량 300
경영성과의 측정범주 411
경영요소 80
경영이념 170, 175, 185
경영자 99, 173
경영자에 의한 품질경영 106
경영자의 역할 106
경영자의 책임 423
경영전환 14개항 39, 348
경영품질 4, 432
경영품질모델 102, 103
경쟁전략 178
경쟁전략변수 176
경제성 58
계량샘플링검사 243
계량치 226
계량치 관리도 268
계량치 데이터 226
계속예방코스트 448
계수규준형 1회 샘플링검사 246
계수규준형 1회 샘플링검사표 254
계수샘플링검사 243
계수선별형(計數選別型) 샘플링방식 257
계수조정형 샘플링검사 244
계수치(데이터) 226
계수치 관리도 269
계양전기 185
계측검사 240
계획수립과정 182
고객 14, 49, 99, 134, 136, 140, 141, 142, 151, 180, 201, 204
고객 요구사항 213
고객 이탈률 151
고객가치 17, 196, 366
고객감동 199
고객관계 183
고객관계 전략 199
고객관련 품질척도 413
고객관리 157
고객만족 10, 15, 19, 20, 76, 99, 101, 136, 145, 147, 154, 158, 160, 172, 177, 181, 191, 196, 205, 404, 415
고객만족도 198
고객만족 사용품질 218
고객만족 요소 172
고객만족의 조건 15
고객만족의 측정척도 411
고객만족 평가모델 18, 413
고객만족 품질 19, 88
고객만족함수 22
고객불만 160
고객불만 지표 19
고객서비스 151, 177
고객에 대한 책임완수 314
고객요구 202, 206
고객요구 품질 19, 88
고객요구의 변환 157
고객우선 20, 150
고객의 기대 140, 141, 196,

203
고객의 기대수준 197, 198
고객의 니즈 350
고객의 서비스품질 인식과정 135
고객의 소리 201
고객의 요구 20, 89, 148, 157, 187, 209, 213
고객의 요구(기대)사항 202
고객의 요구품질 157
고객의 주관적 평가 213
고객의 지각가치 199
고객이 요구하는 품질특성 207
고객이해 138
고객이해 메커니즘 206
고객접점 136
고객중심 180
고객중심 원칙 50
고객창조 품질경영 23
고객충성 19
고객충성도 150, 152, 160, 161
고구레마사오 133
고엽제 10
고유신뢰성 326
고의성의 오류 113
고장나무 분석 340
고장데이터 332
고장률 325, 326
고장률 곡선 325
고장예방설계기법 329
고장예방설계원칙 329
고장의 보고 및 수정조치 343
고장의 증상과 영향의 분석 336
고장증상 및 영향분석 352
고장증상 영향분석표 339
고장확률 326
고접촉서비스 136
고정(固定)의 원리 64
고정성 58
골대방식 375
공감성 139, 141
공급업자와의 관계 184
공급자 54, 99, 182
공급자 성과(척도) 413
공급자(외주공장)의 선정 305
공급자와의 상호이익 원칙 54
공급자와의 협력관계 309
공급자의 선정 및 관리 기준 309
공급자의 품질경영 실천요령 312
공급자 품질 404
공급자 품질시스템 308
공급자 품질조사 305
공급자품질코스트 436
공급자 품질평가시스템 309, 417
공산품 품질관리법 32
공식 표준 61, 72
공업진흥청 33
공업표준화법 32
공장새마을운동 118
공정 387
공정-FMEA 337
공정검사 240
공정계획 214
공정관리 449
공정관리 중심의 품질보증 292
공정능력 387, 388, 390, 392
공정능력 분석 390
공정능력 비율 392, 393, 396
공정능력연구 388
공정능력의 개념 387
공정능력의 분석 390
공정능력 지수 390, 392
공정능력 지수의 측정 392
공정능력조사 388
공정상태의 파악 390
공정의 관리 82
공정의 관리도 267
공정의 능력과 관리상태 389
공정의 능력조사 388
공정의 변화성 395
공정의 잠재력비율 395
공정의 지속적인 개선단계 397
공정품질 391
공정품질의 변동원인 265
공정품질의 중심과 산포 391
공정품질척도 413
공통원인 38, 265
과실책임 315, 319
과정 23, 133, 417
과정적 품질특성 142
과정지향의 품질경영 416
과학적 분석과정 52
과학적인 접근방식 52
관능검사 240
관련자 합의의 원리 64
관리 404
관리도 37, 224, 265, 267, 388
관리도 용지 272
관리도의 본질 267
관리도의 사용절차 282
관리도의 유형 268
관리도의 작성(순서) 270
관리도의 종류 269
관리도의 판단 280
관리도의 판단과 적용 280
관리도의 판정과 적용 273
관리되지 않은 산포 266
관리되지 않은 상태 267
관리된 산포 266
관리된 상태 266
관리불량비용 437

관리비용 437
관리비용의 영향력 438
관리 상한 391
관리상한선 267, 272
관리자의 임무 112
관리지표 153
관리표준 57, 75
관리 하한 391
관리하한선 267, 272
관리한계 267, 272, 276, 391
관리한계 계수표 272
관리한계선 277
관청표준 61
구성원 181
구성원의 교육·훈련 158
구성원의 참여 123
국가표준 61
국가품질상제도 415, 424
국제 품질경영시스템 규격 420
국제규격 415, 420
국제표준 61, 74
국제표준화 75
국제표준화기구 11
국제표준화 전략 75
권한부여 123, 124
권한부여 매트릭스 126
권한부여 요건 126
권한부여의 부정적 효과 125
권한부여의 연속체 124
권한부여의 필수요건 125
권한부여의 함수 124
규격 57
규격 상한 391
규격요건 충족 품질 375
규격지향 품질 19, 88
규격충족 품질 19, 88
규격 하한 391
규격한계 267, 391
규격한계와 공정능력 393
규격한계와 관리한계 268, 391
규정 57
규준형 샘플링검사 244
균형성과표 418, 419
그래프 분석방법 332
글로벌 스탠더드 72, 75
글로벌 스탠더드 전략 74
금융업 144
기능 133, 364
기능별 품질보증활동 295
기능분석 361
기대가치 199
기대한 서비스 135
기본 기대사항 196
기본규격 60
기술상의 오류 113
기술표준 57, 58
기업문화 128
기준성 57
기회비용 453
김장독 냉장고 207
김치냉장고 204

[ㄴ]

납기준수 191
납품 체인 307
내구성 207
내부 잡음 371
내부 품질 163
내부고객 지향성 49
내부실패코스트 404, 437, 443
내진설계 287
냉장고 202
노동분업 188
노무비 기준 445
노키아 169
누적도수곡선 230
누적도수분포도 229
누적도수분포표 230
누적상대도수 230
누적포아송분포표 247, 255, 258
능력 137
니즈 20, 204

[ㄷ]

다구찌겐이찌 12, 368, 376
다구찌 방법 352, 368, 370, 371, 383
다구찌 방법의 특징 372
다구찌의 손실철학 374
다구찌의 품질공학 368
다구찌의 품질손실함수 373
다구찌의 품질철학 373
다구찌 접근방식 373
다구찌 접근방식의 특징 373
5가지 왜 352
다수이익의 원리 64
다양성 58
다우코닝 314
다카타 에어백 318
다회 샘플링검사 246
단순성 362
단순화와 원가절감 362
단순화의 원리 64
단위당 결점수 관리도 280
단체표준 61
닷지 29
닷지-로믹 샘플링 검사표 244
닷지-로믹 샘플링방식 253
당위적 품질요소 198
대기용장방식 330
대용특성 207, 209, 300
대우 일렉 203
대인 인적 서비스 146
대칭분포 235
대형참사 5
데밍 사이클 81, 353
데밍상 31, 38, 415, 425

데밍의 품질사상 39
데밍의 프로세스 개선론 348
데이터 225
데이터 시트 271
데이터의 도표화 228
데이터의 수량화 정리 234
데이터의 종류 226
데이터의 중심경향 234
도수분포도(표) 224, 228, 229
도요타 자동차 5, 6, 102, 103, 177, 191, 211, 213, 383, 401
도표에 의한 품질코스트 분석 446
동기부여 116
동기부여형 121
동기요인 116
동시공학 188
동시병행설계 188
동작(운영)신뢰성 326
둔감성 374
등가선 365
등질화의 원칙 224
디자인 199
딥러닝 490

[ㄹ]

라우터 59, 200
라이프사이클 91, 93, 365
라인내 품질관리 369, 370
라인외 품질관리 369, 370
레스토랑의 서비스품질 156
러브마크 199
로버스트 설계 380, 402
로트 불합격률 306
로트품질지표 251
로트허용불량률 252
리더 50
리더십 39, 50, 108
리더십 기술 108, 109
리더십 3요소 426
리더십의 원칙 50
리츠칼튼 호텔 172
리콜 4, 5, 102, 103, 319, 320

[ㅁ]

마모고장 325
마쓰시다전기산업 318
마이크로소프트 76
마쯔다자동차 376, 411
마쯔시다전자부품 398
마케트 인 23, 97
마케트 인 사상 24
만남 136
만도공조 208
만족 15
말콤볼드리지 (국가)품질상 355, 424, 426
말콤볼드리지상 97, 100, 101, 172, 173, 415, 426
말콤볼드리지상 수상업체 179, 428
망대특성 378
망목특성 377
망소특성 378
매뉴얼 461, 462
매력적 품질요소 199
매리엇 호텔 144
매출액 기준 445
머피의 법칙 320
메이커 클레임 307
메트칼프의 법칙 73
명시보증 316
명시적 요구 11
모수 227
모집단 226, 227
모토로라 72, 108, 173, 185
모티베이션운동 121
목적 171
목적 명확화의 원칙 223
목적-수단 매트릭스 213
목적과 목표 171
목적과 수단의 관계 213
목표 171
목표관리 184
무결함 15, 44, 46, 191, 441
무결함운동 117, 402
무형성 133
묵시보증 316
묵시적 요구 11
물리적 기능 132
미관성 207
미국품질협회 143, 147, 425
미불량 300
미즈노 93
미쯔비시중공업 210
미켈란젤로 8

[ㅂ]

바람직한 서비스수준 142
반복구매 290
반복성 58
반응성 137, 139, 141
반품률 306
발생도 339
발주기업 305, 311
발주기업 클레임 307
발주자와 공급자 310
방법규격 60
방침 183
방침관리 184
방침전개 184
백분율샘플링 250
범위 236
벤치마킹 205, 355, 403
벤치마킹 단계 357
벤치마킹의 속성 356
벤치마킹의 유형 355
벤치마킹의 효과 355
변환과정 387
병렬시스템 330, 331

병렬시스템의 신뢰도 331
병렬용장방식 330
병원 150
보전성 324, 329
보전지원력 324
보증(담보)책임 316
보증품질 251
보증품질지표 253
보편성(普遍性)의 원리 65
보험(업) 143, 150
부가가치 기준 445
부가가치 활동 455
부적합률 275
부주의로 인한 오류 113
부품 공급업체 173
부품불량 103, 303
부품전개 214
분산 236
분석 403
분포의 산포 236
불량 등급 300
불량개수 관리도 277
불량대책회의 307
불량률 114, 255, 275
불량률 관리도 275
불량예방 원칙 440
불량예방형 121
불량원인 303
불량원인별 파레토도 231
불량품의 새벽시장 308
불량품품평회 308
불만고객 152
불만요인 115
불법행위상의 엄격책임 316
불신(不信)사이클 127
불일치비용 435, 437
불편분산 237
불평 151
불합격영역 251
브레인스토밍 403
VE 어프로치 361
VE와 QC의 접근방법 360
VE의 영향조사 362
블랙벨트 406
블록체인 469
비례샘플링 250
비목별 코드 444
비부가가치 활동 455
비분리성 133
비전 50, 109, 170, 175
비전과 목표 169
비전제시력 108
비즈니스프로세스 400
비파괴검사 240
빅데이터 469
빅데이터 분석 469

［ㅅ］

사내표준 62, 65, 66, 70, 71
사내표준의 내용 71
사내표준의 체계 66
사내표준화 18, 66
사내표준화의 기능 68
사내표준화의 요건 70
사무 154
사무품질 154
사물인터넷 469
사실(상) 표준 61, 72, 73, 74
사실에 근거한 의사결정 180
사실에 의한 의사결정 원칙 53
사외조달품 303
사용단계(의) 품질개선 357
사용단계 품질개선의 한계 359
사용설명서 319, 358
사용신뢰성 326
사용용도의 적합성 216
사용자 기준의 품질 9
사용표시상의 결함 315
사용품질 218
사용품질의 관리 85
사용품질의 관리기법 85
사우스웨스트항공 160, 161, 162, 163
사이클 타임 191
사장감사 302
사회 관점의 품질정의 11
사회적 요구사항 11
40-30-30의 원칙 303
산업표준의 체계 62
산포 225, 266, 391
삼성전관 400
삼성전자 175, 201, 203
3차산업 133
상위표준 62
샘플링 요동 243, 252
샘플링검사 224, 241, 261
샘플링검사 유형의 선택 260
샘플링검사 일람표 260
샘플링검사의 방법 261
샘플링검사의 분류 243
샘플링검사의 실시 260
샘플링검사의 유형 243
샘플링검사의 이론 241
샘플링검사의 절차 261
샘플링검사의 특징 240
샘플링검사의 형식 245
샘플링검사의 형태 244
샘플링검사표 253, 256
샘플링방식 247, 249, 251, 261
샘플링방식 결정 253
샘플링방식의 설계 246
샘플분산 236
샘플(의) 크기 250, 270
샘플표준편차 237
생 데이터 관리도 273
생산계획 215
생산자 관점의 품질정의 9
생산자 기준의 품질 8
생산자 품질코스트 436
생산자위험 252

SERVQUAL 모형 139
서비스 132, 133, 147, 149, 155, 156, 157
서비스 가치 136, 160
서비스 결함 151, 153
서비스개선 154
서비스과정 134, 140, 141
서비스관리 157
서비스기능 147
서비스 기대 134, 140, 142
서비스 내용 148
서비스 매뉴얼 157, 158
서비스 믹스 135
서비스 불만 152
서비스불량 151
서비스불량률 152
서비스산업 133, 150
서비스설계 145, 146, 157
서비스성 207
서비스수준 142
서비스시간 153
서비스시방 145, 147
서비스시설 147
서비스시스템 138
서비스 실패 150
서비스 전략변수 145, 155
서비스 제공과정 137, 142, 145, 146
서비스 제공시간 191
서비스 표준 76, 149
서비스 표준화의 한계 150
서비스 품질개선 146
서비스 품질관리 143, 148
서비스 품질관리의 단계 144
서비스 품질관리의 문제 148
서비스 품질특성 137, 139
서비스 회복 152
서비스의 개념 132
서비스의 개선단계 147
서비스의 결과 141
서비스의 과업환경 145
서비스의 신뢰성 143
서비스의 제공단계 146, 147
서비스의 준비단계 146
서비스의 참여자 146
서비스의 특성 134
서비스의 특성과 문제점 133
서비스의 평가 147
서비스의 평가단계 147
서비스-이익 사이클 163
서비스-이익 체인 159
서비스제공시방 145, 147
서비스접점 136, 146
서비스제공자 136, 137, 141, 146, 196
서비스조직 147
서비스종사원 136, 146, 147
서비스준비 146
서비스참여자 145
서비스평가 137
서비스품질 134, 135, 136, 149, 150, 152, 153, 154, 156
서비스품질 결정요소 135
서비스품질 모델 134
서비스품질 차이 143
서비스품질(의) 개선 150, 153
서비스품질의 개선요령 154
서비스품질의 결정요소 136, 137
서비스품질의 결함 150
서비스품질의 관리과정 149
서비스품질의 관리루프 145, 149
서비스품질의 측정 136
서비스품질의 특징 154
서비스품질이 나쁜 이유 153
서비스품질코스트 150
세렌디피티 199, 200
선별형 샘플링검사 244
선택과 집중 169
선험적 품질 8
설계-FMEA 337
설계검토 342, 352
설계단계의 품질개선 350
설계단계의 품질개선 기법 352
설계변수 383
설계상의 결함 315
설계특성 213, 411
설계품질 215, 216
설계품질의 관리 83
설계품질의 관리기법 84
설계품질의 평가 299
설계품질의 확보 293
설명서 294
성과 3요소 426
성과의 촉진수단 430
성과(측정)지표 418
성능 206
성능수준 204
세계표준 72, 73
세계표준화 72
safe life 설계방식 330
소멸성 133
소비자 관점의 품질정의 10
소비자 제품안전법 30
소비자위험 253
소비자의 요구 411
소비자의 품질평가 301
소비자제품안전법 314
소집단활동 116
소프트업무 133
Sony 컬러TV 375
손실함수 377
손해보험업 141
수량화의 원칙 223
수입(구입)검사 240
수입품질의 관리 84
수정 최적품질코스트 모델 441
수정조치시스템 343

수행표준 45
수확체증의 법칙 73
순고객추천지수 150
쉬리의 성공비결 155
슈나이더만의 최적품질코스트 441
슈하트 사이클 37, 81, 353
슈하트의 3σ법 267
스마트 팩토리 469
SWOT 분석 174
스크린 테스트 328
스토리 199
시간관리 16
시그마 수준과 품질코스트의 관계 452
시그마수준 452
시방 197
시방과의 일치성 10, 12
시방한계 267
시스코 59, 199
시스코 성공의 비결 199
시스템 설계 379
시스템 신뢰성 322, 323
시스템 신인성의 영향요인 324
시스템 접근방법 92
시스템 접근의 원칙 53
시스템 품질 6
시스템의 신뢰성 개선과 가치개선 363
시스템의 평가요소 326
시스템접근 53
시스템즈 어프로치 90
시작시험 83
시장단계의 품질평가 300
시장성과 측정척도 413
시장점유율 160
시장조사 411
시장품질의 평가 300, 301
Cp 비율 393
Cpk를 산정하는 방법 394
Cpk지수 395
Cp와 Cpk의 관계 395, 396
c관리도 278, 279
식스시그마 400
식스시그마 설계 402
식스시그마 품질혁신 397
식스시그마 프로그램 400
식스시그마 프로젝트 404, 405
식스시그마 프로젝트의 수행 402
식스시그마의 기본원리 401
신 QC 7가지 도구 352
신뢰(信賴)사이클 127
신뢰도 326, 331, 332
신뢰도의 배분 329
신뢰성 137, 139, 141, 143, 207, 324, 328
신뢰성 개선 363
신뢰성 관리 323
신뢰성 관리의 목적 323
신뢰성 대책 340
신뢰성 목표 341
신뢰성 분석기법 323
신뢰성 설계 327
신뢰성 시험 342
신뢰성 프로그램 340
신뢰성 향상 327
신뢰성 향상방안 328
신뢰성목표의 설정 341
신뢰성(의) 배분 341, 342
신뢰성(의) 분석 332, 342
신뢰성의 설계기법 329
신뢰성의 예측 342
신뢰성의 추정 330
신뢰성의 평가척도 325, 326
신뢰성향상 대책 319
신문용지의 품질 298
신바람 114
신용도 137
신인성 324
신품질 25
신호 381, 383
신호 대 잡음의 비율 381
실제 공정능력 지수 394, 396
실체 4
실패코스트 186, 437, 438, 449, 451, 452
실험계획 382
실험계획법 368
심각도 339
심오한 지식체계 40
싱가포르 걸 159
싱가포르 항공 158, 159

[ㅇ]

아웃소싱 304
아지노모도 202
아카오요지 209
안전수칙 3, 4
안정상태 266
안정성 137, 371
애프터서비스 203, 294, 411
업무품질 154
여행사 138
연속생산형 샘플링검사 245
AOQL의 산정 258
AOQL의 산정순서 258
AOQ의 계산 258
AR운동 144
AT&T 지침 281
LG전자 17, 203
FMEA분석표 337
S&P 500지수 429
SN비율 373, 381, 382, 383
SN비율 개념 382
SPC의 기능 264
SPC의 주요도구 265
x관리도 273
$\bar{x}$ R 관리도 273
$\bar{x}$ Rs 관리도 274
$\bar{x}$ Rs 관리도의 작성요령 273
X자형 브레이크 시스템 328

예방의 원칙 51
예방적 관리 449
예방코스트 437, 438, 442, 449
예방활동중심의 품질코스트 개선 447
예비 부분품 331
예의 137
오류율 153
오른쪽꼬리분포 235
오프라인 품질관리 374, 379
5 S 운동 34
OC곡선 29, 248, 249, 250
OC곡선의 성질 248
OC곡선의 작성요령 247
온라인 주문 200
온라인 품질관리 374, 379
와이블 확률지 332, 333
외부 잡음 371
외부실패코스트 404, 437, 443, 449
외주 304
외주공장 312
외주공장의 평가 306
외주불량 재발방지시스템 307
외주불량대책회의 308
외주업체 303
외주품 304
외주품의 품질보증 302
외주품질관리 302, 303, 304,305
외주품질관리 요령 311
외주품질관리의 목적 304
외주품질관리의 실천 311
외주품질의 중요성 303
외주품질의 평가 306
외주품질의 평가척도 306
외주품질회의 307
왼쪽꼬리분포 235
요건에 대한 일치성 9
요건주의 375
요구사항 197
요구사항과의 불일치 148
요구의 충족 13
요구품질 156, 157
요소표준 75
욕구 충족물 21
욕구의 5단계 115
용도에 대한 적합성 12
용도의 적합성 10, 41, 207
용장성 328, 330
용장성 설계 330
우발고장 325
우연원인 37, 265, 388
운영 성과척도 413
운영품질코스트 436
원가동인 453, 455
원가동인분석 455
원가회계시스템 453
원형설계 380
월드베스트 170, 175
월드 베스트 상품 175
월마트 97
월마트의 운영원칙 98
위험우선순위 339
유럽품질관리기구 30
유럽품질상 415, 429
유키지루시 유업 190, 313
유통업 143, 158
유형성 137, 139, 141
유형화 149
유효성 53, 90
6시그마 398
6시그마 품질 399
6시그마 품질수준 398
6시그마 프로그램 452
6시그마에 이르는 6단계 177, 397
*u*관리도 280
은행 143, 144, 150
응력 328
의사소통 138
이상원인 37, 265, 388
이상이 있는 관리도 282
이시가와 품질철학 49
이시가와가오루 14, 93, 94, 233
이시가와의 품질사상 48
이지라인 359
이질성 133
이탈고객 23, 151
이항분포식 242
이해관계자 251
이해관계자의 합의 71
21세기의 품질문제 189
2회 샘플링검사 245
ECR제안제도 121
EFQM모델 101, 430
EFQM모델의 평가기준 431
IBEC 모델 430, 432
ISO 9000: 2000 모델 421
ISO 9000 인증 34, 59, 420
ISO 9000s의 한계 424
ISO 9000규격 309, 421
ISO 9000시리즈 35, 420
인간오류 153
인과관계도 233
인공지능 347, 468
인식(지각)한 서비스 135
인적 신뢰성 134
인적자원 측정척도 413
인정시험 83
인증규격 420
인증제도 419
인지된 품질 208
인터넷 201, 206, 301
인터넷 부라우저 72
인터넷 통신사고 151
인터페이스 59
일본 품질관리의 특징 94
일본경영품질상 425
일본과학기술연맹 31, 38, 93, 155, 424
일본형 TQC 91
일원적(一元的) 품질요소

199
일치비용 435, 437
일치성 207
1:10:100의 원칙 51, 440
1백만 불량발생기회당 결함 수 401
1인당 실패코스트 446
1회 샘플링검사 245
임시예방코스트 448
임의규격 61
LG그룹 20
LG전자 320
LG화학 320
MAIC 사이클 403, 404
MB상 415, 425
MB상 평가기준 429
MB상의 7가지 평가범주 427
MB상의 관리기관 426
MB상의 제정목적 426
MB상의 핵심가치 426
MB상의 효과 428

[ㅈ]

자기이해능력 109
자기평가 지침 421
자동차 16
자동차보험(업) 140, 141, 318
자동차보험회사 138
자동차수리업 141
자본품질코스트 436
자율경영팀 119, 120, 122
자율경영팀의 장단점 120
자체품질감사 302
작업자에 의한 품질관리 28
작업자오류 112
작업자의 마음과 품질 113
작업자의 오류와 대책 112
잔존확률 326
잠재고객 199
잠재능력 394
잡음 381, 383
잡음요인 372, 380
장수상품 194, 208
장수상품의 비결 194
장인정신 40
재무적 성과의 측정척도 413
재포스 149, 150
적정제조품질 217
적합품질 217
적합품질(適合品質)의 평가 299
전략 171
전략 실행과정 182
전략경영 167, 169
전략경영의 과정 168
전략계획 169, 171, 172, 181
전략계획과정 172
전략변수 176
전략적 품질경영 167, 173, 174, 188
전략특성 측정척도 414
전사/종합적 품질경영 30
전사적 품질관리 30, 31, 48, 91, 92, 93, 94, 95, 96, 97, 447
전수검사 241
전수검사와 샘플링검사 241
전원참가 106
전원참여 101
전원참여의 원칙 51
전통적 최적품질코스트 모델 440
전통적 품질코스트 453
전환가격의 법칙 73
접근성 138
정밀성 225
정서적 기능 132
정의 403
정확성 225
제1종의 오류 252
제2종의 오류 252
제3자 인증 59
제너럴 모터스 173
제로썸 게임 311
제록스 359
제안제도 348
제조단계의 품질개선 352
제조단계의 품질평가 299
제조물책임법 314
제조원가 기준 445
제조품질 217
제조품질의 관리 85
제조품질의 관리기법 85
제품 기준의 품질 8
제품간 잡음 371
제품개발 단계의 품질평가 299
제품개발 중심의 품질보증 292
제품검사 240
제품규격 60
제품설계 213
제품수명특성곡선 325
제품안전대책 318
제품의 신인성 324
제품의 오용(誤用)문제 292
제품의 품질평가 300
제품책임 314
제품책임 대책 317, 318
제품책임 비용 313
제품책임법 314
제품책임예방 317
제품책임의 대책 316
제품책임의 문제 312
제품책임의 법률적 근거 314
제품특징 15
제품판매성 187
제품품질 품질척도 413
제품품질감사 295
Z1 규격 29
ZD 프로그램 44

ZD운동 30, 45, 117, 122
ZD프로그램 117
조달품질의 관리 84
조달품질의 관리기법 85
조정형 샘플링검사 244
조흥은행 144
존슨&존슨 312
종업원 99
종업원 만족 163
종업원 만족도 162
종업원 생산성 160, 162
종업원 이직 162
종업원의 충성도 162
종합적 품질경영 89, 95, 96, 97
종합적 품질관리 30, 47, 48, 91, 92, 435
중간관리층의 역할 111
중불량 300
중심경향 235
중앙값 235
중점관리기법 231
쥬란 6, 10, 12, 31, 38, 40
쥬란 연구소 44
쥬란의 최적품질코스트 441
쥬란의 품질개선론 349
쥬란의 품질사상과 철학 40
쥬란의 품질철학 43
증거기반의 의사결정 원칙 54
지각품질 18, 198
지속적 개선 101, 397
지속적 개선의 원칙 53
지속적 개선활동 347, 348
지속적인 개선 53, 178, 181
지속적인 공정 개선 397
지속적인 품질개선 53
지식 349
지식분업 188
지식집약형 요원 154
지역표준 61
직관력 109
직교배열 372, 384
직교배열표 368, 370, 384
직교배열표의 이용 383
직능주의 48, 91
직렬시스템 330, 331
직렬시스템의 신뢰도 331
직행률 383
진보성 58

[ㅊ]

차별화 177
참 순간 136, 195
참 품질특성 207, 209, 300
창조적 모방 355
초기고장 325
초우량경영 평가모델 424
초우량경영모델 431
초인종 효과 16, 153, 154
총체적 고객만족 177
총체적 품질경영 8, 90, 102, 189
최고경영자 172
최고경영자의 역할 106
최고경영층 435
최고품질의 벤치마킹 354
최빈값 235
최선의 관행 357
최소 C값 방식 394
최적품질코스트 440, 442
최적품질코스트 모델 440, 442
축차 샘플링검사 246
출하검사 240
충성고객 136, 151
충성도 22
측정 225, 403
측정기준에 의한 비교분석 445
측정도구 225
측정오차 226
측정척도 45
치명불량 300

[ㅋ]

카이젠 347, 397
k 팩터방식 394
코카콜라 313
크로스비의 철학 45
크로스비의 품질개선 단계 349
크로스비의 품질사상 47
크로스비의 품질사상과 철학 44
크로스비의 품질철학 45
Q1상 309
QA활동 298
QC 어프로치 361
QC기법 95
QC리서치 그룹 93
QC분임조활동 144
QC서클 31, 117, 122
QC서클 활동 48, 113, 117, 119, 143
QC서클 활동의 기본이념 118
QC의 7가지 기법 95
QC(의) 7가지 도구 228, 265, 352
QFD 매트릭스의 구성 211
QFD의 적용 215
QFD의 적용분야 211
QFD의 적용효과 211
QFD의 주요 기능 211
QM활동의 중점 평가항목 415
클레임 294, 308
클레임 건수 19
클레임 지표 294
클레임 처리 294

[ㅌ]

타이어 리콜 288
터키지진 287
TQC방법론 92
TQC의 개념 91
TQC의 목표 92
TQC의 성과측정 48
TQC정의 91
TQC활동의 목적 94
TQE상 309
TQM 로고 102
TQM 선언 96
TQM 요소 99
TQM 작용환경 123
TQM사상 97
TQM사상의 배경과 원칙 96
TQM선언 36
TQM의 개념적 모델 100
TQM의 기본 틀 100
TQM의 목표 99
TQM의 실천원칙 98
TQM의 요건 96, 102
TQM의 품질목표 191
TQM철학 98
TQM체제의 구축 189
TQM체제의 구축 포인트 190
TQM파트너십 310
TTT 프로팅 334, 336
텔레마케팅 138
토러스 187
톱의 리더십 169
톱의 품질 리더십 107
통계량 227
통계적 공정관리 39, 264, 382
통계적 기법 90
통계적 품질관리 29, 223
통계적 품질관리 기법 224
통계적 품질관리의 원칙 223
통일성 57
통제가능요인 380
통제불능요인 380
투명성 3
특성요인도 49, 233, 234
특수원인 38, 265
특채 306
특채율 306
틈새시장 177
팀워크 97

[ㅍ]

파괴검사 240
파라미터 380
파라미터 설계 370, 372, 380
파라슈라만 136, 139, 140
파레토 법칙 44
파레토도 224, 231
파이겐바움 10, 28, 30, 91, 93
파이겐바움의 품질사상 47
파이어스톤 타이어 4, 288, 301, 318
파이어스톤(社) 4, 317
팔만대장경 32, 114
패러다임 시프트 17, 429
페덱스 76
fail safe 설계방식 329
편차 236
편차자승합 236
평가척도 418, 435
평가코스트 437, 438, 443, 449
평균값 234
평균불량률 257, 275
평균출검품질 257
평균출검품질한계 258
평균치와 범위의 관리도 270
포드자동차 355, 376, 417
포드자동차의 공급자 인증 309
포아송분포식 255
포커스 그룹 인터뷰 206, 207
포커스그룹 134
표본 227
표준 56
표준과 표준화의 관계 63
표준업무절차 76, 149
표준의 역할 58
표준의 특성 57
표준편차 237
표준화 56
표준화 전략 72
표준화경쟁 74
표준화와 품질관리 49
표준화의 목적 63
표준화의 본질 56
표준화의 원리 64
표준화의 효과 70
표준화전략 73
표준화정책 74
fool proof 설계방식 329
품질 6, 7, 8, 15, 11, 176
품질 모티베이션 112, 115
품질 비전 190
품질 요구사항 11
품질 지렛대 351
품질 트릴러지 41
품질 트릴로지 349
품질가치 109
품질감사 295, 301, 302
품질개념 8, 9
품질개선 41, 43, 153, 186, 348
품질개선 14단계 대책 46
품질개선 기법 352
품질개선 방법론 348
품질개선 실천요령 349
품질개선 요령 371
품질개선과 가치개선 360

품질개선대책 350
품질개선영역 441
품질개선활동의 관리 86
품질결과 437
품질경영 86 87, 88, 89, 173, 180, 183, 01, 397, 411
품질경영 5개년계획 34
품질경영 성숙 그리드 46
품질경영 평가의 범주 414
품질경영상 415, 424
품질경영시스템 420, 421
품질경영시스템 인증제도 420
품질경영시스템의 설계 182
품질경영에서의 품질공학 369
품질경영 원칙 54, 98
품질경영의 개념 87
품질경영의 계획과정 182
품질경영의 목적 196
품질경영의 목표 415
품질경영의 발전단계 28
품질경영의 성숙과정 449
품질경영의 성숙단계 450
품질경영의 성장단계 448
품질경영의 요건 89
품질경영의 원칙 50
품질경영의 절대조건 45
품질경영촉진법 33
품질경영(의) 평가 415, 417
품질경영평가의 실천 416
품질경영평가의 척도와 지표 412
품질경영활동의 평가 414
품질경쟁력 5, 176, 177
품질계획 41, 42
품질계획 로드 맵 186, 187
품질계획의 수립 186
품질공학 368, 370, 371, 372, 383
품질관련 소집단활동 121
품질관리 4, 41, 43, 49, 51, 53, 87, 92
품질관리 기능 81, 82
품질관리 백서 33
품질관리 핸드북 40
품질관리시방 145
품질관리에 대한 임무 112
품질교육 48
품질기능전개 186, 210, 211, 213, 352
품질기능전개의 단계 214
품질기능전개의 목적 211
품질담당 이사 188
품질데이터 267
품질리더십 108, 183, 190
품질리더십의 실천 109
품질리더의 특징 109
품질목표 185, 186, 187, 190, 191
품질목표의 설정 185
품질문제 3, 49, 303, 323
품질문화 128, 129, 191
품질방침 182, 183, 184, 185, 190, 293
품질방침의 주요 내용 183
품질방침의 확립 183
품질백신 46
품질변동 265
품질변동원인 266
품질보증 51, 88, 288, 289, 290
품질보증 방법의 발전 291
품질보증 방침 293
품질보증 정의 288
품질보증 활동 184, 293, 297
품질보증 활동업무 295
품질보증과 반복구매 291
품질보증규정 297
품질보증시스템 293, 295, 297
품질보증시스템의 운영 295
품질보증의 개념 287
품질보증의 기능 293
품질보증의 요건 289
품질보증의 효과 290
품질보증제도 289
품질보증체계 295
품질보증체계도 296
품질보증체제 94
품질분임조 118
품질분임조 활동 118, 119
품질불량 46, 372
품질불량비용 404
품질불량의 관리책임 111
품질불만 16
품질사이클 83
품질선구자 348
품질손실함수 377
품질수준 399
품질수준의 결정 216
품질시방 216
품질시스템 45, 183
품질시스템감사 295
품질엔진 179
품질영향요인 79
품질은 공짜 44
품질의 보존문제 287
품질의 보증 82
품질의 사회적 책임 313
품질의 설계 81
품질의 시장가치 216
품질의 조치 82
품질의 지속적 개선 347
품질의 집 212, 214
품질의 집 구성요소 212, 214
품질의 평가기준 157
품질의 해석 202, 209
품질의 해석단계 210
품질인증제도 416
품질전개 210
품질전략 175, 181
품질전략을 통한 리더십 181

품질전략의 주요 요소 180
품질전략의 추진 요소 179
품질정보 411
품질정보시스템 295
품질정의 12
품질조사 294
품질조직 188, 189
품질지표 413
품질지향 경쟁전략 176
품질지향 기업문화 128
품질지향적 기업문화 191
품질차원 206
품질창출 437
품질코스트 45, 48, 150, 154, 418, 435, 450, 451
품질코스트 집계표 444
품질코스트시스템 437, 450
품질코스트의 개념 434
품질코스트의 개선단계 448, 449
품질코스트의 레버리지 효과 440
품질코스트의 분류 436
품질코스트의 분석 445
품질코스트의 비용항목 442
품질코스트의 산정 443
품질코스트의 적용실태 450
품질코스트의 주요 기능 435
품질코스트의 주요 자료원 444
품질코스트의 집계 444
품질코스트의 최적배분모델 440
품질특성 37, 135, 138, 140, 141, 155, 207, 378
품질특성치 207
품질평가 298, 437
품질평가시스템 295
품질평가의 단계 299
품질평가의 목적 298
품질평가의 방법 300
품질표 210, 212
품질향상 6
프로덕트 아웃 24
프로세스 99, 403
프로세스 가치분석 453, 454
프로세스 접근의 원칙 52
프로세스개선 39, 52, 349
프로세스관리 52
프로세스접근 421
프로젝트 진척도에 대한 평가 404
PDCA 사이클 37, 52, 81, 82, 353, 354, 402, 418
PL社 318
PL예방대책 319
pn 관리도 277, 278
ppm관리 257
ppm사상 398
ppm수준 256
P · A · F코스트의 상관관계 439
*p*관리도 275, 277
*p*관리도의 작성 사례 277
*p*관리도의 작성순서 275
필립스사 20

[ㅎ]

하나은행 146
하위표준 62
하청의존도 303
하향접근방식 340
한국소비자보호원 140
한국인정원 34
한국표준산업분류 133
한국표준협회 33
한국품질관리학회 32
한국형 냉장도 201
한국형 소집단활동 119
한도견본 312
한화유통 158
합격판정 샘플링검사 251
함무라비 법전 287
합격영역 251
합격판정 샘플링방식 253
합격판정개수 248, 249, 250
합격판정샘플링 241
합격품질수준 251
항공 156
항공기 157
항공사 162
핵심가치 426
핵심역량 175
핵심품질요소 402, 403
허용 서비스수준 142
허용공차 375
허용차 영역 142, 143
허용차설계 380
현대백화점 158
현대자동차 307, 320
현상유지 186
현상타파 186
현지시험 342
호텔 142, 143, 150
호텔업 141
호환성 57 59
화이트칼라 154
확률 프로팅 332
확률화의 원칙 224
확신성 139, 141
환경경영시스템 423
환경성과평가 424
활동기준원가 453
활동별 원가동인 455
활동분석 454
회귀분석 403
회피가능 품질코스트 434
효율성 53
휴대전화 197, 198
히스토그램 229, 232, 242
히트상품 194

영문색인

[A]

A System of Profound Knowledge 40
A-cost 443
ABC 453, 455
Acceptable Quality Level 251
acceptance range 251
acceptance sampling 241
acceptance sampling inspection 251
accuracy 225
ACSI(American Customer Satisfaction Index) 19, 413
Activity Based Costing 453
adequate service level 142
aesthetics 207
AI(Artificial Intelligence) 347, 468
Allied Signal 400
American Express Travel Service 138
American Management Association 151
AOA(American Ordnance Association) 362
AOL 151
AOQ 257
AOQL 258
appraisal cost 437, 443
AQL 251
ASQ(American Society for Quality) 143, 147, 425
assignable cause 37, 265
assurance 139
AT&T 110, 172, 309, 417
attractive quality element 199
attributes 226
Average Outgoing Quality 257
Average Outgoing Quality Limit 258

[B]

balanced scorecard 418
base expectation 196
bathtub curve 325
Baldrige, Malcom 425
Bell system 300
benchmarking 205, 354, 355
best practice 355
between noise 371
Berry, L.L. 134
black belt 406
bloc chain 469
bottom-up approach 337
breakthrough 186
BSC 418
business process 401

[C]

calibration 85, 225
Cannon 170
cause and effect 49
cause and effect diagram 233
Carlzon, Jan 124, 181
cellular phone 197
chance cause 37, 265
Chrysler 17
CI(continuous improvement) 347, 397
CIP(continuous improvement program) 348
Cisco 59, 200
claim 294
claim index 294
Code of Hammurabi 287
common cause 38, 265
communication 138
company culture on quality 128
company standard 66
company-wide and total quality management 28
concession 306
concurrent engineering 188
conformance to requirements 9, 45
conformance with specification 10, 12
consumer oriented marketing 24
Consumer Product Safety Act 30, 314
consumer's risk 253
continuous improvement 178, 181
continuous process

improvement 397
control chart 265, 267, 388
control chart for attributes 269
control chart for fraction defectives 275
control charts for variables 268
control limit 267
controllable factor 380
controlled state 266
controlled variability 266
core competence 175
core value 426
corporate culture 128
cost driver 453, 455
cost of conformance 435
cost of control 437
cost of failure of control 437
cost of non-conformance 435
cost of poor quality 404
Cost of Quality 434
courtesy 137
C_P 390, 393, 395
C_{pk} 394
credibility 137
critical success factor 6, 21, 173
Critical to Quality 402
Crosby, P.B. 9, 44, 97, 154, 349, 402, 448, 450
CS 14
CSF(critical success factor) 6, 21, 173, 176
CTQ 82, 402, 403
cumulative frequency curve 230
cumulative relative frequency 230
customer focus 180
customer loyalty 152
customer satisfaction 14
customer value 196
CWQC(Company-Wide Quality Control) 30, 31, 48, 91, 92, 93, 94, 97
cycle time 191

[D]

DAP(Data Analytics & AI Platform) 467
data 225
Data Sheet 270
de facto standard 61, 72, 74, 75
de jure standard 61, 72
decision making by facts 180
defect 401
defects per unit chart 280
defet per million opportunity 401
Deming's cycle 81, 353
dependability 324
derating 328
design FMEA 337
design for six sigma 402
design of quality 215
design review 342
desired service level 142
Deming, W.E. 31, 38, 81, 97, 223, 348, 353, 425
dimension of quality 207
DIRTFT 45, 401
dispersion 225
division of knowledge 188
DMAIC 403, 404
Dodge-Romig sampling table 244
doorbell effect 154
DOE(design of experiment) 368, 372, 382
double sampling inspection 245
Dow Corning 313
Dodge, H.F. 29, 241
DPMO 401
Drucker, P.F. 116, 194
durability 207

[E]

easy line 359
ECR 117
EEA 430
EF-cost 443
effectiveness 53, 90
efficiency 53
EFQM(European Foundation for Quality Management) 100, 101, 430
emotional function 132
employee quality council 122
empowerment 108, 124
EMS(Environmental Management System) 423
encounter 136
end-means chain 184
Environmental Performance Evaluation 424
EOQC 30
EQA(European Quality Award) 430
error rate 153
expected quality 15
expected service 135
express warranties 316
external failure cost 437, 443
external noise 371

[F]

fail safe 60, 329
failure cost 437
Failure Mode and Effects Analysis 336
fault tree analysis 340
Federal Quality Institute 101
FedEx(Federal Express) 76, 110, 170, 178
Feigenbaum, A.V. 10, 28, 30, 91, 93, 366, 435, 447, 450
field functional test 342
Firestone 4
fishbone diagram 233
fitness for use 10, 12, 41, 206, 216
Fisher, Ronald 368
FMEA(failure mode and effects analysis) 323, 336, 337, 352
FMECA 339
focus group interview 206, 207
fool proof 60, 329
foremen quality control 28
freedom from deficiency 14
frequency distribution table 229
Frazee, C.N. 29
FTA(Fault Tree Analysis) 323, 340
function 133
functional approach 361
4C 195
4M 80, 234
4P 195
5 Why's 353

[G]

Galvin, Bob 405
Garvin, D.A. 8, 9
Garvin, David 207
Galvin, Robert 108
GE 452
global sourcing 307
GM 173
goal posting 375
goal and objectives 171
graphical methods 332
Grönroos, C. 134
Gryna, Jr F.M. 11, 14, 41, 188
Groocock, J.M. 9
GSM 72

[H]

Harry, M. 400
Harry, Mikel 398
Hertz 16
heterogeneity 133
Herzberg, F. 115
hidden plants 48
high contact service 136
histogram 229
HOQ(house of quality) 212
human error 153

[I]

IBEC(IQNet Business Excellence Class) 432
IBM 72, 400
IF-cost 443
implied warranties 316
improvement 420
inadvertant errors 113
incoming quality control 84
inherent reliability 326
inseparability 133
inspection 239
inspection quality control 28
Intel 129
interface 59
internal customer orientation 49
internal failure cost 437, 443
internal noise 371
Internet Eplorer 72
IOT(Internet of Things) 469
iPod 195, 207
IQNet 432
Ishikawa diagram 49, 233
ISO 11
ISO 19011 421
ISO 14000 422
ISO 26000 424
ISO 9001 421
ISO 9004 421
ISO 9004: 2000 422
ITT 44

[J]

J.D. Power & Associate 16
Japan Quality Award 425
Jablonski, J.R. 96
Johnson & Johnson 312
Juran Institute 44
JUSE 31, 38, 424
Juran, J.M. 6, 10, 12, 14 31, 40, 206, 231, 303, 347, 349, 434, 439, 440

[K]

Kevin John Roberts 199
knowledge 349
Knowledge Intensive Staff

154
Kotler, Philip 196
KPI(key performance index) 418

[L]

larger-is-better characteristics 378
LCL(Lower Control Limit) 267, 272, 391
leadership 108
leadership skill 108
Leadership Through Quality strategy 181
leadership triad 426
learning organization 357
Lesser, W.H. 434
likelihood of detection 339
likelihood of failure occurrence 339
loss function 377
lot quality index 251
Lot Tolerance Percentage Defectives 252
lovemakrs 199
lower control limit 391
lower specification limit 391
LSL 391
LTPD 251

[M]

MacDonald 150, 170
MAIC 402
maker claim 307
Malcom Baldrige National Quality Award 426
management by policy 184
management cycle 81
manual 461, 462
market in 23, 89
Marriot International, Inc 144, 148
Maslow, A. 115
material review 306
MB 97
MBO(management by objectives) 184
MBNQA(Malcom Baldridge National Quality Award) 100, 424, 426
mean range 334
measurement error 226
median or central value 235
Metcalfe 73
Michelangelo 114
MicroSoft 72
MIL Q-9858 A 30
Minuteman missile 323
MODEM 59
moment of truth 136, 196
motivation 115
motivation campaigns 121
motivation package 121
Motorola 108, 110, 173, 177, 185, 309, 354, 397, 398, 400
MTBF(mean time between failure) 326
MTTF(mean time to failure) 326
multiple sampling inspection 246
Murphy's law 320
must be quality element 198

[N]

NCR(National Cash Register) 348
NEC 169, 170
need 13, 20, 203, 208, 298
negligence in tort 315, 319
Neon 36
network type 188
new quality 25
NHTSA 288, 301
niche market 177
NIST 425
noise 381, 392, 393
Nokia 72, 169
non-conformance with requirements 148
norminal-is-best characteristics 377
NPS(Net Promotion Score) 150
number of defefts chart 278

[O]

OC curve 251
off-line QC 370, 374, 379
on-line QC 370, 374, 379
one dimensional quality element 199
Operating Characteristics curve 248
operating quality cost 436
operational reliability 326
operator quality control 28
optimum quality cost 440, 442
optimum segment of quality cost model 440
orthogonal array 373, 384
outsourcing 304

[P]

P-cost 442
paradigm shift 18, 430

parallel redundancy 330
parameter 227, 380
parameter design 380
Pareto's graph 231
participants 145, 146
parts per billion 398
parts per million 191, 256, 398
Parasuraman, A. 134, 140
Pareto, V. 231
PDCA cycle 149
Penney Idea 97
perceived quality 15, 18, 207
perceived service 135
perceived value 199
percent sampling 250
performance level 204
perishability 133
Pearson, E.S. 29
Penney, J.C. 97
Phillips 20, 102, 185, 319, 359
Phillips Way 103, 104
physical evidence 145, 146
physical function 132
PIMS 6, 160
Pinto 9
PL(product liability) 314
PLD(PL defence) 316
PLP(product liability prevention) 316, 317
policy 183
policy deployment 184
population 226, 227
potential capability 394
Porter, M.E. 177
ppm 191, 256, 393
precess potential ratio 395
precision 225
prevention cost 437, 442
prevention package 121
principles of quality management 50
probability plotting 332
process 52, 133, 387
process capability 387
process capability analysis 390
process capability indices 392
process capability ratio 392
process capability study 388
process FMEA 337
process of service assembly 145
process of service delivery 146
Procter & Gamble 98
producer oriented marketing 24
producer quality cost 436
producer's risk 252
product features 15
product life characteristics curve 325
product out 24, 89
product quality audit 295
product salability 187
professionalism 48, 91
Profit Impact of Marketing Strategy 160
prototype design 380
prototype test 83
PVA(precess value analysis) 453, 454

[Q]

Q1 preferred Quality Supplier Award 309
QA(Quality Assurance) 88, 288
QC(quality control) 86, 87, 88, 360
QFD(quality function deployment) 186, 210, 211, 213, 214, 352
QLF 377
QM 86, 87, 88, 91
QS 9000 419
qualifying test 83
quality 11
Quality 2000 434
quality audit 301
quality characteristics 207
quality control 41, 43
Quality Control Handbook 41
quality cost 434
quality cost or cost of quality 435
quality cost system 437
quality council 172
quality creation 437
quality deployment 209
quality engine 179
quality engineering 368
quality evaluation 437
quality gurus 36
quality improvement 41, 43
Quality is Free 44
quality lever 352
quality loss function 377
quality management 87, 91
Quality Management Maturity Grid 46, 449
quality motivation 115
quality motivational program 117
quality of conformance 217
quality of use 218
quality planning 41, 42

quality planning road map 186
quality policy 183
quality resultant 437
quality specification 216
quality system audit 295
Quality Trilogy 41, 349
Quasar 360
QWL(Quality Work of Life) 122

[R]

range 236
recall 102, 103, 294, 319
redundancy 330
rejection range 251
reliability 137, 139, 207, 324
reliability apportionment 341
reliability engineering 323
requirements 197
requirements doctrine 375
requirements for quality 11
responsiveness 137, 139
results triad 426
risk priority number 339
Ritz-Carton 172
robust design 380, 402
robustness 371, 374
router 200
Router 59
Romig, H.G. 29, 241
royalty 22
RPN 339
RQL(Rejection Quality Level) 251
running guarantee 155

[S]

Saatchi & Saatchi 199
safe life 330
safety 137
sample 227
sampling fluctuation 243
sampling inspection 241
sampling inspection based on OC 244
sampling inspection for continuous production 245
sampling inspection with adjustment 24
sampling inspection with screening 244
sampling plan 247
satisfaction 15
SAS(Scandinavian Airlines Systems) 181, 196
scientific approach 52
SCORE 311
screen test 328
Schneiderman, A.M. 440, 441
Schroeder, R. 400
self-assessment 423
self-managing teams 120
seller's market 24
sensory test 240
sequential sampling inspection 246
serendipity 199
service 132
service delivery specification 145
service encounter 136, 146
service mix 145
Service Profit Chain 159
service quality model 134
service recovery 152
service specification 145
serviceability 207
SERVQUAL 136
severity of effect 339
Seghezzi, H.D. 9, 10
Senge, Peter 357
Shewhart Cycle 37
Shewhart's cycle 353
sigle sampling inspection 245
signal 381, 382, 383
signal-noise ratio 373, 381
simplicity 362
Singapore Airline 158
Singapore Girl 159
six sigma 398, 400
Six-sigma Program 400
small group activity 116
smaller-is-better characteristics 378
Smith, Bill 401
Sony 72
SOP 76, 149
Southwest Airline 160, 161
spare parts 331
SPC(statistical process control) 39, 264, 382
special cause 38, 265
specification limit 267
specifications 197
Spendolini, M. 356
SQC(Statistical Quality Control) 28, 223, 224
stand by redundancy 330
standard 56
standard deviation 237
standardization 56
statistics 227
strategic management 167, 169